岩 波 文 庫

38-125-1

禅 海 一 瀾 講 話

釈 宗 演 著

岩 波 書 店

凡　例

一　本書は、今北洪川『禅海一瀾』を、法嗣の釈宗演が全五十八回に分けて講義した記録『禅海一瀾講話』(大正七年三月刊、光融館)を文庫化したものである。『禅海一瀾』の全文(漢文とその訓読)が余さず収録され、それが詳細かつ縦横に講ぜられている。

一　底本には昭和四年三月刊の第二版を用いたが、誤字・誤植が頗る多いため、大幅な字句の修訂を行わざるを得なかった。『釈宗演全集』(昭和五年、平凡社)所収のもの(『講述禅海一瀾』)も参照したが、恣意的な増改と誤字が多く、これも修訂の根拠にはできなかった。

一　旧仮名遣いは現代仮名遣いに改めた。ただし和文古典からの引用はこの限りではない。句読点・送りがなをあらたに整え、適宜、改行を行った。また、漢字語のうち、代名詞、副詞、接続詞など、使用頻度の高いものを一定の枠内で平仮名に改めた。

一　漢字はゆるやかな原則として常用漢字を用い、異体字は通行の字体に、俗字は正字に改めた。ただし、禅籍に慣用の用字や書き分けに意味のある文字、固有名詞に用いられた文字など、もとの字体をのこした場合も少なくない。

一　読みにくい語や特殊な読みならわしがある語などに、適宜、現代仮名遣いで振り仮名を付した。また漢字がつづく場合に、語の切れ目を示す、いわば分ち書きの代替措置として振り仮名を施したところもある。いずれの場合も、底本の振り仮名に誤字があまりにも多く依拠できなかったため、極力、伝統的と思われる読みを校注者の判断であらたに施した。あくまでも便宜上の措置であり、これによって他の読みを斥けるものではない。

一　底本は、各講の冒頭に今北洪川『禅海一瀾』の本文(漢文)、次にその「和訓」(訓読)を掲げ、その後に釈宗演の「講話」を載せる。本書では、「和訓」を最初に掲げ、次に本文を附記する形に改めた。本文は、底本にしたがわず、あらためて『禅海一瀾』初刻本(明治七年)に森江書店版活字本(大正七年刊、昭和九年・第八版)を参校して定めた。訓点は省略した。「和訓」は新たな本文に合せて修整した。

一　「講話」における『禅海一瀾』本文の引用箇所は、太字で示した。

一　簡単な語釈、および引用典籍の出典等を、校注者により〔　〕内に小字で注記した。漢文の引用は書き下し文に改めたが、一部、必要に応じて、漢文をのこした場合もある。書き下しは、今日の語学的解釈によらず、底本の訓点をもとに、極力、宗演自身の訓みに近づくよう努めたが、附された訓点が少なく、訓みの完全な復原には至っていない。

一　「講話」における引用は、少なからず、『禅海一瀾』今北洪川手沢本の欄外首書《かしらがき》・行間書入《かきいれ》、および洪川手稿『禅海一瀾考』に基づいている（いずれも円覚寺蔵）。そこからさらに原典に遡れる場合は原典の出拠を注記したが、洪川自身の文章、および原典に遡れなかった引用等については、その典拠を「手沢本首書」「手沢本書入」「『禅海一瀾考』」と注記した。それら洪川自身の文を引用する場合は、漢文は原則としてひらがなを交えた書き下し文とし（必要に応じて漢文のままとしたところもある）、和文は原著にしたがって漢字・カタカナまじりの表記とした。いずれにも句読点を追加した場合がある。

一　巻末に、本書の意義・背景に関する「解説」（横田南嶺）と、校注の詳細についての「校注後記」（小川隆）を載せ、その後に簡単な「人名索引」を附した。

一　本書中には、今日では不適切とされる表現・例示もあるが、原文の歴史性を尊重してそのままとした。

小　引

一、本講話は楞伽窟宗演《りょうがくつそうえん》老師の横浜少林会における提唱《ていしょう》を速記に附し、特に老師の点検を請うて同会より発行せしものを原本として、ここにこれを刊行したのである。

一、少林会は毎月一回例会を開催して老師を請じ、前後六箇年間に亘りて『禅海一瀾《ぜんかいいちらん》』の提唱を聴講せしのみならず、その都度これを活刷して、普《あまね》く会員間に頒布して居ったのである。

一、『禅海一瀾』は言うまでもなく禅門近代の大知識たる今北洪川《いまきたこうせん》老漢の心血を傾注し、且つ宗門の一隻眼《いっせきげん》を以て、儒道の真髄に接触して交際自由、直にこれを拈弄《ねんろう》し、評唱《ひょうしょう》せらる所、洵《まこと》に他にその比類を覯《み》ざる名著である。

一、しかるに本講話は、老漢の法嗣《はっす》たる楞伽窟老師の提唱せらるる所なれば、言々句々、寔《まこと》に父子唱和するものありと謂うべく、全篇春風駘蕩裡にあるを覚えしむるのである。

一、今回本講話を編纂刊行するに方《あた》り全篇に貫通してその脈絡を明らかにし、且つ文字の誤謬を訂正し、辞句の不調を整斉しようと努力したけれど、なお遺憾の点も有ろうかと憂慮する所である。看る者宜しく、これを諒恕せられよ。

大正七年三月中浣

編者謹で誌す

目次

禅海一瀾講話

第一講　自《じ》序《じょ》

客郢《えい》に歌う、下俚《かり》の曲《きょく》を為《な》す、和《わ》する者《もの》千人。商《しょう》を引き角《かく》を激す、衆之《しゅうこれ》に応ずる莫《な》し。吾が法道《ほうどう》の如きも亦《ま》た然《しか》り。高く秘音《ひいん》を発するに、衆、耳聾《ろう》の如く、口唖《あ》の如し。之を為すこと如何《いかん》。

孟軻《もうか》氏曰《いわ》く、「海《うみ》を観るに術有り、先《ま》ず其《そ》の瀾《なみ》を観る」と。故《ゆえ》に山野《さんや》、間《まま》孔門の典語《てんご》三十則を抽《ぬき》んで、之に管窺《かんき》を附し、以て禅海《ぜんかい》を観るの一助に充《あ》つ。是《こ》れ亦《ま》た仁《じん》の方と謂《いい》つ可《べ》き歟《か》。然《しか》りと雖《いえど》も、唯《た》だ恐る庸常下劣《ようじょうげれつ》の輩、細瀾《さいらん》を認めて以て禅海此《ここ》に尽《つ》くると為さんことを。

若《も》し夫《そ》れ吾が禅海は転《うた》た入れば転《うた》た深く、其の洪渺《こうびょう》なるに及んでは、毒霧《どくむ》喪魂《そうこん》の大洋《たいよう》有り、鳥も飛んで渡らざるの重灘《じゅうたん》有り。真実志《こころざし》を決し、透過《とうか》を求むる底《てい》の上士《じょうし》ならば、危《き》亡《ぼう》を顧みず、纜《ともづな》を其の間に解いて、鯨波《げいは》を侵《おか》し風濤《ふうとう》を淩《しの》ぎ、一々険処《けんじょ》を歴尽《れきじん》し、而して後《のち》に真の大丈夫《だいじょうふ》と称す可《べ》きのみ。昔、韓愈《かんゆ》、表を上《たてまつ》って仏を排し、憲宗《けんそう》の震怒《しんど》に触《ふ》れて潮《ちょう》州《しゅう》に貶《へん》せらる。州に僧大顛《だいてん》なる者有り。愈《ゆ》に諭《さと》して曰く、「子《し》の仏を知らざるは、其の孔《こう》子《し》を知らざるが為《ため》なり。子をして孔子を知らしめば則《すなわ》ち仏の義亦《ま》た明らかなり」。山野、此の篇有る者は、蓋《けだ》し孔子を知らしめんと欲するのみ。請《こ》う学者、先ず孔子方寸《ほうすん》の波瀾を察して、而して後、泛《ひろ》く禅海の汪洋《おうよう》を観れば、則ち朝霧《ちょうむ》を開いて江海《こうかい》の佳気《かき》を望むが如くならん。亦た愉快《ゆかい》ならずや。遂《つい》に目《なづ》けて『禅海一瀾《ぜんかいいちらん》』と曰《い》う。

文久《ぶんきゅう》二年壬戌《みずのえいぬ》の春、觚《こ》を蒼龍窟《そうりゅうくつ》南窓に操《と》る。　横岳老野《おうがくろうや》洪川虚舟子《こうせんきょしゅうし》

客歌於郢。為下俚之曲。和者千人。引商激角。衆莫之応。如吾法道亦然。高発秘音。衆耳如聾口如唖。為之如何。孟軻氏曰。観於海有術。先観其瀾。故山野間抽孔門之典語三十則。附之管窺。以充観禅海之一助。是亦可謂仁之方歟。雖然。唯恐庸常下劣輩。認細瀾以為禅海此尽焉。若夫吾禅海。転入転深。及其洪渺。有毒霧喪魂之大洋。有鳥飛不渡之重灘。真実決志。求透過底上士。不顧危亡。解纜於其間。侵鯨波。凌風濤。一一歴尽険処。而後可称真大丈夫者耳。昔韓愈上表排仏。触憲宗震怒。貶潮州。州有僧大顛者。諭愈曰。子之不知仏者。為其不知孔子也。使子知孔子。則仏之義亦明矣。山野有此篇者。蓋欲令知孔子而已。請学者先察孔子方寸之波瀾。而後泛観禅海之汪洋。則如開朝霧而望江海之佳気。不亦愉快乎。遂目曰禅海一瀾。

文久二年壬戌春操觚于蒼龍窟南窓　横岳老野洪川虚舟子

[講話]　今回種々の因縁に因り、先師洪川虚舟子《こうせんきょしゅうし》〔今北洪川〕撰述の『禅海一瀾《ぜんかいいちらん》』を講説す

ることとなった。それで実は本書を講ずる前に、先師の伝記、即ち『蒼龍窟年譜《そうりゅうくつねんぷ》』〔釈宗演編・明治27〕というものがあるから、その大体だけをお話しして置いたならば、大きに宜《よろ》しかろうとも思うけれども、それでは余程《よほど》手間を取るし、また中にあなた方に必要で無い様な所もありますから、それは略して置きます。乃《そこ》で今回は直《ただ》ちに『禅海一瀾』の本文へ入りますが、先ず順序として先師の自序から伺って見ようと思う。

「自序」　余り字義などは申しませぬ。序は緒なり、糸口なり、と言えばそれで宜しい。**「客郢《えい》に歌う、下俚《かり》の曲《きょく》を為《な》す」**、これは宋玉《そうぎょく》が楚王《そおう》の問いに対して答えた時の言葉でもありますが〔『文選』45宋玉・対楚王問〕、委《くわ》しく言うと、ある音楽師が郢という所で歌を謳《うた》った。その初めは、「下俚巴人《かりはじん》」〔下里巴人〕という歌を謳った。これは日本に比べるとどういう歌になるか。ごく通俗の賤《いや》しい歌で、都々逸《どどいつ》とか何とかいうものに当るのでしょう。その「下俚巴人」という歌を謳うたらば、**「和《わ》する者《もの》千人」**。国中の者が喜んで、多くの人が皆な真似をして歌うた。それから次に「陽阿薤露《ようあかいろ》」という歌を謳うた。これは先のよりも立ち越えたる所の歌だ。スルト大分和《わ》する者が減って来た。初めは千人程であったが、それが数百人になった。更に「陽春白雪《ようしゅんはくせつ》」と云って最も高尚なる歌を謳った所が、和する者数十人。大変数《かず》が減って来た。曲調が次第に高くなるに従って、これに和する所の人数が大変減って来た。その曲弥《いよい》よ高くしてその和《わ》弥《いよい》よ寡《すくな》しじゃ。これは一つの故事でありますが、それを此処《ここ》に持って来た。

日本でも謡曲《ようきょく》というものが今でも流行《はや》って居ますが、謡曲の重《お》もなるものはたいてい仏教の経文《きょうもん》から出ておる。その謡曲というものが一転して長唄《ながうた》と云う様なものになり、それからズッと崩れて来て清元《きよもと》とか常磐津《ときわず》とかいうものになって居るらしいですが、謡曲などになると、ちょっと高尚であるから相手になる者が少ない。が、それが浄瑠璃《じょうるり》とか義太夫《ぎだゆう》とかいうものになると、裏町《うらまち》あたりの勇み肌の者が銭湯などで唸《うな》って居るのを、私が書生時代に聞いたことが度々《たびたび》ある。それで、ある人が郢に歌うて初め下俚の曲を為したのに和する者が千人もあった。

所が「**商《しょう》を引き角《かく》を激**」し、高尚なる「鶴《つる》の巣籠《すごも》り」という様な高い所になって来たら、「**衆之《しゅうこれ》に応ずる莫《な》し**」、誰も相手にしなかった。これは引き事だ。「**吾が法道《ほうどう》の如きも亦《ま》た然《しか》り**」、世間の何でも無い歌一つ謳うのでもその通りであるが、吾が法道、この禅道の如きに至っても、またその通りであって、「**高く秘音《ひいん》を発するに、衆、耳聾《ろう》の如く、口唖《あ》の如し**」。

これを仏様の一代の説法の上で言いますと、天台《てんだい》の分け方に依れば、「五時八教《ごじはっきょう》」と分けてある、その「五時八教」のことは今委《くわ》しく言わぬが、一番最初に何を仏が説かれたかと言えば、『華厳経《けごんきょう》』を説かれた。これが御経《おきょう》の一番初まりで、その『華厳経』というものを説かれた時には、総ての聴者が座に連《つら》なって居たけれども、皆な聾の如く唖の如くで、耳は持って居っても金つんぼの如く、口は持って居っても唖などの如き有り様で、ウンともスンとも誰も言わない。サッパリ、分らなかった。分らぬ筈《はず》であります。説者は法身仏《ほっしんぶつ》で、説かれた法は法界観《ほっかいかん》である。云うまでもなく法身仏の説法というのは、我々が今言って居る様に、短い舌べらで下らないことを話すのとは違う。即ち「海印三昧《かいいんざんまい》」と云う禅定《ぜんじょう》に入って、悟りの境界その儘《まま》を説かれた。否《いや》、説くと云うよりも現わしたと云ってよかろう。勿論《もちろん》、正機《しょうき》の聴衆も法身の大士《だいし》である。それ以下の声聞《しょうもん》とか、縁覚《えんがく》とか、人天《にんてん》とか、並《なみ》の傍聴者に至っては、殆《ほと》んど猫に小判で、唖の如く聾の如く、薩張《さっぱ》り分らなんだ。

扨《さ》て「秘音」というのを今、仏様の一代の上で『華厳経』と言ったが、独《ひと》りお経のことばかりで無い。ちょっと一例を挙げて言えば、臨済《りんざい》和尚は「三玄三要《さんげんさんよう》」とか「四喝《しかつ》」とか扨《さ》ては「四料簡《しりょうけん》」とか、その外『臨済録《りんざいろく》』中の説法の段の如き幽玄高妙《ゆうげんこうみょう》の秘曲を唱えられておる。或《ある》いはまた洞山《とうざん》大師は「五位君臣《ごいくんしん》」等の微細妙密《みさいみょうみつ》の調《しら》べを遺《のこ》しておられる。そのほか歴代の祖師孰《いず》れに愚かはない、各自独得の秘曲がある。高く秘音を発する時は、衆、耳聾の如く口唖の如し、「**之を為すこと如何《いかん》**」。ソレナラどうしたら宜《よろ》しいか。

「**孟軻《もうか》氏曰《いわ》く、海《うみ》を観るに術有り、先《ま》ず其《そ》の瀾《なみ》を観る**」、と、これは『孟子《もうし》』の中に出て居る言葉で、漢籍を読まれた方は皆な御存じであろう。『禅海一瀾』という名を附けたその名は此処《ここ》から出て居る。孟子曰く、「大海を観るに術あり、先ずその瀾を見る」(尽心・上「観水有術、必観其瀾」)。成程《なるほど》茫々として限《かぎ》りも無い所の大海原《おおうなばら》を見ようと云うには、先ず蕞爾《さいじ》たる細瀾《さいらん》から見付け出す。他言にて云えば泰山《たいざん》を見るには土壌より始めると同じことである。ソコデこの秘音、気高い所の宗旨《しゅうし》を究めようというに就《つ》いては、ズッと低い所から初める。浅きよりして深きに及び、卑《ひく》きよりして高きに登るという有り様じゃ。

「故に山野《さんや》、間《まま》孔門の典語《てんご》三十則を抽《ぬき》んで」、この三十則のことは下巻に至って一々解釈するのでありますが、皆な「四《し》書五経《しょごきょう》」等に出て居る所の孔門《こうもん》の金科玉条《きんかぎょくじょう》ともいうものをば、三十則ばかり引き抽いて**「之に管窺《かんき》を附し」**、管《くだ》を以て天を窺《うかが》うということが『荘子《そうじ》』〔秋水〕に出て居る。俗に管見というと同じであります。広大な天を小さな管《くだ》でのぞいて見る、これは先師自ら卑下して言われた。小さな見解《けんげ》を附け加えて**「以て禅海《ぜんかい》を観るの一助に充《あ》つ」**、乃ち禅海を観るの一助にする。**「是《こ》れ亦《ま》た仁《じん》の方と謂《いい》つ可《べ》き歟《か》」**。これは『論語』〔雍也〕にあります。「能《よ》く近く取《とり》て譬《たと》う、仁の方と謂つ可し」と、それじゃ。

「然《しか》りと雖《いえど》も、唯《た》だ恐る庸常下劣《ようじょうげれつ》の輩、細瀾《さいらん》を認めて以て禅海此《ここ》に尽《つ》くると為さんことを」、こういう様に皆な古人の拠りどころがある。そうして今この『禅海一瀾』というものを拵《こしら》えた趣意は、上に述べた通りであるが、さりながら、ただ気遣《きづか》うことには、「庸常下劣の輩」があって、小さなさざ波一つを認めて、禅海はこれで済んだとしたら大変だ。我れはそれを恐れ気遣うというので、文章の上から言うと、「之を為すこと如何」という処が第一段、「此に尽くると為さんことを」が第二段で、これから三段になる。

「若《も》し夫《そ》れ吾が禅海は転《うた》た入れば転《うた》た深く、其の洪渺《こうびょう》なるに及んでは、毒霧《どくむ》喪魂《そうこん》の大洋《たいよう》有り」。それならば吾が禅海とは如何《いか》なるものであると言うたならば、「転た入れば転た深し」、入れば入るほど深い。これは『大智度論《だいちどろん》』に、仏法は大海の如くであって、転た入れば転た深く、唯だ信《しん》を以て能入《のうにゅう》とし、智《ち》を以て能度《のうど》と為すという言葉がある、そこらから来ておる〔初品「如是我聞一時」釈論第二〕。そういう有り様で、「吾が禅海は、転た入れば転た深し」。「其の洪渺なるに及んでは」どうかというと、「毒霧、魂《こん》を喪《そう》するの大洋有り」で、白隠《はくいん》禅師が常に言われた「疎《そ》山寿塔《ざんじゅとう》に牛窓櫺《ぎゅうそうれい》、南泉遷化《なんせんせんげ》に一株花《いっしゅか》」〔『壁生草』上〕、実にそこ等《ら》に至っては、「毒霧喪魂の大洋」である。また「**鳥も飛んで渡らざるの重灘《じゅうたん》有り**」、鳥も通わぬ玄界灘を云々の俗謡にもある通りじゃ。であるから、ただ一つさざ波を観て、これ位なものかと早合点《はやがてん》をしてはならぬ。「**真実 志《こころざし》を決し**」、こういう怖《おそ》る可《べ》き所の大洋重灘に至っては、真実志を決して、そうして「**透過《とうか》を求むる底《てい》の上士《じょうし》ならば、危亡《きぼう》を顧みず**」、虎穴《こけつ》に入らずんば虎児《こじ》を得ずで、虎の子を得ようというならば、虎の住んで居る穴に身を捨てて入らなければならぬ。そうして「**纜《ともづな》を其の間に解いて、鯨波《げいは》を侵《おか》し風濤《ふうとう》を凌《しの》ぎ、一々険処《けんじょ》を歴尽《れきじん》し、而《しこう》して後《のち》に真の大丈夫《だいじょうふ》と称す可《べ》きのみ**」。誰も乗り出すことは乗り出すが、一つ大波を蒙《こうむ》ると、それなり志《こころざし》を挫《くじ》いて仕舞《しま》う。たいてい世の中で事を仕《し》出《で》かす人と、仕出かさぬ人とは、外《ほか》に何も違いは無い、ただ志を決すると否とにあるのじゃ。文は此処《ここ》でまた一段であります。

「**昔、韓愈《かんゆ》、表を上《たてまつ》って仏を排し**」、韓退之《かんたいし》と大顚《だいてん》和尚の問答の詳しきことは、今回は言わんで後へ残して置きます。ただ此処へ現われて居る点を言います。『普燈録《ふとうろく》』〔『嘉泰普燈録』」という書物に書いてあるが、唐の憲宗《けんそう》皇帝が舎利《しゃり》を迎えられた。舎利というものは、あなた方も聞いてござろうが、舎利は梵語《ぼんご》で正しく言うとセリラ（設利羅《せりら》）で、吾が円覚寺《えんがくじ》にも実朝《さねとも》公が迎えられた仏牙《ぶつが》の舎利というものがある。その他、名山古刹には色々の舎利があるが、それに就いて、私も大きに千聞《せんもん》一見に如《し》かずで、成程《なるほど》と思ったことがある。世人は舎利と言えば、何かその者が光を現わすか空中を飛んで行く様な不可思議のものでなければ舎利で無い様に思っておるが、私が前年印度《インド》に行った時、段々聞いて見ると、舎利は身骨《しんこつ》という意味であるそうじゃ。一日、私が風を引いて頭が痛いと云ったら、土人がア貴僧はセリーラ（設利羅《せりら》）がナラカイと云って労《いた》わってくれたことがある。

所が昔の人の舎利を尊ぶのは何かと言えば、この舎利は、一種不思議な者で、色々神変《しんぺん》なことがあって、虚空《こくう》を飛んであるくとか異光《いこう》を放つとか出没自在であるとかいうことを有《あ》り難《がた》がりて居るが、お釈迦様の出られた印度の方へ行って見るとそうで無い。仏の荼毘《だび》の灰一攫《はいひとつか》み、骨一欠《ほねひとか》けでも、大恩教主《だいおんきょうしゅ》の遺物であるからと言って有り難がって居るのじゃ。この憲宗皇帝の時分に宮中へ仏舎利を迎えた。所がその舎利が五色《ごしき》の光を放つと『普燈録』に書いてある。百官共《とも》に賀《が》すと言って、廟堂《びょうどう》の大臣より一般の群臣が、実にどうも稀《け》有《う》なる奇跡である、太平の祥瑞《しょうずい》である、と言って賀した。その時韓退之《かんたいし》は独り黙って立って居った。そこで憲宗皇帝が問うて言われるに、百官皆《み》な祝賀を唱えて居るのにそなただけは何《な》ぜ黙して居るかと云われたら、韓退之が言うに、臣嘗《かつ》て経を観るに、仏の光というものは青黄赤白黒《しょうおうしゃくびゃくこく》でござらぬ、とこう直言した。そこで天子が如何なるかこれ仏光《ぶっこう》と、禅的に問いを発せられた。青でも黄でも赤でも白でも黒でもないと言うならば、真の仏の光は何かと問われた。すると退之《たいし》グッと詰《つま》った。もしこれが禅宗の奥義を知った輩ならば、此処で立派に答えて憲宗皇帝を喜ばしめることが出来たのだが、韓愈《かんゆ》には答えが出来なかったは残念だ。遂に「仏骨《ぶっこつ》の表《ひょう》」を上《たてまつ》って仏を排したのである。**「憲宗《けんそう》の震怒《しんど》に触《ふ》れて潮《ちょう》州《しゅう》に貶《へん》せらる」**、憐《あわ》れにも流し者にせられた。**「州に僧大顚《だいてん》なる者有り」**。韓退之は、ひどく仏に反対して居ったのが、大顚和尚に出遇うて、小気味《こきみ》能《よ》く取って締められた(『聯燈会要』20韓愈、『仏祖統紀』41憲宗・元和14)。そこで韓退之は坊主は嫌いだが大顚和尚だけは偉いと言ったことがある。委しいことは『輔教篇《ほぎょうへん》』(上・観書第二)などにも出て居ります。**「愈《ゆ》に諭《さと》して曰く、子《し》の仏を知らざるは、其の孔子《こうし》を知らざるが為《ため》なり」**。これは中々能《よ》く言うた言葉で、韓退之が仏を知らぬというのは、その実、孔子を知らぬのであると言われた。こう言われては韓退之も実に急所を刺された様なものである。孔子の道は『論語《ろんご》』や『孟子《もうし》』ばかりで無い。易理《えきり》などに至っては仏法の真理と異った所は無い。そういう比較のことは別として、汝の仏を知らざるのは尤《もっと》もだ、何《な》ぜならば孔子をさえ知って居《お》らぬからと言い、更に**「子をして孔子を知らしめば則《すなわ》ち仏の義亦《ま》た明らかなり」**、此処までが大顚和尚の言葉であります。汝をして真に孔子の道を知らしめたならば、仏の教理というものも明らかになったであろうと、こう言われたことがあるが、実にそうだ。**「山野、此**

の篇有る者は、蓋《けだ》し孔子を知らしめんと欲するのみ」。実は仏を知らしめると言いたいが、そうは言わんで、孔子を知らしめたい為に『禅海一瀾』というものを撰述した。何ぜならば、孔子が分ったら仏が分るのだから、孔子を知らしめるのである。「**請《こ》う学者、先ず孔子方寸《ほうすん》の波瀾を察して**」、こういう有り様であるから、一つ修行に取り掛ろうという人には、先ず孔子方寸の波瀾を察して、「**而して後、泛《ひろ》く禅海の汪洋《おうよう》を観れば、則ち朝霧《ちょうむ》を開いて江海《こうかい》の佳気《かき》を望むが如く**」、ほのぼのとあかしの浦《うら》の朝霧《あさぎり》が次第次第と晴れ渡って土《と》佐画《さえ》の様な美景が目の前に現われるのであろう。ここに至っては、「**亦た愉快《ゆかい》ならずや**」、何んと愉快では無いか。こういう所から、「**遂《つい》に目《なづ》けて『禅海一瀾《ぜんかいいちらん》』と曰《い》う**」。この序文は極めて簡潔でありますが、委《くわ》しいことは凡例《はんれい》に言うてあります。

「**文久《ぶんきゅう》二年壬戌《みずのえいぬ》の春、觚《こ》を蒼龍窟《そうりゅうくつ》南窓に操《と》る**」。この時分、先師は周防《すおう》岩国の永興寺《ようこうじ》に住職をして居られた。吉川《きっかわ》家の菩提寺で「**横岳《おうがく》**」というのは、永興寺の山号で、その横岳に住んで居る老僧ということ。「**洪川《こうせん》**」は法号である。「**虚舟子《きょしゅうし》**」もまた別号だ。さて序文の大要は斯《こ》の様な訳《わけ》であります。

第二講　編述例言《へんじゅつれいげん》（其二）

蓋《けだ》し山僧《さんぞう》の道法《どうほう》を論量するに、先《ま》ず藤東晐《とうとうがい》の所に於て学皮《がくひ》を得《え》、次に無為《むい》先師の所に於て道骨《どうこつ》を得、中ごろ四海《しかい》の諸老《しょろう》の所に於て智肉《ちにく》を得、終《つい》に棲梧《せいご》老漢の所に於て心髄《しんずい》を得、究竟《くきょう》して一法身《いちほっしん》を成立《じょうりゅう》し、天を覆《おお》い地を載《の》せ、仏を尽《つく》し儒を尽し、其《そ》の義寔《まこと》に深固《しんこ》幽遠《ゆうえん》なり。是《ここ》に於《お》てか、始めて此の編を撰述す。然《しか》れば則《すなわ》ち我れを知る者は、其れ唯《た》だ此の編に在り、而《しこう》して我れを尽す者に至っては未《いま》だし。

一、道流《どうる》乍《たちま》ち叢林《そうりん》に入《い》る時、須《すべか》らく気概《きがい》を立て誓願《せいがん》を発《おこ》すべし。曰《いわ》く、「我れ生《うま》れながらにして万物の最霊たり、世に大道《だいどう》無ければ則ち已《や》む。苟《いやし》くも大道有れば則ち是《こ》れ人生の最大事業なり。之《これ》を修めずして而《しか》も何をか之《こ》れ修めん。若《も》し箇《こ》の大事に達せざれば、生きて時に益《えき》無く、死して世に益無し」。是《かく》の如く志願を立て、強く鞭策《べんさく》を加えて進修《しんしゅ》せよ。其の激励するや、譬《たと》えば項羽《こうう》の烏騅《うすい》に鞭《むち》って、淮水《わいすい》を超ゆるが如くせよ。恁麼《いんも》にして未《いま》だ嘗《かつ》て大道に達せざる者有《あ》るを見ず。若《も》し一旦闊然《かつぜん》として貫通《かんつう》せば、乃《すなわ》ち須らく悟後の進修に於て、人《ひと》百たびすれば己《おの》れ千たびするの苦煉《くれん》を尽すべし。其の忍辱《にんにく》、譬えば張良《ちょうりょう》が沓《くつ》を黄石《こうせき》に捧《ささ》ぐるが如し。大凡《おおよ》そ吾が本分の真修は、如上の意趣を忘れざれば則ち大道成就、決して疑い無し。或いは往々瞥地《べっち》彷彿《ほうふつ》の省覚《せいかく》を得て、独り自ら抗顔《こうがん》す、濫《みだ》りに縦横無碍《じゅうおうむげ》の見《けん》を抱いて、忍辱苦錬《にんにくくれん》の行を修めず、多くは外《げ》道魔《どうま》民《みん》の部類に堕《お》つ、之を大乗《だいじょう》を破るの禿《とく》奴《ぬ》と謂《い》う。吾が真修底《しんしゅてい》に於ては畢竟半文銭《ひっきょうはんもんせん》に当らず。故《ゆえ》に吾が門の学者、宜《よろ》しく先《ま》ず創業《そうぎょう》の難《かた》きを知って、復《ま》た須らく守成《しゅせい》の難きを忘れざるべし。

一、此の書は専《もっぱ》ら府君《ふくん》の為《ため》に撰す。府君は儒《じゅ》に入りて釈《しゃく》に入らず、頗《すこぶ》る文学に長ず。故に通編勤《つと》めて仏祖《ぶっそ》の語を用いず、大抵儒言《じゅげん》を以て之を論ず。往々釈に及ぶ者は、已《や》むを得《え》ざるに出《い》づ、見る者之《これ》を察せよ。

一、此の編述、山僧又《ま》た微意《びい》有り。蓋《けだ》し禅門の学者、大抵は教外別伝《きょうげべつでん》・不立文字《ふりゅうもんじ》の語を誤認し、仏義の如何《いかん》、儒義の如何を問わず、昆侖《こんろん》に棗《なつめ》を呑む底《てい》、稲麻竹葦《とうまちくい》の如し。大いに暗証禅《あんしょうぜん》の毀訾《きし》を蒙《こうむ》る、是れ叢林《そうりん》の通患なり。古徳《ことく》曰く、「義《ぎ》精《くわ》しからざれば則ち心《こころ》了して光大ならず。義精しくして心を了せざれば、則ち文字《もんじ》終《つい》に神《しん》に入らず」と。故に山僧、学者をして両《ふた》つながら其の患《うれ》いを除かしめんと欲す。因《よ》って諄々然《じゅんじゅんぜん》として之を辯ず。見る者、予《よ》が婆心《ばしん》を嘲《あざけ》ること毋《なか》れ。

蓋論量山僧道法。先於藤東畡所得学皮。次於無為先師所得道骨。中於四海諸老所得智肉。終於棲梧老漢所得心髄。究竟成立一法身。覆天載地。尽仏尽儒。其義寔深固幽遠也。於是乎。始撰述此編。然則知我者。其唯在此編。而至尽我者未矣。

一道流乍入叢林時。須立気概発誓願。曰。我生為万物最霊。世無大道則已矣。苟有大道。則是人生最大事業也。不修之而何之修。若不達箇大事。生無益于時。死無益于世。如是立志願。強加鞭策進修。其激励。譬如項羽鞭烏騅超乎淮水。恁麼而未嘗見有不達大道者。若一旦闊然貫通。乃須於悟後進修尽人百己千之苦煉。其忍辱。譬如張良捧沓于黄石。大凡吾本分真修。不忘如上意趣。則大道成就決無疑焉。或往往得瞥地彷彿之省覚。独自抗顔。濫抱縦横無碍之見。而不修忍辱苦錬之行。多堕於外道魔民之部類。謂之破大乗禿奴。於吾真修底。畢竟不当半文銭。故吾門学者。宜先知創業之難。而復須不忘守成之難矣。

一　此書。専為府君撰。府君入儒不入釈。頗長文学。故通編勤不用仏祖語。大抵以儒言論之。往往及釈者。出于不得已。見者察之。

一　此編述。山僧又有微意。蓋禅門学者。大抵誤認教外別伝・不立文字之語。不問仏義如何儒義如何。昆侖呑棗底。如稲麻竹葦。大蒙暗証禅之毀訾。是叢林之通患也。古徳曰。義不精則心了而不光大。義精而不了心。則文字終不入神。故山僧欲使学者両除其患。因諄諄然辯之。見者毋嘲予婆心。

［講話］　第二講として本書編述上の例言を講説する。尤《もっと》もこの例言は、文字《もんじ》流暢にして別に聱牙《ごうが》の入組《いりくみ》は無いのでありますが、兎《と》も角《かく》一応講説します。

「蓋《けだ》し山僧《さんぞう》の道法《どうほう》を論量するに」、『禅海一瀾《ぜんかいいちらん》』を編述するに就いて、先師がその動機を発せられた由《よし》を述べられるのであります。我が道法を論量するに就いて言わねばならぬことは、**「先《ま》ず藤東畡《とうとうがい》の所に於て学皮《がくひ》を得《え》」**。この一段は思うに、先師はこんな所に拠《よ》られたのであろうと思われる。別に拠り所が無くても宜《よろ》しいのでありますが、ただ聯想して今想《おも》い起《おこ》すのは、達磨《だるま》大師が門人に法を伝える時に、道副《どうふく》、尼総持《にそうじ》、道育《どういく》、慧可《えか》、この四人に対して、各《おのおの》その得た所を我が前で言うて見よと言われたらば、最初に、道副が答えて言うに、「我が所得は、文字《もんじ》に執《しゅう》せず、文字を離れざるを道用《どうゆう》となす」。そうしたら達磨は平生寡言《かごん》で余り物を言わぬ人じゃが、巧みなことを言われた、「汝は我が皮《ひ》を得たり」。道を以てこの身体に喩えて見れば、汝は我が身体の皮《かわ》を得たようなものじゃと言われた。次に尼総持が言うに、「吾が見た所を白状すれば、慶喜《けいき》の阿閦仏国《あしゅくぶっこく》を見るが如く、一見して更に再見せず」。慶喜という、梵土の原語は阿難《あなん》と云う事で、阿難尊者が神通力を以て彼の世界を見たる如く、一見して再見せず。それは実に面白いことであります。然《しか》し、そういうことを申すと長くなるから、ただそれだけにして置くが、そうしたら達磨が「汝は吾が肉《にく》を得たり」と言われた。それから次に道育が言うには「四《し》大《だい》本《も》と空なり、五陰《ごおん》有にあらず、我が所見の如きは一法の得《う》べきなし」。四大本空、五陰有にあらずということも、これも講釈すると大変長いことになるから、今略して置きます。詰《つま》り仏法の術語を以て言えば、吾人《ごじん》が意識と五体を分けて「四大五陰」とした。畢竟《ひっきょう》我が意識というも、五体というも、色々の分子が集まって出来たもので、而《しか》も見来《みきた》れば一法の執《しゅう》すべきものなしと、こう明らかに答えた。それに対して達磨大師が、「汝は吾が骨《ほね》を得たり」と一値段押《お》し上げられた。第四番目に二祖慧可に向って、汝はどうかと言われたが、慧可は何も言わなんだ。礼拝して位《くらい》に依って立つ。その自分の居る可き場所へ復《かえ》って立った。「大抵は他《か》の肌骨《きこつ》の好《よ》きに還《かえ》す、紅粉《こうふん》を塗《ぬ》らざるも也《ま》た風流」(『雪堂行和尚拾遺録』)の概《おもむき》がある。その講釈はせぬ。そうしたら達磨大師が「汝は吾が髄《ずい》を得たり」と称讃して、それでトウトウ慧可大師に法を授けて二祖とせられた。丁度《ちょうど》そういう様な論法で、こういう工合《ぐあい》に書かれた。「藤東畡《とうとうがい》」というのは、支那風に書かれたので、日本文で書けば藤沢東畡《ふじさわとうがい》〔1794-1864／泊園書院主〕というので、この東畡という人は、今大坂の儒者で一番老成の藤沢南岳《ふじさわなんがく》〔1842-1920／泊園書院二世〕という人の御親父であります。吾が道法は、最初、藤沢東畡先生の所に於て学問の手ほどきをしたということを、「学皮を得」といわれた。

それから「**次に無為《むい》先師の所に於て道骨《どうこつ》を得**」たり。無為先師というのは別号で、道号は大拙《だいせつ》と言った人であります〔大拙承演・相国寺〕。我々修行者の間には、鬼という字を加えて、「鬼大拙《おにだいせつ》」と称した。その大拙和尚という者は、機鋒悪辣《きほうあくらつ》にして当《あた》る可《べ》からざるものである。その人の別号を「無為」と言った。総《すべ》て支那風から言うと、自分の師匠や親に対してはその名を言わんで別号を言うのが敬礼である。次に無為先師の所に於て道骨を得た。露骨に言えば悟りの道が開けた。「**中ごろ四海《しかい》の諸老《しょろう》の所に於て智肉《ちにく》を得**」、中ごろ行脚《あんぎゃ》に出掛《でか》けて、あちらの宗匠《しゅうしょう》こちらの知識《ちしき》に参禅して遂に智慧の肉を得た。「**終《つい》に棲梧《せいご》老漢の所に於て心髄《しんずい》を得**」。

数日前、私は山口から岡山へ下車しまして、円山《まるやま》の曹源寺《そうげんじ》へ参ったが、この寺は池田家の菩提寺《ぼだいじ》であります。棲梧軒儀山《せいごけんぎさん》和尚〔儀山善来〕はこの寺の住職をされまして、孝明天皇様から「仏国興盛禅師《ぶっこくこうせいぜんじ》」という禅師号を賜《たま》わった人で、この頃《ごろ》三十七回忌に相当して二十一日間の法会《ほうえ》を営んで居ります。棲梧軒儀山和尚は七十七で歿《な》くなったのでありますが、丁度《ちょうど》今から三十八年前、私が十七の時でありましたが、故本師越渓《えっけい》和尚〔越渓守謙・妙心寺〕の命に依って、満一年随侍《ずいじ》することが出来た。その時分は左程《さほど》に感じませなんだが、今日から考えて見ると、我々後進の者がかくの如き一大禅師に随侍して参禅を許されたのは、誠に身に取って有り難いことであると、追々《おいおい》歳を取るに従《したが》って有り難く思って居ります。

この棲梧老漢というお方の下には、私共《わたくしども》の先師洪川《こうせん》和尚、越渓和尚、滴水《てきすい》和尚〔滴水宜牧・天龍寺〕、牧宗《ぼくしゅう》和尚〔牧宗宗寿・大徳寺〕、広州《こうしゅう》和尚〔広州宗沢・大徳寺〕等、算《かぞ》えれば沢山《たくさん》に立派なお方が出来た。「老漢」というのは支那の俗語で、自ら賤《いや》しんだ言葉で、老《お》いぼれという意味じゃが、それが直《ただ》ちに敬語にもなる。「終に棲梧老漢の所に於て心髄を得」た。「**究竟《くきょう》して一法身《いちほっしん》を成立《じょうりゅう》**」す。俗の身体は父母に受け、俗世間の学問は東畡《とうがい》先生の所で学んだものであるが、この仏法の心髄《しんずい》即ち悟りの道は、今挙《あ》げた次第の如く、竟《つい》に棲梧老漢の所で大成した。「**天を覆《おお》い地を載《の》せ、仏を尽《つく》し儒を尽**」す。この心髄を得た所に至って、初めて自分の得た力を以て、天を覆い地を載せる。これは昔、巌頭《がんとう》和尚〔巌頭全豁〕が言うた言葉に「蓋《けだ》し大教を扶樹《ふじゅ》するは英霊底《えいれいてい》の漢《かん》なるべし。須らく自己の胸襟《きょうきん》より流出《るしゅつ》し将《も》ち来《きた》って蓋天蓋地《がいてんがいち》し去るべし」と、そんな塩梅《あんばい》だ〔『五燈会元』7雪峰、『碧巌録』22評唱〕。こんな小さな五尺の身体《からだ》から見れば、椰子《やし》の大きさの価《あたい》しかないが、一法身を成立した上から見ると、この力を以て天をも覆い地をも載せるということになって、また仏道・儒道の奥義を尽した。「**其《そ》の義寔《まこと》に深固《しんこ》幽遠《ゆうえん》なり**」、実に甚深鞏固《じんじんきょうこ》・幽妙遠大《ゆうみょうえんだい》という様な有り様。「**是《ここ》に於《おい》てか、始めて此の編を撰述す**」、かくの如きの経歴ありて始めて、この一編の『禅海一瀾』というものを編述した。「**然《しか》れば則《すなわ》ち我れを知る者は、其れ唯《た》だ此の編に在り**」、我れ洪川はドンナ男振《おとこぶ》りかはたいていこの『禅海一瀾』で分ろう。しかしながら洪川と云う僧はこんな顔《かお》付きじゃということは分ろうけれども、「**我れを尽す者に至っては未《いま》だし**」、この『禅海一瀾』だけで洪川の胆魂《きもだま》を知ることは出来ぬ。まだ届かぬ。これは先師の大いに自重した所の言葉で、これだけで禅宗が尽《つ》きたと思うと目的《あて》が違う、中々この例言は面白いですな。

「**道流《どうる》乍《たちま》ち叢林《そうりん》に入《い》る時**」、この「道流」という言葉は、始終《しじゅう》我が宗門では使いますが、今ならば道人《どうにん》とか、道者《どうじゃ》とか云うのである。即ち一般の道を求むる所の輩《やから》が、乍《たちま》ち叢林、禅宗の専門の修行をする道場を叢林というが、始めてその道場へ這入《はい》って、この一大事因《いちだいじいん》縁《ねん》を明らめようという輩ならば、「**須《すべか》らく気概を立て誓願《せいがん》を発《おこ》すべし**」。

何の根柢も無く何の誓願も無く、突然とやって来て坐禅したいという様な者が随分大勢《ずいぶんおおぜい》飛び込んで来るが、たいていは好奇心という様な一時の出来心《できごころ》から来る。それも悪いことは無いが、僕はどうも覚えが悪いから坐禅をしたら記憶が善くなるだろうとか、或いは一種の煩悶《はんもん》を直したいとか、世の中が不平でたまらんとか、何か失敗の腹イセとか、そんな動機では頗《すこぶ》る薄弱である。先《ま》ず一つ禅の道へ這入ろうというには、「須らく気概を立て誓願を発すべし」。大いに気概を奮って、そうして誓願を発さなくてはならぬ。総て宗教というものは至誠《しせい》なる誓《ちか》いを立てねばならぬ。仏教でも小乗門では「尽形寿《じんぎょうじゅ》」と云って、生命の終るまでを期して誓いを立てる。大乗の方では「尽未来際《じんみらいさい》」を誓う。この身体は砕けても誓願は変らない。楠公《なんこう》の七死七生もそれじゃ。先ず誓願を発して、「**我れ生《うま》れながらにして万物の最霊たり**」、我れは生れて万物の霊とか長とか言って、人間と云う者は誰しも大きい顔をして居る。所が人間ばかりでない、実は宇宙の大きい舞台に立つ総ての物を眺《なが》むれば、その物が皆な我れは霊なり長なりと言って居るかも知らぬ。兎《と》に角《かく》人間が、万物の上に立って霊なり長なりと言って居るが、「**世に大道《だいどう》無ければ則ち已《や》む**」。真理が無ければそれぎりじゃが、「**苟《いやし》くも大道有れば則ち是《こ》れ人生の最大事業なり**」。この大道は時間に通じ空間に通じ、磅々礴々《ぼうぼうばくばく》、無限無窮である。苟くも常識を備えた所の者には、これを否定することは出来ぬ。果してこれを許すならば、これ人生最大の事業だ。「**之《これ》を修めずして而《しか》も何をか之《こ》れ修めん**」、こう云う最大事業を捨て置いて外に何を求めよう。「**若《も》し箇《こ》の大事に達せざれば、生きて時に益《えき》無く、死して世に益無し**」、もしこの大事に通達することが無ければ、生きて居っても甲斐《かい》が無い。ただ飲んだり食ったりして居るというのでは、真の穀《ごく》ツブシじゃ。死んでも肥料にもならぬ。左《さ》らば生きても死んでも酔生夢死《すいせいむし》に過ぎない。

「**是《かく》の如く志願を立て、強く鞭策《べんさく》を加えて進修《しんしゅ》せよ。**其の激励するや、譬《たと》えば項羽《こうう》の烏《う》

騅《すい》に鞭《むちう》って、淮水《わいすい》を超ゆるが如くせよ」、こう云う実例を引かれた。項羽はモウ諸君の御存知の通り、漢《かん》の高祖《こうそ》と天下を争った豪の者。「力《ちから》山を抜き、気《き》世を蓋《おお》う」といって初めの内は漢の高祖はたいてい項羽に負けてばかり居た位の者が、竟《つい》に時《とき》利有らずして垓下《がいか》の一戦に大敗を喫し、漢の軍に囲まれてその中を夜に乗じて、駿馬《しゅんめ》烏騅に鞭って僅《わず》かに八百騎ばかりを連れて其処《そこ》を逃げ出したことがある。南の方の淮水という川を渡ろうとして、その拍子《ひょうし》に大沢の中に落ち込んだ。馬に一鞭を加えて漸《ようや》く淮水を渡ったという危ないことが、歴史に書いてある(『十八史略』2)。その時、項羽が烏騅に鞭って淮水を超えた様な、誠に危機一髪だ。鞭一つに依って死生の分るる所だ。「**恁麼**《いんも》」、これも俗語で「是《かく》の如《ごと》くにして」というも同じで、「**未**《いま》**だ嘗**《かつ》**て大道に達せざる者有**《あ》**るを見ず**」、九死に一生を得るという意味を含んで居る。九死一生に身を捨てて行ったならば、必ず大道に達せざる者あらんや。

「**若**《も》**し一旦闊然**《かつぜん》**として貫通**《かんつう》**せば**」、窮地に陥って居って、一条の血路を見出し、闊然貫通した後に於ても、「**須らく悟後の進修に於て**」。これを悟後の修行と云うて、一々別解脱《べつげだつ》の法門を明らめねばならぬ。ナゼなれば、自分は救うことが出来ても、人を救うことが出来ぬ。それ故に悟後に於て進修して、「**人**《ひと》**百たびすれば己**《おの》**れ千たびするの苦煉**《くれん》**を尽すべし**」。

「**其の忍辱**《にんにく》」、これは仏法で使い附けた言葉で、今なら忍耐とか堅忍とかいうその屈辱を忍ぶ忍辱の有り様は、「**譬えば張良**《ちょうりょう》**が沓**《くつ》**を黄石**《こうせき》**に捧**《ささ》**ぐるが如し**」。

これも世に知れ渡ったことでありますが、こういうことは少年を戒《いま》しめるには良い言葉で、漢の張良という人は漢の高祖を佐《たす》けて天下を取らせた、漢の高祖の智嚢《ちのう》となった所の人である。それが最初下邳《かはい》の圯上《いじょう》とて土橋の上にて老人に遇うた。その時恰《あたか》も老人が橋の下に履《くつ》を落とし、老人が張良に向って言うに、「孺子《じゅし》下って履《くつ》を取れ」、小僧、橋の下に下《お》りて履を拾えと言ったから、張良はムッとしてこれを殴り倒そうと思ったが、その老を憫《あわれ》み、余り老人じゃからそういう乱暴なことをするのは気の毒に思って不精無精《ふしょうぶしょう》に取ってやったら、老人が足を以て受けた。手で受け取るならば兎《と》も角《かく》、足を出して受けた。そういう尊大な風をして言うに、「孺子《じゅし》教ゆ可《べ》し」。この小僧はちと話が出来る、とでも言った様な訳で、「後五日、我れと此《ここ》に期せん」。今日より五日目に此処へ出て来いという約束を結んだ。そこで張良が約束の通り行って見たら、老人が先に来て居って、老人が怒って言うに、「長者と期し後《おく》るるは何ぞや」。自分より歳《とし》取った人と約束を極《き》めて置いて後るるとは、甚《はなは》だどうも無礼なことでは無いか。また約すること五日、今度は約束を違《たが》えぬ様に来い。また五日経《た》って行ったら、また老人が先に居った。怒って復《ま》た五日を約した。今度は夜半に行った。そうして下邳《かはい》の圯上《いじょう》に待って居たら、老人が後《あ》とから出て来て、即ち喜び、授《さず》くるに一編の書を以てす。「曰く、これを読まば帝者の師と為《な》る可し」、この一編の書物を読んで腹《はら》に入れたら、帝者の師と為ることが出来る。「異日、済北穀城《さいほくこくじょう》山下の黄石を見ば即ち我れなり」、他日済北穀城山下に行って見い。其処《そこ》に黄な色の石がある、その黄石が我れぞよと言って別れて仕舞った。大分《だいぶ》これは奇跡である。それからその受け取った書物を見ると、太公望《たいこうぼう》の兵法《へいほう》であった。それから昼夜習読した。遂に漢の高祖が天下を定めて後に、約束した穀城山下へ行って見たら、果して黄石を得た。そこでこれを祀《まつ》って神の如くに生涯尊敬したということが、伝に書いてある、委《くわ》しく言うとそういうことだ(『十八史略』2)。その忍辱は「張良が沓《くつ》を黄石に捧ぐるが如し」。痩せ我慢を折って、勇猛熱烈に道を求めねばならぬ。

「**大凡《おおよ》そ吾が本分の真修は**」、本当の修行をしようというならば、「**如上の意趣を忘れざれば則ち大道成就、決して疑い無し**」。先師が言葉を励まして訓示せらるるのである。「**或いは往々瞥地彷彿《べっちほうふつ》の省覚《せいかく》を得て**」、所が或《あ》る者《もの》は動《やや》もすると、一旦の見所《けんじょ》を得て未だ明白に到らず、十成《じゅうじょう》の得力《とくりき》なきに拘《かか》わらず、忽《たちま》ち「**独り自ら抗顔《こうがん》**」し、人に高ぶる。「**濫《みだ》りに縦横無碍《じゅうおうむげ》の見《けん》を抱いて**」、自分の意に委《まか》せて、ああである、こうであると、荒々しき見識を抱き、「**忍辱苦錬《にんにくくれん》の行を修めず、多くは外道魔民《げどうまみん》の部類に堕《お》つ**」。この類例は沢山《たくさん》あります。白隠《はくいん》禅師の書かれた『寒山詩闡提記聞《かんざんしせんだいきぶん》』などを読んで見ると、僅かな悟りを開いて、今言う誓願が無い為に外道魔民に陥った例が沢山引いてある。「**之を大乗《だいじょう》を破るの禿奴《とくぬ》と謂《い》う**」、これは最も罵《ののし》ったスリコボチ〔すりこぎぼうず?〕という程の言葉だ。「**吾が真修底《しんしゅてい》に於ては畢竟半文銭《ひっきょうはんもんせん》に当らず**」。修行の上から見れば鐚一文《びたいちもん》の値打も無い。「**故《ゆえ》に吾が門の学者、宜《よろ》しく先《ま》ず創業《そうぎょう》の難き《かた》を知って、復《ま》た須らく守成《しゅせい》の難きを忘れざるべし**」。修行ということも中々難い、「創業」が六箇敷《むつかし》いと同時に「守成」ということもまた難い。それはどっちがどうとも云えない。戦争ならば、攻撃の力と防禦の力と、両方相い俟《ま》って初めて大勝を博することが出来る様なものである。

「**此の書は専《もっぱ》ら府君《ふくん》の為《ため》に撰す**」。府君とは岩国《いわくに》侯〔吉川経幹《つねまさ》〕のことである。「**府君は儒《じゅ》に入りて釈《しゃく》に入らず、頗《すこぶ》る文学に長ず**」。儒教の方をやられて、仏教の方は不案内である。「**故に通編勤《つと》めて仏祖《ぶっそ》の語を用いず**」、仏教の術語を用いないで、「**大抵儒言《じゅげん》を以て之を論じた**。「**往々釈に及ぶ者は、已《や》むを得《え》ざるに出《い》づ**」。この中に仏教の熟語が出たり禅語が出るのは、万《ばん》已むを得ぬ。仏教の言葉を使わぬと本当の意味が現われぬから使ったのであるから、この本を「**見る者之《これ》を察**」して貰いたい。

「**此の編述、山僧又《ま》た微意《びい》有り。蓋《けだ》し禅門の学者、大抵は教外別伝《きょうげべつでん》・不立文字《ふりゅうもんじ》の語を誤認し**」、禅宗は仏一代の経文の外に伝わった宗旨だから文字というものを立せぬ、という言葉に附《つ》いて廻《まわ》って宗意を取り違える者がある。「教外別伝、不立文字」というのは文字に拘《こだ》わらぬというので、捨てて仕舞えというのでは無い。然るに言葉尻《ことばじり》に附いて廻ってそうして悟ったという様なことを云っても、その悟りがエラい悟りとは云われぬ。「**仏義の如何《いかん》、儒義の如何を問わず**」、仏教が分らず、儒教が分らず、「**昆侖《こんろん》に棗《なつめ》を呑《の》む底《てい》**」、昆侖に棗を呑むということを日本の言葉に訳すれば、胡椒丸呑《こしょうまるのみ》ということである。丸呑込《まるのみこみ》の者が「**稲麻竹葦《とうまちくい》の如**」く沢山ある。「**大いに暗証禅《あんしょうぜん》の毀呰《きし》を蒙《こうむ》る**」。暗証禅というのは盲悟りで、盲悟りと誹《そし》られても仕方が無い。「**是れ叢林《そうりん》の通患なり**」、往々この如き輩《やから》が出てくる。「**古徳《ことく》曰く、義精《ぎくわ》しからざれば則ち心《こころ》了して光大ならず**」、今の学問が分らぬ位の者が縦令《たと》い悟ったと云うても覚束《おぼつか》ない。「**義精しくして心を了せざれば、則ち文字《もんじ》終《つい》に神《しん》に入らず**」。仮令《たと》い哲学・理学の義理が精しくても、その心の根本を知らなければ、「文字《もんじ》終《つい》に神《しん》に入らず」（紫柏達観「石門文字禅序」）。この二ツを得て初めて全きを得るので、その一を欠いては、鼎《かなえ》の足の如く其処《そこ》へ安立《あんりゅう》することは出来ぬ。「**故に山僧、学者をして両《ふた》つながら其の患《うれ》いを除かしめんと欲**」し、その患因を除かしめんとして、この『禅海一瀾』を拵《こしら》えた。「**諄々然《じゅんじゅんぜん》として之を辯ず**」るのである。諄々というは、深切丁寧の意である。「**見る者、予《よ》が婆心《ばしん》を嘲《あざけ》ること毋《なか》れ**」、今北洪川《いまきたこうせん》という者は老母が孫を可愛がる様なオダレ（尾垂れ。尻下り）な和尚じゃと嘲けるな、否、嘲っても先師は構わぬであろう。

第三講　編述例言（其二）

一、今、二教《にきょう》を以て之《これ》を論ず、儒《じゅ》に尚古《しょうこ》、経済《けいざい》、性命《せいめい》、陸王《りくおう》、攻証《こうしょう》等の諸学有り、釈《しゃく》に、頓《とん》、漸《ぜん》、秘密《ひみつ》、不定《ふじょう》、蔵《ぞう》、通《つう》、別《べつ》、円《えん》等の諸教有り。吾が禅門の大道《だいどう》を談ずるが如きは、諸学を論ぜず、諸教を論ぜず、禅定《ぜんじょう》を論ぜず、解脱《げだつ》を論ぜず、唯《た》だ見性《けんしょう》を論ず、是《こ》れ大乗《だいじょう》門《もん》の真修《しんしゅ》なり。故《ゆえ》に此《こ》の編、大小異別の瑣末《さまつ》に渉《わた》らず、内外《ないげ》長短を合して、一団の道体《どうたい》と為《な》して説《と》く、学者《がくしゃ》之を察せよ。

一、大道は心に求む、外に求むる勿《なか》れ。我が心体《しんたい》の妙用《みょうゆう》は、直《ただ》ちに我が大道なり。儒仏《じゅぶつ》の差別《しゃべつ》を挟《さしはさ》む勿れ。古人《こじん》唯だ「主人公《しゅじんこう》」と喚《よ》ぶ、以て知る可《べ》きのみ。故に学者、此の編を読む者、儒言に著《じゃく》すること莫《な》く、仏言に局《きょく》すること莫く、唯だ各《おのおの》の自家《じけ》の大道と成して看る可し。

一、儒流毎《つね》に仏者の害を為《な》す、動《やや》もすれば仏法を滅《ほろ》ぼさんと論じ、仏者も亦《ま》た吾が法を尊び、尋常儒《じゅ》と殊別《しゅべつ》なるを論ず。是《ここ》に於《おい》て、儒仏互いに憎《にく》み見ること、水火の容《い》れざるが如し。而《しこう》して此の編、始終同《どう》を以て対説す。是れ山僧《さんぞう》の説法、天下の仏者と別なる処なり。

一、儒仏相い糅《まじ》えて辯解するに二益有り、一には緇流《しりゅう》をして広く内外《ないげ》の学に通じ、宗《しゅう》通《つう》・説通《せっつう》、無碍自在《むげじざい》ならしむるに在り。二には有志の士大夫《したいふ》をして、其《そ》の常習する所の聖言《げん》に因《よ》って、自ら心性《しんしょう》を観て、審問明辯《しんもんみょうべん》、之を勤《つと》めて措《お》かざらしむるに在り。宋《そう》の時、晦《まい》堂《どう》禅師、内外の書を以て徴詰開示《ちょうきつかいじ》し、人をして服習《ふくしゅう》する所に因《よ》り、己《おの》れに克《か》ち自ら観ぜしむ。諸方、師の当《まさ》に外書《げしょ》を以て仏説を糅《まじ》ゆべからざるを訾《そし》る。師曰《いわ》く、「若《も》し見性《けんしょう》せざれば則《すなわ》ち仏祖《ぶっそ》の密語《みつご》尽《ことごと》く外書と成る。若し見性すれば則ち魔説《ませつ》狐談《こだん》皆な密語と成る」。山僧、此の轍《てつ》を用う、全く私意《しい》に非《あら》ざるなり。

一　今以二教論之。儒有尚古経済性命陸王攻証等諸学。釈有頓漸秘密不定蔵通別円等諸教。如吾禅門之談大道。不論諸学。不論諸教。不論禅定。不論解脱。唯論見性。是大乗門之真修也。故此編不渉大小異別之瑣末。合内外長短・而為一団道体説。学者察之。

一　大道求于心。勿求于外。我心体之妙用。直我大道也。勿挟儒仏之差別。古人唯喚主人公。可以知耳。故学者読此編者。莫著儒言。莫局仏言。唯各可成自家大道看。

一　儒流毎為仏者害。動論滅仏法。仏者亦尊吾法。尋常論与儒殊別。於是。儒仏互憎見。如水火之不容也。而此編始終以同対説。是山僧説法。与天下仏者別処。

一　儒仏相糅辯解有二益。一者在令緇流広通内外学。宗通説通。無碍自在。二者在令有志士大夫因其所常習聖言。自観心性。審問明辯。勤之弗措。宋時晦堂禅師以内外書徴詰開示。使人因所服習。克己自観。諸方訾師不当以外書糅仏説。師曰。若不見性。則仏祖密語尽成外書。若見性。則魔説狐談皆成密語。山僧用此轍。全非私意也。

［講話］「**今、二教《にきょう》を以て之《これ》を論ず**」。「二教」は即ち仏教《ぶっきょう》と儒教《じゅきょう》で、ここに仏教と儒教とを対照して眺めて見ると、「**儒《じゅ》に尚古《しょうこ》、経済《けいざい》、性命《せいめい》、陸王《りくおう》、攻証《こうしょう》等の諸学有り**」。「尚古」学というのは、鄭玄《じょうげん》とか何晏《かあん》とか馬融《ばゆう》とか王粛《おうしゅく》とかいう当時の儒者が唱えた説で、明《みん》の李《り》王《おう》学がそれである。それからまた同じ儒学の中に「経済」学というのがある。それを唱えたのは、日本では貝原益軒《かいばらえきけん》、熊沢蕃山《くまざわばんざん》、太宰春台《だざいしゅんだい》などである〔手沢本書入「貝原、熊沢、太宰

等」〕。尤《もっと》も当今の経済学などから言うと、余程麁笨《そほん》であろうが、大体に於て経済を主として論じた。それから「性命」の学というのは、彼の程氏《ていし》兄弟、即ち、程明道《ていめいどう》、程伊川《ていいせん》などが唱え出して、それを朱子《しゅし》が集めて大成したというのが性命に関する学問である〔手沢本書入「程明道伊川始唱、朱子集大成」〕。「陸王」というのは、陸象山《りくしょうざん》、王陽明《おうようめい》を合称して陸王という。大体この陸象山という人が優れた人で、この人の主張というものは、彼の「知行合《ちこうごう》一《いつ》」というに帰する。それから後に至って明《みん》朝に彼の有名な王陽明が出て、この陸象山の知行合一の説に依って、今度は、「良知良能《りょうちりょうのう》」ということを主張した。それ等の事は陽明の語録を見れば委《くわ》しく分る。それから「攻証」〔考証〕学というものは顧炎武《こえんぶ》、毛奇齢《もうきれい》などの当代の儒者の説である。この通り儒者の中にも各《おのおの》の得意があって、尚古、経済、性命、陸王、攻証と、分れば色々ある。

また「**釈《しゃく》に、頓《とん》、漸《ぜん》、秘密《ひみつ》、不定《ふじょう》、蔵《ぞう》、通《つう》、別《べつ》、円《えん》等の諸教**」がある。これはちょっとあなた方にはお分《わか》り憎《にく》いかも知れないけれども、これは教相《きょうそう》の分け方で、仏法の中でも坐《ざ》禅観法《ぜんかんぼう》などは最早《もはや》実行上の仕事じゃが、教相という方は一つの学問で、詰《つま》り仏法を哲学的に説いた所のものである。その教相というものも夫々《それぞれ》宗旨というがあって、それから宗派が分れるので、華厳《けごん》宗なり、天台《てんだい》宗なり、色々捌《さば》き方がある。その捌き方は、仏《ほとけ》様の一代の説法を廃したり立てたり、色々に捌く。今此処《ここ》へ出してあるのはその教相の捌き方を天台宗の教義に依って示したので、天台の宗祖智者《ちしゃ》大師〔智顗〕が、仏の一代の説教を「五時《ごじ》八教《はっきょう》」というものにお説きになった。五時八教のことは、『天台四教儀《てんだいしきょうぎ》』という本に委しくありますから、仏学をする人に就いて聞くがよい。

「五時」というのは仏が一番最初に説教したのが、華厳の時、それから阿含《あごん》の時、それから方等《ほうとう》の時、それから般若《はんにゃ》の時、それから法華涅槃《ほっけねはん》の時、合せてこれを五時と説く。それを委しく言うて居ると、それだけで長引きますから、また先へ行って委しく言うことがありましょう。今は「五時」という名だけに止めて置く。

それから「八教」というのは、此処に出て居る、頓教《とんきょう》、漸教《ぜんきょう》、秘密教《ひみつきょう》、不定教《ふじょうきょう》、蔵教《ぞうきょう》、通教《つうきょう》、別教《べっきょう》、円教《えんきょう》、これを八通りの教と説くのである。初めの頓教と漸教と秘密教と不定教の四つを、これを「化儀《けぎ》」の四教といい、それから蔵教、通教、別教、円教の四つを、これを「化法《けほう》」の四教という。丁度薬《ちょうどくすり》で言うて見ると、初めの化儀は法書きで、この化法というのは、薬という様なもので、かくの如き処方に依ってこの薬は此処に用いる。詰りその法書きと実物の薬の様な有り様に、化儀と化法と二つに分けた。それを合せてこれが八通りになる。仏様の一代の説法を大別すれば、八通りであって、その八通りというものは、今申した通り頓、漸、秘密、不定、蔵、通、別、円と、こういう塩梅《あんばい》に分けるのであります。

これを一通り申すと、頓教というのは、文字が意味を現わして居る通りであって、頓極《とんごく》の教、即ち直《じき》に大方広《だいほうこう》なる『華厳経』を説いたものがそれに当る。それから漸教というのは色々縁《ゆか》りを附けた方で乃《すなわ》ちジリジリと引き上げて漸々に漸初《ぜんしょ》、漸中《ぜんちゅう》、漸末《ぜんまつ》と、分けて説いた。それは初め仏が鹿野苑《ろくやおん》という所に於て、一方には九十幾種の外道《げどう》を折伏《しゃくぶく》し、一方には二乗声聞《にじょうしょうもん》の為に小乗法を説かれた。それが初まりで『阿含経《あごんきょう》』がそれである。十二年間、阿含部の経を説かれた。今、錫蘭《セイロン》、暹邏《シャム》、緬甸《ビルマ》、柬母茶《カンボチャ》などに残って居るのはこの阿含部の小乗教である。それが漸教なので、それから方等部というを説いた。その方等部というのは、どういう事を説いたかというと、先《ま》ず今までの小乗小果という小さな悟りに安んじて居る輩《やから》を弾《はじ》き落として、大乗の方へ引き上げた。それが「権大乗《ごんだいじょう》」である。その方等を説かれたのが前後八年間で、『維摩経《ゆいまきょう》』『勝鬘経《しょうまんきょう》』『楞厳経《りょうごんきょう》』などが皆なそれに含まれる。それから後に至って『般若《はんにゃ》』という経を説かれた。『般若』という経が六百巻、漢訳になって居る。その般若会上《はんにゃえじょう》に於て広く真空《しんくう》の法を談じ、そうして今までの二乗声聞をスッかり淘汰して、一切皆な大乗の方に帰せしめたというのが「実大乗《じつだいじょう》」である。その般若を説かれたことが前後二十二年間であります。

こういう工合で、浅い処から深い所へ、粗雑な所から精密の所へと繰り上げたのでありますす。それから秘密教というのは、世尊が不思議の智慧・神通の力を以て、その当時の大勢の人に法を説かれた。大勢の大衆《だいしゅ》が一所になって仏の法を聞いて居ったけれども、聞く所が各《おのおの》の異る。同じ場所で同じ説法を聞いても、人々に依って聞き方が違う。これは彼れを知らず、彼れはこれを知らぬということで、私の知って居ることはあなたが御存じでなく、あなた方が知って居ることは私が知らないという、こういう様な風に隠密機《おんみつ》に趣くという意で、それを秘密教と名づけたのじゃ。不定教というのは如来が不思議の智慧・神通の力を以て説法せられると、大衆はそれを聞いて、小さな道理を聞きながら大いなる悟りを開き、或いは大いなる法を聞いて小さな悟りを開いた。「彼此不相知《ひしあいしらず》、得益不定《とくやくさだまらざる》」が故に、不定と名づけたのである(『大明三蔵法数』10)。委《くわ》しいことは『四教儀』の方で研究をされるが宜《よ》い。

それから後の化法の四教は、蔵、通、別、円。乃ち蔵教は含蔵《がんぞう》の義で、経律論《きょうりつろん》の三蔵は一切の文理を含むと云う義である。通教は前の蔵教に通じ、後の別教に通ずる義である。別教は隔別《かくべつ》不同で、前の蔵通に別し、後の円教に別するの義である。円教は不偏の義で、所謂《いわゆ》る中道《ちゅうどう》の理は性相円融《しょうそうえんゆう》、事理無碍《じりむげ》で、法々具足《ほうぼうぐそく》するの意である。丁度初めに言いました華厳、阿含、方等、般若、法華、涅槃などの説法が四教の何《いず》れかに配当することが出来るが、しかしそういうことは、教相を一通り学んだ人でないと何程《なにほど》言葉を重ねても分りませぬから、これ位にして止《や》めて置きます。これを八教と称す、斯《かく》の如き諸教がある。こういう塩梅《あんばい》に、儒教は儒教で色々儒教の学問の別がある。また仏教は仏教で、こういう風に八教という別がある。

「**吾が禅門の大道《だいどう》を談ずるが如きは**」、既にこれは大道であるから、「**諸学を論ぜず、諸教を論ぜず、禅定《ぜんじょう》を論ぜず、解脱《げだつ》を論ぜず、唯《た》だ見性《けんしょう》を論ず**」。これを一遍言葉を返して見ると、既に見性さえ得たならば、諸教も備わり、禅定も備わり、解脱も備わるとなってくる。これは六祖《ろくそ》大師の説教を集録した『六祖法宝壇経《ろくそほうぼうだんきょう》』（行由第一）の中に言ってある。その謂《いわ》れ因縁《いんねん》は略して、六祖が言われるに、或る時、印宗《いんしゅう》法師というのが六祖に尋ねて、「黄梅《おうばい》の付嘱《ふしょく》、如何《いかん》か指授《しじゅ》せん」。黄梅というのは六祖の師匠、黄梅山の弘忍《ぐにん》大師で、弘忍大師があなたに付嘱せられたというその尊い所の御法は、如何なることを指授するかと尋ねたら、慧能《えのう》（六祖）曰く、「指授は即ち無し」。指授は何も無い、「唯だ見性を論じて、禅定解脱を論ぜず」と。此処はただ、六祖大師の言葉だけを言うて置きます。そうしたら印宗が問うて言うに、「何ぞ禅定解脱を論ぜざる」と反問したら、六祖が「是《こ》の二法は是れ仏法にあらず、仏法は是れ不二《ふに》の法」と言われた。これは能く咬《か》み砕《くだ》かぬと、ただ荒呑込《あらのみこみ》では分らぬが、兎《と》も角《かく》こう言われた。もし不二の境界を得たら禅定解脱の法は皆な含まれて居る。先師のこの文言は其処《そこ》に胚胎《はいたい》して居る。

禅定とか解脱とかいうことは、皆なこれは大事の事だ。しかし乍《なが》らその大事の事が見性から来る。ただ見性を論ずで、私共《わたくしども》は小僧の内から見性という文字に慣れて居るから、左《さ》程《ほど》に感じないが、全体、見性ということは、吾が達磨《だるま》大師が現われぬ前には誰一人も殆《ほと》んど言わなんだ斬新なる言句《ごんく》である。たいていは心というものは、知られるけれども見ることは出来ぬものじゃと思うて居る。今の心理学でも、若《も》しくは哲学でもそうだ。心の道理を研究して知るのみにして、見性という恰《あたか》も掌《てのひら》を見る如く心の本体を見るということは、東洋の哲学にも西洋の哲学にも無い。ただ独り禅のみ見性を唱える。こういうことは余程斬新だ。言葉が斬新では無い、一種独特の法門を此処に建てた。

「**是《こ》れ大乗門《だいじょうもん》の真修《しんしゅ》なり。故《ゆえ》に此《こ》の編、大小異別の瑣末《さまつ》に渉《わた》らず**」、大乗小乗ということは、始終《しじゅう》我々が口癖《くちぐせ》の様に言うて居るが、仏教の熟字を知らぬ方は、字からして分らぬだろうが、「乗」というは乗り物であります。我が仏道を乗り物に喩《たと》えて、小さい輩《やから》は小さい乗り物に乗る。大きい輩は大きい乗り物に乗る。人力に乗る者もあり、馬車に乗る者もあり、自動車に乗る者もある様に、詰《つま》り修行の法を乗り物に喩えた。扨《さ》て大乗真の修行は、大と小と異と別と択《えら》ばず、「**内外《ないげ》長短を合して、一団の道体《どうたい》と為《な》して説《と》く、学者《がくしゃ》之を察せよ**」、内も外も長《なが》きも短《みじか》きも、総て一団の道体として居る。

「**大道は心に求む、外に求むる勿《なか》れ**」、既にこれ見性を以て標榜して居るのであるから、大道を何処《どこ》に求めるかと言えば、外に向って求めるのでは無い。心に求める。独り禅宗ばかりでは無い。仏法は始めより皆な、「三界唯一心《さんがいゆいいっしん》、心外無別法《しんげむべっぽう》」と称して、我が教祖釈《しゃ》迦牟尼如来《かむににょらい》はこの主義に依って道を開かれたのである。これに反して彼の耶蘇《やそ》教やマホメット教や婆羅門《ばらもん》教は、たいてい天啓教といって、天の黙示を授かったという様な所から開いた宗旨が多いが、お釈迦様は、天の黙示も、神様の御告げも、何も受けた訳でない。畢竟自力《じりき》修行の結果、宇宙の大法を開悟せられたばかりである。「**我が心体《しんたい》の妙用《みょうゆう》は、直《ただ》ちに我が大道なり**」、吾が心の本体から開発する所の百般の妙用というものは直ちに我が大道で、我が心の外に大道がある訳では無い。故に我が心を徹見《てっけん》すれば、直ちにそれが大道である。「**儒仏《じゅぶつ》の差別《しゃべつ》を挟《さしはさ》む勿れ**」、既にこれ大道であるから、これは儒道じゃの、これは仏道じゃの、その他神道であるとか、耶蘇教であるとか、そういう差別を挟《さしはさ》むの余地が無い。言い換えれば「吾が道は一《いっ》以て貫いて」居る〔『論語』里仁、第31講参照〕。「**古人《こじん》唯だ主人公《しゅじんこう》**」**と喚《よ》ぶ、以て知る可《べ》きのみ**」、これは昔、瑞巌《ずいがん》和尚というがありて、自分が坐禅して居って、時々「主人公」と自ら喚ぶ。誰が返事をするでも無い、自ら返事して、「諾《だく》」、ハイと自ら答え、また自ら「惺々着《せいせいじゃく》」と呼び、また「諾」、ハイと、自問自答をやられた。これが「瑞巌の主人公」と云うて名高い一つの公案《こうあん》の様なものになって居る〔『無門関』12〕、それをちょっとここへ出した。「**故に学者、此の編を読む者、儒言に著《じゃく》すること莫《な》く、仏言に局《きょく》すること莫く、唯だ各《おのおの》の自家《じけ》の大道と成して看る可し**」、儒も仏も有《あら》ゆる諸道を以て自家の大道として研究するが宜《よ》かろう。

「**儒流毎《つね》に仏者の害を為《な》す、動《やや》もすれば仏法を滅《ほろ》ぼさんと論**」ず。韓退之《かんたいし》とか欧陽脩《おうようしゅう》とかいう人は成程《なるほど》文章家であり、また学者であるけれども、その識見というものは、余程狭隘《きょうあい》なものじゃ。今日から見ると、ああいう人の論は狭いばかりで無い、片寄って居る。所謂る坊主が憎くけりゃ袈裟《けさ》まで憎いという論法で、頻《しき》りに廃仏を唱えた。独り韓退之や欧陽脩ばかりでは無い。その韓退之、欧陽脩の糟粕《そうはく》を舐《ねぶ》って仏に害を加え様という輩《やから》がある。「**仏者も亦《ま》た吾が法を尊び、尋常儒《じゅ》と殊別《しゅべつ》なるを論ず**」。儒者ばかりでなく、仏者もまた手前味噌を掲げ、儒者を商売敵《がたき》という様に悪くケナシて仕舞う。両者の異端呼《よば》わりは珍らしからぬ。

「**是《ここ》に於《おい》て、儒仏互いに憎《にく》み見ること、水火の容《い》れざるが如し**」、乃《そこ》で「**此の編**」即ち『禅海一瀾《ぜんかいいちらん》』は、それに反して「**始終同《どう》を以て対説す**」、儒道と仏道と同じき点のみを対照して説いた。凡《およ》そ真理には契合と特殊の二方面があるのである。例えば仏教も耶蘇教も宗教として世に臨んだ所は変りが無い。仏の慈悲心《じひしん》、耶蘇の博愛《はくあい》皆な同じである。『観無量寿経《かんむりょうじゅきょう》』にある如く、「仏心とは大慈悲是れ」で一言に尽《つく》して居る〔諸仏心者大慈悲是〕。また耶蘇教で、ゴッド・イズ・ラブ、ラブ・イズ・ゴッドというも同じ意味だ。宗教としての立場は同じである。所が学問の方面から言うと、仏教と耶蘇教とは全然趣《おもむき》を異にして居る。その優劣は同日の論でない。今、先師はその契合点に就いて、「**是れ山僧《さんぞう》の説法、天下の仏者と別なる処**」であると説かれた。

「**儒仏相い糅《まじ》えて辯解するに二益有り**」、凡そ儒仏相い糅えて辯解するに、二通りの利益《りやく》がある。「**一には緇流《しりゅう》**(即ち仏教僧侶)**をして広く内外《ないげ》の学に通じ、宗通《しゅうつう》・説通《せっつう》、無碍自在《むげじざい》ならしむるに在り**」。これも『楞伽経《りょうがきょう》』という経文を見ると、「宗通」「説通」の事が委《くわ》しく説いてある。宗通とは悟りのことで、説通とは度生《どしょう》のことである。この二つがあれば鬼《おに》に鉄棒《かなぼう》の働きが出来るのじゃ。それから「**二には有志の士《し》大夫《たいふ》をして、其《そ》の常習する所の聖言《せいげん》に因《よ》って、自ら心性《しんしょう》を観て、審問明辯《しんもんみょうべん》、之を勤《つと》めて措《お》かざらしむるに在り**」で、言わば一挙して両得あるというものである。

「宋《そう》の時、晦堂《まいどう》禅師、内外の書を以て徴詰開示《ちょうきつかいじ》し、人をして服習《ふくしゅう》する所に因《よ》り、已《おの》れに克《か》ち自ら観ぜしむ」。この晦堂禅師〔晦堂祖心〕というは、たいへん優れた人でありますが、初め儒生となりて名あり、年十九にして目がつぶれた。ソコデ父母の許しを得て出家せられて、忽《たちま》ち復た目が開いた。それから慧南《えなん》禅師〔黄龍慧南〕に就いて修行し、深くこの事を信ずと雖《いえど》も、久しく発明せずに居られた。後ち石霜《せきそう》山に止《とど》って居て、因《ちな》みに『伝燈録《でんとうろく》』を見て、「僧あり多福《たふく》に問う、如何《いか》なるか多福一叢《いっそう》の竹。福曰く、一茎両茎斜《いっけいりょうけい》めなり。僧曰く、会《え》せず。福曰く、三茎四茎《さんけいしけい》曲れり」と云う処に至って、頓《とみ》に南公〔慧南〕の作略《さりゃく》を見て、帰って再び南公に見《まみ》えて、終《つい》に法を嗣《つ》がれたのである〔『禅林僧宝伝』23、『五燈会元』17〕。

それに就いて思い出したが、或る時、芭蕉翁《ばしょうおう》が深川の桃青寺《とうせいじ》に居る時に、芭蕉の師匠たる仏頂《ぶっちょう》和尚と六祖五兵衛《ろくそごへえ》という俳人とが庵《いおり》へやって来て、翁の顔を見るや、五兵衛が「如《い》何《か》なるか是れ閑庭草木裏《かんていそうもくり》の仏法」と問うた。スルト、芭蕉翁が、「葉々《ようよう》、大底は大、小底は小」と答えた。諸君これで悟りになって居るか、一つの哲学になって居るかどうか。次に仏頂和尚が問われた、「今日何事《なにごと》かある」と。そうしたら芭蕉翁が、「雨来《あめきた》って青苔潤《せいたいうるお》う」と答えた。仏頂和尚が、更に問いを進めて、「青苔未《いま》だ生ぜず、春雨未《いま》だ来らざる時如何《いかん》」と言った時に、丁度、蛙が池へ飛び込んだ。それを芭蕉が直《ただ》ちに、「古池《ふるいけ》や蛙《かわず》飛び込む水の音」と言った〔小筑庵春湖『芭蕉翁古池真伝』〕。これがマア俳門に於ては大変なものになって居るらしい。私は一向《いっこう》俳諧の方は分らぬけれども、芭蕉翁の俳諧というものは、全く禅から来て居る。その「古池や蛙飛び込む水の音」と、こう答えた時に、それがたいへん仏頂和尚の意に協《かの》うて、そこで印可証明《いんかしょうめい》をせられたと云うことである。今の多福和尚と僧との問答に意《こころ》が通《かよ》うておるから、ちょっと話して見たのじゃ。

所が「**諸方、師の当《まさ》に外書《げしょ》を以て仏説を糅《まじ》ゆべからざるを訾《そし》る**」。あちらこちらで、どうも晦堂禅師が、お経の事を言わずして、世間の書物の事ばかりを取って仏説を糅《まじ》えるのを訾《そし》った。外書というのは世間の書物を疎外したので、外書と仏書と一所にしては相い済まぬと訾った。今でも能《よ》く言う。苟《いやし》くも禅宗の知識という様な者が演説をして廻ったりするのは甚《はなは》だいけぬという様なことを、昔にコビリ附いた先生はそういうことを言う。それで「**師(晦堂)曰《いわ》く、若《も》し見性《けんしょう》せざれば則《すなわ》ち仏祖《ぶっそ》の密語《みつご》尽《ことごと》く外書と成る**」、自分の心がまだ分って居らぬ位ならば、仮令《たと》い朝から晩まで仏の御経を読み、祖師方の教えを口で唱えて居っても、それは皆な外書だ。どんな有り難いお経を誦《じゅ》して居っても、心に解して居らなければ、鸚鵡《おうむ》が口真似《くちまね》をして居る様なものだ。「**若し見性すれば則ち魔《ま》説狐《せっこ》談《だん》皆な密語と成る**」、もし見性すれば仮令《たと》い天魔《てんま》の説と雖も、野干鳴《やかんめい》の談と雖も、皆な幽妙深玄なる所の言葉となる(『人天宝鑑』黄龍心)。「**山僧、此の轍《てつ》を用う**」、晦堂和尚の前轍を用いて、そうしてこの『禅海一瀾』というものを書いた。「**全く私意に非《あら》ざるなり**」、ただ自分の越権でこういうことをしたのでは無い、こう断わって置かれたのであります。

第四講　編述例言（其三）

一、此《こ》の編、事已《ことや》むを獲《え》ず、箇《こ》の心《しん》と説《と》き、箇の性《しょう》と説く、已《すで》に大段狼藉《だいだんろうぜき》し了《おわ》る。若《も》し夫《そ》れ英霊独脱《えいれいどくだつ》、情塵《じょうじん》を出《い》で理性《りしょう》を超《こ》ゆる者ならば、金剛圏《こんごうけん》・栗棘蓬《りっきょくほう》と雖《いえど》も、猢猻《こそん》を弄《ろう》する家具《かぐ》の如《ごと》し、況《いわん》や心性《しんしょう》の理義《りぎ》に於てをや。這般《しゃはん》の漢《かん》、切に我が言《い》う底《てい》を記することを得ざれ、唯《た》だ我が言外《ごんがい》に出身《しゅっしん》の玄路《げんろ》有るを冷笑せんことを請《こ》う。大凡《おおよ》そ字面に執《しゅう》して論ずる者は、縦饒《たと》い一大蔵教《いちだいぞうきょう》を諳《そら》んじ得て分暁《ふんぎょう》なるも、古人《こじん》喚《よ》んで糞《ふん》を運《はこ》び入《い》ると作《な》す。畢竟生死《ひっきょうしょうじ》の根株《こんしゅ》を抜却《ばっきゃく》するの術に非《あら》ず。然《しか》りと雖《いえど》も、山僧《さんぞう》切に忌《い》む、吾が宗門《しゅうもん》中、軽躁《けいそう》の流輩《りゅうはい》、文《もん》字《じ》を蔑視し、箇の掠虚頭《りゃくことう》の漢《かん》と作《な》らんことを。旃《こ》れを慎《つつし》めや。

一、儒仏《じゅぶつ》の道、若し正見分明《しょうけんふんみょう》ならば、豈《あ》に軒輊《けんち》を容《い》れんや。大抵毀訾《きし》して憚《はばか》らざる者は、皆な討閲《とうえつ》の未《いま》だ究《きわ》めざるが為《ため》なり。軽躁の学者、見《けん》に既《すで》に軒輊《けんち》有り、道《みち》何ぞ軒輊無からん。故《ゆえ》に法を知る者は慎《つつし》む可《べ》し。先哲曰《せんてつい》わく、「吾れ『首楞厳経《しゅりょうごんきょう》』を読んで、儒、仏の下に在るを知り、又《ま》た『阿含《あごん》』等の経を読んで、仏、儒の下に在るに似たるを知る。『華厳経《けごんきょう》』を読むに至って、仏無く儒無く、大無く小無く、高無く下無く、能《よ》く仏、能く儒、能く大、能く小、存泯《そんみん》自在なり」。亦《ま》た達見《たっけん》ならずや。請《こ》う学者、五内《ごない》に銘《めい》ぜよ。

一、古教照心《こきょうしょうしん》は宗門の大範《たいはん》なり。箇《こ》の事成熟《じょうじゅく》の後、必《かなら》ず須《すべか》らく先《ま》ず『首楞厳経』を拝読して、大道の幽趣《ゆうしゅ》を煅煉《たんれん》し、五十の魔境《まきょう》を熟知すべし。然《しか》らざれば、恐《おそ》らくは蹉過《さか》する者《もの》多からん。近世、吾が宗門中の人、唯だ其《そ》の神呪《しんじゅ》を誦《じゅ》するを知って、其の経意《きょうい》を審《つまび》らかにするを知らず、太《はなは》だ歎《たん》ず可《べ》し。仏光《ぶっこう》国師『楞厳』を評して曰く、「破相顕理《はそうけんり》」と。嘗《かつ》て詳《つまび》らかに経意を按《あん》ずるに、是《こ》れ精密の評に非ず。山僧賛《さん》じて曰く、「極円究理《ごくえんきゅうり》」と。拝読の人、請《こ》う之《これ》を辨別《べんべつ》せよ。

虚舟子識《きょしゅうししる》す

一　此編事不獲已。説箇心説箇性。已大段狼藉了。若夫英霊独脱出情塵超理性者。雖金剛圏栗棘蓬。如弄猢猻家具。況於心性理義乎。這般漢切不得記我言底。唯請冷笑我言外有出身玄路。大凡執字面論者。縦饒諳得一大蔵教分暁。古人喚作運糞入。畢竟非抜却生死根株之術。雖然。山僧切忌。吾宗門中軽躁流輩。蔑視文字。作箇掠虚頭漢。慎旃哉。

一　儒仏之道。若正見分明。豈容軒輊哉。大抵毀訾而弗憚者。皆為討閲之未究也。軽躁学者。見既有軒輊。道何無軒輊。故知法者可慎矣。先哲曰。吾読首楞厳経。知儒在仏之下。又読阿含等経。知仏似在儒下。至読華厳経。無仏無儒。無大無小。無高無下。能仏能儒。能大能小。存泯自在矣。不亦達見乎。請学者銘于五内焉。

一　古教照心者。宗門之大範也。箇事成熟後。必須先拝読首楞厳経。煅煉大道幽趣。熟知五十魔境也。不然。恐蹉過者多焉。近世吾宗門中人。唯知誦其神呪。而不知審其経意。太可歎矣。仏光国師評楞厳曰。破相顕理。嘗詳按経意。是非精密之評。山僧賛曰。極円究理。
拝読人請辨別之。

虚舟子識

［講話］「**此《こ》の編、事已《ことや》むを獲《え》ず、箇《こ》の心《しん》と説《と》き、箇の性《しょう》と説く**」。我が禅宗の見解《けんげ》に依ると、「心」と説き「性」と説くということは、最早《もはや》第二《だいに》義門《ぎもん》としてある。故に古人は「個の仏字を云うも口嗽《そそ》ぐこと三年せよ」などと示しておる〔『虎丘隆和尚語録』雲巌禅寺録〕。何《な》ぜというと禅宗には、「心」と言わずして心の実を得せしめ、「性」と言わずして性の体を悟らしむるのである。それ故に吾が宗門は始《はじ》めより、「教外別伝《きょうげべつでん》、不立文字《ふりゅうもんじ》、直指人心《じきしにんしん》、見性成仏《けんしょうじょうぶつ》」と標榜している。しかし『禅海一瀾《ぜんかいいちらん》』の中には万々《ばんばん》已むことを獲ずして、或《あ》る場合には「心」と説き「性」と説いて居るが、「**已《すで》に大段狼藉《だいだんろうぜき》し了《おわ》る**」。「狼藉」というのは取り乱した有り様、既に「心」の「性」のというのは、はや大変な失敗だ。けれども人の為には已むことを得ない。

「**若《も》し夫《そ》れ英霊独脱《えいれいどくだつ》**」、もしここに一個の英霊独脱底の人あって、「**情塵《じょうじん》を出《い》で理性《りしょう》を超《こ》ゆる者ならば**」、我々が総ての「情塵」と云う妄想《もうぞう》、「理性」と云う智障《ちしょう》を飛び超えて、所謂《いわゆ》る「向上《こうじょう》の一路《いちろ》」という所へ達し得る人ならば、「**金剛圏《こんごうけん》・栗棘蓬《りっきょくほう》と雖《いえど》も**」、これも矢《や》張《は》り禅録に屢《しばし》ば現われて居る言葉で「金剛圏」というのは金剛で作った所のワナみた様なもので、そういう囲いの中に閉じ込めて仕舞われては、当り前の者では飛び出ることは出来ぬ。「栗棘蓬」というのは、日本の言葉で言えば栗のイガだ。栗のイガをそのまま呑《の》んで仕舞えと言っても、当り前の者では呑むことが出来ぬ。しかしこれは譬喩の言葉であって、その実は宗門で言う所の難透難解《なんとうなんげ》の公案《こうあん》、あらゆる誵訛《ごうか》の因縁《いんねん》のことで、そういう骨っぽい所の「金剛圏・栗棘蓬」の如きものと雖も誠に易々《やすやす》とそれを扱い得ることが出来る。それは恰《あたか》も「**猢猻《こそん》を弄《ろう》する家具《かぐ》の如《ごと》し**」。「猢猻」というは猿のことで、猿遣《さるつか》いが猿を自由に遣う様なものである。「**況《いわん》や心性《しんしょう》の理義《りぎ》に於てをや**」。金剛圏・栗棘蓬すらその通り、況や心性の理義、今日の学問から言うと、心理学であるとか哲学であるとか、それを系統的、論理的に説明するという様なことはモウ既に当り前の事である。

「**這般《しゃはん》の漢《かん》、切に我が言《い》う底《てい》を記することを得ざれ**」、こういう飛び超えたる英霊独脱底の輩《やから》ならば、今、我がこの『禅海一瀾』で言う様な言葉を覚える必用はない。「**唯《た》だ我が言外《ごんがい》に出身《しゅっしん》の玄路《げんろ》有るを冷笑せんことを請《こ》う**」。今、我れが『禅海一瀾』に於て言うて居る言葉に着いて廻《まわ》っては最早《もはや》仕方が無いが、その言葉以外に於て、自分の身働《みばたら》きを得る所の一路あることを冷笑せんことを請う。洪川《こうせん》成り下ってあれまでに言うて居る哩《わい》と言って大方冷笑するじゃろう。冷笑して初めて我れを知る者と言う可しである。

「**大凡《おおよ》そ字面に執《しゅう》して論ずる者**」、左《さ》も無くして字面や言句《ごんく》の尻に着いて廻って、真理を見ようというような輩《やから》ならば、「**縦饒《たと》い一大蔵教《いちだいぞうきょう》を諳《そら》んじ得て分暁《ふんぎょう》なるも**」、仏一代の蔵教、即ち五千四十余巻の大蔵経を諳《そら》んじ得て明らかなりと雖も、そういう文字に着いて廻る輩は、「**古《こ》人《じん》喚《よ》んで糞《ふん》を運《はこ》び入《い》ると作《な》す**」。「糞を運び入る」というのは、これは伝燈録《でんとうろく》の潙《い》山《さん》和尚の言葉にこういうことがあって、「若し外に向って一句《いっく》一解《いちげ》を得て将《ま》さに禅道と為さんとす。且つ没交渉《もっきょうしょう》、これを糞を運び入るとなす」（『聯燈会要』7、『五燈会元』9）と潙山和尚が示されて、「**畢竟《ひっきょう》生死《しょうじ》の根株《こんしゅ》を抜却《ばっきゃく》するの術に非《あら》ず**」。一大蔵経を諳んじ得、諸《しょ》子《し》百家《ひゃっか》を悉《ことごと》く諳んじ得たりと雖も、それは一種の学芸で、生死の根本を抜却するの術では無い。「生死」ということは常に言います如く、迷いと見て宜《よ》い。胎内から出るとか、息が止って死んで行くとかいう末のものでは無い。その迷いの根本を抜却するということに至っては相応せぬ。

「**然《しか》りと雖《いえど》も**」、こうは言うけれど、「**山僧《さんぞう》切に忌《い》む、吾が宗門《しゅうもん》中、軽躁《けいそう》の流輩《りゅうはい》**」、拙僧《わし》が切に忌み嫌うことがあるというは、我が宗門中の軽躁浮薄なる輩が「**文字《もんじ》を蔑視し**」、何ぞと言うと自分の不学無識を掩《おお》わんが為に、禅宗は「不立文字」じゃと言って、文字を知らずして文字を蔑視して居る輩が沢山ある。そうして「**箇の掠虚頭《りゃくことう》の漢《かん》と作《な》**」る。「掠虚頭」というのは唐土《とうど》の俗語で、空景気《からけいき》を吐《つ》く奴《やつ》ということで、本当の悟りを開かずして、悟った如く法螺《ほら》を吹いて居る者を「掠虚頭の漢」というので、この掠虚頭の漢と作ることを忌み嫌う。「**旃《こ》れを慎《つつし》めや**」と申されたのであります。

「**儒仏《じゅぶつ》の道、若し正見分明《しょうけんふんみょう》ならば、豈《あ》に軒輊《けんち》を容《い》れんや**」。この『禅海一瀾』は初めから言われるが如く儒と仏とを聯絡《れんらく》せしめようというのが、大体の趣意である。今、儒と言い仏と言うが、もし正見分明で真理に対して明確なる一つの正しい見識を持って居る人ならば「豈に軒輊を容れんや」。「軒輊」というのは優劣を附けるということで、一を高しとし一を低しとする様なことはない筈《はず》じゃ。然《しか》るに「**大抵毀訾《きし》して憚《はばか》らざる者は**」、大抵の輩が、儒は仏に対し、仏は儒に対して、互いに排斥して或《ある》いは異端であるとか外道《げどう》であるとか称して憚らざる所の者は、「**皆な討閲《とうえつ》の未《いま》だ究《きわ》めざるが為《ため》なり**」。畢竟その人の智見の狭い、まだ調《しら》べが足りない為である。「**軽躁の学者、見《けん》に既《すで》に軒輊《けんち》有り**」、その浅薄な空景気を吐く奴は、自分の見識に於て既に軒輊というものを造って居る。「**道《みち》何ぞ軒輊無からん**」。そういう分け隔てのある見識を以て儒仏の二道を見るのであるから、儒仏二道の軒輊が現われて来て、一つに見ることが出来ぬ。「**故《ゆえ》に法を知る者は慎《つつし》む可《べ》し**」。昔から「法を識る者は懼《おそ》る」という言葉があるが〔「識法者懼」、『碧巌録』『虚堂録』他。『塩山和泥合水』上「誠ニ是法ヲ知モノハヲソル、ナリ」〕、その言葉の如く、深く法を知った輩は大いに慎まなければならぬ。

「**先哲曰《せんてついわ》く、吾れ『首楞厳経《しゅりょうごんきょう》』を読んで、儒、仏の下に在るを知り、又《ま》た『阿含《あごん》』等の経を読んで、仏、儒の下に在るに似たるを知る**」。この言葉は『鳴道集説《めいどうしゅうせつ》』に引いてある〔「亀山曰、儒仏深処、所差杪忽耳」条〕。李《り》屏山《へいざん》〔李純甫〕曰く、「儒仏の軒輊は、唯だに仏者の儒書を読まざるの過《とが》のみならず、亦た儒者の仏書を読まざるの病なり。吾れ『首楞厳経』を読みて云々」、茲処《ここ》から出て居るのである。

扨《さ》てこの『楞厳経《りょうごんきょう》』は「七処徹心《しちしょてっしん》・八還辯見《はちげんべんけん》」など説きて実に心理の妙を尽したもので、今日心理学などを研究しようという人は、これを見たら大変益《えき》することがあるだろう。扨て李屏山が云うに、吾れ『楞厳経』を読んだ時分に、「儒の仏の下に在るを知る」で、仏は儒道よりも優れて居るものだと思った。所がまた後に至って『阿含経《あごんきょう》』を読んで、『阿含経』は『楞厳経』よりもズッと低い道理を説いたものである。この教えは現今もなお暹羅《シャム》、錫蘭《セイロン》、緬甸《ビルマ》、東母茶《カンボチャ》等に伝わって居るが、こちらでは小乗教として用いて居る。その『阿含経』を読んだ時には、「仏、儒の下に在るに似たるを知る」で、仏の方が却って儒の下に在る様に思った。

だから仏教のただ一端を部分的に見ただけではいかぬ。仏教は厭世《えんせい》教だ、イヤ楽天《らくてん》教だ、という人があるが、皆な当らぬ説で、盲人の牆窺《かきのぞ》きじゃ。経文に、衆盲、象を模するという譬喩があります〔『涅槃経』師子吼菩薩品〕が、大勢の盲が一匹の象を評した様なもので、鼻面を捉《つか》まえた者は鼻面の様なものが象の全体と思い、手を捉まえた者は手の様なものが象の全体と思い、腹を捉まえた者は腹の様なものが象の全体と思い、尻尾を捉まえた者は尻尾の様なものが象の全体とこう思い、其処《そこ》で尻尾を捉まえて居る奴は、象は箒《ほうき》の様なものだと云う者もある。腹を撫でて居る奴は象は太鼓《たいこ》の様なものであると言う者もある。足を捉まえて居る奴は、象は大きい杵《きね》の様なものであると云う者もある。成程《なるほど》それは無理からぬことで、自分の目が見えぬから、象の全体が分らぬ。それと同じで『阿含経』を見て仏教を儒教よりも低く見たり、『楞厳経』を見て仏教は儒道よりも優れたものだというのは皆な一端であります。

所が『華厳経』というは、これは仏が最初正覚《しょうがく》を成《じょう》ぜられた時の悟りの儘《まま》を説いた経文である。それ故に「円頓大乗《えんとんだいじょう》」と云えば、初めに在っては『華厳経』、後に在っては『法《ほ》華経《けきょう》』と称しておる。『華厳経』は丁度《ちょうど》真理の日の出の様な有り様を説いた。また『法華経』は、その日の出の日が段々と光と熱を高め、我々の頭の上に来て照らして居る様な教理である。共に「覚行円満《かくぎょうえんまん》」の境界を述べたのである。その「**『華厳経』を読むに至って、仏無く儒無く、大無く小無く、高無く下無く**」で、これを仏とし、これを儒として隔《へだ》つ可きものは無い。況《いわん》やこれが大乗であるとか、小乗であるとかいうものも無い。高いものも低いものも無い。相対的研究は尽《つ》きて仕舞って、絶対界に這入《はい》り、法界《ほっかい》無限の真理を述べたものが『華厳経』の教理で、「仏無く儒無く、大無く小無く、高無く下無く」というのが『華厳経』の道理を消極的に言ったので、モウ一つ積極的に言えば「**能《よ》く仏、能く儒、能く大、能く小**」で、始終「不変《ふへん》」と「随縁《ずいえん》」の両方面が備わって居る。こうなってくると「**存泯自在**《そんみん》」で、存するというのは差別《しゃべつ》界の有り様、泯《みん》するというのは平等《びょうどう》界の有り様、存と泯と自在。現われて居る上と、隠れて居る上と、共に無碍《むげ》である。これまでが、李屏山の言葉で、「**亦《ま》た達見《たっけん》ならずや**」。この李屏山の言うた言葉は、卓見と言わねばならぬ。「**請《こ》う学者、五内《ごない》に銘《めい》ぜよ**」。道を学ぼうという者は、これを五臓六腑に刻んで置いて宜かろう。

「古教照心《こきょうしょうしん》は宗門の大範《たいはん》なり」。「古教照心」というは、古《いにしえ》の教えを恰も鏡の如くにして、そうして我が心を照らすというので、白隠《はくいん》門下の東嶺《とうれい》和尚〔東嶺円慈〕も、「昼は明窓下《めいそうか》に古教照心、夜は僧堂前に坐禅辧道せよ」とつねに衆《しゅ》に示された〔『禅関策進』後序〕。これは悟《さと》りを開いたと言って、独り免許では的《あて》にならぬ。果《はた》してこの悟りが仏祖の諦《あきら》めた所と一毫《いちごう》も違《たが》わないかということを証拠だてようというには、先ず仏祖の言教《ごんきょう》と我が見処《けんじょ》と比べて見なければいかぬ。自分の悟った所と古人の言うた所と、果して出遇って居るかどうかを研究して見なければならぬ。その時は仏祖の言教は我が鏡の如きもので、その鏡で我が顔を照らして見ると、それが汚れて居るかどうかということが分る。それと同じで「古教照心」ということが、我が宗門の大いなる手本である。

「箇《こ》の事成熟《じょうじゅく》の後」、一旦悟りの道が開けて来た後に於て「**必《かなら》ず須《すべか》らく先《ま》ず『首楞厳経』を拝読して**」、そうして「**大道の幽趣《ゆうしゅ》を煅煉《たんれん》し、五十の魔境《まきょう》を熟知すべし**」。この「五十の魔境」は皆な自心所現《じしんしょげん》のもので、外から来る妖怪じみた者ではない。即ち五蘊《ごうん》の作用じゃ。「五蘊」というは、「色《しき》、受《じゅ》、想《そう》、行《ぎょう》、識《しき》」の五つである。「色」というのは、科学で言う色素という色《いろ》で無い、形質という意味である。総ての物質の代名詞とみれば宜い。「受」は感受する、目に物を見て感受し、耳で声を聞いて感受する如く、そういう意味で、受の字は心の変名と思って居れば宜い。勿論《もちろん》「想」「行」「識」も同様である。扨《さ》て「想」

というのはこちらに受け込んで来て、我が心の中に持って来て色々想像する。それから「行」というのは遷《うつ》り流れる義で、次第次第に、前滅後生《ぜんめつごしょう》と、心が遷り変って行く有り様じゃ。「識」というのは即ち意識である、始め「前五識《ぜんごしき》」(眼耳鼻舌身《げんにびぜつしん》)から、六識《ろくしき》、七識《しちしき》と伝わり、遂に八識《はっしき》即ち阿頼耶識《あらやしき》(含蔵識《がんぞうしき》)に至って心識の義理が備わるのじゃが、詳しきことは他日に譲る。

扨てこの「色受想行識」の五つの中から、一蘊ごとに各《おのお》の十の魔事を生じ、種々の境界を現わす。これを「五十の魔境」という。魔境と言って居る位だから、悟りに似て居って、本当の悟りで無い。その中に近頃流行《はや》った千里眼とか透視とかいう様なことも説いて居る。例えば「是《こ》の人、忽然《こつねん》と其の身内に於て蟯蛔《ぎょうかい》を拾い出し、身相宛然《えんぜん》として、亦た毀傷《きしょう》無し。云々」「忽《たちま》ち夜合に於て、暗室内に在りて種々の物を見、白昼と殊《こと》ならず。云々」等。それを素人が悟りと思うか知らぬが、決してそんなものは悟りで無いということを、仏が『楞厳経』に於て委《くわ》しく辯ぜられて居る。そこで所謂る「大道の幽趣を煅煉して、五十魔境を熟知」しなければ、己《おれ》は悟った悟ったと言って自分に宜《よ》がって居っても、所謂る似《に》て非《ひ》なる所の野狐禅《やこぜん》であるということが分らぬ。今言う「古教照心」という者を以て見なければ、悟り損なっても本当の悟りだと思って居る。それ故、鏡に対して我が顔を照らして見なければ役に立たぬ。「**然《しか》らざれば、恐《おそ》らくは蹉過《さか》する者《もの》多からん**」。かくの如き綿密なる工夫《くふう》をしなければ、禅宗坊主共が、あっちでも悟った、こっちでも悟ったと言っても、どんなものを悟って居るのか太《はなは》だ覚束《おぼつか》ない。多くは上滑《うわすべ》りをしておるであろう。

「近世、吾が宗門中の人、唯だ其《そ》の神呪《しんじゅ》を誦《じゅ》するを知って、其の経意《きょうい》を審《つまび》らかにするを知らず」、「楞厳神呪《りょうごんしんじゅ》」即ち楞厳の陀羅尼《だらに》というものは、始終禅宗では読む。朝夕の勤行《ごんぎょう》にも、また仏事《ぶつじ》等にもこれを棒読みに読んでおるから、それは小僧の内から皆な知って居るが、肝腎《かんじん》の『楞厳経』の経意如何《いかん》となると、堂々たる御知識《おちしき》達も頓《とん》と御存じない。

「仏光国師《ぶっこうこくし》『楞厳』を評して曰く」、これは『仏光録《ぶっこうろく》』の六巻目を見ると出ておる。仏光《ぶっこう》国師〔無学祖元〕は吾が円覚寺《えんがくじ》の開山でありますが、『楞厳』を評して「**破相顕理《はそうけんり》**」と言われた。「破相」というのは一切迷執《めいしゅう》の相《そう》を破りて、徹底真実の理を現わすと云うことである。併《しか》し十分経意を明らめねばそれも分らぬ。「**嘗《かつ》て詳《つまび》らかに経意を按《あん》ずるに**」、我れ洪川がそれに就いて『楞厳経』の教理を幾度《いくたび》か研究して後、静かに考えて見ると、仏光国師が言われた如き「破相顕理」というものは、「**是《こ》れ精密の評に非ず**」。これは先師が余程《よほど》研究せられた上でこういうことを断言せられた。ワシならばこう評するのでない、寧《むし》ろ讃歎《さんたん》して言いたい、『楞厳』というものは「**極円究理《ごくえんきゅうり》**」である。「破相顕理」位ではまだ見方が浅い。仏一代説法の本意もこの一部の経に籠《こも》って居る。その究竟《くきょう》の道理を述べた完全円満の経であると、こう言われたのであるが、総て立論というものは、彼れはこう言うが、我れはこうじゃというのが、智慧を研《みが》く上に於て必要なことである。今、私が窃《ひそか》に考えるに、仏光国師の言われたことは、外面から『楞厳経』を眺めて言われた。先師の言われたのは、内面から『楞厳経』を眺めて言われたと言っても宜かろう。「拝読の人、請《こ》う之《これ》を辨別《べんべつ》せよ」。上の通りオレが言うた言葉が当って居るか、或いは仏光国師が言われたことが優れておるか、人々『楞厳経』を読んだ上で、辨別して貰いたい。此処《ここ》は先師が堅く自信して言われた。先ず凡例だけはこういうことにして止めて置きます。

第五講　上《じょう》書《しょ》（其一）

沙門《しゃもん》洪川《こうせん》謹《つつし》んで北望伏揖《ほくぼうふくしゅう》、書《しょ》を巌府太守《がんぷたいしゅ》賢君閣下に献ず。山野《さんや》、小少《しょうしょう》より絳帷《こうい》の下に周旋《しゅうせん》する、十有五年《じゅうゆうごねん》。始《はじ》めは四書六経《ししょりくけい》を校究《こうきゅう》し、傍《かたわ》ら諸子百家《しょしひゃっか》を渉猟《しょうりょう》するを以て天下第一の楽と為《な》し、汲々《きゅうきゅう》として是《こ》れ勤《つと》む。一事の知れざる、一実の詳《つまび》らかならざるを以て恥《はじ》と為す。中ごろにして以為《おもえ》らく、直饒《たと》い万巻の書を諳記するも、之《これ》を要するに仁義礼智《じんぎれいち》の外に出《い》でず。仁義礼智は道徳《どうとく》の中に帰す。然《しか》れば則《すなわ》ち学は道徳を以て主と為す。終《つい》に意《おも》う、古《いにしえ》の儒は仁義道徳を以て学者を鍛錬《たんれん》す。心知百体《しんちひゃくたい》皆な主とする所有り。今や名《な》有って実《じつ》無し、故《ゆえ》に心知百体、亦《ま》た主とする所無く、唯《た》だ是れ古人の糟粕《そうはく》を事《こと》とする已《のみ》。箇《こ》の得難《えがた》き最霊の精神を以て、終身、糟粕に区々《くく》として棺《かん》を覆《おお》うは、豈《あ》に憾《うら》み無かる可《べ》けんや。之を外にして必ず応《まさ》に真実学術の在る有るべし。聖を去ること時悠《ときはる》か、我れ何《いず》れにか適従《てきじゅう》せん。

是《こ》れより始めて禅書《ぜんしょ》を読む、恍《きょう》として旧習《きゅうしゅう》有るが若《ごと》し。偶《たま》ま「教外別伝《きょうげべつでん》、不立文字《ふりゅうもんじ》」の語に撞著《どうじゃく》して、覚《おぼ》えず案《あん》を打って曰《いわ》く、「卑衷《ひちゅう》に合《がっ》す」と。惜《お》しい哉《かな》、明師《めいし》無し。一日、人有り、『禅門宝訓《ぜんもんほうくん》』一部を貸与《たいよ》す。試《こころ》みに之を看過《かんか》するに言うこと有り、曰く、「昔、宋の達観穎《たっかんえい》というもの、初めて石門《せきもん》の聡《そう》和尚に見《まみ》えて、室中、口舌《くぜつ》の辯《べん》を馳騁《ちてい》す。聡曰く、子《し》の説《と》く所は乃《すなわ》ち紙上の語、其《そ》の心の精微《せいみ》の若《ごと》きは、則ち未《いま》だ其の奥《おう》を覩《み》ず、当《まさ》に妙悟《みょうご》を求むべし。悟れば則ち超卓傑立《ちょうたくけつりゅう》、言《ごん》に乗らず、句《く》に滞《とどこお》らず、獅子王《ししおう》の吼哮《くこう》するに百獣震駭《しんがい》するが如し。而して文字《もんじ》の学を回観《かいかん》するに、何《なん》ぞ啻《ただ》に什《じゅう》を以て万《まん》に較《くら》ぶるのみならんや」。山野、是《ここ》に於て発憤《はっぷん》して曰く、「我れも亦た人なり、曷《なん》ぞ人の為《な》す所を為す能《あた》わざらんや」と。直《ただ》ちに家累《かるい》を辞し、墳典《ふんてん》を抛《なげう》ち、偏《あまね》く明眼《みょうげん》の師を尋《たず》ぬ。

何《なん》の幸《さいわい》ぞ、一老宿《ろうしゅく》に洛《らく》の万年山《まんねんざん》に逢著《ほうじゃく》す。言論往来、方《まさ》に其の明眼《みょうげん》たるを知る。遂《つい》に師資《し》の礼《れい》を取り、又《ま》た薙髪《ちはつ》して以て道《みち》を求《もと》むるの赤心《せきしん》を表わし、私《ひそか》に自ら誓《ちか》って曰く、「我れ今より大道を辨究する、五年十年にして、若《も》し了悟《りょうご》せざれば、則ち朽木糞牆《きゅうぼくふんしょう》、世《よ》に於て益《えき》無し。須《すべか》らく跡《あと》を丘壑《きゅうがく》に晦《くら》まし、再び面皮《めんぴ》を人間《じんかん》に呈せざるべし」と。是の如《ごと》く決心して身《み》を擲《なげう》って以て道に当る。此《こ》の時に当って、山野、眼《め》に神儒仏老《しんじゅぶつろう》を見ず、唯だ道を之《こと》れ見る。時に二十五歳なり。爾《しか》してより還《このかた》、辛修苦行《しんしゅくぎょう》、晨夕《しんせき》、嗔拳熱喝《しんけんねっかつ》の厳誡《げんかい》を蒙《こうむ》る者二周載、一朝忽然《こつねん》、大死一番《だいしいちばん》、絶後《ぜつご》再び蘇息《そそく》し来《きた》りて、始めて大道《だいどう》を徹見《てっけん》す。後《のち》、師の命を受け、備《び》の護峰《ごほう》に上《のぼ》り、棲梧老漢《せいごろうかん》に従事し、参究歳《とし》を積《つ》み、終《つい》に老漢の処に於て、其の蘊奥《うんのう》を罄《つ》くす。三十九歳、始めて同門の請《しょう》を蒙り、洛《らく》の峨山《がさん》に入る。古教照心《こきょうしょうしん》、数年、唯だ一《いっ》錫《しゃく》、山林《さんりん》に朽《く》つるを期す。豈《あ》に図《はか》らんや、永興《ようこう》の法席《ほっせき》を虚《むな》しうするを以て閣下厳命《げんめい》を降《くだ》して、山野の懶眠《らいみん》を驚《おどろ》かす。窃《ひそか》に聆《き》く、閣下至仁《しじん》、国家に臨み、偉才、芸術《げいじゅつ》を督し、諸道研究の士、廓如《かくじょ》容れざる所無し。故に山野再び朽錫《きゅうしゃく》を抱き、翕然《きゅうぜん》として来帰《らいき》す。幸《さいわい》に懇命《こんめい》を蒙り、寺務《じむ》に就《つ》く、今に四年、間《ま》ま蹕衛《ひつえい》、山に入る有り、先規《せんき》謁見《えっけん》の例に拠《よ》り、唯だ黙揖《もくしゅう》して退《しりぞ》く、恝乎《かつこ》として行路《こうろ》の人の如く、未《いま》だ敢《あえ》て卑言《ひげん》を左右に献《けん》ずること能《あた》わず、野情《やじょう》常に歉然《けんぜん》たり。故に已《や》むを獲《え》ずして、一二を録し以て上聞《じょうぶん》す。

沙門洪川謹北望伏揖献書

巌府太守賢君閣下。山野小少周旋于絳帷下十有五年。始之以校究四書六経。傍渉猟諸子百家。為天下第一楽。汲々是勤。以一事不知一実不詳為恥。中之以為。直饒諳記万巻書。要之不出乎仁義礼智外。仁義礼智帰于道徳中。然則学以道徳為主。終之意。古之儒以仁義道徳鍛錬学者。心知百体皆有所主。今也有名無実。故心知百体亦無所主。唯是事古人糟粕已。以箇難得最霊之精神。終身区々於糟粕而覆棺。豈可無憾哉。外之必応有真実学術在。去聖時悠。我何適従。自是始読禅書。恍若有旧習。偶撞著教外別伝不立文字之語。不覚打案曰。合卑衷。惜哉無明師。一日有人貸与禅門宝訓一部。試看過之。有言曰。昔宋達観頴初見石門聡和尚。室中馳騁口舌之辯。聡曰。子之所説乃紙上語。若其心之精微。則未覩其奥。当求妙悟。悟則超卓傑立。不乗言。不滞句。如獅子王吼哮。百獣震駭。而回観文字之学。何啻以什較万也。山野於是発憤曰。我亦人也。曷不能為人之所為哉。直辞家累。抛墳典。偏尋明眼師。何幸逢著一老宿於洛之万年山。言論往来。方知其為明眼。遂取師資礼。又薙髪以表求道之赤心。私自誓曰。我従今辨究大道五年十年。而若不了悟。則朽木糞牆。於世無益。須晦跡于丘壑。不再呈面皮於人間。如是決心。擲身以当道。当此時。山野眼不見神儒仏老。唯道之見。時二十五歳也。自爾而還。辛修苦行。晨夕蒙嗔拳熱喝之厳誡者二周載。一朝忽然大死一番。絶後再蘇息来。始徹見大道矣。後受師之命。上備之護峰。従事棲梧老漢。参究積歳。終於老漢処罄其蘊奥。三十九歳。始蒙同門請。入洛之峨山。古教照心数年。唯期一錫朽于山林焉。豈図以虚

永興法席。

閣下降厳命。驚山野之懶眠焉。窃聆

閣下至仁臨国家。偉才督芸術。諸道研究之士。廓如無所不容。故山野再抱朽錫。翕然来帰焉。幸蒙懇命。就寺務。四年于今。間有蹕衛入山。抛先規謁見之例。唯黙揖而退。恝乎如行路人。未能敢献卑言于左右。野情常歉然。故不獲已。録一二以上聞。

［講話］　今回より上書に這入《はい》ります。「**沙門洪川**《しゃもんこうせん》」、この「沙門」ということは、出家の通称であって、天竺の原語を漢字をかりて写したので、その意味は勤息《ごんそく》ということである。一切の善事を勤めて、悪《あ》しき事を息《や》めるというのである〔手沢本書入「――出家之都名也。唐

云勤息、謂勤修善品息諸悪」〕。その出家沙門たる所の洪川と自分を指す。先師《せんし》洪川和尚の履歴は「蒼龍窟年譜《そうりゅうくつねんぷ》」として小本の『禅海一瀾《ぜんかいいちらん》』に載って居りますから、それを御覧になれば分る。此処《ここ》では、略して置きます。「**謹《つつし》んで北望伏揖《ほくぼうふくしゅう》**」、君《きみ》を崇《あが》めて言う時は、「北望」という。北の正位を望んで拝伏して「**書を巌府《がんぷ》太守《たいしゅ》賢君閣下に献ず**」。「巌府」は岩国《いわくに》〔周《す》防《おう》〕で、岩国の殿様に奉《たてまつ》る。

「**山野《さんや》、小少《しょうしょう》より絳帷《こうい》の下に周旋《しゅうせん》す**」。洪川自ら卑下して「山野」と言うた。山野は若い内から「絳帷の下に周旋」して居った。「絳」という字は赤いということ、「帷」は垂れてある所の帳《とばり》で、「絳帷」という熟字は、『漢書《かんじょ》』の出拠じゃ〔56董仲舒伝〕。昔、漢の董仲舒《とうちゅうじょ》という大学者があって、その人常《つね》に「絳帷」を下して子弟に教授した。今この故事に依って居るので、道を講ずるの意味である〔第13講参照〕。若い内から儒道に周旋すること殆んど、十有余年の間で、先師は子供の時から、藤沢東畡《ふじさわとうがい》先生という人、今の藤沢南岳《ふじさわなんがく》翁のお父さんに就いて学問をされ、当時の儒者、篠崎小竹《しのざきしょうちく》、広瀬旭荘《ひろせきょくそう》などと往来して居られた〔第2講参照〕。

「**始《はじ》めは四書六経《ししょりくけい》を校究《こうきゅう》し、傍《かたわ》ら諸子百家《しょしひゃっか》を渉猟《しょうりょう》するを以て天下第一の楽と為《な》**」す。「四書」は言うまでも無く『大学《だいがく》』『中庸《ちゅうよう》』『論語《ろんご》』『孟子《もうし》』、「六経」は『詩経《しきょう》』『書経《しょきょう》』『易経《えききょう》』『礼記《らいき》』『楽経《がくきょう》』『春秋《しゅんじゅう》』〔手沢本書入「易・尚書・詩経・礼・楽・春秋」〕、それ等を校究して傍ら諸子百家を渉猟した。「渉猟」という字は『書言古事《しょげんこじ》』〔3儒学類〕という本に博覧なるを渉猟ということである。詰《つま》り文字の出所は、山に遊び水を渉る。猟というのは獣を取ることであるが、博覧ということを雅言で言ったのである。有《あら》ゆる諸子百家の書を見るのを以て天下第一の楽しみとして居った。「**汲々《きゅうきゅう》として是《こ》れ勤《つと》む**」。ただその及ばざるを憂うるという有り様で、「**一事の知れざる、一実の詳《つまび》らかならざるを以て恥《はじ》と為す**」。そういう塩梅《あんばい》で、お互いに皆な若い時代の学問はこれで、何でも物を覚え様という所謂る智識欲で、人間という者は欲に限《かぎ》りが無いが、幼年、少年、壮年、老年と段々経歴して行く上に於て、先ず最初に智識欲というものが起る。物を知りたいというのが初めで、幼年の子供などが物を見てこれは何と、無心で聞くのは智識欲の初めで、一つ分ればまた一つ知りたい。それから段々身心が成人するに従《したが》って、名利《みょうり》欲、生存欲という様に種々の欲が深くなる。今、先師もその多分に洩《も》れず智識欲に憧れておられた。

「**中ごろにして以為《おもえ》らく**」、物を覚えるだけの学問が一段進んで来ると、かく考える。「**直饒《たと》い万巻の書を諳記するも、之《これ》を要するに仁義《じんぎ》礼智《れいち》の外に出《いで》ず**」で、如何《いか》程《ほど》書物を暗《そら》んじても畢竟《ひっきょう》「仁義礼智」というに外ならぬ。「**仁義礼智は道徳《どうとく》の中に帰す**」。その「仁義礼智」というものを約《つづ》めて仕舞えば、「道徳」ということに帰する。道徳と云えば今時《いまどき》は誰でも口を開けば道徳と言う。政治道徳とか、実業道徳とか、何んでも道徳の籠《こも》らぬことは無いと云うが、扨《さ》てその定義に就いては古い書物にこういうことが言ってある。「道《みち》に志《こころざ》し徳《とく》に由《よ》る」〔『論語』述而〕。道徳の由る所を挙げて来た。「仁《じん》に依り藝に遊ぶ」〔同前〕。

こういう様に立派に道徳の文字が現われて居る。或《ある》いはまた周公旦《しゅうこうたん》の言葉に「六徳《りくとく》」ということを言って居る。六徳とは、「智《ち》、仁《じん》、信《しん》、義《ぎ》、中《ちゅう》、和《わ》」、その他例を挙げれば幾《いく》らもある〔『仏祖歴代通載』15〕。大顛《だいてん》和尚の言葉に、「道とは百行の首《はじめ》也」とある。「仁もこれに名づくるに足らず。……蓋《けだ》し徳なる者は仁義の原《もと》、而《しこう》して仁義なる者は徳の一偏《いっぺん》なり」と〔同前〕。こういう風に「道徳」という字義を明らかにすれば沢山ある。今は一ツ二ツ挙げて見た。要するに「仁義礼智」というのは、ただ「道徳」の二字に帰して仕舞う。「**然《しか》れば則《すなわ》ち学は道徳を以て主と為す**」。学問と言ってもただ学術技芸のみであったならば、値《ね》打《うち》が無い。その学は道徳を以て主とする、こう中頃に考えた。

「**終《つい》に意《おも》う、古《いにしえ》の儒は仁義道徳を以て学者を鍛錬《たんれん》す**」。古の儒というは、堯《ぎょう》、舜《しゅん》、禹《う》、湯《とう》、文《ぶん》、武《ぶ》、周公《しゅうこう》、孔子《こうし》という様にあちらでは算《かぞ》える。それから曽子《そうし》、孔伋子《こうきゅうし》・子思《しし》、孟子《もうし》と云う様に、兎《と》に角《かく》、昔の優れたる儒者は仁義道徳を根本として人物を陶冶《とうや》した。ただ学術ばかりを授けるを以て足れりとして居らぬ。これが昔の儒者がやるやり方で、生鉄《さんてつ》を炉鞴《ふいご》の中に入れて鍛《きた》い上げる様な塩梅《あんばい》で、心も体も皆な共に由《よ》る所がある。『礼記《らいき》』の玉藻《ぎょくそう》に「足は重かるべし、手は恭《うやうや》しかるべく、目は端《ただ》しかるべく、口は止《とど》るべく、声は静かなるべく、頭は直《なお》かるべく、気は粛《つつ》しむべく、立つ時には徳なるべく、色は荘なるべく、坐するときは尸《しかばね》の如く、燕居《えんきょ》するときは告《つぐ》るに温たり」。こういう様な有り様で、古の聖賢は一進一退、行住坐臥《ぎょうじゅうざが》の上に於て皆な苟《いやし》くもしなかった。「**今や名《な》有って実《じつ》無し**」。今「儒」

という名はあるが、儒者の行、実地の徳は亡びて仕舞った。「**故《ゆえ》に心知百体、亦《ま》た主とする所無く、唯《た》だ是れ古人の糟粕《そうはく》を事《こと》とする已《のみ》**」で、ただ記誦詞章《きしょうししょう》の粕《かす》ばかり嘗《な》めて居る。「**箇《こ》の得難《えがた》き最霊の精神を以て、終身、糟粕に区々《くく》として棺《かん》を覆《おお》うは、豈《あ》に憾《うら》み無かる可《べ》けんや**」。実に最霊の精神、昔から、人は万物の霊と言って居るけれども、広い意味から言えば、人独《ひと》りが霊なる者でない。一切万物《いっさいばんぶつ》皆な最霊の精神を持って居る。その尊いものを持ちながら、生涯ただその甘味《うまみ》の無くなった粕《かす》ばかりを漁って区々として棺を覆わんは、意気地《いくじ》ないではないか。「**之を外にして必ず応《まさ》に真実学術の在る有るべし**」。しかしながら「**聖を去ること時悠《ときはる》か**」。古《いにしえ》の聖賢《せいけん》は皆な亡びて、そうして新しき所の聖賢という者が未だ世に現われない。「**我れ何《いず》れにか適従《てきじゅう》せん**」。誰を主として学んだら宜《よ》かろう。この上書は七段に分れておるが此処迄《まで》が第一段である。

「**是《こ》れより始めて禅書《ぜんしょ》を読む**」。こう云う考えを起して以来、迚《とて》もこの儒教中に於て、今の時にそういう真実の学術を求めることが出来ぬ。それから始めて禅宗の書物を見て「**恍《きょう》として旧習《きゅうしゅう》有るが若《ごと》し**」。恍惚《こうこつ》として幻《まぼろし》の如くに物を感覚する有り様を、「恍」という字で形容した〔手沢本書入「―忽ノ―デホノカト訓ズ。中情幻ノ如感覚セシ義也」〕。「恍として旧習有るが若」く、何となく何処《どこ》かで見たことがある様な気がした。「**偶《たま》ま教外別伝《きょうげべつでん》、不《ふ》立文字《りゅうもんじ》の語に撞著《どうじゃく》**」す。「教外別伝、不立文字」、これだけが詰《つま》り禅宗の看板だ。我々は子供の内からこういう文を耳に聞き附けて居るから何とも思わぬが、これは実に卓見だ。元来、大道は、言語文字《ごんごもんじ》で得られるものでない。その文字言語というものは殆んど天上の月を指さす指の如く、魚を捕える時の筌《せん》の様なもので、「捕」えたら捨て、「見」たら忘れねばならぬ。それ故に「教外別伝《きょうげべつでん》、不立文字《ふりゅうもんじ》、直指人心《じきしにんしん》、見性成仏《けんしょうじょうぶつ》」と切って出るのが、禅宗の一本槍じゃ。この言葉に出遇《でお》うて、「**覚《おぼ》えず案《あん》**〔つくえ〕**を打って曰《いわ》く、卑衷《ひちゅう》に合《がっ》す**」と。覚えずコレダと叫んだが、「**惜《お》しい哉《かな》、明師《めいし》無し**」で、また稍《や》や失望した。

「**一日、人有り、『禅門宝訓《ぜんもんほうくん》』一部を貸与《たいよ》す**」。その書物の中に言えることあり、「**昔、宋の達観穎《たつかんえい》というもの、初めて石門《せきもん》の聡《そう》和尚に見《まみ》えて、室中、口舌《くぜつ》の辯《べん》を馳騁《ちてい》す**」。誰でも始めはこうであります。「**聡曰く、子《し》の説《と》く所は乃《すなわ》ち紙上の語**」。石門和尚が言うに、子が説く所は如何《いか》に辯じても、詰りそれは反古紙《ほごがみ》同様で、俗に言う畳《たたみ》の上の水練《すいれん》みた様なものである。「**其《そ》の心の精微《せいみ》の若《ごと》きは、則ち未《いま》だ其の奥《おう》を覩《み》ず**」。如何に喋《しゃべ》って見ても、心の精微ということに至っては、迚《とて》も迚も及びもない。まだ家の門に這入って居らぬ。況《いわ》んや堂に上るをや。況や室に入るをや。その堂に上り、その室に入ると云う、堂も室も無いことである。「**当《まさ》に妙悟《みょうご》を求むべし**」。「妙悟」ということは、どうしても脇から持って来て所謂る注入したのでは妙悟ということにならぬ。自分の腹《はら》から生み出して、所謂る「豁然《かつぜん》として貫通する」という境界を得て、初めて妙悟と言うべしである。「**悟れば則ち超卓傑立《ちょうたくけつりゅう》、言《ごん》に乗らず、句《く》に滞《とどこお》らず**」。この境界を経て初めて、所謂る物と拘《かか》わらぬ、言句《ごんく》に滞らぬ。仏は『法華経《ほけきょう》』に於て、我れは一切の法に於て自在なりと言われた〔譬喩品「我為法王、於法自在」〕。一切の法に於て自在ということは、中々及びも無いことであります。「**超卓傑立**」の境界を得て、「**獅子《しし》王《おう》の吼《く》哮《こう》するに百獣震駭《しんがい》するが如し**」。譬《たと》えば獅子の吼る様な有り様。獅子が吼ると狐《きつね》や狸《たぬき》の脳天が打ち割れる様に昔から言い作《な》して居る〔「獅子哮吼、百獣脳裂」〕。果してそんなものかどうか知らぬが、兎《と》に角《かく》、猛獣が吼え立てると小さな獣は皆な慄《ふる》い上る。我々が、精神上のこの獅子王が一度《ひとた》び吼るというと、一切の煩瑣なる念、懐疑の念、煩悶の念という、そういう鼠《ねずみ》の如きもの鼬《いたち》の様な考えは、皆な死んで仕舞う。「**而《しこう》して文字《もんじ》の学を回観《かいかん》するに、何《なん》ぞ啻《ただ》に什《じゅう》を以て万《まん》に較《くら》ぶるのみならんや**」で、知解《ちげ》と神悟《しんご》とは殆んど較べものにはならぬ〔『禅林宝訓』2仏眼〕。

「**山野、是《ここ》に於て発憤《はっぷん》して曰く**」、『論語』〔述而〕に「憤《ふん》せずんば啓《けい》せず、悱《ひ》せずんば発《はっ》せず」。人間は何でも奮発しなければいかぬ。奮発ということは憤《いきどお》ることを言う。憤ると云うても人に向って怒《いか》ることで無く、己《おの》れに向って怒る、それだけの違いだ。ルーテルの伝を見ると、我れ怒る時は能《よ》く説法すとある。怒った時は平生《へいぜい》よりも一段と精神意気の壮《さかん》なる説法が出来る。人間は怒らなければ本気にならぬ。怒るというのは自ら怒るので、自ら怒る人ならば人に対しては怒らない。人に対して毒を吐く輩《やから》は、多くは常に自分を忽《ゆる》がせにして居る。「**我れも亦た人なり、曷《なん》ぞ人の為《な》す所を為す能《あた》わざらんや**」。先師は一旦、大坂で塾を開いて業を授けて居られたが、それを振り捨て、「**直《ただ》ちに家累《かるい》を辞し、墳典《ふんてん》を抛《なげう》ち、偏《あまね》く明眼《みょうげん》の師を尋《たず》ぬ**」。世間で家庭の快楽とか幸福とかいう様なことを此処ではワザト繋累《けいるい》と言うので、「墳典」というのは儒教の学問を一言で言う時はこの字で尽きて居る。「三墳《さんぷん》」というのは伏羲《ふくぎ》、神農《しんのう》、黄帝《こうてい》の書物、「五典《ごてん》」というのは「五常《ごじょう》」を記したる書を指す〔手沢本書入「三ハ伏神農ノ書。五ハ五常ノ書」〕。「直ちに家累を辞し、墳典を抛って、偏く明眼の師を尋ねた」。此処《ここ》までが文章で言うと第二段であります。

「何《なん》の幸《さいわい》ぞ、一老宿《ろうしゅく》に洛《らく》の万年山《まんねんざん》に逢著《ほうじゃく》す」。かく奮発したが、幸に一老宿に洛の万年山に逢った。一老宿と指すのは故《もと》の相国寺《しょうこくじ》の大拙《だいせつ》和尚〔大拙承演〕のことで、雲水《うんすい》間では「鬼《おに》大拙《だいせつ》」と名を附けて居った。昔、元亀《げんき》・天正《てんしょう》頃には加藤清正《かとうきよまさ》を指して鬼将軍と申して居ったが、それと同じ様に「鬼」と言われた一老宿、即ち大拙和尚に京都の万年山相国寺に於て出逢うた。これまでに段々経路があるのですが、それは年譜に書いてありますから、それを御覧になれば宜《よ》い。丁度《ちょうど》相国寺に行かれたのが、何年でありましたか、その年の九月十一日でありまして、それから十二日の夜は北野《きたの》の菅廟《かんびょう》〔北野天満宮〕に詣して通夜《つうや》をされた。今更《いまさら》思っても有り難いが、先師の人《ひと》と為《な》りを一言にして云うと、誠に誠心、熱烈、豪気、英邁なる御方でありました。であるから道に入る時にも変な野心とか不平とかいうものがあって這入ったもので無い。真に道という者の為に仏に這入った。そんな様な有り様だから、正直に十一日に北野の天満宮に通夜して志願《しがん》の成就《じょうじゅ》せんことを祈り、端然《たんぜん》として拝殿《はいでん》に坐り込んで居られた。そうして頻《しき》りに祈念《きねん》を凝《こ》らしてその晩に少しく心に徹することがあって、一首の歌を詠《よ》まれた。

妙なりや雪に埋《うも》る、鷺《さぎ》みれば鳴《なか》ざるさきの声もきこゆる

暁《あかつき》に至り相国寺に帰りて直《ただ》ちに大拙和尚の室内《しつない》に入って昨夜の見解《けんげ》を陳述されたが、大拙和尚は是《ぜ》とも言われぬ、非《ひ》とも言われぬ。空《むな》しく大拙の室を退出したということが書いてある〔手沢本首書〕。「**言論往来、方《まさ》に其の明眼《みょうげん》たるを知る**」。これこそ明眼の知識であるということを知った。「**遂《つい》に師資《しし》の礼《れい》を取り、又《ま》た薙髪《ちはつ》して以て道《みち》を求《もと》むるの赤心《せきしん》を表わ**」す。「薙髪」というのは髪を除いて坊主頭になって、そうして道を求むるの赤心を表わした。仏教僧徒が髪を除くのは、愛着《あいじゃく》というものを、悉《ことごと》く解脱《げだつ》する印《しるし》として髪を断つのであります。

「**私《ひそか》に自ら誓《ちか》って曰く、我れ今より大道を辨究する、五年十年**」、世間《せけん》でも、小望《しょうもう》五年、大望《たいもう》十年という様なことを言うが、全くそれだ。五年十年研究して、「**若《も》し了悟《りょうご》せざれば、則ち朽木糞牆《きゅうぼくふんしょう》**」、これも『論語』〔公冶長〕にあるが、「朽《く》ちたる木は彫る可《べか》らず、糞土《ふんど》の牆《かき》は朽《ぬ》る可らず」。ヤクザ者で世の中に仕様の無い者を言うたので、「**世に於て益《えき》無し**」、穀《ごく》潰《つぶ》しじゃ。「**須《すべか》らく跡《あと》を丘壑《きゅうがく》に晦《くら》まし、再び面皮《めんぴ》を人間《じんかん》に呈せざるべし**」、こう決心した。「**是《かく》の如《ごと》く決心して身《み》を擲《なげう》って以て道に当る**」。こういう様に「身を擲って道に当る」ということは中々大変なことであって、私も子供の時から良く言い聞かせられたが、中々容易の事では無い。至道無難《しどうぶなん》禅師が言われた、「此道《このみち》ニ当ル、強《つよ》キアリ、弱《よわ》キアリ。我レ若《わか》キ

時、強ク当レリ。或時《あるとき》孔子ノ詞《ことば》ヲ見ルニ、天下《てんか》国家《こっか》ヲモ辞《じ》退《たい》スベシ、爵禄《しゃくろく》ヲモ辞退スベシ、白刃《はくじん》ヲモ蹈《ふ》ミ落《お》スベシ、大敵《たいてき》ヲモ傾《かたむ》クベシ、中庸《ちゅうよう》ハ能《よ》クスベカラズト言ヘリ。我思フニ、誠《まこと》ナルカナ、大道当リ弱クシテハ、我身《わがみ》ノ悪ヲ何トシテ去《さ》リ尽《つく》スベキヤ」(『即心記』)。こういうことが無難禅師の法語の中に書いてあるが、身を擲つということは、口では言えるが、中々実際に臨むと容易ならぬことで、「**此《こ》の時に当って、山野、眼《め》に神儒仏老《しんじゅぶつろう》を見ず**」、詰り天御中主尊《あめのみなかぬしのみこと》のまだ出現せられぬ前、孔子・孟子のまだ世の中に生れられぬ前、釈迦牟尼仏が未だ摩耶《まや》の胎内に宿られぬ前、正《まさ》にかくの如きの時、「**唯だ道を之れ見る**」、見る所のものは道じゃ。「**時に二十五歳なり**」、先師が二十五の時である。「**爾《しか》してより還《このかた》、辛修苦行《しんしゅくぎょう》**」、それも私は先師の侍者《じしゃ》をして居った時に、時々少しずつ言われた。委《くわ》しいことは年譜に書いてある。実に堪《た》えられぬと思う位、鬼大拙に厳しく扱われた。先師が今道心《いまどうしん》(新米の僧)になった時に、守拙《しゅせつ》と名づけられたが、師は名を呼ばれたことが無い。大抵「道心」、甚しきに至ると「糞道心」と頭からドナリつける。塾を開いて子弟を教えた程の先生が「糞道心」と言われて、豆腐買いに行ったり、酢を買いに行ったり、辛修苦行して、「**晨夕《しんせき》、嗔拳熱喝《しんけんねっかつ》の厳誡《げんかい》を蒙《こうむ》る者《こと》二周載**」、丁度二年経った所で、「**一朝忽然《こつねん》、大死《だいし》一番《いちばん》、絶後《ぜつご》再び蘇息《そそく》し来《きた》**」るという境界を得た。

　これは年譜に書いてあるが、この時、尾州総見寺《そうけんじ》に卓洲《たくじゅう》和尚の忌《き》斎会《さいえ》があって、相国寺の一山皆な彼《あす》こに行ったが、鬼大拙は病気の為に自分は相国寺に静養して居られた。この時、先師洪川和尚と一番の知音であった独園《どくおん》和尚〔荻野独園〕と二人が残って留守番をして居られた。一夕深夜、禅堂《ぜんどう》に入って凝坐体究《ぎょうざたいきゅう》、終日堂《どう》を出ず、粥飯《しゅくはん》皆な忘る。黄昏《たそがれ》に至る比《ころ》、忽然として前後《ぜんご》際断《さいだん》、丸で前も後も訳が分ら無くなって仕舞って、絶妙の佳境に入る。その当時の有り様は眼耳《げんに》惺々《せいせい》として眼耳皆な無きが如く、須臾《しゅゆ》にして胸次豁然《きょうじかつねん》、真の眼耳を開き、大好事《だいこうじ》を見、大好声《だいこうせい》を聞き、自知自得《じちじとく》して恰《あたか》も甘露《かんろ》を飲むが如く、従前の疑団《ぎだん》、従前の学碍《がくげ》、徹底して一時に雪解氷釈《せつげひょうしゃく》、忍俊《にんしゅん》禁《た》えず、覚《おぼ》えず知《し》らず、口を衝《つ》いて連叫《れんきょう》して曰く、「我れ神悟せり」と。外の者から見たら狂人にでもなったかと思った様な塩梅で、百万経典日下《にっか》の燈《とう》で、太陽の下にランプを附けて居る様なものじゃ。太奇《たいき》太奇《たいき》と大声で叫んだということが、自伝に書かれてある〔手沢本首書〕。「**始めて大道《だいどう》を徹見《てっけん》**」するに至った。「**後《のち》、師の命を受け、備《び》の護峰《ごほう》に上《のぼ》り**」、それから後、嘉永《かえい》元年〔1848／『蒼龍窟年譜』では弘化四年・1847〕の夏であります、師の命を受けて備前の護国山曹源寺《ごこくざんそうげんじ》へ行かれた。私もこの間久《ひさ》し振《ぶ》りで行って来たが、丁度本年は儀山《ぎさん》禅師〔儀山善来〕の三十三年回忌であります。儀山禅師は先帝から仏国興盛《ぶっこくこうしょう》禅師という徽号《きごう》を賜わったが、この御方《おかた》の門下には沢山豪《えら》い人が出来た。この曹源寺というは池田輝政《てるまさ》公の息綱政《つなまさ》公の開基であります。儀山禅師はまた「棲梧老漢《せいごろうかん》」と言われたが、「**棲梧老漢《せいごろうかん》に従事し、参究歳《とし》を積《つ》み、終《つい》に老漢の処に於て、其の蘊奥《うんのう》を罄《つ》くす**」。それが丁度先師の三十九歳の時で、随分長い雲水行脚《うんすいあんぎゃ》である。「**始めて同門の請《しょう》を蒙り、洛《らく》の峨山《がさん》に入る**」。「洛の峨山」というのは、嵯峨《さが》の天龍寺《てんりゅうじ》の塔頭《たっちゅう》、瑞《ずい》応院《おういん》に住職をされて、「**古教照心《こきょうしょうしん》、数年**」、古人の教えを以て自分の心を照らして、そうして自己の人格を鍛錬して行った。「**唯だ一錫《いっしゃく》、山林《さんりん》に朽《く》つるを期す**」。その当時自分の考えは、道と共に山林に朽果《くちは》て、二度と世間に飛び出そうとは思わなかった。

「**豈《あ》に図《はか》らんや、永興《ようこう》の法席《ほっせき》を虚《むな》しうするを以て**」、「永興」というのは防州岩国《ぼうしゅういわくに》の永興《ようこう》寺《じ》といって、吉川《きっかわ》家の菩提寺であります。「**閣下厳命《げんめい》を降《くだ》して、山野の懶眠《らいみん》を驚《おどろ》かす**」。即ち吉川家の招待に応じた事を自分謙遜してこう書かれた。「**窃《ひそか》に聆《き》く、閣下至仁《しじん》、国家に臨み、偉才、芸術《げいじゅつ》を督し、諸道研究の士、廓如《かくじょ》容《い》れざる所無し**」。吉川監物《けんもつ》という人は有名な人で、一芸のある者はこれを皆な適所に用いられた所の人であります。「**故に山野再び朽錫《きゅうしゃく》を抱き**」、山林に朽《くち》る積《つも》りであったが、閣下が諸道研究の士を慕われる所を見て、「**翕然《きゅうぜん》として来帰《らいき》す**」。「翕然」というのは、物の集まる形。「**幸《さいわい》に懇命《こんめい》を蒙り、寺務《じむ》に就《つ》く、今に四年**」、四年居るが、「**間《ま》ま蹕衛《ひつえい》、山に入る有り**」、「蹕」ということは行人《こうじん》を止《とど》むるを謂う〔手沢本書入「—謂止行人、所謂清道也」〕。俗に露払《つゆはら》いと言って、昔、東海道を大名や旗本が通る時に、下に居ろと露払いをやった。その「蹕衛」山に入ること有るが、「**先《せん》規《き》謁見《えっけん》の例に拠《よ》り**」、昔からの仕来《しきた》りがあって、「**唯だ黙揖《もくしゅう》して退《しりぞ》く、恝乎《かつこ》として行路《こうろ》の人の如く**」で、「**未《いま》だ敢《あえ》て卑言《ひげん》を左右に献《けん》ずること能《あた》わず、野情《やじょう》常に歉然《けんぜん》たり**」。「歉」という字は字典に、食って飽かざるを言うなりとあるが、どうも始終飽足《あきた》らぬ心持ちがする〔手沢本書入「説文、食不満也」、8下「欠」部〕。「**故に已《や》むを獲《え》ずして、一二を録し以て上聞《じょうぶん》す」。これまでが文章上から言うと第三段であります。

第六講　上　書（其二）

夫《そ》れ道《みち》は一のみ。神儒仏老《しんじゅぶつろう》、唯《た》だ是《こ》れ箇《こ》の道、宛《あたか》も一大陽《たいよう》の上下四維《しい》に照臨《しょうりん》して、其《そ》の光到《いた》らざる所《ところ》無きが如し。唯だ学者、眼《まなこ》に知見学習《ちけんがくしゅう》の雲霧《うんむ》有って、独《ひと》り自ら大陽を見ず、或《あ》るいは儒見《じゅけん》に落在《らくざい》し、或いは仏見《ぶっけん》に坐在《ざざい》し、以て意必固我《いひっこが》の執情《しゅうじょう》を生ず、察《さっ》せざる可《べ》からず。昔、宋《そう》の高宗《こうそう》、金山《きんざん》の克勤《こくごん》に詔《みことのり》して曰《いわ》く、「朕《ちん》素《も》と卿《けい》が禅道高妙《こうみょう》なるを知る、得《え》て聞く可き乎《か》」。勤奏《そう》して曰く、「陛下、仁孝《じんこう》を以て天下を治む、率土《そっと》の生霊《せいれい》咸《み》な衣被《いひ》を蒙《こうむ》る。草木昆虫《そうもくこんちゅう》と雖《いえど》も、各《おのおの》其の所を得《う》、是れ仏祖《ぶっそ》所伝の道なり。此《こ》の道の外、別に有ること無し。若《も》し別に有らば仏道に非ざるのみ」。帝大いに悦び、円悟《えんご》禅師の号を賜う。是れ豈《あ》に仏法王法《ぶっぽうおうほう》、一理《いちり》不二《ふに》の謂《いい》に非ずや。豈に一大陽、私照《ししょう》無きの謂に非ずや。凡《およ》そ世間《せけん》一切の事物、理性《りしょう》を離れず、理性は実相《じっそう》を離れず、実相は一心《いっしん》を離れず、一心は即ち大道《だいどう》なり。『法華経《ほけきょう》』に曰く、「治生産業《ちしょうさんごう》、皆な実相と相い違背《いはい》せず」と。又《ま》た曰く、「一切世間、安《あん》民済物《みんさいもつ》、是れ諸仏の道なり」と。故《ゆえ》に人の君父《くんぷ》と為《な》れば必ず仁慈《じんじ》、臣子《しんし》と為れば必ず忠孝《ちゅうこう》を致す、是れ理性本具《ほんぐ》の徳用《とくゆう》なり。是《ここ》を以て螻蟻《ろうぎ》の属に君臣《くんしん》有り、鴻雁《こうがん》の序に兄弟《けいてい》有り、人にして此の徳行《とくこう》無くんば、是れを迷倒《めいとう》の衆生《しゅじょう》と為し、仏甚《はなは》だ呵《か》す。若《も》し能《よ》く三綱《さんこう》を守り五常《ごじょう》を修むれば、則《すなわ》ち必ず陽報《ようほう》の徳《とく》有り。五戒《ごかい》を持《たも》ち十善《じゅうぜん》を行ずれば、則ち現世《げんせ》より以て当来《とうらい》の冥福《めいふく》を資《たす》く。今、天下の群民、悉《ことごと》く善性《ぜんしょう》を具有《ぐゆう》すと雖《いえど》も、然《しか》も其の性に率由《そつゆう》する能《あた》わざる者は何《なん》ぞや。此れ他《た》無し、従来の習気《じっけ》、浸入《しんにゅう》の深きに依る。仮令《たと》い汎《あま》ねく群書《ぐんしょ》を学び、深く物理《ぶつり》を究むるも、能《よ》く性に率《したが》って天游《てんゆう》する者、中人《ちゅうじん》以上一二無し。或いは世栄《せえい》に誇り、威権《いけん》を恣《ほしいまま》にし、猥《みだ》りに不仁《ふじん》を行い、天命《てんめい》を畏《おそ》れず、何《なに》を以て至善《しぜん》に止《とど》まらしむるに至らんや。即ち孔孟《こうもう》再世すとも、能《よ》く其の誨《おしえ》を設《もう》くる無し。抑《そもそ》も吾が禅門《ぜんもん》の誨を設くるや、学者をして先《ま》ず固有の心性《しんしょう》を徹見し、以て妄想起滅《もうぞうきめつ》の本根《ほんこん》を截断《せつだん》せしむ。故《ゆえ》に能《よ》く凡《ぼん》を転じて聖《しょう》と成し、鉄《てつ》を点じて金《きん》と作《な》す。乃ち上天《てん》に恥じず、下人《ひと》に恥じず、富貴《ふうき》も淫《いん》する能《あた》わず、貧賤《ひんせん》も移す能わず、威武《いぶ》も屈する能わざるに至る。然《しか》れば則ち能く禅を明らかにし、而《しこう》して後《のち》儒を見る、事物《じぶつ》の精粗《せいそ》、到らざる無し、心性《しんしょう》の体用《たいゆう》、明らかならざる無し。仏法王法、打《た》して一片《いっぺん》と成し、外は仁孝忠信《じんこうちゅうしん》を施し、内は無上《むじょう》の善果《ぜんか》を成《じょう》ず。古徳之《ことくこれ》を真の大丈夫《だいじょうふ》の能事《のうじ》と謂《い》う。

夫道者一已矣。神儒仏老唯是箇道。宛如一大陽照臨上下四維。其光無所不到也。唯学者眼有知見学習之雲霧。而独自不見大陽。或落在儒見。或坐在仏見。以生意必固我之執情。不可不察也。昔宋高宗詔金山克勤曰。朕素知卿禅道高妙。可得聞乎。勤奏曰。陛下以仁孝治天下。

率土生霊咸蒙衣被。雖草木昆虫。各得其所。是仏祖所伝之道也。此道之外無別有。若別有非仏道耳。帝大悦賜円悟禅師号。是豈非仏法王法一理不二之謂耶。豈非一大陽無私照之謂耶。凡世間一切事物不離理性。理性不離実相。実相不離一心。一心即大道也。法華経曰。治生産業皆与実相不相違背。又曰。一切世間安民済物。是諸仏道也。故為人君父必仁慈。為臣子必致忠孝。是理性本具之徳用也。是以螻蟻属有君臣。鴻雁序有兄弟。人而無此徳行。是為迷倒衆生。仏甚呵焉。若能守三綱修五常。則必有陽報之徳。持五戒行十善。則従現世以資当来冥福。今天下之群民雖悉具有善性。然不能率由其性者何哉。此無他。依従来習気浸入之深。仮令泛学群書。深究物理。能率性天游者。中人以上無一二。或誇世栄恣威権。猥行不仁。不畏天命。何以至令止至善乎。即孔孟再世。無能設其誨焉。抑吾禅門之設誨也。使学者先徹見固有之心性。以截断妄想起滅之本根。故能転凡成聖。点鉄作金。乃至於上不恥天・下不恥人・富貴不能淫・貧賤不能移・威武不能屈。然則能明禅而後見儒。事物之精粗無不到焉。心性之体用無不明焉。仏法王法打成一片。外施仁孝忠信。内成無上善果。古徳謂之真大丈夫之能事。

〔講話〕この文は前講の続き、上書の第四段目になるのであります。而してこの第四段の趣意は、先哲《せんてつ》の名言並びに『法華経《ほけきょう》』を挙《あ》げ来《きた》って、大道《だいどう》の禅にあるという趣意を明らかにするに外《ほか》ならぬ。「**夫《そ》れ道《みち》は一のみ**」。これは言葉はモウ読んだ通りの言葉であって、六《む》ケ《か》しい言葉では無いが、大道というものは元来《がんらい》一なり。一と言いましても、これは言葉で言うと一と言う、それよりモー言い方が無いから、已《や》むことを得《え》ず数字を仮りて言うたのであるが、一と言って二、三、四、五に対するのでは無い。仏経《ぶっきょう》の言葉では、一《いち》に非ず異《い》に非ずと書いてある。大道というものは一というより仕方が無い。孔子《こうし》も「吾《わ》が道《どう》一以て之を貫《つらぬ》く」と言われた〔『論語』里仁、第31講参照〕。

大体、道というものはどういうものであるということは、抑《そもそ》もお互いの上の大議論であるが、例を挙げて見ると、道ということに就いては、色々の解釈もあるが、今悉《ことごと》くを挙げる訳に行かぬ。昔、或《あ》る坊さんが南泉《なんせん》和尚〔南泉普願〕の所へ行って、仏法と道と相い去《さ》ること多少《たしょう》ぞという、こういう問いを発した。その時、南泉という禅師が、「眼裏《げんり》に沙《すな》を著《つ》くることを得ず、耳裏《にり》に水を著くることを得ず」、こういう答えをせられたことがある〔『碧巌録』25頌評唱、雪竇語。『塩山和泥合水』下に南泉の語として引く〕。これは銘々に味おうて見たら面白いことだろう。眼の中に砂《すな》一つ着けることも出来ない。耳の中に水《みず》一滴も着けることも出来ない。真実真箇《しんこ》の道人《どうにん》であるならば、仏見《ぶっけん》、法見《ほっけん》、という、そういうものを一切忘《わす》れて仕舞う。仏見法見というものは、塵《ちり》の尖程《さきほど》も認めて居らぬと、文字の上だけは解釈して宜《よろ》しい。こういう答えもある。

また五祖《ごそ》〔弘忍〕が黄梅《おうばい》山に居られる時分に、黄梅山七百の高僧皆《み》な仏法を会《え》する底の人であった。皆な賢《かしこ》い連中で仏法を知った輩《やから》が七百人も居ったが、誰一人五祖弘忍《ぐにん》禅師の衣《え》鉢《はつ》を伝うることが出来なかった。「唯だ盧《ろ》行者《あんじゃ》〔慧能〕のみあって、仏法を会《え》せず唯だ道を会す」、これに依って衣鉢を伝う、とある〔『碧巌録』25頌評唱、『塩山和泥合水』下〕。盧行者というのは、後に至って曹渓六祖《そうけいろくそ》大師《だいし》という禅門中興の人であるが、元は行者《あんじゃ》〔寺の下僕〕として米搗《こめつ》きなどまでして修行をして居た。唯だ盧行者のみあって、仏法を会せず、ただ道を会す。仲々面白いです。道というものはそういう様なもので、これが道じゃという様なものがあったらば、それは造り附けた道なのだ。

モッと例を挙げて見ると、昔、趙州《じょうしゅう》和尚〔趙州従諗〕が南泉和尚に「如何《いか》なるか是《こ》れ道」、こう尋ねた時、南泉和尚の答えが面白い、「平常心《びょうじょうしん》是れ道」と答えた。日々夜々《にちにちやや》の務《つと》めをして毎日毎日一条件を繰り返して居るが、それが道じゃ。そうしたら趙州が、「還《かえっ》て趣《しゅ》向《こう》す可《べ》きや否《いな》や」、道であるならば、どういう方角に向って進む可きもので御座るかと言ったら、泉曰く、「向《むか》わんと擬《ぎ》すれば即ち乖《そむ》く」〔ソレに向おうとすれば、ただちにソレからはずれてしまう〕とやられた。そうすると趙州が「擬せずんば争《いか》でか是れ道なるを知らん」、かく向い進んで行かなければこれが道じゃということを知ることは出来ますまいか、とこうやったら、泉曰く、「道は知《ち》にも属せず、不知《ふち》にも属せず、知は是れ妄覚《もうかく》、不知は是れ無《む》記《き》。若《も》し真に不疑《ふぎ》の道に達せば、猶《な》お太虚《たいこ》の廓然《かくねん》として洞豁《とうかつ》なるが如し。豈に強《しい》て是非《ぜひ》す可けんや」。虚空《こくう》の朗《ほがら》かにして際限《さいげん》の無い様なものであると、こういう風に答えられた〔『無門関』19〕。道というものは如何なるものかということは、人々の力次第に依って推測することが出来よう。正面の専門の講釈としてはそんなことで済ませて居らぬが、話の上だけでは先《ま》ずそういうことである。

また或《あ》る人《ひと》が趙州和尚の所に来て「如何なるか是れ道」と尋ねたら、趙州和尚が無造作に答えた、「牆外底《しょうげてい》」と。牆《かき》の外に道があるでは無いか。問うた人が「這箇《しゃこ》の道を問わず」、私の尋ねる道はそんな道では御座らぬ。そうしたら趙州が、どんな道を尋ねるのか。問うた人が、「大道」というものは如何なるもので御坐るかと言うたら、趙州は誠に無造作に、「大道長安《ちょうあん》に通ず」と答えた(『趙州録』中、『碧巌録』52評唱)。禅宗の扱い方はそうじゃ。議論的で無い。議論の尽きた所からかくの如き自由の答えが出て来る。道はちゃんと此処《ここ》から東京に通じて居る。昔なら東海道は五十三次、関所越えてもまた関所じゃ。趙州和尚の答えなどというものはそういう答えである。「平常心是道《びょうじょうしんぜどう》」というのは、無門《むもん》和尚(無門慧開)が偈《げ》に作った。「春《はる》に百花《ひゃっか》有り秋《あき》に月《つき》有り、夏《なつ》に涼風《りょうふう》有り冬《ふゆ》に雪《ゆき》有り、若《も》し閑事《かんじ》の心《しん》頭《とう》に挂《かか》る無くんば、便ち是れ人間《じんかん》の好時節《こうじせつ》」と、『無門関』(19)にも出て居る。道ということを説くに付いて、そういうことを一ツ二ツ附け加えて見たのであります。

「神儒仏老《しんじゅぶつろう》、唯《た》だ是《こ》れ箇《こ》の道」、それは表面の方から見れば「神・儒・仏・老」と区別して居るが、内容の方から言うて見ると、「神儒仏老、唯だ是れ箇の道」。上《うわ》べを見るというと、花立《はなたて》、香炉《こうろ》、燭台《しょくだい》と分れて居るけれども、内の方から見ると一金属から出来上って居る様なことで、それと同じく「神儒仏老、唯だ是れ箇の道」。「**宛《あたか》も一大陽《たいよう》の上下四維《しい》に照《しょう》臨《りん》して、其《そ》の光到《いた》らざる所《ところ》無きが如し**」。我々の方の側から地球を本位にして太陽を眺めると、今、夜が明けたとか日が暮れたとかという区別を附けて居るが、太陽自身は夜も無ければ昼も無い、いつも間断《かんだん》無く照《て》り輝《かがや》いて居る様な有り様である。「**唯だ学者、眼《まなこ》に知《ち》見学習《けんがくしゅう》の雲霧《うんむ》有って、独《ひと》り自ら大陽を見ず**」、太陽には何も選《え》り嫌《きら》いは無いけれども、如何《いかん》せん、人という者に移して見ると、眼に知見とか学習とか、色々様々《いろいろさまざま》の雲《くも》や霧《きり》が眼を蔽《おお》うて居るから仕方が無い。昔、或《あ》る国王があって、泥の中の玉を探ろうと思って離婁《りろう》という目の光った人を引っ張って来た。離婁の目で見たら何物でも分らぬものは無いという位であった。その離婁を雇うて来て、泥の中に落ちてある玉を探させたが、如何《いか》に探して見ても遂《つい》に玉の有所《ありか》を知ることが出来ぬ。トウトウ終《しま》いに或る人の注意に依って、盲人を呼んで来て探させたら、手に任せて泥中より玉を探し得たということが書物にある、それと同じ事だ〔『荘子』天地〕。太陽の喩《たと》えもそれと同じ意味である。人々の知見学習の雲霧がある為に、独り自ら太陽を見ないのである。「**或《ある》いは儒見《じゅけん》に落在《らくざい》し、或いは仏見《ぶっけん》に坐在《ざざい》**」す、儒者も仏者も互いに異端呼《よば》わりをしておる。可笑《おか》しい事じゃ。「**以て意必固我《いひつこが》の執《しゅう》情《じょう》を生ず**」。これは『論語』にある詞《ことば》で、「意《い》は私意也《しいなり》、必《ひつ》は期必《きひつ》也、固《こ》は執滞《しゅうたい》也、我《が》は私《し》己《こ》也」とある〔『論語』子罕「毋意、毋必、毋固、毋我」、朱子『集注』〕。これは多くの人間に免《まぬか》れない所の執情で、「**察《さつ》せざる可《べ》からず**」。

「**昔、宋《そう》の高宗《こうそう》、金山《きんざん》の克勤《こくごん》に詔《みことのり》して曰《いわ》く**」、宋は言う迄も無く南宋《なんそう》であります。宋の九代目の天子が高宗皇帝と言った、その高宗皇帝が建炎《けんえん》二年正月に行在所《あんざいしょ》に於て克勤和尚

〔圜悟克勤〕を引見されたことがあります。その克勤和尚に詔して言われるに、「**朕素《ちんも》と卿《けい》が禅道高妙《こうみょう》なるを知る、得《え》て聞く可《か》き乎**」と仰《おお》せられたら、「**勤奏《そう》して曰く**」、克勤和尚が奏《そう》聞《もん》して答えて言う様に、「**陛下、仁孝《じんこう》を以て天下を治む、率土《そっと》の生霊《せいれい》咸《み》な衣被《いひ》を蒙《こうむ》る**」、人の君父《くんぷ》としては必ず仁慈《じんじ》、人の臣子《しんし》としては必ず忠孝《ちゅうこう》というのが、これがモウ少なくとも東洋を通じての道徳の標準である。「率土の生霊」というのは、「率土の浜、王臣に非《あら》ずということ莫《な》し」という有り様で〔『詩』北山〕、生きとし生ける者は咸《み》な恩沢《おんたく》のお蔭を蒙《こうむ》ること、恰《あたか》も寒い時に衣を着るという有り様で〔手沢本書入「深恩厚沢ヲ蒙ルコト寒ニ被ヲ得ル如ク」〕、「**草木昆虫《そうもくこんちゅう》と雖《いえど》も、各《おのおの》の其の所を得《う》**」るで、草木昆虫の様なものまでも誠に皆なその所に安んじて居る。「**是れ仏祖《ぶっそ》所伝の道なり**」。今、現在あなたが天下を泰山《たいざん》の安きに治めていらせらるるのが取りも直さず仏祖の大道でござる。「**此《こ》の道の外、別に有ること無し**」。釈《しゃ》迦《か》・達磨《だるま》が出て来ても、この外に別に道がある訳でない。「**若《も》し別に有らば仏道に非ざるのみ**」と答えた。決して時の天子様に阿《おも》ねって言った様な、そんな賤《いや》しいこととは違う。「**帝大いに悦び、円悟《えんご》**〔圜悟〕**禅師の号を賜う**」とこうある〔『仏法金湯編』14高宗〕。「**是れ豈《あ》に仏法王法《ぶっぽうおうほう》、一理不二《いちりふに》の謂《いい》に非ずや**」。「仏法」ということに就いてちょっと一言此処《ここ》に申して置きますが、仏法は一面から言えば世界的の教えであると同時に、一面にはまた国家的になって、特に支那から段々、朝鮮、日本と渡って来て、言わば印度で生れた仏教が他の国に嫁入《よめいり》するに従ってその国風《こくふう》と同化して居る様に見える。それは歴史を見れば昭々として居る。それ故に裏面《りめん》に於ては頓悟解脱《とんごげだつ》だが、表面に於ては鎮護国家《ちんごこっか》で、何処《どこ》の寺へ行って見ても、「今上皇帝陛下聖躬万歳万々歳《きんじょうこうていへいかせいきゅうばんぜいばんばんぜい》」という位牌が奉安してあるのを見ても能《よ》く分っておる。そういうものでありますから時の帝王に阿《おも》ねったとか、或いはその時の風潮に雷同《らいどう》したと云うようなツマラヌことでない。

「**豈に一大陽、私照《ししょう》無きの謂に非ずや。凡《およ》そ世間《せけん》一切の事物、理性《りしょう》を離れず**」、事物は何処《どこ》から来るとならば、「理性」から離れてはおらぬ。「理性」というのは、真理法性《ほっしょう》と仏法では言う。その理法性《りほっしょう》は「実相《じっそう》」というものを離れて居らぬ、真実その儘《まま》の姿である。「実相」という言葉を只《た》だ現実の姿というと、それは混ずるから、真実の姿と言う。「**理性は実相《じっそう》を離れず、実相は一心《いっしん》を離れず、一心は即ち大道《だいどう》なり**」。「実相」は我々が心の本体を少しも離れぬ。「一心」なるものは今我々が持って居る所の感情的意識とは違う。「一心」というものが取りも直さず「大道」である。じゃから一つここに例を挙げるというと、「『**法華経《ほけきょう》』に曰く、治生産業《ちしょうさんごう》、皆な実相と相い違背《いはい》せず**」(『法華玄義』1上、『碧巌録』33評唱)。これは仏が時の帝王の心を迎えたり、社会の風潮に附和《ふわ》して言うたことで無い。大乗仏法の真意義は此処にある。「治生産業」というのは、殖産《しょくさん》なり、興業《こうぎょう》なり、その世間《せけん》門《もん》の利用厚生の道をドシドシと計って行くのが、取りも直さず実相に違背して居らぬ。世間の有り様が悟りと少しも反して居らぬと、簡単に言っても宜《よ》い。世間の事業が取りも直さず悟りの働きである。また『法華経』の中にこういう言葉もある。「**一切世間、安民済《あんみんさい》**

物《もつ》、是れ諸仏の道なり」と〔『大宋僧史略』重開序〕。即ち国民を平安ならしめ、広く社会の公益を弘むるも皆な仏法であるという。

「**故《ゆえ》に人の君父《くんぷ》と為《な》れば必ず仁慈《じんじ》、臣子《しんし》と為れば必ず忠孝《ちゅうこう》を致す、是れ理性本具《ほんぐ》の徳用《とくゆう》なり**」。これ全く真理仏法の徳用の現われとして仁慈忠孝の行《おこな》いを見るのである。「**是《ここ》を以て螻蟻《ろうぎ》の属に君臣《くんしん》有り、鴻雁《こうがん》の序に兄弟《けいてい》有り**」。「螻蟻」と言っても昆虫学とか何とかいう意味で見る訳では無い。今の仁慈忠孝という目を以て、そうして眺めて見ると、地を這《は》う螻蟻《ろうぎ》〔アリ〕の類《たぐい》にも上下の別があり、空を飛ぶ鴻雁《こうがん》〔カリ〕にも兄弟の順序がある。その外烏《からす》に反哺《はんぽ》の孝《こう》あり、鳩《はと》に三枝《さんし》の礼《れい》あり、鶏《とり》は時を報じ、犬《いぬ》は家を守って居る。まして況《いわん》や人は万物の霊とか長とか言うて居るのであるが、「**人にして此の徳行《とくこう》無くんば、是れを迷《めい》倒《とう》の衆生《しゅじょう》と為し、仏甚《はなは》だ呵《か》す。若《も》し能《よ》く三綱《さんこう》を守り五常《ごじょう》を修むれば、則《すなわ》ち必ず陽報《ようほう》の徳《とく》有り**」。「三綱」というのは、君は臣の綱なり、父は子の綱なり、夫は妻の綱なり〔『白虎通義』三綱六紀〕。「五常」は、仁《じん》と義《ぎ》と礼《れい》と智《ち》と信《しん》〔董仲舒「賢良策一」〕、これが東洋道徳の標準であって、その道は古《いにしえ》も今《いま》も毫《ごう》も変ることが無い。必ず「陽報の徳有り」。これは儒教の方であるが、仏教の言葉で言うと、「五戒十善《ごかいじゅうぜん》」であります。

「五戒」というのはいつも言う通り、「殺《せつ》、盗《とう》、淫《いん》、妄《もう》、飲《いん》」で、これに「不」の字を冠《かん》むらすのである。委《くわ》しく言うと「仁《じん》に本《もとづ》く者は殺さぬ、義《ぎ》を奉じて居る者は盗まぬ、礼《れい》を執る所の者は淫《いん》せず、信《しん》を守る者は妄《もう》ならず、智《ち》を主とする者は飲まず」、こう書物にもある〔『法苑珠林』88〕。詰《つま》り名目は違うけれども、儒道の「仁義礼智信」と少しも変らぬ。此の「五戒《ごかい》を持《たも》ち十善《じゅうぜん》（身《しん》三口《く》四意《い》三）を行ずれば、則ち現世《げんせ》より以て当来《とうらい》の冥福《めいふく》を資《たす》く」。「今、天下の群民、悉《ことごと》く善性《ぜんしょう》を具有《ぐゆう》すと雖《いえど》も」（性は善と孟子も言うて居る）、この善なる本性を具えて居らぬ者は誰も無いけれども、「然《しか》も其の性に率由《そつゆう》する能《あた》わざる者は何《なん》ぞや。此れ他《た》無し、従来の習気《じっけ》、浸入《しんにゅう》の深きに依る」。「習気」ということも通常世間の言葉では使いませぬが、詰り悪習慣の長く染《し》み込《こ》んだのを、習気浸入というので、迷いというものも初めから有るもので無い。真理を知らざる所の罪である。「仮令《たと》い泛《あま》ねく群書《ぐんしょ》を学び、深く物理《ぶつり》を究むるも」、所謂る「論語読みの論語知らず」じゃ。また古人は「終日法華《ほっけ》を読んで法華に転ぜらる」と云うておる〔『六祖法宝壇経』機縁第七〕。縦令《たと》い如何程《いかほど》物知りであると言っても、「能《よ》く性に率《したが》って天游《てんゆう》する者、中人《ちゅうじん》以上一二無し」。即ちその本性に率って天理の清境に自適逍遥《じてきしょうよう》する者は一個半分も無い。「或いは世栄《せえい》に誇り、威権《いけん》を恣《ほしいまま》にし、猥《みだ》りに不仁《ふじん》を行い、天命《てんめい》を畏《おそ》れず、何《なに》を以て至善《しぜん》に止《とど》まらしむるに至らんや。即ち孔孟《こうもう》再世すとも、能《よ》く其の誨《おしえ》を設《もう》くる無し」。孔子・孟子が何遍《なんべん》世に生れて来ても如何《いかん》ともすることは出来ない。

「抑《そもそ》も吾が禅門《ぜんもん》の誨を設くるや、学者をして先《ま》ず固有の心性《しんしょう》を徹見し、以て妄想起滅《もうぞうきめつ》の本根《ほんこん》を截断《せつだん》せしむ」。吾が禅宗の各宗各派に異彩を放っておるのは外の事では無い。固有の心性を徹見するという、こういう直截の方法で、「直指人心《じきしにんしん》、見性成仏《けんしょうじょうぶつ》」で、以て妄想乱起の根本を衝《つ》こうというのである。**「故《ゆえ》に能《よ》く凡《ぼん》を転じて聖《しょう》と成し、鉄《てつ》を点じて金《きん》と作《な》す」**のである。併《しか》し乍《なが》ら古人は、鉄を点じて金と成すことは易《やす》く、金を点じて鉄と成すことは難《かた》しというておる〔『五燈会元』7龍華寺霊照〕。迷いを悟りにすることは易いが、悟りから迷いの中に切って出て立ち働くことは難いというのじゃ。しかし、これでなければ度《ど》生《しょう》は出来ぬ。**「乃ち上天《てん》に恥じず、下人《ひと》に恥じず、富貴《ふうき》も淫《いん》する能《あた》わず、貧賤《ひんせん》も移す能わず、威武《いぶ》も屈する能わざるに至る」**。これが古人の所謂る正念工夫《しょうねんくふう》、不断相続《ふだんそうぞく》の境界である。**「然《しか》れば則ち能く禅を明らかにし、而《しこう》して後《のち》儒を見る、事物《じぶつ》の精粗《せいそ》、到らざる無し、心性《しんしょう》の体用《たいゆう》、明らかならざる無し」**。かく禅道と儒道とを対照して見る時は何《いず》れも同じくして、心性の体用を知ることが出来る。ここに至って**「仏法王法、打《た》して一片《いっぺん》と成し、外は仁孝忠信《じんこうちゅうしん》を施し、内は無上《むじょう》の善果《ぜんか》を成《じょう》ず。古徳之《ことくこれ》を真の大丈夫《だいじょうふ》の能事《のうじ》と謂《い》う」**。表面を見るというと儒の教えと毫も違ったことが無い。即ち「仁孝忠信」を行うので、内から見ると「無上の善果」を成ず、即ち禅道上の語を以て言えば見性成仏の境界を獲るのである。

第七講　上　書（其三）

宋《そう》の張丞相天覚《ちょうじょうしょうてんかく》曰《いわ》く、「吾れ仏《ぶつ》を学ぶに因《よ》って後《のち》に儒《じゅ》を知る」。又《ま》た曰く、「儒は之《これ》をして君子《くんし》たることを求めしむる者、皮膚《ひふ》の疾《やまい》を治む。道書《どうしょ》は之をして日《ひ》に損《そん》し、之を損して又た損せしむる者、血脈《けちみゃく》の疾を治む。釈氏《しゃくし》は直《ただ》ちに本根《ほんこん》を指《さ》して枝葉《しよう》を存せざる者、骨《こつ》髄《ずい》の疾を治むるなり。其《そ》の信根《しんこん》無き者は、膏肓《こうこう》の疾にして救《すく》う可《べ》からざる者なり」。張天覚の如き、瑰瑋《かいい》絶特《ぜっとく》の質を以て、状元及第《じょうげんきゅうだい》より、位《くらい》人臣の極を窮《きわ》む、誠《まこと》に一時の人傑《じんけつ》なり。初め一日、僧寺《そうじ》に入《い》って蔵経《ぞうきょう》の厳整《ごんせい》なるを見、怫然《ふつぜん》として曰く、「吾が孔聖《こうせい》の教え、胡人《こじん》の書に如《し》かざらんや」。夜坐長思《やざちょうし》、紙に憑《よ》り筆を閣《お》く。妻向氏云《しょうしいわ》く、「夜深《ふ》けぬ、何《なん》ぞ睡《ねむ》り去らざるや」。公曰く、「吾れ正《まさ》に無仏論《むぶつろん》を著《あら》わさんと欲す」。向氏曰く、「既《すで》に無仏《むぶつ》と曰《い》う、何の論か之《こ》れ有らん、当《まさ》に有仏論《うぶつろん》を著わすべきのみ」。公、其の言の奇《き》なることを疑い、乃《すなわ》ち止《や》みぬ。後《のち》『維摩経《ゆいまきょう》』を看るに因って、始めて仏道《ぶつどう》の広大妙密《こうだいみょうみつ》なるを知り、遂《つい》に心《こころ》を禅宗に留《と》む。其の後、兜率《とそつ》の悦《えつ》禅師の室《しつ》に入りて、参究功《こう》を積む、竟《つい》に是《かく》の如《ごと》き偉言《いげん》を吐く。是《こ》れ所謂《いわゆ》る東山《とうざん》に登って魯《ろ》を小なりとし、泰山《たいざん》に登って天下《てんか》を小なりとする者なり。独《ひと》り天覚のみに非ず。隋《ずい》の王通《おうとう》、唐《とう》の裴休《はいきゅう》、李翺《りこう》、梁粛《りょうしゅく》、柳宗元《りゅうそうげん》、白居易《はくきょい》、宋《そう》の周惇頤《しゅうとんい》、呂蒙正《りょもうせい》、楊億《ようおく》、趙抃《ちょうべん》、張方平《ちょうほうへい》、黄庭堅《こうていけん》、呂祖謙《りょそけん》、三蘇《そ》、金《きん》の李屏山《りへいざん》、元《げん》の趙孟頫《ちょうもうふ》、明《みん》の趙《ちょう》大洲《だいしゅう》、王守仁《おうしゅじん》、文徴明《ぶんちょうめい》等の諸公の如きは、皆な大達の学士にして、亦た咸《み》な深く吾が禅道を究《きわ》め、而して服膺《ふくよう》せし所以《ゆえん》の者は、固《もと》より由《ゆえ》有り。

宋張丞相天覚曰。吾因学仏而後知儒。又曰。儒使之求為君子者。治皮膚之疾也。道書使之日損損之又損者。治血脈之疾也。釈氏直指本根不存枝葉者。治骨髄之疾也。其無信根者。膏肓之疾不可救者也。如張天覚。以瑰瑋絶特之質。自状元及第。位窮人臣之極。誠一時之人傑也。初一日入僧寺。見蔵経厳整。怫然曰。吾孔聖之教不如胡人之書耶。夜坐長思。憑紙閣筆。妻向氏云。夜深。何不睡去。公曰。吾正欲著無仏論。向氏云。既曰無仏。何論之有。当著有仏論可耳。公疑其言之奇乃止。後因看維摩経。始知仏道之広大妙密。遂留心禅宗。其後入兜率悦禅師室。参究積功。竟吐如是偉言。是所謂登東山小魯。登泰山小天下者也。非独天覚也。如隋之王通・唐之裴休・李翺・梁粛・柳宗元・白居易・宋之周惇頤・呂蒙正・楊億・趙抃・張方平・黄庭堅・呂祖謙・三蘇・金之李屏山・元之趙孟頫・明之趙大洲・王守仁・文徴明等諸公。皆大達之学士也。亦咸所以深究吾禅道而服膺者。固有由矣。

〔講話〕　この宋《そう》の張丞相《ちょうじょうしょう》は我が宗門では無尽居士《むじんこじ》というのですが、伝は略して置きます。唯《た》だちょっと御話《おはな》しすると無尽居士という人は、名は商英《しょうえい》というて、字《あざな》は天覚《てんかく》。宋朝の哲《てっ》宗《そう》皇帝と徽宗《きそう》皇帝とこの二代の皇帝に仕えた所の人である。徽宗の大観《たいかん》四年の六月に始めて宰相《さいしょう》の位に就いた。その時《とき》丁度久《ひさ》しく旱《ひで》りが続いて居たが、この夕《ゆうべ》大いに雨降ると伝に書いてあって、それを悦《よろこ》んで徽宗皇帝が商霖《しょうりん》という二字を賜わったと云うことである。それは人臣《じんしん》に取って頗《すこぶ》る名誉なことでございます。初め東林《とうりん》の総《そう》禅師〔東林常総〕に参じ、後ち兜率悦《とそつえつ》和尚〔兜率従悦〕の室に入って「徳山托鉢《とくさんたくはつ》」の因縁《いんねん》を明らめ、遂に兜率に法を嗣いだ所の大居士《こじ》である。宣和《せんな》三年に卒《しゅっ》して、寿は七十九歳。没後、少保《しょうほ》を贈られ、後ち大保《たいほ》を贈られた。詳しい伝記は略して置く（『宋史』351、『仏法金湯編』13）。

「宋《そう》の張丞相天覚《ちょうじょうしょうてんかく》曰《いわ》く、吾れ仏《ぶつ》を学ぶに因《よ》って後《のち》に儒《じゅ》を知る」、なかなか面白い。仏教へ這入《はい》ってから始めて儒のその儒たる所以《ゆえん》を知った。初め儒を学んで居る間はまだ儒の道が本当に分らなかった。仏というものを学んで始めて儒を知ったというは面白い。丁度この座敷の中に這入って居っては、この家屋の全体を見ることが出来ぬけれども、庭の外に立って見れば、始めて家の全体を知ることが出来るようなもの。儒の中に居って、儒全体を知ることが出来なんだ。儒より広き仏を学んで、始めて儒の道を知ったということであります。それで総ての宗教の如きもそうであろうと思う。人動《やや》もすれば無宗教などという。そういう粗雑なことを言うて居ってはいけぬ。仮令《たと》い耶蘇教でも、マホメット教でも、姑《しばら》くその宗教に這入って、それから終《つい》に仏なら仏に這入って往くので始めて宗教の普遍的意義が分るのである。なかなか、これは面白いことだ。

「又《ま》た曰く、儒は之《これ》をして君子《くんし》たることを求めしむる者」、この言葉も面白い。儒道の方では君子というものを作り上げる、同じ人間には違いないけれども、人間にも小人《しょうじん》・君子という別《わか》ちがある。同じ人間であるけれども、人間は人格の修養、品性の鍛錬を経て、始めて人間らしき本当の真価を現わす。であるから、儒道に這入れば必ず君子たることを得るのだが、その君子たることを求めしむるものは、例えて言えば「**皮膚《ひふ》の疾《やまい》を治む**」るようなもの。

「**道書《どうしょ》は之をして日《ひ》に損《そん》し、之を損して又た損せしむる者**」、これは老子《ろうし》の曰《い》うた言葉であって、学を修むる者は日々《ひび》に益《えき》し、道を修むる者は日々に損すということである、随分面白い言葉じゃ。「これを損してまた損し、以て無為《むい》に入る。無為にして為《な》さずと云うこと無し」(『老子』48)。こういう言葉が老子の言うたことの中にある。其処《そこ》から来て居る、面白いことじゃ。道書に教うる所の日々にこれを損しまた損せしむるというは、恰《あたか》も「**血《けち》脈《みゃく》の疾を治む**」るが如きもの、皮膚から一段内部に立ち入って来た。

それからまた仏教の人の育て方はどうかというと、「**釈氏《しゃくし》は直《ただ》ちに本根《ほんこん》を指《さ》して枝葉《しよう》を存せざる者、骨髄《こつずい》の疾を治むるなり**」という。経に一切《いっさい》の業障《ごっしょう》は識神《しきしん》を根本とするとある〔手沢本書入/『観普賢菩薩行法経』「一切業障海、皆従妄想生」〕。この事を詳しくしようというには多少教理を言わなければならぬけれども、それは今《いま》言うて居る遑《いとま》がない。

所謂る「本根」とは即ち心を指す。一切万物皆な本根よりして現《み》わるるという。この本根を指して、そうして枝葉を存せず、即ち文字言語を存せぬというやり方、我が宗門では直《じ》きに識神を指して見性成仏《けんしょうじょうぶつ》せしむるという、これが禅宗の一枚看板だ。一つここに抜隊《ばっすい》和尚の法語にある言葉を示そう。曰く、「生死《しょうじ》の流を超え大自在を得んと欲せば、外に諸《しょ》相《そう》を離れ、内に知見《ちけん》を止《とど》めず、直《じき》に進んで命根《みょうこん》を坐断《ざだん》することは、自ら首を断ずるが如くにせよ」。「一切の業障は識神を根本とする」、「纎毫《せんごう》だも殺し残せばこれ生死《しょうじ》の路頭《ろとう》なり」、

「一切の諸相は皆な幻化《げんけ》なりと知て、仏来《きた》れば仏を殺し、祖来れば祖を殺す」、惜しいが来れば惜しいを殺す、何《なに》も彼《か》も殺し尽《つく》す時、唯だ是れ「尽十方《じんじっぽう》只だ是れ一箇金剛《こんごう》の全体《ぜんたい》なりと会《え》するも、猶《な》お法塵《ほうじん》に落つ。凡位聖解《ぼんいしょうげ》の両頭を坐断して直に透脱《とうだつ》自在《じざい》自由《じゆう》ならんことを要す」(『塩山和泥合水集』下)。こう言う例を引けば沢山あります。その如くに「直ちに本根を指して枝葉を存せざる者、骨髄の疾を治むる」ものである。

「其《そ》の信根《しんこん》無き者は、膏肓《こうこう》の疾にして救《すく》う可《べ》からざる者なり」。信根があれば、皮膚の疾も骨髄の疾も療治し得ることが出来るけれども、初めから一点の信念というものを持って居らぬ人間に至っては、これを如何《いかん》ともすることが出来ない。殊《こと》に宗教と云うものは、一の信というものから出来上って居る。その信のない者のする事は、砂漠の上に持って往って植物を植えようというようなものである。「膏肓《こうこう》の疾」と云う語は、『左伝《さでん》』(成公十年)から出た故事でありますから漢学をした人は御存じでありましょうが、到底難治《なんち》の疾で如何《いか》な名医良薬と雖《いえど》も治すことの出来ぬという膏肓の疾であると云うのである(以上、張商英『護法論』)。

「張天覚の如き、瑰瑋絶特《かいいぜっとく》の質を以て、状元及第《じょうげんきゅうだい》より、位《くらい》人臣の極を窮《きわ》む」、然《しか》るに今、張天覚の如きは「瑰瑋」というは玉《ぎょく》の円《まど》かなる所の形状。なかなか大人物で、小さな珠《たま》ではない。「瑰瑋絶特」、千人万人に優れた天質を有《も》って、それに状元の及第ということは、あちらではなかなかやかましい。日本でも高等文官試験というものがあるが、稍《や》やそれに擬《なぞら》えて置いても宜《よ》い。その状元及第より登って終《つい》に位人臣の極を窮む、即ち大宰相の位に至った。「**誠《まこと》に一時の人傑《じんけつ》なり**」。大抵の人間ではない。その人の初めはどうかというと、「**初め一日、僧寺《そうじ》に入《い》って蔵経《ぞうきょう》の厳整《ごんせい》なるを見**」る。

いつも言うが如く、仏教には「三蔵《さんぞう》」経巻というものがある。即ち「経蔵《きょうぞう》」と「律蔵《りつぞう》」と「論蔵《ろんぞう》」との三蔵、これは世間では使わぬ字であります。さて張天覚が、或《あ》る時、山寺に往った所が、三蔵経が誠に丁重にして扱わるるのを見て大いに怫然《ふつぜん》とした。「怫然」というのは怒《いかり》を含んだ形、即ち「**怫然《ふつぜん》として曰く、吾が孔聖《こうせい》の教え、胡人《こじん》の書に如《し》かざらんや**」。「胡人の書」というたのは、詰《つま》り昔から漢土の人は自ら中華と称して、その外は東夷《とうい》、西戎《せいじゅう》、南蛮《なんばん》、北狄《ほくてき》などと称して総《すべ》てえびすと貶《へん》して居った。天竺《てんじく》に生れた釈迦《しゃか》の遺したという夷《えびす》の書物が、かくの如く丁重に扱われてあって、そうして却って孔夫子《こうふうし》の遺されたる教えの収めてある書物はかくの如く扱われて居らない。これは事実でございます。兎《と》も角《かく》も寺らしい寺に往けば、経などというものは聖書として貴ばれて居る。然るに「論語読みの論語知らず」というものは「四書五経《ししょごきょう》」を枕にして寝て居る書生が沢山ある。その有り様を見て大いに慨嘆《がいたん》した。「**夜坐《やざ》長思《ちょうし》、紙に憑《よ》り筆を閣《お》く**」。

この時分にはまだ仏法を知らぬ中であるから、張天覚は甚《はなは》だ不快の念を有《も》って居って、孔子などの聖人の教えがあるのに、印度あたりから出て来たいかがわしい宗教が跋扈《ばっこ》して居るのは甚だ嘆かわしいと思って、或《あ》る夜《よ》、自分の居間に閉《と》じ籠《こも》って、紙を伸《の》べ、筆を閣《お》いて、頻《しき》りに沈思黙考して居った。「妻向氏云《しょうしいわ》く」、其処《そこ》へ妻の向氏が来て云うに「夜深《ふ》けぬ、何《なん》ぞ睡《ねむ》り去らざるや」、大変今晩は夜も深けましたのに、どうして御寝《おやす》みにならぬかと言うたらば、「公（張天覚）曰く、吾れ正《まさ》に無仏論《むぶつろん》を著《あら》わさんと欲す」。仏などという汚らわしいものが、印度あたりから出て来て、世間の愚民はそれに魅《み》せられて仕舞うのみならず、立派な紳士、士大夫《したいふ》までが仏教に這入り込んで仕舞って、我が孔夫子《こうふうし》の道を忘れようという有り様、慨嘆に堪えない。依って我れは「無仏論」を著わそうと思って熟考して居る所であるという。

「向氏云く、既《すで》に無仏《むぶつ》と曰《い》う、何の論か之《こ》れ有らん」。なかなかこの一言が気《き》の利《き》いた一言であります。並《なみ》の婦人ではこういうことは出て来ない。妙なことを仰《おっ》しゃるが、既に仏もなく悟りもなく、一切の物を皆無《かいむ》と断じて仕舞ったらば、何も嘆くことも語ることもないじゃござらぬか。無仏というような余計なことを考えるだけが御苦労千万のことだ。「当《まさ》に有仏論《うぶつろん》を著わすべきのみ」。何か書こうと思《おぼ》し召《め》すならば「有仏論」を一つ御書きなさったならどうか。語呂の調子がなかなかうまくいって居る。「公、其の言の奇《き》なることを疑い、乃《すなわ》ち止《や》みぬ」。こう言うた所が張天覚がその言の奇なることを疑うて、成程《なるほど》妻の言う事に尤《もっと》もな所がある。これを言うて仕舞えば苦にも何にもならぬことじゃと思って大いに反省した〔以上『仏法金湯編』13張商英〕。それから後に至って兜率に参すると伝に書いてある。

また或《あ》る時《とき》自分の同僚の所に往《い》って見ると仏龕《ぶつがん》の前に『維摩経《ゆいまきょう》』がちゃんと恭《うやうや》しく机の上に載せてある。妙なものがあると思って手に任せ開き見ると即ち『維摩経』であった。その経文の中に「此《こ》の病《やまい》は地《ち》大《だい》に非ず、亦た地大を離れず」〔文殊師利問疾品〕。扨《さ》てこの疾というものは畢竟《ひっきょう》身体ではないが、また身体を離れても居らぬ。これはちょっと言うたばかりでは分りませぬ。仏教では「地《ち》水《すい》火《か》風《ふう》」というて各《おのおの》の下《した》に皆な「大」の字が附けてある。なぜなれば地水火風の四つの元素というものは至る処に在らざるはないから、大という字が附けてある。化学で謂う元素分子ということは諸君が分って居ることだが、それと同じことで名が違って居る、仏法では「四《し》大《だい》」とか「五蘊《ごうん》」とかいうて居る。それを詳しく言おうとすれば入《い》り込《こ》んだことになるから他の場合に譲りましょう。詰り身体は地水火風の固まり。土であるとか火であるとか風であるとか水であるとかいう、そういう原素が相い包合して五尺の身体が出来、その他一切の物質は皆なそれから出来上って居る。所が今風邪《かぜ》を引いたというけれども、この風邪がこの身体にあるのかどうか。身体に疾《やまい》があるのか、疾が身体にあるのか。其処《そこ》を維摩居士が示す所はこの疾は身体でもないが、また身体を離れても居らない。そこの所じゃ。詰り心であるとか身体であるとか、唯心論であるとか唯物論であるとかいうことは、姑《しばら》く已《や》むを得《え》ぬという話で、心と身体と分つべきものではないけれども、心は心の作用《さゆう》を現わし、身体は身体の作用を現わす。そこが一つかというと一つでもない、別かというと別でもない。真理の妙は其処《そこ》に在る。その言葉に不図《ふと》出逢うたので、忽然《こつねん》として心に会《え》する所があった。そこで『維摩経』を友人の所から借りて帰って来て精読玩味した。すると或《あ》る時《とき》また妻の向氏があなたは何にも知らずに「無仏論」を著わそうというのは御無理であるが、この『維摩経』を篤《とっ》くり御覧《ごらん》になったらば始めて「無仏論」を著わして宜かろうというた。向氏の方が一等見識が上にある。「**後《のち》『維摩経《ゆいまきょう》』を看るに因って、始めて仏道《ぶつどう》の広大妙密《こうだいみょうみつ》なるを知り、遂《つい》に心《こころ》を禅宗に留《と》む**」とあって、詰り妻なる向氏の言葉に依って、大いに心を取り直して、それから禅宗に始めて這入ったのである。その後に至って初めにちょっと言うた如く「**其の後、兜率《とそつ》の悦《えつ》禅師の室《しつ》に入りて、参究功《こう》を積む**」といって、なかなか一朝一夕のことではない〔以上『仏法金湯編』13張商英〕。

今でも沢山禅学に志す輩《やから》があるけれども、ちょっと一週間ほど何かやって見て、直《す》ぐ止《よ》す者もあるし、一年経《た》って止す者もあるし、三年やって止す者もある。その骨折る所に依って力が大変異《ことな》って居る。衆盲の象《ぞう》を摸《も》するという譬《たとえ》があるが、大勢の盲人共が、象を品評したようなものである。象の足を捉《と》ったり、手を捕《とら》えたり、腹を撫《さす》ったり、尻尾《しっぽ》を握《にぎ》ったりして、象は杵《きね》のようなものだの、太鼓《たいこ》のようなものだの、箒《ほうき》の様なものだのと妄評しておる様なもので、総《すべ》て当らない。その如くに仏法は厭世《えんせい》だとか楽天《らくてん》だとか、自利《じり》だとか利他《りた》だとか、僅《わず》かに一端を捉えて早合点《はやがてん》をして居るものがある。張天覚は久しき間真参実《しんさんじつ》究《きゅう》した為に、「**竟《つい》に是《かく》の如《ごと》き偉言《いげん》を吐く**」様になった。

「是《こ》れ所謂《いわゆ》る東山《とうざん》に登って魯《ろ》を小なりとし、泰山《たいざん》に登って天下《てんか》を小なりとする者なり」。自分の立つ所に依って見る所の範囲が違う。我々の知見も矢張《やは》りそうだ。自分の居《お》り場所が低いというと、見る所が誠に狭い。居り場所が高ければ見る所が広いのである。**「独《ひと》り天覚のみに非ず」**、これは独り張天覚《ちょうてんかく》一人の事ではない。もうちっと類例をここに挙げて見るならば、**「隋《ずい》の王通《おうとう》、唐《とう》の裴休《はいきゅう》、李翺《りこう》」**、これは歴々ばかりです、詳しきことは伝記に就いて見るが宜《よろ》しい、ただちょいちょいとしたことだけ言うて見ましょう。

「隋《ずい》の王通《おうとう》」という人は、隋の高祖皇帝《こうそ》の仁寿《じんじゅ》三年の頃に世に出た所の人で、通冠《つうかん》して始めて慨然《がいぜん》として済世《さいせい》の志《こころざし》ありと伝にある。終《つい》に長安に遊んでまた帝に謁《まみ》えて「太平策《たいへいさく》」というもの十二通ばかりを献じた。そうしてその「太平策」に云うてある趣意はどうであるかというと、王道を貴び、覇略《はりゃく》を推《お》し、古《いにしえ》に稽《かんが》え、今を験すとあって、帝が大いに悦ばれて、卿《けい》の如き人物を早く得たならば大変為《た》めになったであろうと言われた。そうしてその時の廟堂《びょうどう》の大臣に「太平策」を議せしめた。所が公卿《こうけい》方が悦ばなんだ。終に王通は謀《はかりごと》の用いられないのを知り、去って河汾《かふん》の間に於て学校を開いて門弟子《もんていし》に教授して居ったのである。その時分、弟子の遠方より至る者甚《はなは》だ多くして、その弟子の中でも有名な人が沢山ある。即ち杜如晦《とじょかい》とか、李靖《りせい》とか、房玄齢《ぼうげんれい》とか、魏徴《ぎちょう》とか、王珪《おうけい》とか、これはあちらの歴史を読んだ所の人は皆な御存じの立派な王佐の才を持って居る人物じゃ。その余、往来して学を受くる者は千余人あった。或る人がその王通に仏を尋ねたらば、文中《ぶんちゅう》は(文中というは諡《おくりな》）仏は「聖人なり」と答えた。また或る時言《い》うように、「詩書《ししょ》盛んにして秦《しん》の世《よ》滅ぶるは孔子の罪に非ず。玄虚《げんきょ》長じて晋室《しんしつ》乱るるは老荘の罪にあらず。斎戒《さいかい》修まって梁国《りょうこく》亡ぶるは釈迦の罪にあらず、『易《えき》』に云わずや、苟《いやし》くもその人に非ずんば、道《みち》虚しく行われず」（以上、『仏祖歴代通載』10仁寿三年、『隆興仏教編年通論』9）。それに違いない。ドウしても人を得なければ、仏道も、儒道も、その他老荘教も、如何《いかん》ともすることが出来ない。仏法の言葉に「邪人《じゃにん》正法を説けば正法も邪道となり、正人《しょうにん》が邪法を説けば邪法も正法となる」と云うが如く（『趙州録』上）、人物その人を得ぬ時は如何《いか》なる道を授けても如何《いかん》ともすることが出来ぬ。子供に刃物を与うれば危いことはあっても用を為さないと同然。「苟くもその人に非ずんば、道虚しく行われず」、これは皆な王通の言葉です。こういうような格言が沢山あります。この王通の如何に優れて居ったかということは諸儒の評で分る。明《めい》道《どう》（程顥）は文中子《ぶんちゅうし》は本《も》とこれ隠君子《いんくんし》なりと云い（『近思録』14－13）、王陽明《おうようめい》は文中子を賞して賢儒なりと云い、韓退之《かんたいし》は文人の雄のみと云う（『伝習録』上11）。その詳しいことはその伝に就いて見るべし。

先ず第一にこの王通、これから「唐《とう》の裴休《はいきゅう》」、これも矢張り位《くらい》は宰相に至った、大学者であります。裴休、字《あざな》は公美《こうび》という。唐朝の宣宗《せんそう》帝の時の人で、初め杭州《こうしゅう》の知事であった。その時分に龍興寺《りゅうこうじ》という寺に往って壁画を見た。その高僧の姿が書いてあるのを見て言うように、「容儀《ようぎ》見るべし、高僧何処《いずく》にか在る」。如何にも優れた和尚の像であるが、その活きた坊さんは何処《どこ》にあるか。形はここにあるが、高僧は何処にあるか、というたけれども、其処《そこ》に居る多勢《おおぜい》の坊さん達が何とも答うることが出来なかった。その時に黄檗《おうばく》の希運《きうん》禅師が声を厲《はげ》まして「裴休」とこうやった。続いて裴休が「諾《だく》」、ハイと返辞をしたらば黄檗和尚が「何処《いずれ》の所にある」と、こういう適切な接得《せっとく》〔導き〕の仕方をやられた。ここで始めて裴休が豁然《かつねん》として了解したと伝に書いてある、その後、宰相になりて黄檗山というものを開いて、そうして希運禅師を招待して開山に致した。それより裴休は平居酒肉《しゅにく》を食せず、「勧発菩提心《かんほつぼだいしん》」の文を作りて深く仏道に入り、大いに外護《げご》の任を尽《つく》された。それから『円《えん》覚経《がくきょう》』の序、『法界観《ほっかいかん》』の序なども作られたのである。〔『仏法金湯編』9裴休〕

その次は「李翺《りこう》」じゃ。これも唐朝の有名な儒者であって、字《あざな》は習之《しゅうし》という。韓退之《かんたいし》の門人であった。時の大徳の薬山《やくさん》の惟儼《いげん》禅師の道風を慕《しと》うて、どうぞ一遍《いっぺん》薬山和尚に逢いたいと思うて、屢《しばし》ば招待するけれども動かぬ。高僧というものは自ら高ぶるに非ずして道を以て高うして居るのだから、誰が招待しても滅多に牛蒡《ごぼう》のような尾《お》を振って往くものでない。或る時こちらから態々《わざわざ》山に入って敬意を表した。その時に薬山和尚は端然《たんぜん》として経《きょう》を読んでおられたが、其処に李翺が行ったけれども、一向振り向いても見ずして御経《おきょう》を見て居られた。そこで李翺が一本やった。「面《おもて》を見るは名《な》を聞くに如《し》かず」とやった。なかなか面白い。薬山和尚というものは世人が皆な大騒ぎしておる名高いものであるが、来て見れば渋紙面《しぶがみづら》をして痩《や》せこけた老僧である。「来て見れば左程《さほど》でもなし富士の山」という俳句があるが、噂を聞いた時は大変えらいと思ったが、来て見ればつまらぬ老僧だと踏《ふ》んで掛《かか》って、袖《そで》振り切って室内を出て往こうとした時に、薬山が「翺《こう》」と呼んだ。李翺が覚えず首《こうべ》を廻《めぐ》らして、跡を振り回《かえ》った所を、薬山が言うように「汝《なんじ》何ぞ耳《みみ》を貴んで眼《まなこ》を卑《いやし》んずることを得たりや」と一本まいった。凡《およ》そ凡俗《ぼんぞく》は人の噂ばかりで人物を評して居るが、先ず自分の活眼で人を見ろ、それが出来ぬようでは仕方がないとやった。これで李翺がこの老僧なかなか馬鹿に出来ぬと思って、終《つい》に問う「如何《いか》なるか是《こ》れ道」、扨《さ》て道というものはどんなものか。これは昔より今に至るまで一大疑問じゃ。道という言葉は沢山ある。宇宙というたり、神というたり、仏というたり色々あるけれども、道というが一番広く通ずる。この尋《たず》ねに薬山和尚が口では何とも言わずに、手を以て天を指して、また浄瓶《じょうびょう》（坊さんの側に置いてあるもの）を指した。而してこれは何んだといって、「会《え》すや」、分ったかと言われた。ちょっと分らぬので李翺が「不会《ふえ》」、一向趣意の在る所が合点《がてん》が行かぬというたらば、それだから困る、道と言うと大変な遠い所に持って往って求めて居るから困ると言わんばかりに、薬山が「雲《くも》は青天《せいてん》にあり、水《みず》は瓶《びょう》にあり」と言われた〔『仏法金湯編』9李翺〕。これを離れて外に道というものはない。遠い所にあると思って尋ね廻って居るから足元が分らぬ、篤《とく》と見て取れとやられた。ただこの七言の一句が深く李翺の心に徹したというのは李翺が優れて居るからである。これで始めて禅宗の妙味を知った。それから深く修養を積んで、後に至って『復性書《ふくせいしょ》』というもの三巻を著わした。これは禅的修養の意味を書いた所の書物である。

第八講　上　書（其四）

［講話］　本文は前講に掲《かか》げて置いたからここには略する。さて隋の王通《おうとう》より以下の人々は、儒者にして禅を修めた類例に引き出してあるのだが、裴休《はいきゅう》、李翺《りこう》までは前講に申しておきましたから、それより以下の人々の伝を一、二節ずつ挙げて置こう。

「**梁粛**《りょうしゅく》」は、字《あざな》を敬之《けいし》と云い、安定《あんてい》県の人である。天台《てんだい》教を荊渓《けいけい》禅師〔荊渓湛然〕に学び、深く心要を得て、天台〔智顗〕の『魔訶止観《まかしかん》』を删定《さんてい》し、六巻とせられた。天台『止観』の法は文義広博《こうはく》なるが故に、見るものの日を費《つい》やすこと甚《はなは》だしくして容易ならざるより、遂《つい》に删定して六巻とせられたものが、今多く世に行われておるのである、天台禅林寺《ぜんりんじ》の碑、『天台止観統例《てんだいしかんとうれい》』『智者大師伝論《ちしゃだいしでんろん》』等の著述ありと、『仏祖統紀《ぶっそとうき》』〔49〕にある〔『仏法金湯編』9梁粛〕。この梁粛は同じく儒者にして、深く仏道を信じ、大いに斯道《しどう》を外護《げご》せられた人である。

「**柳宗元**《りゅうそうげん》」、字《あざな》を子厚《しこう》と称して、河東《かとう》の人である。年僅《わず》かに二十歳前後にして、進士第《しんしてい》の上位を得た、誠に精敏絶倫《せいびんぜつりん》なる人であった。貞元《ていげん》の末、監察御史《かんさつぎょし》となり、順宗《じゅんそう》皇帝の即位の時には転じて部員外郎《ぶいんがいろう》に拝せられ、幾日ならずして永州司馬《えいしゅうしば》に貶《へん》せられた。幼にして仏を信ずること厚く、その道を求むる三十余年の久しきに垂《なん》んとした。「浩初上人《こうしょしょうにん》を送るの序」に「儒者韓退之《かんたいし》、予《よ》が浮屠《ふと》の言を嗜《たしな》むを病《や》み、予が浮図と遊ぶを訾《そし》る、書を送ってこれを規《ただ》す」と。苟《いやし》くも儒者にして異教邪説《いきょうじゃせつ》たる仏道を信ずるとはつまらぬことであると、〔韓退之が〕手紙を以て注意したことがある。子厚これに答えて曰《い》うた、「浮屠の教は吾が『易《えき》』『論語《ろんご》』と合す、聖人《せいじん》復た生ずると雖《いえど》も、得《え》て斥《しりぞ》くべからず」と。また「元生《げんせい》を送るの序」を見るに、「浮屠を斥けず、浮屠は誠に斥くべからざるものありて、往々に『易経』『論語』と合す。誠にこれそれを楽しむ、その性情奭然《せきぜん》たり、元《もと》より孔子と道を異《こと》にせず」云々。一時、南方諸大徳《しょだいとく》碑銘の文は、多くその手に出《い》で、その言を為すや戒律《かいりつ》を尚《たっと》び、経《きょう》論《ろん》を翼賛《よくさん》したものである〔『仏法金湯編』9柳宗元、『居士伝』19柳子厚〕。

「白居易《はくきょい》」、字《あざな》は楽天《らくてん》と称した詩人、彼の有名な白楽天《はくらくてん》である。太原下邽《たいげんかけい》の人にして、敏《びん》悟《ご》人に絶すとある。貞元の中頃、進士第に擢《ぬきん》でられ、元和《げんな》の中頃に至って、左拾遺《さしゅうい》に官し、讜々《とうとう》として軍国大体の事に多く諫争《かんそう》した。憲宗《けんそう》皇帝、また屢《しばし》ばこれを納《い》れられたのである。東都《とうと》〔洛陽〕に住して、沼《しょう》を疏《うが》ち樹《じゅ》を植《う》えて石楼《せきろう》を香山《こうざん》に作り、自ら号して香山居士《こうざんこじ》と云うた。また世に酔吟《すいぎん》先生とも云うた。心要を凝《ぎょう》禅師に問うて大いに旨を得たのである。また杭州《こうしゅう》に知事たりし時、道を鳥窠《ちょうか》禅師に問うた。「如何《いか》なるか仏法《ぶっぽう》の大意《たいい》」、仏法ギリギリの所は如何《いかが》で御座ると尋ねた。その時に鳥窠禅師は、「諸悪莫作《しょあくまくさ》、衆善奉行《しゅぜんぶぎょう》」と示した。これはこれ「三世《さんせ》諸仏《しょぶつ》通誡《つうかい》の偈《げ》」である。我が曽《かつ》て留錫《りゅうしゃく》せし錫侖島《セイロンとう》〔スリランカ〕などに於ても、仏教道徳の標準はこの偈《げ》である。東洋倫理とか西洋倫理とか学説は色々あるが、その実践如何《いかん》と問わば畢竟悪《ひっきょうあく》を止め善《ぜん》を行うと云うに外《ほか》ならぬのである。この善即ち至善《しぜん》と云うは、即ち道徳の大根本である。我が仏教道徳も、諸《もろ》ろの悪を作《な》す莫《なか》れ、諸ろの善を奉行せよとの外にないのであるが、余り無造作なので白居易大いに失望した。何かもっと六ケ《むつか》敷《し》いことでもあるか、有りがたいことであるかと思うたらナンヂャ、平々凡々たる鳥窠禅師の答えであった。そこで白居易は「三才の孩児《がいじ》もまた恁麼《いんも》に曰《い》う」と、ソンナ判り切ったことは三つ子でも云う事を知っておると答えた。そこで鳥窠禅師また「三才の童児も道《い》い得《う》ると雖《いえど》も、また八十の老翁《ろうおう》も行じ難し」と示されて、白楽天もここで大いに省発《せいほつ》して、仏に帰したのである〔『仏法金湯編』9白居易〕。

「宋《そう》の周惇頤《しゅうとんい》」、字《あざな》は茂叔《もしゅく》と云いし人である。『宋史《そうし》』四百二十七列伝に、茂叔は道州宮《どうしゅうきゅう》道《どう》の人なりとあり。また『金湯録《こんとうろく》』及び『雲臥記談《うんがきだん》』には舂陵《きゅうりょう》の人ともある。業を龍図閣《りゅうとかく》の学士鄭公向《ていこうこう》に受けた。師に依らず黙《もく》して道体《どうたい》に契《かな》うとありて、独学にして道を得た人である。始め洪州《こうしゅう》の分寧《ぶんねい》県に主簿《しゅぼ》の役を為せし頃、獄《ごく》あり久しく決することが出来なかった。茂叔一度《ひとた》び訪《と》うて立所《たちどころ》に辯じた。多年《たねん》老練の官吏も猶お及ばずと大いにこれを讃嘆した。部の使者薦《すす》めて以て南安軍《なんあんぐん》に長となりて三軍を司理した。囚あり法刑に当らず、死刑に当らざるものを転運使《てんうんし》王達《おうたつ》は刑に当てんとした酷悍吏《こくかんり》であるが、誰れ一人も敢《あえ》て王達が独威《どくい》に恐れて争うものが無かった。時ただ周茂叔《しゅうもしゅく》独り位置を賭《と》して抗辯したが、何の効もなく将《まさ》に官を捨て去らんとして王達に云うた。「我れ人を殺して以て人に媚《こ》ぶること能《あた》わず」と。王達も大いに感じて、遂《つい》に免したのである。公事未《いま》だ久しからずして、病《やまい》の為めに南《なん》康軍《こうぐん》に知《ち》たるを望み、求めて廬山《ろざん》の蓮華峰《れんげほう》下に隠棲《いんせい》せられた。山の前に清麗《せいれい》なる渓《たに》ありて、湓江《ぼんこう》に似ておった。曽《かつ》て営道県濂渓《れんけい》の辺《ほと》りに家居しておったことを忘れざるために、自ら濂渓《れんけい》先生と号した。長抃《ちょうべん》の蜀《しょく》を鎮《しず》むる時に憲宗《けんそう》皇帝に奏《そう》してこれを進めんとしたが、及ばずして熙寧《きねい》六年六月七日、年五十七歳にして薨《こう》じた。太史黄庭堅《こうていけん》が称した詞に「その人品《じんぴん》甚だ高く、胸懐洒落《しゃらく》たること、光風霽月《せいげつ》の如し、名を取るに廉《れん》にして志を求むる鋭《えい》なり」とある。嘉定《かてい》十二年、元公《げんこう》と諡《おくりな》を賜うた。臣の身に在って天子より諡せらるると云うは、最も光栄なことである。また淳祐《じゅんゆう》元年に汝南伯《じょなんはく》に追封せられた。仏印《ぶっちん》禅師〔仏印了元〕、蘭《らん》渓《けい》に寓《ぐう》せられた頃、屢《しば》ば謁見して共に道を講究せられた。周茂叔問う、「天命《てんめい》これを性《せい》と謂う。性に率《したが》うこれを道と云う。道に率うこれを教と謂う。禅門何《なん》ぞ無心《むしん》これ道《どう》と謂うや」と尋ねた。仏印禅師ソレに答えて云われた、「疑わば別に参ぜよ」と。公が曰く「参ずることは無きにあらず、畢竟《ひっきょう》何を以てか道となす」と。仏印禅師は「満目《まんもく》の青山《せいざん》看るに一任す」と示された。公一日省悟《せいご》する所ありて、忽《たちま》ち窓前《そうぜん》の草木《そうもく》生ずるを見て乃ち曰く、自家《じけ》の意志《いし》と一般なりと、偈《げ》を以て師に呈された。

昔本不迷今不悟
心融境会豁幽潜
草深窓外松当道
尽日令人看不厭

昔《むかし》本より迷わず　今《いま》悟らず
心融《ゆう》し境会《え》して　幽潜《ゆうせん》を豁《ひろ》くす
草深《ふか》くして窓外《そうがい》　松道《みち》に当る
尽日《じんじつ》　人《ひと》をして　看て厭《いと》わざらしむ

と。師和《わ》して曰く、

大道体寛無不悟
何抱動植与蜚潜
行観坐看了無碍
色見声求心自厭

大道　体寛《ひろ》くして　悟《さと》らざる無し
何《なん》ぞ動植《どうしょく》と蜚潜《ひせん》〔動物・植物、飛ぶもの泳ぐものという区分〕を抱かん
行きて観じ坐して看ずるに　了《つい》に無碍《むげ》
色見声求《しきけんしょうぐ》　心《こころ》自ら厭《いと》う

と示された。廬山《ろざん》の麓《ふもと》に隠舎を結んで、師に乞うて青松社主《せいしょうしゃしゅ》として互いに道を研究した〔以上『仏法金湯編』12周惇頤〕。或《あ》る時《とき》、惇頤《とんい》、太極《たいきょく》の事を東林《とうりん》の総《そう》禅師〔東林常総〕に問うたとき、総禅師答えて曰く、「易《えき》は先天に在り、形《かたち》無うして理《り》あり。蓋《けだ》し太極は即ち易なり。無《む》形《けい》の理《り》即ち無極《むきょく》なり、天地の間ただこれ一気の進退にして四時《しじ》を為す。一気を以てこれを言えば皆元《げん》の為なり」と。頤大《い》いに得る所ありて仏印《ぶっちん》に参じた。仏印禅師曰く、「吾れ

多く人に孔孟《こうもう》の大義を教ゆ。今、公の負《お》う所を以てこれを起すべし」と云われた。また『易学心伝《えきがくしんでん》』の旨を示したその略に曰く、「吾が仏は実際理地《じっさいりち》を謂う。即ち真実無妄《むもう》、真にして妄無き、即ち誠なり。大なる哉乾元《けんげん》、万物資始《ばんぶつしし》とはこの実理を資《もとむ》るなり。乾道《けんどう》の変化、各《おのおの》の性命《せいめい》を正すとはこの実理を正すなり。天地聖人の道は至誠《しせい》のみ。必ず一路実地《じっち》の工夫《くふう》を着けんと要せば、直《ただ》ちに一旦豁然《かつぜん》として悟入に至るべし。ただ言語上《ごんごじょう》に在って会《え》すべからず」。惇頤ここに於て刻苦専一《こっくせんいつ》にし、後ち大悟徹底《たいごてってい》して、始めて「無極にして太極」〔『太極図』〕と唱え出した。『易学心伝』は其の撰述であります〔『尚直編』原文は「心伝易学」。書名にあらず。第14講参照〕。惇頤曰く、「吾れこの妙心《みょうしん》、実に南老《なんろう》〔黄龍慧南〕に啓迪《けいてき》せられ、仏《ぶっ》印《ちん》に発明す。若《も》し東林総《とうりんそう》禅師の開遮払拭《かいしゃふっしょく》を得ずんば、断じて表裏洞然《とうねん》、該貫弘博《がいかんこうはく》なること能《あた》わず」と。周茂叔がその師承の縁由を公言して憚からぬは、その心事の公明なる、真に慕《した》わしき極《きわ》みである〔以上『尚直編』下〕。

「司馬光《しばこう》」、字《あざな》は君実《くんじつ》と云い、陝州夏県《せんしゅうかけん》の人にして、洛《らく》に居ること十五年、児童走卒《そうそつ》も能《よ》く司馬君実《しばくんじつ》を知り、その帰らんとするや、帰る莫《なか》れ、留《とど》まりて天子を相《たす》け、百姓《ひゃくせい》を活《いか》せよと、数千人聚《あつ》まりて、馬首《ばしゅ》を擁《よう》し留めた美談がある。召《め》されて執政《しっせい》となり、元祐《げんゆう》元年、宰《さい》相《しょう》の位を拝し、八月にして薨《こう》じた。太皇太后《たいこうたいこう》もその死を惜しまれて、大いにこれを慟哭《どうこく》せられた。四方《しほう》の来《きた》り会《かい》するもの、これを哭《こく》すること親戚を哭するが如く、上《かみ》感涕して已《や》まず、大師を贈り、温国公《おんこくこう》に封し、文正《ぶんせい》と諡《おく》られた。公、元城先生《げんせいせんせい》〔劉安世〕の言を聞いて仏に帰依《きえ》した。温公《おんこう》始め仏を信ぜざりしとき、曰く、「人死《し》して仏を供養《くよう》するに因って、罪悪を滅し、必ず天堂《てんどう》に生じて、苦《く》を脱して楽《らく》を受く。然らざれば亡者《もうじゃ》地獄に入って、剉焼《ざしょう》春磨《きゅうま》・無《む》辺波《へんは》吒《たく》の苦を受くと云うが、殊《こと》に知らず、人《ひと》生れては気《き》血《けつ》を含んで痛痒《つうよう》を知る。死して形神《けいしん》相い離れれば、形質《けいしつ》は土に埋もれ、打ち消して木石《ぼくせき》に等しく、魂神《こんしん》は飄然《ひょうぜん》として散じ、風の如し。仮令《たと》い焼磨《しょうま》すとも豈《あ》にまた知らんや、仏教は世俗の愚人《ぐじん》を誑誘《きょうゆう》して、浮《ふ》図《と》に賄《まいな》いして、滔々《とうとう》として奉信《ほうしん》せしむ。若《も》しそれ天堂地獄果《はた》して有らば、天地と倶《とも》に生ずべし。仏法未《いま》だ中国に入らざるの前にも、人《ひと》死して復活するものあり。一人として地獄に入りて閻羅《えんら》十王等を見るの説無し。然らば地獄天堂の説は信ずるに足らず」と。『異端辨《いたんべん》詳《しょう》』及び『図書編《としょへん》』等にその説を出《いだ》す。

蓋《けだ》し宋朝、朱熹《しゅき》を始め、この司馬君実の説を受けて、却って孔子《こうし》の大理《たいり》を罔《な》みし、聖人の語を蔑《ないがし》ろにするに至るは実に愚《ぐ》の至りである。その所以《ゆえん》は孔子も、祭る時は鬼神《きしん》これを饗《う》くと云い、また飲食《いんしょく》を菲《うす》うして孝《こう》を鬼神《きしん》に致すと云う等〔『論語』泰伯〕、これ人《ひと》死して後祭《まつり》をなし、食物を献ずる時、鬼神をしてその好味《こうみ》を喫《きっ》して悦《よろこ》ばしめん事を欲するに非ずや。孟子《もうし》も「積善《せきぜん》の家に余慶《よけい》あり」〔『易』坤・文言〕と云う等、若し君実が説の如く形相《けいそう》相い離れて木石の如く、精神飄散《ひょうさん》して風の如くならば、食を受くる能《あた》わず、供薦《きょうせん》の菲《ひ》厚《こう》を論ずるに及ばざるべし。死して後と云えども必ず食の菲《ひ》厚誠敬《こうせいけい》の虚実を辨ずるもの有って存すること、孔子の語に依って知るべし。然《しか》らば罪悪あらば剉焼春磨を知るもの有りて存すること顕然ではないか。君実は宋朝の智人と聞くに何《なん》ぞかくの如く婦女子《ふじょし》の陋説《ろうせつ》をなして、公然と書に著わして後世識者の嘲笑を残すや。これその己《おの》れの好む所に於て僻《へき》するのである。君実、元城劉安世《りゅうあんせい》先生に問うて曰く、「仏家に天堂と地獄とを言う、且つそれ実にこれあるや否《いな》や」。元城答えて云う、「仏の此《こ》れを設くるに理あり、迹《あと》あり。其の理を推《お》す時は、人をして悪《あく》を易《か》えて善《ぜん》に向《むか》わしむ。其の迹を論《もう》ずれば、実に地獄あり。且つ鄒衍《すうえん》が謂う、天地の外、神州赤県《しんしゅうせきけん》の如きもの八九と。荘子《そうじ》も謂う、六合《りくごう》の外、聖人《せいじん》存して而《しか》も論ぜず。凡人《ぼんじん》の耳目《じもく》の及ばざる所、安くんぞ其《いず》の無しと云うことを知らん」と示された。司馬温公これより容を易えて、仏を敬まわれたのである〔以上『帰元直指集』下〕。

「呂蒙正《りょもうせい》」、字《あざな》は聖功《せいこう》と称し、河《か》南《なん》の人である。若きよりの生緒牢落《せいしょろうらく》にして豪右《ごうゆう》に遍するに、急を周《すく》うもの少なし〔貪窮のため有力者を訪ねてまわったが、助けてくれる者はまれだった〕。詩あり曰く、「十謁朱門九不開、満身風雪又帰来、入門懶覩妻児面、撥尽寒炉一夜灰」と。「十《と》たび朱門《しゅもん》に謁《えっ》して九度《ここのた》び開けず、満身《まんしん》の風雪《ふうせつ》また帰り来る。門に入って覩《み》るに懶《ものう》し妻《さい》児《じ》の面《おもて》、寒炉《かんろ》一夜の灰を撥《か》き尽《つく》す」と述べたのは、真情を穿《うが》ちて中々面白い。或《あ》る時《とき》、途中、一僧に邂逅《かいこう》した。その僧が憐《あわ》れんで寺に延《ひ》いて帰り、食を給し衣服を与え、その上に小使銭《こづかいせん》までやりて帰したが、一ヶ月も経てまた大いに窮窘《きゅうきん》したので、遂《つい》に家族諸共《もろとも》に移して寺に住まわしめて、大勢の雲水《うんすい》と共に粥飯《しゅくはん》を給してやった。これに依り苦学《くがく》をし、後、郷薦《きょうせん》を得て都に出た。その時にまた彼《か》の僧が馬を買い、衣服を備えて、僕をも雇いて都に上らしたのである。殿試《でんし》、名を唱えて大魁《たいかい》〔状元〕たり。これより始めて世に出《いで》て、遂に執《しっ》政《せい》の位に登り、積む所の万金《ばんきん》を以て、その僧堂寺宇《そうどうじう》を修営し、なお天子に奏して、紫衣《しえ》を賜い、師号を加えて表旌《ひょうせい》した。太宗《たいそう》皇帝嘆《たん》じて、別に金を賜うて山門を建て、自書の額《がく》をも賜うたと伝にある。呂公、毎日早晨《そうしん》、起きて仏を拝礼して祝して曰く、「三宝《さんぼう》を信ぜざる者は、願《ねが》わくば我が家に生まれざれ、願わくば子孫《しそん》世々禄《ろく》を朝に食《は》んで、仏法を外護《げご》せんことを」と篤信《とくしん》なものであった。太宋《たいそう》の淳化《じゅんか》、真宗《しんそう》の咸平《かんぺい》再び入って相《しょう》となり、許国公《きょこくこう》に封ぜられ、文穆《ぶんぼく》と諡《おくりな》せられた。呂公の姪弟《てってい》、簡《かん》の子、公著《こうちょ》と云う人も、並びに中国公《しんこくこう》に封ぜられ、皆な仏法を敬せられたのである〔以上『宗門武庫』〕。

第九講　上　書（其五）

〔講話〕　前々回より講説した所は、儒《じゅ》にして禅《ぜん》に入った人々の伝記中の、或《あ》る部分だけを少しずつ挙げて呂蒙正《りょもうせい》の事まですんだ。本文も前々回に掲《かか》げて置いた。今回は楊億《ようおく》、趙抃《ちょうべん》等に就いて少しずつ言うて見ようと思う。委《くわ》しいことは『仏法金湯編《ぶっぽうこんとうへん》』などに出て居ります。

「**楊億**《ようおく》」という人は字《あざな》を大年《たいねん》と申し、建州《けんしゅう》の蒲城《ほじょう》の人で、真宗《しんそう》の朝に正言《せいげん》に拝せられ、遂《つい》に進んで、知制誥《ちせいこう》に遷り、文公《ぶんこう》と諡《おくりな》せられた。景徳《けいとく》の初めに沙門《しゃもん》の道原《どうげん》という者が禅宗の『伝燈《でんとう》』という書物を三十巻拵《こしら》えて朝廷に奉ったことがある〔『景徳伝燈録』〕。その時、天子より、楊億に詔《みことのり》が下って、それを裁定して広く世に行うたということで、その楊億の序文の中に、自ら師承《ししょう》の本末を序してある。曰く、「去年仮《か》りに茲《こ》の郡に守《しゅ》たり。適《たま》ま広慧璉公《こうえれんこう》〔広慧元璉〕に会えり、寔《まこと》に南院念公《なんいんねんこう》〔首山省念〕に嗣《つ》ぐ。斎中《さいちゅう》、務め簡にして、退食《たいしょく》暇《いとま》多し、或《ある》いは坐して邀《むか》えて至り、或いは駕《が》を命じて之に従う。請叩《しょうこう》方無《な》く、蒙滞《もうたい》倶に釈《と》く。半歳の後《のち》、曠然《こうぜん》として疑わず、忘れて忽《たちま》ち記するが如く、睡《ねむ》りて忽ち覚《さ》めたるが如し。平昔礙膺《げよう》の物曝然《はくぜん》として自ら落ち、積刧《しゃくごう》未明の事廓爾《かくじ》として現前す。〔……〕今、継承の縁は、実に広慧に属す。而して提激《ていげき》の自は良《まこと》に鼇峰《ごうほう》に出たり」云々。それから又た『百丈清規《ひゃくじょうしんぎ》』の序文なども書いておるけれど、煩わしいからここには略する。その楊億が自終の偈《げ》に曰く、

漚生与漚滅　　漚生《おうしょう》と　漚滅《おうめつ》と
二法本来斉　　二法《にほう》本来斉《ひと》し
欲識真帰趣　　真の帰趣《きしゅ》を識らんと欲さば
趙州東院西　　趙州《じょうしゅう》東院の西

中々面白い。水の中にポカッと泡が生じたが、またポカッと消えて仕舞った。人生を或る点から眺めて見ると、殆んど水の上に水の泡が立って、そうしてまたパッと消えて仕舞った様な、訳《わけ》の無いものだ。「漚生と漚滅と、二法本来斉し」。「漚」という字は生と滅との二つの意味を示して居る。生と滅とは多くは二つに見て居るが常《つね》であるが、今《いま》我が見る所に依ると一つだ。「真の帰趣を知らんと欲せば」、真実の帰着点を知らんとならばというので、死んで何処《どこ》へ行くという問題が吾が室内の調《しら》べにあるが、今死んで何処へ行くかということを知ろうと思うならば、オレはこう言う、「趙州東院の西」と。古句に「藪入《やぶいり》に一寸《ちょっと》そこまで暇乞《いとまごい》」とあるが、先ずそう云うものじゃ。この偈を遺して泊然《はくぜん》として歿したと、伝に出て居る(『仏法金湯編』11楊億)。

「趙抃《ちょうべん》」という人は字《あざな》は閲道《えつどう》、衢州西安《くしゅうせいあん》の人で、自ら知非子《ちひし》と号す。官は侍御史《じぎょし》で、遂に進んで参政《さんせい》に至った。初めは蔣山《しょうざん》の法泉《ほうせん》禅師に就いて参禅して、省悟《せいご》する所があった。それからまた大名の天鉢寺《てんぱつじ》の重元《じゅうげん》禅師に従って心要を問うた。師云く「公、朝に立って政《まつりごと》を論じ、化《け》を崇うし倫《りん》を明らかにす、何《なん》ぞ此れに剋意《こくい》するに暇《いとま》あらん」。公云く、「聞く別伝《べつでん》の旨、人々本有《にんにんほんぬ》の事なり、豈《あ》に他《た》能くして抃《べん》能くせざらんや。願わくば之を究明せん」。これは文字通りで分りますが、少し俗辯を加えて置きましょう。何か禅宗の奥義を承わりたいと言った時に、その禅師の答えに、貴公は今《いま》参政の高官に就いて居って、日々、政治に経済に教育に、所謂る吐哺握髪《とほあくはつ》の有り様で、いろいろ多忙の身の上であるから、迚《とて》もこの見性悟道《けんしょうごどう》の事を究むるの暇が無かろうと申されたら、趙扑が言うに、私は予《かね》て聞いて居る、この教外別伝《きょうげべつでん》の道は、人々具足《にんにんぐそく》・箇々円成《ここえんじょう》底のものであって、隣の宝を数うる様な迂闊《うかつ》なものでない。左《さ》れば誰でも憤発すれば出来る事である。他人の出来る事がよもやこの趙扑に出来ぬ事はあるまい。今、私は廟堂の上に立って一日二日に万機《ばんき》を攬《と》るの政《まつりごと》を輔《たす》けて繁劇《はんげき》には相違《そうい》ないが、如何《いか》に忙しいと言っても、心を専《もっぱ》らにしてやって出来ぬことはありますまい。忙《いそ》がしい忙がしいと言うことは、怠《なま》け者の言うことで、忙がしいことに打ち勝つという勇気があるならば、どんなに忙がしかろうが、修養の出来ないことは無いと私は信じて居る、和尚どうぞ指示《しじ》し玉《たま》えと願われた。ここに於て師は遂に「狗《く》子無仏性《しむぶっしょう》」の話頭《わとう》を以て、趙扑に看せしめられた。この「無字《むじ》の公案《こうあん》」は、古往今来、数多《あまた》の英傑《えいけつ》が血の涙、玉の汗で憂《う》き身《み》をやつしたものである。それから後、青州《せいしゅう》の知事となって、一日公堂に於て机に隠《よ》って黙坐しておるとき、忽《たちま》ち雷声を聞いて豁然大悟《かつねんたいご》したと伝に記してある。その投機《とうき》の偈《げ》に曰く、

黙坐公堂虚隠几　公堂《こうどう》に黙坐《もくざ》して　虚《むな》しく几《つくえ》に隠《よ》る
心源不動湛如水　心源《しんげん》動かず　湛《たん》として水の如し
一声霹靂頂門開　一声の霹靂《へきれき》　頂門《ちょうもん》開く
喚起従前自家底　喚起《かんき》す　従前の自家底《じけてい》

「公堂《こうどう》に黙座《もくざ》」して机に凭《もた》れたなりに三昧《さんまい》に入った。三昧というのは全く我が精神の統一の極《きわ》みに至った所を、梵語《ぼんご》では三昧と言って居る。三昧に入って居る時に恰《あたか》も大雷鳴に出合うた。「心源《しんげん》動かず湛《たん》として水の如し」。こういうことはあなた方の様な、日々夜々、厚生利用の事に多忙に暮らして居られる人は、矢張《やは》りこういう余裕が、始終《しじゅう》精神上に蓄《たくわ》えて置く必要があろう。「心源動かず湛として水の如し」。そういうものが無いと頭が熱して仕方がない。「一声の霹靂頂門《へきれきちょうもん》開く」。静まり返った所へゴロゴロピカピカと、恰も迅雷《じんらい》霹靂《へきれき》に出喰《でく》わして、痛絶快絶《つうぜつかいぜつ》とはココの一刹那《いちせつな》じゃ。「頂門開く」ということを明《あか》ら様《さま》に言うならば、悟りの目玉《めだま》が開けたという意味で、「喚起《かんき》す従前の自家底《じけてい》」、この一刹那に於て自家主人公《じけしゅじんこう》が、曠劫《こうごう》に亘《わた》る無明長夜《むみょうちょうや》の睡《ねむ》りを攪《か》き破ったとの意味である〔以上『仏法金湯編』12趙抃〕。『宋史』に「徳を貧煢《ひんけい》に施すこと、蓋《けだ》し勝《あ》げて数《かぞ》う可《べか》らず。日に為すところの事、夜に入って必ず衣冠露香《いかんろこう》〔露天で香をたく〕して以て天に告《つ》ぐ。告ぐ可らざるときは、敢《あえ》て為さず」、位太子少保《たいししょうほ》に至り、年七十七、将《まさ》に終らんとするとき、「詞気《しき》乱れず、安坐《あんざ》して没す」と伝に出ておる〔『宋史』316趙抃伝〕。

「**張方平**《ちょうほうへい》」という人は、字《あざな》は安道《あんどう》で、宋城《そうじょう》という所の人である。少《わこ》うして穎悟《えいご》絶倫、書、眼《め》を過《す》ぐれば再読せず、一度《ひとた》び読めば直《ただ》ちに意味を解する。進士《しんし》に挙げられ著作郎《ちょさくろう》となって、「平戎十策《へいじゅうじっさく》」を上《たてま》つる、その議論が頗《すこぶ》る確当であったから、時の宰臣呂夷簡《りょいかん》がこれを見て枢密宋綬《すうみつそうじゅ》に謂って曰うに、「大科《たいか》人を得たり」と。参知政事《さんちせいじ》に累官《るいかん》し、陳州《ちんしゅう》に知となり、太子少師《たいししょうし》を以て仕を致し、卒《しゅっ》して文定《ぶんてい》と諡《おくりな》された人である。『金湯編《こんとうへん》』に文定公「煕寧《きねい》の初め、大政《たいせい》に参す」。嘗《かつ》て除州《じょしゅう》に在りしとき、「一僧舎《そうしゃ》に至り、偶《たま》ま『楞伽経《りょうがきょう》』を見て手に入って恍然《こうぜん》として旧物を獲《う》るが如く、巻を開いて未《いま》だ終らざるに、宿障《しゅくしょう》氷の如く釈《と》け、是《これ》より悟入《ごにゅう》す」とある（『仏法金湯編』12張方平）。この人も凡物《ぼんぶつ》ではない。

「**黄庭堅**《こうていけん》」という人は、これも有名な人で、字《あざな》は魯直《ろちょく》、山谷道人《さんこくどうじん》と号す。涪州《ふうしゅう》の別駕《べつが》に謫《たく》せられ、それに因《ちな》みて涪翁《ふうおう》とも云うた。後《のち》また黔州《きんしゅう》に左遷せられて、開元寺《かいげんじ》に寓居して居たこともある。寺に摩囲泉《まいせん》と云うがあったので、摩《ま》囲老人とも号して居った。元祐《げんゆう》年中に太史《たいし》となり、晦堂《まいどう》禅師（晦堂祖心）に参じた。その事は『禅海一瀾《ぜんかいいちらん》』下巻の八則（第35講参照）に出て居りますから、今は略して置きます。後に黄龍《おうりょう》の死心《ししん》禅師（死心悟新）を訪《と》う。新問うて曰く、「死心死《し》し、学士死《し》し、彼此《ひし》（たがいに）焼きて一堆《いったい》の灰となすとき、什麼《なん》の処《ところ》に向いて相見《しょうけん》せん」と。公はこれに答えが出来なかった。新曰く、「晦堂の処に参得底《さんとくてい》、用不著《ようふじゃく》なることあり」と警《いまし》められた。これは御互《おたが》いに緊要《きんよう》の問題である。もし今死んで焼《やき》場《ば》の灰となりて後《のち》、大恩ある父母や最愛の妻子に、何処《どこ》で出合うことが出来るか。出来ぬと云わば酔生夢死《すいせいむし》じゃ。出来ると云わば即今《そっこん》サアどうである。ココ等《ら》が禅学の本領である。諸君以て如何《いかん》となすか。黄庭堅は後、黔南道《けんなんどう》中に於て、忽《たちま》ちこの疑問を解決した。その投《とう》機《き》の偈《げ》もあるが、矢張り八則を講ずる時に残して置く。公、黔州に在って酒を止め、欲を絶ち、大蔵経《だいぞうきょう》を読むこと三年、常に曰う「利衰毀誉《りすいきよ》・称譏苦楽《しょうきくらく》、此《こ》の八風《はっぷう》、四威儀《しいぎ》中に於て未《いま》だ嘗《かつ》て相い離れず、古《いにしえ》の元聖大智《がんしょうだいち》と雖《いえど》も、八風の外に立つ者あらんや。道を学ぶにあらずんば知らざるなり」と。格言と云うべきである。公、発願文《ほつがんもん》あり。公が如何《いか》に深くこの道を深く信じたかが分るであろう〔『仏法金湯編』13黄庭堅〕。

「呂祖謙《りょそけん》」という人は、前回御話《おはな》しした呂蒙正《りょもうせい》から七代目の孫に当る人で、嘗て張南軒《ちょうなんけん》〔張栻〕、朱晦庵《しゅかいあん》〔朱熹〕と共に道を径山《きんざん》の大慧《だいえ》禅師〔大慧宗杲〕の所に行って問うた。径山の大慧禅師というは他日何等《たじつなんら》かの場合に話しましょうが、当時、禅門傑出の大善知識《だいぜんちしき》であって、時の紳士《しんし》大夫《たいふ》は皆な径山へ集って道を修した。中々盛んなものである。それで、時の宰相の秦檜《しんかい》という者が、政治上の争いから、大いに嫉妬の情を起して誣妄《ぶもう》中傷の説を放って、径山の大慧という者は、時の政治家を籠絡《ろうらく》して、何か密《ひそか》に不軌《ふき》を議して居るという風に、讒訴《ざんそ》をした。それが為に大慧禅師は衡陽梅陽《こうようばいよう》という、最も瘴癘《しょうれい》の気《き》の多い土地に、前後十八年、流し者にされたことがある。しかしながら、その間に立派な人物を叩《たた》き出して居る。扠《さ》てそれから高宗《こうそう》皇帝が南に都を遷された時に、この人〔呂祖謙〕は仕えて尚書右丞《しょうしょゆうじょう》になった。而して居を金華《きんか》に構え、道を婺州《ぶしゅう》に唱えて、一代の宗師と仰がれ、東萊《とうらい》と号して幾多の著書立言《ちょしょりつげん》盛んに世に行われ、卒《しゅっ》して成公《せいこう》と諡《おくりな》せられた人であります〔『宋史』434呂祖謙伝〕。

「三蘇《そ》」というのは、蘇洵《そじゅん》、蘇軾《そしょく》、蘇《そ》轍《てつ》の三人で、「蘇洵」というのは字《あざな》は明允《めいいん》と申して、老泉《ろうせん》または眉山人《びさんじん》と号して、廬山《ろざん》に登り訥《とつ》禅師〔円通居訥〕に謁《えっ》して法を問うてその旨を得た人である。

「蘇軾」は字《あざな》は子瞻《しせん》で東坡《とうば》居士と号し、文忠《ぶんちゅう》と諡《おくりな》せられ、翰林《かんりん》に除せられ、内翰《ないかん》に遷り、令名《れいめい》天下に聞えた。始め東林《とうりん》の総《そう》禅師〔東林常総〕に参じて、与《とも》に「無情《むじょう》の話《わ》」を論じて、頗《すこぶ》るその旨を省《せい》し、投機《とうき》の偈《げ》を作った。その偈は仲々有名なものである。曰く、

渓声便是広長舌
山色豈非清浄身
夜来八万四千偈
他日如何挙似人

渓声《けいせい》　便ち是れ　広長舌《こうちょうぜつ》
山色《さんしき》　豈《あ》に清浄身《しょうじょうしん》に非ざらんや
夜来《やらい》　八万四千《はちまんしせん》の偈《げ》
他日《たじつ》　如何《いか》んが人に挙似《こじ》せん

と。「無情説法《むじょうせっぽう》」の意、躍如《やくじょ》として二十八字の上に露《あら》われておる〔『仏法金湯編』12蘇軾〕。古人はこの偈を拈《ねん》じて「渓声広長舌《けいせいこうちょうぜつ》、山色清浄身《さんしきしょうじょうしん》」、これで十分であると云うておる〔『羅湖野録』下〕。更にこれを拈じて「渓声山色《けいせいさんしき》」と云うた人もある〔『東語西話』下〕。孰《いず》れも明眼《みょうげん》の取り廻わしである。看よ山《やま》の色、渓《たに》の声、面《ま》のあたり活《い》き仏《ほとけ》の相好《そうごう》を拝し、微妙《みみょう》の説法を聴いておる。黄巻赤軸《おうかんしゃくじく》の経文《きょうもん》は尽《つ》くることあるとも、この大千《だいせん》の経巻は未来永劫、無くなるものではない。その妙旨《みょうし》は云《い》うに云われず、説《と》くに説かれずじゃ。後ち公、黄州《こうしゅう》に謫《たく》せらる。仏印元《ぶっちんげん》禅師〔仏印了元〕、廬山《ろざん》の帰宗《きす》に住す。黄州《こうしゅう》と岸を対す。公と師と酬酢妙句《しゅうそみょうく》、

雲煙《うんえん》と麗《れい》を争うと伝にあるが、その方外《ほうがい》の交誼《こうぎ》が如何《いか》に面白かったかが思いやられる。元師、金山に移るに及んで、公は釈を獲て杭州《こうしゅう》の知府《ちふ》と為った。その時、書を以て元に抵《いた》して曰く、「必ず山を出でざれ。当《まさ》に趙州《じょうしゅう》が上等に人を接せしを学ぶべし」と。元、書を得て径《ただち》に山を出《い》で来《きた》る。東坡迎えて、笑うてその意を問う。元、偈《げ》を以て答えて曰く、

趙州当日少謙光
不出山門見趙王
争似金山無量相
大千都是一禅床

趙州《じょうしゅう》　当日　謙光《けんこう》を少《か》き
山門《さんもん》を出《い》でずして　趙王《ちょうおう》に見《まみ》ゆ
争《いか》でか似《し》かん　金山《きんざん》の無量相《むりょうそう》
大千《だいせん》都《すべ》て是れ　一禅床《ぜんしょう》

と〔『禅林僧宝伝』29仏印元〕。禅の境界も此処《ここ》まで摺《す》り上げなくては臭味《くさみ》が取れぬ。禅僧は山に立て籠っておるのが貴いとか、何もシャベラヌのが本色《ほんじき》だとか、気取《きど》っておる内は、未《ま》だ未だ若《わか》い若いと云うものじゃ。仏印などはソンナ「黒暗《こくあん》の鬼窟《きくつ》」には居らぬ。大千世界を臍《へそ》の下へ楽々と推しこんでおる。これには流石《さすが》の東坡居士も、一本マイッタであろう。「又た流鶯《りゅうおう》を逐《お》いて短牆《たんしょう》を過ぐ」とでも云うておこう〔慧通清旦『雲臥紀談』下、他〕。坡《は》、手を抵《う》って善と称すと伝に記してある。公が母程氏《ていし》卒す、乃ち簪珥《さんじ》遺物《いぶつ》〔髪飾り耳飾りなどの遺品〕を以て工に命じて阿弥陀《あみだ》の像を画かしめ、偈を以て讃をしたなど、種々の仏事もあ

る。公は建中靖国《けんちゅうせいこく》元年七月、毘陵《びりょう》と云う処で卒した。時に径山の惟琳《いりん》長老が病を問うて曰うに、「公の履践《りせん》此に至る。更に須《すべか》らく力《ちから》を著《つ》くべし」と。公、声に応じて、「力を著くれば即ち差《たが》う」と言《い》い了《おわ》って逝く〔『仏法金湯編』12蘇軾〕。生死《しょうじ》の間に立って、游戯《ゆげ》三昧《ざんまい》の有り様である。真に見上げたものじゃ。この東坡居士の禅門に於ける事蹟は、仲々沢山あるが、今はホンの一、二を紹介したまでである。

第十講　上　書（其六）

〔講話〕此処《ここ》の所は禅道へ這入《はい》った名士の事に就いて少しズツ言うて居るが、今回は「金《きん》の李屏山《りへいざん》」であります。それも伝を精《くわ》しく言うて居ると長引《ながび》きますから、伝の中から抜き出して申します。「李屏山《りへいざん》、名は之純《しじゅん》、字《あざな》は純甫《じゅんほ》、自ら屏山居士《へいざんこじ》と号す。弘州《こうしゅう》の人、資性英邁《えいまい》、天下の書読《よ》まずという所なし」と伝にある、そういう学者であった。それから「三十歳の後に至って、普《あまね》く仏書を見、更に道学《どうがく》諸家の書を読み、心に会《え》する所あり、即ち三《さん》家《か》を合して一と為す」。「三家」というは、言うまでも無く、儒《じゅ》と仏《ぶつ》と老《ろう》とで、「この三教を以て一と為し」、そうして「先儒の説を取って、その相い合せざるものを箋《せん》して、著わして成書と為す」、ここに一つの著述が出来た。それが所謂《いわゆ》る『鳴道集説《めいどうしゅうせつ》』という書物である。その『鳴道集説』の序文に、こういう言葉を掲《かか》げている。

聖人《せいじん》の道、線の如くにして伝えざるもの一千五百年、而《しこう》して浮屠《ふと》氏の書、西方《さいほう》より来《きた》る。〔……〕至言妙理《しごんみょうり》、吾が古聖人の心と、魄然《はくぜん》として合う。〔……〕諸儒陰《ひそ》かに其の説を取って以て吾が書を証すること、李翺《りこう》よりして始まる。〔……〕心に知る、古聖人の死せずして、大道の将《まさ》に合せんことを。将に合して又た離るることを恐れ、其の未《いま》だ古聖人に合せざるものを簒して『鳴道集説』という云々。

こういう言葉が『鳴道集説』の序文に載って居る。そういう意味に於てこの著述をした。『鳴道集説』というものは合して二百十七篇ばかりになって居る。そんな塩梅《あんばい》に李屏山という人はこの道に這入《はい》った〔以上『仏法金湯編』15李之純〕。

それから「**元《げん》の趙孟頫《ちょうもうふ》**」。趙孟頫というと一寸《ちょっと》通じ難いが、趙子昂《ちょうすごう》というと誰も知って居る。その伝に「趙子昂は呉興《ごおう》の人、十一、二歳にして好んで『金剛経《こんごうきょう》』を手写し、後但《のちた》だ僧と語ること即ち眷属《けんぞく》の如し」とある。常に仏教中の優れた僧侶と相い交わって居った。尤《もっと》も天目中峰《てんもくちゅうほう》〔中峰明本〕の道を重んず。これも大変有名な人で、日本で書画骨董《しょがこっとう》を愛する者は中峰和尚の書画を珍蔵して居るが、〔趙子昂は〕この和尚から手紙でも来ると必ず香《こう》を焚《た》いて望んで拝する。また和尚に呈した手紙の中には必ず自ら「弟子《でし》」と称する。それで公、常に中峰和尚の作る所の文を見る毎《ごと》に、即ち「手書す」。手ずから書いて珍蔵して居った。また師の像を書いて以て同参《どうさん》に遺したとある。仏に這入った因縁《いんねん》は大略そういう有り様で、至元《しげん》元年六月、年六十九で歿した。追って魏国公《ぎこくこう》に封ぜられ、謚《おくりな》して文敏《ぶんびん》と言う〔以上『仏法金湯編』16趙孟頫〕。

「**明《みん》の趙大洲《ちょうだいしゅう》**」、この人は明の嘉靖《かせい》中の人で、字《あざな》は孟静《もうせい》、四川内江《ないこう》の人。この人は双子である。嘗《かつ》て母の余氏《じょし》が二沙弥《しゃみ》を夢みた。一人は「緇《し》」を着る、黒い衣服を着て居る。一人は白を着て居る。この二人の沙弥が出て来て、母親の袖《そで》を引いて、託所《たくしょ》を求めた。どうか生れ所を見附《みつ》けたいという様な塩梅《あんばい》、黒い衣服を着て居る小僧を夢みて生れたのが趙大洲。白い衣服を着て居る小僧を夢みて生れたのが弟の小洲《しょうしゅう》で、名は蒙吉《もうきつ》、字は仲通《ちゅうつう》という。こんな塩梅で、両人が三歳か四歳位、まだ幼稚な時分から仲《なか》が宜《よ》かった。いつでも二人で「坡谷《はこく》の僻処《へきしょ》」と言って、人跡不到《じんせきふとう》の静かな所に行って「趺坐《ふざ》」する、禅僧が坐禅する様な真似をして居ったと書いてある。それから後に至って進士《しんし》に挙げられ、更に翰林学士《かんりんがくし》となり、また「四方《しほう》の豪傑《ごうけつ》」と相い交わり、「俗学《ぞくがく》を廓摧《かくさい》し、本心《ほんしん》を発明《ほつみょう》し、天下を以て己《おのれ》の任とす」という様に書いてあります。委《くわ》しきことは伝に付いて見るが宜《よろ》しい〔以上『居士伝』39趙大洲〕。

それから「王守仁《おうしゅじん》」〔王陽明〕、字《あざな》は伯安《はくあん》、余姚《よよう》の人、歳《とし》二十八の時に進士《しんし》に挙げられ、三十一の時に病《やまい》を告げて越《えつ》の国に帰り、陽明洞《ようめいどう》に室を築いて、其所《そこ》で修養して居った。その頃は陽明山人《ようめいさんじん》と号したと云うことである。明《みん》の武宗《ぶそう》が即位された時、劉瑾《りゅうきん》が政《まつりごと》を専《もっぱ》らにして、御史《ぎょし》戴銑《たいせん》等二十余人を、罪も無いのに捕えたことがある。その時に当って王守仁が抗議を申し出たところが、劉瑾が怒って笞杖《ちじょう》の刑《けい》に処し、尋《つづ》いて貴州龍場駅丞《きしゅうりゅうじょうえきじょう》という詰《つま》らぬ役に左遷して仕舞った。そうして瑾が窃《ひそか》に人を遣わして、隙《すき》があったら暗殺せしめようとした。そこで陽明は迚《とて》も禍《わざわい》を免れ得ない事と思って、川に投じて逃れた。それから舟山《しゅうざん》に至り大層難儀《なんぎ》をせられて、夜、閩州《びんしゅう》の境に至り、殆んど人も通わぬ様な山径《やまみち》を走って、一寺を叩いて一宿を求めたが泊《と》めて呉《く》れない。そこで「野廟《やびょう》」とあるから辻堂《つじどう》の様なものに入って、一夜を明かそうとした。夜半の頃おい虎《とら》が出て来て辻堂の周囲を廻って、大いに咆《ほ》えたが、その辻堂の中には這入《はい》り得なかった。兎角《とかく》する中《うち》に夜が明けた。そこで前の寺僧の思うよう、昨夜此処《ここ》へ一宿を求めに来た人があったが、大方《おおかた》虎に喰い殺されたであろう。所持品でもあったら取ってやろうと、別に悪気があってではなかったろうが、辻堂の所へ来て見た。所が、守仁の熟眠するを見る。大鼾《おおいびき》で寝て居た。僧驚いて曰く、公は非常の人なりとて、大いに感心した。遂に龍場という所に至って、草棘《そうきょく》の間《かん》に窮居した。此所《ここ》で「五寒暑《かんしょ》を更《か》う」とある。五箇年ばかりを過《すご》したのである。後、盧陵《ろりょう》県の知事になった。その時に始めて天子に謁見《えっけん》を仰《おお》せ付けられて、それから累進《るいしん》して南京の鴻臚寺卿《こうろじけい》というものになった。十二年、漳州《しょうしゅう》に起った寇《あだ》を平《たい》らげた。これを平らげるに前後一歳余、賊巣《ぞくそう》を衝《つ》くこと八十四、俘馘《ふかん》七千余。それからまた間も無く宸濠《しんごう》という者が兵を挙げた。守仁また討ってこれを平らぐという様なことが、段々伝記に書いてあります。

王守仁には「五溺《ごでき》」ということがあって、初めは任俠《にんきょう》に溺る、男達《おとこだて》を以て任じた。二度《ふたた》び「騎射《きしゃ》」に溺る、馬に乗ったり弓を射《い》ることに溺れ、三度《みた》び「詩書《ししょ》」に溺る、学問に溺れた。四度《よた》び「神仙《しんせん》」に溺る。神仙の術というものがある。その神仙の術に溺れた。五度《ごた》び「仏氏《ぶっし》」に溺る。「溺る」という字はこういう所には極めて面白い。王陽明《おうようめい》という人は、やり掛けた事は何でも一遍やって見るという人で、後にまた儒学に帰した。この人は文《ぶん》に於ても武《ぶ》に於ても優れた人で、ある時は廟堂《びょうどう》に立って政に参し、ある時は諸方《しょほう》に流浪《るろう》して艱難《かんなん》を凌《しの》ぎ、また能《よ》く総《すべ》ての人情にも通じて居る。それからまた一派の学を唱え出した。世に王陽明学と称するのが即ちこれである。死後、新建公《しんけんこう》に封ぜられ、文武《ぶんぶ》と諡《おくりな》すと、その伝に書いてある〔以上、『明史』195王守仁伝、『王文成公全書』32―34年譜〕。『瑯邪代酔篇《ろうやだいすいへん》』〔16王文成〕にこういうことが書いてある。

入定《にゅうじょう》の僧あり。壁間詩《へきかんし》あり曰く、

五十年前王守仁　　五十年前　王守仁
開門原是閉門人　　門を開かば　原《もとよ》り是れ閉門の人
精霊剝後還帰復　　精霊《せいれい》　剝《は》ぎし後《のち》　還《ま》た帰復し
始信禅門不壊身　　始めて信ず　禅門不《ふ》壊《え》の身

先生曰く、固《まこと》にこれ吾が前身なりと。悵然《ちょうぜん》これを久しうし、塔《とう》を建て以て瘞《う》めて去る。

それから次に「**文徴明《ぶんちょうめい》**」。これも日本人の耳に通じて居る。この人の事は『仏法金湯編《ぶっぽうこんとうへん》』に出て居るから就いて見るが宜《よろ》しい〔未収〕。先ず伝記はこれ位にして略して置きましょう。

それでここに挙げたのは梁粛《りょうしゅく》、柳宗元《りゅうそうげん》、白居易《はくきょい》、宋《そう》の周惇頤《しゅうとんい》、呂蒙正《りょもうせい》、楊億《ようおく》、趙抃《ちょうべん》、張方平《ちょうほうへい》、黄庭堅《こうていけん》、呂祖謙《りょそけん》、三蘇《そ》、金《きん》の李屛山《りへいざん》、元《げん》の趙孟頫《ちょうもうふ》、明の趙大洲《ちょうだいしゅう》、王守仁《おうしゅじん》、文徴明《ぶんちょうめい》などであるが、なおこの外にこういう様な人が沢山ある。しかしここにはそのうち重《お》もな人々ばかりを挙げた。これ等の諸公は「**皆な大達の学士にして、亦《ま》た咸《み》な深く吾が禅道を究《きわ》め、而《しこう》して服膺《ふくよう》せし所以《ゆえん》の者は、固《もと》より由《ゆえ》有り**」である。これ等の人々が、何の歉《あき》たらざる所あってか、自家《じけ》の儒の道ばかりに安んずること能わずして、吾が禅道を深く究め、拳々服膺《けんけんふくよう》して〔心中つねに保持して〕、日夜斯道《しどう》を守り、伝えたのであろうか。これに就いては大いに謂《い》われがなければならぬ。丁度彼《か》の張無尽《ちょうむじん》居士〔張商英〕が『護法論《ごほうろん》』を著《あら》わして、その冒頭に、

> 孔子《こうし》曰く、朝《あした》に道《みち》を聞いて夕《ゆうべ》に死《し》すとも可なりと。仁義忠信《じんぎちゅうしん》を以て道とするか、則ち孔子固《まこと》に仁義忠信有り。長生久視《ちょうせいきゅうし》を以て道とするか、則ち夕に死すとも可なりと曰う。これ果《はた》して何の道を聞くことを求むるや。豈《あ》に大覚慈尊《だいかくじそん》、識心見性《しきしんけんしょう》、無上菩提《むじょうぼだい》の道に非ずや、云々。

と説き出して居るが、大いに由《ゆえ》あることである。

さて次に今少し本文を掲げます。

伏《ふし》て惟《おもん》みるに、閣下天縦《てんしょう》の賢才《けんさい》、武《ぶ》を以て封疆《ほうきょう》を固め、文《ぶん》を以て臣民《しんみん》を撫《ぶ》す。首として学校を建て、英才を養育し、賢良《けんりょう》を選挙し、政治を興隆す。闔国《かっこく》の生民之《せいみんこれ》に懐《なつ》くこと、靡《び》然《ぜん》として風の草に加うるが若《ごと》し。経国《けいこく》の大業《たいぎょう》、以て焉《これ》に加うる無し。夫《そ》れ唐室《とうしつ》を興すは太《たい》宗《そう》の功なり。其《そ》の臨御《りんぎょ》するに及んで、礼《れい》を制し楽《がく》を作り、天下文明の諸公、廟堂《びょうどう》に雍容《ようよう》たり。其の政《まつりごと》を議し師《し》を出《いだ》すには、房玄齢《ぼうげんれい》、杜《と》如晦《じょかい》、魏徴《ぎちょう》、敬徳《けいとく》、李《り》靖《せい》等の名臣《めいしん》有り。其の法を求め道を問うには、玄奘《げんじょう》、玄琬《げんえん》、慧浄《えじょう》、法順《ほうじゅん》、道懿《どうい》等の大徳《だいとく》有り、並《なら》びに用いて以て民を塗炭《とたん》の中に抜いて、諸《これ》を衽席《じんせき》の安《やす》きに措《お》き、遂《つい》に光武《こうぶ》以来の治を致し、千載《せんざい》、道徳《どうとく》盛明《せいめい》の主と称する、是《こ》れ豈《あ》に偶然ならんや。

伏惟。

閣下天縦之賢才。以武固封疆。以文撫臣民。首建学校。養育英才。選挙賢良。興隆政治。闔国之生民懐之。靡然若風之加於草也。経国大業無以加焉。夫興唐室。太宗之功也。及其臨御。制礼作楽。天下文明諸公雍容廟堂。其議政出師。有房玄齢・杜如晦・魏徴・敬徳・李靖等之名臣。其求法問道。有玄奘・玄琬・慧浄・法順・道懿等之大徳。並用以抜民於塗炭之中。而措諸衽席之安。遂致光武以来之治。千載称道徳盛明之主。是豈偶然哉。

〔講話〕「**伏《ふし》て惟《おもん》みるに**」と端《たん》を開いて、「**閣下**」、これは吉川監物《きっかわけんもつ》〔経幹〕という人を指す。今、山口あたりへ行って見ますと、忠正公《ちゅうせいこう》はじめ、毛利家の維新の際の名士四人の銅像が出来て居ますが、この吉川監物という人の銅像もある。これは周防《すおう》の岩国《いわくに》の藩主で、先師の居られたのが、吉川家の菩提寺であります。そこで「閣下」と敬ったので、閣下は「**天《てん》縦《しょう》の賢才《けんさい》、武《ぶ》を以て封疆《ほうきょう》を固め、文《ぶん》を以て臣民《しんみん》を撫《ぶ》す**」。この吉川監物という人は、文武《ぶんぶ》共に出来た人だ。「天縦の賢才」というと少しく溢美《いつび》〔ほめすぎ〕の様であるけれども、漢文というものは、こういう風に言わなければならぬ。生《うま》れ乍《なが》らにしての天才、故に武を以ては封疆を固め、文を以ては臣民を撫育《ぶいく》した。それから事業としては、「**首として学校**〔藩黌・養老館〕**を建て、英才を養育し、賢良《けんりょう》を選挙し、政治を興隆す**」。こういうことは管々《くだくだ》しく辯を附けんでも、読んだ儘《まま》で宜《よろ》しい。「**闔国《かっこく》の生民之《せいみんこれ》に懐《なつ》くこと**」、「闔国」と言っても、この時分は藩政時代であるから、僅《わず》かに周防の国一国でありますが、「闔国の生民之に懐」き、「**靡然《びぜん》として風の草に加うるが若《ごと》し**」。これは御存知の通り『論語《ろんご》』の顔淵《がんえん》の篇にありまして、「君子《くんし》の徳《とく》は風也《かぜなり》。小人《しょうじん》の徳は草也《くさなり》。草これに風を上《くわ》うれば必ず偃《ふ》す」と云うてある。丁度風が草を偃《たお》す如き有り様に、能《よ》く国が治って居る。「**経国《けいこく》の大業《たいぎょう》、以て焉《これ》に加うる無し**」。凡《およ》そ一国を経営するという政治上の事は、申し分が無いと言って置いて、それからまた此処《ここ》に引事《ひきごと》をした。

「夫《そ》れ唐室《とうしつ》を興すは太宗《たいそう》の功なり」。唐の太宗の功に吉川侯を比べるはどうか、少しく均《きん》衡《こう》が取れぬ様であるが、周防に居っては周防の国守《こくしゅ》であるから、これ位に言った。今の様に発展したる世の中から見ると、少しく過当かも知れぬが、そういうことは時世《じせい》に依って斟酌《しんしゃく》して見なければならぬ。所がこの唐の太宗という人は御存じの通り立派な人でありまして、その事蹟は歴史上誰知《たれし》らぬ者は無いが、今、少しばかりの事を挙げて見ましょう。

太宗は唐の高祖《こうそ》の次子で、名は世民《せいみん》、その性仁賢《じんけん》にして、財を軽んじ、義を重んずる人であった。隋《ずい》の末に至って義兵《ぎへい》を起したのであります。その後、唐の世となりてから、兄の建成《けんせい》、これは一時太子《たいし》になった人、弟の元吉《げんきつ》、これは斉王《せいおう》に封《ほう》ぜられた人、所が同じ兄弟《けいてい》であるけれども、世民が優れて居るが為に兄と弟と二人してこれを殺そうとしたことがある。これは乱世には有り勝ちなことで、日本でもそういう様なことがあった。所が親の高祖がある時、太宗即ち世民に言うたことがある。「家《いえ》を破り身《み》を亡《わす》る、亦た汝《なんじょ》に由らん。家を化《か》して国と為すも亦た汝に由らん」(『十八史略』5唐高祖、『資治通鑑』183)。若い時分からこういう人であった。我が家を破って仕舞い身を忘れて仕舞うのも大方《おおかた》きさまじゃろう。また我が家という様な小さいものを一つの国にして治めるということも大方きさまの力に依るじゃろう。一口に言えば、起すも倒すも已《おの》れであろう、とこういう様なことを言ったことがある。果して後に至って遂《つい》に兄の建成と弟の元吉を殺して仕舞った。その実は初めは建成と元吉が自分を殺そうとした。先《さき》んずれば人《ひと》を制《せい》する、遂に兄と弟を殺して、親の高祖の譲りを受けて位に即いた。しかし唐の天下を一統したに付いては太宗の功《こう》多きに居ると伝に書いてある。

「**其《そ》の臨御《りんぎょ》するに及んで、礼《れい》を制し楽《がく》を作**」る。それから後、太宗の位に即くに及んで、礼楽《れいがく》を興した。どうしても一国を治むるには「礼」と「楽」が必要である。今は形式は余《よ》程《ほど》変って居るが、何《いず》れの世、何れの国でもそうで、礼は表を正し、楽は内を和《わ》す。一方は正し、一方は和《やわら》ぐ。そうして賢良に任じ、公卿《こうけい》大臣と政治を論議する、こういう様な有り様であった。

全体支那は、世々《よよ》専制政治であった。けれども太宗などのやり方は勉《つと》めて独断を避け、多くの人と審議して善いものを取った。或る時こういうことがあった。これも名高い話であるが、太宗が蝗《いなご》を呑《の》まんとした。蝗というのは稲虫《とうちゅう》で、これが稲に附くと稲を害する。この稲虫を呑まんとしてこういうことを自ら言うた。「民《たみ》は穀《こく》を以て命《めい》とす、而《しこう》して汝之《なんじ》を害す」。丁度、人が人に向って物言うが如く、稲虫に言った。これは真の誠心誠意から出たものであろう。元来支那では民を以て国の本とすと云う位で、民に重きを置いて居る。それであるから太宗がこう言われた、「民は穀を以て命となす、而して汝之を害す」。これ吾が民を害す。百姓過《あやまち》あれば我れ一人に在り。汝而《しか》も霊あらば当《まさ》に吾が身を食うべし、吾が民を害することなかれ、とて生きた稲虫をその儘《まま》口に入れて呑まんとしたから、左右疾《やまい》を致さんことを恐れて食わざらんことを求む。そういう様な乱暴なことをされて御病気になっては大変だと言って、お呑みにならぬようにと諫《いさ》めた。その時、帝の言わるるに、貴ぶ所は災《さい》を朕《ちん》が躬《み》に移さんことを、何の疾かこれ避けんや、と云うて、遂にこれを呑む。これに由《よっ》て帝の世を終るまで蝗害《こうがい》なしと書いてある〔『仏祖歴代通載』11、『貞観政要』8務農〕。余程《よほど》文章も飾って書いたものであろうが、兎《と》に角《かく》、唐の太宗皇帝一代は、蝗虫《こうちゅう》の害が無かったということである。この一事を以て観ても如何《いか》に唐の太宗という人が政治上に心を用いられたかということがわかる。

それからまた勅《ちょく》を下して殺を禁じて、猥《みだ》りに物の生命を取ることを勅令《ちょくれい》で禁じた。こういうことは欧米各国でも例を求むれば沢山ある様で、動物を虐待するということは、誠に人として不道徳なことになって居る。それからまた殺す計《ばか》りでない。誠に堪えられぬ多くの時間に亘《わた》りて、この動物を使役するとか、また相当の養う可《べ》き物を以てしないとかいうことは、文明の世の中にある可きことでない。そこで動物虐待防止会というようなものが、外国には沢山出来て居ります。日本でもちょいちょいあるようである。しかし決して新たに外国の真似《まね》をした訳ではない。我が国の奈良朝時代、王朝時代を顧みると、仏教の教理上から割り出された所の、こう云う意味の事業が沢山にある。唐の太宗は勅令で屠殺を禁じ、行陣の所に於て皆な仏寺を置く、そういう所には必ず寺を建った。これは太宗自身が天下を平らげて唐室を興すまでには、已《や》むことを得《え》ずして多くの人を誅戮《ちゅうりく》したことを常に追念《ついねん》されたからで、即ち用《よう》を節して寺を建て、幾多《いくた》の亡霊に廻向《えこう》し、供養《くよう》をしたのである。

その時分の詔《みことのり》に、

隋《ずい》の末、義を創《はじめ》しより志拯溺《じょうでき》に存す。北征東伐《ほくせいとうばつ》、凡《およ》そ傷殪《しょうえい》する所勝《あげ》て紀《しる》す可《べ》きこと難《かた》し。手《て》ずから誅翦《ちゅうせん》する所、将《まさ》に一千に近からんとす。切《せつ》に以《おもん》みれば如来《にょらい》の聖教《しょうきょう》、深く仁《じん》慈《じ》を尚《とうと》ぶ。〔……〕為《た》めに斎《さい》を建て道《みち》を行い、七日七夜、誠《まこと》を竭《つく》して礼懺《らいさん》せよ。所有の衣服《えぶく》、並《ならび》に用《もっ》て檀捨《だんしゃ》す。冀《こいねがわ》くば三途《さんず》の難、斯《これ》に因《よ》って解脱《げだつ》し、万劫《まんごう》の苦、此《これ》を藉《か》りて弘済《ぐさい》せんことを。

とある〔『釈氏稽古略』唐太宗・断屠置寺〕。仁慈は世に臨む所の仏教の主義である。勿論《もちろん》この意味は独《ひと》り仏教ばかりでない、有《あ》らゆる宗教はそれから出て居る。欧米の歴史家などの書いたものを見ると、耶蘇教の歴史は血腥《ちなまぐさ》いが、仏教にはこれが無いと云うて居る。実際、仏教の歴史には血を流した騒動が無い。殊《こと》に印度では血を流して異教と争ったと云うようなことは無い。支那に於ても然《しか》り、日本に於てもまた然りである。尤《もっと》も日本に於て或《あ》る時代に、叡山《えいざん》の山法師《やまほうし》などという者が居ったのであるが、これは頭《あたま》を剃《そ》った一種の浪人者《ろうにんもの》であった。元より似《に》て非《ひ》なる者である。元来諍《あらそ》わぬということが仏教の意義で、仏教の特色とする所は決して宗教を以て血流しをやらぬという所にあるので、この点が実に本当の宗教の意味に叶《かの》うて居るという。外国の識者も、痛く感心して居る。それで唐の太宗は、仏教に依って深く仁慈の心を発し寺を建てた。それ故に詔文《しょうぶん》にも、

建義《けんぎ》以来交兵《こうへい》の処に於て、義士《ぎし》凶徒《きょうと》、身《み》を殞《おと》し陣《じん》に滅《ほろ》べる者の為めに、各《おのおの》の寺刹《じさつ》を建

て勝侶《しょうりょ》を招延《しょうえん》すべし。望《のぞ》むらくは法鼓《ほうこ》震う所、炎火《えんか》を青蓮《しょうれん》に変じ、清梵《しょうぼん》聞ゆる所、苦《く》海《かい》を甘露《かんろ》に易《か》えんことを云々

とある〔『釈氏稽古略』唐太宗・建寺〕。これまでが上勅の文であります、これは唐史に出て居る。なお『旧唐書《くとうじょ》』にも色々詳しい事が載《の》って居るが、煩《わずら》わしいから略して置きましょう。それで太宗は当時有名な虞世南《ぐせいなん》、褚遂良《ちょすいりょう》ら大学士七人に命じて、新たに建った寺の碑銘《ひめい》を撰《せん》せしめたという事である。太宗という人は誰が評しても、先ず明君《めいくん》で、実に唐室二百九十年の基《もとい》を開いた人である。今、先師はその人を此処《ここ》へ引っ張り出して来た。それ故《ゆえ》唐室を興すは、太宗の功で、その位に即くに及んで、礼楽を定め、「**天下文明の諸公、廟堂《びょうどう》に雍容《ようよう》たり**」。妙なもので、太宗という様な明君が現われると、矢張《やは》り賢臣《けんしん》が現われる。太宗の世に生れた人は皆な立派な人で、今二、三の人を此処へ出してありますが、「**其の政《まつりごと》を議し師《し》を出《いだ》すには、房玄齢《ぼうげんれい》、杜如晦《とじょかい》、魏徴《ぎちょう》、敬徳《けいとく》、李靖《りせい》等の名臣《めいしん》有り。其の法を求め道を問うには、玄奘《げんじょう》、玄琬《げんえん》、慧浄《えじょう》、法順《ほうじゅん》、道懿《どうい》等の大徳《だいとく》有り**」。

この房玄齢という人はこれは優れた人で、これも精《くわ》しい事は歴史に出て居る。或る時、唐の太宗がこういうことを言われた。「玄齢、吾と共に天下を取り、百死《ひゃくし》を出て一生を得たり、故に創業《そうぎょう》の難《かた》きを知る。徴、吾と共に天下を安んず。常に恐る、驕奢《きょうしゃ》の富貴《ふうき》に生じ、禍乱《からん》の忽《ゆるが》せにする所に生ずることを。故に守成《しゅせい》の難きを知る」とこう言われた。時に、房玄齢拝して曰く、「陛下この言に及ぶは、四海《しかい》の福也《ふくなり》」。あなたがそう思《おぼ》し召《め》して下さるの

は実に天下の幸《さいわい》である、と言ってお答えをした〔『資治通鑑』195・貞観12甲寅〕。かく太宗の如き英明の君にして、而《しか》もなお且《か》つ政《まつりごと》を議し師を出《いだ》すにかくの如き名臣あり、法を求め道を問うに玄奘その他の大徳があったのであるから、唐室大業の盛んなる「**豈《あ》に偶然ならんや**」である。

第十一講　上　書（其七）

［講話］「**其《そ》の政《まつりごと》を議し師《し》を出《いだ》すには、房玄齢《ぼうげんれい》、杜如晦《とじょかい》、魏徴《ぎちょう》、敬徳《けいとく》、李靖《りせい》等の名臣《めいしん》有り**」。是等《これら》の名臣が唐太宗《たいそう》を助けたが、「**房玄齢《ぼうげんれい》**」の事に付いてこの前一言《ひとこと》言うて置いた。委《くわ》しいことは、皆なその伝に就いて御覧《ごらん》になれば宜《よ》い。

「**杜如晦《とじょかい》**」という人は、これも名臣であります。太宗が新邸《しんてい》という邸《やしき》に居られる時に、多くは今まで輔佐《ほさ》した人が外宮《がいきゅう》に皆な用いられた。所《ところ》がその時分に玄齢が言うに、「余人《よじん》は惜《おし》むに足《た》らず。如晦は王佐《おうさ》の才あり。大王四方《しほう》を経営せんと欲《ほっ》せば、如晦に非《あらざ》れば不可《ふか》なり」と勧めたので、そこで太宗が如晦を用いて、府属《ふしょく》と為された〔『旧唐書』66杜如晦伝〕。こういう有り様で、蓋《けだ》し房玄齢《ぼうげんれい》は善謀《ぜんぼう》の人、杜如晦《とじょかい》は善《よ》く断《だん》ずる人で、玄齢が謀《はかりごと》を運《めぐ》らすと杜如晦はそれに決断を与えるという有り様で、中々優《すぐ》れたる所の人である。

「魏徴《ぎちょう》」という人も、これも優れた人であって、太宗が自ら魏徴《ぎちょう》の為に碑文までも拵《こしら》えて遣《つか》わされた位《くらい》、重く用いられた。魏徴が死なれた時に、太宗が侍臣《じしん》に向って言われるに、「銅《どう》を以て鏡《かがみ》と為せば以て衣冠《いかん》を正すべし。古《いにしえ》を以て鏡と為せば以て興替《こうたい》を見る可《べ》し。人《ひと》を以て鏡と為せば以て得失《とくしつ》を知る可し。徴〔魏徴〕歿《ぼっ》して朕《ちん》一鏡を亡《うしな》う」〔『資治通鑑』196・貞観17春正月〕。これ等《ら》は善い言葉であります。銅を以て鏡と為せば、自分の形を直す。古の歴史に目を晒《さら》しそれを鏡として見るならば、治乱興亡《ちらんこうぼう》の跡《あと》は一目瞭然である。また或る時は人間を捕《とら》まえてそれを鏡として見れば、自分の得失を知る可きである。所が魏徴が歿したので、朕一鏡を亡うたという位に、魏徴の事を想われた。これによって見ても、魏徴が如何《いか》に優れて居ったかということが分る。

その次が「敬徳《けいとく》」〔尉遅敬徳〕という人。或る時、太宗皇帝が敬徳に言われるに、「人或《ある》いは言う卿《けい》反すと、何ぞや」。この頃、人が言うに、お主《ぬし》は謀叛《むほん》を企てると言うが怪《け》しからぬじゃないかと。その時に敬徳答えて、「臣《しん》の反、実也《じつなり》」、左様《さよう》でございます、私が謀叛をすると人が言うのは実際でござる、と言って置いて、「臣、陛下に従って四方を征伐《せいばつ》し、身《み》百戦を経《へ》て、今《いま》存するは皆な鋒鏑《ほうてき》の余《よ》なり」、百度も戦って今ここに残って居るのは鋒《ほこ》先《さき》、鎗先《やりさき》の跡があるばかり。「天下已《すで》に定まる。乃ち更に臣の反を疑わんや」、四方を征伐して今この通り身体が創《きず》だらけで、創が残って居る。今かくの如く天下が治まって私が謀叛するということがあることであろうか、と言って、衣を脱《ぬ》いで地に投じ赤裸《あかはだか》になってその古創《ふるきず》を出して示した。その時、太宗皇帝が流涕《りゅうてい》して言われるに、「卿復《ま》た服せ、朕又た卿を疑わず」、こういう工合に言われたことがある（『同』195・貞観13二月）。それ位太宗と共に艱難《かんなん》をして天下を定めた人である。

「**李靖**《りせい》」という人は、字《あざな》は薬師《やくし》、京兆《けいちょう》三原の人。百戦百勝して衛国公《えいこくこう》に封ぜられた。或る時、この李靖が暴疾《ぼうしつ》（急病）を得た。ひどい病人になった時分に、その主治医は灰を以て療治すべしと言った。そこで太宗皇帝が自らその薬を煎《せん》じてやって、丁度《ちょうど》看護人が病人を看護する如く親切にされた。その時に李靖が頓首泣血《とんしゅきゅうけつ》して（頭を地に打ちつけ、血の涙を流して）謝《しゃ》した。所が太宗皇帝は、「社稷《しゃしょく》の為にするなり。卿《けい》の為にするに非《あらざ》るなり」、何もそんなに礼を言うて感謝するまでも無い、朕は国の為に汝の介抱《かいほう》をするので、汝《なんじ》一人の為にするのではない。「何《なん》の謝するか之《これ》有らん」、こう言われた（『同』197・貞観17巳丑）。昔の名《めい》将賢臣《しょうけんしん》の間というものは誠《まこと》に有り難い。太宗という人は、どうもこういう一言二言《ひとことふたこと》の言に付いても、その人《ひと》と為《な》りが如何《いか》にも欽慕《きんぼ》される所の人で、先年歿《な》くなった伊藤公などは、この唐の太宗の崇拝者であったということを聞いて居る。

「**其の法を求め道を問うには、玄奘《げんじょう》、玄琬《げんえん》、慧浄《えじょう》、法順《ほうじゅん》、道懿《どうい》等の大徳《だいとく》有り**」。「**玄奘**《げんじょう》」の事に付いて少しく言わなければならぬ。これは『続高僧伝《ぞくこうそうでん》』（4）の中に委《くわ》しく出て居りますが、釈《しゃく》の玄奘、本名は褘《い》、姓は陳《ちん》氏、漢の太丘仲弓《たいきゅうちゅうきゅう》の後なり。年十一にして『維摩《ゆいま》』『法華《ほっけ》』を誦《じゅ》す、これも所謂《いわゆる》神童に非ざれば能《あた》わぬことである。十一歳位の時分に大乗《だいじょう》経典《きょうてん》の最も六ケ《むつか》しい『維摩』とか、『法華』とかいうものを、書物を離れて自由に誦した。

貞観《じょうがん》三年〔629〕の冬に至って西域《さいいき》に入って、まだ大唐《だいとう》へ渡って居らぬ仏経を一つ探し出して来ようという志を発して、京師《けいし》に至ってその事を朝廷に願い出したが、「帝、允《ゆる》さず」。尤《もっと》もその時分は交通の不便な時代であって、太宗皇帝が許さなかった。しかし「私《ひそか》に遁《のが》る」、勅許《ちょっきょ》を得ることが出来ぬから、密《ひそか》に逃《のが》れ出て、原州《げんしゅう》という所から発して、玉関《ぎょくかん》という所へ出た。そうして西域即ち天竺《てんじく》へ這入《はい》った。貞観七年〔633〕に至って中印度に至る。本国を発足《ほっそく》したのが貞観三年で、それから同七年に中印度に至った。丁度三、四年掛《かか》って居る。大乗の居士《こじ》に遇《お》うて『瑜珈師地《ゆがしじ》』というものを始めて受けた。これは大乗経典の中で最も尊い経典である。それから王舎城《おうしゃじょう》に入って那蘭陀寺《ならんだじ》を訪う。これは仏経大学の跡であります。今でも那蘭陀寺の跡は存して居る。王舎城に入って那蘭陀寺に止って、瑜珈《ゆが》とか唯識《ゆいしき》とかいう宗旨《しゅうし》を悉《ことごと》く伝授した。その間、留《とど》まることが十年。そうして王舎城を発して祇《ぎ》羅《ら》国に行った。その時に祇羅国の国王が歓迎し、態々《わざわざ》市街に出て自ら迎えられた。その国王がまた問うて言うに、汝の国に聖人ありて出世せられたというが、我が為にその人《ひと》と為《な》りを言えと、太宗の事を聞いた。そこで玄奘が、太宗皇帝は斯《かく》の如《ごと》き人と為りであって、神武《しんぶ》天下を平定《へいてい》し、自ら尭舜《ぎょうしゅん》の治を行う、とこう答えた。こう答えたらばその祇羅国の国王が大いに驚いて、東に向って稽首《けいしゅ》〔跪いて敬礼〕して言うに、余《よ》また朝観《ちょうきん》すべし、師と共に行かん。そういう聖人が天下を統一せられたということは、洵《まこと》に世の為に喜ばしい。私もあなたと一緒に行って拝したいものだと言われた〔以上、『仏祖歴代通載』11、『隆興編年通論』11・貞観16〕。即ち青象名馬などを以て玄奘を助けた。玄奘これに経を駄《だ》して境を出て、国へ帰った。それが貞観十九年〔645〕正月である。

その時分、長安の都の留守《りゅうしゅ》をして居った房玄齢が、斯様斯様《かようかよう》の事で多年《たねん》玄奘が留学して帰朝したということを奏聞《そうもん》した時に、勅命《ちょくめい》があって儀鸞殿《ぎらんでん》に於て、玄奘は太宗皇帝に拝謁《はいえつ》した。その時、太宗の言われるに、師去《さ》る時何《なん》ぞ相い報ぜざる、折角《せっかく》天竺に行くのに何《な》ぜ私に知らせなかった。玄奘曰く、去る時に当って三《み》たび表を上《たてまつ》りましたが、諒許《りょうきょ》を得ませんで、止《や》むことを得ず私《ひそか》にまいりました、とお答えをした。そうしたらば太宗が、師能《よ》く命を委《ゆだ》ねて法を求め、蒼生《そうせい》を恵利《えり》す、と、甚《はなは》だ太宗皇帝の御感《ぎょかん》に預かった。その時に玄奘三蔵が西域で得た所の経論《きょうろん》合せて六百五十七部を奏《そう》したということである、大した土産《みやげ》であります。今はあの辺を探険して瓦や石の片《かけら》を一つ持って来たと言って誇《ほこ》り顔《がお》にして居るが、こういう獲物《えもの》は中々無い。そうして洛陽《らくよう》の嵩山《すうざん》の少林寺《しょうりんじ》に着いて国の為に新訳せんとて、これを国家の事業として翻訳したいということを願うた。帝の仰《おお》せらるるに、朕、この頃穆太后《ぼくたいこう》の為に(これが太宗皇帝の御母御《おんははご》である)弘福寺《こうふくじ》という寺を創《はじ》め造った。彼に就いて翻訳するがよいと。そこで、その弘福寺に於てその御経《おきょう》を翻訳することになった。かくて貞観二十年〔646〕の六月に至って、太宗皇帝が自ら新訳の「大唐三蔵聖教の序《だいとうさんぞうしょうきょうのじょ》」という序文を書かれた〔以上『釈氏稽古略』唐太宗〕。それは日本に伝わって居る。御経の中にも出て居る。

それから後に太宗皇帝が高麗《こうらい》の国を征伐しようという時分に、玄奘三蔵を携《たずさ》えて一所に行こうとされた。玄奘三蔵が固辞《こじ》して曰《い》うよう、我が仏教には仏法の大法なるものがありまして、敵味方《てきみかた》入り乱れて血《ち》流し騒動をする様な所へ近寄《ちかよ》るなよということが、仏教の掟《おきて》であります。何卒《なにとぞ》陛下の御矜察《きんさつ》を仰ぎたいと申し上げた〔『仏祖歴代通載』11・貞観19正月〕。この血流し騒動は、外教の歴史にはちょいちょい見受けるのであるが、仏教の歴史には血《ち》腥《なまぐさ》いことが絶《た》えてない。その昔、我が国に於ては、仏教の名の下に似《に》せ法師《ほうし》、叡山《えいざん》の山《やま》法師《ほうし》が騒いだ様なことが少しあるが、しかしこれは仏教の為に戦ったという訳ではない。大体、仏教の歴史には血腥いことを帯びて居らぬのが特色であるということを、西洋の歴史家が唱《とな》えて居る。それに反して他の宗教の如きはどうであろう。宗教は世界の平和を喜ばにゃならぬものであるのにも拘《かか》わらず、宗教の為に人を殺し、血を流し、惨澹《さんたん》たる活劇《かつげき》を行って居る。それであるから、その唱うる所と行う所と違って居るということを、西洋人自身が尤《とが》めて居る。仏教の方はその点に於ては和親平等《わしんびょうどう》で、三界《さんがい》を我が家とするという立場から眺めて居る。今、玄奘の答えも此処《ここ》から出ておるので、私には、そういう所へは勅命《ちょくめい》と雖《いえど》も行くことは出来ぬ、どうぞお察しを願いますと申し上げた。そこで太宗皇帝またこれを嘉納《かのう》せられたということが書いてある。委《くわ》しきことを言うと中々これだけでは尽《つ》きませぬが、ここは先《ま》ずこれだけにして置きます。

それから「玄琬《げんえん》」。是れも詳しい事は『続高僧伝《ぞくこうそうでん》』〔23〕などにも出て居る。玄琬という人は貞観九年〔635〕に延興寺《えんこうじ》で遷化《せんげ》せられたが、その時、皇帝に奉《たてまつ》った遺表《いひょう》の中にこういうことが書いてある。「聖帝明王、三宝《さんぽう》を賞罰して、濫《みだ》りに痛愍《つうびん》せず。沙門《しゃもん》、法を犯さば、民と科《とが》を同じうすべからず。乞《こ》う所属に付して、僧律《そうりつ》を以て之を治めんことを云々」〔『仏祖歴代通載』11、『隆興仏教編年通論』11〕。矢張《やは》りこの時分でも政権を以て宗教の本領へ切り込んで行った様なことが多い。従って宗教家を世間《せけん》の法律で以て罰するということがあった。今ここの玄琬《げんえん》が上奏する所に依ると、甚だそれは遺憾《いかん》なことで、沙門もし法を犯さば、もし出家沙門たる者が非法《ひほう》を行うたならば、一般人民と同じき法律の下《もと》に同じく処せられることは、甚だ残念でござる。どうか僧侶の戒律には処罰の道が立って居る故、僧の律を以て処罰を正されんことを願う、ということを、遺言《ゆいごん》の言葉に奉った。当時の僧侶という者は、皆な識見のあったもので、総《すべ》てこういうことを言うばかりでない、万事《ばんじ》が違って居たのであります。それからまた『安養論《あんようろん》』とか『三徳論《さんとくろん》』とかいう書物を、各《おのお》の一巻ずつ上《たてまつ》った。これは殆んど死《し》に際《ぎわ》に拵えられた書物で、それを上った所が太宗皇帝が嘉納された。それから詔《みことのり》を下して遷化《せんげ》を悼《いた》まれ、態々《わざわざ》皇太子を遣《つか》わして、臨んで弔《ちょう》せしめた。一般の有司《ゆうし》即ち役人に勅して、葬具を給与された。唐朝で沙門の遷化に勅使を下されたのは、玄琬が始めである。

次に「慧浄《えじょう》」という人はどういう人かというと、太宗皇帝が貞観十二年〔638〕秋八月に詔《みことのり》を「三学の秀異《しゅうい》」に下されたことがある。この三学の秀異というのは、孔《こう》・老《ろう》・釈《しゃく》の三教の優れた人達の事で、詔を以てその人々を弘文殿《こうぶんでん》に集め、其所《そこ》に於て論議せしめた。全体、この頃、孔子教《こうしきょう》即ち儒教《じゅきょう》の方は左程《さほど》でもなかったが、道教《どうきょう》と仏教《ぶっきょう》との議論は仲々盛んなものであった。そこで遂《つい》に弘文殿で対論せしめられるような事になったのである。その時、慧浄が道教の最も優れた者を挫折《ざせつ》したということである。この慧浄は元《もと》房玄齢と最も親しい間柄《あいだがら》で、また太常《たいじょう》の官に在る褚亮《ちょりょう》という人に敬われて居った。褚亮が嘗《かつ》て人に言うに、「浄、俯《ふ》して安遠《あんおん》を視、顧《かえり》みて生肇《しょうじょう》を蔑《ないがしろ》にす」、こういうことを言った。これは慧浄の優れたことを言うたので、「安遠」というのは道安《どうあん》・慧遠《えおん》二法師のことであります。道安や慧遠を俯《うつ》むいて見る位の優れた人で、顧みて丁度我が傍に居る者を見る様に、「生肇」を蔑にす。羅什《らじゅう》門下の生《しょう》法師〔竺道生〕と肇《じょう》法師〔僧肇〕、この二師を「生肇」という。これは羅什門下の四傑で、その両法師をも蔑にする位だと称賛して居る。「真《しん》に当世《とうせい》の独歩《どっぽ》なり」〔以上、『仏祖歴代通載』11、『隆興仏法編年通論』11〕。実にこの頃には上には明君があり、下にも名臣が現われ、また宗教界にも続々と俊秀《しゅんしゅう》な者がある。

それから「法順《ほうじゅん》」、この人は華厳《けごん》の法師で、華厳の法順と言えば名高いものである。教《きょう》相《そう》家などはこの人を誰も知らぬ人は無いのであります。この人は元杜順《とじゅん》と言って杜《と》如晦《じょかい》の一族であった。長安万年《ばんねん》の人で、陳《ちん》の永定《えいてい》二年に生れ、少にして隋《ずい》の文帝《ぶんてい》の為に重んぜられ、また時の王公大人《おうこうたいじん》からも敬われて居った。その伝にこういう事が載っている。「病《やまい》有る者には、師これに対して危坐《きざ》すれば、少頃《しばら》くして即ち癒《い》ゆ」（同前）。この頃の言葉で、一口に言えば奇跡というが、奇跡ということもどういう意味か研究して見ないが、一つの精神作用であります。精神的療法というものが段々日々に開けて行く様でありますが、そんなことも余暇があれば研究したら面白いことであろう。何の行法という、別に術を施すのではないが、法順和尚が端坐して病人に向われると、その病人が治って仕舞う。成程疾《やまい》に依っては治らねばなるまい。これは欧米にもクリスチャンサイエンスという者は、断じて薬を飲まぬ。それで大概の疾は治る。私の知って居る二、三の西洋人は、風《かぜ》を引いても薬を飲まずに治す人がある。精神作用というものは頗《すこぶ》る驚くべきものである。勿論《もちろん》これは修養を積んだ上の事であって、ただ一遍それだけのことをして治るものでない。兎《と》に角《かく》、信仰が本だ。杜和尚が病人の前に坐ると、その病は不思議にも治るという。また生れ乍《なが》らにして耳の聞えぬ者も、杜順和尚がこっちに来いと言って、一緒に話をされると、知《し》らず識《し》らずの間に、その人が耳が聡《あきらか》になり、明らかに聞える様になる。耶蘇の伝にもそういうことがあり、仏様の伝にもそういうことがある。信仰なき者にあっては、これを一笑に附するか知らぬが、信仰という立場から言えば斯様《かよう》なことが出来得《でき》られねばならぬ。また或いは癲狂病者を連れて来てこの和尚の前に坐禅をして、暫く冥想させると、その狂人がまじめになって皆な拝謝して去る。こういうことがこの杜順和尚には沢山あったものと見える。また嘗《かつ》て危ない谷川の断崖に臨んだ時に、侍者《じしゃ》が「済《わた》る可らざるを懼《おそ》る」、谷川を渉るには危ないと思ったら、侍者共《とも》に引いて渉る。我々が土の上を通る様にザアザア勢いを切って流れて居る所を渉った。「その神迹《しんせき》かくの如し」で、これは甚だ奇跡であるが、杜順自身は「初めより以て意《い》に介せず」、何もおまじないをする訳でもない、御祈禱《ごきとう》をする訳でも無い。戒《かい》と定《じょう》とを長く修養した結果が斯様《かよう》に現われて来たのである。この法順は最も「華厳《けごん》の宗旨《しゅうし》」に於てその造詣《ぞうけい》が深くあって、太宗皇帝が大いにこれを敬重せられ、「引いて宮禁《きゅうきん》に入る」、始終《しじゅう》宮中へ御招待になって、「善気妃主《ぜんきひしゅ》に導迎せしむ」。日本言葉で言えば、内親王《ないしんのう》方をして始終接待せしめられたということで、こういう様な人であります〔以上、同前〕。彼の華厳に於て有名な智儼《ちごん》尊者などは皆なこの杜順和尚の弟子であります。

それから「**道懿**《どうい》」。貞観十五年〔641〕五月に、太宗皇帝が弘福寺に行幸《ぎょうこう》されて、大徳道懿《どうい》等の五人を召され、座を賜《たも》うて優遇された。そうして諭《さと》すに、寺を創《はじ》め穆皇《ぼくこう》太后を追善するの意を以てせられた。且《か》つまた太宗皇帝が疏文《そぶん》即ち四六文《しろくぶん》で出来て居る祭文《さいぶん》の様なものを自ら製《せい》せられて、絹《きぬ》二百疋《ぴき》を施し、自ら「皇帝菩薩戒弟子《こうていぼさつかいでし》」と称して居る〔同前〕。日本でも法王《ほうおう》様方の御伝であるとか、法親王《ほうしんのう》方の御伝というものを拝読すると、常に自ら称して「菩薩戒弟子何某《なんのなにがし》」と申されたとある。これを儒者が書くと「三宝《さんぼう》の奴《ど》」と称して、仏に阿《おもね》るという様な語を持って来るが、阿ったのでも何でもない。実は道という真理の前には、人爵《じんしゃく》の尊いことも何もない。その意味から言えば皇帝から「菩薩戒弟子」と言うも、過賞《かしょう》なことでないと謂《い》うてよい。

今、太宗帝はこのようにして廻向《えこう》せしめ終り、さて道懿に言われるよう、老子《ろうし》は朕の先《せん》宗《そう》であるからその名位は常にこれを先にするのであるが、卿等《けいら》、お前達仏教者の側からは、不満に思うであろうと仰《おお》せられた。時に道懿が答えて、「陛下祖宗《そそう》を尊び、成式《せいしき》を降《くだ》さる。懿等国恩《こくおん》を蒙荷《もうか》して、安閑《あんかん》にして道を学ぶ。詔旨《しょうし》初めて下って咸《ことごと》く皆な懽悦《かんえつ》す、詎《なん》ぞ敢《あえ》て恨むことあらんや」、どうして御恨《おうら》み申し上げるというようなことが御座《ござ》りましょうやとお答えした。そうしたら太宗皇帝が「祖《そ》を尊び親《しん》を重んずるは、有生《ゆうせい》の大本なり。故に老子を先にして以て親疎《しんそ》の序を分《わか》つなり。心を仏に留《とど》めざるに非ず、国有ってより以来《このかた》、未《いま》だ嘗《かつ》て道観《どうかん》を剏立《そうりつ》せず、凡《およ》そ功徳《くどく》あれば並《ならび》に僧舎に帰す。今、所在の戦場皆な仏寺を立つ、太原旧第《たいげんきゅうてい》に至るまでまた以て仏に奉す、朕、心を存するかくの如し、卿等《けいら》想うに未だ諭《さと》らざるなり」、こう仰せられたので、道懿等遽《にわか》に起ち趨《はし》り謝すとある。また帝の御言葉に「少《すこ》く坐せよ、これはこれ朕が意なり、述《の》べざれば則ち人《ひと》知らず」、人が知らぬから念の為に言うて置くのであると、こんな込み入ったことまで道懿に対してお話をされたことがあります（同前）。こんな塩梅《あんばい》で此処《ここ》に出て居るのはその雄《ゆう》なる者ばかりを挙げたのである。「政を議し師を出すには、房玄齢《ぼうげんれい》、杜如晦《とじょかい》、魏徴《ぎちょう》、敬徳《けいとく》、李靖《りせい》等の名臣有り。其の法を求め道を問うには、玄奘《げんじょう》、玄琬《げんえん》、慧浄《えじょう》、法順《ほうじゅん》、道懿《どうい》等の大徳有り」。

「並《なら》びに用いて以て民を塗炭《とたん》の中に抜いて、諸《これ》を衽席《じんせき》の安《やす》きに措《お》き、遂《つい》に光武《こうぶ》以来の治を致し、千載《せんざい》、道徳盛明《どうとくせいめい》の主と称する、是《こ》れ豈《あ》に偶然ならんや」。字義の事は能《よ》く分って居る。民を塗炭の中に抜いて、諸を衽席即ち臥蓐《がじょく》の安きに措き、そうして後漢《ごかん》の光武以来の治績を挙げられて、千載、道徳盛明の主と称するのは、偶然のことではない。大抵、東洋の歴史でも西洋の歴史でもそうであるが、これを読んで見て、各《おのお》のその国々の興《おこ》る有り様を考えて見ると、外に於ては政治上の大いに治績を挙ぐると共に、内に於ては道徳宗教というものを以て人心を収攬《しゅうらん》する。収攬という字は動《やや》もすればアンビション〔ambiton 野心〕を含んだ様に思いますが、これはそうでない。道徳宗教を以て真底《しんそこ》から人の心を統一した所の明君賢相《めいくんけんしょう》と呼ばれた人は大抵そうだ。政教《せいきょう》相い俟って治国平天下《ちこくへいてんか》の実《じつ》を挙げて居るのであります。殊《こと》に唐の太宗という様な人は、彼《か》の国に於ても実に優れた所の賢主の一人であると謂わねばならぬ。先ず今回はこれで止め、次回に於て「上書」を終ろうと思う。

第十二講　上　書（其八）

窃《ひそか》に意《おも》うに、今時《こんじ》天下の儒士《じゅし》、皆な文《ぶん》を重んじて道《みち》を軽んず。是《ここ》を以て徒《いたず》らに仁義《じんぎ》道徳の辯を騁《は》せ、未《いま》だ嘗《かつ》て仁義道徳の実《じつ》を修めず、一切、苟且《こうしょ》に趨《はし》り、故習《こしゅう》に夤縁《いんえん》し、克《よ》く之《これ》を正しうする者有《あ》ること莫《な》し。譬《たと》えば珍饈《ちんしゅう》を記して人に語るが如し。美《び》なることは則《すなわ》ち誠《まこと》に美なり。唯《た》だ腹中剢然《こぜん》、何《なん》の用をか成すに堪《た》えん。若《し》かず親《みずか》ら喫却《きっきゃく》して其《そ》の味を知り、肚裏《ずり》便々として気力《きりょく》を益《えき》さんには。若《も》し夫《そ》れ吾が大道《だいどう》を徹見《てっけん》せば、則ち六経《りくけい》の基《もと》づく所、粲然《さんぜん》として明《あき》らかなり。聖賢《せいけん》の安《やす》んずる所、確然《かくぜん》として著《いちじ》るし、豈《あ》に他人の詮註《せんちゅう》を俟《ま》たんや。孟子《もうし》の所謂《いわゆ》る、「君子《くんし》深《ふか》く之に造《いた》るに道を以てす。其の之を自得《じとく》せんことを欲するなり。之を自得すれば、則ち之に居《お》ること安し。之に居ること安ければ、則ち之を資《と》ること深し。之を資ること深ければ、則ち之を左右《さゆう》に取って其の原《みなもと》に逢《あ》う」、是《こ》れなり。是《かく》の如《ごと》くにして後、古今《ここん》を商確《しょうかく》すれば、則ち学術《がくじゅつ》の邪正《じゃせい》、衆説《しゅうせつ》の純駁《じゅんばく》、又《ま》た皆な歴々として諸《これ》を掌《たなごころ》に視《み》るが如し。豈《あ》に愉快《ゆかい》ならずや。『中庸《ちゅうよう》』に曰《いわ》く、「君子の道は諸《これ》を身《み》に本づく。諸を庶民《しょみん》に徴《ちょう》し、諸を三王《さんのう》に考えて謬《あやま》らず、諸を天地《てんち》に建てて悖《もと》らず、諸を鬼神《きしん》に質《ただ》して疑《うたが》い無し、百世《ひゃくせい》以て聖人《せいじん》を俟《ま》って惑《まど》わず」と。信然《しんぜん》なる哉《かな》。

山野《さんや》切に願う、閣下這《こ》の微妙《みみょう》の大道を明覈《めいかく》し、彼《か》の聖賢《せいけん》の閫奥《こんおう》を透徹《とうてつ》す。高く憲法《けんぽう》を垂《た》れ、以て学校を董《ただ》し、専《もっぱ》ら大道を資《と》って、以て人才《じんさい》を開く。一家よりして一国、一国よりして天下に及ぼし、則ち天下抱道《ほうどう》の隠士《いんし》、有志《ゆうし》の処士《しょし》、其の盛事《せいじ》を聞きて、皆な必ず皞々《こうこう》然《ぜん》として来帰《らいき》せん。然《しか》れば則ち大道不明《ふめい》の世に於《よ》て、聖学《せいがく》の功を恢復《かいふく》する、焉《これ》より大なるは莫《な》し。山野之《これ》を聞く、古《いにしえ》の賢主《けんしゅ》、善《ぜん》を好んで勢《せい》を忘る。今の賢主の若《ごと》きも、亦《ま》た何ぞ然らざらん。古の隠士、其の道を楽しんで人の勢を忘る。今の隠士の若きも、亦た何ぞ然らざらん。且《か》つ山野、蓬門《ほうもん》の士為《た》りと雖《いえど》も、苟《いやし》くも此《かく》の如きの一大好事《いちだいこうじ》有るを知って、而《しこう》して卑言《ひげん》を左右に献ぜざれば、則ち必ず愚衷不忠《ぐちゅうふちゅう》の責《せめ》を免《まぬか》れず、故《ゆえ》に語路《ごろ》の鄙猥《ひわい》を顧《かえり》みず、意に随って辞《じ》を属《しょく》す、覚《おぼ》えず若干行《じゃっかんぎょう》を成す。且つ近ごろ禅余《ぜんよ》、聖賢の典語《てんご》三十則を抽《ぬき》んで、聊《いささ》か管見《かんけん》を加え以て評唱《ひょうしょう》し、私《わたくし》に『禅海一瀾《ぜんかいいちらん》』と題し、未定稿《みていこう》なりと雖も、今併《あわ》せて下執《しもしつ》事に附呈《ふてい》す。閣下万機《ばんき》の暇《いとま》、幸《さいわい》に電覧《でんらん》を賜《たま》わらば、即ち山野の願《ねが》い足りなん。其の行文《こうぶん》字句《じく》の若きは、恐《おそ》らくは麤疎《そそ》倒置《とうち》多からん。伏《ふ》して乞《こ》う、寛貸《かんたい》して之を咎《とが》めざらんことを。唯だ冀《こいねが》わくば山野の肝胆《かんたん》、大道に在ることを照鑑《しょうかん》せられんのみ。楮《ちょ》に臨《のぞ》んで実に激切屏営《げきせつへいえい》の至《いた》りに任《た》うる無し。

文久《ぶんきゅう》三年癸亥《みずのとい》春正月十一日

横岳沙門《おうがくしゃもん》洪川謹《つつし》んで再拝《さいはい》して白《もう》す

窃意。今時天下之儒士。皆重文軽道。是以徒騁仁義道徳之辯。而未嘗修仁義道徳之実。一切趍於苟且。夤縁故習。莫有克正之者。譬如記珍饈語人。美則誠美。唯腹中枵然。堪成何用。不若親喫却知其味。肚裏便々益気力也。若夫徹見吾大道。則六経之所基。粲然而明。聖賢之所安。確然而著。豈徯他人詮註乎哉。孟子所謂。君子深造之以道。欲其自得之也。自得之。則居之安。居之安。則資之深。資之深。則取之左右逢其原是也。如是而後。商確古今。則学術之邪正。衆説之純駁。又皆歴歴如視諸掌焉。豈不愉快乎。中庸曰。君子之道。本諸身。徴諸庶民。考諸三王不謬。建諸天地而不悖。質諸鬼神而無疑。百世以俟聖人而不惑。信然哉。

山野切願。

閣下明覈這微妙大道。透徹彼聖賢閫奥。而高垂憲法。以董学校。専資大道。以開人才。自一家而一国。自一国而及天下。則天下抱道隠士。有志処士。聞其盛事。皆必皥々然来帰矣。然則於大道不明之世。恢復聖学之功莫大焉。山野聞之。古之賢主。好善而忘勢。若今之賢主。亦何不然。古之隠士。楽其道而忘人之勢。若今之隠士。亦何不然。且山野雖為蓬門士。苟知有如此一大好事。而不献卑言于左右。則必不免愚衷不忠之責。故不顧語路鄙猥。随意属辞。不覚成若干行。且近禅余抽聖賢典語三十則。聊加管見以評唱。私題禅海一瀾。雖未定稿。今併附呈下執事。

閣下万機之暇。幸賜電覧。則山野之願足矣。若其行文字句。恐麤疎倒置多焉。伏乞寛貸不咎之。唯冀照鑑山野肝胆在大道而已矣。臨楮実無任激切屛営之至。

文久三年癸亥春正月十一日　　　　横岳沙門洪川謹再拝白

〔講話〕「**窃**《ひそか》**に意**《おも》**うに、今時**《こんじ》**天下の儒士**《じゅし》」、丁度《ちょうど》先師は齢《よわい》七十七になられた年の一月に遷化《せんげ》〔逝去〕せられた。それが明治二十五年〔1892〕で、それから後、私はその跡を受けて居ますが、今からでは三十年の余になる。だからこの『禅海一瀾《ぜんかいいちらん》』を作られた頃から言うと、モウ六十年位経《た》って居ります。その時代を重《お》もに言うて居る。今時、天下の儒士という者を眺めて見るというと、「**皆な文**《ぶん》**を重んじて道**《みち》**を軽んず**」。徳川幕府の末葉に至って、文に於て、或いは考証学《こうしょうがく》に於て、或いは訓詁学《くんこがく》に於て、随分《ずいぶん》人はあった。それはモウ諸君が御存じでありましょう。如何《いか》にも儒者達《じゅしゃ》が多い様であったが、「皆な文を重んじて道を軽んず」

るという有り様であった。同じ徳川幕府でも、家康公が天下を統一して、そうして儒道を採用《もち》いられた。藤原惺窩《ふじわらせいか》先生などをはじめとして、儒士を大いに用いられた。独《ひと》り文を重んずるのみならず、道も重んじたのでありますけれども、その幕府の末葉に至っては、文章学の如くに儒道がなって仕舞った。文章に重きを置いて、その道の実行ということは忘れられんとして居った時代である。

「**是《ここ》を以て徒《いたず》らに仁義《じんぎ》道徳《どうとく》の辯を騁《は》せ**」、その時分の維新前後の志士なる者が、彼の頼山《らいさん》陽《よう》の『日本政記《にほんせいき》』若《も》しくは『日本外史《にほんがいし》』などに依って大いに勤王《きんのう》の志を奨励した様なことは段々あるけれども、それからモウ一つ進んで真の孔孟《こうもう》の唱えた仁義道徳を実行するということは、余程《よほど》衰えて居った。仁義道徳ということの言葉はあるが、ただその仁義道徳を解釈するということだけに止《とど》まって、「**未《いま》だ嘗《かつ》て仁義道徳の実《じつ》を修めず**」、即ちこれを実行するということに至っては、誠にどうも衰えて居った。「**一切、苟且《こうしょ》に趨《はし》り、故習《こしゅう》に夤縁《いんえん》し**」、「苟且」というのは仮染《かりそめ》ということで、何事も実行ということは誠に仮染なことになって、そうして「故習を夤縁」する。ただ古き習慣旧弊《きゅうへい》に囚《とら》われて居った様な有り様。或いはただ「四書六経《ししょりくけい》」等《とう》をこれを講釈するに止って居った。それに一つの新生命を附けて、今日これを実行するという様なことは甚《はなは》だ衰えて居った。「**克《よ》く之《これ》を正しうする者有《あ》ること莫《な》し**」。こんな有り様で、「**譬《たと》えば珍饈《ちんしゅう》を記して人に語るが如し**」と。これは平たい喩《たと》えであるが、「珍饈」は御馳走《ごちそう》である。御馳走の献立《こんだて》をして、そうして、その献立を、かく拵《こしら》えてそうして食べれば甘《うま》いというだけのもので、「**美《び》なることは則《すなわ》ち誠《まこと》に美なり**」、御馳走の献立は出来たと雖も、ただこれを云うだけに止って居ったならば如何《いかん》ともすることは出来ぬ。「**唯《た》だ腹中剞然《こぜん》**」として、何の用をも為さぬ。「剞然」というのは空しい貌《かたち》、腹の中は何も無い。

三浦梅園《みうらばいえん》というは近世の儒者だが、梅園先生が面白いことを言うた。「学問は飯と心得《こころう》べし、腹に飽《あ》くが為なり、掛物《かけもの》などのように人に見せんずるためにはあらず」という様なことを言われている〔『梅園拾葉』下・戯示学徒〕。丁度学問を喩えれば、毎日三度食う食物の様な物だ。腹が膨《ふく》らまねば学問の用を為さぬ。それも動《やや》もすれば掛物の如くにして独り床《とこ》の間《ま》に掛けて置いて、サア人に見せようという、そういう風になって居る。殆《ほと》んど今この先師が上書の中に言われると同じ様な意味で、そういうことから言い起すというと色々の聯想《れんそう》が起って来ますが、大体、現時の教育というものも、人々の見方によって随分色々に考えられるが、大体、頭《あたま》ばかりを造るということに重きを置いて居る。頭を造るというのは私の今言う意味では、智慧を開くということで、それはなかなか意を用いて居るけれども、それと並び進んで行かなければならぬという情《じょう》的教育、情の方の方面の教え、それから道徳的方面という様なものは、動《やや》もすると閑却《かんきゃく》されている。全く閑却せられたとは言わぬけれども、智育《ちいく》ということに比べて見ると、並び行われて居らぬ様な傾きがある。どちらかと言えば、智慧の方に大層《たいそう》重きを置いて、情なり或いは意、即ち意育《いいく》とか情育《じょういく》とかいう様なことは、割合《わりあい》に軽く見られて居る傾きがないではないか。この席上にも教育家もござるが、多分そういうことに付いては常に遺憾《いかん》に思うておいでる事でござろうと思う。そういう意味から言うて見ると、この禅宗の修養の仕方、禅宗の修行というものは、頭を疎《おろそ》かにはしない、手足の教育も疎かにしないけれども、それよりも先ず先に腹《はら》を造るということに重きを置いて、今の智慧というばかりでない、マインド即ち心《こころ》を練《ね》るということを、一寸形《ちょっと》で言うならば、腹を拵《こしら》える。坐禅工夫《くふう》すると言っても架空にそれをやることではない。気海丹田《きかいたんでん》と古人《こじん》は言うが、そこからして練り上げてこれが形という殆《ほと》んど分つべきものはない。これを究《きわ》め去り究め来《きた》って行くと、心身一如《しんしんいちにょ》で、この身体とこの心とは一如という。そこに這入《はい》り込《こ》んで行かなければならぬ。そんな塩梅《あんばい》に仮《か》りにこの身体を分けて言うて見ると、禅宗の重きを置く所は腹を造る所にあるのであるから、この点から見ると梅園先生の言葉はますます面白い。学問は飯と心得べし、腹に飽くが為なり。また梅園はこうも言うておる。「学問は置《お》き所《どころ》に依りて善悪分《わか》る、臍《へそ》の下善《よ》し、鼻《はな》の先悪《あ》し」(同前)。一寸諧謔《かいぎゃく》の様な言葉だが、たしかに真理である。「又学問は臭《くさ》き菜の様なり、とくと臭味《くさみ》を去らざれば用いがたし」とか、「書物は金かし帳のようなるものなり、金なき人のもちたらむには渋紙《しぶがみ》ふむ程の用にこそ」(同前)、などいう塩梅に、学問の為に学問するのではない。学問をして、そうしてシッかりした人格、立派な品性というものを造らにゃならぬという事が段々と説かれている。

そこで本文に返って、「**美《び》なることは則ち誠《まこと》に美なり。唯だ腹中剳然《こぜん》、何《なん》の用をか成すに堪《た》えん。若《し》かず親《みずか》ら喫却《きっきゃく》して其《そ》の味を知り、肚裏《ずり》便々として気力《きりょく》を益《えき》さんには**」で、食物の用は「肚裏便々」として、そうして「気力を益する」にある。道もまたそうである。我々の修業もまた同じである。気力を益したならば、食物の用を達せられた。立派な人物が出来れば学問の用は無いので、「**若《も》し夫《そ》れ吾が大道《だいどう》を徹見《てっけん》せば、則ち六経《りくけい》の基《もと》づく所、粲然《さんぜん》として明《あき》らかなり**」、これ等は敢《あえ》て辯を附するには及ばぬ。寧《むし》ろこれを素読《そどく》した方が却って明らかだ。「吾が大道を徹見せば……」、徹見という様な文字は禅宗風の字の使い方で、ただ大道とはどんなものだと説くに止めずして、吾々が自分自身の掌《たなごころ》を指《さ》す如く、一目瞭然にこの吾が大道を徹見する。ただこれだけで、あなた方がこの道に心を用いられるのも、畢竟《ひっきょう》するに徹見したか、これから徹見しようかというだけで、それが果して徹見し得ることが出来たならばまた「**聖賢《せいけん》の安《やす》んずる所、確然《かくぜん》として著《いちじ》るし**」、そうでありましょう。たとえば一つの木を倒すにしても、枝を引っ張ったり幹を引っ張って居っては遅い。根から掘った方が早い。それと同じことで大道は諸物の根元だ。この大道が徹見されては、六経その他の諸子《しょし》の基づく所も粲然として明らかに、聖賢の安んずる所も確然として著るしくなる筈《はず》である。「**豈《あ》に他人の詮註《せんちゅう》を俟《ま》たんや**」、ここに至るならば敢《あえ》て註訳を要せない。「**孟子《もうし》の所謂《いわゆる》、君子《くんし》深《ふか》く之に造《いた》るに道を以てす**」。これは『孟子《もうし》』の離婁《りろう》章に出て居る言葉だが、それを此処《ここ》に持ち出して来た。「君子が深く之に造るに道を以てする」

という、此処で云うて居る「道」とは、まだ仁とか義とかそういうことに当らぬ、モウ一の先を指して居る。これに造るに道を以てすというは、「**其の之を自得《じとく》せんことを欲するなり**」。始終《しじゅう》禅宗の方で言うが如く、水を飲んで「冷暖自知《れいだんじち》」する。水というものの暖かいか冷たいかは、人に語りても人には何の実感も生ずることはない。自らそれを味わったならば、果して暖かい、果して冷めたい、という実地の感じがそこに浮かんでくる。「**之を自得すれば、則ち之に居《お》ること安し**」、こういうことが修養の意味から言うと最も親しい言葉だ。「**之に居ること安ければ、則ち之を資《と》ること深し**」、自分の精神の安んずる所が既に手に入って居るのであるから、それから万事を割り出して行く。これを資ること深し、所謂る生涯これを用いて尽きることとなしという有り様。「**之を資ること深ければ、則ち之を左右《さゆう》に取って其の原《みなもと》に逢《あ》う、是《こ》れなり**」。これまでが『孟子』の言葉だ〔離婁・下〕。「左右」ということは、総て起居振舞《ききょふるまい》、造次顚沛《ぞうじてんぱい》の上で、これを取って居って、その場その場で、現に如何なる境遇に身を投じて居っても、始終本《もと》を取《と》り外《はず》すこと勿《なか》れと、孟子が言うたが、実にこれに違いない。

「**是《かく》の如《ごと》くにして後、古今《ここん》を商確《しょうかく》すれば、則ち学術《がくじゅつ》の邪正《じゃせい》**」、本からして一つ打ち抜いて、例えば根から幹、幹から枝、枝から葉や花に及ぼすが如く、是の如くにして古今を顧みる。そうしてこれを商確する時に於ては、学術の邪正も「**衆説《しゅうせつ》の純駁《じゅんぱく》**」も見分ける。科学の方面に於ても、この学術といい学説というものが、古今東西色々ある。その色々なものが世と共に、また時と共に、益《ますま》す複雑に進んで行く様な有り様だが、就中《なかんずく》この哲学界、宗教界へ這入《はい》ると、丸《まる》で根本的意見を異にして居る様な説が沢山ある。そこでその邪と正とを選んで、また衆説の純か駁か、「**又《ま》た皆な歴々として諸《これ》を掌《たなごころ》に視《み》るが如し**」、丸で自分の手の平を視るが如くである。「**豈《あ》に愉快《ゆかい》ならずや**」。

「**『中庸《ちゅうよう》』に曰《いわ》く、君子の道は諸《これ》を身《み》に本づく**」と。これは『中庸』の二十五章〔29〕かに出て居る。「君子の道は諸を身に本づく」、自分から外へ及ぼして、自分の精神界からそれ物質界の方に及び、近い所から遠い所に及ぼす。此処《ここ》に君子というのは、天下の君主たる人を指す。君子の道は、天下を治めるの大本で、これを身に本づく。天下を治むるには、家庭を治め、一身を治めるというのが本である。彼の『大学《だいがく》』にある如く「三綱領五事《さんこうりょうごじ》八《はち》条目《じょうもく》」という様なことは、今になお繰り返して居る。如何《いか》に世が変っても、その実行という点に至っては殆んど取り換えることは出来ぬ。そういう様なことで、自分の身が治まってこれを人に及ぼし、始めてそれに信頼する。「**諸を庶民《しょみん》に徴《ちょう》し、諸を三王《さんのう》に考えて謬《あやま》**〔繆〕**らず**」、「三王」というは、夏殷周《かいんしゅう》の三大王を指す。夏《か》の禹《う》王、殷《いん》の湯《とう》王、周《しゅう》の文《ぶん》王という者は、周公や孔子が説いて居るが、「諸を三王に考えて謬らず」、独り人類界ばかりではない、「**諸を天地《てんち》に建てて悖《もと》らず**」、天地の総ての現象がそれに現われる。また独りこの現実界ばかりでない、これを幽明界に持って行って、「**諸を鬼神《きしん》に質《ただ》して疑《うたが》い無し**」。現在・未来は仏法の方では始終言うが、この現象世界、それから非現象世界に持って行っても疑うことなく、「**百世《ひゃくせい》以て聖人《せいじん》を俟《ま》って惑《まど》わず**」、百世でも千世でも幾度《いくたび》聖人が生れてもこれを変えることはなかろうということが『中庸』にあるが、「**信然《しんぜん》なる哉《かな》**」、その通りである。

「**山野《さんや》切に願う、閣下……**」、「閣下」というのは吉川《きっかわ》公を指して言う。「**閣下這《こ》の微妙《みみょう》の大道を明覈《めいかく》し、彼《か》の聖賢《せいけん》の閫奥《こんおう》を透徹《とうてつ》す**」。これ等は殆んど素読同様にして置きましょう、委《くわ》しい辯を附ける必要もない。「**高く憲法《けんぽう》を垂《た》れ、以て学校を董《ただ》し**」、「憲法」と言っても、此処《ここ》等は不文的に見た方が宜《よ》い。今、憲法というと、国家のコンスチチュウション〔constitution 憲法・国法〕という様に総て限られて居る様だが、此所《ここ》ではそうでない。国家の大法ということである。憲法を立て学校を董し、一国の文明を進めるには、学問を授けることが必要だから、以て学校を董し、「**専《もっぱ》ら大道を資《と》って、以て人才《じんさい》を開く**」。同じ学校で同じ学術を授けると言っても、道徳を根柢にして、その道徳の根柢は何処《どこ》にあるかと言えば、常に言うて居るが如く、大道で、その大道に資って以て人材を開き、「**一家よりして一国、一国よりして天下に及ぼし、則ち天下抱道《ほうどう》の隠士《いんし》、有志《ゆうし》の処士《しょし》**」、「抱道の隠士」という者は世に隠れて居る者、「有志の処士」という者も自ら薦《すす》めない所の者で、上に立つあなたが、そういう道に依って立たれたならば、野《や》に在って隠れて居る所の「天下抱道の隠士」も「有志の処士」も、「**其の盛事《せいじ》を聞きて、皆な必ず皞々然《こうこうぜん》として来帰《らいき》せん**」。「皞々然」というのは「広大自得の貌」〔手沢本書入／『孟子』尽心・上「王者之民、皞皞如也」〕、朱子『集注』)。その盛事を聞いて皆な必ず大いに自得して来《きた》らぬ者はないでありましょう。

「山野之《これ》を聞く、古《いにしえ》の賢主《けんしゅ》、善《ぜん》を好んで勢《せい》を忘る」、この意味の言葉は『孟子』(尽心・上)にある。仮令《たと》い『孟子』でなくても立派な言葉だ。古の賢主たる人は、「善を好んで勢を忘れる」という有り様だから、堯《ぎょう》帝・舜《しゅん》帝の如く、堯の如きは「芻蕘《すうじょう》」にも尋ねる、そこらの樵夫爺《きこりおやじ》でも、そこら辺《あた》りを芥拾《ごみひろ》いをして歩いて居る様な丁稚小僧《でっちこぞう》にでも下問《かもん》を恥《は》じぬ、その勢を忘る。大抵は勢を挟《さしはさ》むものだ。**「今の賢主の若《ごと》きも、亦《ま》た何ぞ然らざらん」**。今と雖も、賢主であれば古《いにしえ》の賢主に変ったことなし。それが出来ずばなるまい。**「古の隠士、其の道を楽しんで人の勢を忘る。今の隠士の若きも、亦た何ぞ然らざらん」**。昔の言葉で言えば、或いは大名に仕える、将軍に仕えると言っても、その勢を忘れて仕舞う。我れは家来であるとか、君であるとかいうことは、道の上では忘れて仕舞わなければならぬ。

　こんな有り様で、実例を挙げれば沢山ありましょうが、彼の徳川家康公の如きもそうです。初め家康公が始終戦《たたか》いをして、負《ま》け戦《いくさ》ばかりして居った。或る時、信長と大層《たいそう》戦ったことがある。その時大変な敗北をして、迚《とて》もこれはいけぬと思って、三河の大樹寺《だいじゅじ》という寺へ飛び込んだ。いっそ自殺して仕舞おう、我が為に幾人《いくにん》生命を無くす者があるか分らぬ。我れさえ死んで仕舞えば、モウ血《ち》流し騒動をするに及ばぬというので大樹寺という寺へ這入った。所がその大樹寺の和尚たる登誉《とうよ》上人《しょうにん》というが、あなたは、それは如何《いか》にも世の中を悲観したものだ。あなたが自殺しようという、その心を外に転じて自分の生命を差し出して、人の為にし、世の為にする。退《しりぞ》く奴《やつ》を振り向けて進む方へ切って出たらどうでありましょうと。その一言に家康公励《はげ》まされて、そこで大死《だいし》一番《いちばん》した様に、それから大活気を得て大いに心機一転して再び旗を翻《ひるがえ》して、トウトウ敵軍を皆殺《みなごろ》しにする様な勢《いきお》いを呈して来た。それから彼の大坂陣の時分ですらも、始終京都に於て碩学《せきがく》を集め、僧徒《そうと》を請《しょう》じて儒教を講じ、法味《ほうみ》を味おうたことが屢《しば》ばある。軍中に於ても始終六万遍の阿弥陀《あみだ》の称号を唱えたということである。それから始終傍《かたわ》らに南光坊天海僧正《なんこうぼうてんかいそうじょう》とて名高い所の黒衣《こくえ》の宰相や、臨済宗の金地院《こんちいん》の崇伝長老《すうでんちょうろう》、浄土宗の観智国師《かんちこくし》という様な人があって、皆な今で言えば黒幕の裡《うち》にそういう人々があって、そうして世を匡《ただ》し、民を安んずるの道を開いて居った。だから家康公の主義は、武は已《や》むことを得ざる為に用ゆる。その実は武を左にして文を右にしようという精神は、始終そこに存して居った〔以上、手沢本首書／洪川『横山夜話』、『蒼龍広録』2—4左、同文〕。そんな塩梅《あんばい》に上の賢主が善を好むと、野《や》に在る隠士も、処士も、皆な勢を忘れて現われる。今の隠士もまた同じである。

「**且《か》つ山野、蓬門《ほうもん》の士為《た》りと雖《いえど》も**」、「蓬門」は世に言う出家の身であるが、「**苟《いやし》くも此《かく》の如きの一大好事《いちだいこうじ》有るを知って、而《しこう》して卑言《ひげん》を左右に献ぜざれば**」、一言もあなたにお話をせずに止《や》めたならば、「**必ず愚衷不忠《ぐちゅうふちゅう》の責《せめ》を免《まぬか》れず**」。洪川《こうせん》禅師の居られた永興寺《ようこうじ》は、吉川《きっかわ》家の菩提寺である。深い関係の間柄であるから、知って居ってこの道の話をせぬというと、甚だ不忠の責を免れぬ。「**故《ゆえ》に語路《ごろ》の鄙猥《ひわい》を顧《かえり》みず**」、文章などは野鄙《やひ》であるが、それを顧みずして、「**意に随って辞《じ》を属《しょく》す、覚《おぼ》えず若干行《じゃっかんぎょう》を成す**」。それが即ちこの『禅海一瀾』となった。「**且つ近ごろ禅余《ぜんよ》、聖賢の典語《てんご》三十則を抽《ぬき》んで**」、「四書六経《ししょりくけい》」などの間の最も優れた所の辞《じ》を三十ばかり引き抜いて、「**聊《いささ》か管見《かんけん》を加え**」、小さい管《くだ》を以て天を覗《うかが》う様な見《けん》であるけれども、自分の意見を以て「**評唱《ひょうしょう》**」して、「**私《わたくし》に『禅海一瀾《ぜんかいいちらん》』と題し、未定稿《みていこう》なりと雖も、今併《あわ》せて下執事《しもしつじ》に附呈《ふてい》す**」。これで以てモウ完然無欠なものとは、まだ定めないけれども、草稿《そうこう》の儘《まま》ではあるが、それを顧みる暇《いとま》なくして、今、下執事に附呈する。「下執事」というは向うを尊敬した言葉で、どうぞ見て貰いたい。「**閣下万機《ばんき》の暇《いとま》**」、これは『書経《しょきょう》』から出て居る言葉で、『書経』では、天子様に付いて言うてあるが、敢て天子様に限ったものでない。大名に対して言うても宜い。『書経』には「兢々業々《きょうきょうぎょうぎょう》として、一日二日に万機〔幾〕」という語がある〔虞書・皐陶謨〕。その註釈〔孔安国伝〕に依ると、「機〔幾〕は微也《びなり》」。どういう心持ちかと言えば、万事機微《きび》の間にそれが現われる。「兢々業々」というのは、「戒謹《かいきん》」「危懼《きく》」するの意味。それが後の学者の解釈に依ると、「機〔幾〕事」なり〔蔡沈『集伝』「競競、戒謹也。業業、危懼也」。「万幾者、言其幾事之至多也」〕。毎日の出来事の上に於て、色々の事が現われてくる。その中に立って一国の主宰者たる人は、自らそれを見て行くというのが責任であります。中々お忙がしいが、その間に「**幸《さいわい》に電覧《でんらん》を賜《たま》わらば、則ち山野の願《ねが》い足りなん**」。それでこちらの心は達した。「**其の行文字句《こうぶんじく》の若きは、恐《おそ》らくは麤疎倒置《そそとうち》多からん**」、その文章の如きは、誠に麁漏《そろう》倒置多からん。如何《いか》にも未熟なものであるけれども、**「伏《ふ》して乞《こ》う、寛貸《かんたい》して之を咎《とが》めざらんことを。唯だ冀《こいねが》わくば山野の肝胆《かんたん》、大道に在ることを照鑑《しょうかん》せられんのみ」**。言葉を咎めずして、彼の洪川なる禅僧の肝胆《かんたん》は、畢竟、大道にあるということを見て下されたらば、モウ沢山で、自分の志はただただ道に在るということだけを見て下されば宜《よろ》しい。これで文を収めて、**「楮《ちょ》に臨《のぞ》んで実に激切屏営《げきせつへいえい》の至《いた》りに任《た》うる無し」**。「激切」というのは言論の直に過ぎて居ることで、「屏営」というのは恭敬《きょうけい》する様な心で、昔の手紙に「恐惶謹言《きょうこうきんげん》」とか「誠恐誠惶《せいきょうせいこう》」「頓首敬白《とんしゅけいはく》」という字を用いる、あの字と同じだ。「楮」というのは紙のことだ。今この上書を奉《たてまつ》るという紙に臨んで、激切屏営の至りに堪えぬ。どうか見てお貰い申したいという意味であります。

第十三講　緒《しょ》　言《げん》（其二）

蟭螟《しょうめい》、蚊眉《ぶんび》の竅《げき》に屯《たむろ》して、弥天《みてん》の鵬翼《ほうよく》を嘲《あざけ》る。鮒鰿《ふせき》、車轍《しゃてつ》の水に游《およ》ぎて、横海《おうかい》の鯨鬣《げいりょう》を譾《そし》る。苟《いやし》くも心機《しんき》投ぜず、見知《けんち》同じからざれば、則《すなわ》ち意《こころ》必ず合わず、言亦《げんま》た肯《うけ》がう莫《な》し。愚《ぐ》、小少《しょうしょう》より、絳帷《こうい》の下に周旋《しゅうせん》し、文《ぶん》に依って義《ぎ》を講じ、物《もの》に附いて理《り》を明《あき》らむ。切に仏法《ぶっぽう》の虚誕《きょたん》を訝《いぶ》かり、傍《かたわ》ら見性《けんしょう》の奇《き》特《とく》を怪しむ。今にして之《これ》を憶《おも》えば、慚汗《ざんかん》、背《せ》に浹《あまね》く、悔《かい》謝《しゃ》を容《い》るるに地《ち》無し。

夫《そ》れ大道《だいどう》は二条《にじょう》無し、明徳《めいとく》は別性《べっしょう》に非ず。一挺《いってい》の大冶《たいや》の精金《せいきん》の如し。其《そ》の体《たい》を論ずれば、則ち古《こ》無く今《こん》無く、去《きょ》無く来《らい》無く、欠《けつ》無く剰《じょう》無く、断《だん》無く続《ぞく》無し。其の用《ゆう》を論ずれば、則ち或《ある》いは隠《かく》れ或いは顕《あら》われ、或いは逆《ぎゃく》或いは順《じゅん》、浄《じょう》有り穢《え》有り、明《めい》有り暗《あん》有り。一念万《いちねんばん》年《ねん》、万年一念《ばんねんいちねん》、玄機迅速《げんきじんそく》、激揚鏗鏘《げきようけんしょう》、其の妙、亦た太《はなは》だ言《い》い難《がた》し。故《ゆえ》に孔聖《こうせい》は一貫《いっかん》を唱《とな》え、釈尊《しゃくそん》は一華《いっけ》を拈《ねん》ず。然《しか》れども語機妙密《ごきみょうみつ》、而《しか》も人能《よ》く之を知《し》る莫《な》きなり。是《ここ》に於て釈老《しゃくろう》は仮《か》りに五位八教《ごいはっきょう》を説き、孔子は権《かり》に三墳五典《さんぷんごてん》を修む。

孔子歿《ぼっ》するに及んで、其の徒、諸邦《しょほう》に散処《さんしょ》し、各《おのおの》其の所能《しょのう》を以て門人に教授す。惟《た》だ曽参《そうしん》の伝、其の宗《そう》を得たり。曽参より再伝して孔子の孫孔伋《こうきゅう》を得るに及び、聖《せい》を去る稍《や》や遠く、而して諸氏《しょし》の説起《おこ》る。孔伋此《ここ》に憂《うれ》うる有り、乃《すなわ》ち『中庸《ちゅうよう》』を作為《さくい》し、以て孔門《こうもん》の微《び》旨《し》を顕《あら》わす。降《くだ》って戦国《せんごく》に迨《およ》んで、微言《びげん》絶え、大義《たいぎ》乖《そむ》く、異説紛然《いせつふんぜん》として起り、各の其の見を張り、其の辯を逞《たくま》しうす。孟軻《もうか》、其の間に出《いで》て、性善《せいぜん》を主張し、以て邪説《じゃせつ》を闢《しりぞ》く、其の功勝《あ》げて言《い》う可《べ》からず。孟軻没《ぼっ》して正伝泯《せいでんほろ》ぶ。聖書《せいしょ》存すと雖《いえど》も、大道土《つち》の如し。西漢《せいかん》以来の諸儒《しょじゅ》、皆な記誦詞章《きしょうししょう》に習溺《しゅうでき》し、大道を究明することを知らず。間《まま》亦た隠逸《いんいつ》得道の儒士《じゅし》有りと雖も、独《ひと》り其の所得を楽しみ、敢《あえ》て顕《あら》わに人に授けず。故《ゆえ》に学者、聖賢《せいけん》の微言に恝《かつ》乎《こ》たる者、天下滔々《とうとう》皆な是《こ》れなり。

蟭螟屯於蚊眉𥨸。而嘲弥天鵬翼。鮒鰿游於車轍水。而譏横海鯨鬣。苟心機不投。見知不同。則意必不合。言亦莫肯。愚小少周旋于絳帷下。依文講義。附物明理。切訶仏法之虚誕。傍怪見性之奇特。今而憶之。慚汗浹背。無地容悔謝矣。夫大道無二条。明徳非別性。如一挺大冶精金。論其体。則無古無今。無去無来。無欠無剰。無断無続。論其用。則或隠或顕。或逆或順。有浄有穢。有明有暗。一念万年。万年一念。玄機迅速。激揚鏗鏘。其妙亦太難言。故孔聖唱一貫。釈尊拈一華。然語機妙密。而人莫能知之也。於是。釈老仮説五位八教。孔子権修三墳五典。及孔子歿。其徒散処諸邦。各以其所能。教授門人。惟曽参之伝。得其宗。及曽参再伝・得孔子孫孔伋。去聖稍遠。而諸氏之説起焉。孔伋有憂於此。乃作為中庸。以顕孔門微旨。降而迨戦国。微言絶。大義乖。異説紛然起。各張其見。逞其辯。孟軻出其間。主張性善。以闢邪説。其功不可勝言也。孟軻没。而正伝泯焉。聖書雖存。大道如土。西漢以来諸儒。皆習溺記誦詞章。不知究明大道。間亦雖有隠逸得道之儒士。独楽其所得。不敢顕授於人。故学者恝乎於聖賢之微言者。天下滔滔皆是也。

〔講話〕　今回より「緒言《しょげん》」に入る。「緒言」の「緒」は糸口《いとぐち》なり。総《すべ》て書物の大要《たいよう》を此処《ここ》から引き出す。「**蟭螟《しょうめい》、蚊眉《ぶんび》の𥨸《げき》に屯《たむろ》して、弥天《みてん》の鵬翼《ほうよく》を嘲《あざけ》る**」、これは『列子《れっし》』湯問《とうもん》篇という書物にこういう様な言葉があるが、その言葉の儘《まま》ではないのでありますけれども、それから持って来た〔江浦之間生麽蟲、其名曰焦螟、羣飛而集而蚊睫、弗相触也〕。「蟭螟」というは極《ご》く微《かす》かな虫で、『玉篇《ぎょくへん》』には苗心《びょうしん》を食う虫とある。こちらでは俗に浮塵子《うんか》というそうである。その細かな蟭螟虫《しょうめいちゅう》というものが、蚊《か》の眉毛《まゆげ》の間に屯《たむろ》するのだから、そこに沢山巣《す》を食うて居る。それ位小《ちい》さい者であるが、而《しか》も「弥天の鵬翼を嘲る」。「鵬《ほう》」というは「鯤《こん》」という魚の変化してなった所の者で、これも『荘子《そうじ》』の逍遥遊《しょうようゆう》という所に出て居る。大海の中に鯤という魚があってその大いさが三千里、それが化して鳥となるという様な言葉がある。それからまた化して鵬という鳥となったが、その翼《つばさ》は大変なものだ。「垂天《すいてん》の雲《くも》の若《ごと》し」と言ってある。蟭螟虫は自分が小さいから天に弥《わた》る鵬翼を常に嘲って居る〔『抱朴子』外・刺驕「蟭螟屯蚊眉之中、而笑弥天之大鵬」〕。「**鮒鯖《ふせき》、車轍《しゃてつ》の水に游《およ》ぎて**」、「鮒鯖」は細かい雑魚《ざこ》みた様な物で、それが極く僅《わず》かの小車の轍《わだち》に貯《たま》って居る中に游んで居って、そうして「**横海《おうかい》の鯨鬣《げいりょう》を譏《そし》る**」という。これも『荘子』の外物《がいぶつ》篇から来て居る。「**苟《いや》しくも心《しん》機《き》投ぜず、見知《けんち》同じからざれば、則《すなわ》ち意《こころ》必ず合わず**」で、自分の心が小さければ、総ての物が小さくみえる。愚人が賢者を笑い、生蕃《せいばん》人が文明人を嘲《あざけ》るのも無理でなかろう。迚《とて》も心と心と合う筈はない。

『護法資治論《ごほうしじろん》』〔江戸中期、水戸の儒者、森尚謙撰〕にある例を挙げて見ると、仏の身体に付いても見る所が皆な違う。「仏身の高さは億万由旬《おくまんゆじゅん》」と説くものは「大機恵《え》眼《げん》の見る所」で、また「仏身は一丈六尺〔丈六〕」なりと云うものは「小機声聞《しょうもん》の見る所」であるというように、もし心が同じからぬというと、皆な見る所を違えて居る〔2「仏説数外章第十」〕。

今一つ譬《たと》えてみると、孔子《こうし》の弟子が孔子に対する評でもそうである。子貢《しこう》は曰《いわ》く、「仲《ちゅう》尼《じ》は日月《じつげつ》なり」と。また曰く「夫子《ふうし》は及《およ》ぶ可《べか》らず、なお天《てん》の階《かい》して登《のぼ》る可《べか》らざるが如し」と〔『論語』子張〕。また同じ弟子のある者は曰く、「生民《せいみん》あって以来、未《いま》だ孔子より盛んなる者はあらず」と〔『孟子』公孫丑・上〕。また『家語《けご》』に、魯人《ろひと》にして孔子の聖人たることを知らぬ輩《やから》は「彼れは東家《とうか》の丘《きゅう》なる者也《ものなり》、我れこれを知る」と言って居る〔『書言故事』3師儒「東家丘」条引『家語』〕。日本の言葉で言えばアアノ東家の丘公か、と云う位の意である。「心機投ぜず、見知同じからざれば、則ち意必ず合わず」、「言《げん》亦《ま》た肯《うけ》がう莫《なし》し」。それ故に如何《いか》なる美言名句《びげんめいく》をその人から聞いても肯がわず、ナニあの丘公が何《なに》言うかという位のものである。

「愚《ぐ》、小少《しょうしょう》より、絳帷《こうい》の下に周旋《しゅうせん》し、文《ぶん》に依って義《ぎ》を講じ、物《もの》に附いて理《り》を明《あき》らむ」。

「愚」は先師洪川《こうせん》和尚自から卑下して、私も子供の時分から「絳帷の下に」奔走しておる。「絳」という字は赤いという字で、「絳帷」というのは赤い窓掛《まどかけ》みた様なものであります。この絳帷という字は、漢の董仲舒《とうちゅうじょ》のことから出て来たことであって『前漢書《ぜんかんじょ》』〔56〕本伝に、「仲舒は広川《こうせん》の人、少にして『春秋《しゅんじゅう》』を修む。孝景《こうけい》の時、博士となる、帷《い》を下《おろ》して講誦す。弟子伝えて久しき次《じ》を以て、業《ぎょう》を相い受く、或いはその面《おもて》を見ることなし。新学の者、但々《ただ》その旧弟子に就いて業を受く、必ずしも親《した》しく仲舒を見ず」とある〔第5講参照〕。それで先師洪川和尚は子供の時分から儒門《じゅもん》の間に周旋して「文に依って義を講じ、物に附いて理を明らめる」のを以て、自分の務《つと》めとして居られた。「**切に仏法《ぶっぽう》の虚誕《きょたん》を訝《いぶ》かり、傍《かたわ》ら見性《けんしょう》の奇特《きとく》を怪しむ**」。その時代を考えて見ると如何《いか》にも小さい見識であって、広大な仏法の道理などは分らぬから、ただ一概に、虚誕なり、寂《じゃく》滅《めつ》なり、と思って居った。その仏法の中の禅宗では「直指人心《じきしにんしん》、見性成仏《けんしょうじょうぶつ》」という様なことを言って居るが、実に怪しい。心というものは、物を手に取るが如く見える筈《はず》でないのに、禅宗では見性というて居るのは、片腹《かたはら》痛い。そういう没常識《ぼつじょうしき》なことを言うて居ると思って居った。「**今にして之《これ》を憶《おも》えば、慚汗《ざんかん》、背《せ》に浹《あま》ね**」し。今日よりしてこれを考えれば、実に背中に冷汗《ひやあせ》が出て恥《は》じ入《い》る話である、「**悔謝《かいしゃ》を容《い》るるに地《ち》無し**」。今これを懺悔《さんげ》しようと思っても懺悔の仕方がないと、これまでが文章の一段であります。

「**夫《そ》れ大道《だいどう》は二条《にじょう》無し**」。これから第二段で、既にこれ「大道」である。二筋《ふたすじ》あっては大道ということは出来ない。大道というものは世界に通じたる道であるから、二筋ある筈はない。「**明徳《めいとく》は別性《べっしょう》に非ず**」。「明徳」というものも別性に非ず。孔子は、「明徳を明《あき》らかにするに在り、民《たみ》を新《あら》たにするに在り、至善《しぜん》に止《とど》まるに在り」と言われた(『大学』)、その明徳というものは別性ではない。皆な天下を貫き万人を通じての、この心の徳である。「**一《いっ》挺《てい》の大冶《たいや》の精金《せいきん》の如し**」。丁度延《の》べ附《つ》けの黄金みた様なものである。今仮《か》りに「体《たい》」と「用《ゆう》」とに分けて言うてみれば、「**其《そ》の体《たい》を論ずれば、則ち古《こ》無く今《こん》無く、去《きょ》無く来《らい》無く、欠《けつ》無く剰《じょう》無く、断《だん》無く続《ぞく》無し**」。こういう工合《ぐあい》に述べ附けてある。時間というものに限られる所のものでなく、また空間と言うものに縛られる所のものでも無い。従って未来に去ることもなければ、過去より来ることも勿論《もちろん》ない。鴨《かも》の脚が短いと云って欠けたこともなければ、鶴《つる》の脚が長いと云うて剰《あま》ることもない。木《こ》の葉《は》が落ちたと云って断えたることもなければ、花《はな》が開いたと云うて続くということもない。是《こ》れは「体」から言うた。

体は無限の時間、無限の空間に渉って変ることは無いけれども、「**其の用《ゆう》を論ずれば、則ち或《ある》いは隠《かく》れ或いは顕《あら》われ**」、大空《おおぞら》の浮雲《うきぐも》の如し。「**或いは逆《ぎゃく》或いは順《じゅん》**」、寄《よ》せては返《かえ》す海の波濤《はとう》の如く、「**浄《じょう》有り穢《え》有り**」、一掬《いっきく》の水の如く、「**明《めい》有り暗《あん》有り**」、一輪《いちりん》の秋月の如くである。即ち手を翻《ひるがえ》せば直《じき》に一味平等《いちみびょうどう》、また再び手を翻せば実に千差万別《せんさばんべつ》。「**一念万年《いちねんばんねん》、万年一念《ばんねんいちねん》**」、この一念その儘《まま》変る所がなければ、昔も今日も同じである。但々《ただ》僅《わず》かに第二念に落つるに因《よっ》て、対面千里《たいめんせんり》の隔《へだて》をなすのである。『法華経《ほけきょう》』〔化城喩品〕には彼の久遠《くおん》と書いてある。年代の大変長い、「彼の久遠を観ずるに、猶《な》お今日の若《ごと》し」とある。即ちそれじゃ。「**玄機迅速《げんきじんそく》、激揚鏗鏘《げきようけんしょう》**」。「玄機」というは、圜悟《えんご》禅師曰く、「当機覿面《とうきてきめん》に提《さ》げ、覿面当機に疾《はや》し、都《すべ》て有無得失《うむとくしつ》に落ちざるを玄機と云う」と〔『碧巌録』56評唱〕。その差《さ》す手、抜《ぬ》く手の早業《はやわざ》は、外より計り知られぬ。「鏗鏘」は玉の鳴る声である。先師云く、「道は玉の如し、臨済《りんざい》は喝《かつ》を以て道を鳴らし、徳山《とくさん》は棒《ぼう》を以て道を鳴らし、雪竇《せっちょう》は偈《げ》を以て道を鳴らし、圜悟《えんご》は碧巌《へきがん》を以て道を鳴らし、孔子は春秋《しゅんじゅう》を以て道を鳴らし、洪川は一瀾を以て道を鳴らす」と〔手沢本首書〕。先師の抱負《ほうふ》思うべしである。そんな有り様で、「**其の妙、亦た**

太《はなは》だ言《い》い難《がた》し」。

ここに至って、「**孔聖《こうせい》は一貫《いっかん》を唱《とな》え、釈尊《しゃくそん》は一華《いっけ》を拈《ねん》ず**」。何とも言い難いという所に向って、孔聖は一貫と唱え、「参《しん》や、吾が道は一《いつ》以て之を貫く」と言われた〔『論語』里仁〕。これは三十則に至って委《くわ》しく言う〔第31講参照〕。また釈迦如来《しゃかにょらい》が彼の霊山会上《りょうぜんえじょう》に在って、大梵天王《だいぼんてんおう》が一枝の金鉢羅華《こんばらげ》を献じた時に、それを受け取った儘《まま》、一言半句《いちごんはんく》、何の註釈も加えずズッと差し示された。「**然《しか》れども語機妙密《ごきみょうみつ》、而《しか》も人能《よ》く之を知《し》る莫《な》きなり**」。仏が何の為に華《はな》を拈じたか、孔子が何《な》ぜ一《いつ》以てこれを貫くと言ったかは、人が能くこれを知らぬ。それ故に、これではいかぬ、人に知らさなければなるまいというので、「**是《ここ》に於て釈老《しゃくろう》は仮《か》りに五位八教《ごいはっきょう》を説き、孔子は権《かり》に三墳五典《さんぷんごてん》を修む**」。「五位」というのは『華厳随疏演義鈔《けごんずいしょえんぎしょう》』の中に詳しくある。その名目は「資糧位《しりょう》、加行位《けぎょう》、通達位《つうだつ》、修習位《しゅじゅう》、妙覚位《みょうかく》」の五つである、「八教」というのは、彼の『天台四教儀《てんだいしきょうぎ》』に詳しくある通り、「頓《とん》、漸《ぜん》、秘密《ひみつ》、不定《ふじょう》、蔵《ぞう》、通《つう》、別《べつ》、円《えん》」、これを八教という。そういうことは教相《きょうそう》を学ばんでは分らぬから、今日はただ名前だけに止《とど》めて置く。仮《か》りに五位を説き、八教を説いて、金鉢羅華《こんばらげ》を拈じた意を明らかにした。孔子は「一以て之を貫く」では分るまいから、権《かり》に「三墳」を修め「五典」を修めた。「三墳」というのは『左伝《さでん》』の昭公《しょうこう》十二年にも出ておるが、伏羲《ふくぎ》、神農《しんのう》、黄帝《こうてい》、この三帝の書物を集めたものを三墳と云い、五典は少昊《しょうこう》、顓頊《せんぎょく》、帝嚳《ていこく》、帝尭《ていぎょう》、帝舜《ていしゅん》、この五人の聖人の説かれたものを集めたものを云うのである〔手沢本書入〕。

「**孔子歿《ぼっ》するに及んで、其の徒、諸邦《しょほう》に散処《さんしょ》し、各《おのお》の其の所能《しょのう》を以て門人に教授す**」。以下、文章上第三段である。孔子が歿《な》くなられた後、大勢《おおぜい》の弟子、即ち一口に三千の弟子というが、その中に優れた者が七十子、またその中で優れたのが十哲という者があったが、各《おのお》のあちらこちらに分れて道を伝えて居った。それ位大勢あった中に、「**惟《た》だ曽参《そうしん》の伝、其の宗《そう》を得たり**」。真の孔子の道統を伝えた者は曽参で、顔回《がんかい》は「亜聖《あせい》」と言われたが、早く歿くなった。「**曽参より再伝して孔子の孫孔伋《こうきゅう》を得《う》るに及び**」、これは字《あざな》は子思《しし》と言って中々優れた人で、孔子の息子には、伯魚《はくぎょ》という人がありましたけれども、これは大して優れた人ではなかった。孫の孔伋即ち子思という人は優れた人で、曽参から孔伋に伝わった。

それから「**聖《せい》を去る稍《や》や遠く**」、聖人が歿くなられた後、幾《いく》ばくもなく「**諸氏《しょし》の説起《おこ》る**」。『漢書《かんじょ》』(88)儒林伝《じゅりんでん》に、「仲尼《ちゅうじ》既に没して、七十の徒、諸侯《しょこう》に散遊《さんゆう》す。〔……〕子張《しちょう》は陳《ちん》に居り、澹台子羽《たんだいしう》は楚《そ》に居り、子夏《しか》は西河《せいか》に居り、子貢《しこう》は斉《せい》に終る。田子方《でんしほう》・段干木《たんかんぼく》・呉起《ごき》・禽滑《きんかつ》釐《び》の属は、業を子夏の倫に受けて、王者の師となる」とある。また公孫龍《こうそんりゅう》は孔子の門人であるが、「堅白《けんぱく》・同異《どうい》」の辯を作るなどとある。「**孔伋此《ここ》に憂《うれ》うる有り、乃《すなわ》ち『中庸《ちゅうよう》』を作《さく》為《い》し**」、そこで子思が孔夫子《こうふうし》の道の漸《ようや》く隠れんとするを恐れて『中庸』を作為した。その事は『中庸』を見れば能《よ》く分る。あれは孔子の言われた言葉の儘《まま》でないが、孔子の言われた教旨《きょうし》を子思が筆にして作ったものが『中庸』で、「**以て孔門《こうもん》の微旨《びし》を顕《あら》わす**」。この『中庸』というものを拵《こしら》えて、始めて孔子の蘊蓄《うんちく》せる所の意思《いし》を伝えた。
「**降《くだ》って戦国《せんごく》に迨《およ》んで**」、「戦国」というのは春秋戦国《しゅんじゅうせんごく》の時代で、この時代になって、孔子の真の微妙なる教えというものは絶《た》えて仕舞った。「**微言《びげん》絶え、大義《たいぎ》乖《そむ》く**」。『漢書』に憑《よ》れば孔子の弟子の七十子が亡びて仕舞うと、『春秋《しゅんじゅう》』が分れて五ツになり、『詩経《しきょう》』が分れて四ツになり、『易《えき》』に数多《あまた》の伝が出来、戦国縦衡《しょうこう》、真偽《しんぎ》分れ争うと云うてあり〔『漢書』芸文志〕、「**異説紛然《いせつふんぜん》として起**」る。それから楊朱《ようしゅ》とか墨翟《ぼくてき》とか、或いは老子《ろうし》、荘《そう》周《しゅう》、申不害《しんふがい》、韓非子《かんぴし》、商鞅《しょうおう》、その他色々の異説が起った。これを哲学的に解釈すると、この時代は最も学説に富んだ時代である。しかし今孔孟《こうもう》の道を主として言うから、「異説」と一言に言うて仕舞う。孔子の道は言うまでもなく仁義《じんぎ》王道《おうどう》を説いて居る。それから言うと色々今挙げた様な諸氏の説というものは、理屈としては面白いけれども、王道の上から言えば、異説と申さなければならぬ。「**各の其の見を張り、其の辯を逞《たくま》しうす**」。その中へ現われたのが孟子《もうし》である。

孟子も一寸《ちょっと》略伝を言うと宜《よ》いが、今はそれを言うて居る暇《いとま》を得ぬ。「**孟軻《もうか》、其の間に出《いで》て、性善《せいぜん》を主張し**」、孟子性善の説というは、諸君も大体御承知であろうが、孟子は人の性は善なりというが立場である。「**以て邪説《じゃせつ》を闢《しりぞ》く**」。孔孟を主にしたから「邪説」と言うたが、今日開《ひら》けた世の中から公平に言うと、邪説とは中々言い難いが、マア異説位で宜かろうと思う。それは何を指すかと言えば、告子《こくし》は「生《せい》之を性《せい》と謂い」、楊子《ようし》は「我《が》」というものを立て、墨翟《ぼくてき》という人は「兼愛《けんあい》」の説を主張し、韓非子《かんぴし》は「性は善なし、善ならざるなし」「性は以て善となすべし、以て不善となすべし」「性善あり性不善あり」、これを韓子三品など云う〔以上、手沢本首書／『孟子』告子・上、参照〕。これ等諸子の説を、此処では邪説と申して居るが、もし公平に哲学の上から言えば、その邪説と称して居る中に随分立派な学説もある。今それを比較して居る訳でないから、此処に現われた文字通り解釈して置く。「**其の功勝《あ》げて言《い》う可《べ》からず**」、その邪説を斥《しりぞ》けた孟子の功は大変なものだ。言い換えれば孔子の道の中興は孟子と言って宜い。

「**孟軻没《ぼっ》して正伝泯《せいでんほろ》ぶ**」、孟子が歿くなって、孔子の道統は遂《つい》に亡びて仕舞った。その時分は秦と六国《りっこく》であるが、六国は終《つい》に秦に併呑《へいどん》せられて、彼の暴政で有名な秦《しん》の始皇《しこう》という天子は、伝に、「詩書百家《ししょひゃっか》」の書を焼く、焼かざるものは「医薬《いやく》、卜筮《ぼくぜい》、種樹《しゅじゅ》の書」のみ、書生を咸陽《かんよう》に坑《あな》にするもの「四百六十四人」なり、心に巷議《こうぎ》を非とする故なりとある〔手沢本書入／『史記』6秦始本紀〕。随分思い切った暴政をやったものである。それから終に漢となって漢の孝武帝《こうぶてい》の時分に、公孫弘《こうそんこう》、董仲舒の様な学者が出た。その公孫弘が色々異説の分れて居る『春秋』を取りまとめ、董仲舒が『易経』などを訂正し、それから孔安国《こうあんこく》が『書経』を治め、それで遂に武帝の世に『詩《し》』『書《しょ》』『易《えき》』『礼《れい》』『楽《がく》』『春秋《しゅんじゅう》』の「六経」が誠に能《よ》く纏《まと》められた。「**聖書《せいしょ》存すと雖《いえど》も、大道土《つち》の如し**」、その通り学者が出て「聖書」は存在して居ったけれども、真の孔子の道統を伝うるということになると、捨てて土の如くであった。

それ故に「**西漢《せいかん》以来の諸儒《しょじゅ》、皆な記誦詞章《きしょうししょう》に習溺《しゅうでき》し**」、儒者と呼ばれる者は、道を伝うる者ではなくして、ただ様々の書物を記憶したり、ただ文章を拵《こしら》えたり詩句を並べたりすること計《ばか》りやって居った。「**大道を究明することを知らず。間《まま》亦た隠逸《いんいつ》得道の儒士《じゅし》有りと雖も**」、それから後、陶淵明《とうえんめい》であるとか、元魯山《げんろざん》〔元徳秀〕であるとかいう様な人が現われて、「隠逸得道」の儒者があったけれども、「**独《ひと》り其の所得を楽しみ、敢《あえ》て顕《あら》わに人に授けず**」、独り道を楽しんで人には教えなかった。詰《つま》り邦《くに》に道なき時は隠《かく》るる、という方針を取った〔『論語』衛霊公「邦無道則可巻而懐之」〕。「**故《ゆえ》に学者、聖賢《せいけん》の微言に恝乎《かっこ》たる者、天下滔々《とうとう》皆な是《こ》れなり**」。当代の学者は皆な所謂る物知りであったけれども、真に聖人の微言を伝うるに恝乎たる者、天下滔々皆なこれなりで、「恝乎」とは愁《うれ》うるなき貌《かたち》と辞書にある〔『集韻』〕。即ち聖人の道を対岸の火災視して居った者計《ばか》りであった。そこで文が一段落が附いて、それから第四段に移って行くのであります。

第十四講　緒　言（其二）

何《なん》の幸《さいわい》か、宋《そう》に及んで周惇頤《しゅうとんい》なる者出《い》づる有り、聖学《せいがく》の支離《しり》決裂《けつれつ》を慨歎《がいたん》し、諸《これ》を古《いにしえ》に復せんと欲し、遺経《いけい》を捜索《そうさく》して、研究歳《とし》を積《つ》み、茫《ぼう》として入《い》る可《べ》き無し、竟《つい》に黄龍山《おうりょうざん》の慧南《えなん》に参扣《さんこう》し、教外別伝《きょうげべつでん》の旨《むね》を問う。南曰《なんいわ》く、「孔子謂《こうしい》う、朝《あした》に道《みち》を聞いて夕《ゆうべ》に死すとも可《か》なりと。畢竟《ひっきょう》、何《なに》を以て道と為《な》してか夕に死すとも可なりというや」。惇頤答うる能《あた》わず。尋《つ》いで金山《きんざん》の仏印《ぶっちん》に参ず。問うて曰く、「畢竟《ひっきょう》、何を以て道と為すや」。印曰《いんいわ》く、「満目《まんもく》の青山《せいざん》看るに一任《いちにん》す」。惇頤擬議《ぎぎ》す。印呵々大笑《かかたいしょう》す。頤脱然《だつぜん》として省《せい》有り。後《のち》に東林総《とうりんそう》の処に於て淵源《えんげん》に透徹《とうてつ》し、後来《こうらい》、易学心伝《えきがくしんでん》を撰述《せんじゅつ》す。学徒に諭《さと》して曰く、「吾《わ》が此《こ》の妙心《みょうしん》、実に南老《なんろう》に啓廸《けいてき》せられ、仏印に発明《はつめい》す。若《も》し東林の総の開遮払拭断《かいしゃふっしょくだん》を得ざれば、表裏洞然《ひょうりとうねん》・該貫弘博《がいかんこうはく》なる能《あた》わず云々」。見《み》ずや、惇頤、一顆《いっか》の真珠《しんじゅ》を吾が禅海《ぜんかい》に拾得《しゅうとく》し、以て聖学《せいがく》を発揮《はっき》す。千歳《せんざい》既に絶《た》えたるの緒《しょ》を紹隆《しょうりゅう》し、西漢《せいかん》以来諸儒《しょじゅ》の習弊《しゅうへい》を一掃《いっそう》したるは、其《そ》の功実《じつ》に大《だい》なり。蓋《けだ》し授受《じゅじゅ》の来由《らいゆう》を以て、惇頤終身《しゅうしん》、仏祖《ぶっそ》を崇敬《すうけい》す。慎徳《しんとく》の君子儒《くんしじゅ》と謂《い》う可《べ》きなり。

何幸。及宋有周惇頤者出。慨歎聖学之支離決裂。欲復諸古。捜索遺経。研究積歳。茫無可入。竟参扣黄龍山慧南。問教外別伝之旨。南曰。孔子謂。朝聞道夕死可矣。畢竟以何為道。夕死可耶。惇頤不能答。尋参金山仏印。問曰。畢竟以何為道。印曰。満目青山一任看。惇頤擬議。印呵呵大笑。頤脱然有省。後於東林総処。透徹淵源。後来撰述易学心伝。論学徒曰。吾此妙心。実被啓迪於南老。発明於仏印。若不得東林総開遮払拭断。不能表裏洞然該貫弘博云云。

不見乎。惇頤拾得一顆真珠於吾禅海。以発揮聖学。紹隆千歳既絶之緒。一掃西漢以来諸儒之習弊。其功実大矣。蓋以授受之来由。惇頤終身崇敬仏祖。可謂慎徳君子儒也。

［講話］　この処は文章の段落から言うと、第四段目で、儒道《じゅどう》の源が我が禅門から出たということを述べようとするのである、「**何《なん》の幸《さいわい》か、宋《そう》に及んで周惇頤《しゅうとんい》なる者出《い》づる有り**」。何の幸であるか、宋朝に至って周惇頤なる者、即ち周茂叔《しゅうもしゅく》〔周濂渓〕と言う人が出た。この人の伝は最初にも一寸《ちょっと》言うて置いたから、委《くわ》しい事は他日《たじつ》に譲って置きます〔第8講参照〕。儒書《じゅしょ》を御覧になった方は御承知でありましょうが、『古文真宝《こぶんしんぽう》』などを見ても「愛蓮説《あいれんせつ》」などを載せてありますが、中々《なかなか》大儒で、程明道《ていめいどう》でも、程伊川《ていいせん》でも、皆なこの人の門から出たのであります。この周惇頤なる者が出て、「**聖学《せいがく》の支離決裂《しりけつれつ》を慨歎《がいたん》**」す。その時分に孔《こう》夫子《ふうし》の道というものは所謂《いわゆ》る「記誦詞章《きしょうししょう》」という学問はあったけれども、真の道統《どうとう》を伝えたというものは、実に寥々《りょうりょう》として暁天《ぎょうてん》の星《ほし》の如き有り様であった。殆《ほと》んど聖学は、支離なり、決裂なりで、「支離決裂」というのは、丁度蟹《かに》を熱湯の中に投げ入れた様で、足も手もバラバラになった有り様〔手沢本書入「蟹ヲ湯ニホリ込ンダ如ク七手八脚手モアシモバラ〳〵ニ成夕如ク」〕。その聖学の支離決裂を慨歎して「**諸《これ》を古《いにしえ》に復**」そうという大志を起した。

そこで「**遺経《いけい》を捜索《そうさく》して、研究歳《とし》を積《つ》み**」、この事も周茂叔の伝に委《くわ》しく出て居りますが、孔子の遺教を捜索して、研究歳を積んだが、「**茫《ぼう》として入《い》る可《べ》き無し**」、誠に苦辛惨憺《くしんさんたん》で、骨折《ほねお》って見たけれども、真の孔子の道というものが分らぬ。真の道は茫として入る所が分らぬから、遂に儒道を求めようとして我が禅門へ這入《はい》って来た。**「竟《つい》に黄龍山《おうりょうざん》の慧南《えなん》に参扣《さんこう》し」**、黄龍の慧南禅師というは、我が禅門では忘《わす》る可《べ》からざる所の優れた方であります。いつも申します通り、支那では禅宗が「五家七宗《ごけしちしゅう》」と分れたが、その「七宗」という一宗〔臨済宗黄龍派〕になって居る。その黄龍山の慧南禅師の所へ出掛《でか》けて行《いっ》て、**「教外別《きょうげべつ》伝《でん》の旨《むね》を問う」**。

我が禅宗は他の各宗に別して「不立文字《ふりゅうもんじ》、教外別伝《きょうげべつでん》」、こういうことを標榜して居る。「教外」と言えば「教内」ということも言い得る訳である。教内というと、仏が四十九年の間、三百余会《え》を重ねてそうして向うの根機《こんき》に応じて説法をなされた、その経文《きょうもん》が我が国に伝わって居るのみで、汗牛充棟《かんぎゅうじゅうとう》も啻《ただ》ならぬ。しかしそれは所謂「月《つき》を指《さ》す指《ゆび》」の様なもの、「門《もん》を叩《たた》く瓦《かわら》」の様なもので、門が開《あ》いたら瓦は要らぬ。月が見えたら、指さした指は下《お》ろして仕舞わなければならぬ。その「教内」に対して「教外」という。仏一代《ぶついちだい》の説法の外に別に伝えたということはどういうことを伝えたかというと、これは短い舌べらを持って来て喋《しゃべ》る限りでない。仮令《たと》い広長舌《こうちょうぜつ》を持って来ても喋る限りでない。仏が最後の説法たる涅槃会上《ねはんえじょう》に於て「我れ四十九年の間、未《いま》だ嘗《かつ》て一字を説かず」と仰せられた〔黄檗『宛陵録』「釈迦四十九年、未嘗説著一字」〕、その不説底《ふせってい》、それを指して禅門では「教外別伝」と言うのである。今日、禅門はたとえ或《あ》る点から見て衰えたりと雖も、我がこの宗旨上に聊《いささ》か光を存して居るのは、この「別伝」の旨あるが為《ため》であります。

そこで惇頤は今、慧南禅師に「教外別伝」、言い換れば禅宗の趣旨を問うたところで、慧南禅師はこれに対してこう言われた。「**孔子《こうし》謂《い》う、朝《あした》に道《みち》を聞いて夕《ゆうべ》に死すとも可《か》なりと。畢竟《ひっきょう》、何《なに》を以て道と為《な》してか夕に死すとも可なりというや**」。御存じの通り宋朝時代の禅門の諸徳という者は、殆《ほと》んど皆な言葉は丸で儒者見た様な者で、同時にあの時代の儒者は禅僧の様な有り様がある。勿論《もちろん》一口に宋学《そうがく》と言うが、宋学を〔日本に〕伝えたのは時の高僧大徳《こうそうだいとく》であります。高僧大徳と言っても、重《お》もに禅僧に依って日本に宋学を伝えたものであります。それでこの慧南の答えというものが、儒者が出て来れば、儒者の道具で接得《せっとく》しよう、所謂る「賊馬《ぞくば》に騎《の》って賊を趕《お》う」という有り様であります。凡《およ》そ学人《がくにん》を接得するには、この手段がなくてはならぬ。こんな塩梅《あんばい》で今、黄龍の慧南和尚が、周茂叔に於て最も習熟して居る所の孔子の言葉を持って来た。「孔子曰く、朝に道を聞いて、夕に死すとも可なり」。これは『論語』〔里仁〕に出て居る、どなたも御存じの名高い言葉である〔第37講参照〕。実に道というものは中々容易ならざる所のものである。これは、金銭よりも、人爵《じんしゃく》よりも、国よりも、人よりも、モッと上へ出て居る所のものである。然し、この道を朝に聞くことが出来たならばたとえ夕に死すとも可なりと孔子が言われたが、「畢竟、何を以て道と為してか夕に死すとも可なるや」。それ位気高《けだか》い、それ位深遠《しんえん》なという道は抑《そも》そどんな道であろうか。何を以て道と為して夕に死すとも可なるやと、却って慧南禅師が向うへ問《と》いを掛《か》けられた所が、「**惇頤答うる能《あた》わず**」。ウンともスンとも答えることが出来ぬ〔『尚直編』〕。「教外別伝」であるから「直指人心《じきしにんしん》、見性成仏《けんしょうじょうぶつ》」と説くだろうと思ったら、豈《あ》に図《はか》らんや、平素自分共が習熟して居る言葉、仏の言葉でない、孔子の言葉を取り出してこちらへ差し付けて来た。当り前なら立派に講釈して居った人でありましょうが、慧南禅師から差し付けられて一言も答うることが出来なかった。誠に致《いた》し方《かた》の無い訳である。しかしこの答えることが出来ぬという所が、また豪《えら》い。もしこれが詰《つま》らぬ者であったならば、少しばかり覚えた理屈を喋々《ちょうちょう》と辯じたであろうが、流石《さすが》は周惇頤であります。「答うることと能わず」、「**尋《つ》いで金山《きんざん》の仏印《ぶっちん》に参ず**」。

「仏印」〔仏印了元〕、これも蘇東坡《そとうば》などと大変関係のある人で優れた人であります。各《おのお》の伝記を言うて居ると宜しいが、これは総て跡廻《あとまわ》しにしましょう。尋いでまた、金山の仏印禅師の所へ参禅致した。惇頤はその時一つ担《かつ》いで行ったものがある。それは一箇の「疑《ぎ》団《だん》」である。曩《さき》に慧南禅師に問われて答えることが出来ぬから、忘れようと思っても忘れることが出来ぬ。この「疑団」を担いでいったのである。これは多少諸君の中にも覚えのある方もありましょうが、一則の公案《こうあん》を把《と》って究《きわ》め来《きた》り究《きわ》め去《さ》ると、遂に進退維谷《しんたいこれきわ》まる所に到る。殆んど想像も届かず、言語も及ばず、いっそ抛《なげう》って仕舞おうと思うが、その抛つことも出来ぬ、所謂る「呑吐不下《どんとふげ》」〔呑み下すことも吐き出すこともできぬ〕で、ムナフク病に罹《かか》った結果、終《つい》に大死一番《だいしいちばん》する。それが復活して来ると、今度、大解脱《だいげだつ》、大自在《だいじざい》を得るのである。故に大いに生きんとする者は大いに死ななければならぬとか、或いは絶後《ぜつご》に再び蘇《よみが》えり来《きた》って方《まさ》に始めて大自在を得る、というようなことを、古人も屢《しばし》ば言うて居られる。今、惇頤もこのムナフク病に苦しんで居るので、更にまた仏印禅師に「**問うて曰く、畢竟《ひっきょう》、何を以て道と為すや**」と、この「呑吐不下底」を担《かつ》いで来た。ここが本文は大いに略してあるが、伝記によって見ると委《くわ》しい事が出て居る。周惇頤曰く「天命《てんめい》之を性《せい》と謂い、性に率《したが》う之を道と謂うと、禅門何としてか謂う無《む》心是《しんこ》れ道《みち》」と。仏印曰く、「疑わば即ち別に参ぜよ」。惇頤曰く、「参ずることは即ち無きに非ず、畢竟、何を以て道と為す」と、「**印曰く、満目《まんもく》の青山《せいざん》看るに一任《いちにん》す**」〔『仏法金湯編』12周惇頤〕。こういう所は下手《へた》な説明を附けたり解説をしようとすると、却って好肉《こうにく》を剜《さい》て瘡《きず》を作《つく》る様な愚《ぐ》を演ずるから、ここは人々《にんにん》の力で味おうた方が宜い。道々というと大層遠方の方を皆なが眺めて居る。畢竟、何を以て道とするかと言ったら、「満目の青山看るに一任す」。これじゃ、諸君、ここがとっくりと見えたかな。こういう所は人々の看るに任《まか》せて置く。所が「**惇頤擬議《ぎぎ》す**」。仲々下手な理屈や学問では及びもない。惇頤が擬議するというと、「**印呵々大笑《かかたいしょう》す**」。態々《わざわざ》大笑いをするにも及ばぬ、嘲笑《あざわら》っただけでも宜《よろ》しい。今、仏印が呵々大笑したその笑下に向って、「**脱然《だつぜん》として省《せい》有り**」、惇頤も此処《ここ》で聊《いささ》か気が附いた。

　これまでには余程《よほど》苦心したもので、文面だけで見ると無雑作《むぞうさ》な様でありますが、この境《きょう》界《がい》に到達するには仲々容易ならぬ苦心である。それであるから参禅でもしようという方は、最初成《な》る可《べ》く余計に骨を折らなければならぬ。なんでも人が十遍でやるならば我れは百遍、人が百度《たび》やれば我れは千度するという大根気《だいこんき》・大願力《だいがんりき》が無ければ道は手に入りませぬ。近頃は一寸位匂《にお》いを嗅《か》いだ者は幾《いく》らもあるが、そんなものは一生涯を通じて精神上に偉大なる力となることは六《むつ》ケしい。これは修道者《しゅどうしゃ》に対して言うことであるが、またその師家《しけ》となる者も、この辺を宜《い》い加減《かげん》なことで以てあしらって居てはならぬ。当人が絶体絶命の所まで行って、そこから蘇息《そそく》し来《きた》ったのでなければ本当のものではないのであるから、常に参禅でもしようとして出て来る人に対しては、私は室内《しつない》に於て一点も人情《にんじょう》を挟《はさ》まぬ。宜い加減なことをしては何にもならぬと、自分は確信して居るのである。

　さて惇頤はかくして省処《せいしょ》を得たが「**後《のち》に東林総《とうりんそう》の処に於て淵源《えんげん》に透徹《とうてつ》**」す。惇頤などは仲々一寸した一時的のやり方ではない。そこで東林の総禅師〔東林常総〕の許《もと》に参じて禅道の淵源に透徹した。「**後来《こうらい》、易学心伝《えきがくしんでん》を撰述《せんじゅつ》す**」。『易学心伝』というものも私はまだ通じて見たことはないが、周茂叔がかくの如く儒から禅に這入《はい》って大いに力を得て、竟《つい》に「太《たい》極無極《きょくむきょく》」の説を唱え出したその事は、この『易学心伝』という著述の中にあるのであります〔『尚直編』原文は「易学を心伝す」。書名にあらず。第8講参照〕。この周惇頤が太極を東林の総和尚に尋ねたら、和尚の答えはこうである。「易《えき》は先天《せんてん》に在り、形《かたち》無くして理《り》あり、蓋《けだ》し太極《たいきょく》は即ち易なり、無形《むけい》の理《り》即ち無極《むきょく》なり。天地《てんち》の間《かん》、只だ是れ一気進退《しんたい》して四時《しじ》となる云々」〔『尚直編』〕。東林の総禅師が周茂叔に示された一端を一寸挙げたのであります。惇頤はここに於て大いに刻苦《こっく》し、後、徹悟《てつご》を得て『易学心伝』という著述をした。それであるから周茂叔がその中に唱えて居るのに、「無極にして太極、太極動いて陽を生ず。動極《きわま》って静、静にして陰《いん》を生ず。静極まって復《ま》た動、一動一静、互いにその根《こん》を為す。……」〔『太極図説』〕。これが『易学心伝』の書き出しであります。そういう風にして、自分の所得をこの著述に現わした。

そうして「**学徒に諭《さと》して曰く、吾《わ》が此《こ》の妙心《みょうしん》、実に南老《なんろう》に啓廸《けいてき》せられ、仏印に発明《はつめい》す**」。程明道《ていめいどう》〔程顥〕でも朱子《しゅし》〔朱熹〕などでも、皆な幾らか禅に這入《はい》って居乍《いなが》ら、成《な》る可《べ》く這入ったことを隠そうとして居る。そこがまだ精神が朦朧《もうろう》として居る。そこに至ると周茂叔などは明らかに男らしく公に披露して居る。その言葉に、吾がこの「妙心」は「南老」即ち黄龍の慧南禅師に始めて導かれて、手解《てほど》きをして貰った。それから仏印禅師の所に於て宗旨《しゅうし》の事を「発明」した。

それから「**若《も》し東林の総の開遮払拭断《かいしゃふっしょくだん》を得ざれば、表裏洞然《ひょうりとうねん》・該貫弘博《がいかんこうはく》なる能《あた》わず云々**」。是等《これら》の人々の道の御恩《ごおん》を蒙らなかったならば、到底斯《こ》の道に於て「表裏洞然・該貫弘博」なる力を得ることが出来なかろうと言って、感謝して居る。これは周茂叔の伝にちゃんと書いてある。誠に男らしい。

今でもそうで、これは事は少し違うかも知らぬが、何人《なにびと》と雖も、私が思う所に依ると、一つの宗教的信念というものがなくてはならぬ。縦令《たと》い歴史的・成立的宗教に依らずと雖も、一つの宗教的信念がなければなるまい。それが動《やや》もすれば、我れは宗教家ではないからとか、我れは学者ではないからとの、こういうことを言う。しかしそれは俗に云う逃げを張るというもので、何か自分の一つの私《わたくし》を働こうとか、或いは或《あ》る根柢に外《はず》れたことでもそれを意に介せずしてしようということの遁《に》げ言葉に過ぎない。我れはかくの如き信仰を持って居るということを、公衆の面前に於て明言する者は誠に少ない。実に卑怯千万《ひきょうせんばん》なことに、衲《わし》は思うのであります。しかしそれは余事《よじ》であるが、今、周茂叔はかくの如く明言した。

それ故、先師曰く、「**見《み》ずや、惇頤、一顆《いっか》の真珠《しんじゅ》を吾が禅海《ぜんかい》に拾得《しゅうとく》し、以て聖学《せいがく》を発揮《はっき》す**」。精神上の「一顆の真珠」を吾が禅門の大海の中に拾い得て、そうして以て禅学を発揮した。禅で得た力を孔夫子《こうふうし》の道に用いた。それで「**千載《せんざい》既に絶《た》えたるの緒《しょ》を紹隆《しょうりゅう》**」す。これはこの前に戦国の時代の有り様をお話しした通りで、「千載既に絶えたる緒」を継いで、「**西漢《せいかん》以来諸儒《しょじゅ》の習弊《しゅうへい》を一掃《いっそう》したるは、其《そ》の功実《じつ》に大《だい》なり**」。その功は実に大なるものである。「**蓋《けだ》し授受《じゅじゅ》の来由《らいゆう》を以て**」、禅門に於て道を得たという来由があるから、「**惇頤終《しゅう》身《しん》、仏祖《ぶっそ》を崇敬《すうけい》す**」で、苟《いやし》くも仏教に対して軽侮《けいぶ》の心などは夢にも持って居らなかった。実に「**慎徳《しんとく》の君子儒《くんしじゅ》と謂《い》う可《べ》きなり**」。此処で第四段の文章が切れる。

第十五講　緒　言（其三）

程顥《ていこう》、之《これ》を嗣《つ》いで師伝《しでん》を究明し、六経《りくけい》を修飾すと雖《いえど》も、初めより未《いま》だ大道《だいどう》の閫奥《こんおう》に達せず、窃《ひそか》に小乗教相《しょうじょうきょうそう》の語を聞き得て、仏法《ぶっぽう》を謬《あやま》り認《みと》む。一旦《いったん》努力して之を排駁《はいばく》し、後《のち》に『華厳論《けごんろん》』を看《み》るに及んで、始めて大乗《だいじょう》の旨趣《ししゅ》に分暁《ぶんぎょう》し、以来、釈子《しゃくし》を見、釈書《しゃくしょ》を読むには、必ず端坐整粛《たんざせいしゅく》すと云う。

朱熹《しゅき》、其《そ》の門流《もんりゅう》に出《い》で、天才粋美《てんさいすいび》なりと雖も、惜《お》しい哉《かな》、己見《こけん》に膠《にかわ》し、人我《にんが》の繋縛《けばく》を透脱《とうだつ》すること能《あた》わず。中年猶《な》お勝心《しょうしん》を挟《さしはさ》み、著述《ちょじゅつ》亦《ま》た多し。深く惇頤道学《とんいどうがく》の来由《らいゆう》を発露《はつろ》するを忌《い》む。謾《みだ》りに謂《い》う、周子《しゅうし》の学、其の師伝の自《よ》る所を知る莫《な》し。或いは之を天《てん》に得《う》と。朱熹初《はじ》め李侗《りどう》を師とす。久しうして発明《はつめい》せざるを恨《うら》む。張栻《ちょうしょく》・呂祖謙《りょそけん》と道を径山《きんざん》の大恵《だいえ》に問う。後、書を開善《かいぜん》の謙《けん》に致して曰《いわ》く、「熹《き》、向《さき》に大恵禅師の狗子無仏性《くしむぶっしょう》の話頭《わとう》を開示《かいじ》するを蒙《こうむ》り、未だ悟入《ごにゅう》有らず。願《ねが》わくば一言《いちごん》を授けて逮《およ》ばざる所を警《いまし》めよ」。謙《けん》答えて曰く、「這《こ》の一念《いちねん》を把《と》って狗子《くし》の話《わ》を提撕《ていぜい》せよ。商量《しょうりょう》することを要せず。勇猛直前《ゆうもうじきぜん》、一刀両段《いっとうりょうだん》せよ」と。朱熹是《ここ》に於て省《せい》有り、後来《こうらい》常に言う、「仏《ぶつ》説く所の六根《ろっこん》、六識《ろくしき》、四大《しだい》、十二因縁生《じゅうにいんねんしょう》の論、皆な極めて精妙《せいみょう》、吾が孔子《こうし》の及ばざる所なり」。今区々《くく》たる小儒《しょうじゅ》、怎生《なん》ぞ他《た》の手を出得《しゅっとく》せんや。然《しか》れば則《すなわ》ち朱熹固《もと》より仏意《ぶつい》の崇《あが》む可《べ》きを知り、而《しこう》して却《かえ》って反噬《はんぜい》の説を為《な》し以て我《が》見《けん》を張る、其れ亦た不仁《ふじん》や甚《はなは》だし。古人《こじん》之を徳《とく》の賊《ぞく》と謂う。後学雷同勦説《らいどうそうせつ》す。影《かげ》を追い頭《こうべ》を忘る、亦た水母《すいぼ》の蝦《えび》を以て目《め》と為し、鱢鮚《そうきつ》の蟹《かに》を以て足《あし》と為すが如く、太《はなは》だ憐愍《れんびん》す可し。道学《どうがく》一変して理窟《りくつ》と成る、孔門《こうもん》の真風《しんぷう》、旋復湮晦《せんふくえんかい》す。苦《く》なる哉《かな》、苦なる哉。

雖程顥嗣之。究明師伝。修飾六経。初未達大道之閫奥。窃聞得小乗教相語。謬認仏法。一旦努力排駁之。後及看華厳論。始分暁大乗旨趣。以来見釈子読釈書。必端坐整粛云。朱熹出其門流。雖天才粋美。惜哉。膠於己見。不能透脱人我之繋縛。中年猶挟勝心。著述亦多。深忌惇頤発露道学之来由。謾謂。周子之学。莫知其師伝之所自。或得之於天。朱熹初師李侗。久之恨不発明。与張栻呂祖謙。問道於径山大恵。後致書於開善謙曰。熹向蒙大恵禅師開示狗子無仏性話頭。未有悟入。願授一言。警所不逮。謙答曰。把這一念。提撕狗子話。不要商量。勇猛直前。一刀両段。朱熹於是有省。後来常言。仏所説六根・六識・四大・十二因縁生之論。皆極精妙。吾孔子所不及也。今区区小儒。怎生出得他手。然則朱熹固知仏意之可崇。而却為反噬之説。以張我見。其亦不仁也甚矣。古人謂之徳之賊也。後学雷同勦説。追影忘頭。亦如水母以蝦為目。鱢鮚以蟹為足。太可憐愍矣。道学一変成理窟。孔門之真風。旋復湮晦矣。苦哉苦哉。

〔講話〕　この『禅海一瀾《ぜんかいいちらん》』は漢学の素養のある人ならば一読して略《ほぼ》その意も通ずるのであるから、講釈の仕様《しよう》に依っては僅《わず》かに二遍か三遍でも、この一巻位を講じて仕舞うことは出来る。しかしそれではモウ何も力を籠《こ》めてお話をすることも入《い》らぬ位なことである。吾々が同じ食物を食うのでも、ただこれを舌の上に乗せただけでは、どうしても一通りの味しかない。それを噛《か》み締《し》め、嚼《か》み締《し》めて、幾度《いくたび》か咀嚼《そしゃく》して、ここにはじめて血となり肉となるようなものである。それで私がこれを講ずるについても、常に心に期《き》する所は、成《な》可《べ》く汽車《きしゃ》旅行的ではなくして寧《むし》ろ徒歩《とほ》旅行的にして、その到《いた》る処《ところ》の風景、到る処の人情、到る処の変った景色を、一々実地に眺め得て、そうして譬《たと》えば東海道の道中ならば、五十三駅各《おのおの》の特色のある所を知り得る。その中に、矢張《やは》り我々が目的として居る所の精神の修養、我が人格を鍛《きた》え錬《きた》えるということは、知《し》らず識《し》らずの間に出来上《できあが》って行こうという積《つも》りであるから、儀式一遍《ぎしきいっぺん》に通過して仕舞って速成《そくせい》を尊ぶという訳にはいかぬ。それで成《な》るたけ早くやりたいけれども、これをただ先師がこれだけに力を注いで置かれたことを、ただ軽々《けいけい》に通過して行くのは、如何《いか》にも惜《おし》いような気がする。それであるからこの『禅海一瀾』について、先師が調べたことは、何《なに》も彼《か》も、あなた方に委《くわ》しくお話をして見ようと思う。そういう積りで聞いて下さったら宜《よ》かろうと思う。

「**程顥《ていこう》、之《これ》を嗣《つ》いで師伝《しでん》を究明し、六経《りくけい》を修飾すと雖《いえど》も**」、この程顥のことなどには別に委《くわ》しいことは申しますまい。これは程明道《ていめいどう》と称するが、字《あざな》は伯淳《はくじゅん》、河南《かなん》の人で、業を周茂《しゅうも》叔《しゅく》に受け、謚《おくりな》して純公《じゅんこう》という〔手沢本書入〕。それだけを言うて置きます。程明道、程伊川《ていいせん》とは兄弟《けいてい》でありまして、宋学《そうがく》に於ては、最も大切な人であります。その程顥は周茂叔に嗣《つ》いで、師伝をも究明し、また六経をも修飾した。大抵六経はこの程明道の手に掛らぬことはない位で、それ位功労《こうろう》のある人であるけれども、**「初めより未《いま》だ大道《だいどう》の閫奥《こんおう》に達せず」**、先師の見る所に依ると幾らかの程度にまで達して居るが、「閫奥」という奥《おく》の家《や》まではまだ至って居らぬ。それが為に「**窃《ひそか》に小乗教相《しょうじょうきょうそう》の語を聞き得て、仏法《ぶっぽう》を謬《あやま》り認《みと》む**」という有り様。

いつも申す通りでありますが、実は一仏法であるけれども、それを分けてお話しすれば、「大乗《だいじょう》」と言い「小乗《しょうじょう》」と言う。「小乗」は小さい乗り物という意味で、自利《じり》を専《もっぱ》らにする。自分のみを顧みる。「大乗」は大きい乗り物という意味で、利他《りた》を専らにする、そういう違いがある。扨《さ》て一寸《ちょっと》小乗のことを一言《いちごん》して置けば、小乗の人は、三界《さんがい》の苦しみを厭《いと》い、惑業《わくごう》を断じ寂静《じゃくじょう》を慕い、道行《どうぎょう》を修す。身を厭うことは桎梏《しっこく》の如く、知《ち》を棄《す》つることは脱毒《だつどく》の如し。丁度《ちょうど》『荘子《そうじ》』〔斉物論〕の所謂る、「形《かたち》〔身体〕をして枯木《こぼく》の如くならしめ、心《こころ》をして死灰《しがい》の如くならしめる」ようなもので、一言にして言えば、小乗教の悟りの有り様はこういう風である。仏教の初門には、小乗の方が示してある。それ故《ゆえ》仏教の入口だけのぞいた人は、仏教は厭世《えんせい》教であるとか、自利的のものであるとか、大早計《だいそうけい》にそういう断定を下そうとする。今の世の中に於ては、そう思う者が沢山ある。現に私の知って居る或る博士でさえも、仏教の大体を知らぬものであるから、仏教を嘲《あざけ》って居るが、それを嘲る者は、自ら学問の狭い、見識の小なることを自白しているようなものである。

所が今、程明道も、小乗教相の語を聞き得て、それだけを聞いて仏法を誤り知り、仏法というものは、情けないものであるかの如くに誤認した。それ故に「**一旦《いったん》努力して之を排《はい》駁《ばく》**」す。それは「四書六経《ししょりくけい》」などの註釈だとか序文だとか見ても分って居る。努《つと》めて仏法というものを排斥したけれども、流石《さすが》は程明道だけあって、中年にはそういうことを言って居ったが、「**後《のち》に『華厳論《けごんろん》』を看《み》るに及んで、始めて大乗《だいじょう》の旨趣《ししゅ》に分暁《ぶんぎょう》**」して来たのである。

『華厳論』についても、ここに大事なことを少し言うて置かなければならぬ。この『華厳論』というものは、誰が拵《こしら》えたかというと、それは唐《とう》の開元《かいげん》中、太原《たいげん》の東北に李《り》通玄《つうげん》というものがあった。これはやはり唐室の皇族で、身分のある人であるが、それが、心を華《け》厳《ごん》に傾けた。即ちこの『華厳経』に依って大いに心を錬《ね》った所が、その時分に高仙奴《こうせんど》という者があって、この李通玄の並《なみ》の人でないということを知ってこれを自分の家へお連れ申して来て、暫《しばら》く客分にして居た。その時分の李通玄の生活は、毎朝、棗《なつめ》を十程と柏葉餅《はくようもち》（柏の葉で造った餅、それも小さい餅）一つという僅《わず》かの食糧だ。そうして終日《しゅうじつ》筆を下《お》ろして紙に臨み、戸外《こがい》に出《いで》ざること三歳。所でその招待主の高仙奴が、ああいう物を食べて、ああいう仕事をして、三年も経《た》ったが、どうして精力の続くものかと怪しんだ。こういう有り様で、後に馬《ば》氏の古仏堂《こぶつどう》の傍《かたわ》らに移って、土室《どしつ》を造って、其処《そこ》に住居し、坐禅三昧《ざぜんざんまい》の間に十年を経過した。昔の人は大分《だいぶ》違う、緩《ゆ》ったりしたものである。

十年程経《た》ってから、忽《たちま》ち今まで見て居った経文《きょうもん》や書物を袋に脊負《せお》ってここを去り行くこと二十里、偶《たま》ま一匹の虎が出て来て、道の端で馴伏《じゅんぷく》した。如何《いか》にも畜犬《かいいぬ》が主人に狎《な》れたように、狎々《なれなれ》しく一匹の猛虎が尾を掉《ふ》り乍《なが》らやって来た。所がこの李通玄がその虎の頭を撫《な》で「吾れ将《まさ》に論を著《あら》わして『華厳経』を釈《しゃく》せんとす、能《よ》く為《た》めに棲止《せいし》の処を択《えら》ばんや否《いな》や」と。『華厳経』を解釈しようと思うが、私の論を書く場所を選んで呉《く》れるや否やと言って、自分の脊中《せなか》に負《お》うて居た御経《おきょう》の嚢《ふくろ》を虎に負わしたところが、その虎が道案内でもするものの如くに、玄の先にたってあるき出した。玄がこれに従《したが》って行くと、遂《つい》に神福山《しんふくざん》の原下《げんか》の土龕《どがん》の前に至った。其処へ虎が蹲《うずく》まって、此処《ここ》でござると言わん計《ばか》りに止《とま》った。そこで李通玄がその虎に負わせた嚢を取って、辻堂《つじどう》の中に置いた。ここは己《おの》れが居る場所だという風に其処へ置いたら、虎が尾を掉《ふ》って去る。此処まで御案内したから、お暇《いとま》申すというような塩梅《あんばい》で、虎が往《い》って仕舞った。玄はここに立てこもって『華厳論』というものを書かれた。そうして論を作る時に、室《しつ》に紙燭《ししょく》なし、毎晩筆《ふで》を把《と》って何か著述をせられると、その口の両端から白色の光を出《いだ》す。電燈の輝やいて居るような有り様。これを以て常として、頻《しき》りに字を書いて居られた。

それからその辻堂に行かれてから、一日忽《たちま》ち二女子あり、容顔端麗《ようがんたんれい》で、年頃《としごろ》も漸《よう》く十七、八位、布の衣服を着て、白巾《はくきん》を以て首を幪《もう》す。日本ならば手拭《てぬぐい》のような物を冠《かぶ》って、日々、長者《ちょうじゃ》の為に、水を汲《く》んだり、香《こう》を焚《た》いたり、紙を奉じ墨《すみ》を摺《す》る。こういう風にして侍者《じしゃ》の務めをして居った。常に卯辰《うたつ》の間に於て丁度《ちょうど》時刻が来ると、浄饌《じょうせん》を供える。誠に汚れのない食物を持って来て長者の前に差し上げて、食事が終ると女が何処《どこ》かへ行って仕舞う。何処から持って来て何処へ行くか分らぬ。そんなことなら奇蹟であろうと、この頃の者なら言うが、奇蹟ということは容易ならぬことで、ただ奇蹟奇蹟と言って、浅墓《あさはか》なことと、西洋の事を標準に取ってこういうことを言うのでありますが、こういうことは心霊《しんれい》界の貫通で、理窟《りくつ》では争われぬ。かくの如きこと五歳。長者が論を著《あら》わし畢《おわ》るに至って、この二女もまた現ぜぬようになった〔以上、『仏祖歴代通載』13、『隆興仏法編年通論』16・開元26庚辰〕。

それで作る所の論が四十巻。『華厳』は八十華厳と言って、最も巻数の多い方であるが、その経文の文義《もんぎ》を総括して、そうして次に『決疑論《けつぎろん》』というものが四巻ある。その後、大《だい》中《ちゅう》に至って、閩越《びんえつ》の僧志寧《しねい》が、またこの経に註して、遂に百二十巻という広大な書物になった。それをまた、閩《びん》僧恵研《えけん》が重ねて条理を更《か》え名を立して『華厳合論《けごんごうろん》』と曰《い》うようになった。なおこれに付いて、また面白いことが書いてあるけれども、余り長引《ながび》いてもいかぬから、これ位にして置きます。

それで程明道も始めは仏法を誤認して、排駁に努力したが「後に『華厳論』を看るに及んで、始めて大乗の旨趣に分暁」す、大乗の旨趣というものが分って来た。程明道という人も篤志《とくし》な人であります。それから「**以来、釈子《しゃくし》を見、釈書《しゃくしょ》を読むには**」、仏僧《ぶっそう》を見たり、仏書《ぶっしょ》を読んだりする時には、「**必ず端坐整粛《たんざせいしゅく》すと云う**」。我々僧侶の中にも随分不心得《ふこころえ》な者があって、寝て居て御経を読んだりする者がないでもないが、明道は必ず「端坐整粛」して読んだと云う。

「**朱熹《しゅき》、其《そ》の門流《もんりゅう》に出《い》で**」、これから第二節になる。今度は朱熹〔朱子〕のことを言うが、この人の伝なども、能《よ》く分って居るが、ここには委《くわ》しいことは言いませぬ。この人も最初は排仏《はいぶつ》をした人でありますけれども、後に至って見ると余程趣《おもむき》が変って居る。妙なもので、人間という者は一代の内には色々に変る者であります。朱熹の詩にこう云う面白い詩があります。

端居独無事　　端居《たんきょ》して　独《ひと》り無事《ぶじ》にして
聊披釈氏書　　聊《いささ》か釈氏《しゃくし》の書を披《ひら》く
暫釈塵累牽　　暫《しばら》く塵累《じんるい》の牽《けん》を釈《と》き
超然与道倶　　超然《ちょうぜん》として道《みち》と倶《とも》たり
門掩竹林歯　　門掩《おお》いて竹林歯《なら》び
禽鳴山雨余　　禽《とり》鳴きて山雨余《のこ》る
了此無為法　　此の無為《むい》の法を了《りょう》ぜば

身心同晏如　身心同《とも》に晏如《あんじょ》たり　〔『仏法金湯編』15朱熹〕

これは「久雨斎居誦経《きゅううさいきょじゅきょう》」の詩と云うて名高いものであります。永覚《ようかく》禅師〔永覚元賢〕の『弘教録《ぐきょうろく》』に、「愚、朱文公「斎居誦経」の作を観るに「経に於て得《う》る有るもの浅からざるものあり」」とある〔『永覚和尚広録』19朱文公熹伝賛〕。

朱熹は初めは排仏の人であったが、後、仏学《ぶつがく》に帰した。一端を以て人を評することは慎しまなければならぬ。そもそも朱熹の門流は程氏から出ておる。初め程明道が楊亀山《ようきざん》という者に道を伝えた。楊亀山、名は時《じ》、字《あざな》は中立《ちゅうりつ》という。楊亀山はこれを羅予章《らよしょう》に伝えた。羅予章、名は従彦《じゅうげん》、字は仲素《ちゅうそ》という。それから羅予章がまたこれを李延平《りえんぺい》に伝えた〔手沢本首書〕。皆な何《いず》れも名高い。李延平、名は侗《どう》、字は愿仲《げんちゅう》という。李延平から遂に朱熹に伝えた。これが宋朝《そうちょう》時代の儒学《じゅがく》の伝授である。朱学《しゅがく》はその門流より出て、天才は粋美で、中々得難《えがた》い人であるが、「**天才粋美《てんさいすいび》なりと雖も、惜《おし》い哉《かな》、己見《こけん》に膠《にかわ》**」す。自己の臆見《おくけん》に膠された為に、「**人我《にんが》の繋縛《けばく》を透脱《とうだつ》すること能《あた》わず**」。これは「仏《ぶつ》」、これは「儒《じゅ》」と言って、「儒」という名の下に自分の心を縛られて仕舞う。仏教者は「仏」という字に縛られるから、「仏」以外の人を見る時には、一種の異《い》端《たん》外《げ》道《どう》と、何か妙に侮蔑《ぶべつ》の目を以て眺める者がある。人間という者は浅《あさ》ましい者で、人《ひと》と我《われ》との繋縛を透脱することが出来ない。「**中年猶《な》お勝心《しょうしん》を挾《さしはさ》み、著述《ちょじゅつ》亦た多し**」。これは辯を着けるまでもない。「**深く惇頤道学《とんいどうがく》の来《らい》**

由《ゆう》を発露《はつろ》するを忌《い》む」。周茂叔《しゅうもしゅく》は、正々堂々と禅に於て本当の儒学の意味を知ったということを、みんなに披露《ひろう》した。而《しこう》して朱学はそれを嫌った。周茂叔は人物が大きい。この時代の朱熹は人物が小さい。惇頤が「道学の来由を発露」したと言われたのを快《こころよ》しとしなかった。「**謾《みだり》に謂《い》う**」、自分の道統《どうとう》の本《もと》なるに拘《かか》わらず、「**周子《しゅうし》の学、其の師伝の自《よ》る所を知《し》る莫《な》し。或いは之を天《てん》に得《う》**」、周茂叔先生は、何処《どこ》から道《みち》を伝えたか分らぬが、これは人から得たのでない、天から得たのであろうと、そういう胡魔化《ごまか》しみたようなことを言うて居った。

「**朱熹初《はじ》め李侗《りどう》を師とす。久しうして発明《はつめい》せざるを恨《うら》む**」。李侗の許《もと》で学問しても、道というものを発明することがなかった。所が時の先輩に尋ねると、遍《あま》ねく禅宗の祖師《そし》方に出《で》遇《お》うて見たら宜《よ》かろうというので、「**張栻《ちょうしょく》・呂祖謙《りょそけん》と**」、張栻は張南軒《ちょうなんけん》、呂祖謙は呂東萊《りょとうらい》で、こういう人等と同じく「**道を径山《きんざん》の大恵《だいえ》に問**」うた。これより先、朱熹が、李侗先生に就かぬ前には李屏山《りへいざん》に就いて学問をして居ったことがある。李屏山が思うに、朱熹も立派な役人にでもなる積《つも》りで学問をやって居るのだから、それに付いてどんな書物を調べて居るか、どんな書物を愛読して居るかと思って、朱熹の室に入って調べて見たら、その篋《きょう》を探るに及んで、ただ大恵禅師の語録《ごろく》一冊あるのみ、こういう有り様〔手沢本首書／『仏法金湯編』15朱熹〕。それから後に学校を出てから、進士《しんし》及第をして、それから遂に官に就いたが、その時分に書を「開善《かいぜん》の謙《けん》禅師」〔開善道謙〕に致した。

此処《ここ》でまた一寸《ちょっと》申さなければならぬことがある。開善の謙禅師という人は、これは、大恵門下に於て優れた人であるが、その優れた人の初めの、骨折《ほねおり》を一寸言いましょう。こういうことが斯道《しどう》に志《こころざし》ある人の参考になると思う。私共《わたくしども》、大恵の書を読んだ時分に、大いに心に思い当る所があった。謙禅師は初め圜悟《えんご》禅師〔圜悟克勤〕の所に居ったので、彼の『碧巌集《へきがんしゅう》』の註を拵えた人であります。後に大恵禅師の所に来た。所が或る時、大恵禅師がこの人をして長沙《ちょうさ》に行かしむ。長沙の紫巌《しがん》居士張魏公《ちょうぎこう》〔張浚〕の所へ書面を届けるようにと使《つかい》を言い付けた。その使を命ぜられた際に、謙禅師が思うに、我れ参禅《さんぜん》二十年。最早《もはや》こうやって二十年も骨折《ほねお》って居るが、いまに何の得る所もない。中々今時《いまどき》の人であったら、二十年所ではない、半年か一年やって居っても、何等《なんら》得る所がないと頓挫《とんざ》して仕舞う。昔の人は根気《こんき》が違う。二十年やった。やって居ったが、何も悟る所がないのに、こんな用事ばかり言い付けられては迚《とて》もこれでは駄目《だめ》であるから、どうかしてこのお使計《つかいばか》りはお断《ことわ》りをしようと考えて、尤《もっと》も親しい同参《どうさん》の「元《げん》」〔宗元〕という人の所に行って、その意を語った。そうすると元が笑って云うに、道中《どうちゅう》〔たび〕して参禅が出来ぬということはないではないか。只《た》だ坐って居る時禅が出来て、旅行して居る時に出来ぬということはない。それならば吾《わ》れ汝《なんじ》と共に行かん。誠《まこと》に深切《しんせつ》なことじゃ。貴様《きさま》それだけに今度の使を誠に心無《こころな》く思うならば己《お》れが一緒に行ってやろう。己れが一所に行ってやるから、決してお断りせずに、この役を務めたら宜かろうというので、師「已《や》むことを得《え》ず行く」。それ程友達から励まされたものであるから、遂に一緒に行った。道に在って泣いて元に語って曰く、「我れ一生参禅して、殊《こと》に得力《とくりき》の処《ところ》なし。今また途路《とろ》に奔波《ほんぱ》して如何《いか》んぞ相応《あいおう》じ去ることを得ん云々」。一寸も今まで得る所なくしてこういう旅行をして得る、何しに坊主《ぼうず》になったか分らぬ、残念だと言って泣いて語ったら、元の曰うよう。ここが徹困《てっこん》の親切じゃ。

「途中替《かわ》るべき底《てい》の事、我尽《ことごと》く汝に替らむ。ただ五件の事あり、汝に替ることを得ず。著衣《じゃくえ》、喫飯《きっぱん》、痾屎《あし》、送尿《そうにょう》、箇《こ》の死屍《しし》を駄《だ》して路上に行く」と。「師〔道謙〕言下《ごんか》に於て旨《むね》を領し、手《て》の舞《ま》い足《あし》の蹈《ふ》むことを覚えず」。この途中に於て、己れが身を以て代られることは、何でも貴様に代ってやる。貴様の仕事を己れがしてやる。ただ五ツだけの事は代ることが出来ぬ。衣服を着るのは自身に着ろ、食うのは自身に食え、大小便するのは自身に垂れろ。それから死屍、この死骸を引《ひ》き摺《ず》って行くことだけは私は代って行くことは出来ぬ。こういうことは有り難い言葉で、道を奉じ工夫《くふう》を凝《こ》らして居る人ならば、誠にこの言葉は骨身《ほねみ》に徹《てっ》しなければならぬ。流石《さすが》に今まで骨折った開善の謙であるから、実にこの一言下に於て「手の舞い足の蹈むを覚えず」、大歓喜《だいかんぎ》を得た。昔の人は友達としても親切なもので、元賀《が》して曰く、「今日且喜《しゃっき》すらくは大事《だいじ》了当《りょうとう》することを、我れ已《すで》に清河《しんか》公《こう》に見《まみ》え竟《おわ》る、兄《ひん》当に独《ひと》り往くべし」。貴様に骨折らせてやろうと思ったが、気が附いたら用はない。己れは帰るというて、路半《みちなか》ばにして径山に帰った。所が開善の謙が半年ばかりにして、径山の大恵の所へ復命《ふくめい》して来た。そうすると大恵之を一見してその顔を見るや否《いな》や、「建州子《けんしゅうし》、

儞《なんじ》這回《しゃかい》徹《てつ》せり」(おぬし、こたびは徹底したな)と云うて肯《うけが》われた(『雲臥紀談』下、『五燈会元』20開善道謙)。「建州子」というのは謙が建寧府《けんねいふ》の人であるから、こう云われたものである。これは一つの美談であります。これだけの事を一寸此処で云うて置きたい。開善の謙という人は如何なるものかということをお話ししたのである。

ところが朱熹がその後、「**書を開善《かいぜん》の謙《けん》に致して曰《いわ》く、熹《き》、向《さき》に大恵禅師の狗子無仏性《くしむぶっしょう》の話頭《わとう》を開示《かいじ》するを蒙《こうむ》り**」、「狗子無仏性」のことは『無門関《むもんかん》』(1)の講話の時に申したから、今回は略しましょう。これは有名な一則である。その「狗子無仏性」の話を大恵禅師から開示されたが、「**未だ悟入《ごにゅう》有らず**」、まだ悟ることが出来ぬ。「**願《ねが》わくば一言《いちごん》を授けて逮《およ》ばざる所を警《いまし》めよ**」と。「**謙《けん》答えて曰く、這《こ》の一念《いちねん》を把《と》って狗子《くし》の話《わ》を提撕《ていぜい》せよ**」、持《も》って廻《まわ》ったことは何にもならぬ。坐禅と言っても、秘伝も秘密も何もない。只だ「無《む》」の一字である。「無」と言っても、有るとか無いとか言う無とは違うが、「無」ということで、別に議論的に「**商量《しょうりょう》**」することは要らぬ。「**勇猛直前《ゆうもうじきぜん》**」、能《よ》く言う馬車馬《ばしゃうま》的に進んで行く。「**一刀両段《いっとうりょうだん》せよ**」、そうして「無」の一字で以て、何が出て来ても両断する。この一言で進んだら宜かろう。こういう適切な答えをせられたので「**朱熹是《ここ》に於て省《せい》有り**」、ここに於て力を得た。「**後来《こうらい》常に言う、仏《ぶっ》説く所の六根《ろっこん》、六識《ろくしき》、四大《しだい》、十二因縁生《じゅうにいんねんしょう》の論**」、こういうことも仏教の教相義《きょうそうぎ》の方で皆な委《くわ》しく意義が解釈してある。一通りのお話をしたいが、これを言い出すと色々な説明をしなければならぬから、今回はただ「六根、六識、四大、十二因縁生の論」と素読《そどく》だけにして置きます。「**皆な極めて精妙《せいみょう》、吾が孔子《こうし》の及ばざる所なり**」。これまでは朱子の言葉である。「**今区々《くく》たる小儒《しょうじゅ》**」、今時《いまどき》孔子の草履《ぞうり》取《と》りのような小さい儒者が「**怎生《なん》ぞ他《た》の手を出得《しゅっとく》せんや**」。これから上へ手が出ることは出来ない。「**然《しか》れば則《すなわ》ち朱熹固《もと》より仏意《ぶつい》の崇《あが》む可《べ》きを知**」る。この様に証拠を挙げてお話しすれば、朱熹は固より仏意の崇む可きを知って居った。知って居りながら、「**却《かえ》って反噬《はんぜい》の説を為《な》し**」、四書五経《ししょごきょう》に現われて居るが、大いに仏教を排斥した。丁度飼《か》われて居る犬が主人を噬《か》む様に、「**以て我見《がけん》を張る、其れ亦た不仁《ふじん》や甚《はなは》だし**」。知って居ってやるのだから、不仁も甚しい。「**古人《こじん》之を徳《とく》の賊《ぞく》と謂う**」。周茂叔と朱熹とは才《さい》と学《がく》とは暫《しばら》く措《お》いて、これだけ人格に於て違って居る。それから「**後学雷同勦説《らいどうそうせつ》す**」。「雷同」というのは、言うまでもない、雷声を発する時に於ては、物《もの》皆な同時に応ずるというような意味から、一人が言うと皆なそれに一致して仕舞う〔手沢本書入「礼注、雷発声、物無不同時応者。他人ノ口ニツキ回ル、本ガキマラヌ」／『礼記』曲礼上「毋勦説、毋雷同」鄭玄注〕。「勦説」というので、他人の説を取って、己れの説と為すことで〔手沢本書入「礼注、取他人之説以為己説、謂之——」。同前〕、雷同勦説して「**影《かげ》を追い頭《こうべ》を忘**」れ、その意気地《いくじ》なさは、恰《あたか》も「**水母《すいぼ》の蝦《えび》を以て目《め》と為し**」、水母《すいぼ》〔手沢本書入「クラゲ」〕は目がないから蝦〔手沢本書入「エビ」〕を以て自分の目の如く為し、「**鱢鮚《そうきつ》の蟹《かに》を以て足《あし》と為すが如**」し。鱢鮚〔手沢本書入「ハマグリ」〕は足がないから蟹《かに》を以て我が足とするが如きもので、「**太《はなは》だ憐愍《れんびん》す可し**」、憐《あわれ》む可きである〔『尚直編』「亦如水母以蝦為目、鯖鮚以蟹為足」）。「道学《どうがく》一変して理窟《りくつ》と成る」、その孔夫子《こうふうし》の道が一変して理窟となって仕舞った。「孔門《こうもん》の真風《しんぷう》、旋復湮晦《せんふくえんかい》す」、孔門の真風が隠れて仕舞った。「苦《く》なる哉《かな》、苦なる哉」、苦々《にがにが》しい残念のことである。実に残念のことである。

第十六講　緒　言（其四）

豈《あ》に図《はか》らんや、明《みん》に至って王守仁《おうしゅじん》なる者出《いづ》る有り、文武兼備《ぶんぶけんび》、一代の人豪《じんごう》なり。其《そ》の言に曰《いわ》く、「守仁、蚤歳挙業《そうさいきょぎょう》、志《こころざし》を辞章《じしょう》に溺《おぼ》らし、既《すで》に乃《すなわ》ち稍《や》や正学《せいがく》に従事するを知る、而《しこう》して衆説《しゅうせつ》の紛撓《ふんどう》に苦しむ、茫《ぼう》として入《い》る可《べ》き無し。因《よ》って諸《これ》を老釈《ろうしゃく》に求むるに、欣然《きんぜん》として心に会《え》する有り、以為《おも》えらく、聖人《せいじん》の学、此《ここ》に在り。（中略）後《のち》、官に龍場《りゅうじょう》に謫《たく》せられて、夷《い》に居り困《こん》に処して、心を動かし性《せい》を忍ぶの余り、恍《こう》として悟るところ有るが若《ごと》し。体験探求《たいけんたんきゅう》、再び寒暑《かんしょ》を更《か》え、諸《これ》を六経四子《りくけいしし》に証す、沛然《はいぜん》として江河《ごうか》を決して之《これ》を海に放つが若し。然《しか》る後、聖人の道、坦《たん》として大路《たいろ》の如し。而して世の儒者《じゅしゃ》、妄《みだ》りに竇逕《とうけい》を開き、坑塹《こうざん》に堕《お》つ。其の説を為《な》すを究《きわ》むるに、反《かえ》って二氏《にし》の下に出《い》づ。宜《むべ》なる乎《かな》、世の高明《こうめい》の士、此《これ》を厭《いと》うて彼《かれ》に趨《おもむ》くや、此《こ》れ豈に二氏の罪ならんや。此《ここ》を以て同志《どうし》に語れば、則《すなわ》ち聞く者競《きそ》うて相い非議《ひぎ》すと雖《いえど》も、而《しか》も愈《いよい》よ益《ますま》す精明的確《せいめいてきかく》、洞然《とうねん》復《ま》た疑う可き無し。独《ひと》り朱子《しゅし》の説に於て、相い抵捂《ていご》する有り、恒《つね》に心に疚《やま》し。切に疑う、朱子の賢にして、而も豈に其れ此に於て尚《な》お未《いま》だ察せざる有らん。後、復た朱子の書を取り、而して之を撿求《けんきゅう》し、然して後、其の晩歳《ばんさい》、固《もと》より已《すで》に大いに旧説《きゅうせつ》の非《ひ》を悟り、痛悔極艾《つうかいきょくがい》、以て自ら誑《あざむ》き人を誑くの罪、勝《あ》げて贖《あがな》う可からざるを言うに至るを知る。世の伝うる所、『集註《しっちゅう》』『或問《わくもん》』の類《たぐい》、乃ち其の中年未定《ちゅうねんみてい》の説、自ら咎《とが》めて以為《おも》えらく、旧本《きゅうほん》の誤《あやま》り、改正を思うて未だ及ばず。而して其の諸語類《ごるい》の属《たぐい》、又《ま》た其の門人、勝心《しょうしん》を挟《さしはさ》んで以て己《おの》れの見《けん》を附す。固《もと》より朱子悟後《ごご》の説に於て、大いに相い繆戻《びゅうれい》する者有り。而るに世の学者、見聞《けんぶん》に局し、此に持循講習《じじゅんこうしゅう》するに過ぎず、其の悟後の論に於て、槩乎《かいこ》として其れ未だ聞く有らず、則ち亦た何《なん》ぞ予《よ》の言の信ぜざるを恠《あや》しまんや。而も朱子の心、以て自ら後世に暴する無からんや。予、既に自ら其の説の朱子に謬《あやま》らざるを幸《さいわ》とし、又た朱子の先《ま》ず我が心の同然《どうぜん》を得たるを喜ぶ、云々。守仁、実に之を心理に求め、之を履践《りせん》に験す。旧習《きゅうしゅう》を一洗《いっせん》し、別に一家《いっか》を成す。其の勲《いさお》亦た偉《おお》いなる哉《かな》。

　愚《ぐ》、守仁《しゅじん》の言に於て、釈然《しゃくねん》始めて知る、朱熹《しゅき》の常人《じょうじん》に非ざるを。嚮《さき》に所謂《いわゆ》る反噬《はんぜい》の説を為し、以て我見《がけん》を張る者、皆な必ず中年未悟《ちゅうねんみご》の弊なり。渠若《かれも》し晩歳《ばんさい》之を悔《く》ゆるの語《ご》無ければ、則ち固執偏見《こしゅうへんけん》の庸儒《ようじゅ》なり。然るに世の学者、徒《いたず》らに朱熹未定《みてい》の説を死守《ししゅ》し、其の著書を崇《とうと》び、金科玉条《きんかぎょくじょう》に比す。復た其の晩歳既《すで》に悔るの説を求むるを知らず、競《きそ》うて相い呶々《どど》し、以て聖学を乱る、察せざる可からず。

本邦儒士《ほんぽうじゅし》の如き、其の正脈《せいみゃく》を唱《とな》うる者、洛西《らくせい》に惺窩《せいか》有り、湖東《ことう》に藤樹《とうじゅ》有り、其の後、学風稍《や》や衰え、伊維楨《いいてい》、長胤《ちょういん》、物茂卿《ぶつもけい》の輩出するに及び、心術《しんじゅつ》の学廃《すた》れ、而して記誦《きしょう》の弊《へい》起る。爾来《じらい》、儒者《じゅしゃ》の体裁《ていさい》を見るに、軽薄浮華《けいはくふか》に失せざれば、則ち又た任誕簡傲《じんたんかんごう》に失す。而して毫《ごう》も省身煉心《せいしんれんしん》の術《じゅつ》を需《もとむ》る無し、況《いわん》や大道《だいどう》を究明するに於てをや。唯《た》だ博聞強記《はくぶんきょうき》、詩文《しぶん》に巧《たく》みなるを以て、儒者の専務《せんむ》と為す。大いに錯《あや》まれり、悲《かな》しい哉《かな》。百世聖脈《ひゃくせいせいみゃく》を絶《た》ち、千載《せんざい》真儒《しんじゅ》無し。

豈図・至明有王守仁者出。文武兼備。一代之人豪也。其言曰。守仁。蚤歳挙業。溺志辞章。既乃稍知従事正学。而苦於衆説之紛撓。茫無可入。因求諸老釈。欣然有会於心。以為聖人之学在此矣。（中略）後謫官龍場。居夷処困。動心忍性之余。恍若有悟。体験探求。再更寒暑。証諸六経四子。沛然若決江河而放之海也。然後聖人之道。坦如大路。而世之儒者。妄開竇逕。堕坑塹。究其為説。反出二氏之下。宜乎・世之高明之士。厭此而趨彼也。此豈二氏之罪哉。以此語同志。則雖聞者競相非議。而愈益精明的確。洞然無復可疑。独於朱子之説。有相抵捂。恒疚於心。切疑朱子之賢。而豈其於此尚有未察。後復取朱子之書。而撿求之。然後知其晩歳固已大悟旧説之非。痛悔極艾。至以言自誑誑人之罪不可勝贖。世之所伝。集註或問之類。乃其中年未定之説。自咎以為。旧本之誤。思改正而未及。而其諸語類之属。又其門人挟勝心以附己見。固於朱子悟後之説。有大相繆戾者。而世之学者。局於見聞。不過持循講習於此。其於悟後之論。槩乎其未有聞。則亦何恠乎予言之不信・而朱子之心無以自暴於後世也乎。予既自幸其説之不謬於朱子。又喜朱子之先得我心之同然。云云。守仁実求之心理。験之履践。一洗旧習。別成一家。其勲亦偉矣哉。愚於守仁之言。釈然始知朱熹之非常人也。嚮所謂為反噬之説以張我見者。皆必中年未悟之弊也。渠若無晩歳悔之之語。則固執偏見之庸儒也。然世之学者。徒死守朱熹未定之説。崇其著書。比金科玉条。不復知求其晩歳既悔之説。競相呶呶。以乱聖学。不可不察矣。如本邦儒士。唱其正脈者。有惺窩于洛西。有藤樹于湖東。其後学風稍衰。及伊維楨・長胤・物茂卿輩出。心術之学廃。而記誦之弊起。爾来見儒者之体裁。不失於軽薄浮華。則又失於任誕簡傲。而無毫需省身煉心之術。況於究明大道乎。唯以博聞強記巧詩文。為儒者専務。大錯了矣。悲矣哉。百世絶聖脈。千載無真儒矣。

〔講話〕　今回の所は、丁度《ちょうど》文章の切れ目から言うと、第三節で、王陽明《おうようめい》を論ずる所であります。「**豈《あ》に図《はか》らんや、明《みん》に至って王守仁《おうしゅじん》なる者出《い》づる有り**」、丁度明《みん》の孝宗《こうそう》皇帝の時代であります。王守仁なる者が出た。字《あざな》は伯安《はくあん》と言って、余姚《よよう》の人である。年が二十八にして進《しん》士《し》に挙げられ、三十一にして疾《やまい》を告げて、越《えつ》という所に帰り、室《しつ》を陽明洞《ようめいどう》という洞のある所へ拵《こしら》えて日夕《にっせき》研修すと、伝記に委《くわ》しく書いてありますが、今は委しいことは略します〔第10講参照〕。詰《つま》り王陽明のことで、「**文武兼備《ぶんぶけんび》、一代の人豪《じんごう》なり**」。王陽明の伝を御覧《ごらん》になった方は御承知でありましょうが、世に謂う儒者《じゅしゃ》でない。一面から言えば、赳々《きゅうきゅう》たる気《き》性《しょう》を備えた武夫《もののふ》であります。屢《しばし》ば戦《いくさ》もした「文武兼備、一代の人豪」である。その王陽明の言うた言葉を此処《ここ》へ現わした。「**其《そ》の言に曰《いわ》く、守仁、蚤歳挙業《そうさいきょぎょう》**」、王守仁は初め挙業で、支那ではツイこの間までこの制度〔科挙〕があった。日本で言えば高等文官試験でも受けようというその目的で学問をするのが挙業である。その挙業の学問に重きを置いて「**志《こころざし》を辞章《じしょう》に溺《おぼ》ら**」す。

この「溺《でき》」ということに付いては、王陽明に「五溺《ごでき》」ということがある〔「陽明先生墓誌銘」〕。これは一寸《ちょっと》最初に申したことがあると思うが、「五溺」というのは、初めは「任侠《にんきょう》」に溺る。日本でも徳川の中葉に至って武家《ぶけ》が軟弱になった。長い物を腰に差して居っても、飾り物の様になった。その時分に市井《しせい》の町人の間に色々の任侠的の人間が出来た。その時分には、武家という者は大変権力を持って居ったが、それに反抗したということがあった。この王陽明も一度《ひとた》びは「任侠」というものに溺れた。それから次に「騎射《きしゃ》」に溺る。馬に乗り弓を射《い》ることに溺れた。その次に「詩書《ししょ》」に溺る。色々修辞的の文章であるとか或いは風流的の詩賦《しふ》があるとかいうものに溺れた。その次には「神仙《しんせん》」に溺れた。神仙術というものが今でも残って居るが、それに溺れた。それから一番終《しま》いに「仏氏《ぶつし》」に溺る。仏教に溺れた。溺れるという位だから、一寸《ちょっと》位ではない。何処《どこ》までもそれをやり掛《か》けたからやるというので、色々やった後、終《つい》に正学《せいがく》に帰する、詰り儒《じゅ》の本当の道に這入《はい》った。こういうのが王陽明の「五溺」として名高い〔手沢本書入「五溺、任侠・騎射・辞章・神仙・仏氏。後帰正学」)。
「既《すで》に乃《すなわ》ち稍《や》や正学《せいがく》に従事するを知る」。今申した様な訳で、遂に正学に従事した。**「而《しこう》して衆説《しゅうせつ》の紛撓《ふんどう》に苦しむ」**。その時分の性理学《せいりがく》というのは、今から言えば一種の哲学で、色々の煩瑣なる理窟を互いに唱えて居った。その紛撓なるに苦しんで、**「茫《ぼう》として入《い》る可《べ》き無し」**。この間に伝記に就いて見れば委しきことがありますが、それは略します。**「因《よ》って諸《これ》を老釈《ろうしゃく》に求む」**。今、世の中に有《あ》り触《ふ》れたものには真理というものが見られない、そこで「老《ろう》」若《も》しくは「釈《しゃく》」、老荘《ろうそう》の教え、また仏教に一つ身を投じて研究して見た所が、**「欣《きん》然《ぜん》として心に会《え》する有り」**。老釈の道へ這入って始めて心に会得《えとく》することがあった。**「以為《おも》えらく、聖人《せいじん》の学、此《ここ》に在り」**、聖人と指すのは儒教の方で言えば、尭《ぎょう》・舜《しゅん》・禹《う》・湯《とう》・文《ぶん》・武《ぶ》・周公《しゅうこう》・孔子《こうし》と称する、それ等の聖人、その聖人の学問は、彼に非ずしてここに在った。仏教や老教の中に在ることを知った。「中略」とありますが、言葉だけ言うて置きましょう。

聖人《せいじん》の学は心学《しんがく》なり。功利《こうり》の徒《と》、外に天理《てんり》の近似《きんじ》を仮《か》り、以て其の私《わたくし》を済《すま》して以て人を欺《あざむ》いて曰く、「天理固《もと》より是《かく》の如し」と。知らず、既《すで》に其の心を無《なみ》す、而るに尚《な》お何《なん》の所謂る天理なるものをや。是《こ》れ自《よ》りして後《のち》、心《しん》と理《り》を拆《さ》きて二と為し、而して精《せい》一《いっ》の学亡《ほろ》ぶ。世儒《せいじゅ》の支離《しり》、外に刑名器数《けいめいきすう》の末《すえ》に索《もと》めて以て其の所謂る物理《ぶつり》なる者を求め、而して吾が心の即ち物理にして、初めより外に仮《か》ること無きを知らず。遂に四句《しく》を提して教法と為して曰く、「無善無悪《むぜんむあく》は心の体、有善有悪《ゆうぜんゆうあく》は意の動、知善知悪《ちぜんちあく》は良知《りょうち》、為善去悪《いぜんきょあく》は格物《かくぶつ》」と。心学の名を立て、黙坐澄心《もくざちょうしん》を以て学的《がくてき》と為す（四ノ教法ハ『王龍渓語録』ニ出ヅ、『本録』『伝習録』等ニモ載セズ）〔手沢本首書。文は王陽明「象山文集序」をふまえる。四句教については『龍渓王先生全集』「天泉証道記」参照〕。

これは委しく言えば辯も附けられるが、これは略して置きます。しかしこれが、殆んど王陽明の宗旨《しゅうし》と言っても宜《よ》い位であるから、陽明学《ようめいがく》ではどうしても坐禅《ざぜん》をさせなければならぬ。ただ書物の上で空な理窟を言うて居らぬ。今の宗旨を一つかざして、そうして、黙坐澄心《もくざちょうしん》を以て学問の標的とした。そういう人であったから、王陽明学というものは中々活《い》き活きしたもので、日本でも山鹿素行《やまがそこう》だとか大塩平八郎《おおしおへいはちろう》だとか、ああいう風の連中は、皆な陽明学でああいう人格を造り上げたのである。

所が後に至って明の武宗《ぶそう》が位に即いた時に総理大臣の劉瑾《りゅうきん》が悪政を行ったから、王守仁が上表《じょうひょう》して大いに政治上の事を論争した。所が劉瑾が怒って笞杖《ちじょう》の刑に処し、そうして貴州龍場駅丞《きしゅうりゅうじょうえきじょう》という戸長《こちょう》か村長《そんちょう》位な役に落として仕舞った。即ち「**後《のち》、官に龍場《りゅうじょう》に謫《たく》せられて、夷《い》に居り困《こん》に処して、心を動かし性《せい》を忍ぶの余り**」、その龍場の低い官にある王陽明は、有《あら》ゆる艱難《かんなん》を嘗《な》め尽《つく》して、そういう片田舎《かたいなか》に居って、流離困頓《りゅうりこんとん》の中に心を動かし、性を忍んで、ただ忍耐一つで以て有ゆる艱難に打ち勝ったのである。「**恍《こう》として悟るところ有るが若《ごと》し**」、ただ心に於て恍として何となく悟ったようである。啻《ただ》に悟った計《ばか》りではない。その悟った力を以て「**体験探求**《たいけんたんきゅう》」、身を以て道に殉ずるというようなやり方で、それを実際に行った。「**再び寒暑《かんしょ》を更《か》え**」、二週年計《ばか》りを経《へ》て、「**諸《これ》を六経四子《りくけいしし》に証す**」。「六経」とは『詩経《しきょう》』『書経《しょきょう》』『易経《えききょう》』『礼記《らいき》』『楽記《がくき》』『春秋《しゅんじゅう》』、「四子」というのは老子《ろうし》・孔《こう》子《し》・荘子《そうじ》・孟子《もうし》で、これを「六経」に照《て》らして見、これを「四子」に証拠立《しょうこだ》てて見るのに、「**沛然《はいぜん》として江河《ごうか》を決して之《これ》を海に放つが若し**」。自分の心に得たものを以て総ての書物を眺めて見るというと、実に沛然と、滞《とどこ》おる所ない有り様。江河を決して大海に流す様な、痛切な有り様である。「**然《しか》る後、聖人の道、坦《たん》として大路《たいろ》の如し**」。そういう境涯《きょうがい》を得て省《かえり》みると、聖人の唱えた所の道というものは、坦々《たんたん》として大道を大手《おおで》を振って行くような有り様。今まではその境涯が得られなかったが、今始めて得た。

「**而して世《よ》の儒者《じゅしゃ》**」、所謂る儒者なる者は事理《じり》に疎《うと》い。ただ書物の上の理窟を説いて、口《く》舌《ぜっ》計りを戦わして居る。「**妄《みだ》りに竇逕《とうけい》を開き、坑塹《こうざん》に堕《お》つ**」。壁《かべ》を穿《うが》ってそうして小さな窓を附けるのを「竇《とう》」という〔手沢本書入「左伝注、―音豆。鑿〔穿〕壁作小戸」／『左伝』襄公10、『康熙字典』穴部〕。そういう窓を開いたり、細い路〔逕〕を辿《たど》ったりして理窟の中に陥《おちい》って居る。「**其の説を為《な》すを究《きわ》むるに、反《かえ》って二氏《にし》の下に出《い》づ**」。誰某《たれのなにがし》がこういうた、それを取って究めて見れば、反って釈老二氏の下に出て居る。「**宜《むべ》なる乎《かな》、世の高明《こうめい》の士、此《これ》を厭《いと》

うて彼《かれ》に趨《おもむ》くや」、当り前じゃ、少しく世間の高明なる人物ならば、そんな今時に合わぬ様な儒教を厭うて釈老の方へ趨くということはありそうなことだ。「**此《こ》れ豈に二氏の罪ならんや**」、二氏の罪ではない。「**此《ここ》を以て同志《どうし》に語れば、則《すなわ》ち聞《き》く者競《きそ》うて相い非議《ひぎ》すと雖《いえど》も**」、この道理を以て同志に語ると、「大声俚耳《りじ》に入らず」(『荘子』天地)で、「聞く者競うて相い非議す」。王陽明が独り悟って居るようなことを言って居るという工合《ぐあい》に非議するが、真理は何処《どこ》までも真理だ。「**而も愈《いよい》よ益《ますま》す精明的確《せいめいてきかく》、洞然《とうねん》復《ま》た疑う可き無し**」、それは王陽明というものは頗《すこぶ》る骨折《ほねお》ったものであります。

「**独《ひと》り朱子の説に於て、相い抵捂《ていご》する有り、恒《つね》に心に疚《やま》し**」。朱子の説がどうも自分の説と「抵捂」する所がある(手沢本書入「クイチガイ、差支ヘル也」)。朱子の言うことは間違って居るということを心配して居ったのであるが、「**切に疑う、朱子の賢にして、而も豈に其れ此に於て尚《な》お未《いま》だ察せざる有らん**」。朱子位の賢《かし》こい人物にして、まだ此処《ここ》へ気が附かぬのかと疑ったのである。「**後、復た朱子の書を取り、而して之を撿求《けんきゅう》**」す。有《あら》ゆる朱子一代の著書を取って委しく調べて見ると、大いに分って来た、同じ朱子の言ったことでも、壮年《そうねん》時代の著書と晩年《ばんねん》に至っての著書とは大変趣《おもむ》きが違って居る。日本などで朱子学として伝わって居るのは、多くは極く若い時分に書いたものであります。「**然して後《ご》、其の晩《ばん》歳《さい》、固《もと》より已《すで》に大いに旧説《きゅうせつ》の非《ひ》を悟り、痛悔極艾《つうかいきょくがい》、以て自ら誑《あざむ》き人を誑くの罪、勝《あ》げて贖《あがな》う可からざるを言うに至るを知る**」、これは朱子自らが言うて居る。前説は甚だ間違って居るということを知って、大いに後悔した。「極艾」という字は、『孟子』の万章《ばんしょう》〔上〕に、「太甲《たいこう》過《あやまち》を悔い、自ら怨《うら》み自ら艾《おさ》めて、桐《どう》に於て仁《じん》に処《お》り義《ぎ》に遷《うつ》る、三年」ということが出て居ります〔手沢本首書〕。それから出て居る。大いに自ら悔い自ら改めて、人を誑《あざむ》くの罪は中々贖うことが出来ないことを言うに至ったのである。**「世の伝うる所、『集註《しっちゅう》』『或問《わくもん》』の類、乃ち其の中年未定《ちゅうねんみてい》の説」**、若い時分に作った『集註』〔『四書集注』〕とか『惑問』〔『四書或問』〕とかいう書物は、「中年未定の説」で、**「自ら咎《とが》めて以為《おも》えらく、旧本《きゅうほん》の誤《あやま》り、改正を思うて未だ及ばず」**、改正したいと思う位だがまだその暇《いとま》がない。**「而して其の諸語類《ごるい》の属《たぐい》、又《ま》た其の門人、勝心《しょうしん》を挟《さしはさ》んで以て己《おの》れの見《けん》を附す。固《もと》より朱子悟後《ごご》の説に於て、大いに相い繆戻《びゅうれい》する者有り」**。その諸《もろ》ろの語類、またその門人の書いた色々の著書が出来て居る。それは多くの門人が他《た》を抑《おさ》えて自ら高うするという我慢心《がまんしん》を挟んで、一《いっ》己《こ》の謬見《びゅうけん》を附けたのであるから、固より朱子が悟って後唱《とな》えた説とは違う。大いに思い違って居る。

「而るに世の学者、見聞《けんぶん》に局し、此に持循講習《じじゅんこうしゅう》するに過ぎず」、所が今の学者が多くは見聞に限られ、同じ朱子の学問でも、その一斑《いっぱん》を知って居って全斑《ぜんぱん》を知らぬが為に、所謂「中年未定の説」をただただ妄信《もうしん》して居るというに過ぎぬ。**「其の悟後の論に於て、槩乎《かいこ》として其れ未だ聞く有らず」**、朱子が晩年に至っての誠《まこと》の完全に近い所の説は知らぬ。**「則ち亦た何《なん》ぞ予《よ》の言の信ぜざるを恠《あや》しまんや」**。知らぬのじゃから、無理はないが、私が聖人の道を釈老にあるなどと言っても信じまい、信じないのは当り前だ。「**而も朱子の心、以て自ら後世に暴する無からんや**」。朱子は功罪相い伴うて居るような理窟で、どうしても後世を一時誤った。「**予、既に自ら其の説の朱子に謬《あやま》らざるを幸《さいわい》とし、又た朱子の先《ま》ず我が心の同然《どうぜん》を得たるを喜ぶ、云々**」。予即ち王守仁は、その説の朱子に謬られずして、幸に朱子が悟後の説に出会《でお》うたことがあったのは大いに喜びとする。またその朱子の心が我が心に同然たり、朱子晩年の説を取って見ると、全然符節《ふせつ》を合せた如き趣《おもむ》きがあるということを、王守仁が語録の中に言うて居る〔以上、手沢本首書「伝習録附録云……」／王陽明「朱子晩年定論」〕。「云々」と、まだ言葉は長いが、これで切った。「**守仁、実に之を心理に求め、之を履践《りせん》に験す**」、そうして実行的にこれを試みた。「心理」に求めて居る者は、動《やや》もすれば「履践」に欠けて居る。「履践」に験《あらわ》して居る者は、動もすれば「心理」が暗いが、王陽明は両方に通じて居る、「**旧習《きゅうしゅう》を一洗《いっせん》し、別に一家《いっか》を成す。其の勲《いさお》亦た偉《おおい》なる哉《かな》**」。詰らぬ煩瑣な理窟を一洗して、超然として別に一家を立てた。その道に於ての勲《いさお》しまた偉《い》なりと言うべし。

「**愚《ぐ》、守仁《しゅじん》の言に於て、釈然《しゃくねん》始めて知る、朱熹《しゅき》の常人《じょうじん》に非ざるを**」。文章から言うとこれからが第四節で、ここに再び朱晦庵《しゅかいあん》〔朱子〕を論ずるのである。愚洪川《こうせん》も、王守仁の言に於て釈然とした。王陽明の言葉を聞かなければ、予も疑いを持って居ったが、陽明の言葉で始めて釈然として解《と》け、朱子の常人でないことを知った。「**嚮《さき》に所謂《いわゆる》る反噬《はんぜい》の説を為し、**

以て我見《がけん》を張る者、皆な必ず中年未悟《ちゅうねんみご》の弊なり」。「反噬」というのは、飼われた犬が畜《か》い主の手を噬《か》むようなことで、そういう「反噬の説」を為して「我見を張」ったというのは、これは皆な必ず「中年未悟の弊」である。「**渠若《かれも》し晩歳《ばんさい》之を悔《くゆ》るの語《ご》無ければ、則ち固執《こしゅう》偏見《へんけん》の庸儒《ようじゅ》なり**」。彼れがもし晩歳に至って後悔して人に告げなかったならば、朱子という者は、誠に「固執偏見の庸儒」、詰《つま》らない一個の腐儒《ふじゅ》に過ぎなかったのである。「**然るに世の学者、徒《いたず》らに朱熹未定《みてい》の説を死守《ししゅ》し、其の著書を崇《とうと》び、金科玉条《きんかぎょくじょう》に比す**」、世の学者は徒らに朱子の若い時代の説をどうしても放たずして守って居る。そうしてその著書を貴んで金科玉条に比して居る。金《きん》の如く玉《ぎょく》の如き貴きものであるとして居る。「**復た其の晩歳既《すで》に悔るの説を求むるを知らず、競《きそ》うて相い呶々《どど》**」す、「晩歳既に悔るの説」を求むることを知らないで、彼是《かれこ》れ理窟を言うて、「**以て聖学を乱る、察せざる可からず**」。此処で第四節は切れる。

「**本邦儒士《ほんぽうじゅし》の如き、其の正脈《せいみゃく》を唱《とな》うる者**」、第五節に至って、本邦の儒士を評して居る。尤《もっと》も本邦の儒士と言うても王朝時代だとか、平安朝時代とか、その古い所を指すのではない。今は宋学《そうがく》を以て儒学を代表して言うて居る。宋朝《そうちょう》時代から伝えた学問でありますから、年代が新しい。

本邦の近世の儒者として、その正脈を伝えた者に、「**洛西《らくせい》に惺窩《せいか》有り**」。これは偉《えら》い人であります。藤原粛《ふじわらしゅく》、字《あざな》は斂夫《れんぷ》、惺窩は号で、他に色々号があって、北肉山人《ほくにくさんじん》、柴立子《さいりゅうし》、広《こう》胖窩《はんか》という別号がある。播州の人で、この人は初年には髪を削って相国寺《しょうこくじ》の僧になった。晩年になって儒者に帰った。所がその時分というものは海内騒乱で、文教というものは地を払って亡くなった。然るに卓然《たくぜん》として道をその間に立った、そこが惺窩の偉い所で、当時の文学中興の祖師《そし》と言っても決して溢美《いつび》〔ほめすぎ〕ではない。そういう有り様であるから、林羅山《はやしらざん》とか石川丈山《いしかわじょうざん》とかその他有名な人が、皆なその門に入った〔以上、手沢本首書〕。徳川時代は大変儒教を用いた。寧《むし》ろある点から言うと、仏教よりも儒教の方を用いた。その儒教の中興を為した者は惺窩である。

その一番の門人は林羅山、道春《どうしゅん》とも称し、名を信勝《のぶかつ》と言う。京都の人で、建仁寺《けんにんじ》に居って小士をして居たが、子供の時から大変な読書家であって、一度目を通せば忽ち暗誦するという位穎敏《えいびん》だ。その頃は書物の払底《ふってい》な時分だから、書を百方に求めて借読した。私共《わたくしども》も子供の時分は、一々本を買《こ》うて貰《もら》ったことはなかった。往々借りて読んだ。建仁寺の坊様達が、この小僧《こぞう》は望《のぞ》みがある、これを得度《とくど》して坊様にしようとしたが、聴かずして僧と為らず、長ずるに及んで大儒になった。徳川氏に仕えて林家《りんけ》の学《がく》というものを興して、林大学頭《はやしだいがくのかみ》と言って、道春の家が学問の本家の如く伝わって来たのである。朱子の新註《しんちゅう》を授けたのは林道春が初めで、天下騒乱の時代にこういう人物が出来たから、世人が驚歎した。所が朝廷の儒者たる舟橋三位《ふなばしさんみ》秀賢《ひでかた》〔清原秀賢〕という人がこの事を知って信勝を罵って曰く、「朝廷の学は古学《こがく》を主として居る。古学には自らその人あり、ちゃんと家柄《いえがら》で伝えて居る。

然るに信勝匹夫《ひっぷ》にして新学《しんがく》を唱う。その僣《せん》も甚しい」。これを罪せんと請うた。朝議以て然りとして、遂にこれを幕府に尋ねた所が、家康公喜《よろこ》ばず、そうして曰く、「秀賢固陋《ころう》なり、匹夫にして道を唱う、実に嘉賞《かしょう》すべし」。林氏の学これに依りて大いに行わる、ということが伝記に書いてある〔手沢本首書〕。

それから「**湖東《ことう》に藤樹《とうじゅ》有り**」。藤樹は、俗称は中江与右衛門《なかえようえもん》、字《あざな》は惟命《いめい》。藤樹はその号で、また黙軒《もくけん》と号す。「近江聖人《おうみせいじん》」と言われた人である。これ等は立派な人だけれども、「**其の後、学風稍《や》や衰え、伊維楨《いいてい》、長胤《ちょういん》、物茂卿《ぶつもけい》の輩出するに及び**」、「伊維楨」というのは、伊藤仁斎《いとうじんさい》のことで、支那風に名前を書いた。「長胤《ちょういん》」というのは東涯先生《とうがい》〔伊藤東涯〕のことで、それから「物茂卿《ぶつもけい》」、これは物部徂徠《もののべそらい》〔荻生徂徠〕という人で、こういう人々が出るに及んで、「**心術《しんじゅつ》の学廃《すた》れ、而して記誦《きしょう》の弊《へい》起る**」。ソロソロ心を練るという方の学問が廃れて、世に言う物知《ものし》り本箱《ほんばこ》という記誦の弊が起った。「**爾来《じらい》、儒者《じゅしゃ》の体裁《ていさい》を見るに、軽薄《けいはく》浮華《ふか》に失せざれば、則ち又た任誕簡傲《じんたんかんごう》に失す**」。多くは平凡なる軽薄才子《けいはくさいし》という様な者が多かった。然らざればまた「任誕簡傲」に失す。自分自ら任ずる。人は任じない。「誕」というのは大言壮語《たいげんそうご》して居ることで、「簡傲」は、ただ自ら豪《えら》いとして居る様な有り様で、「**而して毫《ごう》も省身煉心《せいしんれんしん》の術《じゅつ》を需《もと》る無し**」。身《み》を省《かえり》み、心《こころ》を煉《ね》るの実学というものは、殆んど無かった。「**況《いわ》や大道《だいどう》を究明するに於てをや**」である。「**唯《た》だ博聞強記《はくぶんきょうき》、詩文《しぶん》に巧《たく》みなるを以て、儒者の専務《せんむ》と為す。大いに錯《あや》まれり、悲《かな》しい哉《かな》。百世聖脈《ひゃくせいせいみゃく》を絶《た》ち、千載真儒《せんざいしんじゅ》無し**」。

こういう工合にして、殆んど前提的に諸家を論評して幾節《いくせつ》も段々積《つ》み上《あ》げて来て、それから自分が発心《ほっしん》して儒者を捨て仏教に這入ったということを喚起してくる。

第十七講　緒　言（其五）

愚《ぐ》、昔日《せきじつ》、此《ここ》に慨《がい》有り。一旦発憤《はっぷん》して偏《あまね》く明眼《みょうげん》の師を尋《たず》ぬ。何《なん》の幸《さいわい》ぞや、一大老漢《だいろうかん》に輦《れん》下《か》に遇著《ぐうじゃく》し、師資《しし》の礼《れい》を取り、遂に味死《まいし》して自ら誓《ちか》う。我れ今より大道《だいどう》を辨究《べんきゅう》し、五年十年、若《も》し了悟《りょうご》せざれば、則《すなわ》ち朽木糞牆《きゅうぼくふんしょう》、世《よ》に於て益《えき》無し。須《すべか》らく跡《あと》を丘壑《きゅうがく》に晦《くら》まし、再び面皮《めんぴ》を人間《じんかん》に呈せず。是《かく》の如く決心し、身《み》を擲《なげう》ち以て道《みち》に当る。一衣《いちえ》一鉢《いっぱつ》、口に投ずる者は蔬菜糲食《そさいれいしょく》。身に触《ふ》るる者は熱喝嗔拳《ねっかつしんけん》。胸中時《とき》に或いは怏悩《おうのう》し、或いは悶絶《もんぜつ》す。愈《いよい》よ激して衰えず、苦屈《くくつ》の久しき、一夜《いちや》、定中《じょうちゅう》、忽然《こつねん》として前後際断《ぜんごさいだん》し、絶妙《ぜつみょう》の佳境《かきょう》に入《い》る、恰《あたか》も大死底《だいしてい》の如し。一切物我《もつが》有ることを覚えず、只《た》だ覚ゆ吾が腔内《こうない》の一気、十方世界《じっぽうせかい》に弥満《びまん》し、光曜無量《こうようむりょう》なり、須臾《しゅゆ》にして蘇息《そそく》する者の如し。視聴言動《しちょうげんどう》、豁然《かつねん》として平日《へいじつ》に異なる。是《ここ》に於て試《こころ》みに天下の至理妙義《しりみょうぎ》を求むるに、頭々《ずず》上に明らかに、物々《もつもつ》上に顕《あら》わる。歓喜《かんぎ》の余り、自ら手《て》の之《これ》を舞《ま》い足《あし》の之を蹈《ふ》むを忘る。即ち忙《せわ》しく連叫《れんきょう》して曰《いわ》く、「百万《ひゃくまん》の典経《てんきょう》、日下《にっか》の燈《ともしび》、也《ま》た太《はなは》だ奇《き》なり、也た太だ奇なり」。乃《すなわ》ち小偈《しょうげ》を打《た》して曰く、「疎闊《そかつ》なり孔夫子《こうふうし》、相い逢う阿堵《あと》の中、誰《たれ》に憑《よ》ってか多謝《たしゃ》し去らん、好媒主人公《こうばいしゅじんこう》」と。直《ただ》ちに走って老漢の室《しつ》を叩《たた》き所見を呈す。老漢莞爾《かんじ》として休《きゅう》す。余曰く、「某《それがし》曽《かつ》て禅に妙悟《みょうご》有りと聞く、今日始《はじ》めて古人《こじん》の我れを欺《あざむ》かざるを知る」。時に天保辛丑《てんぽうかのとうし》の歳、四月二十七日の夕《ゆうべ》なり。是《これ》よりして天下の老和尚《ろうおしょう》の舌頭《ぜっとう》に瞞《まん》ぜられず、平生《へいぜい》を慶快《けいかい》し了《おわ》る。是《ここ》に於て、更に望上心《もうじょうしん》を激発《げきはつ》し、天涯海角《てんがいかいかく》を奔走《ほんそう》し、諸名老《めいろう》に咨参《しさん》する十有余年《じゅうゆうよねん》、日用行事《にちゆうぎょうじ》の間に於て、存養省察《そんようせいさつ》、愈《いよい》よ了《りょう》ずれば愈よ求《もと》む。百切千磋《ひゃくせつせんさ》、之を琢《たく》し之を磨《ま》し、日《ひ》に新《あら》たに日々《ひび》に新たなり。前後十五六年間、空過《くうか》の光陰《こういん》無く、竟《つい》に蘊奥《うんのう》を備《び》の棲梧《せいご》老漢の処に罄《つく》し、吾が志《こころざし》を成就《じょうじゅ》す。

愚昔日有慨于此。一日発憤偏尋明眼師。何幸。遇著一大老漢於輦下。取師資之礼。遂昧死自誓。我自今辨究大道。五年十年。若不了悟。則朽木糞牆。於世無益。須晦跡於丘壑不再呈面皮於人間。如是決心。擲身以当道。一衣一鉢。投口者蔬菜糲食。触身者熱喝嗔拳。胸中時或快悩。或悶絶。愈激不衰。苦屈之久。一夜定中。忽然前後際断。入絶妙之佳境。恰如大死底。一切不覚有物我。只覚吾腔内一気・弥満于十方世界・光曜無量。須臾如蘇息者。視聴言動。豁然異于平日。於是試求天下之至理妙義。頭頭上明。物物上顕。歓喜之余。自忘手之舞之足之蹈之。即忙連叫曰。百万典経日下燈。也太奇也太奇。乃打小偈曰。疎闊孔夫子。相逢阿堵中。憑誰多謝去。好媒主人公。直走叩老漢室。呈所見。老漢莞爾而休。余曰。某曽聞禅有妙悟。今日始知古人之不欺我。時天保辛丑歳四月二十七日之夕也。従是不被天下老和尚舌頭瞞。

慶快平生了。於是。更激発望上心。奔走天涯海角。咨参諸名老十有余年。於日用行事間。存養省察。愈了愈求。百切千磋。琢之磨之。日新日新。前後十五六年間。無空過之光陰。竟罄蘊奥於備之棲梧老漢処。成就吾志矣。

［講話］　文段から言うと、これは第六段目になる、第六段目に於て入道《にゅうどう》の因由《いんゆ》を明らかにした、「**愚**《ぐ》**、昔日**《せきじつ》**、此**《ここ》**に慨**《がい》**有り、一旦発憤**《はっぷん》**して偏**《あまね》**く明眼**《みょうげん》**の師を尋**《たず》**ぬ**」。これは先師《せんし》の伝記に委《くわ》しく記してありますが〔第5講参照〕、愈《いよい》よ志を起してから、九月の九日に至って、自分の親戚故旧《しんせきこきゅう》に生別《せいべつ》を告げて、こういう詩を作られた。

孔聖釈尊非別人
彼謂見性此謂仁
脱塵休怪吾麁放
行箇浩然一片真

孔聖《こうせい》・釈尊《しゃくそん》は別人に非ず
彼《かれ》は見性《けんしょう》と謂い　此《これ》は仁《じん》と謂う
脱塵《だつじん》　怪《あや》しむ休《なか》れ　吾れの麁放《そほう》なるを
箇の浩然《こうぜん》一片の真《しん》を行うのみ

〔『蒼龍窟年譜』3右〕

その意味は仮令《たと》い孔聖《こうせい》にしろ我が釈尊《しゃくそん》にしろ固《もと》より別人ではない。釈迦は「見性悟道《けんしょうごどう》」を示し、孔子《こうし》はただ「仁《じん》」ということを教えられたばかりである。我れは今、脱塵出家《だつじんしゅっけ》して禅に入るが、別に怪しむべき事ではない。諸子《しょし》我れを以て麁大放謾《そだいほうまん》と咎《とが》め玉《たも》うなよ。

只々《ただ》箇の「浩然一片」の真意義を実行せんとするのである。

　元来《がんらい》先師は『孟子《もうし》』浩然の章に就いて多年《たねん》大いに疑いを抱いて居られたが、それが入道の動機となったのである。所がその時分に親戚故旧達が大いに驚いて、皆な厚く餞別《せんべつ》の品などを持って来て、先師に呈した所が、師はこれを退けて受けず、そうして言われるに、不幸、大道の為《ため》に己《おの》が命を擲《なげう》つ、何等《なんら》の好物為《た》りと雖《いえど》もこれを要するに足らず。衆皆な涙を灑《そそ》いで命に従うたということである。師また若き妻《つま》田中氏に、こういう離別状を与えた「我登汝登譬辺波織糸遠以天土偶人遠繋久加如志今糸断礼天我和山仁入留穢土厭離帖如件。九華真人花押一円相阿麻氏」〔我れと汝と譬へば織糸を以て土偶人《つちにんぎょう》を繋ぐが如し。今糸断れて我れは山に入る。穢《え》土厭離《どおんり》の帖　如件《じょうくだんのごとし》。九華真人《きゅうけしんにん》。花押一円相阿麻《おあさ》氏。以上、手沢本首書／『年譜』3右〕。これは俗に云う三行半《みくだりはん》だ。中々こういうことは、意味を味おうて話をすれば、これに繋がった話が段々ありますが、今は読んだだけにして置きます。

　こういう様な有り様で、自分の生家《せいか》を出られて、「一**大老漢《だいろうかん》に輦下《れんか》に遇著《ぐうじゃく》**」す。相国寺《しょうこくじ》の大拙演和尚《だいせつえん》〔大拙承演〕の所に行かれた。この大拙和尚という人は、雲水《うんすい》間に於ては「鬼《おに》大拙《だいせつ》」と称した。

　大体先師洪川《こうせん》和尚の父御《ちちご》という人は、自ら称して「無能居士《むのうこじ》」と号して居られた。その人《ひと》と為《な》りが仁慈《じんじ》にして、そうして深く象峰権現《ぞうほうごんげん》を信じ、その象峰権現に祈って男子を求めた所が、妻娠《はら》むことありて出生されたのが、文化十三年丙子《ひのえね》〔1816〕の七月十日の暁《あかつき》で、微《び》悩《のう》なく出産した。この日は則ち権現の祭日である。十日は金毘羅《こんぴら》さんの命日と俗に申して居るが、先師が初めて大拙和尚に遇うたのが、矢張《やは》り九月の十日であった。後になって出てくる所の棲梧《せいご》老師、即ち儀山《ぎさん》和尚〔儀山善来〕に見《まみ》えたのが恰《あたか》も三月の十日である。また天龍寺《てんりゅうじ》の塔頭《たっちゅう》の瑞応院《ずいおういん》という処の住職になられたのが、偶然にも四月の十日である。それから後ち周防《すおう》の岩国《いわくに》の永興寺《ようこうじ》に住職をすることに極《きま》ったのが、矢張り十月の十日である。後《のち》また備前《びぜん》の曹源寺《そうげんじ》の大会《たいえ》で諸名僧が協議して先師に開堂《かいどう》を勧められたのも、三月の十日である〔以上、手沢本首書〕。そういう様なことが始終《しじゅう》期せずして出遇《であ》って居る。私共《わたくしども》先師の侍者《じしゃ》をして居る時分に、実見しましたが、先師は毎月十日には、金毘羅大権現《こんぴらだいごんげん》の祭祀《さいし》を必ず怠《おこた》らず勤《つと》められた。昔の人は誠《まこと》に正直で、そういうことは理窟や議論などを挟まないでやったものであります。

そこで「一大老漢に輦下《れんか》に」遇《お》うた。「輦下」というのは、天子の御座《ござ》る首府《しゅふ》を指して言う。即ち京都の相国寺で、大拙和尚に遇うて、「**師資《しし》の礼を取り**」、先生と弟子の礼を取った。今は「師資の礼」というものは、世間に於ては実に少ない。ただ学校は一種の学問の取引所《とりひきじょ》の如く、動《やや》もすると、売手《うりて》と買手《かいて》とただ品物を授受する様な有り様になって来たから、「師資の礼」と言っても、今の書生などはどんなことの意味かと思う位である。それから十一月の二十三日に剃髪《ていはつ》して、守拙《しゅせつ》という名を貰った。

「**遂に昧死《まいし》して自ら誓《ちか》う**」、心に誓《ちか》いを立てられた。「**我れ今より大道を辨究《べんきゅう》し、五年十**

年、**若《も》し了悟《りょうご》せざれば、則《すなわ》ち朽木糞牆《きゅうぼくふんしょう》**」。私共の様な者でも、矢張《やは》り初めて出家した時のことを今思い出すと、矢張り同じだ。袈裟《けさ》文庫《ぶんこ》を引《ひ》っ掛《か》けて始めて修行に出た時には、余《よ》程《ほど》深い願心《がんしん》を持って、何でもこの大道を明らめようと思って出たものであります。もし五年十年やっても、了悟することがなかったら、何の用をも為さぬ、朽《く》ちたる木《き》、穢《けが》れたる牆《かき》、これは『論語』〔公冶長〕に出て居る言葉だ。「**世《よ》に於て益《えき》無し**」。何の用を為さぬならば、「**須《すべか》らく跡《あと》を丘壑《きゅうがく》に晦《くら》まし、再び面皮《めんぴ》を人間《じんかん》に呈せず**」、二度とこの世に出まいという決心だ。最初の決心が大切で、一寸《ちょっと》やって見ようかという、そういう一の好奇心から出たものではない。根柢《こんてい》がある。「**是《かく》の如く決心し、身《み》を擲《なげう》ち以て道《みち》に当る**」、身を犠牲にして大道に当るという様な有り様である。

「**一衣《いちえ》一鉢《いっぱつ》、口に投ずる者は蔬菜糲食《そさいれいしょく》**」、これは昔から既に言葉になって居るのでありますが、禅門では、「一衣一鉢」というのが雲水坊主《うんすいぼうず》の身代《しんだい》で、いつも行脚《あんぎゃ》僧の装いというのが、木綿衣《もめんごろも》を着て、太い丸グケを締め、網代笠《あじろがさ》を冠《かぶ》って、そうして袈裟文庫というものを肩に掛けて、脚絆甲掛《きゃはんこうが》け、草鞋穿《わらじば》きで、食事の時のお椀《わん》まで持って居る。凡《およ》そ一人前の入用《いりよう》な物は身体に附けて居る。そうして人の手を煩わさずして、自分の衣食住の事は自分で為すということが殆んど掟《おきて》になって居ります。そうして「口に投ずる者は、蔬菜糲食」。これはこの会員の中でも御存じでありましょうが、鎌倉辺《あた》りの僧堂でも、富家《ふうか》に畜《か》われて居る犬や豚より以下の物を食って居る。麦ばかりの粥や、青菜《あおな》を塩で漬《つ》けたのや、ゴト味噌汁と言った様なヒドイものである。コンナ物は甚《はなは》だ健康に良からぬ物と思う者もありますが、そんな悪食麁衣《あくじきそえ》をして居っても、立派に健康を保って、寧《むし》ろ世の中で甘《うま》い物を食って楽しく暮《くら》して居る者よりも達者だ。だから衛生《えいせい》論も、一概に学説のみに拘泥《こうでい》することは出来ない。「糲《れい》」という字は黒米《くろまい》という字で、白的《はくてき》は滅多《めった》に食うことは出来ぬ。

「身に触《ふ》るる者は熱喝嗔拳《ねっかつしんけん》」、大拙和尚が先師洪川和尚を仕立《した》て上《あ》げる時分には、殊更《ことさら》に「熱喝嗔拳」を用いたというものは、先師が最初に家《いえ》を為し妻を持ち、一方の儒者先生《じゅしゃせんせい》として世に立って居ったから、一卜角《ひとかど》の理窟もあり、学問もあり、我慢《がまん》もある。それ等の執《しゅう》着《じゃく》を絶《た》つ様にしなければならぬ。それには何でも「熱喝嗔拳」という非常手段を以て仕立《した》ててやろうという、鬼《おに》和尚の大慈悲《だいじひ》である。もしそれに堪《た》え得《え》られぬ様な人物ならば、事《こと》を為《な》すに足らぬ。しかし誰にでもそういう訳ではない、和尚が先師の人物を見込んだから、殊更に「熱喝嗔拳」を恵まれたのじゃ。名は守拙と附けて貰うたけれども、その名を呼んで貰ったことはない。いつでも道心《どうしん》道心と、道心呼ばわりで、そりゃ豆腐買いに行け、酢を買いに行けと酷使された。拭《ふ》き掃除《そうじ》から、風呂湧《ふろわ》かしから、注《そそ》ぎ洗濯《せんたく》から、雪隠《せっちん》掃除から、何《なに》も彼《か》も皆なさせた。こういうのが所謂る硬教育《こうきょういく》というのでありましょう。

そこで**「胸中時《とき》に或いは怏悩《おうのう》し、或いは悶絶《もんぜつ》す」**、暫《しばら》くも胸中に休まりがない。私は曽て先師の侍者をして居る時に、親しく実地のお話を聞いたことがある。それ位に志を起して這入《はい》ったけれども、これでは迚《とて》も堪え得られない。こういう厳しい師匠には仕《つか》え切れないと思うこともあったと云われた。「胸中時に或いは快悩し、或いは悶絶す」。これは委しく伝記に書いてありますが、コンナ中で勇往直前《ゆうおうじきぜん》、本分《ほんぶん》の工夫三昧《くふうざんまい》に入られた。「師、言わんと欲して言《い》う可《べ》き莫《な》く、呈せんと欲して呈す可き莫く、進むことも得ず、退くことも得ず、伎倆維《ぎりょうこ》れ谷《きわ》まり、知見《ちけん》皆な忘れ、怏々鬱々《おうおううつうつ》、飲食味《あじ》無く、形容憔悴《しょうすい》して面色《めんしょく》土の如し」と伝記に書いてある〔手沢本書入／『年譜』4左〕。「人《ひと》皆な謂いらく、拙公禅病革《ぜんびょうあらた》まる、必ず近日斃《たお》れんと」〔同前〕、こう傍《かたわ》らの人が評した位で、此処《ここ》まで行くには、容易なことでは至れぬ。大抵薄志《はくし》の輩《はい》は、それまでに皆な退いて仕舞う。

そんな塩梅《あんばい》であったが、「**愈《いよい》よ激して衰えず、苦屈《くくつ》の久しき、一夜《いちや》、定中《じょうちゅう》、忽然《こつねん》として前後際断《ぜんごさいだん》**」す。その苦しみに堪え、その窮屈《きゅうくつ》を忍び、そうして愈《いよい》よ益《ますま》す勇気を振って、工夫三昧に這入って居った。「一夜定中に忽然として前後際断す」。丁度鼠《ねずみ》が牛《うし》の角《つの》を喰って、その末端まで喰《く》い込《こ》んで動くことが出来ぬという、そういう状態に至って、時間も空間も、物も我れも、何も彼も一切皆な無くなって仕舞った。況《いわん》や誰でも、一旦骨折ってやれば、此処まで行くのであります。「**絶妙《ぜつみょう》の佳境《かきょう》に入る**」。これは伝記に委しく書いてありますが、「眼耳惺々《げんにせいせい》として、眼耳皆な無《む》なるが如く、須臾《しゅゆ》にして胸次豁然《きょうじかつねん》、真の眼耳を開く」〔同前〕。何を見ても、何を聞いても、少しも障《さわ》りがない。近頃、精神統一という文字が流行《はや》りますが、即ち身心統一の極《きわ》みに達した時はそうであります。「**恰《あたか》も大死底《だいしてい》の如し**」。我々が疾《やまい》に依って死ぬのは、これは小死《しょうし》で、我々の方では、この工夫三昧に入った境界を「大死《だいし》」と言う。満身火《まんしんひ》の玉《たま》の塊《かた》まりの如くなって仕舞ったのが「大死」で、冷めたく死んで仕舞うのとは違う。こうなってくれば、吾れ自身の五尺の身体も目に入らぬ様になって仕舞って、五官の働きも脳神経の作用も、その儘《まま》大死の状態となる。所謂る「身心脱落《しんじんだつらく》、脱落身心《だつらくしんじん》」の境界じゃ。

「**一切物我《もつが》有ることを覚えず**」。こういう所へ這入らなければ真個《しんこ》精神上の力は得られない。「**只《た》だ覚ゆ吾が腔内《こうない》の一気**」、「腔内」というのは、足の先から頭の上に至るまで、これを「腔」というと字書にある〔手沢本書入「集韻、骨体曰腔」。「―者自脚尖至頭上之謂」〕。通例は腹《はら》と読んで居るが、腹計《ばか》りでない。全身に満《み》ち満《み》ちたる一気じゃ。この気はどんな気かと、外から見ても見られぬ。前に言う「前後際断」の境涯に至らねばならぬ。そうしてその腔内の一気が「**十方世界《じっぽうせかい》に弥満《びまん》し、光曜無量《こうようむりょう》**」、我々が肉眼を以て天体を眺めて太陽の光を見るが如く、腔内の一気が十方世界に弥満して、何処《どこ》も彼《かし》も光の及ばぬ所はなくなって、眼も鼻も手も足も、前も後も何処も彼も赫々《かくかく》たる一の太陽の様な有り様になって、栄西《えいさい》祖師の所謂る「日月《じつげつ》の光は踰《こ》ゆ可《べ》からず、而《し》かも心は日月光明の表に出づ」と云われた通りである〔『興禅護国論』序〕。「**須臾《しゅゆ》にして蘇息《そそく》する者の如し**」。此処まで行くと、今までは知覚というものは全くないが、因地《かじ》一声《いっせい》、ふっと気が附いて見ると、忽《たちま》ち蘇《よみがえ》った様な有り様になる。「**視聴言動《しちょうげんどう》、豁然《かつねん》として平日《へいじつ》に異なる**」。これは伝記を見ると、「胸次豁《きょうじかつ》然《ねん》、真の眼耳《げんに》を開き、大好事《だいこうじ》を見、大好声《だいこうせい》を聞き、自知自得《じちじとく》、恰も甘露《かんろ》を飲むが如く、従前の疑団《ぎだん》、従前の学碍《がくげ》、一時に徹底雪解氷釈《せつげひょうしゃく》す」と、こういう工合に書いてある〔手沢本書入／『年譜』4左〕。

「**是《ここ》に於て試《こころ》みに天下の至理妙義《しりみょうぎ》を求むるに、頭々《ずず》上に明らかに、物々《もつもつ》上に顕《あら》わる**」。一旦この境界を経来《へきた》ると今まで分らなかった天下の道理、不可思議《ふかしぎ》の義理合《ぎりあい》も、誠に頭々上に明らかに、物々上に顕われて来る。今までは外へ向って求め探して分らぬことが、今度はそれが、それ自身に目の前に現われてくる。古人の所謂る、格物《かくぶつ》一変して物格《ぶっかく》となる境界である〔第45講参照〕。こっちから向うを求めるのでない、向うのものが自ら我が前に来り顕われるという有り様で、これは多少骨折《ほねお》った人は、大なり小なり矢張りこの味《あじわ》いは得て居るに違いない。それは人々の骨折《ほねお》りに依って程度は違う。

こういう有り様であるから、「**歓喜《かんぎ》の余り、自ら手《て》の之《これ》を舞《ま》い足《あし》の之を踏《ふ》むを忘**」れ、それからこういうことを覚えず叫んだ。「**即ち忙《せわ》しく連叫《れんきょう》して曰《いわ》く**」、何の考えもなく、その儘《まま》こういうことを叫び出した。「**百万《ひゃくまん》の典経《てんきょう》、日下《にっか》の燈《ともしび》、也《ま》た太《はなは》だ奇《き》なり、也た太だ奇なり**」。伝記には、モッと委しく書いてある。「我れ神悟《しんご》せり」〔手沢本書入「我神悟矣、〻〻〻〻ノ八字ヲ容ルベシ」〕。「百万の典経」、典経と言っても、丸《ま》る呑《の》みにしてはならぬ。我が仏教には、五千四十余巻の経文《きょうもん》あり、『伝燈《でんとう》』〔『景徳伝燈録』〕には千七百則の公案《こうあん》というものがある。その他「諸子百家《しょしひゃっか》」沢山の典籍があるが、その典経も日下の燈で、太陽の下に電燈を点《つ》けて置くようなもので、何の役にも立たぬ。また甚だ奇なりと覚えず叫び出した。

「**乃《すなわ》ち小偈《しょうげ》を打《た》して曰く**」、それから暫《しばら》くしてこういうことを口吟《くちずさ》まれた。「**疎闊《そかつ》なり孔《こう》夫子《ふうし》、相い逢う阿堵《あと》の中**」。「阿堵」という字は俗語に「這箇《しゃこ》」という意味と同じで、此処《ここ》とか其処《そこ》とかいうだけに過ぎない〔手沢本書入「這箇方語曰阿堵」〕。先師は元《も》と孔門から這入ったから、「孔夫子」が引合《ひきあい》に出る。孔子という人は殆んど三千年前に歿《な》くなったと思って居たが、現在この座敷に生き生きしてドン坐って居るということが分って来た。「疎闊なり孔夫子」、如何《いか》にもお久《ひさ》しいことで、孔夫子に親しくお目に掛ることが出来た。「**誰《たれ》に憑《よ》ってか多謝《たしゃ》し去らん、好媒主人公《こうばいしゅじんこう》**」。今までの恩徳《おんとく》を、誰の紹介で御礼を申し上げたものであろうか。今は早《は》や誰も紹介者は入《い》らない。悟らぬ先きは、紹介者がなければ孔子にも遇うことも出来ぬ分際《ぶんざい》であったのである。凡《す》べて古い宗教には、俗人が直《ただ》ちに神に接することは出来ぬ様に教えて居った。どうしても坊さんの手を借りなければならぬ。今でも耶蘇の旧教などにはそういうことがある。仏教には大体そういう隔《へだた》りはない。皆な直接で、自身が即ち媒介者だ。今直附《じかづ》けに孔子にお目に掛ることが出来たのは、実に有り難い、感謝に余りありという。

　こういう偈《げ》を得て、それから「**直《ただ》ちに走って老漢の室《しつ》を叩《たた》き所見を呈す**」。直ちに鬼大拙和尚の居間《いま》を敲《たた》いて、そうして自分の得た所見を呈した所が、「**老漢莞爾《かんじ》として休《きゅう》す**」。今までは何か言おうとすると、忽《たちま》ち鉄拳を振《ふ》る舞《ま》うという有り様で、迚《とて》も近づくことは出来なかったが、この時始めて、鬼大拙と言われた和尚が一つニッタリと笑われただけで、別段に賞《ほ》めもせなんだ。

「余曰く、某《それがし》曽《かつ》て禅に妙悟《みょうご》有りと聞く、今日始《はじ》めて古人《こじん》の我れを欺《あざむ》かざるを知る」。悟りという者の味は、今日始めて知りました。古人も「下士《かし》は道を聞いて大いに笑い、中士《ちゅうし》は之を聞いて半《なか》ば疑い半ば信ずる、上士《じょうし》は之を聞いて大いに楽しむ」と云うた（『老子』41）。今、先師は、「今日始めて古人の我れを欺かざるを知る」、実に御礼の申し様が御座らぬと述べられた。

「時に天保辛丑《てんぽうかのとうし》の歳、四月二十七日の夕《ゆうべ》」（天保12・1841）であったのである。この時、大拙和尚が先師に向って言われるに、「儞《なんじ》、一旦の慶快《けいかい》を以て是《ぜ》と為す莫《な》く、今より四句《しく》の誓願輪《せいがんりん》に鞭《むちう》って、無量《むりょう》の妙慧《みょうえ》を煥発《かんぽつ》し、無数《むすう》の因縁《いんねん》を透過《とうか》して、末後《まつご》別に生涯《しょうがい》あることを識得《しきとく》すべし。慧《え》無きの定坐《じょうざ》は邪定也《じゃじょうなり》、慎《つつし》んで無念無心《むねんむしん》に了《おわ》る勿《なか》れ。その余諄々《じゅんじゅん》として涙《なみだ》を含んで警嘱《けいしょく》す、昏時《こんじ》より初更《しょこう》に至る」と、伝記に書いてある（手沢本首書／『年譜』5右）。

そういう様な有り様で**「是《これ》よりして天下の老和尚《ろうおしょう》の舌頭《ぜっとう》に瞞《まん》ぜられず」**、一旦この境界を得て始めて、天下の老和尚が如何《いか》なることを言おうと、その口先に附《つ》き廻《まわ》されない、どんな学者がどんなことを言うても、その言葉尻《ことばじり》に取《と》り附《つ》くというようなことは断じて無いという力を得た。これも先師が生涯大切にして持って居られたが、その時分、鬼大拙が、「臨危不変真丈夫《りんきふへんしんじょうふ》」と半切《はんせつ》に認《したた》めて先師に与えられた（手沢本首書／『年譜』5左）。**「平生《へいぜい》を慶快《けいかい》し了《おわ》る」**。これから毎日快《こころよ》くその日を送ることが出来た。

その翌年の秋八月に、淀川《よどがわ》を下って故郷の大坂に父母を省《たず》ねられた。途中に、こういう詩があります。

去年大息扣舩人
豈計今為不老身
十里秋光親送我
蘆光風穏浪花浜

去年《きょねん》大いに息《そく》す　舩《ふなばた》を扣《たた》くの人
豈《あ》に計《はか》らんや　今　不老《ふろう》の身《み》と為らんとは
十里の秋光《しゅうこう》　親しく我れを送る
蘆光《ろこう》風穏やかなり　浪花《ろうか》の浜《ひん》

〔『蒼龍広録』4—1左〕

去年は舩《ふなばた》を叩いて泣《な》きの涙《なみだ》で京都へ上った人が、豈《あ》に図《はか》らんや、今は不老不死《ふろうふし》の、この世ながらに仏の身となった。この様な喜ばしいことはない。淀川の秋の景色も皆な我が身の成功をめぐるかの如く思われて、コンナ床《ゆか》しいことはない。

「**是《ここ》に於て、更に望上心《もうじょうしん》を激発《げきはつ》し、天涯海角《てんがいかいかく》を奔走《ほんそう》し、諸名老《めいろう》に咨参《しさん》する十有余年《じゅうゆうよねん》**」、それから有《あら》ゆる善知識《ぜんちしき》に参得《さんとく》せられて、前後二十年も雲水の有り様でやられた。「**日用行事《にちゆうぎょうじ》の間に於て、存養省察《そんようせいさつ》**」、「存養省察」ということを約《つづ》めて言えば精神的修養であります。ただ居室《きょしつ》に引《ひ》き籠《こも》って坐禅する時ばかりでない。日用行事の間に於て実地に修養をして、「**愈《いよい》よ了《りょう》ずれば愈よ求む**」。ただ一旦の悟《さと》りを得て小成《しょうせい》に安《やす》んじては居らぬ。「**百切千磋《ひゃくせつせんさ》、之を琢《たく》し之を磨《ま》し、日《ひ》に新《あら》たに日々《ひび》に新たなり**」。皆な言葉は拠り所がある、日用苟《いや》しくも無意味に日を送ったことはない。「**前後十五六年間、空過《くうか》の光陰《こういん》無く、竟《つい》に蘊奥《うんのう》を備《び》の棲《せい》梧《ご》老漢の処に罄《つく》し、吾が志《こころざし》を成就《じょうじゅ》す**」。棲梧《せいご》老漢というのは、号は儀山《ぎさん》、字《あざな》は善来《ぜんらい》、又た棲梧軒凡鳥《せいごけんぼんちょう》ともいう。私も丁度十七の時に、この棲梧老漢の御側《おそば》に一年ばかりお給仕《きゅうじ》して居たことがある。これは私の本師越渓《えっけい》和尚〔越渓守謙〕の命を受けて、そうして御随従《ごずいじゅう》をして居たのでありますが、今から思うと実に有り難い。先師はこの棲梧老漢の処で宗旨の蘊奥を極められた。大拙和尚が本師であって、伝法《でんぽう》の師家《しけ》が即ちこの棲梧老漢である。法系《ほうけい》から言いますと、棲梧老漢、儀山和尚は、太元《たいげん》和尚〔太元孜元〕の法を嗣《つ》がれ、太元和尚は隠山《いんざん》和尚〔隠山惟琰〕の法を嗣がれ、隠山和尚は峨山《がさん》和尚〔峨山慈棹〕の法を嗣がれた。峨山和尚というのは有名な白隠《はくいん》和尚の一番終《しま》いの弟子で、また一番勝《すぐ》れた人であった〔手沢本首書〕。

白隠和尚―峨山和尚―隠山和尚―太元和尚―儀山和尚（棲梧老漢）―洪川和尚

而して棲梧老漢は孝明《こうめい》天皇様から仏国興盛禅師《ぶっこくこうしょうぜんじ》という徽号《きごう》を頂戴して居られた。明治十一年〔1878〕の三月二十八日に歿せられまして、そのお葬式が済んでから私は吾妻下《あずまくだ》りをして、始めて鎌倉の土を践《ふ》んだのであります。先師はその棲梧老漢の所の志を成就された。

以上は先師の略歴談でありますが、こういう所はあなた方が聞いて御座《ござ》って真味《しんみ》の程《ほど》はどうでしょうか。私共は実際にその人に見《まみ》えて、法乳《ほうにゅう》の御恩《ごおん》を蒙《こうむ》って居る故《ゆえ》に、誠に有り難く感ずるのであります。

第十八講　緒　言（其六）

是《ここ》に於て墳典《ふんてん》を把《と》りて之《これ》を験するに、孔子《こうし》は陰《いん》に見性一乗《けんしょういちじょう》の深味《しんみ》を含み、陽《よう》に天下万古《てんかばんこ》の規言《きげん》を吐く。其《そ》の時《とき》に随い縁《えん》に任せて、横説竪説《おうせつじゅせつ》、吾が釈老《しゃくろう》と符節《ふせつ》を合《がっ》するが如し。寔《まこと》に知る儒仏同原《じゅぶつどうげん》・事理《じり》一致《いっち》なることを。於乎《ああ》、道《みち》は則《すなわ》ち高《たか》し峻《けわ》し、志鋒剛毅《しほうごうき》・心底確正《しんていかくしょう》の者に非《あら》ざる自《よ》りは、其れ孰《いず》れか能《よ》く究了《きゅうりょう》せん。孔子曰《いわ》く、「君子《くんし》は道を憂《うれ》いて貧《ひん》を憂えず」。又《ま》た曰く、「道を謀《はか》って食を謀らず」と。孟軻《もうか》曰く、「身《み》を以て道に殉《じゅん》ず」と。看《み》よや、聖《せい》賢《けん》の道に於《おけ》るや、是《かく》の如く其れ純《じゅん》、是の如く其れ急《きゅう》。而《しか》るに今の儒士《じゅし》、心を詞藻《しそう》に酔《よ》わしめ、口を佔俾《てんぴつ》に糊《こ》し、而も道を憂うるの大志《たいし》無き者、是れ佗《た》の洪恩《こうおん》を忘却するに論亡《な》く、反《かえ》って殃《わざわい》を蕭牆《しょうしょう》の内に醸《かも》す者なり。孔子其《そ》れ之を悪《にく》まざらんや。必ず言わん、「吾《わ》が徒《と》に非ざるなり。小子《しょうし》、鼓《こ》を鳴らして之を攻《せ》めて可なり」。愚《ぐ》や、道《みち》同じからず、相い為に謀る可《べ》からずと雖《いえど》も、然《しか》れども初志《しょし》の発憤《はっぷん》、儒門《じゅもん》に一簣《いっき》す。是《ここ》を以て孔門《こうもん》の心法《しんぽう》、世に行われざるを坐視《ざし》するに忍《しの》び難《がた》し。将《まさ》に力《ちから》を尽《つ》して以て其の道を扶持《ふじ》せんとし、真風《しんぷう》を已《すで》に墜《おっ》るに翻《ひるがえ》し、大浪《たいろう》を既《すで》に倒《たお》るるに回《かえ》す。是れ名《めい》を釣《つ》り声《せい》を射《い》るならず、唯《た》だ儒門の一大欠《けっ》典《てん》を補い、以て幼来洪沢《ようらいこうたく》の一滴《いってき》を報ぜんと欲する耳《のみ》。孔子、杞宋《きそう》を以て三代《さんだい》の礼《れい》を徴《ちょう》せざる者は、文献《ぶんけん》足らざるが故《ゆえ》なり。杞宋実《じつ》に夏殷《かいん》を継《つ》ぐと雖も、当時の文献足《た》らざれば、則ち礼猶《な》お徴せず、況《いわん》や道に於てをや。如今《にょこん》、儒門、文学《ぶんがく》乏しからずと雖も、献徳《けんとく》実に絶《た》ゆ。我が禅門《ぜんもん》、道を明らめ性《しょう》を見るの真伝《しんでん》、迦葉《かしょう》以来、聖人君子《せいじんくんし》、的々《てきてき》相い承《う》け、以て今に至る。師証《ししょう》に因《よ》らずんば則ち虚構為《きょこうた》り。故《ゆえ》に愚、今、大道《だいどう》の徴を此《ここ》に取り、以て彼れに及ぼさんと欲するなり。

　蓋《けだ》し孔子、学者《がくしゃ》を煅煉《たんれん》するに、正《まさ》に三等級位《さんとうきゅうい》の在《あ》る有り。後学《こうがく》、本《もと》を忘れ末《すえ》に走る、故に之を用《もち》ゆる所以《ゆえん》を知らず、等閑《とうかん》に看過《かんか》す。今《いま》之を設けん。初等《しょとう》は入徳位《にゅうとくい》と名づけ、中等《ちゅうとう》は上堂位《じょうどうい》と名づけ、上等《じょうとう》は入室位《にゅうしつい》と名づく。且《しば》らく愚意《ぐい》を加えて実学位《じつがくい》を置いて四等《しとう》と為《な》し、之を「未《いま》だ学ばずと曰《い》うと雖も吾れは必ず之を学びたりと謂《い》わん」の語に取り、此《こ》の位を初一歩《しょいっぽ》と為す。蓋し初学、堅《かた》く辨道《べんどう》の志《こころざし》を立て、日用行事《にちゆうぎょうじ》の間に黽勉《びんべん》す、暫時《ざんじ》も打《た》失《しっ》せざらんと欲す。之を実学位《じつがくい》の人と謂う。刻苦《こっく》、力《ちから》を用《もち》ゆること久しうして、工夫漸々《くふうぜんぜん》に純熟《じゅんじゅく》し、忽然《こつねん》、本有《ほんぬ》の自性《じしょう》を見得《けんとく》す、之を入徳位《にゅうとくい》の人と謂う。法財無量《ほうざいむりょう》、転《うた》た見得すれば転た求覓《きゅうべき》し、而して洞《あきら》かに大道《だいどう》の体用《たいゆう》を究め、詳《つまび》らかに衆物《しゅうもつ》の妙理《みょうり》を識る。之を上堂位《じょうどうい》の人と謂う。尚《な》お鑽研罷《さんけんや》まず、向上重々《こうじょうじゅうじゅう》の智関《ちかん》を透過《とうか》し、明暗双々《めいあんそうそう》の機用《きゆう》を運出《うんしゅつ》す、之を入室位《にゅうしつい》の人と謂う。然《しか》る後《のち》に復《ま》た実学位《じつがくい》に依《よ》って聖胎《しょうたい》を長養《ちょうよう》し、潜行密用《せんこうみつゆう》、怠惰《たいだ》の心を生ぜず、死《し》して後已《のちや》む。是れ荀卿《じゅんけい》の所謂《いわゆる》「百姓《ひゃくせい》善を積んで全《まった》く尽《つく》す、之を聖人《せいじん》と謂う者なり」。

於是。把墳典験之。孔子陰含見性一乗深味。陽吐天下万古規言。其随時任縁。横説竪説。如与吾釈老合符節。寔知儒仏同原。事理一致矣。於乎道則高矣峻矣。自非志鋒剛毅・心底確正者。其孰能究了焉。孔子曰。君子憂道不憂貧。又曰。謀道不謀食。孟軻曰。以身殉道。看哉聖賢之於道也。如是其純。如是其急。而今之儒士。酔心詞藻。糊口估僤。而無憂道之大志者。是亡論忘却佗洪恩。反醸殃於蕭牆之内者也。孔子其不悪之哉。必言。非吾徒也。小子鳴鼓而攻之可也。愚也雖道不同不可相為謀。然初志之発憤。一簣于儒門。是以難忍坐視孔門之心法不行於世。将尽力以扶持其道。翻真風乎已墜回大浪乎既倒。不是釣名射声。唯欲補儒門一大欠典。以報幼来洪沢之一滴耳。孔子不以杞宋徴三代礼者。文献不足故也。雖杞宋実継夏殷。当時文献不足。則礼猶不徴。況於道乎。如今雖儒門文学不乏。献徳実絶矣。我禅門。明道見性之真伝。迦葉以来。聖人君子。的的相承。以至于今。不因師証。則為虚構。故愚今欲取大道之徴于此以及于彼也。蓋孔子煅煉学者。正有三等級位在。後学忘本走末。故不知所以用之。等閑看過焉。今設之。初等名入徳位。中等名上堂位。上等名入室位。且加愚意。置実学位為四等。取之雖曰未学吾必謂之学之語。此位為初一歩。蓋初学堅立辨道志。黽勉於日用行事間。欲暫時不打失。謂之実学位人。刻苦用力之久。而工夫漸漸純熟。忽然見得本有自性。謂之入徳位人。法財無量。転見得転求覓。而洞究大道体用。詳識衆物妙理。謂之上堂位人。尚鑽研不罷。透過向上重重智関。運出明暗双双機用。謂之入室位人。然後復依実学位。長養聖胎。

潜行密用。不生怠惰心。死而後已。是荀卿所謂。百姓積善而全尽・謂之聖人者也。

［講話］　これより第七段目で、ここに至って漸《ようや》く本意を現わされた。「**是《ここ》に於て墳典《ふんてん》を把《と》りて之《これ》を験するに**」、この「三墳五典《さんぶんごてん》」のことは、前にも一言したことがありますから、今日は諄《く》ど諄ど言わぬでも宜《よ》い。凡《およ》そ儒者《じゅしゃ》の経典《けいてん》は、「三墳五典」とすれば、それで包まって居る。その「三墳五典を把りて之を験」し、我が禅門《ぜんもん》に於て力《ちから》を得て後に、更に「三墳五典」を把《と》ってこれを験すると、大いに前日見《み》た所とは様子が違う。それは「**孔子《こうし》は陰《いん》に見性一乗《けんしょういちじょう》の深味《しんみ》を含み、陽《よう》に天下《てんか》万古《ばんこ》の規言《きげん》を吐く**」。孔子の言われた中には、「直指人《じきしにん》心《しん》、見性成仏《けんしょうじょうぶつ》」「転迷開悟《てんめいかいご》」とかいう言葉はないが、陰々の中に、「見性一乗」の味《あじわ》いを含んで居る。この一乗《いちじょう》・二乗《にじょう》・三乗《さんじょう》などということは、これは仏法《ぶっぽう》の学問上の言葉で、「一乗」というは大乗《だいじょう》というも同じである。しかし、ただ大乗と云うても、その中には「実大《じつだい》乗《じょう》」と「権大乗《ごんだいじょう》」とありますが、ここで「一乗」というのは「実大乗」を指して居る。陰には「見性一乗の深味」を含んで居るが、表向《おもてむき》は「天下万古の規言を吐く」。「君臣《くんしん》、父子《ふし》、夫婦《ふうふ》、兄弟《けいてい》、朋友《ほうゆう》」とか、或いは「仁義礼智信《じんぎれいちしん》」とか、こういう「万古の規言」を吐いた。所謂る俗諦《ぞくたい》であるが、その孔子の内容を見ると我が「見性の深味」と同じである。

「**其《そ》の時《とき》に随い縁《えん》に任せて、横説竪説《おうせつじゅせつ》**」で、孔子は一代不遇《ふぐう》であったけれども、時に随い縁に任せて、横《よこ》に説き竪《たて》に説いた有り様というものは、「**吾が釈老《しゃくろう》と符節《ふせつ》を合《がっ》するが如**

し」。吾が釈迦牟尼仏《しゃかむにぶつ》が一生説法せられたのと割符《わりふ》を合《あわ》せた様に同じ様である。「**寔《まこと》に知る儒仏同原《じゅぶつどうげん》・事理一致《じりいっち》なることを**」。「儒」も「仏」も元《もと》は同原、「事《じ》」と「理《り》」は一致である。儒者は現在に於ける一世《いっせい》の風教《ふうきょう》を重《お》もに説いたが、仏法は過去《かこ》・現在《げんざい》・未来《みらい》に渉《わた》って幽玄高尚《ゆうげんこうしょう》な道理を説いた。詰《つま》り「事」と「理」とは一致である。「**於乎《ああ》、道《みち》は則《すなわ》ち高《たか》し峻《けわ》し**」。ここに至って儒も仏も無い。ただ一乗の大道というものは、実に顔回《がんかい》が言われた通り、「之を仰げば弥《いよい》よ高く、之を鑽《き》れば弥よ堅し」という有り様(『論語』子罕)。「**志鋒剛《しほうごう》毅《き》・心底確正《しんていかくしょう》の者に非《あら》ざる自《よ》りは**」、こういう塩梅《あんばい》であるから、一知半解《いっちはんかい》を以てしては到《とう》底《てい》これを究める事は出来ない。苟《いやし》くもこの大道《だいどう》を明らめ様という輩《やから》ならば、志《こころざし》が剛毅でなければならぬ。そうして心底の最も確かなる者に非ざれば、「**其れ孰《いず》れか能《よ》く究了《きゅうりょう》せん**」。大道を究めることは出来ない。

「**孔子曰《いわ》く、君子《くんし》は道を憂《うれ》いて貧《ひん》を憂えず**」。これも『論語《ろんご》』に出て居る。『論語』の衛《えい》霊公《れいこう》篇に、「耕《たがや》すや、餒《だ》其の中に在り。学《まな》ぶや、禄《ろく》其の中に在り。君子は道を憂いて貧を憂えず」、とこうある。この道を求むるの君子という者は、ただ道のみを憂いて貧を憂えず。その例は顔回の例を挙げて見ても、その他の例に依って見てもそうで、貧を少しも憂えない。しかし、これは故《こと》さらに貧を良しとするのではない。仮令《たと》い身は貧に処《しょ》して居っても更に頓着《とんじゃく》しない。「**又《ま》た曰く、道を謀《はか》って食を謀らず**」(『論語』衛霊公)。道の為《ため》に大いに心を労するけれども、食の為には心を労しない。これは我が仏法の祖師《そし》方の伝記などを見ると、その中に皆な現われて居る。古人《こじん》の語に「道心《どうしん》の中に衣食《えじき》有り、衣食の中に道心無《な》し」などと云うてある〔最澄「伝述一心戒文」〕。

「**孟軻《もうか》曰く、身《み》を以て道に殉《じゅん》ず**」〔『孟子』尽心・上〕、道の為にはこの身体を投げ出すので、釈迦如来《しゃかにょらい》が修行をして道を求むる間には、鬼の為にこの身体を供養《くよう》された、或いは在る仙《せん》人《にん》の為に身体を供養した、ということが、数限《かずかぎ》りもなく伝記に書いてある。その他《た》祖師方は何《いず》れも身を以て道に殉じた。二祖慧可《にそえか》大師の如きは自分の腕を切断してまでも道を求むる熱誠《ねっせい》を表《あら》わされた。

「**看《み》よや、聖賢《せいけん》の道に於《お》けるや、是《かく》の如く其れ純《じゅん》、是の如く其れ急《きゅう》。而《しか》るに今の儒士《じゅし》**」、こういう有り様であったに拘《かか》わらず、現今《げんこん》の儒者と言われて居る人々はどうかと言えば、「**心を詞藻《しそう》に酔《よ》わしめ**」、その儒の道というものは早く無くなった。「詞藻」といって、色々の詩《し》を賦《ふ》したり、文を作ったり、そういうことばかりやって居る。「**口を佔畢《てんひつ》に糊《こ》**」す。これは『礼《れい》』〔『礼記』〕の学記《がくき》に出て居る言葉で、「今の教《おし》ゆる者、其の佔畢を呻《しん》す」とある。その註釈を見ると、「佔《てん》」は視る、「畢《ひつ》」は簡也《かんなり》。ただ視る所の簡牘《かんとく》を吟諷《ぎんぷう》して、その蘊奥《うんのう》に通ずること能《あた》わざる也、そういう註釈がある〔手沢本首書／陳澔『礼記集説』〕。ただ色々の事を記憶して詩を作ったり文章を拵《こしら》えたりするだけを以て儒者だと言って居る。「**而も道を憂うるの大志《たいし》無き者**」、そうして真の道の為に心配するという者は一人も居らぬ。「**是《こ》れ佗《た》の洪恩《こうおん》を忘却するに論亡《な》く**」、「佗」〔かれ〕というは孔子を指して居る。孔子の洪大なる恩を忘るる計《ばか》りでない。「反《かえ》って殃《わざわい》を蕭牆《しょうしょう》の内に醸《かも》す者なり」。これも『論語』に出て居る言葉で、『論語』の季《き》氏《し》の章に、「吾れ恐《おそ》らくは季《き》孫《そん》の憂《うれい》、顓臾《せんゆ》に在らずして、蕭牆《しょうしょう》の内に在らん」とある。季氏が顓臾を征伐しようとした時分に、孔子の弟子の冉有《ぜんゆう》と季路《きろ》の二人が孔子に見《まみ》えて言うに、「季氏、将《まさ》に顓臾に事《こと》あらんとす」。近頃、〔季氏が〕顓臾を征伐しようとする。まだこの間に言葉がありますが略して、その末の所に、「今由《ゆう》と求《きゅう》とは夫《ふう》子《し》〔季氏〕を相《たす》けて、遠人《えんじん》服せずして、来《きた》す能《あた》わざるなり、邦分崩離析《くにぶんほうりせき》して守ること能わざるなり、而して干戈《かんか》を邦内《ほうない》に動かさんことを謀《はか》る、吾れ恐らくは季孫の憂、顓臾に在らずして蕭牆の内に在らん」〔遠方のものを徳で導きよせることもできず、邦の分裂崩壊をくいとめることもできず、逆に戦争の計画を進めている。季氏の危機は、顓臾でなく自らの内部にこそあるであろう〕。殃《わざわい》は遠方ではない、自国に殃が起るであろうという意味。殃を蕭牆の内に醸す者である。「**孔子其《そ》れ之を悪《にく》まざらんや**」。如何《いか》に孔子でも、そういう儕輩《さいはい》は大いに悪まるるであろう。「**必ず言わん、吾《わ》が徒《と》に非ざるなり。小子《しょうし》、鼓《こ》を鳴らして之《せ》を攻めて可なり**」。これも矢張《やは》り言葉は『論語』から来て居る。先進《せんしん》の篇に「季氏、周公《しゅうこう》より富めり、而て求や、之が為に聚歛《しゅうれん》して之を附益《ふえき》す〔冉求は民に重税を課してその季氏のために富を益してやっている〕。子曰《のたまわ》く、吾が徒に非ざるなり。小子、鼓を鳴して之を攻めて可なり」という言葉から来た。「小子、鼓を鳴らして之を攻めて可なり」〔諸君、太鼓を打ち鳴らして、これを攻撃するがよい〕と言われるであろう。

「**愚《ぐ》や、道同《みち》じからず、相い為に謀る可《べ》からずと雖《いえど》も**」、即ち先師洪川《こうせん》和尚が、私は儒《じゅ》を捨てて禅《ぜん》に這入《はい》った者である、仏者が儒道のことを議するのは訝《いぶか》しく聞こえるであろう、「相い為に謀る可からず」であるが、「**然《しか》れども初志《しょし》の発憤《はっぷん》、儒門《じゅもん》に一簣《いっき》す**」。「一簣」という字も矢張り『論語』〔子罕〕から出て居る。或る時、孔子が、「譬《たと》えば山を為《つく》るが如し、未《いま》だ一簣を成さずして止《や》むは吾が止むなり。譬えば平地《へいち》の如し。一簣を覆《おお》うと雖も、進《すす》むは吾が往《ゆ》くなり」、こういう言葉がある。ただ一畚《もっこ》だけでも置いたならば、矢張りそれだけは進んで居る。一畚だけでも休んだならば、それだけ退いて居る。その通り私の初志の奮発は、儒門に「一簣」して、それから這入って居る。「**是《ここ》を以て孔門《こうもん》の心法《しんぽう》、世に行われざるを坐視《ざし》するに忍《しの》び難《がた》し**」。如何《いか》にも袖手傍観《しゅうしゅぼうかん》して居るに忍びない。それ故に「**将《まさ》に力《ちから》を尽《つく》して以て其の道を扶持《ふじ》せんと**」す。私は見るに忍びんから、一臂《いっぴ》の力を添えたい。「**真風《しんぷう》を已《すで》に墜《おつ》るに翻《ひるがえ》し、大浪《たいろう》を既《すで》に倒《たお》るるに回《かえ》す**」という志である。「**是れ名《めい》を釣《つ》り声《せい》を射《い》るならず**」。或る者は議するであろう、洪川が儒を捨てて禅に這入ったが、俗臭《ぞくしゅう》未だ尽きずして、自分の名声《めいせい》を馳《は》せ様とする。そういう野心《やしん》から来たのだろうという輩《やから》もあるか知らぬけれども、それは思いも依らぬ冤罪《えんざい》である。「**唯《た》だ儒門の一大欠典《けってん》を補い、以て幼《よう》来洪沢《らいこうたく》の一滴《いってき》を報ぜんと欲する耳《のみ》**」。詰《つま》り現今に於て儒門に一番必要の事が欠けて居るのは補うて、以て子供の内から御恩になった、その御恩の一滴だけでも報じようというに過ぎない。

「**孔子、杞宋《きそう》を以て三代《さんだい》の礼《れい》を徴《ちょう》せざる者は、文献《ぶんけん》足らざるが故《ゆえ》なり**」。これも『論語』の八佾《はちいつ》の篇にある。孔子が或る時言われるに、「夏《か》の礼、吾れ能《よ》く之を言えども、杞《き》、徴するに足らざるなり。殷《いん》の礼、吾れ能く之を言えども、宋《そう》、徴するに足らざるなり。文献足らざるが故なり。足らば則ち吾れ能く之を徴せん」。「杞」というのは夏の後、「宋」というのは殷の後を引いて居る。けれども孔子が杞の国、宋の国を以て、夏・殷・周三代の礼楽《れいがく》を徴せられなんだというはどうかと言えば、文献足らざるが故である。「文」は典籍、「献」は賢ということで〔手沢本書入「朱注、文、典籍也。献、賢也」/朱子『集注』〕、「**杞宋実《じつ》に夏殷《かいん》を継《つ》ぐと雖も、当時の文献足《た》らざれば、則ち礼猶《な》お徴せず**」、「杞」や「宋」が「夏」の国「殷」の国を継いで居る。けれども当時の文献足らざるが為に、今日の礼儀作法にそれを徴されなかった。「**況《いわん》や道に於てをや**」。

それ故に「**如今《にょこん》、儒門、文学《ぶんがく》乏しからずと雖も、献徳《けんとく》実に絶《た》ゆ**」。今、儒門の方を眺めると、「文学」の方は中々行われて居る。然《しか》し乍《なが》ら真の賢人《けんじん》、真の徳者《とくしゃ》という者を求めんとすれば、殆んど寥々《りょうりょう》として暁天《ぎょうてん》の星《ほし》の如し。「**我が禅門《ぜんもん》、道を明らめ性《しょう》を見るの真伝《しんでん》**」、然るに我が禅門の方はどうかと言えば、道を明らめ性を見るの真伝は、「**迦葉《かしょう》以来、聖人《せいじん》君子《くんし》、的々《てきてき》相い承《う》け、以て今に至る**」。釈迦牟尼仏《しゃかむにぶつ》以来、聖人君子相い承《う》け来《きた》って、現今の私等《わたくしら》に至るまで伝わって来た。これについて、ここに一つ面白い話がある。

それは後深草《ごふかくさ》天皇の時分、その当時の儒者の家というは、従三位菅原為長《すがわらためなが》という人である。菅原家は儒者の家としてある。丁度その時分に我が仏教の方には、聖一国師《しょういつこくし》〔円爾辨円〕という名僧があった。京都東福寺《とうふくじ》の開山《かいさん》で、藤原《ふじわら》の道家《みちいえ》公の帰依《きえ》者で、あの東福寺が出来た。所が関白《かんぱく》藤原の道家公の所へ、菅原三位と聖一国師と出会われたことがある。その時分に道家が二人の前で言われるに、「両雄相遇《りょうゆう》う一戦なかる可けんや」。一人は仏教家の英雄、一人は儒道の英雄じゃから、両雄で、それが今日は偶然此処《ここ》に出会われたのだから、一《ひ》と戦《いく》さなくてはならぬ。道の戦さをして貰いたいと言った。時に、聖一国師が言われるに、「予《かね》て聞《き》き及《およ》んで居るが、菅原家では儒道を世襲にして居るというが是《ぜ》なりや否《いな》や」と念を押した。そうしたら菅原公は色《いろ》を厳《おご》そかにして言うに、「然《しか》り、それは問われるまでも無いことである」。遠《とお》からん者は音《おと》にも聞けといったような塩梅《あんばい》。そこで聖一国師が言われるに、「然らばお尋ねするが、我が禅門の授受、師匠が授け、弟子が受けて、祖師より五十五世。お釈迦さんから、段々算《かぞ》えて、我れ聖一に至るまでは五十五世。もし達磨《だるま》から算えるならば二十七世。ズッと綿々《めんめん》として我れまで伝えて来て居る。強弩《きょうど》の末の誠《まこと》の力なき弓の如き勢《いきお》いであるが、忝《かた》じけなくも釈氏《しゃくし》と称することを得て居る。私が方は左様《さよう》であるが、もし釈を以て儒に例せば、当《ま》さに然るべし。こんな塩梅に儒者の方をお尋ねして見るが、菅原家も孔子からズッとかくの如く明《あき》らかに授受の系統が分って居りますかどうか。多分《たぶん》分って居るだろうが、知《し》らず孔子に於て幾世《いくせい》ぞや。貴方《あなた》に至るまで、孔子から全体《ぜんたい》何代目になりますか」と問われたらば、菅原の為長は答うること能わず。それで事は終ったが、その座敷を退いてから、菅原公が人に言われるに、我れ道を以て相い角せんと期す。今日は何でも道理を以て一つ相い争おうとして居ったのに、図らざりき、彼れ俗套《ぞくとう》を以て我れを論ず。思《おも》い掛《が》けない通俗的の事を以て我れを困らした。何でもないことで今日は一本やられたと言われた、という様なことが、書物の中に書いてある〔以上、手沢本首書／『元亨釈書』7円爾辨円・建治2〕。

そんな様な有り様で、「的々相い承けて以て今に至る」。誠にそこは明らかで、「**師証《ししょう》に因《よ》らずんば則ち虚構為《きょこうた》り**」。自分免許《じぶんめんきょ》では通らぬ。我れは悟ったとか、道を得たとか言っても、自分免許ではいかぬ。こちらでは、何処《どこ》までも一器《いっき》の水を一器に移す如く、師匠から弟子に伝え、弟子からまた弟子に伝えて行く。もしそれに因らなければ虚構とする。何《なん》ぼ悟ったと言っても許さぬ。「**故《ゆえ》に愚、今、大道《だいどう》の徴を此《ここ》に取り、以て彼れに及ぼさんと欲するなり**」。故に私は大道の徴を儒門の方に取りたいが、道が絶えて居るから我が禅門に徴を取って、彼れ禅門の方に及ぼそうというのだ。

「**蓋《けだ》し孔子、学者《がくしゃ》を煅煉《たんれん》するに**」、これは文章の上から言うと八段目になる。八段目に、孔門鍛煉の実を述べられた。孔子が学者を鍛煉せらるるに「**正《まさ》に三等級位《さんとうきゅうい》の在《あ》る有り**」、三等の級位がある。然るに「**後学《こうがく》、本《もと》を忘れ末《すえ》に走る、故に之を用《もち》ゆる所以《ゆえん》を知らず**」。私が見ると、孔子が、学者〔道を学ぶ者〕を取り扱う等級が立派に出来て居る。それを今の儒者は「**等閑《とうかん》に看過《かんか》**」して居る。それで私が「**今《いま》之を設けん**」。その等級の位を設けて見ると、「**初等《しょとう》は入徳位《にゅうとくい》と名づ**」く。「入徳」という字も、先師が臆断《おくだん》に附けられたのでない。『大学《だいがく》』の初めに程明道《ていめいどう》が、「『大学』は孔子の遺書にして、初学《しょがく》、徳に入るの門也《なり》」と申した〔『大学章句』〕、そこを根拠として、初等を「入徳の位」と名づけ、「**中等《ちゅうとう》は上堂位《じょうどうい》と名づけ、上等《じょうとう》は入室位《にゅうしつい》と名づく**」。これは御存じの通り『論語』の先進《せんしん》の篇に出て居る。「由《ゆう》也《や》堂に昇る、未だ室《しつ》に入《い》らざる也《なり》」。自ら等級を立てて居る。同じ道を得たと言っても、其処《そこ》の溜《たま》り座敷《ざしき》まで来た輩《やから》もある、奥座敷《おくざしき》まで来た輩もある。

「初等」「中等」「上等」とあるが、「**且《しば》らく愚意《ぐい》を加え**」、先師の意見よりして、「**実学位《じつがくい》を置いて四等《しとう》と為《な》**」す。モウ一つ「実学位」というものを置いて見る。これを合せて「四等」としたら宜《よ》かろう。それは何処《どこ》から持って来たかと言えば、矢張り『論語』にある言葉で、学而《がくじ》の篇に出て居る。「子夏《しか》曰く、賢《けん》を賢として色《いろ》に易《か》え、父母《ふぼ》に事《つか》えて能《よ》くその力《ちから》を竭《つく》し、君《きみ》に事えて能くその身《み》を致《いた》し、朋友《ほうゆう》と交わるに、言いて信《しん》あらば、未《いま》だ学ばずと曰《い》うと雖《いえど》も吾れは必ず之《これ》を学びたりと謂《い》わん」、そこから持って来た。「**之を、未《いま》だ学ばずと曰《い》うと雖も吾れは必ず之を学びたりと謂《い》わん、の語に取**」る。この語を取って「実学位」というものを設けた。詰《つま》り学校的学問はしないでも、実地に於てその学問の味わいだけを知って居る、その人達を指して「実学位」の人という。「**此《こ》の位を初一歩《しょいっぽ》と為す**」、これを初めとする。「**蓋し初学、堅《かた》く辨道《べんどう》の志《こころざし》を立て、日用行事《にちゆうぎょうじ》の間に黽勉《びんべん》す**」。先ず道に志して、この力を得ようという輩は、堅く辨道の志を立てなければならぬ。孔子一代に於てもそうだ。「吾れ十有五《じゅうゆうご》にして学に志す」、学ということに志が定まった。「三十にして立つ」というのは、即ち志を立った。「四十にして惑《まど》わず」というのは、即ち志に疑い惑いの無くなったので、「五十にして天命《てんめい》を知る」というのは、志と天と相い通じた。「六十にして耳順《みみしたがう》」というのは、微妙悠遠《みみょうゆうえん》の道理を知ったので、それから「七十にして心の欲する所に従《したが》って矩《のり》を踰《こ》えず」という所に至って、始めて一挙手一投足《いっきょしゅいっとうそく》も皆な道に適《かな》うという所まで行った〔『論語』為政〕。しかしその実、志の一つを以てズッと貫いた。志というものは、大変大切なものである。故に堅く辨道の志を立て、「日用行事の間に黽勉〔つとめはげむ〕」して、「**暫時《ざんじ》も打失《たしつ》せざらんと欲す**」、暫《しばら》くも怠《おこた》りなき様にするのを、「**之を実学位《じつがくい》の人と謂う**」。最初道に這入る人はこういう心掛《こころがけ》で行かなければならぬ。それを私は「実学位」の人と謂う。

「**刻苦《こっく》、力《ちから》を用《もち》ゆること久しうして、工夫漸々《くふうぜんぜん》に純熟《じゅんじゅく》し、忽然《こつねん》、本有《ほんぬ》の自性《じしょう》を見得《けんとく》す**」。段々骨折《ほねお》って工夫を積んで行って「本有の自性を見得す」、即ち悟りの開ける時節《じせつ》が到来する。これを白隠《はくいん》禅師は、「八識田《はっしきでん》に一刀を下す」と云われた〔『八重葎』1〕。つまり、心、心と云うて居るその物の根源を打ち破って来る。すると其処《そこ》に大円鏡智《だいえんきょうち》の宝光《ほうこう》が立ち所に煥発《かんぱつ》する。本地《ほんち》の風光《ふうこう》、本来《ほんらい》の面目《めんもく》が顕露《けんろ》する。「**之を入徳位《にゅうとくい》の人と謂う**」。

そこで悟りの道が開けて、益《ますま》す進んでやろうと、「**法財無量《ほうざいむりょう》、転《うた》た見得すれば転た求覓《きゅうべき》**」す、悟ったらまた捨てて仕舞い、悟ったらまた捨てて仕舞い、解脱《げだつ》的に修行して行く。

「**而《しこう》して洞《あきら》かに大道《だいどう》の体用《たいゆう》を究め、詳《つまび》らかに衆物《しゅうもつ》の妙理《みょうり》を識る**」という所へ行く。「**之を上《じょう》堂位《どうい》の人と謂う**」。これが「五位《ごい》」で言うと、「偏中正《へんちゅうしょう》」の一位にあたる。智慧《ちえ》が段々に進んで居る。

「**尚《な》お鑚研罷《さんけんや》まず**」、それからなお沢山為《な》すべきことが、我が室内にもある。それを「**向《こう》上重々《じょうじゅうじゅう》の智関《ちかん》**」という。それを一々「**透過《とうか》**」して、「**明暗双々《めいあんそうそう》の機用《きゆう》を運出《うんしゅつ》す**」。「明暗」というのは、明中に暗あり、暗中に明あり、これは幾重《いくえ》にも広げることが出来る。悟中に迷あり、迷中に悟あり、と言ってもよい。これを「五位」の上でいうと親しく「正中《しょうちゅう》来《らい》」の一位に入り、兼ねて「兼中至《けんちゅうし》」の真修《しんしゅ》に依って、「明暗双々底の機用」を得るので、「**之を入室位《にゅうしつい》の人と謂う**」。

それからこの位までせり上げた上、また始めへ立《た》ち返《かえ》って、「**然《しか》る後《のち》に復《ま》た実学位《じつがくい》に依《よ》って聖胎《しょうたい》を長養《ちょうよう》**」す。「聖胎長養」ということは、古人《こじん》が大層《たいそう》重んじて居る。悟った境界を今日《こんにち》事実の上に煉《ね》り立て行くのを「聖胎長養」という。関山《かんざん》国師〔関山慧玄〕は修行成就の後、飄然《ひょうぜん》跡を美濃国伊《い》深《ぶか》の山中に晦《くら》まして、牛飼《うしかい》をなしつつ、その聖胎長養に力《つと》められた。また大徳寺《だいとくじ》の開山大燈《だいとう》国師〔宗峰妙超〕が、五条橋下《ごじょうきょうか》の乞食《こじき》の群《むれ》に入り、光《ひかり》を韜《つつ》み跡《あと》を晦《くら》まして居られたのも、またこの聖胎を長養せんが為であった。かくの如き事蹟はこの外《ほか》にも沢山ある。こういうのを、長養聖胎という。

「**潜行密用《せんこうみつゆう》**」、我れは悟りを開いたということを人に覗《うかが》われても恥ずかしい。それ故に真の長養聖胎は「潜行密用」で、密《ひそか》に行うのである。迷いを去り悟りを開き、悟りを忘れて殆んど悟らざるが如き境界に至らなければならぬ。即ち「悟了同未悟《ごりょうどうみご》」でなければならぬ、未だ悟らざる時は、山《やま》は是《こ》れ山、水《みず》は是《こ》れ水なり。既《すで》に悟れば、山は山に非ず、水は水に非ず。しかしついに悟了すれば、山は是れ山、水は是れ水である〔『五燈会元』17青原惟信〕。禅宗に於ては、いつまでも悟ったという痕跡《こんせき》が残って居る様では、本当の悟りでない。それを忘れて仕舞った所の境界に至らなければならぬ。孔子の所謂る「心の欲する所に従えども矩《のり》を踰《こ》えず」と云う境界、其処《そこ》まで到らねばならぬ。「**怠惰《たいだ》の心を生ぜず、死《し》して後《のち》已《や》む**」。「死して後已む」ということも孔子の言葉だ〔『論語』泰伯〕。「**是れ荀卿《じゅんけい》の所謂《いわゆ》る、百姓《ひゃくせい》善を積んで全《まった》く尽《つく》す**」、有《あら》ゆる善《よ》き事を仕尽《しつく》して、善き事までも忘れて仕舞う、「**之を聖人《せいじん》と謂う者なり**」〔『荀子』儒効〕。ここまで進まねば究竟《くきょう》して居らぬ。

第十九講　緒　言（其七）

竊《ひそか》に意《おも》うに、古先聖王《こせんせいおう》、人の此《こ》の境に造詣《ぞうけい》するを審察《しんさつ》し、一言《いちごん》以て道統《どうとう》を授け、生民《せいみん》を化《け》育《いく》せしむ。允《まこと》に其《そ》の中《ちゅう》を執《と》れ、惟精惟一《これせいこれいっ》、道心《どうしん》常に存す等、是《こ》れなり。之《これ》を外にして聖《せい》学《がく》有ること莫《な》し。孔子《こうし》、聖学を創建《そうけん》し、以て儒門《じゅもん》を立て、道統を曽顔《そうがん》に伝え、以て孟軻《もうか》に至る、其の旨此《むねここ》に帰す。是れ固《もと》より誑《あざむ》かざるの説なり。孔子復《ま》た起つとも、必ず吾《わ》が言を易《か》えず。

伏《ふ》して惟《おもん》みれば、高見正識《こうけんせいしき》の士《し》、此の書を熟覧《じゅくらん》して、余《よ》が鄙言《ひげん》を察し、言《げん》を忘れて道《みち》に契《かな》わしめ、果《はた》して能《よ》く仏道《ぶつどう》と儒道《じゅどう》と並《なら》び用いて悖《もと》らざるを知らん。然《しか》る後《のち》に此の篇に依って大いに開悟《かいご》する有らば、便ち再び孔門《こうもん》の真風《しんぷう》を扶起《ふき》すること、決して難《かた》きこと無し。

周惇頤《しゅうとんい》は静《せい》より道に入《い》る者なり、程顥《ていこう》は事《じ》より道に入る者なり。朱熹《しゅき》は窮理《きゅうり》より道に入る者なり。陸九淵《りくきゅうえん》は疑情《ぎじょう》より道に入る者なり。王守仁《おうしゅじん》は研究《けんきゅう》より道に入る者なり。各自《かくじ》に見《み》る所《ところ》有りと雖《いえど》も、惜《お》しむらくは儒門、無量《むりょう》の法財《ほうざい》無し、只《た》だ一旦《いったん》の見処《けんじょ》に固滞《こたい》して、磨煉《まれん》の術を用うるに由《よし》なし。故《ゆえ》に到《とう》有り不到《ふとう》有り。誰《たれ》か吾が門墻《もんしょう》中、向上《こうじょう》に至り、希有《けう》の法財、妙密《みょうみつ》の伎倆《ぎりょう》有るを知らんや。是《ここ》を以て僅《わず》かに吾が園の椹《じん》を食うて好音《こういん》を知らず、動《やや》もすれば反噬《はんぜい》の説を成す者、往々《おうおう》之れ有り、憐愍《れんびん》す可《べ》き哉《かな》。大智見《だいちけん》の人《ひと》一たび出《い》づれば、則《すなわ》ち明鏡《きょう》高く擡《もた》げ、権衡《けんこう》正しく懸《か》くるが如く、知見《ちけん》の娟媸《けんし》、逃る可からず、識力《しきりょく》の軽重《けいちょう》、自ら欺《あざむ》き難し。

吾が朝、皇極《こうきょく》の道《みち》有り。是れ天祖神明《てんそしんめい》の大道《だいどう》にして、王者《おうじゃ》の正教《せいきょう》なり。其の授受《じゅじゅ》の悠久《ゆうきゅう》なるや、神孫一統《しんそんいっとう》、他姓《たせい》を交《まじ》えず。唯《た》だ邃古《すいこ》鴻荒《こうこう》の世、年紀《ねんき》邈遠《ぼうえん》、且《しば》らく措《お》いて論ぜず。神武《じんむ》天皇、継述《けいじゅつ》より以還《このかた》、年代三千に近しと雖も、未《いま》だ嘗《かつ》て一人も敢《あえ》て天位を簒奪《さんだつ》し、神《しん》系《けい》を紊乱《びんらん》する者《もの》有らず、皇家《こうか》の威徳巍々焉《いとくぎぎえん》たり。是れ吾が王道《おうどう》の万国《ばんこく》に特絶《とくぜつ》する所以《ゆえん》なり。

抑《そも》も皇孫《こうそん》の四海《しかい》に君臨《くんりん》するや、天祖《てんそ》の心を以て叡慮《えいりょ》と為《な》したまう。天道《てんどう》や、地道《ちどう》や、人道《じんどう》や、三才《さんさい》を貫《つらぬ》いて之を一《いつ》にす。中正《ちゅうせい》を権衡《けんこう》して、天下《てんか》を統御《とうぎょ》し、天祖《てんそ》天神《てんじん》に敬事《けいじ》し、以て万民《ばんみん》を保安《ほあん》す、之を皇極《こうきょく》の道《みち》と謂《い》うなり。

竊意。古先聖王。審察人之造詣此境。一言以授道統。令化育生民也。允執其中。惟精惟一。道心常存等是也。外之莫有聖学也。孔子創建聖学。以立儒門。伝道統於曾顔。以至孟軻。其旨帰于此。是固不誣之説也。孔子復起。必不易吾言。伏惟。高見正識士。熟覧此書。察余鄙言。俾忘言而契道。果能知仏道与儒道並用而不悖。然後依此篇。大有開悟。便再扶起孔門之真風。決無難矣。

周惇頤。自静入道者也。程顥。自事入道者也。朱熹。自窮理入道者也。陸九淵。自疑情入道者也。王守仁。自研究入道者也。雖各自有所見。惜儒門無無量之法財。只固滞一旦之見処。無由用磨煉之術。故有到有不到也。誰知吾門墻中至向上。有希有之法財。妙密之伎倆哉。是以。僅食吾園樵。不知好音。動成反噬之説者。往往有之。可憐愍哉。大智見人一出。則如明鏡高擡・権衡正懸。知見之娟媸。不可逃矣。識力之軽重。自難欺焉。

吾朝有皇極之道。是　天祖神明之大道。而王者之正教也。其授受之悠久也。神孫一統。不交他姓。唯邃古鴻荒之世。年紀邈遠。且措不論。自　神武天皇継述以還。雖年代近三千。未嘗有一人敢簒奪天位。紊乱神系者。　皇家之威徳巍巍焉。是所以吾　王道特絶乎万国也。抑皇孫之君臨四海也。以　天祖心為叡慮。天道也。地道也。人道也。貫三才而一之。権衡中正。而統御天下。敬事　天祖天神。以保安万民。謂之皇極之道也。

［講話］　この文は第九段目で、古《いにしえ》の先王《せんのう》の言葉を挙げて、初めに言うた所を一々証拠立《しょうこだ》てる様な有り様。「**窃《ひそか》に意《おも》うに、古先聖王《こせんせいおう》、人の此《こ》の境に造詣《ぞうけい》するを審察《しんさつ》し**」、支那で「古先聖王」と言えば、尭《ぎょう》・舜《しゅん》・禹《う》・湯《とう》・文《ぶん》・武《ぶ》・周公《しゅうこう》、或る場合には孔子《こうし》をも加えるのであります。それ等の聖王方が大抵《たいてい》天下を譲るのと、この道統《どうとう》を授けるのとは一つで、昔は政事も宗教もまた教育も、殆《ほと》んど同じ様に伝えて来た。その伝えると云っても、この心に属《しょく》する。即ちその人が聖賢《せいけん》の境に至ったという所を見て、「**一言《いちごん》以て道統《どうとう》を授け**」、この道統を授けるのに、多くの言葉は用いない。ただ一言半句《いちごんはんく》で道統を授受するのである。「**生民《せいみん》を化育《けいく》せしむ**」、一般生民を治めしむるという有り様で、一寸《ちょっと》その例を挙げるならば、「**允《まこと》に其《そ》の中《ちゅう》を執《と》れ**」、たったこれだけで、これは尭《ぎょう》帝が舜《しゅん》帝に道統を伝えられた、即ち天下を譲られた時の言葉で、これは『書経《しょきょう》』の言葉でありますけれども〔虞書・大禹謨、『中庸章句』序〕、『論語《ろんご》』〔尭曰〕にもこれは出て居る〔第29講参照〕。精《くわ》しく曰《い》うと、「尭《ぎょう》曰く、咨《ああ》、爾《なん》じ舜《しゅん》、天の暦数《れきすう》、爾《なん》じが躬《み》に在り。允《まこと》にその中《ちゅう》を執《と》れ。四海困窮《しかいこんきゅう》せば、天禄《てんろく》永く終《お》えん」、こういう様な言葉が『論語』には加えてある。「允《まこと》に其の中を執れ」という、ただこれだけの言葉を以て道を伝えた。それが舜帝《しゅんてい》が夏《か》の禹《う》王に天下を譲る時には、また言葉が

加わった、「人心惟《じんしんこれ》危く、道心《どうしん》惟微《び》惟精《せい》惟一《いつ》、允《まこと》に其の中《ちゅう》を執《と》れ」、こういう言葉になって居る。そんな塩梅《あんばい》で、言葉から言うと誠に簡単な明瞭なもので、「**惟精惟一《これせいこれいつ》、道心《どうしん》常に存す等、是《こ》れなり**」。斯様《かよう》な訳で「**之《これ》を外にして聖学《せいがく》有ること莫《な》し**」、この道統を伝えて来たということを取り除いて、別に聖学というものがある訳でない。「**孔子《こうし》、聖学を創建《そうけん》し、以て儒門《じゅもん》を立て、道統を曽顔《そうがん》に伝え、以て孟軻《もうか》に至る、其の旨《むね》此《ここ》に帰す**」。「古先聖王」がかくの如くにして伝えて来たものを、これを孔子の世に至って始めて「聖学」という。一つの稍《や》や組織した所のものを創建して、そうして「儒門」というものが出来た。そうして「道統」を曽子《そうし》〔曽参〕並びに顔回《がんかい》に伝えた。顔回は蚤世《そうせい》したから殆んど曽子一人に伝えた。曽子から孔伋《こうきゅう》・子思《しし》、孟子《もうし》と、こういう様に伝わった、その旨はこれに外ならぬ。「**是れ固《もと》より誣《あざむ》かざるの説なり**」、誣《いつわ》ざるの説である。「**孔子復《ま》た起つとも、必ず吾《わ》が言を易《か》えず**」、孔子が今《いま》再び此処《ここ》に現われ出た所がこれを易《か》えられまい。間違いはない。これが第九段目の結びである。

　それから第十段目に至って、今までの事を結ぶので、「**伏《ふ》して惟《おも》みれば、高見正識《こうけんせいしき》の士《し》**」、此処は敢て辯を附けるまでもないことで、「高見正識の士」ならば、「**此の書を熟覧《じゅくらん》して**」、この『禅海一瀾《ぜんかいいちらん》』を熟覧して、「**余《よ》が鄙言《ひげん》を察し、言《げん》を忘れて道《みち》に契《かな》わしめ**」、この書物に依って言うた言葉というものは入《い》れ物《もの》であります。入れ物を忘れて中に這入《はい》って居る物計《ばか》りを取って呉《く》れたならば、「**果《はた》して能《よ》く仏道《ぶつどう》と儒道《じゅどう》と並《なら》び用いて悖《もと》らざるを知らん**」。仏道に於て説く所の意味も、儒道に於て説く所の意味も、決して悖って居らぬ、相い並びて助けて行くものである、ということを知るであろう。「**然**《しか》**る後**《のち》**に此の篇に依って大いに開悟**《かいご》**する有らば**」、更に進んで一つ自分の心に開悟することがあったならば、「**便ち再び孔門**《こうもん》**の真風**《しんぷう》**を扶起**《ふき》**すること、決して難**《かた》**きこと無し**」。孔門の真風が墜《お》ちて土の如くなって居るが、その孔門の真風を再び扶起することは、決して難きことではない。これでこの十段を結んだ。

また段を改めて、「**周惇頤**《しゅうとんい》**は静**《せい》**より道に入**《い》**る者なり**」。周惇頤のことは前にも言うたが、また後にも時々出てくるが、濂渓《れんけい》先生、字《あざな》は茂叔《もしゅく》という人で、その伝記は『宋史』四百二十七・列伝に委《くわ》しく出て居る。この人は学問を龍図閣《りょうとかく》の学士鄭向《ていこう》という人に受けたが、「師に繇《よ》らず黙《もく》して道体《どうたい》に契《かな》う」と言って自悟《じご》の人だ〔朱熹「江州重建濂渓先生書堂記」〕。それ故に朱子《しゅし》は、周子《しゅうし》の学は由《よ》る所を知らずと言って居る〔『尚直編』下、第14講参照〕。また古人曰く、周氏は無欲純一《むよくじゅんいつ》を宗とす。或いは云《いわ》く、濂渓主静《しゅせい》の説は畢竟《ひっきょう》禅学なりと〔手沢本書入〕。故に「静《せい》より道に入る」と先師は云われた。

「**程顥**《ていこう》**は事**《じ》**より道に入る者なり**」。「程顥」即ち明道《めいどう》先生は持敬《じけい》の説を主張した。「所謂《いわゆ》る内直《ないちょく》、所謂る主一《しゅいつ》、所謂る戒慎恭懼《かいしんきょうく》、皆な之を敬《けい》と謂う。視聴言動《しちょうげんどう》、行住坐臥《ぎょうじゅうざが》、茶裡飯裡《さりはんり》に主心《しゅしん》を守れば、則ち自然に安排《あんばい》を加えずして、心身粛然《しんしんしゅくぜん》として表裡《ひょうり》一の如くならん」〔手沢本首書〕ということを教えた、そうしてこれを実行させた。それ故に先師は程顥は事相《じそう》から道に入ったと云われた。

朱熹《しゅき》〔朱子〕はどうかと言えば、「**朱熹《しゅき》は窮理《きゅうり》より道に入る者なり**」。朱熹の言うたことは色々あるが、曰く「無極《むきょく》にして太極《たいきょく》、是れ無形《むけい》の中に極至《きょくし》の理《り》有るなり」と云うのが朱子の持論である〔手沢本書入〕。それ故に窮理から道に入った。

「**陸九淵《りくきゅうえん》は疑情《ぎじょう》より道に入る者なり**」。「陸九淵」即ち陸象山《りくしょうざん》先生の学風は、心を主として太極を標せず、別に理気を論ぜず、というのが陸九淵の学風である〔手沢本書入〕。即ち心とは何ぞやと疑って道に這入ったのである。

王守仁《おうしゅじん》、即ち王陽明《おうようめい》先生はどうかと言えば、「**王守仁《おうしゅじん》は研究《けんきゅう》より道に入る者なり**」。陽明先生は初め朱子の格物究理《かくぶつきゅうり》の学を究めたが、その煩《はん》に苦しんで竟《つい》に老仏《ろうぶつ》の学を究めた。陽明「致良知《ちりょうち》」の三字は、実に万死一生《ばんしいっしょう》の中より研究体悟《けんきゅうたいご》し来《きた》ったのである〔手沢本書入〕。それ故に陽明の学問は、ただ畳《たたみ》の上の水練《すいれん》とは違う。実地の学問を試みたのである。そういう様な塩梅だから、王守仁は「研究より道に入った者」である。

「**各自《かくじ》に見《み》る所《ところ》有りと雖《いえど》も**」、こういう風に各《おのおの》の特色がある。梅は梅の特色があり、桜は桜の特色があるが如く、学者も各の特色を備えて居って、道に入った動機は皆な違うが、「**惜《お》しむらくは儒門、無量《むりょう》の法財《ほうざい》無し**」。初めはかくの如くにして道へ這入ったけれども、儒教の方では「無量の法財」に乏《とぼ》しいのである。そこに至ると色々実例を挙げぬと分りませぬが、仏教の如く法財が豊富でない。仏教の中でも禅などは、一知半解《いっちはんかい》を得たからと言って行ける筈《はず》でない。今白隠《はくいん》門下でも一旦豁然貫通《かつぜんかんつう》の境界を経て、それから「法身《ほっしん》」「機関《きかん》」「言詮《ごんせん》」「難透《なんとう》」「難解《なんげ》」「五位《ごい》」「十重禁《じゅうじゅうきん》」「向上《こうじょう》」などと言って、種々《しゅじゅ》無量の法財が積んである、それを一々透過《とうか》せねばならぬ。儒教にはその様な法財がないから、「**只《た》だ一旦《いったん》の見処《けんじょ》に固滞《こたい》して、磨煉《まれん》の術を用うるに由《よし》なし**」。各の皆な「一旦の見処」はあるが、それに滞《とどこお》って居るが為に、遂に「磨煉の術」を用うることが出来ない。誠に惜むべきである。「**故《ゆえ》に到《とう》有り不到《ふとう》有り**」今挙げた人でも、大いに到った者もあり、到らぬ者もある。「**誰《たれ》か吾が門墻《もんしょう》中、向上《こうじょう》に至り、希有《けう》の法財、妙密《みょうみつ》の伎倆《ぎりょう》有るを知らん**」、誰も吾が「門墻の中」に「向上に至る」所の「希有の法財」「妙密の伎倆」があることを知らない。「**是《ここ》を以て僅《わず》かに吾が園の椹《じん》を食《くろ》うて好音《こういん》を知らず**」。「椹」は桑の実のことで『詩経《しきょう》』衛風《えいふう》・氓《ぼう》篇に、「桑の未だ落ちざるに、其の葉沃若《ようじゃく》たり。于嗟《ああ》鳩よ、桑の葚《み》を食《くら》う無《なか》れ」という言葉がある。文字はそれから出て来た。『寒山詩《かんざんし》』にも「魂よ帰り去来《こ》よ、我が家園の葚《しん》を食え」と出て居るが、出処は『詩経』から出た。「吾が園の椹」を食ったけれども、少し嘗《な》めたが、本当の味は分らぬ。「**動《やや》もすれば反噬《はんぜい》の説を成す者、往々《おうおう》之れ有り、憐愍《れんびん》す可《べ》き哉《かな》**」。就中《なかんずく》朱子の如きはそうである。少しは禅に入って見たが本当の「好音」を知らぬから、「反噬の説」をなして、飼犬《かいいぬ》が主人の手を噬《か》む様なことを言って居る。その他そういう者が往々あるのは憐れむ可きことである。「**大智見《だいちけん》の人一《ひと》たび出《い》づれば、則《すなわ》ち明鏡《めいきょう》高く擡《もた》げ、権衡《けんこう》正しく懸《かく》るが如く**」、然るにもし「大智見の人」がここに現われたとするならば、例えば「明鏡の高く擡」げるが如く、「権衡を正しく懸」けて居る様で、その人の学問の知見の娟《うつくし》きか媸《みにく》きかは、「**知見《ちけん》の娟媸《けんし》、逃る可からず**」、逃げることは出来ない。「**識《しき》力《りょく》の軽重《けいちょう》、自ら欺《あざむ》き難し**」、また当人の識力の軽いか重いかは欺くことは出来ない。こういう有り様。それ故に今挙げた人の中にも、朱子などはまだ「不到」の所が大いにあるという意味を含んで居る。

「**吾が朝、皇極《こうきょく》の道《みち》有り**」。今までズッと儒教の事から述べて来たが、始めて神道《しんとう》の事を此処《ここ》で言うので、吾が日本に於ては「皇極の道」がある。「皇極」という文字は矢張《やは》り儒書から出て居る。例を挙れば『書経《しょきょう》』の洪範《こうはん》の「九疇《ちゅう》」のうち第五に出て居る。「建《た》つるに皇極を用う」と、その註に「皇極とは、君《きみ》の極を建《たつ》る所以也《ゆえんなり》」。「人君《じんくん》、天下を治むるの法、是れ孰《たれ》か此《これ》に加うるあらんや」とある〔蔡沈『書経集伝』〕。またその疏《そ》に「人君は民《たみ》の主たり、当《まさ》に大いに自らその有中《ゆうちゅう》の道を立つ」とある〔『尚書正義』「五皇極……惟皇作極」疏〕。朱子曰く、「蓋《けだ》し皇は君の称なり。極は至極の義、標準の名、常に物の中央にありて四外《しがい》之を望みて以て正《せい》を取る者なり」と〔「皇極辯」〕。また『集伝《しゅうでん》』〔蔡沈『書経集伝』〕にはこうも言ってある。「言《いうこころ》は、人君当《まさ》に人倫《じんりん》の至《し》を尽《つく》すべし。父子《ふし》を語るときは則ち其の親を極《きわ》む。而して天下の父子たる者、此《ここ》に於て則《のり》を取る」。君臣《くんしん》を語るときはその義を極む、而して天下の君臣たる者に於て則を取る。「極は福の本、福は極の効、極の建つ所は、福の集る所なり。人君、福を上に集む。其の身を厚うするに非ず。用て其の福を敷いて以て庶民に与え、人々をして観て感じて化《か》せしむ、所謂る敷錫《ふしゃく》なり」(「五皇極……錫汝保極」注／手沢本首書)、こういう風に文字は解釈して居る。今、吾が日本国には、初めより「皇極の道」というものがちゃんと定まって居る。

「**是れ天祖《てんそ》神明《しんめい》の大道《だいどう》にして、王者《おうじゃ》の正教《せいきょう》なり**」。「天祖」は、天照大神《あまてらすおおみかみ》を言うことは言うまでもない。「天祖」をはじめとしてその他「神明の大道」で、そうして「王者」、王者と言えば、我が国では神武《じんむ》天皇から算《かぞ》えて宜《よろ》しい。「天祖神明の大道」で、「王者の正教」である。「**其の授受《じゅじゅ》の悠久《ゆうきゅう》なるや、神孫一統《しんそんいっとう》、他姓《たせい》を交《まじ》えず**」。これが各国と大いに異って居る国体であって、苟《いやし》くも吾が帝国臣民たる者はこれを是《ぜ》と言い非《ひ》と言うて論議すべき限《かぎ》りでない。縦令《たと》い理屈は何でも、この「正気」で以て国が出来た国体は、ここに於て確として定まって居る。「神孫一統」して、「他姓を交」えない。「**唯《た》だ邃古鴻荒《すいここうこう》の世、年《ねん》紀邈遠《きぼうえん》**」、天神《てんじん》七代とか地神《ちしん》五代とかいうことが古典には書いてあるが、何分神世《かみよ》のことは、「鴻荒の世」で、「鴻荒」というのは物の姿が未だ分れざることを言うので、その時代のことは茫莫《ぼうばく》として分らぬから、「**且《しば》らく措《お》いて論ぜず**」、論じない。

「**神武《じんむ》天皇、継述《けいじゅつ》より以還《このかた》**」、神武天皇が道統を継述されて以来は、「**年代三千に近しと雖も**」、一口に三千年と言いますが、委しく言うと、二千六百年程になります。先ず年代は三千年に垂《なん》なんとして居るが、「**未《いま》だ嘗《かつ》て一人も敢《あえ》て天位《てんい》を簒奪《さんだつ》し、神系《しんけい》を紊乱《びんらん》する者《もの》有らず**」、これは委しく歴史を見ると、中には不軌《ふき》を企《くわだ》った者も多少ある。絶無《ぜつむ》とは言われないが、それ等の非望《ひぼう》を遂《と》げた者はない。そういう者が偶《たま》ま現われ様としても皆な亡びて仕舞った。「**皇家《こうか》の威徳《いとく》巍々《ぎぎ》焉《えん》たり**」、独《ひと》り万国に卓絶《たくぜつ》して居る。「**是れ吾が王道《おうどう》の万国《ばんこく》に特絶《とくぜつ》する所以《ゆえん》なり**」。兎《と》に角《かく》これあるが為に日本は今日《こんにち》がある。今日のみならず、この国体は千世万世《せんせいばんせい》を貫かねばならぬ。もしこの独立の観念が国民になくなって仕舞った時は、日本の生命は殆んど亡《ほろ》ぶる時代であろう。

此処《ここ》で一段を切って、「**抑《そもそ》も皇孫《こうそん》の四海《しかい》に君臨《くんりん》するや、天祖《てんそ》の心を以て叡慮《えいりょ》と為《な》したまう**」。これ等も委しく言うと限りがありませんが、例えば『日本書紀』(2「神代」下)に依って見ると、天照大神が手ずから宝鏡《ほうきょう》を持して天忍穂耳尊《あまのおしほみみのみこと》に授けられた。その時にこういう詔《みことのり》を賜《たまわ》った。「吾児視此宝鏡当猶視吾、可与同床共殿以為齋鏡」(手沢本首書「ワガミコ、コノミカガミヲミマサンコト、当に猶お吾れを視るがごとくシタマへ。ヒトツミアラカ、ヒトツミユカニマシテ、齋鏡と為せ」)とこういうお言葉がある。それから今度、皇孫瓊々杵尊《ににぎのみこと》に勅《ちょく》して仰《おお》せられたお言葉は、これは我々は誰でも知って居らなければならぬ言葉である。「葦原《あしはら》の千五百秋《ちいほあき》の瑞穂《みずほ》の国は是れ我が子孫、王《おう》たる可きの地《ち》也《なり》、宜しく汝皇孫《こうそん》就いて治む可し、行け宝祚《ほうそ》の隆《さかん》なることは当に天壌《てんじょう》と窮《きわま》り無かるべし」(手沢本首書)、これが国体の淵源です。これは我が国民としては須臾《しゅゆ》も忘るることが出来ない言葉なるのみならず、この二つの神《しん》訓《くん》の初めのお言葉は、即ち父子《ふし》の親《しん》を厚うし、そうして祭祀《さいし》の義を重んぜられたのである。後の皇孫に仰せられたお言葉は、即ち建国の大本を固《か》ため、君臣の大義を定められたのであります。これが吾が天祖、四海を統御し玉《たも》う中極《ちゅうきょく》の大道であって、これを「神明の道」とも「皇極の道」とも云うのである。『伊勢《いせ》古今名所集《ここんめいしょしゅう》』に、「凡そ神道は即ち王道なり、是の故に聖天子は天照皇大神の御心を以て叡慮と為し、中極の道を立て、天下を統御したもう」とある〔同前〕。実に然《そ》うである、夫《それ》であるから我が皇室は表面から言えば君であって、それを内容から眺めると親であるのだから、彼の外国の欧米は勿論《もちろん》、支那の例も、朝鮮の例も、決して日本へは適用することは出来ないと言って宜い。

「天道《てんどう》や、地道《ちどう》や、人道《じんどう》や、三才《さんさい》を貫《つらぬ》いて之を一《いつ》にす。中正《ちゅうせい》を権衡《けんこう》して、天下《てんか》を統御《とうぎょ》し、天祖《てんそ》天神《てんじん》に敬事《けいじ》し、以て万民《ばんみん》を保安《ほあん》す、之を皇極《こうきょく》の道《みち》と謂《い》うなり」。こういう塩梅で、「天道」「地道」「人道」と「三才」を分けたので、これも矢張《やは》り文字は大いに拠る所があって、『書経』から矢張り来て居る。『書経』の洪範「九疇」の中に四の「五紀《ごき》」と云って「一に歳《さい》と曰い、二に月《げつ》と曰い、三に日《じつ》と曰い、四に星辰《せいしん》と曰い、五に暦数《れきすう》と曰う」。註に「歳は四時《しじ》を序す。月は晦朔《かいさく》を定む。日は躔度《てんど》を正す。星は経星緯星《けいせいいせい》なり、辰は日月《じつげつ》会する所の十二次なり。暦数は占歩《せんぽ》の法、歳、月、日、星、辰を紀する所以《ゆえん》なり」〔『集伝』〕。「経星《けいせい》は天に貼して動かず、凡《およ》そ内官外官《ないかんがいかん》二十八の宿《しゅう》みな是れなり、緯星《いせい》は天に麗《ならび》て行く杼《ちょ》の帛《はく》を緯するが如し。水火木金土の五星《ごせい》是れなり」〔手沢本首書〕。詰り「天道」という文字の起りは此処から来て居る。

それから「地道」というのは矢張り「九疇」の中に三に「八政《はっせい》」ということがあって、

「一に食《し》、二に貨《か》、三に祀《し》、四に司空《しくう》、五に司徒《しじゅう》、六に司寇《しこう》、七に賓《ひん》、八に師《し》」、こういう工合《ぐあい》に分けた。註に「食貨《しか》は生《せい》を養う所以《ゆえん》なり。祭祀《さいし》は本に報ゆる所以なり、司空は土を掌《つかさ》どり、〔……〕、司徒は教を掌どり〔……〕、司寇は禁を掌どり〔……〕、賓は諸侯遠人《しょこうえんじん》を礼し、往来交際《おうらいこうさい》する所以なり。師は残《ざん》を除き暴《ぼう》を禁ずるなり」〔『集伝』〕、こういう塩梅に八通りの政《まつりごと》がある、これが地道である。

それから「人道」ということも矢張り「九疇」の中に二に「五事《ごじ》」ということがある。「一に貌《ぼう》、二に言《げん》、三に視《し》、四に聴《ちょう》、五に思《し》」、こう五つに分けてある。その註を見ると、「貌は恭倹ならんことを欲し、言は善順ならんことを欲し、視は明ならんことを欲し、聴は聡ならんことを欲し、思は叡ならんことを欲す」、こういう工合に分けてある〔手沢本首書〕。これが「天道」「地道」「人道」の拠《よ》る所であります。この「天道」「地道」「人道」三才一致、そうして始めて「中正」という。この中正の大道というものを権衡して、それを手本にして、天下を統御し、そうして上は天祖天神に敬事し、下は万民を保守する。これが取りも直さず我が日本帝国の「皇極の道」というものであると、先師洪川和尚は解釈せられた。こういうことはまだ委しく言わぬと意味が明らかならぬ場合もありますが、今回はこれ位なことにして置いて次に移ろうと思います。

第二十講　緒　言（其八）

以来、聖子神孫《せいししんそん》、歴々《れきれき》、其《そ》の天業《てんぎょう》を経綸《けいりん》し、以て今上《きんじょう》天皇に迨《いた》る、盛《さか》んなりと謂《い》つ可《べ》し。若《も》し夫《そ》れ天道中正《てんどうちゅうせい》ならざれば、則《すなわ》ち日月星辰《じつげつせいしん》明らかならず、風雨《ふうう》霜雪《そうせつ》時ならず、五行錯繆《ごぎょうさくびゅう》、万物《ばんぶつ》生ぜず。地道《ちどう》中正ならざれば、則ち山岳丘陵于《さんがくきゅうりょうこ》に崩《くず》れ、河水渓流《かすいけいりゅう》于に溢《あふ》れ、地《ち》脈騫裂《みゃくけんれつ》し、百実成《ひゃくじつな》らず。人道《じんどう》中正ならざるときは、則ち性情《せいじょう》相い乱れ、内狂妄《きょうもう》を作《な》し、外禍害《かがい》を作す。蓋《けだ》し皇極《こうきょく》なる者は、三才固有《さんさいこゆう》中正の大理《たいり》なり。故《ゆえ》に天皇、皇極の道を失すれば、則ち天地《てんち》の変之《へんこれ》に従う。惟《た》だ吾《わ》が天祖《てんそ》、天人合一《てんじんごういつ》の徳《とく》を以て、生民《せいみん》に先《さき》だちて皇極の道を得《え》、下土《かど》を照臨《しょうりん》して、以て天職《てんしょく》を治《おさ》め、竟《つい》に天位《てんい》を皇孫《こうそん》に授け、然《しか》る後《のち》、之を悠久《ゆうきゅう》に伝う。即ち宝祚斎鏡《ほうそさいきょう》の垂訓《すいくん》有って、以て君臣《くんしん》の大義《たいぎ》、父子《ふし》の至恩《しおん》を後世《こうせい》に明確《めいかく》にする所以《ゆえん》なり。是《こ》れ吾が神国《しんこく》、皇家一系《こうけいっけい》、万古不易《ばんこふえき》の大基礎なり。『詩《し》』に曰《いわ》く、「淑人君子《しゅくじんくんし》、是の国人《こくじん》を正す。是の国人を正す、胡《なん》ぞ万年《ばんねん》ならざらん」と、其れ斯《こ》れの謂《いい》か。降《くだ》って人皇《じんこう》三十世に迄《いた》る。其の中間、礼楽未《れいがくいま》だ興《おこ》らず、文物《ぶんぶつ》明らかならず、綱政振《こうせいふる》わず、或いは背叛《はいはん》有りて、皇極の道漸《ようや》く萎爾《いじ》す。此《こ》の時に当って、皇子厩戸《うまやど》なる者出《い》づる有り、生れて能《よ》く言い、既《すで》に長じて聡敏《そうびん》、睿智《えいち》有り、諸学に達す。壮《そう》なるに及んで、推古《すいこ》天皇を輔佐《ほさ》して大政《たいせい》を摂《せっ》す。八人の奏語《そうご》、十人の訟言《しょうげん》、一時に聴《き》いて聴《ちょう》を失わず、故に豊聡太子《とよさとたいし》と曰《い》う。始めて冠位《かんい》を定め、服飾《ふくしょく》を製し、礼楽《れいがく》を興し、憲法《けんぽう》を撰《えら》び、大いに敬神《けいしん》の道を隆《さか》んにし、之を扶《たす》くるに仁義《じんぎ》の教えを以てし、之を潤《うるお》すに慈善《じぜん》の法を以てし、専《もっぱ》ら文明《ぶんめい》の化《か》を施す。是《ここ》に於て、皇極の道、再び盛《さか》んなり。

太子曰く、「神《しん》は人の始《はじ》めを教え、儒《じゅ》は人の中《なか》を教え、仏《ぶつ》は人の終《おわ》りを教う。三道互《たが》いに相い扶《たす》け、一个《か》道徳の大樹《たいじゅ》を成す」と。又た曰く、「政《まつりごと》は学《がく》に非《あら》ざれば至らず、学の本は神儒仏《しんじゅぶつ》なり。然《しか》るに一《いつ》を好《この》む者は、各《おのおの》の其の二を悪《にく》んで其の存を嫉《ねた》み、其の亡を欲す。我が知る所、以て理《り》と為《な》し、知らざるを以て非《ひ》と為す。故に政を操《あやつ》る者は、宜《よろ》しく三に通じて一を好まざるべし。若し一を好めば則ち政を枉《ま》ぐ、政を枉ぐれば則ち王道廃《おうどうすた》ると云々」。先賢《せんけん》曰く、「厩戸《うまやど》の功、制作《せいさく》の聖《せい》と謂《い》う可し、謚《おくりな》して聖徳《せいとく》と曰う、亦《ま》た虚名《きょめい》に非ざるなり」。鎌足内府公《かまたりだいふこう》、太子《たいし》の高躅《こうしょく》を欽慕《きんぼ》し、三道《さんどう》を並用して、専ら皇極の道を恢張《かいちょう》して、遂に兇逆《きょうぎゃく》を勦絶《そうぜつ》し、以て君を泰山《たいざん》の安きに置く。其の盛徳偉勲《せいとくいくん》、布《し》いて方策《ほうさく》に在り。愚固《ぐもと》より老教《ろうきょう》を喜ばず、常に三道を以て鼎立《ていりつ》して論ずる者、蓋《けだ》し此《ここ》に基《もとい》す。菅相公《かんしょうこう》曰く、「凡《およ》そ国学《こくがく》の要する所、和魂漢才《わこんかんさい》有るに非ざるよりは、其の閫奥《こんおう》を闞《うかが》う能《あた》わず」と。愚も亦た謂う、吾が皇国《こうこく》の男子大丈夫《だいじょうふ》たる者は、先《ま》ず火《ひ》も焼《や》く能わず水《みず》も溺《おぼ》らす能わざる底の倭《やまと》魂《だましい》の真柱《まはしら》を肚内《とない》に堅立《けんりつ》し、之に加《くわ》うるに漢籍《かんせき》の才を以てす。然して後、更に力《ちから》を見性《けんしょう》の術《じゅつ》に用い、以て一旦豁然貫通《かつぜんかんつう》すれば、則ち其の皇極の道を権衡《けんこう》するに於て、亦た間然《かんぜん》すること無し。

以来聖子神孫。歴歴経綸其天業。以迨　今上天皇。可謂盛矣。若夫天道不中正。則日月星辰不明。風雨霜雪不時。五行錯繆。万物不生。地道不中正。則山岳丘陵于崩。河水渓流于溢。地脈騫裂。百実不成。人道不中正。則性情相乱。内作狂妄。外作禍害。蓋皇極也者。三才固有中正之大理也。故　天皇失皇極之道。則天地之変従之。惟吾　天祖以天人合一之徳。先生民。而得皇極之道。照臨下土。以治天職。竟授天位　皇孫。然後伝之悠久。即所以有宝祚齋鏡之垂訓。以明確君臣之大義父子之至恩于後世也。是吾神国。皇家一系。万古不易之大基礎矣。詩曰。淑人君子。正是国人。正是国人。胡不万年。其斯之謂与。降而迄人皇三十世。其中間。礼楽未興。文物不明。綱政不振。或有背叛。而皇極之道漸萎爾。当此時。有皇子厩戸者出。生而能言。既長聡敏。有睿智。達諸学。及壮。輔佐　推古天皇。摂大政。八人奏語。十人訟言。一時聴。而不失聴。故曰豊聡大子。始定冠位。製服飾。興礼楽。撰憲法。大隆敬神之道。扶之以仁義之教。潤之以慈善之法。専施文明之化。於是。皇極之道再盛矣。太子曰。神也教人之始。儒也教人之中。仏也教人之終。三道互相扶・成乎一个道徳之大樹。又曰。政者非学不至。学之本。神儒仏也。然好一者。各悪其二。而嫉其存欲其亡。我所知以為理。不知以為非。故操政者。宜通三不好一矣。若好一則枉政。枉政則王道廃。云云。先賢曰。厩戸之功。可謂制作之聖。謚曰聖徳。亦非虚名也。鎌足内府公。欽慕太子高躅。並用三道。専恢張皇極之道。遂勦絶兇逆。以置君於泰山之安矣。其盛徳偉勲。布在方策。愚固不喜老教。常以三道鼎立而論者。蓋基于此。菅相公曰。凡国学之所要。自非有和魂漢才。不能闞其閫奥矣。愚亦謂。吾　皇国男子大丈夫者。先堅立火不能焼水不能溺底之倭魂真柱於肚内。加之以漢籍之才。然後更用力見性之術。以一旦豁然貫通。則其於権衡乎皇極之道也・亦無間然矣。

[講話]**「以来、聖子神孫《せいししんそん》、歴々《れきれき》、其《そ》の天業《てんぎょう》を経綸《けいりん》し、以て今上《きんじょう》天皇に迨《いた》る、盛《さか》んなりと謂《い》つ可《べ》し」**。前回に直《す》ぐ引き続きて、我が国は神孫より以後神武《じんむ》天皇の人皇《にんのう》に至り、歴代の聖天子《せいてんし》は、何《いず》れもその神勅《しんちょく》によりてその建極《けんきょく》に随って天下を治め給いし故に、いよよ益《ますま》す栄え来《きた》りて国家の隆盛なること、天壌《てんじょう》と窮《きわま》りなからんの実《じつ》を現わして居る。**「若《も》し夫《そ》れ天道中正《てんどうちゅうせい》ならざれば、則《すなわ》ち日月星辰《じつげつせいしん》明らかならず」**、先《ま》ず今の学問の上から見るならば、我々人間の道徳と、或いは天文若《も》しくは地理上のことは、何の関係も無い様でありますけれども、昔の時代に在っては、政教一致《せいきょういっち》で、政事も宗教も学問も皆な一致で、学問が即ち道徳なり、政治が直《ただ》ちに宗教を兼《かね》て居るという様な有り様である。そういう立場から眺めて見ると、今ここに申す事柄《ことがら》も大いに意味があるので、今日のようにただ科学と言って、一科一科の学問から眺めて見ると、こういうことは殆んど言うに足りないように思われるのですけれども、そう一概に言うことは出来ぬのであります。それで「天道中正ならざるときに於ては、日月星辰も明らかならず」、これは読んで文字の通り。**「風雨《ふうう》霜雪《そうせつ》時ならず、**

五行錯繆《ごぎょうさくびゅう》」、木火土金水《もくかどごんすい》の「五行《ごぎょう》」も「錯繆」して、紊《みだ》れて仕舞って、「**万物《ばんぶつ》生ぜす**」、こういう有り様。

それから、「**地道《ちどう》中正ならざれば、則ち山岳丘陵《さんがくきゅうりょう》于《ここ》に崩《くず》れ、河水渓流《かすいけいりゅう》于に溢《あふ》**」る。山岳《やま》も丘陵《おか》も悉《ことごと》く崩れ、河水《かわ》も渓流《けいりゅう》も皆な溢れて、「**地脈騫裂《ちみゃくけんれつ》**」す、或いは大地震があったり、或いは大噴火があって、「**百実成《ひゃくじつな》らず**」、一切の五穀《ごこく》も稔《みの》らぬ。「**人道《じんどう》中正ならざるときは、則ち性情《せいじょう》相い乱れ**」、この人道即ち倫理《りんり》の道を失う時に於ては、性《せい》と情《じょう》と相い乱れて、「**内狂妄《きょうもう》を作《な》し、外禍害《かがい》を作す**」。人間の精神が極めて狂妄になって仕舞って、外《ほか》には色々様々の禍《わざわい》を醸《かも》すという様になる。

「**蓋《けだ》し皇極《こうきょく》なる者は**」、初めから言うて来たこの皇極の大道というものは、「**三才固有《さんさいこゆう》中正の大理《たいり》なり**」。天地《てんち》人《じん》「三才」の「固有中正の大理」である。所謂る天地の大経《だいけい》にして万世不《ばんせいふ》易《えき》の倫理である。「**故《ゆえ》に天皇、皇極の道を失すれば、則ち天地《てんち》の変之《へんこれ》に従う**」。今日は色々の政体に分れて居ますが、殆んど昔に在っては、何《いず》れの国でも皆な君主専制の時代である。君主が国家国民を代表して居る。故に天皇がもし「皇極の道」を失えば「天地の変」がこれに従うたのである。「**惟《た》だ吾《わ》が天祖《てんそ》、天人合一《てんじんごういつ》の徳《とく》を以て、生民《せいみん》に先《さき》だちて皇極の道を得《え》**」、然るに我が日本の天祖天照大神《あまてらすおおみかみ》は、「天人合一」の徳を以て、一切の万民に先だって、そうして「皇極の道」を得て、「**下土《かど》を照臨《しょうりん》して、以て天職《てんしょく》を治**」む。これは前段に於て委《くわ》しいことを一通り言うた積《つも》りでありますから此処《ここ》では言いませぬ。「**竟《つい》に天《てん》**

位《い》を皇孫《こうそん》に授け」、皇孫瓊々杵尊《ににぎのみこと》に天位を授けてくれた。その時の勅《ちょく》も確か前回に申した。「然《しか》る後《のち》、之を悠久《ゆうきゅう》に伝う。即ち宝祚斎鏡《ほうそさいきょう》の垂訓《すいくん》有って、以て君臣《くんしん》の大義《たいぎ》、父子《ふし》の至恩《しおん》を後世《こうせい》に明確《めいかく》にする所以《ゆえん》なり」。この「宝祚斎鏡の垂訓」があって、ここに於て日本の「君臣」の大義名分《たいぎめいぶん》が定まって居ると同時に「父子の至恩」を表わしたものである。これは世界万国に卓絶《たくぜつ》して居る所で、「万古不易の大基礎」である。**「是《こ》れ吾《き》が神国《しんこく》、皇家一系《こうけいっけい》、万古不易《ばんこふえき》の大基礎なり」**。これは世界万国に卓絶《たくぜつ》して居る所で、「万古不易の大基礎」である。

「『詩《し》』に曰《いわ》く、淑人君子《しゅくじんくんし》、是の国人《こくじん》を正す。是の国人を正す、胡《なん》ぞ万年《ばんねん》ならざらん」。これは『詩経《しきょう》』の国風《こくふう》〔曹〕の鳲鳩《しきゅう》の篇にあります。「淑人君子」は、こういう場合には一国の国王を指して言う。「淑人君子、この国人を正す。この国人を正す、胡ぞ万年ならざらん」。その宝祚《ほうそ》の盛《さか》んなることは万々年であると、こういう風に『詩経』に言うて居る。**「其れ斯《こ》れの謂《いい》か」**。これを言うたのであろう。

「降《くだ》って人皇《じんこう》三十世に迄《いた》る。其の中間、礼楽未《れいがくいま》だ興《おこ》らず、文物《ぶんぶつ》明らかならず」。此処で文章の一段が切れて居る。初めから言うと三段目で、三段目に至って、「皇極の道」が少し衰えてまた再び盛んになったということを、ここに述べるのであります。「人皇三十世」は、即ち敏達《びだつ》天皇になるのであります。「其の中間、礼楽未だ興らず、文物明らかならず」、**「綱政振《こうせいふる》わず」**。この三十世の間というものは、立派な礼法も或いは音楽の如きも、今日から見て殆んど則《のっと》る可きものが少ない。従って文物憲章《ぶんぶつけんしょう》というものが、今日の如く明らかでなかった。そうして政《まつりごと》の大綱《たいこう》、即ち治国《ちこく》の紀綱《きこう》たる所の政も振わなかった。それが為に、**「或いは背叛《はいはん》有り」**、叛逆をする者があって、**「皇極の道漸《ようや》く萎爾《いじ》す」**。これは丁度崇神《すじん》天皇から応神《おうじん》天皇、仁徳《にんとく》天皇あたりまでは盛んであったが、反正《はんぜい》天皇から萎靡《いび》して仕舞った。殊《こと》に武烈《ぶれつ》天皇に至っては、「皇極の大道」が余程萎靡不振《いびふしん》の状態になった。これは歴史が証明する所である。その間には反逆を企《くわだ》った者がある。

「此《こ》の時に当って、皇子厩戸《うまやど》なる者出《い》づる有り」、この時というのは、丁度欽明《きんめい》天皇の時分に当って、「皇子厩戸」なる者が出た。これは用明《ようめい》天皇様の第一の王子即ち聖徳太子《しょうとくたいし》のことであります。この聖徳太子の伝も近頃段々に出たものもありますが、古い書物に書いてあるのを少しばかり挙げて見ますと、支那の『宋史《そうし》』四百九十一巻〔列伝250・外国七・日本国〕にこういう様なことも書いてある。「次、用明天皇に子あり、聖徳太子という。年三歳にして、十人の語を聞いて同時に之を解す。七歳にして仏法を悟る。菩提寺《ぼだいじ》に於て『勝鬘経《しょうまんぎょう》』を講ず。天、曼陀羅華《まんだらげ》を雨《あめ》ふらして讃す。此の土、隋《ずい》の開皇《かいこう》中に当って、使《つかい》を遣《つか》はし、海に泛《うか》んで中国に至り『法華経《ほけきょう》』を求めしむ云々」。こういう様なことが、向うの『宋史』にまで現われて居る。古い太子の伝には『聖皇本紀《しょうこうほんぎ》』並びに『三朝伝《さんちょうでん》』〔泰嵩『菩提達磨三朝伝』〕という様な物がある。それから後に出来たものも沢山あります。兎《と》に角《かく》、用明天皇第一の王子で、御母は穴穂部間人《あなほべのまひと》皇女と申し上げた。

欽明天皇の三十二年正月朔日《ついたち》の夜に、皇女即ち用明帝の皇后が、妙な夢を見られた。金《こん》色《じき》の身体をした坊さんが、その皇后にこういうことを言うた、「願わくは后の腹に托せん」。后は妙なことを言われるが、あなたは誰かと問うたら、「我れは是れ救世《ぐせ》の菩薩《ぼさつ》、家は西《さい》方《ほう》にあり」、こういうことを言った。后曰く、「妾《わらわ》が腹は垢穢《くえ》なり」、あなたの様な聖人のお這入《はい》りになる所ではない。曰く、「我れは穢《けがれ》を厭《いと》わず、ただ救済を欲す」と言い終って、躍って口中に入る。覚《さ》めて後、物を呑《の》むが如し。妊《はら》まれてから八月目に胎中にて物言う声外《そと》に聞ゆ。十二箇月胎内に居られた。敏達天皇二年正月一日、厩《うまや》の側に於てお生れになったが、このお生れになる時分に赤黄の気《き》西より来って、宮中の嬪御《ひんぎょ》驚き抱きて殿に上《の》ぼす。四月にして乃ち言い、能《よ》く人の挙止《きょし》を知る。軀体《くたい》はなはだ香《かん》ばしく、懐抱《かいほう》の人、奇靚《きこう》衣を染めて数月滅せずと伝に記してある〔『元亨釈書』15〕。これは一端だけ挙げたのでありますが、沢山今言《いまい》うた様なことが書いてある。こういうことを近頃の歴史家は皆な抹殺する方でありましょう。単純なる世間の歴史家は抹殺しようが、少しく宗教眼を以て見ると、そういうことも等閑《とうかん》に附し去ることは出来ぬ。こういう夢物語の中に、何か教えて居る所がある。

それから推古天皇様をお輔《たす》けになって摂政《せっしょう》の位に登り、前古未曽有《ぜんこみぞう》の治績《ちせき》を揚げられました。後ち推古天皇の二十八年二月五日のことであります。太子、妃膳《かしわで》氏に語って言われるに、「我れ震旦に在って『法華』を持し、今、日域《にちいき》の副弐《ふくじ》となり、仏法を流伝《るでん》し、一《いち》乗《じょう》を弘宣《ぐせん》す。吾が能事《のうじ》了《おわ》れり、久しく五濁《ごじょく》に居るを楽しまず、我れ今夕《こんせき》去らん、子《し》伴うべし」。乃ち沐浴衣《ころも》を新《あら》たにし玉《たも》う。妃もまた然り。二人共寝《しん》に入り長逝す。太子年四十九、喪斂《そうれん》の夕《ゆうべ》、容貌生《い》けるが如く、身体薫郁《くんいく》、両屍軽《かる》きこと、ただその衣の重さのみ、薨《こう》するの夕、天地変《へん》多し、王臣百姓《ひゃくせい》、水醤《すいしょう》口に入らず、天下父母《ふぼ》を失うが如く、哭泣《こっきゅう》の声道路《どうろ》に盈《み》つ、とある〔『元亨釈書』15〕。これを一端だけ、書物から抜き出したのでありますが、兎《と》に角《かく》そういう優れたお方であります。

「**生れて能《よ》く言い、既《すで》に長じて聡敏《そうびん》、睿智《えいち》有り、諸学に達す**」。博士覚哿《かくか》という人を迎えられて、経史《けいし》を研究し、それから高麗《こうらい》の僧を招きて、仏教を習修し、有《あら》ゆる諸学に達した〔手沢本書入〕。「**壮《そう》なるに及んで、推古《すいこ》天皇を輔佐《ほさ》して大政《たいせい》を摂《せっ》す**」。事蹟は歴史の通りである。「**八人の奏語《そうご》、十人の訟言《しょうげん》、一時に聴《き》いて聴《ちょう》を失わず**」、ここらは文章の通りで宜《よろ》しかろう。「**故に豊聡太子《とよさとたいし》と曰《い》う**」。或いは俗に「八耳《はちじ》の太子」と申して居る〔手沢本書入〕。「**始めて冠位《かんい》を定め**」、推古帝の十一年に冠位を定むる、凡《およ》そ十二階、分ってそれを諸侯《しょこう》に賜《たま》わるという様に、歴史に書いてある〔手沢本書入〕。「**服飾《ふくしょく》を製し**」、服制もお拵《こしら》えになった。「**礼楽《れいがく》を興し、憲法《けんぽう》を撰《えら》び**」、日本と外国と制度を折衷《せっちゅう》されて、礼《れい》を興し、楽《がく》を興された。それから「憲法」というは、丁度推古天皇の十二年に、有名な十七憲法というものを御制定《ごせいてい》になった。「**大いに敬神《けいしん》の道を隆《さか》んにし、之を扶《たす》くるに仁義《じんぎ》の教えを以てし、之を潤《うるお》すに慈善《じぜん》の法を以て**」す。推古帝の十五年に詔《みことのり》があって、神祇《しんぎ》を祭祀《さいし》することを奨励する。その詔の略に、こういうことがある。「朕《ちん》聞く、皇祖《こうそ》天皇敦《あつ》く神祇を礼し、周《あま》ねく山川《さんせん》を祀《まつ》る。是《ここ》を以て陰陽調和《いんようちょうわ》す。今《いま》朕が世に当って、豈《あ》に祭祀を怠《おこた》るべけんや云々」〔「神祇礼祭の詔」〕。これは一寸《ちょっと》一端であります。そうして「之を扶くるに仁義の教えを以て」した。「仁義の教え」とはいうまでもなく儒教《じゅきょう》で、「之を潤すに慈善の法を以て」す。「慈善の法」を言い換れば仏教という意味であります。「**専《もっぱ》ら文明《ぶんめい》の化《か》を施す**」。そうして専ら文明の政化を布《し》かれた。「**是《ここ》に於て、皇極の道、再び盛《さか》んなり**」、再び盛んになった。

　これから第四段目であります、第四段目に至って、この太子の説を此処に引いて述べた。「**太子曰く、神《しん》は人の始《はじ》めを教え、儒《じゅ》は人の中《なか》を教え、仏《ぶつ》は人の終《おわ》りを教う**」〔『太子伝補注』「神道ハ根本、天地ト与ニ発リ、以テ人ノ始道ヲ説ク。儒道ハ道ノ枝葉、生黎ト与ニ発リ、人ノ中道ヲ説ク。仏道ハ道ノ華実、人智熟シテ後発リ、人ノ終道ヲ説ク」〕。神・儒・仏道をちゃんと鼎《かなえ》の三足の如くにして用いられた。この聖徳太子の手腕というものは、実に大いなる調和力を具《そな》えておる。神道は吾が邦《くに》固有なるも、実はその神道も神道らしく、稍《や》や組織的のものに成ったのは、太子の力である。その外《ほか》儒教にしても、仏教にしても、外来のものである。その外来のものを、日本の精神に同化させたというのは、それは聖徳太子の大手腕・大気魄である。この公平無私のやり方で、各《おのお》の分業的にその仕事を配致《はいち》せられた、神道は所謂る神《かん》ながらで、「人の始め」を教えるものである。儒教は人の中間、即ち一世《いっせい》の風教《ふうきょう》を正すものである。仏教は「人の終り」、則ち安心立命《あんじんりゅうみょう》を教える所のものである。「**三道互《たが》いに相い扶《たす》け、一个《か》道徳の大樹《たいじゅ》を成す**」。「一个道徳の大樹」、大樹は本幹《ほんかん》であります。こんな塩梅《あんばい》にして、「三道互いに相い扶け」て、「一个道徳の大樹」というものを大成したというのである。此処は実に聖徳太子の、空前絶後、世に優れたる所であります。

「**又た曰く**」、聖徳太子のお言葉に、「**政《まつりごと》は学《がく》に非《あら》ざれば至らず、学の本は神儒仏《しんじゅぶつ》なり**」。初めに一寸一言《ひとこと》申しましたが、この時分は道徳が即ち学問である、教育と宗教は、範囲を論ずれば別か知らぬが、相い隣《とな》ったものである。如何《いか》に世が進んでも、学問の本は、神なり、儒なり、仏なり、拠《よ》る所が無くては、ただ「忠《ちゅう》」と言っても「孝《こう》」と言っても、意義の浅いものである。その「忠」なり「孝」なりの感情の、自然に因《よ》って起《おこ》る所を見定《みさだ》めなければ、到底《とうてい》根本問題には触れない。そういうことは一種の議論で、今言う限りでない。この説が古い所でない。この時分の聖徳太子の言われたのが、本当の学問の真意義を現わして居る。「政は学に非ざれば至らず、学の本は神儒仏」である。勿論《もちろん》この時代はこれだけの宗教しかなかった。

「**然《しか》るに一《いつ》を好《この》む者は、各《おのおの》其の二を悪《にく》んで其の存を嫉《ねた》み、其の亡を欲す**」。これは人間のどうも浅《あさ》ましい所で、何でも自分の気に入ったものはいつまでもあれかし、気に入らぬものは亡《な》くなれかしというので、「**我が知る所、以て理《り》と為《な》し、知らざるを以て非《ひ》と為す**」、こんな塩梅である。「**故に政を操《あやつ》る者は**」、一般人民の人情というものはそれ位浅墓《あさはか》なものであるから、その上に立って政を操る所の者は、「**宜《よろ》しく三に通じて一を好まざるべし。若し一を好めば則ち政を枉《ま》ぐ、政を枉ぐれば則ち王道廃《おうどうすた》る**」云々。これは皆な太子様のお言葉で、こういう様な塩梅で、三道を奨励されたそうである〔以上『五憲法』政家憲法17〕。これは十七憲法の意味を皆な取って居る。

「先賢《せんけん》曰く」、これは太宰春台《だざいしゅんだい》の言った道葉《ことば》。**「厩戸《うまやど》の功、制作《せいさく》の聖《せい》と謂《い》う可し」**、制作の聖であると。成程《なるほど》この程、聖徳太子に依って有《あら》ゆることが此処《ここ》で出来上った様なものであります。而《しか》も外国の良き事を持って来て、日本の精神でそれを噛《か》み分《わ》けたという所が、最も良い所で、**「謚《おくりな》して聖徳《せいとく》と曰う、亦《ま》た虚名《きょめい》に非ざるなり」**、虚名でない〔太宰春台『辨道書』「我朝にて厩戸の功は実に制作の聖といふべし。されば聖徳太子と謚し給ふも虚名にあらず」〕。

「鎌足内府公《かまたりだいふこう》」、これは後に至って、皇極《こうぎょく》天皇の時代に、大臣が大いに政権を弄して私福を営み、王道がまた地に墜ちるという様な有り様で、それから三十八代の天子様、即ち史家が中宗《ちゅうそう》とも称して居る所の、天智《てんち》天皇様、この天智天皇様を扶けて、ああいう立派な政治を為されたのが、大織冠《たいしょっかん》鎌足公である。その「鎌足内府公」が、**「太子《たいし》の高躅《こうしょく》を欽慕《きんぼ》し、三道《さんどう》を並用」**す、聖徳太子のやられたことを慕われて、そうして三道を公平に採用して、**「専ら皇極の道を恢張《かいちょう》して、遂に兇逆《きょうぎゃく》を勦絶《そうぜつ》」**す。三十六代皇極《こうきょく》天皇の時に、蘇我蝦夷《そがえみし》が、入鹿《いるか》と共に大いに政を専らにして、そうして皇孫たる所の山背王《やましろおう》を弑《しい》して、大いに不軌《ふき》の振舞《ふるま》いをやったことがある。それを鎌足公が中大兄王子《なかのおおえのおうじ》と一所に討《う》ち滅《ほろぼ》された。そうして、**「以て君を泰山《たいざん》の安きに置く。其の盛徳偉勲《せいとくいくん》、布《し》いて方策《ほうさく》に在り」**。その「盛徳」と言い、「偉勲」というものは、委しく書物に出て居る。

「**愚固《ぐもと》より老教《ろうきょう》を喜ばず**」、先師は、老子教《ろうしきょう》を喜ばれぬ。というのは老子教は「恬淡無《てんたんむ》為《い》」、世の中を隠居《いんきょ》して仕舞って、ただ「虚《きょ》」とか「玄々《げんげん》」とかを楽しんで居るというのであるから、今日の時世を経営するには、殆んど没交渉《ぼっこうしょう》で、丁度我《わ》が仏教の中の二乗声《にじょうしょう》聞《もん》に類した教えであるから、先師は老教を喜ばぬ。「**常に三道を以て鼎立《ていりつ》して論ずる者、蓋《けだ》し此《ここ》に基《もとい》す**」。老子教の代りに神道を取って、それに儒と仏の二道を加え鼎立させるのは、蓋しこれに本づいて居る。詰《つま》り大織冠鎌足公が「三道を並用」したということに本づいてやった。

「**菅相公《かんしょうこう》曰く**」、菅原《すがわら》の道真《みちざね》公がこういう格言を言われて居る。「**凡《およ》そ国学《こくがく》の要する所、和魂漢才《わこんかんさい》有るに非ざるよりは、其の閫奥《こんおう》を闚《うかが》う能《あた》わずと**」〔『菅家遺誡』1末条／手沢本書入「類聚国史ニ云ヘリ」〕。「和魂漢才」というのは、精神は何処迄《どこまで》も日本的精神、しかしその才《さい》を養い智《ち》を磨くは、広く之を外に待つべしである。この時分には重《お》もに漢を本にして居ったからこう云うたので、今日は広く門戸を洞開《どうかい》して、所謂る開国進取、良きものは世界各国のものを採《と》って用いる。「漢才」だけに止《とど》って居らぬが、精神は何処までも我が国粋的でなければならぬ。所謂る「和魂漢才」というものがあるに非ざるよりは、その「閫奥」、即ち奥深き「皇極の大道」は窺うことが出来ぬと言われた。

「**愚も亦た謂う、吾が皇国《こうこく》の男子大丈夫《だいじょうふ》たる者は、先《ま》ず火《ひ》も焼《や》く能わず水《みず》も溺《おぼ》らす能わざる底の倭魂《やまとだましい》の真柱《まはしら》を肚内《とない》に堅立《けんりつ》し**」、即ち日本的精神の大国柱《だいこくばしら》を、吾《わ》が肚《はら》の中に堅立して、そうして、「**之に加《くわ》うるに漢籍《かんせき》の才を以てす**」、「漢籍の才」を以てする。今では、漢籍に止って居らぬ、広い各国の智識を持って来て、「**然して後、更に力《ちから》を見性《けんしょう》の術《じゅつ》に用い**」、頭を拵《こしら》えるには学問、腹を拵えるには「見性の術」、即ち鬼《おに》に鉄棒《かなぼう》を提《ひっさ》げさせて、「**以て一旦豁然貫通《かつぜんかんつう》すれば、則ち**」、これはという徹底の境涯を得た場合には、「**其の皇極の道を権《けん》衡《こう》するに於て**」、「皇極の道」を取り扱う上に於て、「**亦た間然《かんぜん》すること無し**」、申し分はないのであります。

第二十一講　緒　言（其九）

大法《たいほう》は独絶《どくぜつ》にして曠邈《こうばく》、妙道《みょうどう》は不変《ふへん》にして精微《せいび》、之《これ》を概《がい》して「禅」と曰《い》う。理《り》を以て尋《たず》ぬ可《べ》くして、事《じ》を以て詰《なじ》り難《がた》し。老子《ろうし》曰《いわ》く、「上士《じょうし》は道《みち》を聞いて勤《つと》めて之を行う。中士《ちゅうし》は道を聞いて存《そん》するが如く亡《ぼう》するが如し。下士《かし》は道を聞いて大いに之を笑う」。孔子《こうし》曰く、「中人《ちゅうじん》以上は以て上《かみ》を語る可きなり。中人以下は以て上を語る可からざるなり」と。達磨《だるま》大士《だいし》曰く、「諸仏無上《しょぶつむじょう》の妙道は、曠劫《こうごう》に行じ難きを能《よ》く行じ、忍《しの》び難きを能く忍ぶ。豈《あ》に小徳小智《しょうとくしょうち》・軽心慢心《きょうしんまんしん》を以て、真乗《しんじょう》を冀《こいねが》わんと欲す、徒《いたず》らに勤苦《ごんく》を労するのみ」。嗚呼《ああ》、大道《だいどう》の難《かた》き、三聖者《さんせいじゃ》の言、徴《ちょう》す可きなり。故《ゆえ》に古来《こらい》、聖者の教《おし》えを垂《た》る、皆な卑《ひく》きよりして高《たか》きに上り、浅《あさ》きよりして以て深《ふか》きに至る。之を要するに、生民《せいみん》をして悪《あく》を捨てて善《ぜん》に趨《おもむ》き、偽《ぎ》を去って真《しん》に帰し、苦《く》を除いて楽《らく》に就《つ》かしむるの切情《せつじょう》に出《い》でざるは莫《な》し。其の至《いた》れるに及んでや、万物《ばんぶつ》に妙《みょう》にして言《げん》を為《な》す、能く性命幽明《せいめいゆうめい》の真理《しんり》を尽《つく》す。是《ここ》を以て出処《しゅっしょ》誠に異《い》にして指帰《しき》は則《すなわ》ち同じ。

大法。独絶而曠邈。妙道。不変而精微。概之曰禅。可以理尋。難以事詰矣。老子曰。上士聞道。勤而行之。中士聞道。如存如亡。下士聞道。大笑之。孔子曰。中人以上。可以語上也。中人以下。不可以語上也。達磨大士曰。諸仏無上妙道。曠劫難行能行。難忍能忍。豈以小徳小智軽心慢心。欲冀真乗。徒労勤苦。嗚呼大道之難。三聖者言可徴也。故古来聖者之垂教。皆自卑而上高。従浅以至深。要之莫不出于俾生民捨悪趍善・去偽帰真・除苦就楽之切情矣。及其至也。妙万物而為言。能尽性命幽明之真理。是以出処誠異。而指帰則同。

〔講話〕「**大法《たいほう》は独絶《どくぜつ》にして曠邈《こうばく》、妙道《みょうどう》は不変《ふへん》にして精微《せいび》、之《これ》を概《がい》して「禅」と曰《い》う**」。前段に於て、神儒仏《しんじゅぶつ》三道互いに相い俟って、その大いなるを為す訳を説いた。今、端を改めて、「大法は独絶にして曠邈」なりという。「独絶」ということに就いて少しく経文《きょうもん》の言葉を挙げて見ると、沢山ありますが、例えば独絶という言葉の意味を『維摩経《ゆいまきょう》』〔弟子品〕には、こう言うてある。「法は比《たぐ》い有ること無し、相い待《ま》つこと無きが故に」、即ち「独絶」

の意味で、それを肇《じょう》法師は註を加えて、「諸法は相待《そうたい》よりして生ず、猶《な》お長短比《なら》んで形あるが如し」〔『注維摩』2〕。こう云うような塩梅《あんばい》に「相待」を解釈して居る。また「絶相待《ぜつそうたい》」とは、謂わく、「大機関《だいきかん》を具《ぐ》し、渠《かれ》をして直《ただち》に了《りょう》して成仏《じょうぶつ》せしむ、是れ絶待《ぜったい》の法なり、一《いち》善《ぜん》と一悪《いちあく》と、対待《たいだい》以て尽すにあらず、一決一切了《いっけついっさいりょう》なり」と〔手沢本書入〕。馬祖《ばそ》の水潦《すいりょう》を接した如き例を見るがよろしい〔『五燈会元』3洪州水潦〕。その外、経文の言葉を挙げれば限《きり》も無いが、「独絶」という意味はそういう意味で、十方法界《じっぽうほっかい》唯だ独りで、他に肩を比べる者の無い有り様、「独絶にして曠邈」なり。「曠」は曠大《こうだい》、「邈」は渺邈《びょうばく》〔手沢本書入〕、殆んど際限《さいげん》も無く広くはるかなるをいう。「妙道」とは「大法」と同じである。名は違って居るけれど、指す所は固《もと》より同一である。その「妙道」というものは、どう云うものかと言うに、「不変にして精微」である。「不変」とは圭峰《けいほう》禅師〔宗密〕の言に、「一切諸法《いっさいしょほう》は、唯《た》だ妄念《もうねん》に因《よ》りて差別《しゃべつ》あり。若《も》し心念《しんねん》を離るれば、即ち一切境界《いっさいきょうかい》の相《そう》なし」〔『原人論』斥偏浅第二〕。また曰く、「心性《しんしょう》常に無念《むねん》、故に名《な》づけて不変という」〔『大乗起信論』〕。六祖《ろくそ》大師曰く、「我がこの法門、従上《じゅうじょう》以来、先《ま》ず無念《むねん》を立てて宗《しゅう》となし、無相《むそう》を体《たい》となし、無住《むじゅう》を本《もと》となす。無相とは相に於て相を離る、無念とは念に於て無念なり。無住とは〔……〕諸法の上に於て念々《ねんねん》住せざれば無縛《むばく》なり、此れ是れ無住を以て本と為すなり」〔『六祖法宝壇経』定慧第四〕。つまり「不変」というのは、「無念」の替名《かえな》として置けば宜《よ》い。「不変にして精微」、誠に精霊微妙《せいれいびみょう》なる所のものである。その精霊微妙なる所の「不変」と、「独絶にして曠邈」

なる所の「大法」を概括して何と言うならば、「之を概《がい》して「禅」と曰う」。「禅」とは梵《ぼん》語《ご》、具《つぶ》さには「禅那《ぜんな》」と曰い、これには「正思惟《しょうしゆい》」と云う。畢竟《ひっきょう》「直示単伝《じきしたんでん》」の意に外ならぬ〔虎関師練『済北集』12清言「夫れ〝禅〟の字は〝示〟に従い〝単〟に従う、是れ我が宗〝単伝直示〟の画なり」〕。

今その一つ二つの証拠を挙げて見ると、初祖《しょそ》達磨大士の『血脈論《けちみゃくろん》』〔『少室六門』6〕に「性《しょう》は即ちこれ心《しん》、心は即ちこれ仏《ぶつ》、仏は即ちこれ道《どう》、道は即ちこれ禅《ぜん》。禅の一字は凡聖《ぼんしょう》の測《はか》る所にあらず、直《じき》に本性《ほんしょう》を見《み》る。これを名《なづ》けて禅となす、もし本性を見ずんば即ち禅にあらず、仮令《たと》い千経万論《せんきょうまんろん》を説き得るも、もし本性を見ずんば唯《た》だこれ凡夫《ぼんぷ》」。また『禅《ぜん》詮《せん》』〔宗密『禅源諸詮集都序』上一〕に曰く、「若《も》し頓悟《とんご》すれば自心本来清浄《じしんほんらいしょうじょう》、元《も》と煩悩《ぼんのう》無く、無漏《むろ》の智性《ちしょう》、本自《もとおの》ずから具足《ぐそく》す。此の心即ち仏、畢竟《ひっきょう》異なることなし、此れに依《よ》りて修すれば、是れ最上乗《さいじょうじょう》の禅、亦た如来清浄禅《にょらいしょうじょうぜん》と名け、亦た一行三昧《いちぎょうざんまい》と名け、亦た真如三昧《しんにょざんまい》と名く、此れは是れ一切《いっさい》三昧の根本なり。達摩門下展転《てんでん》して相い伝う。是れ此の禅なり云々」。

「禅」は到底真参実修《しんさんじっしゅう》でなくては分るものでない。

また儒者《じゅしゃ》の側で言うた「禅」の解釈も面白いのが沢山あるが、今は宋朝《そうちょう》の有名な真西山《しんせいざん》〔真徳秀〕の言を一つ紹介しよう『続文章正宗《ぞくぶんしょうせいそう》』に載す、「曰く、宋の曽文昭公《そうぶんしょうこう》〔曽子開のこと〕曰く、仏の道、名相文字《みょうそうもんじ》を出《いで》て一言《いちごん》にして尽《つく》すべきものあり、禅と曰う。その説に以謂《おもえ》らく、直指人心《じきしにんしん》、見性成仏《けんしょうじょうぶつ》。学者《がくしゃ》、心《こころ》を以て心に伝う、必ずしも外に求めず。その術を操《あやつ》る甚だ約《やく》にして、その功を収むる甚だ速《すみやか》なり。他学の次第階級《しだいかいきゅう》あるが若《ごと》きに非ず云々」〈曽南礼「滁州龍蟠山寿聖寺仏殿記」〉。その他色々ありますけれども、最も適切な解釈の一、二を今《いま》挙げて見たのであります。

「理《り》を以て尋《たず》ぬ可《べ》くして、事《じ》を以て詰《なじ》り難《がた》し」。此処で「理」というのは心《こころ》という程の意味で、此処で「事」というのは形《かたち》という程の意味である。禅の真意義に徹底しようというならば、形から這入《はい》ろうとしては迚《とて》も入ることは出来ぬ。文字《もんじ》であるとか、言句《ごんく》であるとか、何等《なんら》かの形から入ろうとしては必ず分らぬ。初めから直覚的にズッと心から這入る、即ち「理」から這入って行く、「理を以て尋ぬ可く、事を以て詰り難し」。これが先師洪川《こうせん》和尚の解釈だ。

「老子《ろうし》曰《いわ》く」、此処へ老子《ろうし》と孔子《こうし》とそうして達磨《だるま》の三聖人《さんせいじん》の事を挙げて、証明をした。**「上士《じょうし》は道《みち》を聞いて勤《つと》めて之を行う。中士《ちゅうし》は道を聞いて存《そん》するが如く亡《ぼう》するが如し。下士《かし》は道を聞いて大いに之を笑う」**〈『老子』41〉。これは中々面白い言葉であります。『老子』の所説には沢山面白いことがあるけれども、今その一を挙げて見ると、「物《もの》あり、混成《こんせい》して天地《てんち》に先だって生ず。寂《せき》たり、寥《りょう》たり、独立して改まらず、吾れその名を知らず。之を名けて道《みち》と云う。強《し》いて之が為に名けて大《だい》と云う」と〈同25〉。先師洪川和尚は「我れ亦た強いて之を名けて妙《みょう》と云う」〈手沢本首書〉と云われた。扨《さ》て老子はこういう立場から眺めて、本文に引いてある如く「上士は道を聞いて勤めて之を行う」と云われた。勤むるとは聞いて直《ただ》ちに信ずるのである。孔子《こうし》の「朝《あした》に道《みち》を聞いて夕《ゆうべ》に死すとも可《か》なり」（『論語』里仁、第37講参照）と云われたも同じことじゃ。「中士は道を聞いて存するが若く亡するが若」くして、一個的実《てきじつ》の見処なく、半信半疑の有り様である。「下士は道を聞いて大いに之を笑う」。笑うのも尤《もっと》もである、井戸《いど》の蛙《かわず》には大海《たいかい》は分らぬ。また曰く、「笑わずんば以て道とするに足《た》らず」と、老子は仲々振《ふる》った剛《すご》いことを言うておらるる（『老子』41）。心ある人はこれ等の言葉を幾度《いくど》か能《よ》く味わってみるが宜《よ》い。

「**孔子曰く**」、これは『論語』の雍也《ようや》篇に出て居る。「**中人《ちゅうじん》以上は以て上《かみ》を語る可きなり。中人以下は以て上を語る可からざるなり**」。この「上」ということは色々解釈があるのでありますが、詰《つま》り大道《だいどう》の替名《かえな》として置いて宜《よ》い。古人《こじん》の解釈に依ると、蔡虚斎《さいきょさい》曰く、「上とは理《り》の精深《せいしん》の処、性天一貫《せいてんいっかん》の如き是れなり」、こういう解釈である（手沢本首書／蔡清『四書蒙引』には見えず）。この「上」の字は「上中下」の上という様な意味とは違う。それで孔子は、中人以上の者には、この大道を語ることが出来るけれども、中以下の人間に至ってはお話は出来ぬと、こういう風に道を見て居られる。

それから、「**達磨大士《だるまだいし》曰く**」、我が禅の祖師《そし》たる達磨大士の言葉を挙げた。達磨大士の伝も何等《なんら》かの序《つい》でに委《くわ》しくお話をしたいと思うが、今は略して、ただ一節だけを挙げておく。『伝燈《でんとう》』初祖《しょそ》の章（『景徳伝燈録』3菩提達磨）に「面壁《めんぺき》して坐し、終日黙然《しゅうじつもくねん》、人《ひと》之を測《はか》る莫《な》し。之を壁観婆羅門《へきかんばらもん》と言う」。終日黙坐《もくざ》して居るから様子《ようす》が分らぬので、時《とき》の人が「壁観婆羅門」と申した。「婆羅門」ということは、これは印度に於ては国王よりも上に置いてある所の種姓《しゅしょう》で、詰り神様と人間との仲介者で、一種の神権《しんけん》を持って居る種族としてある。即ち婆羅門《ばらもん》、刹帝利《せっていり》、毘遮《びしゃ》、須陀《すだ》という様な四つの階級がある、その婆羅門である。「時に僧神光《しんこう》なる者あり。〔……〕久しく伊洛《いらく》に居って、博《ひろ》く群書《ぐんしょ》を覧《み》、善《よ》く玄理《げんり》を談ず。毎《つね》に歎《たん》じて曰く、孔老《こうろう》〔孔子・老子〕の教えは礼術風規《れいじゅつふうき》、荘易《そうえき》〔荘子・易〕の書は未《いま》だ妙理《みょうり》を尽《つく》さず。近ごろ聞く、達磨大士、少林《しょうりん》に住止《じゅうし》すと。至人《しじん》遥《はる》かならず、当《まさ》に玄境《げんきょう》に造《いた》るべし、即ち彼《かしこ》に往《ゆ》いて晨夕参承《しんせきさんしょう》す。師常《つね》に端坐面牆《たんざめんしょう》して、誨励《かいれい》を聞くこと莫《な》し」。何か教えを聞こうと思って参ったけれども、達磨大士は常に端坐面壁しておられて、何も聞くことが出来ぬ。振り返っても見ない。そこで「光《こう》〔神光〕自ら惟《おも》いて曰く、昔人《せきじん》の道を求むる、骨《ほね》を敲《たた》き、髄《ずい》を取り、血《ち》を刺し饑《き》を済《すく》う。〔……〕古《いにしえ》すらなお此《かく》の若《ごと》し、我れまた何人《なんぴと》ぞ。その年十二月九日の夜、天《てん》大いに雪雨《ふ》る。光堅《かた》く立って動かず。遅明《ちめい》、積雪膝《ひざ》を過ぐ。師憫《あわれ》んで問うて曰く、汝《なんじ》久しく雪中に立って、当に何事《なにごと》を求む。光悲泣《ひきゅう》して曰く、惟《た》だ願わくは和尚、慈悲《じひ》、甘露門《かんろもん》を開いて、広く群品《ぐんぼん》を度《ど》したまえ」。実に一字一言《いちじいちごん》皆な肺腑《はいふ》から出た所の言葉である。

その時に達磨大士が言われたことが、この本文に載せてある言葉である。「**諸仏無上《しょぶつむじょう》の妙道は、曠劫《こうごう》に行じ難きを能《よ》く行じ、忍《しの》び難きを能く忍ぶ。豈《あ》に小徳小智《しょうとくしょうち》・軽心慢心《きょうしんまんしん》を以て、真乗《しんじょう》を冀《こいねが》わんと欲す、徒《いたず》らに勤苦《ごんく》を労するのみ**」、こういうことを始めて言うて下さった。「諸仏無上の妙道」、仏教では仏《ほとけ》は一人ではない、三千の諸仏がある。その「諸仏無上の妙道」は、「曠劫」に精勤《しょうごん》して、「行じ難きを能く行じ、忍び難きを能く忍ぶ」のだ。「豈に小徳小智・軽心慢心を以て」、僅《わず》かばかりの蠡貝《れいばい》の様な徳《とく》を以て満足し、僅かばかり蛍《ほたる》の光《ひかり》の様な智慧《ちえ》を以て誇りとし、そうして軽卒《けいそつ》な心、驕慢《きょうまん》の心を以て「真乗を冀わんと欲す」るも、「徒らに勤苦を労す」。「真乗」ということは世間では使わぬ言葉でありますが、仏教では、総て道の事を乗り物に喩《たと》えて居る。即ち仏の円頓実大乗《えんとんじつだいじょう》の法を指していつも「真乗」と言う。即ち「唯有一乗《ゆいういちじょう》の法」であります。その「真乗」を冀わんとしても、「徒らに勤苦を労する」のみで、及びもないことである。こういう工合に示された所が、その一言を聞いて、神光が覚えず利刀《りとう》を抜いて自分の臂《ひじ》〔ウデ〕を断って、達磨大士の前に差し出して、熱烈なる求道《ぐどう》の精神を丸《ま》る出しにした。そこで始めて達磨大士がその法器《ほうき》なることを知りて、続いてこう言われた、「諸仏、最初、道を求め、法の為に形〔からだ〕を忘る。汝、今、臂を吾が前に断って、求むるも亦た可《か》なることあり」。

そこで神光が続いて言うに、「諸仏の法印《ほういん》、得《え》て聞《き》く可きや」。達磨大士の言われるに、「諸仏の法印は、人に従《より》て得《う》るにあらず」。禅宗ではいつでもそういう様な塩梅《あんばい》で、人から貰う訳でも何でもない。所謂る「門《もん》より入《い》るものは家珍《かちん》にあらず」〔「従門入者、不是家珍」〕。門を通って外から入ってくるものは、わが家の宝ではない」じゃ。こう言われたから、神光は「我が心《こころ》未だ安《やす》からず、乞《こ》う師安心《あんじん》したまえ」、誠に深切《しんせつ》な問いであります。銘々《めいめい》顧みればこの通りであろう。スルト磨曰く、「心を将《も》ち来《きた》れ」。真《まこと》に無造作《むぞうさ》な言い方で、丁度其処《そこ》の土瓶《どびん》を持って来いと言う様な安排《あんばい》にやられた。神光の曰く、「心を覓《もと》むるに了不可得《りょうふかとく》なり」。「不可得」とは、不可知、不可解などと言うて、これは世間的に言えば失望の如く解するが、失望どころではない。道の至極《しごく》した所に至れば、畢竟《ひっきょう》「不可得」である。この「不可得」が徹底手《て》に入ればモーしめたものじゃが、仲々これが吾が物にならぬ。『金剛経《こんごうきょう》』には「過去心《かこしん》も不可得《ふかとく》、現在心《げんざいしん》も不可得、未来心《みらいしん》も不可得」とある。今、神光が「心を覓むるに不可得なり」、心を持って来いと仰《おっ》しゃるが、何分《なにぶん》自分の心を捕《つか》まえ様としても「不可得」でありますとこう申したら、達磨大士が、「我れ汝が与《ため》に安心《あんじん》し竟《おわ》れり」。これは大いに工夫《くふう》を要するが、この達磨大士の接得《せっとく》の仕方は、痛処《つうしょ》に一針《いっしん》を下した様なやりかたである。その時に汝が智慧「可《か》なり」と言う意で、慧可《えか》という名を授けられた。二祖《にそ》慧可大師はそれであります。そういう塩梅で、老子と言い、孔子と言い、達磨大士と言い、「**嗚《あ》呼《あ》、大道《だいどう》の難《かた》き、三聖者《さんせいじゃ》の言、徴《ちょう》す可きなり**」。「徴」は証也《なり》〔手沢本書入〕、証拠立《しょうこだ》てることの意味である。

「**故《ゆえ》に古来《こらい》、聖者の教《おし》えを垂《た》る、皆な卑《ひく》きよりして高《たか》きに上り、浅《あさ》きよりして以て深《ふか》きに至る**」。皆な大抵そうであります。これは独《ひと》り釈迦牟尼如来《しゃかむににょらい》ばかりではない。古《いにしえ》の聖人《せいじん》の教《おし》えの立て方は何でも、卑い所から高い所、浅い所から深い所に至らしむるというのが当り前で、仏様が説法《せっぽう》をされたのも矢張《やは》りそうであります、仏が最初鹿野苑《ろくやおん》に於て説法された時には、卑近《ひきん》の事から徐々《じょじょ》として教えられた。それが、阿含《あごん》、方等《ほうとう》、般若《はんにゃ》、法華《ほっけ》と、梯子《はしご》段《だん》を伝《つと》うて行く様に、一段一段ずつ進んで参った。小乗《しょうじょう》から大乗《だいじょう》、俗諦《ぞくたい》より真諦《しんたい》、世《せ》間門《けんもん》より出世間門《しゅっせけんもん》という様な有り様で、それであるから最初は「五戒十善《ごかいじゅうぜん》」そういう所からせり上げて、「四《し》諦十二因縁《たいじゅうにいんねん》」、乃至《ないし》「六度万行《ろくどまんぎょう》」と悟りを開かしめられたのであります。**「之を要するに、生民《せいみん》をして悪《あく》を捨てて善《ぜん》に趨《おもむ》き、偽《ぎ》を去って真《しん》に帰し、苦《く》を除いて楽《らく》に就《つ》かしむるの切情《せつじょう》に出《い》でざるは莫《な》し」**。凡《およ》そ仏教を三方面から眺めて見ると、一つは道徳的方面から眺めることが出来る。道徳的方面から眺めると、悪を捨て善に趣くというのであります。それから偽を去って真に帰するというのが、今時の言葉で言えば哲学的方面で、苦を除き楽に就くというのはこれ純粋の宗教的方面であります。この三つの目的を達する為に、仏は「戒定慧《かいじょうえ》」の三学を立て、その機根の宜《よろ》しきに随って、四十九《しじゅうく》年三百余会《え》を重ねて、横説竪説《おうせつじゅせつ》せられたのである。

「其の至《いた》れるに及んでや、万物《ばんぶつ》に妙《みょう》にして言《げん》を為《な》す」、文字言句《もんじごんく》で何とも言い難い所を「妙」と言う。そうして、**「能く性命幽明《せいめいゆうめい》の真理《しんり》を尽《つく》す」**。先ず「幽」と「明」と二つに分けると、「幽」は未来、「明」は現在。未来と現在を一貫して居る真理、我々の「性命」即ち万物の根本を貫く所の真理を尽して居る。**「是《ここ》を以て出処《しゅっしょ》誠に異《い》にして指帰《しき》は則《すなわ》ち同じ」**とこう結んだ。老子の言う所も、孔子の言う所も、達磨の言う所も、「出処」というは施《せ》設《せつ》という字に変えて見ても宜い。即ちそのやり方は色々違って居るが、帰着する所は皆な同じものだ。初めから始終《しじゅう》その意味の事を、先師が繰り返し繰り返し言うて居られますが、神儒仏道《しんじゅぶつどう》、諸流派も、ここに至っては各《おのおの》の皆な真理という一大海に帰するのである。此処で文章は一段附いて居る。これから次第に神儒仏の三道が互いに相い扶《たす》け合って、一つの真理を円《まど》かにするということを説くのであります。

第二十二講　緒　言（其十）

蓋《けだ》し老子《ろうし》の教《おし》えを垂《た》るるや、周道陵夷《しゅうどうりょうい》の運に属し、民俗浮偽《みんぞくふぎ》にして、之《これ》に従《したが》う莫《な》し。孔《こう》子《し》其の間に出《い》で、詩書《ししょ》を修め、礼楽《れいがく》を定め、三綱五常《さんこうごじょう》の教えを唱え、以て世弊《せいへい》を捄《すく》う。不幸にして忽《たちま》ち戦国《せんごく》に及び、横議《おうぎ》盛んにして、覇術《はじゅつ》行われ、未《いま》だ嘗《かつ》て玄妙《げんみょう》の典《てん》を言及するに遑《いとま》あらず。其《そ》の澆季《ぎょうき》捄《すく》い難《がた》きに当りて、釈教東流《しゃくきょうとうる》し、善悪報応《ぜんあくほうおう》を顕説《けんせつ》して、生民《せいみん》を警戒し、推《お》して之を広《ひろ》むるに性命《せいめい》の理《り》を以てし、和《やわ》らげて之を教ゆるに慈善《じぜん》の行を以てし、大いに天下《てんか》を化益《けやく》し、其の根機《こんき》漸《よう》や《や》く熟するに迨《およ》んで、而《しこう》して後《のち》、達磨大士西来《だるまだいしせいらい》し、始めて教《きょう》外別伝《げべつでん》の宗旨《しゅうし》を唱え、以て諸仏頂上《しょぶつちょうじょう》の秘機《ひき》を洩《もら》す。然《しか》れば則《すなわ》ち吾が釈教《しゃくきょう》の、王度《おうど》を翊《たす》け、治道《ちどう》を補い、天下後世《こうせい》に功《こう》有る、豈《あ》に小補《しょうほ》と云《い》わんや。当時若《も》し吾が教えの補翊《ほよく》無くんば、便ち仁孝忠信《じんこうちゅうしん》の教え、或いは熄《や》むに幾《ちか》からん。是《これ》に由《よ》りて之を観れば、仏教《ぶっきょう》と儒教《じゅきょう》と、発《ほっ》致《ち》施《せ》設《せつ》、殊《こと》なりと雖《いえど》も、其の期する所の者同然《どうぜん》のみ。某《それがし》嘗て禅余《ぜんよ》、目を四書六経《ししょりくけい》の中に遊ばして、間《ま》ま蹈舞《とうぶ》を忘るる者有《あ》り。故《ゆえ》に往々《おうおう》一二章を抜鈔《ばっしょう》し、聊《いささ》か管見《かんけん》の秘《ひ》を発《はっ》し、以て学者《がくしゃ》の公案《こうあん》に充《あ》て、天下後世をして、孔子《こうし》立教《りっきょう》中《ちゅう》禅有り、禅中名教《めいきょう》の至理《しり》有るを知らしめんと欲するなり。熟《つら》ら按《あん》ずるに、孔子は釈子《しゃくし》の地《ち》と為《な》り、釈子は孔子の地と為り、両教《りょうきょう》互いに影響し、以て大道《だいどう》を発輝《はっき》す。既《すで》に昭々然《しょうしょうぜん》たり、看《み》る者之《これ》を審《つまび》らかにせよ。

蓋老子之垂教也。属周道陵夷之運。民俗浮偽。而莫之従也。孔子出其間。修詩書定礼楽。唱三綱五常之教。以捄世弊。不幸忽及戦国。横議盛。覇術行。未嘗遑言及玄妙之典。当其澆季難捄。釈教東流。顕説善悪報応。而警戒生民。推而広之以性命之理。和而教之以慈善之行。大化益天下焉。迨其根機漸熟。而後達磨大士西来。始唱教外別伝之宗旨。以洩諸仏頂上之秘機焉。然則吾釈教之翊王度。補治道。而有功天下後世。豈小補云乎哉。当時若無吾教之補翊。便仁孝忠信之教。或幾乎熄矣。由是観之。仏教之与儒教。発致施設雖殊。其所期者同然耳。某嘗禅余。遊目乎四書六経中。間有忘蹈舞者。故抜鈔往往一二章。聊発管見之秘。以充学者公案。欲使天下後世知孔子立教中有禅・禅中有名教之至理也。熟按。孔子為釈子地。釈子為孔子地。両教互影響。以発輝大道。既昭昭然矣。看者審之。

〔講話〕「**蓋《けだ》し老子《ろうし》の教《おし》えを垂《た》るるや、周道陵夷《しゅうどうりょうい》の運に属**」す。丁度《ちょうど》老子の出られたのが周《しゅう》の末であります。その老子の出られた時分というものは、まだ孔子《こうし》の教えが世に現われぬ時で、所謂る禹《う》・湯《とう》・文《ぶん》・武《ぶ》・周公《しゅうこう》の道なるものは大いに「陵夷」して日晡下《ななつさが》りになった時分であります。それ故に「民俗浮偽《みんぞくふぎ》にして、之《これ》に従《したが》う莫《な》し」。兎角《とかく》人情風俗というものが軽佻浮薄《けいちょうふはく》に流れて居る時代であった。そういう民俗であるから、老子の如き高尚な教えを説いても、これに従う者は無かった。

　老子の言葉は実に味《あじ》わえば味わう程《ほど》、面白いのでありますが、一ツ二ツ挙げて見ると、こういうことがある。「道《みち》の道とす可《べ》きは常道《じょうどう》に非ず、名《な》の名とす可きは常名《じょうめい》に非ず」（『老子』1）という様な、丸《まる》で調子が違って居る。迚《とて》も今の「民俗浮偽」になった人は到底《とうてい》こういうことを伺い知ることは出来ぬ。或いはまた「罪《つみ》は欲《ほっ》す可きより大なるは莫く、禍《わざわい》は足るを知らざるより大なるは莫し」（同46）。或いはまた「其の心《こころ》を虚《きょ》にし其の腹《はら》を実にす」（同3）、これも善い言葉であります。僅《わず》かに六字でありますけれども、修養上に取っては実に立派なものであります。扨《さ》て我々の心は中々「虚」とは言えぬ。色々のものが腹の中に横たわって居るが、老子の言う所は、心を虚《むな》しくせよ、心を虚しくすると同時にその腹《はら》を実《じつ》にする、精神の力はいつも充実せしめて居らなければならぬ、こういう言い方である。或いはまた「大成《たいせい》は欠《か》けたるが若《ごと》く（……）、大盈《だいえい》は沖《むなし》きが若し」（同45）。こういう様な言葉が段々ありますが、長くなるから一々辯は附けませぬ。

　そういう教えであるから、この浮偽なす所の民俗は、到底こういう言葉に従うことは出来ない。それ故に老子一代というものは、殆んど世の中から省かれた様な有り様であったが、それに継いで起って来たのが孔子であります。

「**孔子《こうし》其の間に出《い》で**」、孔子がその「周道陵夷」の間に出で、「**詩書《ししょ》を修め、礼楽《れいがく》を定め、三綱五常《さんこうごじょう》の教えを唱え、以て世弊《せいへい》を捄《すく》う**」。「詩書」は即ち『詩経《しきょう》』と『書経《しょきょう》』。これを修め、また『礼記《らいき》』というものを作り、『楽記《がくき》』というものを拵《こしら》えた。「三綱」とは、「君臣《くんしん》」と「父子《ふし》」と「夫婦《ふうふ》」、凡《およ》そ人倫《じんりん》はこれから始まる。君臣・父子・夫婦の教えが正しければ、昆弟《こんてい》、朋友《ほうゆう》、国家《こっか》、社会《しゃかい》に及んで能《よ》く平和を保って行く。「五常」は言うまでも無く、「仁義《じんぎ》礼智《れいち》信《しん》」であります。孔子はその「三綱五常の教え」を唱えたのであります。これに反して老子の教えは哲学としては優れて居るが、倫理上の教えとしては余りに遠い。孔子に至ると倫理本位で述べられ、そうして世弊を捄《すく》われたが、如何《いかん》せん「**不幸にして忽《たちま》ち戦国《せんごく》に及び**」、周の末から「戦国」となった。

「戦国」となると、礼楽も征伐も皆な諸侯《しょこう》より出るという様な有り様で、元来《がんらい》天子から出る筈《はず》のものが、礼楽も征伐も皆な諸侯が命ずるという様なことになった。我が日本でも鎌倉幕府の昔は且《しば》らく置《お》き、徳川氏の中葉からは、取り分け皆なそういう様な風になって、大名小名が諸方に割拠して将軍を仰いで、天子は殆んど忘れられた如き有り様になった。到底《とうてい》王道などを説いて居っても、そんな迂遠《うえん》なことは人が耳を傾けないというのが、周の末の世の有り様であった。

孔子が天下を歩いて、初めから算《かぞ》えて見ると七十二侯という、それ位主取《しゅと》りをせられたが、何《いず》れも皆な本当に用いられなかった。トウトウ後、洙泗《しゅし》〔洙水・泗水〕の畔《ほとり》へ退いて、そうして大いに「詩書礼楽」を修められた。そんな有り様で、「戦国」に及んでは、「**横議《おうぎ》盛んにして、覇術《はじゅつ》行われ**」、「横議」というのは正しからざる道で、色々の異説が盛んに行われ、王道は廃《すた》れて覇術のみ行われるという有り様。「**未《いま》だ嘗《かつ》て玄妙《げんみょう》の典《てん》を言及するに遑《いとま》あらず**」。孔子は哲学的の事は余り仰《おっ》しゃってござらぬのは、治術に忙《せ》わしくてその遑がなかったのであろう。それ故に、或る時、孔子が嘆息《たんそく》されて、「鳳鳥《ほうちょう》至らず、河図《かと》を出《いだ》さず、吾れ已《やみ》ぬる矣夫《かな》」と言われた〔『論語』子罕〕。それでモウ仕方がないから自ら退いて魯《ろ》の十二公を挙げて、「春秋《しゅんじゅう》の筆法《ひっぽう》」を以て、大いに文武の道を唱えられた様な訳である。その『春秋』と言うものが、遂に「獲麟《かくりん》」というて、麒麟《きりん》を獲《え》て、始めて筆を収めて仕舞うた。それでトウトウ玄々微妙《げんげんみみょう》なる所の真の哲学とか、真の宗教とかいうことを説いて居られる遑《いとま》がなかった。

「**其《そ》の澆季《ぎょうき》捄《すく》い難《がた》きに当りて、釈教東流《しゃくきょうとうる》**」す。所《ところ》が幸いにして、これが孔子様から五百四十余年の後、即ち後漢《ごかん》の明帝《めいてい》、或いは顕宗《けんそう》皇帝とも云う、これは人が二人の様でありますが、実は一人であります。その時に至って始めて天竺《てんじく》に使《つかい》を遣《つか》わして、仏教を迎えた。それを少し委《くわ》しく言うて見ましょう、後漢の明帝という人は、十歳にして『春秋』に通ずるという様な人で、三十にして位《くらい》に即《つ》かれて、大いに儒教を興された。それから冠冕車服《かんべんしゃふく》という様な色々の礼儀作法を定められた。そうして即位の四年、永平《えいへい》の辛酉《しんゆう》の年に、一夜、明帝が夢を見られた。昔の人の伝には往々夢物語《ゆめものがたり》が出て居るが、馬鹿にならぬ。今の者はそれを一笑に附して仕舞うが、夢というものは、その人が感じたので、他の人には何の関係もない。理窟の上には夢讖《むしん》などはないものでありますけれども、一種の信仰の上には必ず感応《かんのう》あることであります。その明帝が一夜夢《ゆめ》を見た所が、その夢に金身丈六《こんじんじょうろく》と言うて、黄金の体にして身長一丈六尺もある人が、首には日輪を帯びて居る、飛んで殿庭《でんてい》に入るという夢を見られた。明日に至って羣臣《ぐんしん》を集めて、そうして夢みたことを占《うらな》わしめられた。

その時に通士《つうし》の傅毅《ふき》という者が奏《そう》して曰《い》うに、「臣按《あん》ずるに『周書異記《しゅうしょいき》』に昭王《しょうおう》廿四年甲寅《こういん》四月八日平旦《へいたん》暴風忽《たちま》ち起り、宮殿人舎《きゅうでんじんしゃ》震動して、夜《よる》五色の光あり、入って太微《たいび》を貫《つらぬ》き、四方《しほう》に徧《あまね》うして尽《ことごと》く青紅《せいこう》の色をなす。王、太史蘇由《そゆう》に問う。是れ何《なん》の祥《しょう》ぞ、対《こた》えて曰く、西方《せいほう》に大聖人《だいせいじん》ありて生まる。王曰く、天下に於て如何《いかん》。対えて曰く、此の時他《た》なし、後ち一千年、声教《せいきょう》この土に被及《ひきゅう》せん。王、石に鐫《うが》って之を記せしむ。埋《うず》んで南郊天祠《なんこうてんし》の前に在り。年を以てこれを計るに、今辛酉《しんゆう》に至って一千一十年なり。陛下《へいか》夢みるところ将《は》た必ずこれならんか。帝《てい》以て然《しか》りとなし、即ち中郎将蔡愔《さいいん》、博士王遵《おうじゅん》、秦景《しんけい》等十有八人を遣《つか》わし、西のかたその道を訪《と》う。大月氏《だいげっし》国《こく》に至り、果して迦葉摩《かしょうま》騰《とう》・竺法蘭《じくほうらん》が優《う》塡王《てんおう》第四造の白氎《はくちょう》像《ぞう》並びに『四十二章経《しじゅうにしょうきょう》』等を持《じ》して来《きた》るに逢い、奉迎《ほうげい》して洛《らく》に帰《かえ》る」事は『後漢書《ごかんじょ》』西域《せいいき》伝に見えたり〔『仏祖歴代通載』4〕。

而してこの『四十二章経』が仏教経典の支那に来た一番始まりであります。その「澆季拭い難」く、老子教も世に行われず、孔子教も人の耳に入らぬ。如何《いかん》せば可ならんという、誠に思想上の危険の時代に、丁度この仏教が西の方より伝わった。

その釈教《しゃくきょう》の教えというものは、言うまでもない「**善悪報応《ぜんあくほうおう》を顕説《けんせつ》**」す。これは一端だけでは尽すことが出来ぬのでありますが、因果応報《いんがおうほう》の道理というものは、仏教各宗一般に教える所で、善因《ぜんいん》あれば善果《ぜんか》を得、悪因《あくいん》あれば悪果《あくか》を得る。我々人類間の貧《ひん》富《ぷ》貴《き》賤《せん》、寿夭《じゅよう》禍《か》福《ふく》を精《くわ》しく眺めて見ると、限《かぎ》りもない複雑な状態で、皆なその因《いん》が違い、その果《か》が違う。それは神が授けた、仏が命じた、ということではない。神の権威も仏の万徳《まんとく》も因果の理法に干渉することは出来ぬ。自分が善因を作れば善果が生じ、悪因を作れば悪果が現われる。仏教は決して濫《みだ》りに禍福を祈るという宗教ではない。「善悪報応を顕説」して、そうして「**生民《せいみん》を警戒し、推《お》して之を広《ひろ》むるに性命《せいめい》の理《り》を以て**」す。

仏教は一通り言うと、大体「世間《せけん》教」と「出世間《しゅっせけん》教」とに分けることが出来るが、「世間教」でも、「出世間教」でも、その説く所に大小広狭の別はあるが、その心を以て経《けい》とし因果を以て緯《い》とする所は決して相《い》い換《か》わらぬのである。但し「世間教」としては、今言う因果応報の道理を根柢として、善を勧め悪を懲《こら》すのが趣意である。「出世間教」としては、最《も》早《はや》、純宗教に這《は》入《い》って居る。それを浄土門《じょうどもん》で言えば「往生浄土《おうじょうじょうど》」と云い、聖道門《しょうどうもん》では「転迷開悟《てんめいかいご》」と云う。それが即ち「性命の理」である。それでただ「世間教」だけならば儒教で沢山だ。儒教で言う「仁義《じんぎ》礼智《れいち》信《しん》」というのと、仏教で言う「五戒十善《ごかいじゅうぜん》」と言うのと、意味に於て同じである。その大安心《だいあんじん》を得て、現在、未来に渉って少しも変ぜず動ぜざる所の精神に活力を与えるのが真の宗教であります。そういう悟りの道を以てして更に「**和《やわ》らげて之を教ゆるに慈善《じぜん》の行を以て**」す。これは即ち「六度万行《ろくどまんぎょう》」とて、慈善をせよ、紀律を保て、忍耐をせよ、努力なれ、心を修めよ、智力を味《くら》ますな。即ち「布施《ふせ》」「持戒《じかい》」「忍辱《にんにく》」「精進《しょうじん》」「禅定《ぜんじょう》」「智慧《ちえ》」、これを「六度」〔六波羅蜜〕と言う。一切の万行は皆なこの中に籠《こも》って居る。

「**大いに天下《てんか》を化益《けやく》し**」、こんな塩梅にして、「**其の根機《こんき》漸《ようや》く熟するに迨《およ》んで**」、段々浅きよりして深きに至り、卑《ひく》きより高きに導いて、モウ此処《ここ》で宜《よ》いという、総ての人の根機が漸く熟したという時に臨んで、「**而《しこう》して後《のち》、達磨《だるま》大士《だいし》西来《せいらい》**」す。即ち梁《りょう》の武《ぶ》帝《てい》の時に、達磨大士が印度より出て来た。この武帝と云い、その太子昭明《しょうめい》と云い、親子共《とも》に勝れた人物であった。詳しき噺《はなし》は他日に譲っておく。「**始めて教外別伝《きょうげべつでん》の宗旨《しゅうし》を唱え、以て諸仏頂上《しょぶっちょうじょう》の秘機《ひき》を洩《もら》す**」。禅ということも色々ありて、「外道禅《げどうぜん》」「凡夫禅《ぼんぶぜん》」「声聞禅《しょうもんぜん》」「菩薩禅《ぼさつぜん》」などと云う中に、一番終《しま》いの名が、「諸仏頂上の秘機」という、こういう名が附いた。約《つづ》めて言えば、「直指《じきし》人心《にんしん》、見性成仏《けんしょうじょうぶつ》」で、即ち古仏《こぶつ》の真髄を直示《じきじ》したものである。「**然《しか》れば則《すなわ》ち吾が釈教《しゃくきょう》の、王度《おうど》を翊《たす》け、治道《ちどう》を補い、天下後世《こうせい》に功《こう》有る、豈《あ》に小補《しょうほ》と云《い》わんや**」。一寸《ちょっと》したことではない。全く当時の支那の精神界を廓然《かくねん》したのである。「**当時若《も》**

し吾が教えの補翊《ほよく》無くんば」、仏教の「補翊」というものがなかったならば、「**便ち仁孝忠《じんこうちゅう》信《しん》の教え、或いは熄《や》むに幾《ちか》からん**」。「仁孝忠信の教え」、即ち約《つづ》めて言えば儒教である。我々は普通の場合「儒教」というものと、「孔子教」というものを一所に称えておる。この間、服部博士の書いた物を見ましたらば、「孔子教」というものと「儒教」というものを分けて論じて居りますが、それ等の事は今は別問題であります〔服部宇之吉『孔子及孔子教』一九一七年〕。その儒教の教えの足らざる処を、仏教を以て補わなかったならば、儒教は殆んど絶《た》えて仕舞ったであろう。

「**是《これ》に由《よ》りて之を観れば、仏教《ぶっきょう》と儒教《じゅきょう》と、発致施設《ほっちせせつ》、殊《こと》なりと雖《いえど》も、其の期する所の者同然《どうぜん》のみ**」。そういう塩梅で、儒教は現在に重きを置き、仏教は現在及び未来に重きを置いて、その範囲の広狭長短の違いはあるが、その「発致施設」、「発致」というのは教え方と言うても宜《よ》い、「施設」というは模様取りと言って宜い〔手沢本書入〕。詰《つま》りその形式なり、型《かた》なりは、違って居るけれども、その期する所の改過遷善《かいかせんぜん》〔過誤を改めて善に向かわせる〕ということは同じである。

「**某《それがし》嘗て禅余《ぜんよ》**」、この洪川が嘗て禅余に、「**目を四書六経《ししょりくけい》の中に遊ばして、間《ま》ま蹈舞《とうぶ》を忘るる者有《あ》り**」、屢《しばし》ば手《て》の舞い足《あし》の踏むを忘るる境界を得た。即ち禅の力を以て儒教を究めて、右の如き愉快の境界を得たことは屢ばであった。「**故《ゆえ》に往々《おうおう》一二章を抜鈔《ばっしょう》し**」、四書なり六経なりの中から格言を引き抜いて来て、「**聊《いささ》か管見《かんけん》の秘《ひ》を発《はっ》し**」、管《くだ》を以て天《てん》を覗《うかが》う様な私《わたくし》の小さい説ではあろうけれども、しかし自分の大いに得る所の秘訣がある。それを此処に持ち出して、「**以て学者《がくしゃ》の公案《こうあん》に充《あ》て**」、平生世間では「考案」という字を用いておるが、禅宗で用いる「公案」というのは、元と「公府《こうふ》の案牘《あんどく》」という字から出て居る（中峰明本『山房夜話』上）。今ならば国家の憲法という様なものである。それを昔の言葉では「公府の案牘」と言うた。それを仮用《かよう》して禅宗では「学者の公案」と言う。その「学者の公案」に充てた。

そうして「**天下後世をして、孔子《こうし》立教中《りっきょうちゅう》禅有り、禅中名教《めいきょう》の至理《しり》有るを知らしめんと欲するなり**」。我が微意《びい》は何処《いずこ》にあるかと言えば、天下後世をして「孔子教」の中にも「禅」があり、「禅」の中にも「名教の至理」があることを知らしめんと欲するのである。「禅」というものは、ただ禅宗に限られた訳ではない。孔子六経の中にも立派に「禅」がある。それは下巻の三十則の中に明らかに現われてくるから、今は言いませぬ。「孔子教」は名《な》を正《ただ》すということが主であるから、「名教」とも言う。「名教の至理」が「禅」の中にもある。両方互いに渉入《しょうにゅう》して居るということを発見した。

「**熟《つらつ》ら按《あん》ずるに、孔子は釈子《しゃくし》の地《ち》と為《な》り、釈子は孔子の地と為**」る。要するに両方を研究して見ると、孔子教というものは、詰り仏教の素地《したじ》をする様なものである。また仏教というものは孔子教の素地を作って居る様な有り様である。互いに相い助けて居る。「**両《りょう》教《きょう》互いに影響し**」、この仏教と儒教というものは、影の形に従うが如く、響の声に応ずるが如く、どうしても離れないものである。「**以て大道《だいどう》を発輝《はっき》す**」。儒教と仏教と相い俟って、一個の大道というものを其処《そこ》へ現わすのである。大道というものを我が物にして見れば、「儒」というもの「仏」というものの境《さかい》も取れて仕舞う。「**既《すで》に昭々然《しょうしょうぜん》たり**」、その事はこれから下巻に入って明らかに辯ずるから「**看《み》る者之《これ》を審《つまび》らかにせよ**」、下巻に至って詳知すべしじゃ。

第二十三講　緒　言（其十一）

○『雲臥紀談《うんがきだん》』に載《の》す、古徳曰《ことくいわ》く、「尭《ぎょう》より武王《ぶおう》に迄《いた》る、仏未《ぶついま》だ誕生せず、以《ゆえ》有るなり。成康《せいこう》既に没して、仏是《ここ》に於て跡《あと》を顕《あら》わす。然《しか》り而《しこう》して未だ中華《ちゅうか》に被《かむ》らず、以て聖人《せいじん》の魯《ろ》に生れて、古帝王《こていおう》の教えを集大成《しゅうたいせい》するを竢《ま》つや、甚《はなは》だし。聖人、魯衛陳宋《ろえいちんそう》に困《くる》しみ、或いは九夷《きゅうい》に居らんと欲し、或いは桴《ふ》に乗りて海に浮かばんと欲す。此《こ》の時に当って、外《そと》数万里の教えを以て中国に加う、天子諸侯《てんししょこう》、疇《たれ》か之《これ》を聴かんや。仏法は苟《いやし》くも伝わらず、顕宗《けんそう》感じて諸《これ》を遠きに求むるに非ざれば、恐らくは未だ速《すみや》かに応ずる能《あた》わざるのみ」。

○『大恵武庫《だいえぶこ》』に載す、宋《そう》の王荊国公《おうけいこくこう》、一日、張文定公《ちょうぶんていこう》に問うて曰く、「孔子《こうし》を去る百年にして孟軻《もうか》有り、此の後《のち》、孔孟《こうもう》に迨《およ》ぶ者誰《たれ》とか為《な》す。何ぞ吾が道の寥々《りょうりょう》たるや」。文定曰く、「豈《あ》に人《ひと》無からんや、亦《ま》た孔孟に過《す》ぎたる者有《あ》り」。曰く、「誰ぞや」。文定曰く、「江西《こうぜい》の馬《ば》大師、坦然《たんねん》禅師、汾陽《ふんよう》の無業《むごう》禅師、雪峰《せっぽう》、岩頭《がんとう》、丹霞《たんか》、雲門《うんもん》等の諸禅師なり。孔孟の教え、轡勒《ひろく》住《とど》めず、皆な釈氏《しゃくし》に帰す」。荊公深《ふか》く之を肯《うけ》がう。後《のち》、張無尽相公《ちょうむじんしょうこう》之を聞いて、几《き》を撫《ぶ》して嘆賞《たんしょう》して曰く、「達人《たつじん》の論なり」と。

○『枯崖漫録《こがいまんろく》』に載す、張文定公《ちょうぶんていこう》曰く、「儒道《じゅどう》は淡薄《たんぱく》、一時聖賢《せいけん》、尽《ことごと》く釈氏《しゃくし》に帰す。而して関洛《かんらく》諸公、亦た必ず釈氏《しゃくし》の言を玩味《がんみ》して後《のち》、能《よ》く洙泗《しゅし》不伝の秘《ひ》を接続し、其《そ》の世教《せいきょう》を裨助《ひじょ》すること、要するに小補《しょうほ》に非ざるなり」。

天地《てんち》、陰陽《いんよう》を包羅《ほうら》す、而して識《し》り易《やす》き者は、其の象《しょう》有るを以てなり。陰陽、天地に混処《こんしょ》す、而して窮《きわ》め難《がた》き者は、其の形《かたち》無きを以てなり。象の顕《あら》わるるや、徴《ちょう》す可《べ》し。儒や資《たす》けて以て則《そく》と為す。形の潜《ひそ》むや、観《み》ること難《かた》し。老《ろう》や資けて以て則と為す。是《ここ》に於て老は儒を以て厚く、儒は老を以て全《まった》し。孔老《こうろう》は仏を以て徹し、仏は孔老を以て助く。然《しか》りと雖《いえど》も、孔老二教は、智一世《ちいっせい》に通じ、但《た》だ生民《せいみん》を利し、未《いま》だ異生《いしょう》に及ばず。吾が仏の大乗悲智《だいじょうひち》の如きは、六道四生《ろくどうししょう》・過現未《かげんみ》に通じ、皆な悉《ことごと》く之に及び、物《もの》として利《り》せざる無く、事《こと》として達《たっ》せざる無し。其の智眼《ちげん》の如きは、有象《うしょう》と無形《むけい》と、有情《うじょう》と非情《ひじょう》と、其の性無二《しょうむに》、無二の性即ち実相《じっそう》、塵労《じんろう》に住して乱れず、禅定《ぜんじょう》に居て寂《じゃく》ならず。其の物為《た》るや、不来不去《ふらいふこ》、不空不常《ふくうふじょう》、内《うち》を兼ね外《そと》を兼ね、性相如々《しょうそうにょにょ》、本自《もとよ》り不生《ふしょう》、豈《あ》に又《ま》た滅《めつ》有らんや。真浄明妙《しんじょうみょうみょう》、卓爾《たくじ》として対待《たいだい》無き者なり。姑《しば》く之を号して仏と曰《い》う。

○雲臥紀談載。古徳曰。由尭迄武王。仏未誕生。有以也。成康既没。仏於是顕跡。然而未被中華。以竢聖人生於魯。集大成於古帝王之教也。甚矣。聖人困於魯衛陳宋。或欲居九夷。或欲乗桴浮海。当此時。以外数万里之教。加于中国。天子諸侯疇聴之哉。仏法不苟伝。非顕宗感而求諸遠。恐未能速応耳。

○大恵武庫載。宋王荊国公。一日問張文定公曰。去孔子百年。有孟軻。此後迨孔孟者為誰。何吾道之寥寥乎。文定曰。豈無人。亦有過孔孟者。曰。誰耶。文定曰。江西馬大師・坦然禅師・汾陽無業禅師・雪峰・岩頭・丹霞・雲門等諸禅師。孔孟之教。轡勒不住。皆帰釈氏焉。荊公深肯之。後張無尽相公聞之。撫几嘆賞曰。達人之論也。

○枯崖漫録載。張文定公曰。儒道淡薄。一時聖賢。尽帰釈氏。而関洛諸公。亦必玩味釈氏之言。而後能接続洙泗不伝之秘。其裨助世教。要非小補矣。

天地包羅乎陰陽。而易識者・以其有象也。陰陽混処乎天地。而難窮者・以其無形也。象之顕也可徴。儒也資以為則。形之潜也難覩。老也資以為則。於是。老以儒而厚。儒以老而全。孔老以仏而徹。仏以孔老而助。雖然。孔老二教。智通一世。但利生民。未及異生。如吾仏大乗悲智。通于六道四生過現未。皆悉及之。無物不利。無事不達。如其智眼。有象之与無形。有情之与非情。其性無二。無二之性即実相。住塵労而不乱。居禅定而不寂。其為物也・不来不去。不空不常。兼内兼外。性相如如。本自不生。豈又有滅。真浄明妙。卓爾無対待者也。姑号之曰仏。

〔講話〕『雲臥紀談《うんがきだん》』というは、一小冊子《いちしょうさっし》でありますが、私共子供《わたくしども》の時に一遍素読《そどく》したことがあります。その、「**『雲臥紀談《うんがきだん》』に載《の》す、古徳曰《ことくいわ》く**」、これは黄龍《おうりょう》の死心《ししん》禅師の法を嗣《つ》がれた所の、潭州《たんしゅう》上封祖秀《そしゅう》禅師の言われた所の言葉を引かれた。「**尭《ぎょう》より武王《ぶおう》に迄《いた》る、仏《ぶつ》未《いま》だ誕生せず**」、尭より武王までは、丁度尭《ぎょう》・舜《しゅん》・禹《う》・湯《とう》・文王《ぶんのう》を経《へ》て、その間数百年、仏はまだその間は世に出られなんだというに就いては、「**以《ゆえ》有るなり**」、訳がある。

「**成康《せいこう》既に没して**」、成王《せいおう》、康王《こうおう》、これは武王の後であるが、その成王・康王になった後に、「**仏是《ここ》に於て跡《あと》を顕《あら》わす**」、始めて仏が中印度の摩迦陀《まかだ》国に於て誕生せられた。丁度仏が生れられたのが、周《しゅう》の昭王《しょうおう》二十四年甲寅《こういん》四月八日に、「光《ひかり》五色あり、紫微《しび》を貫く」。印度に生れた仏の祥瑞が支那まで影響したという有り様で、昭王の四十四年二月八日に城を出で、妻子《さいし》眷族《けんぞく》を捨て、山に入り難行苦行《なんぎょうくぎょう》をされ、穆王《ぼくおう》の五十三年壬申《じんしん》の二月十五日に、またこの奇瑞《きずい》があった。「白虹《はくこう》十二道、南北を貫通して連宵《れんしょう》滅せず、山河大地《せんがだいち》六種に震動す」という有り様である。その時分に大史《たいし》の官をして居った扈多《こた》という人に、穆王が問うて言わるるに、「是れ何《なん》の徴《ちょう》ぞ」。答えて言う、「西方《さいほう》に大聖人《だいせいじん》あり、滅度《めつど》す、云々」。昭王の甲寅の年から穆王の壬申に至るまでが、丁度七十九年。仏は八十にして入滅とありますが、その間が七十九年。丁度その入滅が日本の方で言うと、天神《てんじん》七代・地神《ちしん》五代という地神の鸕鷀草葺不合尊《うがやふきあえずのみこと》の時代に当る。今から言うと、殆んど二千九百年に近い〔以上、手沢本首書／『仏祖歴代通載』3、等参照〕。そういう有り様で、仏は跡を顕わした。**「然《しか》り而《しこう》して未だ中華《ちゅうか》に被《かむ》らず」**。「中華」は支那で、仏は生れたが未だ支那に及ばなかった。その「中華」に道が伝わらぬというに就いても、多少の因縁《いんねん》があって、**「聖人《せいじん》の魯《ろ》に生れて、古帝王《こていおう》の教えを集大成《しゅうたいせい》するを竢《ま》つや、甚《はなは》だし」**。此処《ここ》で「聖人」というものは孔子《こうし》を指すのである。これは周《しゅう》の二十三代の霊王《れいおう》の時で、魯《ろ》の国では、襄公《じょうこう》二十二年庚《かのえ》戌《いぬ》の歳、十一月庚子《かのえね》に、魯の昌平郷陬邑《しょうへいきょうすうゆう》に生れた。そうして「古帝王の教え」、即ち堯《ぎょう》、舜《しゅん》、禹《う》、湯《とう》、文《ぶん》、武《ぶ》、周公《しゅうこう》等の教えを集めて大成《たいせい》せられたのである。「集めて大成する」という言は能《よ》く今日でも普通に申しますが、これは『孟子《もうし》』の万章《ばんしょう》〔下〕に、「伯夷《はくい》は聖《せい》の清《せい》なる者也《なり》、伊尹《いいん》は聖の任《にん》なる者也、柳下恵《りゅうかけい》は聖の和《わ》なる者也。孔子は聖の時《とき》なる者也、孔子は集めて大成すと謂う。集めて大成すとは、金声《きんせい》にして玉《ぎょく》之を振《ふ》る也」という言葉がある。「金声玉振《きんせいぎょくしん》」ということをモウ些《ち》っと委《くわ》しく言えば、支那の音律《おんりつ》には、「八音《はちおん》」というのがある。「八音」というのは、金石糸竹匏土革木《きんせきしちくほうどかくぼく》、そういう八種の音があってそれを楽《がく》に奏《そう》する。いつもその始まりは「金声」である。「金」という字は「鐘《しょう》」の字の意味で、それから終《しま》いには「玉」で納める。「玉」というのは「磬《けい》」という様なもので、それで楽が一段落附《いちだんらくつ》くのであります。そういうことは文字上のことでありますが、その「古帝王の教え」を「集めて大成」するのを竢《ま》って居った様である。

「**聖人、魯衛陳宋《ろえいちんそう》に困《くる》しみ**」、これは『史記《しき》』の世家《せいか》〔47孔子世家〕の中にも言うてあるが、孔子様が一代の間、道《みち》を説《と》いて歩かれたが、その一代の間には、盛りにならなかった。大抵皆《み》なそうでありますが、その人《ひと》一代という者は、多くは事業に失敗して居る。その代りに精神的には成功して居る。大宗教家でも大学者でも、一代の内には寧《むし》ろ事業に失敗して居る。然し精神的、人格的には成功して居る。孔子も魯《ろ》を去って斉《せい》に行ったら退けられて、衛《えい》に行き、陳《ちん》に行き、宋《そう》に行き、蔡《さい》に行ったが、蔡の国あたりでは殆んど振り返って見る者もなかった。遂《つい》にまた魯の国へ帰って来た、そこで終《しま》いには嘆息して、「**或いは九夷《きゅうい》に居らんと欲し、或いは桴《ふ》に乗りて海に浮かばんと欲す**」。迚《とて》も我が道は中国に行われぬから、「夷《い》」に行こうか、或いは「桴《いかだ》」に乗って海外へ行こうかとまで思われた。『論語』〔公冶長〕にも時々嘆息《たんそく》された言葉が出て居る。

「**此《こ》の時に当って、外《そと》数万里の教えを以て中国に加う**」、「中国」即ち支那からは、仏の生れた印度までは数万里ある。その数万里の異域《いいき》の教えを「中国」へ持って来ても、孔子の道さえ行われぬ位だから、仏教を持って来た所が、「**天子《てんし》諸侯《しょこう》、疇《たれ》か之《これ》を聴かんや**」、到《とう》底《てい》そういうことに耳を貸さないであろうと、その時機《じき》を待って居った様である。「**仏法は苟《いやし》くも伝わらず、顕宗《けんそう》感じて諸《これ》を遠きに求むるに非ざれば、恐らくは未だ速《すみや》かに応ずる能《あた》わざるのみ**」。「顕宗」は、即ち後漢《ごかん》の明帝《めいてい》で、この明帝が夢に感じたことはこの前に言うたが〔第22講参照〕、夢に感じて、態々《わざわざ》これを遠方に求めた。即ち明帝が仏教というものを求むるために使《つかい》を遣《つか》わされた。それがなかったならば、仏法はまだ速かにこちらへ伝わらなかったろうということが『雲臥紀談』〔上〕に載せてある。

また「**『大恵武庫《だいえぶこ》』**」〔大慧『宗門武庫』〕という書物に、「**宋《そう》の王荊国公《おうけいこくこう》**」、これは有名な王安《おうあん》石《せき》という人で、この人が、「**一日、張文定公《ちょうぶんていこう》に問うて曰く**」、これは張方平《ちょうほうへい》と称した人で、その伝は初めに言うたと思うが、有名なる儒者《じゅしゃ》であります〔第9講参照〕。この張文定公に問うて、「**孔子《こうし》を去る百年にして孟軻《もうか》有り**」。孔子から曽子《そうし》、孔伋《こうきゅう》・子思《しし》、孟子《もうし》、こういう工合に伝わって来た、その事も初めに言いました〔第13講参照〕。「孔子を去る百年にして」孟子《もうし》が出た。「**此の後《のち》、孔孟《こうもう》に迨《およ》ぶ者誰《たれ》とか為《な》す。何ぞ吾が道の寥々《りょうりょう》たるや**」。その後、孔子・孟子に及ぶ様な人は無いではないかと嘆息したら、「**文定**」が言うに、「**豈《あ》に人《ひと》無からんや**」、人が無いことはない。「**亦《ま》た孔孟に過《す》ぎたる者有《あ》り**」、孔孟よりも過ぎたる者がある。誰であるというならば、少しく形は変って居るが、「**江西《こうぜい》の馬《ば》大師、坦然《たんねん》禅師、汾陽《ふんよう》の無業《むごう》禅師、雪峰《せっぽう》、岩頭《がんとう》、丹霞《たんか》、雲門《うんもん》等の諸禅師**」、これ等の人の伝記は『伝燈録《でんとうろく》』に出て居るが、長くなりますから略して、「**孔孟の教え、轡勒《ひろく》住《とど》めず**」、これ等の優れた人々は、迚《とて》も孔孟の教え〔轡《たづな》と勒《くつわ》〕を以て繋《つな》ぐことは出来なかった。「孔孟の教え」の狭い中には止らなかった。「**皆な釈氏《しゃくし》に帰す**」、仏教の方に帰して仕舞った、と答えた。「**荊公深《ふか》く之を肯《うけ》がう**」。後に至って宋の当時の宰相《さいしょう》「**張無尽《ちょうむじん》**」〔張商英〕がこの話を聞いて、成程己《なるほどおれ》もそこには気が附かなんだと、「**几《き》を撫《ふ》して嘆賞《たんしょう》して曰く、達人《たつじん》の論なり**」、こういうこともある。

また「**『枯崖漫録《こがいまんろく》』**」に載せてあるが、「**張文定公《ちょうぶんていこう》**」が言うに、「**儒道《じゅどう》は淡薄《たんぱく》、一時聖賢《せいけん》、尽《ことごと》く釈氏《しゃくし》に帰す**」、悉《ことごと》く「釈氏に帰」して仕舞う。「**而《しこう》して関洛《かんらく》諸公**」、この都《みやこ》に居る所の儒者先生方も、「**亦た必ず釈氏《しゃくし》の言を玩味《がんみ》して後《のち》、能《よ》く洙泗《しゅし》不伝の秘《ひ》を接続**」す。「釈氏の言を玩味」して、「洙泗不伝の秘」、「洙泗」というのは魯《ろ》の国にある有名な河《かわ》の名で〔洙水・泗水〕、孔子そのほとりにて弟子に道を教えたるに、「洙泗」という時は「孔子教《こうしきょう》」を意味して居る。その孔子「不伝の秘」を接続し、「**其《そ》の世教《せいきょう》を裨助《ひじょ》**」、世道人心《せどうじんしん》を助くることは、「**要するに小補《しょうほ》に非**」ず、小さいことではない、大いに世を感化《かんか》したという。こういう例証を一つ二つ挙げた〔『枯涯漫録』下・双杉元禅師〕。

それからまた筆を改めて、「**天地《てんち》、陰陽《いんよう》を包羅《ほうら》す、而して識《し》り易《やす》き者は、其の象《しょう》有るを以てなり**」。『易《えき》』などには、この事が能《よ》く書いてありますが、つまり「陰」と「陽」というものを本にして、天地の本は陰陽、陰陽の本は太極《たいきょく》でありますが、その陰陽の形の分れた所を言うと、天《てん》と地《ち》と分れ、山《やま》と川《かわ》と分れ、日《ひ》と月《つき》と分れ、夜《よる》と昼《ひる》と分れ、男《おとこ》と女《おんな》と分れ、白《しろ》と黒《くろ》と分れる。それで『易』の序卦伝《じょかでん》に、「天地有りて然《しか》る後《のち》に万物《ばんぶつ》あり、万物ありて然る後に男女《だんじょ》あり、男女ありて然る後に夫婦《ふうふ》あり、夫婦ありて然る後に父子《ふし》あり、父子ありて然る後に君臣《くんしん》あり、君臣ありて然る後に上下《じょうげ》あり、上下ありて然る後に礼儀《れいぎ》措《お》く所あり、夫婦の道は以て久しからざる可《べ》からざるなり」ということがある。こういう工合に分れて居る。「天地は陰陽を包羅」して居る。そうして「識り易き者は、其の象有るを以てなり」。この形に顕われたものは、今日《こんにち》言う科学的に色々の方面からしてそれを研究することが出来るのは、その「象」あるを以てである。

所が「**陰陽**」は目《め》以て見る可からざる所のもので、「**天地に混処《こんしょ》**」して居る。総《すべ》ての物の内容に含まれて居る。「**而して窮《きわ》め難《がた》き者は、其の形《かたち》無きを以てなり**」、故に「陰陽」を極めるということは中々難《かた》い。こう両面から言うた。今の言葉に言い換えれば、唯物《ゆいぶつ》とか唯心《ゆいしん》とか色々言い方があるが、中々漢文では巧《うま》く言えぬから、こういう風に言った。

「**象の顕《あら》わるるや、徴《ちょう》す可《べ》し**」、形無き物と雖《いえど》も、形を此処に顕わした以上は一々皆な実験〔実地に証明〕すべきもので、即ち「徴す可」き所のものである。「**儒《じゅ》や資《たす》けて以て則《そく》と為す**」、儒教というものは、形の上からこの教えを設けたる所のものである。それ故にまず「五倫五常《ごりんごじょう》」、即ち「君臣《くんしん》」とか「父子《ふし》」とか「夫婦《ふうふ》」とか「兄弟《けいてい》」とか「朋友《ほうゆう》」とか、そういう語に依って天地陰陽に則《のっと》って設けられた。それから、「**形の潜《ひそ》むや、観《み》ること難《かた》し**」、形の潜んで居るのは、目《め》以て見る可からず、耳《みみ》以て聞く可からざる所の真理を発見して、「**老《ろう》や資けて以て則と為す**」、それ故に老子の教えは虚無《きょむ》というので、大体の教えは虚無の姿を主として此の教えを設けた。

「**是《ここ》に於て老は儒を以て厚く、儒は老を以て全《まった》し**」、そういう様に一面に於ては有形《ゆうけい》上から教えを立て、一面に於ては無形《むけい》上から教えを立った。故に「老は儒を以て厚く」て、老子教は儒教というものを待たなければならぬ。また儒教の如き有形上の組織から設けたものは、老教の教えを得て始めて完全する。また老教は儒教を得て始めて厚くなる。然らざれば一種の純哲学的のものになって仕舞う。またそれと同時に、儒教は老教を借らなければ、浅近淡薄《せんきんたんぱく》である。老子教を得て儒教というものが、始めて全《まった》くなるので、各《おのお》のその一方だけに偏《へん》して居っては未だ全からぬ。

また「**孔老《こうろう》は仏を以て徹し、仏は孔老を以て助く**」。同時に、孔子教、老子教というこの二つは、仏教というものを以て始めて「徹」する。此の「徹」するという字は、先師が字眼《じがん》だと言われた〔手沢本書入「コ、ガ着眼ノ骨子」〕。孔老二教が仏を以て徹するということは、『原人論《げんにんろん》』〔宗密自序〕にも「二教は唯《た》だ権《ごん》。仏は権実《ごんじつ》を兼ね、理《り》を窮《きわ》め性《しょう》を尽《つく》し、本源《ほんげん》に至ることは、仏教まさに決了《けつりょう》を為す」というように委《くわ》しく論じて居る。しかしながら仏教は、また独りでは十分と言われぬ。孔子教、老子教の様なものを以て助ける。即ち仏教で助道品《じょどうぼん》と言いますが、仏は二教を以て助く、こういう様に論じて来た。孔老は仏を以て研究しなければ徹底しない。仏は孔老を以て助けとする。

今、孔老仏三教をこう融通《ゆうずう》して見たが、「**然《しか》りと雖《いえど》も、孔老二教は、智《ち》一世《いっせい》に通じ**」、時間から言うならば、現在一世に重きを置いて居る。そうして教えの及ぶ所は、「**但《た》だ生民《せいみん》を利**」す、人類の利益幸福を進めるというに過ぎぬ。「**未《いま》だ異生《いしょう》に及ばず**」、まだ人類以下の動物、有機物、無機物には及んで居らぬ。「**吾が仏の大乗悲智《だいじょうひち》の如きは**」、吾が仏教には、大乗《だいじょう》と小乗《しょうじょう》とあるが、その大乗は一面は「慈悲《じひ》」、一面は「智慧《ちえ》」を主とする。多くの宗教は、ただ「慈悲」を以て根拠として居る。「智慧」の方を取らぬ。仏教は一面は「慈悲」、一面は「智慧」という、こういう様な有り様で我が禅に於ては、陰陽に渡らずして而もまた陰陽を離れず、直《じき》に我が心を「主人公《しゅじんこう》」と見る。それ故に禅宗では「見性《けんしょう》」というて、直《ただ》ちに見性を論じて、陰陽造化《いんようぞうけ》を論ぜず。「見性成仏《けんしょうじょうぶつ》」という、こういう宗旨を立てた。天地というものも、陰陽というものも、我れより割り出したもので、単刀直入《たんとうじきにゅう》的に心の根源に溯《さかのぼ》って如何《いかん》と観る。これは寧《むし》ろ智的であります。

「慈悲」というと、初め仏が出家《しゅっけ》せられる時に四つの誓《ちか》いを立てられたことがある。一つには、衆生《しゅじょう》の困厄《こんやく》を救わんことを願う。二つには、衆生の迷惑《めいわく》〔まよい〕を除かんことを願う。三には、衆生をしてこの衆生の邪見《じゃけん》を断ぜんことを願う。四には、一切衆生の苦輪《くりん》、即ち苦の根源を断ち切ってやろうという誓願《せいがん》を立てられた。これは即ち「慈悲」の方面である。吾が仏の大乗悲智《だいじょうひち》の如きは、「**六道四生《ろくどうししょう》・過現未《かげんみ》に通**」ず、ただ現在の「生民」を利益《りやく》するだけに止《とどま》らぬのである。「六道」というのは、天上《てんじょう》界、人間《にんげん》界、修羅《しゅら》界、畜生《ちくしょう》界、餓鬼《がき》界、地獄《じごく》界、乃《すなわ》ち六種の世界で、「四生」というのは「湿胎卵化《しったいらんけ》」と言って、湿生《しっしょう》、胎生《たいしょう》、卵生《らんしょう》、化生《けしょう》、つまり一種の化学的作用に依って生れ出る所のものがある。例えば化生というのは、人間の上で言えば、丁稚《でっち》が主人になる、人間が天上の境界を得る、餓鬼が人間の境界を得る、というような塩梅《あんばい》。その「六道」なり「四生」なりはこれを横様《よこざま》に言うたのであるが、これを縦様《たてざま》に言うと、現在なり過去なり未来なり、「過現未」に通じて、

「皆な悉《ことごと》く之に及」ぶ。仏の慈悲というものは、独り人類に止《とま》らぬ。**「物《もの》として利《り》せざる無く、事《こと》として達《たっ》せざる無し」**という有り様。

「其の智眼《ちげん》の如きは、有象《うしょう》と無形《むけい》と、有情《うじょう》と非情《ひじょう》と、其の性無二《しょうむに》」、形無き所の物も、物質的のものも精神的のものも、有情も非情も、金石《きんせき》の如き、土芥《つちあくた》の如き、皆な非情であるが、それ等の物の本性《ほんしょう》は皆な「無二」である。動物と植物と根本の違いはない。有情と無情と決して二つはない。**「無二の性即ち実相《じっそう》」**、その「無二の性」、本性が即ち仏法で言う「真実相《しんじつそう》」。「実相」というても決してそういう或る一つの形相《けいそう》があるというのではない。真実円満《しんじつえんまん》の現われというので、「無二の性即ち実相」である。

ここの所を会得《えとく》すれば、**「塵労《じんろう》に住して乱れず」**、塵《ちり》まみれの中に在っても、心の本性を取り違えぬ。また**「禅定《ぜんじょう》に居て寂《じゃく》ならず」**、禅定の中に在っても決して寂寞《じゃくまく》でない。**「其の物為《た》るや、不来不去《ふらいふこ》、不空不常《ふくうふじょう》」**。此処では「物」と言った。元来「心」と言っても、「仏」と言っても、「神」と言っても、皆な後から附けた名である。今は名を附けぬでただ「物」と言った。その「物」たるや「不来不去」、何とも名の附け様がない。空しくもない、またいつまでも常あるものでもない。畢竟《ひっきょう》、無始無終《むしむしゅう》、不生不滅《ふしょうふめつ》である。

「内《うち》を兼ね外《そと》を兼ね、性相如々《しょうそうにょにょ》」、「如々」というのは、不動不変《ふどうふへん》、一つでもなければ二つでもない。そういう意味を現わす時に、仏法では「如々」と言う。一と言ってもそれに形を現わす、一に非ずと言っても姿が残るから、一という字や二という字を用いず、「性」

と「相」と「如々」で、「**本自《もとよ》り不生《ふしょう》、豈《あ》に又《ま》た滅《めつ》有らんや**」。元来生《うま》れたという沙汰《さた》がないのじゃから、死ぬという沙汰もない。真理というものは、何千年、何万年前に出来たというのでもない。仏がこしらえたというのでもない。これを世相《せそう》から見れば物事《ものごと》みな進歩し変化するので、進歩のある処には変化があるが、しかし幾度《いくたび》変化しても、実相という所に至っては毫《ごう》も変ることはない、不生不滅である。そこを大いに研究して見れば、「**真浄《しんじょう》明妙《みょうみょう》、卓爾《たくじ》として対待《たいだい》無き者なり**」。喩《たと》え様のないもので、物が十分で、モウ何とも言い様がない、所謂る絶待であります。しかし名前がないと取り附き様がないから、「**姑《しばら》く之を号して仏と曰《い》う**」。「仏」ということの意味は、そういう意味のものである。この「無二」の相の一つの現われとしてこの世に現われたのが釈迦牟尼仏《しゃかむにぶつ》で、ただ釈迦牟尼仏が真理を生んだのでなくして、釈迦牟尼仏がこの真理中より生れたる者であるというので、「姑《しばら》く之を号して仏と曰う」。これは六《む》ケ《つか》しい所でありますが、六ケしいと同時に、先師《せんし》の力を用いられた所であります。

第二十四講　緒　言（其十二）

其《そ》の妙用為《みょうゆうた》るや、万物《ばんぶつ》を宏済《こうさい》し、十方《じっぽう》を典御《てんぎょ》し、一切衆生《いっさいしゅじょう》を視《み》ること吾《わ》が子《こ》の如く、至《いた》らざる所無し。大《だい》を論ずれば則《すなわ》ち宇宙の外に寛廓《かんかく》たり。細《さい》を論ずれば則ち毫釐《ごうり》の末に寂寥《せきりょう》たり。人の子と言うときには必ず孝《こう》に依り、人の臣と言うときには必ず忠《ちゅう》に依る。五常三《ごじょうさん》綱《こう》の教え、治国平天下《ちこくへいてんか》の道、一も欠《か》くる無し、是《こ》れ古来、無上《むじょう》の妙道《みょうどう》と称する所以《ゆえん》なり。

吾が禅海《ぜんかい》、波瀾洪大《はらんこうだい》、嫌う底の法無く、又《ま》た著する底の法無し。孔老《こうろう》二道の如き、亦《ま》た皆な兼《かね》て波瀾中に在り。故《ゆえ》に山野、深く傅大士《ふだいし》の履践《りせん》を愛するなり。梁《りょう》の武帝《ぶてい》、因《ちな》みに大士、衲《のう》を披《ひ》し、冠《かん》を戴《いただ》き、履《くつ》を靸《は》きて朝見《ちょうけん》す。帝問う、是れ僧《そう》か。士、手を以て冠を指す。帝曰《いわ》く、是れ老《ろう》か。士、手を以て履を指す。帝曰く、是れ儒か。士、手を以て衲衣《のうえ》を指す。蓋《けだ》し大道《だいどう》を学ぶ者、大士の心《こころ》を以て心と為《な》さば、則ち其の差《たが》わざるに庶《ちか》からん。

凡《およ》そ大道を知らんと欲せば、先《ま》ず須《すべか》らく見性《けんしょう》すべし。若《も》し未《いま》だ見性せずんば則ち仏祖《ぶっそ》の書を読む可《べ》からず。駭《おどろ》いて恠《あやし》む者多《おお》からん。因《よ》って槩《これ》を異端と謂《い》う、其の誣《ふ》たるや亦た甚《はなは》だし。是れ村犬尭《ぎょう》に吠《ほ》ゆるの論なり。何《なん》となれば則ち、其の常に見る所の者は野服《やふく》にして、未だ嘗《かつ》て向上《こうじょう》の形容《けいよう》を見ざるを以てなり、山野、常に達磨《だるま》大士の殊勲《しゅくん》、但《た》だ見性の一著《いちじゃく》を主張するに在りと言うは、是れが為《ため》の故《ゆえ》なり。

其為妙用也。宏済万物。典御十方。視一切衆生如吾子。無所不至也。論大則寛廓於宇宙之外。論細則寂寥於毫釐之末。而与人子言。必依於孝。与人臣言。必依於忠。五常三綱之教。治国平天下之道。無一欠矣。是所以古来称無上妙道也矣。

吾禅海。波瀾洪大。無嫌底法。又無著底法。如孔老二道。亦皆兼在于波瀾中。故山野深愛傅大士之履践也。梁武帝。因大士披衲戴冠靸履朝見。帝問。是僧邪。士以手指冠。帝曰。是老邪。士以手指履。帝曰。是儒邪。士以手指衲衣。蓋学大道者。以大士心為心。則庶乎其不差矣。

凡欲知大道。先須見性。若未見性。則不可読仏祖書。多駭而恠者。因槩謂異端。其為誣也亦甚矣。是村犬吠尭之論也。何則以其所常見者野服・而未嘗見向上之形容也。山野常言。達磨大士之殊勲。但在主張見性一著。為是故也。

〔講話〕　前段には、先ず「自利《じり》」を説いた。「之を号して仏と曰う」たが、ここには「利他《た》」を述べた。初めが「体《たい》」ならば、これからは「用《ゆう》」である。「**其《そ》の妙用《みょうゆう》為《た》るや、万物《ばんぶつ》を宏済《こうさい》**」す。その仏《ほとけ》の道《どう》の働きは如何なることであるというならば、「万物を宏済」する。仏教では万物という中に、四生六凡《ししょうろくぼん》という様なことが皆な籠《こも》って居る。「四生六凡」という様なことも、委《くわ》しく説明せねば一寸《ちょっと》分りませぬが、それは略して置きましょう。兎《と》に角《かく》一切万物を宏済するので、「**十方《じっぽう》を典御《てんぎょ》**」す、「十方」とは、東西南北、四維《しい》上下で、有《あら》ゆる空間を典御する。『宗鏡録《すぎょうろく》』〔81〕の言葉に、「一切の万法万行《まんぽうまんぎょう》を統御するが故に、称して法王《ほうおう》と為す」とある。仏様のことを法王というのは、その意味で、こういう宏大な働きであるから、「**一切衆生《いっさいしゅじょう》を視《み》ること吾《わ》が子《こ》の如く、至《いた》らざる所無《な》し**」。これも拠《よ》り所《どころ》を言うならば『法華経《ほけきょう》』〔譬喩品〕の中に、「今この三界《さんがい》は皆なこれ吾が有《う》なり、その中の衆生は悉《ことごと》くこれ吾が子なり」とある。仏の慈悲の目を以て見ると、殆んど吾が子ならざる者はない。古人《こじん》の歌に「慈悲の眼《め》に、憎《にく》しと思うものぞなき、罪《つみ》ある身こそなお憐《あわ》れなれ」という有り難い歌がある〔『賀茂注集雑記』「慈悲のめににくしと思ふ事そなきとか（科《とが》）あるものは猶あはれにて」。『続々群書類聚』第一・神祇部〕。善人よりも寧《むし》ろ悪人はなお憫《あわ》れであるというのが、仏の慈悲の本体で、「一切衆生を視る、吾が子の如く至らざる所無し」。

こういう有り様であるから、もし「大」と「細」とに分けて、その広大なる点を言う時には、「**大《だい》を論ずれば則《すなわ》ち宇宙の外に寛廓《かんかく》たり**」、「宇宙」という字は、字義から言うと、天地四方《てんちしほう》は「宇」という字に属す、古往今来《こおうこんらい》それを「宙」という〔手沢本書入〕。詰《つま》り時間の上から眺め、空間の上から眺めて、凡《およ》そ一切の物はこれを「宇宙」の二字に含められて居る。広大な点から言うと殆んどモウ不可思議《ふかしぎ》、不可称量《ふかしょうりょう》という経文《きょうもん》の如くで、「宇宙の外」に広く朗らかに行き渡って居る。また「**細《さい》を論ずれば則ち毫釐《ごうり》の末に寂寥《せきりょう》たり**」、極《ご》く細《こま》かい兎《うさぎ》の毛の先、釐毛《りもう》の末にひッそりとして居る。大のまた大、小のまた小なるもの、どちらにしても絶対的大、絶対的小、これが即ち仏の心とする所である。

しかしながらそれと同時にまた、「**人の子と言うときには必ず孝《こう》に依り、人の臣と言うときには必ず忠《ちゅう》に依る**」。儒教でもこの通りでありますが、仏教はどう云う所に依って居るかというに、それは中々一ツや二ツではないけれども、その主なるものを挙ぐれば『善《ぜん》生経《しょうきょう》』或いは『王法政論経《おうほうせいろんきょう》』等の経文の中などにある。「五戒《ごかい》を守れば仁惻《じんそく》にして殺《ころ》さず、清譲《せいじょう》にして盗《ぬす》まず、貞潔《ていけつ》にして淫《いん》せず、守信《しゅしん》にして欺《あざむ》かず、孝順《こうじゅん》にして酔《よ》わず」(『仏説孝子経』)、これが丁度「五戒」に当る。「君と為りては即ち仁《じん》を以て民を養う、臣と為りては義《ぎ》を以て国を守る」、「親は慈《じ》に子は孝《こう》に、夫は正《せい》に婦《つま》は貞《てい》に、兄は愛し弟は敬う。九族和睦《わぼく》し、僕使恭順《きょうじゅん》し、潤沢《じゅんたく》遠く被り、含血《がんけつ》恩を受く。十方の諸仏、天龍鬼神、有道の君、忠平の臣、黎庶万世《れいしょばんせい》、敬愛せざるなく、祐《たす》けて之を安んず」(『仏説孝子経』)、「仏遊履《ゆうり》する所、国邑丘聚《こくゆうきゅうじゅ》、化《け》を蒙らざるなし。天下和順、日月清明、風雨時《とき》を以てし、災厲《さいれい》起らず、国《くに》豊かに民《たみ》安くして、兵戈《へいか》用うることなく、徳を崇《たか》め仁を起し、務めて礼譲《れいじょう》を修む。云々」(『無量寿経』下/以上、手沢本欄外に「世尊為甘露優塡等国王説善生王法政論等経曰……」として書写され、朱筆で「大明三蔵法数廿二巻ニ出ヅ」と注記されているが未検)。これは今『王法《おうほう》政論経《せいろんきょう》』の一節を一寸挙げたのでありますが、こういう有り様で、仏教というものは決して「悟《さと》り」だとか「涅槃《ねはん》に入る」とかいうばかりでない。世間に臨む時には『善生経』の如く『王法政論経』の如く教えて居る。儒道で言う「五倫五常《ごりんごじょう》」と些《ち》っとも変りがない。「**五常三綱《ごじょうさんこう》の教え**」、「五常」は仁義《じんぎ》礼智《れいち》信《しん》、「三綱」は君臣《くんしん》・父子《ふし》・夫婦《ふうふ》。それから『大《だい》学《がく》』にある「**治国平天下《ちこくへいてんか》の道**」というものも、仏教の中に於て決して「**一も欠《か》くる無し**」。仏教というものは決して世の中を捨て一種の悟りを開くということではない。少しも世間《せけん》道というものを忘れて居らぬ。「**是《こ》れ古来、無上《むじょう》の妙道《みょうどう》と称する所以《ゆえん》なり**」。古《いにしえ》よりして仏法を「無上の妙道」と称したというのは、世間《せけん》に入《い》り、又た出世間《しゅっせけん》に入り、真諦《しんたい》にも入り、また俗諦《ぞくたい》にも入り、余《あま》さず漏《も》らさず、物に依りて教えを立てて居るからである。

「**吾が禅海《ぜんかい》、波瀾洪大《はらんこうだい》、嫌う底の法無く、又《ま》た著する底の法無し**」。こういう様な有り様であるから、我がこの禅宗を海に譬《たと》えたならば、その「波瀾」というものは「洪大」である。「嫌う底の法無」し。これも一つ拠り所を挙げて見ると、我が臨済《りんざい》宗の祖師《そし》の説法を輯録した書物に『臨済録《りんざいろく》』というものがあるが、その中の一語を挙げて見ると、こういうことがある。「唯だ道流《どうる》、目前現今聴法底《もくぜんげんこんちょうぼうてい》の人のみあって、火に入りても焼けず、水に入りても溺れず、三途地獄《さんずじごく》に入ることは園観《えんかん》に遊ぶが如く、餓鬼畜生《がきちくしょう》に入りて報を受けず。何によって此《かく》の如くなる。嫌う底の法なければなり。云々」〔示衆〕。随分『臨済録』というものには、キビキビしたことが言ってある。皆さんも暇《ひま》があったら、素読《そどく》でもされたら必ず益《えき》がある。吾が「禅海」は「波瀾洪大」だから、何一つ嫌う底のことなし。仏も嫌わず、魔も嫌わず、天上界も嫌わず、同時に地獄界も嫌わず、また一切の物を嫌わず、即ち清濁併《せいだくあわ》せ呑《の》むという有り様。そんならばと言って、同時にまた何かに執着するかと言えばそうでない。どういうことがあっても、それに執着することがない。口ではそう言いますが、こういうことは実際修養の上から得来《えきた》ったものでなければ、本当の用を為すことは出来ぬ。

「**孔老《こうろう》二道の如き、亦《ま》た皆な兼《かね》て波瀾中に在り**」。それ故にこの点から眺めて見ると、孔《こう》子《し》教でも、老子《ろうし》教でも、皆な籠って居る。今ならば、耶蘇教でも、マホメット教でも、矢《や》張《は》り仏教中の或る点にはその通りある。道理は皆なこちらにあるから、皆な兼て我が波瀾中にある。ここに一つの例を挙げて見ると、張無尽《ちょうむじん》居士〔張商英〕が斯《こ》ういうことを言って居る。「老孔道《みち》無しとは謂わず、また浅奥《せんおう》の同じからざるのみ。然《しか》りと雖《いえど》も三教の書、各《おのお》のその道を以て世を善くし俗を礪《みが》く、猶《な》お鼎足《ていそく》の一をも欠《か》く可《べか》らざるが如し」〔『護法論』〕。

こういう立場からして、「**山野、深く傅大士《ふだいし》の履践《りせん》を愛するなり**」。傅大士という人はズッと前に紹介したか知りませぬが、一寸言うて置きます。大士、姓は傅《ふ》、名は翕《きゅう》、善慧《ぜんね》と号す。字《あざな》は玄風《げんぷう》。年十六にして劉氏《りゅうし》の女《むすめ》妙光《みょうこう》を納《い》れて室となし、二子普建《ふけん》・普成《ふせい》を生む。西域《さいいき》の沙門嵩頭《しゃもんすうず》陀《だ》、大士を見て曰く、「吾れと汝と毘婆尸仏《びばしぶつ》の所に於て、同じく誓《ちか》いを発しき。今、兜率《とそつ》宮に衣鉢《えはつ》現在せり。何《いず》れの日か当《まさ》に帰るべき」と。因《よ》りて命じて水に臨んでその影を観るに円光宝蓋《えんこうほうがい》を見る。大士笑うてこれに謂《い》いて曰く、「炉鞴《ろはい》の処鈍鉄《じゅんてつ》多く、良《りょう》医《い》の門病人《びょうにん》足る。度生《どしょう》を急となす、何ぞ彼の楽しみを思わんや」と。遂に田宅《でんたく》を捨て、妻子を売り、銭五万を得て以て法施会《ほうせえ》を設く。松山の頂《いただき》に於て双樹《そうじゅ》に因りて菴《いおり》を創し、名づけて「双林《そうりん》」という。蔬菓《そか》を種植《しゅしょく》し、人の為《た》めに傭作《ようさく》す。自ら号して「双林樹下《そうりんじゅげ》、当来《とうらい》解脱善慧大士《げだつぜんねだいし》」という。こういう工合に伝に書いてあります〔『仏祖歴代通載』9〕。殆んど一種の大予言者の様な有り様である。陳《ちん》の宣帝《せんてい》、大建《たいけん》元年四月二十四日に涅槃に入った。寿七十三。中々様子の変った人である。

この傅大士は常に道冠《どうかん》、儒履《じゅり》、仏袈裟《ぶつけさ》というて、丸《まる》で仮装会にでも現われる様な風をして居る、中々面白い。「**梁《りょう》の武帝《ぶてい》、因《ちな》みに大士、衲《のう》を披《ひ》し**」、「衲《のう》」というのは仏教の袈裟《けさ》法衣《ほうえ》で、袈裟法衣を着て「**冠《かん》を戴《いただ》き**」、老子教の冠を戴き、「**履《くつ》を靸《は》き**」、儒者の履を穿いて「**朝見《ちょうけん》**」した。梁の武帝が問われるに、お前は僧であるか。「**士、手を以て冠を指す**」、別に口で彼是《かれこれ》と答えずして、手を以て冠を指した。イヤ仏教者では御座《ござ》らぬ。そうすると梁の武帝が、「**是れ老《ろう》か**」。老子教を奉じて居る者かと問うたら、そうでもないという有り様で、「**手を以て履を指す**」、儒者の穿《は》く履《はきもの》を指した。帝曰く、そんならお前は儒者かというと、そうでもないと言うが如く「**士、手を以て衲衣《のうえ》を指す**」、こういう有り様。儒者か、儒者でもない。道者か、道者でもない。仏者か、仏者でもない。同時に、ある点は仏者である、ある点は道者である、ある点は儒者である。面白いですな。であるから、仏印《ぶっちん》禅師〔仏印了元〕が傅大士の画像にこういう賛をされたことがある。

道冠儒履仏袈裟　道《どう》の冠《かん》　儒《じゅ》の履《くつ》　仏《ぶつ》の袈裟《けさ》
和合三家作一家　三家《さんけ》を和合《わごう》して　一家《いっけ》と作《な》す
忘却率陀天上路　率陀天上《そったてんじょう》の路を忘却して
双林痴坐待龍華　双林《そうりん》に痴坐《ちざ》して　龍華《りゅうげ》〔弥勒〕を待つ

〔『雲臥紀談』下〕

「蓋《けだ》し大道《だいどう》を学ぶ者、大士の心《こころ》を以て心と為《な》さば、則ち其の差《たが》わざるに庶《ちか》からん」。苟《いやし》くも「大道」を学ぼうと言えば、今挙げた傅大士の心を以て我が心としたならば、稍《や》や道に入ることが出来るだろう。中々人間という者はそういう風にいけぬもので、初めから名に依って大いにそこに隔《へだて》を為す。仏者は儒者を嫌い、儒者は仏者を嫌う。耶蘇教者は仏教者を嫌い、仏教者は耶蘇教者を嫌う。名に依って初めから城壁《じょうへき》を築いてくる。元来《がんらい》、仏が現われぬ前、耶蘇が生れざる以前、孔子の生れざる以前、老子の生れざる以前、その時には道《みち》がなかったかと言えばそうでもない、この道なるものは、神が生んだのでも仏が生んだのでもない。「大道」というものは昔から存在して居る。無限の時間に亘《わた》り無限の空間に渉《わた》って居る、けれども多くは直《ただ》ちに名に捕《とら》われて仕舞う。

「凡《およ》そ大道を知らんと欲せば、先《ま》ず須《すべか》らく見性《けんしょう》すべし」。「見性」の二字が骨子《こっし》である。これを言いたい為に、老子教の事を説き、儒教の事を説き、そうしてその実「見性」の意を明らかにしようとして居る。凡そ「大道」を知ろうというには須らく「見性」しなければ話が出来ない。心を見るということが出来なければいかぬ。これは禅宗の本旨でありますが、世間的に言うと中々注目すべき文字でありましょう。心を知るとか、心を究むるとか、心を学ぶとかいうことは言うであろうが、「見性」というて、物質を手に乗せてアリアリと見るが如くに我が心を見るのが「見性」で、『血脈論《けちみゃくろん》』(『少室六門』6)には、「若《も》し仏を覓《もと》めんと欲せば須らく見性すべし」とある。また、「菩薩の人は眼に仏性を見る」などともある〔大慧『宗門武庫』〕。こういうことは出来得られないと思うのは、我々が意識的に考えて居るので、モウ一層その上に出て来ると、この物質を見る如く明《あき》らかに見ることが出来る。大乗《だいじょう》仏教の本領、禅宗の真髄はそこにある。

「若《も》し未《いま》だ見性せずんば則ち仏祖《ぶっそ》の書を読む可《べ》からず。駭《おどろ》いて怪《あやし》む者多《おお》からん」。もし未だ「見性」が出来ないという以上は、余り「仏祖の書」を読まぬが宜《よろ》しい。何《な》ぜ読まぬ方が宜《よ》いかと言えば、「駭いて怪む者」が多いからである。仏教は寂滅の教えであると、大抵の者はそう思う。一種の空言的の様なものであると思って居る、中々そんな訳のものでない。その点に至ると、西洋の優れた学者は、卓越した者で、カアライルの言うたことがある。例えば今私が小さな腕を拡げて、その外に一万二千倍して居る所の空間に掛って居る太陽をズッと捉《つか》み得ることが出来る、と言ったら大抵の輩《やから》は、そんな馬鹿なことはない、それこそ真の大法螺《おおぼら》と思う輩が多いだろう。或いはそれが一種の神秘の如く思うだろうが、私に言わせると、神秘でも不可思議でも何でもない。それよりも今私が手に持って居る筆で紙の上に思想を現わしてくると、これが取りも直さず大神秘、大不思議である。もし時間や空間という観念を忘れて仕舞ったら、この小さな手を以て彼の大いなる太陽を捕えることは何でもないという様なことを、カアライルが言うて居る。それを心の無い者から見たら実に「駭いて怪む者」である。自分の心が分らぬから、異端である、邪説である、ということを言う人が多い。孔子の如き聖人を見るのでも、孔子の弟子方七十人の者は聖人と見て居ったが、隣に居る百姓爺は聖人とも君子とも思わなかった〔手沢本書入「洪川曰、彼七十子ノ孔子ヲ見ルハ聖人也。西隣ノ親父ガ仲尼ヲ見ルハ東家ノ丘也。因テ知ヌ世儒ノ仏ヲ謗ルハ畢竟仏ヲ知ラザル故也」。「東家丘」の故事は第13講参照〕。自分が分らなければ異端《いたん》と思うだろうが、「**因《よ》って槩《これ》を異端と謂《い》う、其の誣《ふ》たるや亦た甚《はなは》だし**」である。「**是れ村犬尭《ぎょう》に吠《ほ》ゆるの論なり**」。これは『編年通論《へんねんつうろん》』という書に出て居るが。昔、舜《しゅん》の館に犬を畜《か》う。犬の旦《たん》暮《ぼ》に見る所の者は唯《た》だ舜なり。一日、尭《ぎょう》の過ぎるや之を吠ゆ。舜を愛して尭を悪《にく》むに非ず、常に見る所の者は唯だ舜のみにして、未だ嘗て尭を見ざるを以てなり。云々」〔『隆興仏教編年通論』23・唐元和14〕。人間も見慣《みな》れれば怪しまぬが、どんな豪《えら》い者でも見慣れぬ者は怪しまれて、犬にさえ吠えられる。「**何《なん》となれば則ち、其の常に見る所の者は野服《やふく》にして、未だ嘗《かつ》て向上《こうじょう》の形容《けいよう》を見ざるを以てなり**」。未だ嘗て「向上」の尊い風をして居る者を見《み》附《つ》けたことがないからである。

それ故に、「**山野、常に達磨《だるま》大士の殊勲《しゅくん》、但《た》だ見性の一著《いちじゃく》を主張するに在りと言うは、是れが為《ため》の故《ゆえ》なり**」。達磨大士が九年面壁《くねんめんぺき》して禅宗の祖師となったというけれども、その最も優れて居る所は何処《どこ》にあるかと言えば、外ではない。ただ「見性」の二字で、この「見性の一著を主張」された所にある。これが達磨大士の殊勲であると私の常に言うて居るのは、「是れが為の故」である。『大光明蔵《たいこうみょうぞう》』〔震旦禅師・初祖菩提達磨大師〕という書物の中に説いてある言葉がある、それも一言謂《い》うて見ましょう。「宝曇《ほうどん》曰く、吾が祖の中国に入るや、初め放光動地《ほうこうどうち》の祥《しょう》無く、亦た法雨《ほうう》雲の如きの益《えき》無し。又た世と俯仰《ふぎょう》の事無し。当時之を望むに、指して壁観婆羅門《へきかんばらもん》と為すに過ぎず。其の空拳《くうけん》を奮って実効を求むるに及んでは、烏獲《うかく》の力、孟賁《もうふん》の勇有り。百の摩騰《まとう》・竺法蘭《じくほうらん》と雖《いえど》も、爾《か》く較べざるなり」。或いは『六祖法宝壇経《ろくそほうぼうだんきょう》』〔行由第一〕には、「指授《しじゅ》は即ち無し、惟だ見性を論じて、禅定解脱《ぜんじょうげだつ》を論ぜず」。これが禅宗の本領である。王陽明《おうようめい》などの言うた言葉にも「今の性《せい》を論ずる者紛々《ふんぷん》として異同《いどう》す。皆な是れ性を説くものにして、性を見るに非ず。性を見る者は、異同の言う可き無し」とある〔『伝習録』下125〕。今でも心理学などに於て色々心を説いては居るけれども、心を見たという者はない。今の科学というものは実験的学問じゃが、心の事に就いては実験したということは誠に少ない。所が「見性」、即ち心を見る者は「異同の言う可き無し」。異であるとか同であるとかいうことを言うものやある、言うものはない。王陽明は別に禅宗の高僧と約束した訳でないが、同じ様なことを言うた。これは頗《すこぶ》る参考とすべきことであります。

第二十五講　或問《わくもん》（其二）

或《あ》るひと余《よ》に問うて曰《いわ》く、「師、儒《じゅ》を出《いで》て釈《しゃく》に入《い》る、何の所得《しょとく》か有る」。余曰く、「無所《むしょ》得《とく》なり」。曰く、「其《そ》の意《こころ》を請《こ》い問う」。余曰く、「吾が法道《ほうどう》は転《うた》た得れば転《うた》た捨つ、故《ゆえ》に其の益《えき》、広大《こうだい》にして涯涘《がいあい》無し。昔、唐《とう》の太宗《たいそう》、玄奘《げんじょう》翻訳の経一百巻を詳覧《しょうらん》して、仏道《ぶつどう》の宏奥《こうおう》に驚き、侍臣《じしん》に謂《い》って曰く、朕《ちん》、新訳の経論《きょうろん》を観るに、猶《な》お天《てん》を瞻《み》、海《うみ》を瞰《み》るがごとく、深高《しんこう》を極《きわ》むること莫《な》し、今にして宗源《しゅうげん》の杳曠《ようこう》なるを知る。而して後《のち》、儒道九流《じゅどうきゅうりゅう》を顧《かえり》みれば、猶お汀瀅《ていけい》の溟渤《めいぼつ》に方《あた》るがごときのみ。盛《さか》んなる哉《かな》、太宗の言や。経論《きょうろん》の義を以て尚《な》お是《かく》の如《ごと》し、況《いわ》や吾が本分《ほんぶん》の真修《しんしゅ》に於てをや」。

或るひと問う、「孔老釈《こうろうしゃく》の優劣、如何《いかん》」。余曰く、「老荘《ろうそう》は専《もっぱ》ら道行《どうぎょう》を修し、身《み》を修め自ら翫《もてあそ》ぶ、山林《さんりん》に放蕩《ほうとう》して、心を淡泊《たんぱく》に帰す、是《こ》れ吾が門二乗《にじょう》の流亜《りゅうあ》なり。称す可《べ》し、則《のっと》る可からず。劉歆《りゅうきん》『七略《しちりゃく》』、道家《どうか》を叙して諸子《しょし》と為《な》す宜《よ》し。孔子《こうし》の如きは礼楽《れいがく》を制作し、徳《とく》性《せい》を明了にし、典訓《てんくん》を祖述し、来葉《らいよう》を教化す。是れ吾が門菩薩乗《ぼさつじょう》の人なり、之《これ》を聖《せい》と謂《い》わざる可からず。仰《あお》ぐ可し崇《あが》む可し。吾が調御師《じょうごし》、独絶《どくぜつ》の教、不変《ふへん》の宗に至っては、固《もと》より年を同じうして語るを得ず、其の優劣《ゆうれつ》亦《ま》た以て明らかなり。然《しか》りと雖《いえど》も、若《も》し夫《そ》れ世界を照明し、生霊《しょうりょう》を運転せば、則《すなわ》ち儒釈《じゅしゃく》両道、即ち一徳《いっとく》なり。二者、一を闕《か》けば則ち安立《あんりゅう》せず」。

或問余曰。師出乎儒。而入于釈。有何所得。余曰。無所得。曰。請問其意。余曰。吾法道。転得転捨。故其益広大而無涯涘矣。昔唐太宗詳覧玄奘翻訳経一百巻。驚仏道宏奥。謂侍臣曰。

朕観新訳経論。猶瞻天瞰海。莫極深高。今知宗源杳曠。而後顧儒道九流。猶汀瀅之方溟渤耳。盛矣哉。太宗之言。以経論之義尚如是。而況於吾本分真修乎。

或問。孔老釈優劣如何。余曰。老荘専修道行。修身自翫。放蕩山林。帰心淡泊。是吾門二乗之流亜也。可称而不可則矣。劉歆七略。叙道家為諸子宜矣。如孔子。制作礼楽。明了徳性。祖述典訓。教化来葉。是吾門菩薩乗之人也。不可不謂之聖。可仰可崇矣。至吾調御師・独絶之教・不変之宗。固不得同年而語。其優劣亦以明矣。雖然。若夫照明世界。運転生霊。則儒釈両道即一徳也。二者闕一。則不安立焉。

〔講話〕**「或《あ》るひと余《よ》に問うて曰《いわ》く、師、儒《じゅ》を出《いで》て釈《しゃく》に入《い》る、何の所得《しょとく》か有る」**と云う或《わく》問《もん》の一つである。洪川《こうせん》先師は元《も》と儒者であったことは前々に於てもお話しいたしました。兎《と》に角《かく》こう云う疑いを抱いて来た人もある。貴方《あなた》は元と儒者であり乍《なが》らそれを出て仏教の中に這入《はい》られたと云うに就いては、大いに所得が有ったであろうと想像する。全体どんな所得が有ったのであるか。答えて言うのに**「曰く、無所得《むしょとく》なり」**この無所得と云うことは我が仏教の究竟《くきょう》・窮極《きゅうきょく》の処であります。『楞伽経《りょうがきょう》』に「世尊《せそん》讃嘆して曰く、善哉《ぜんざい》善哉、其の諸法に於て無所得なるものを乃ち真得《しんとく》となす」と云う〔『宗鏡録』巻9〕。一切諸《もろ》ろの法に於て塵《ちり》一本ほども得たと云うことのないのを真得となす。また古人《こじん》曰く、「有所得《うしょとく》の法《ほう》之を野干鳴《やかんめい》となし、無所得の法之を獅子吼《ししく》となす」と〔『景徳伝燈録』巻5南陽慧忠〕。「野干」

と云うのは狐みたいな獣《けだもの》であります。また『六祖壇経《ろくそだんきょう》』の機縁《きえん》七にはこう云うことがある。「万法 尽《まんぽうことごと》く通じ、万法倶《とも》に備わる。一切に染《そ》まず、諸法の相《そう》を離れて、一も所得無《な》きを、名《なづ》けて最上乗《さいじょうじょう》となす」。こう云う塩梅《あんばい》に諸書を引用すれば沢山あるのであります。畢竟《ひっきょう》、禅道仏法《ぜんどうぶっぽう》の極意《ごくい》に至ったら塵一本も胸中に留《とど》めない。これは寔《まこと》に先師が懸引《かけひき》なく白状されたものである。

しかし畢竟無所得なりと言ったが、それだけでは素人にはチョット解せない。そこで「**其《そ》の意《こころ》を請《こ》い問う**」と云うので、無所得の意味はどうかと聞かれた。「**余曰く、吾が法道《ほうどう》は転《うた》た得れば転《うた》た捨つ、故《ゆえ》に其の益《えき》、広大《こうだい》にして涯涘《がいあい》無し**」。我がこの禅道と云うものは門外漢が考えると、其処《そこ》に不可思議《ふかしぎ》な神秘なことでもあって、次から次に何か一つの得る所のものがある様に思うだろうけれども、そうではなく、転《うた》た得れば転《うた》た捨つデ、一つ得たならば一つ捨てる。二つ得たならば二つ捨てる。真理の無辺《むへん》にして止《や》むことないと云うのは、それでこそ考えることが出来る。どこまで得ても尽きない。どこまで得てもどこまでも捨てる。元来、真理は無辺なり、無限なるものである。「故にその益、広大にして涯涘無」い。

一つ此所に例を引いて見ると「**昔、唐《とう》の太宗《たいそう》**」皇帝、即ち唐室《とうしつ》を起したる太宗皇帝、其の太宗が玄奘三蔵《げんじょうさんぞう》「**翻訳の経一百巻を詳覧《しょうらん》して、仏道《ぶつどう》の宏奥《こうおう》に驚き**」て侍臣に言わるるのに、「**朕《ちん》、新訳の経論《きょうろん》を観るに、猶《な》お天《てん》を瞻《み》、海《うみ》を瞰《み》るがごと**」し。天を瞻れば高きを知らず、海を瞰れば深きを知らず、転た瞻《あお》げば転た高く、転た瞰《み》れば転た深いと云う有り様で「**深高《しんこう》を極《きわ》むること莫《な》し**」。「**今にして宗源《しゅうげん》の杳曠《ようこう》なるを知る**」、実に宗旨の本源と云うものは限りもなく深く広いものなることを知った。「**而《しこう》して後《のち》、儒道九流《じゅどうきゅうりゅう》を顧《かえり》みれば**」と、「九流」と云うのは、儒家《じゅか》、道家《どうか》、陰陽家《いんようか》、法家《ほうか》、名家《めいか》、墨家《ぼくか》、縦横家《しょうおうか》、雑家《ざっか》、農家《のうか》、乃ちこう云うものを以て九流とする〔手沢本書入〕。その儒道九流も仏教の杳曠なる所から云うと、「**猶お汀瀅《ていけい》の溟渤《めいぼつ》に方《あた》るがごと**」し。「汀瀅」は水溜《みずたま》りのような僅《わず》かなもので〔手沢本書入「――ハ小水也」〕、それを「溟渤」の大海に比ぶるようなものであって、到底《とうてい》日を同じうして語ることが出来ないと、太宗皇帝が讃嘆せられた。「**盛《さか》んなる哉《かな》、太宗の言や。経論《きょうろん》の義を以て尚《な》お是《かく》の如《ごと》し、況《いわん》や吾が本分《ほんぶん》の真修《しんしゅ》に於てをや**」。太宗の如き、翻訳の経論を見てすら是の如く讃嘆して居る。然るを吾が本分の真修、即ち禅の真髄に至っては、如何《いかが》であろう。もし太宗をして本分の真修を知らしめたならば、恐らくは手《て》の舞《ま》い足《あし》の蹈《ふ》むところをも忘《わす》れる程《ほど》讃嘆せられたであろうと思う。

扨《さ》てその禅と云うことに就いて日本の釈迦《しゃか》とも言われた弘法大師《こうぼうだいし》即ち空海上人《くうかいしょうにん》の東寺《とうじ》の碑文にこう云うことが書いてある。「夫れ禅宗は諸仏頂上《しょぶつちょうじょう》の宗なり。仏心宗《ぶっしんしゅう》是れなり。根《こん》本《ぽん》第一宗なり。故に一切菩薩《いっさいぼさつ》、諸天諸神《しょてんしょしん》、国王大臣、禅を以て師となす、何《いか》に況《いわん》や諸宗の仰《あお》ぎ奉《たてま》つる可き者なるをや。諸宗は此《ここ》より流れ出《い》づ。（中略）弟子空海《くうかい》は、達磨《だるま》より十三代の弟子、内証《ないしょう》は曹渓《そうけい》の流れを酌《く》み、化他《けた》は恵果《けいか》の燈を続《つ》ぐ云々」と、禅宗を讃嘆しておられる〔手沢本首書〕。その他、禅の諸仏頂上の法たることは、今更《いまさら》云うまでもない人々真《にんにんしん》参実証《さんじっしょう》して、始めて知るべきである。

またある人問《と》うて曰うに、「**孔老釈《こうろうしゃく》の優劣、如何《いかん》**」、即ちこの三教に就いて何《いず》れを優《すぐ》れりとす、何れを劣《おと》れりとしますかと問うた。そこで答えて言うのに「**老荘《ろうそう》は専《もっぱ》ら道行《どうぎょう》を修し、身《み》を修め自ら翫《もてあそ》ぶ、山林《さんりん》に放蕩《ほうとう》して、心を淡泊《たんぱく》に帰す**」。これは老荘を一《ひ》と通《とお》り目を通した人でなければわからぬが、今はただ一、二の言葉を引き出して御目《おめ》にかけよう。『老子《ろうし》経《きょう》』に「欲すべきを見ず、心をして乱れざらしむ」と云うことを書いてあります〔『老子』3〕。これは本文の通り人間の慾と云うものを充《み》たさずして、心を正しうすると云うのであります。或いはまた「聖《せい》を絶ち智《ち》を棄て」「仁《じん》を絶ち義《ぎ》を棄つ」と云うこともある〔同19〕。また「我れに大患《たいかん》ある所以《ゆえん》は、我が身あるがためなり、我が身なきに及んで、吾れ何の患《うれい》かあらん」〔同13〕。老子の説は一寸斯《ちょっとこ》う云う調子であります。その外「大道廃《すた》れて仁義《じんぎ》あり、智慧出《いで》て大偽《たいぎ》あり」〔同18〕などと云うておる、仲々面白いです。ここにまた『荘子《そうじ》』の語を一つ引いて見ると「虚静恬淡《きょせいてんたん》、寂漠無為《せきばくむい》は、天地の平《へい》にして道徳の至《し》なり」などと云うておるのである〔天道〕。総体、老子の道徳説は如何《いか》にも消極的にして、自利《じり》一辺に傾いておる。それ故に先師はこれを吾が仏教中の小乗《しょうじょう》たる声聞《しょうもん》・縁覚《えんがく》の地位に見立てられたのであります。これ「**吾が門二乗《にじょう》の流亜《りゅうあ》なり**」と。

この二乗三乗と云うことは能《よ》くこれまでも出て居りますから、或いは前に言ったかも知りませぬが、『輔教篇《ほきょうへん》』の広原教《こうげんきょう》八篇に、「声 聞乗《しょうもんじょう》とは何《なん》の謂《いい》ぞや。権《ごん》なり、漸《ぜん》なり、小《しょう》道《どう》なり」、仏の声教《しょうきょう》を聞《きき》て道を悟る云々。「縁覚乗《えんがくじょう》とは何の謂ぞや。亦た小道《しょうどう》なり」、常に寂 静《じゃくじょう》を楽しんで雑居を欲せず、多くは無《む》仏《ぶつ》の世に出づ、師友なきが故に独覚《どくかく》と云う。また縁《えん》を観して道を悟る、故に縁覚《えんがく》と云う云々。「菩薩乗《ぼさつじょう》とは何の謂ぞや、実《じつ》なり頓《とん》なり、大道《だいどう》なり」、その乗妙覚《みょうかく》と通ず、それ殆《ほと》んど庶幾《ちか》きものなり、具《つぶ》さに菩提薩埵《ぼだいさった》と云い、覚《かく》有情《うじょう》と翻《ほん》ず云々〔以上、手沢本首書〕。乗は「ノリ」物にて、運載《うんさい》の義であります。それで今、老荘はかくの如く山林に放蕩して、心を淡泊に属せしむる。これは我が門二乗、即ち「声聞乗」「縁覚乗」の一流である。「**称す可《べ》し、則《のっと》る可からず**」で、多く自分の自利的修行から言えば称讃すべきことであるけれども、それを大乗仏法《だいじょうぶっぽう》の手本にすることは出来ぬ。

それ故に「**劉歆《りゅうきん》『七略《しちりゃく》』、道家《どうか》を叙して諸子《しょし》と為《な》す宜《よ》し**」。この劉歆『七略』は前漢の哀帝《あいてい》が劉向《りゅうきょう》と云う人に詔《みことのり》して、経典諸子《けいてんしょし》を校正せしめられた事がある。その後、劉向が間もなく亡くなって、その子劉歆《りゅうきん》と云う者をして父の業を終えしめた。劉歆はあらゆる群書を総《す》べて『七略』として、哀帝の詔に応じたのである。即ち「輯 略《しゅうりゃく》」「六芸略《りくげいりゃく》」「諸子《しょし》略《りゃく》」「詩賦略《しふりゃく》」「兵書略《へいしょりゃく》」「術 数略《じゅっすうりゃく》」「方技略《ほうぎりゃく》」等、大凡《おおよそ》三万三千九十巻と云う大部のものである。惜いかな王莽《おうもう》の乱に皆な焼き払われて仕舞うたと云うことである〔『隋書』経籍志〕。その『七略』のうち道家を叙して「諸子」の部類に入れておる、これも劉歆の一見識であろう。

ところが「**孔子《こうし》の如きは礼楽《れいがく》を制作し、徳性《とくせい》を明了にし、典訓《てんくん》を祖述し、来葉《らいよう》を教化す。是れ吾が門菩薩乗《ぼさつじょう》の人なり**」。即ち伊尹《いいん》の所謂る「予《よ》は天民《てんみん》の先覚者《せんかくしゃ》」なり（『孟子』万章下）、将《まさ》に斯道《しどう》を以て斯民《しみん》を覚《かく》せしめんとする人である。「**之《これ》を聖《せい》と謂《い》わざる可からず**」、これは先師の孔老観であります。それで「**仰《あお》ぐ可し崇《あが》む可し**」、先ず二教を許して遂に仏教を引き出した。

「**吾が調御師《じょうごし》、独絶《どくぜつ》の教、不変《ふへん》の宗に至っては**」。「調御師」とは「如来十号《にょらいじゅうごう》」の中の一つである。十号とは、「如来《にょらい》」「応供《おうぐ》」「正遍智《しょうへんち》」「明行足《みょうぎょうそく》」「善逝《ぜんぜい》」「世間解《せけんげ》」「無上師《むじょうし》」「調御丈夫《じょうごじょうぶ》」「天人師《てんにんし》」「仏世尊《ぶつせそん》」の十である。調御丈夫とは丈夫の力用《りきゆう》を具《ぐ》して諸法を説き、一切衆生を調伏《ちょうぶく》制御して垢染《くぜん》を離れて、大涅槃を得せしむる義であります（手沢本書入）。さて吾が仏教の真理は諸法に独絶して千古万古《せんこばんこ》変改なき処のものなれば、「**固《もと》より年を同じうして語るを得ず**」、と最後の断案を下して、「唯有一乗法《ゆいういちじょうほう》・無二《むに》亦無《やくむ》三《さん》」（『法華経』方便品）の真意を顕わしたのであります。「**其の優劣《ゆうれつ》亦た以て明らかなり**」で、ここが分ればその優劣など云わずもがなである。「**然《しか》りと雖《いえど》も、若《も》し夫《そ》れ世界を照明し、生霊《しょうりょう》を運転**」し、世の文明を進めるとか、人類を救済するとか云う点に就いては、「**則《すなわ》ち儒釈《じゅしゃく》両道、即ち一徳《いっとく》なり**」。一つは形から教え、一つは心から教えると云うような工合で、帰する所は一徳で、「**二者、一を闕《か》けば則ち安立《あんりゅう》せず**」で、世道人心《せどうじんしん》に補益《ほえき》する所は全く同一で、その中、一つをも欠いてはならぬのであります。

第二十六講　或問（其二）

或《あ》るひと問う、「承《うけたまわ》り聞く、禅門《ぜんもん》の道を究むる、静坐《せいざ》に在りと。其《そ》の意、如何《いかん》」。余《よ》曰《いわ》く、「但《た》だ吾が門のみに非ず、宋儒《そうじゅ》も亦《ま》た静坐を勤む。朱熹《しゅき》云《いわ》く、明道《めいどう》は人をして静坐せしむ、延平《えんぺい》も亦た人をして静坐せしむと。蓋《けだ》し人の大道《だいどう》何物たりやを知らざる所以《ゆえん》は、精神の定まらざるに由《よ》る。精神の定まらざる所以は、外物《がいぶつ》の来《きた》って之《これ》を擾《みだ》すに由る。故《ゆえ》に先《ま》ず静坐に依って工夫《くふう》を凝《こ》らし、以て外物を空《くう》ずべし。外物空《くう》ずれば便ち神《しん》定まり、神定まれば便ち性珠燦然《しょうしゅさんぜん》として目前に現前《げんぜん》す。之を捕覷《ほしょ》し、俯《ふ》して地芥《ちかい》を拾《ひろ》うが如きのみ。然《しか》りと雖《いえど》も、吾が所謂《いわゆ》る静坐は、六朝《りくちょう》の清坐《せいざ》と宋儒《そうじゅ》の静坐と異なるなり。仏は之を正思惟《しょうしゆい》と謂《い》う。故に必ずしも坐相《ざそう》上に在らず。造次《ぞうじ》にも必ず此《ここ》に於てし、顚沛《てんぱい》にも必ず此に於てす。若《も》し但《た》だ目《め》を閉《と》じ睛《ひとみ》を蔵《おさ》め寂《じゃく》を愛し閙《どう》を嫌うを以て、以て静坐と為《な》すは、是《こ》れ正静《せいせい》に非ず、果して邪静《じゃせい》なり」。

或るひと問う、「孔門《こうもん》の教え、学《がく》に依り藝《げい》に遊ぶ。今、師、学藝《がくげい》を外にする、何ぞや」。余曰く、「学藝の如きは、初学因地《いんち》一事なり。孔門の蘊奥《うんのう》に至っては、徳性《とくせい》を明らかにするに在り。故に真意は冊子《さっす》上に在らず。孔子云《い》わずや、余《われ》言無からんと欲す。又《ま》た曰く、賜《し》や、女《なんじ》、予《われ》を以て多学《たがく》にして之を識《し》る者と為すか。対《こた》えて曰く、然《しか》り、非なりや。曰く、非なり。予は一《いつ》以て之を貫《つらぬ》く。山野《さんや》常に謂う、儒亦た教外別伝《きょうげべつでん》の一著《いちじゃく》有りと、此《こ》れ之《こ》の謂《いい》なり」。

或問。承聞。禅門究道在静坐。其意如何。余曰。非但吾門。宋儒亦勤静坐。朱熹云。明道教人静坐。延平亦教人静坐。蓋人之所以不知大道為何物者。由精神不定。所以精神不定者。由外物来擾之。故先依静坐凝工夫。以空外物。外物空。便神定。神定便性珠燦然現前于目前。捕覷之。如俯拾地芥耳。雖然。吾所謂静坐者。異於六朝清坐・宋儒静坐也。仏謂之正思惟。故不必在坐相上。造次必於此。顚沛必於此。若以但閉目蔵睛愛寂嫌鬧。以為静坐。是非正静。果邪静也矣。

或問。孔門之教。依学遊藝。今師外学藝何哉。余曰。如学藝。初学因地一事也。至孔門蘊奥。在明徳性。故真意不在冊子上。孔子不云乎。余欲無言。又曰。賜也女以予為多学而識之者歟。対曰。然。非与。曰。非也。予一以貫之。山野常謂。儒亦有教外別伝之一著。此之謂也。

［講話］「**或るひと問う、承《うけたまわ》り聞く、禅門《ぜんもん》の道を究むる、静坐《せいざ》に在りと。其《そ》の意、如何《いかん》**」。既に先達《せんだつ》てから「或問《わくもん》」の一段に入って居る。今日もまた「或問」の一段で、ある人が先師洪川《こうせん》老漢の所へ出て来て、承り聞くに禅門の究道は静坐にありと。禅宗では兎《と》に角《かく》道を

究むるの実行法としては先ず静坐せしむる、そう云うことであるが、その意味合《いみあい》を一つ承りたいとこう云うた。

この「静坐」と云うは文字の通り静かに坐ると云うことである。静かに坐ると云えば、今チャンとここに静かに坐って居る。それはただ字面《じづら》の義理だけであるけれども、禅宗で言う静坐と云うことは、坐相《ざそう》の上ばかりの謂《いい》ではない。種々証《しょう》を引き例《れい》を挙ぐれば数《かず》多くあるが、今、記憶のままを言うと、例えば達磨大師《だるまだいし》の辞《ことば》と思うて居るが、一切万境《いっさいばんきょう》の上に於て心を生ぜざる、これを「坐」と謂う、また「禅」とも謂う(『天聖広燈録』8黄檗「夫参禅学道、須得一切処不生心」)。身体《からだ》が坐って居ろうが、立って居ろうが、それは第二の問題で、先ず第一は一切万境の上に於て心を生ぜず、心は生ずるけれども生じた上に於て少しも物に捉《とら》われないところの境界である。しかし口では容易に言い得るけれども、一切万境の上に於て心を捉われないと云うことは、なかなか修養熟練の上の効果に依らざれば難いことである。ただ巌石《がんせき》の如く枯木《こぼく》の如く心を生ぜぬと云うのではなく、その実、一切万境に心を生じながら、決してそれに囚《とら》われぬと云う程の有り様で、一切万境の上に於て心を生ぜざるこれを坐と謂う、これが坐禅の定義である。

ところが今の世の中を眺めて見てもそうであります。大抵私共《わたくしども》の所へ出て来る若い学生、その他の人々も、多少静坐と云うことをして居らぬものは殆んど無い位の有り様であるが、その静坐をすると云う動機にも種々あろうし、またその目的も各《おのおの》の異なって居るかも知れぬが、兎に角、誰しも世間普通《せけんふつう》の静坐をやって居る。或いは岡田氏が称《とな》えた法式〔岡田虎二郎・岡田式静坐法〕に拠ってやるとか、藤田氏の教えた型〔藤田霊齋・藤田式息心調和法〕に拠ってやるとか云うようなことでやって居りますが、勿論《もちろん》吾が専門の禅の本領とは大分《だいぶ》違うようであるけれども、その坐ると云う形に於ては毫《ごう》も変ったことがない。而《しか》も今世間で行われて居る静坐の拠り所は、皆な仏教の坐禅法から割り出したに外《ほか》ならないのである。

またその仏教の坐禅法と云うても、一言《いちごん》にして尽《つく》すことは出来ぬ。小乗《しょうじょう》には小乗の坐禅法があり、大乗《だいじょう》には大乗の坐禅法がある。一仏教に於てもそうであるが、細《こま》かに言うと圭《けい》峰《ほう》の宗密《しゅうみつ》禅師の言われた辞に依ると、外道《げどう》には外道の坐禅があり、凡夫《ぼんぷ》には凡夫の坐禅があり、声聞乗《しょうもんじょう》には声聞乗の坐禅あり、縁覚乗《えんがくじょう》には縁覚乗の坐禅があり、菩薩乗《ぼさつじょう》には菩薩乗の坐禅がある。我が禅門の坐禅の如きは、諸仏頂上《しょぶつちょうじょう》の坐禅と云うようなことを言うておる〔『禅源諸詮集都序』上〕。今挙げた名目の如き、初めての御方《おかた》には少し分り難いであろうが、諄々《くだくだ》しくそれを説いて居る暇《いとま》がない。

それは他日に譲って、そう云う按排《あんばい》で皆な各《おのおの》の禅坊主《ぜんぼうず》の様な真似《まね》をヤッテおるが、これはやはり世界の思潮の赴く所の一つの現象であろう。静坐黙想《せいざもくそう》と云うことを要求するのは種々の原因はあろうけれども、一口に言えば外界には常に生存競争の激しい風が朝から晩まで吹いて居る。それがいろいろ形を変えて吹いて来る。恰《あたか》も須弥山《しゅみせん》を八風《はっぷう》の吹くが如く、その風によって種々生活難の声が起る。内から見ると吾々の智性、或いは理性と云うものが漸々《だんだん》進み往き、学問をするに従って理性が進む。進めば進むに従って、一面にはまた不可解の疑問が次第次第《しだいしだい》に殖《ふ》えて往く。種々の懐疑、種々の煩悶が、大きな口を開《あ》けて、人を呑もうとしておる。仲々《なかなか》油断は出来ぬ。こう云うことを精《くわ》しく言うて居ると話が長くなるから、これより以上は述べぬが、兎に角、内からも外からも、己《おの》れ自身を始終《しじゅう》つけ狙《ねろ》うて居る或る物がおる。約《つづ》めて言うと、文明とか何とか云うて、その名の美なるがために、それに眼《め》を眩《くらま》されて居るのであるが、その実、愚図愚図《ぐずぐず》しておると、唯《た》だ四囲の境遇の変動、所有、外界の刺戟《しげき》のために、一生を忙殺されて、意義なき人生を送らねばならぬ。試みに思うても見よ、吾々は何しにこの世の中に産《うま》れて来たのであろうか。死んでどんなことになってしまうのであろうか。考えてここに至ると誰も、不安の念を免かるることが出来ない。こう云うような事から知らず識らず誰が勧めるでもなく、人々《にんにん》自らその必要を感じて来て、何等《なんら》かの方法に依って、吾々が精神に少なくとも安慰《あんい》と云うものを得ていかなければならない。それには先ず最も手近な事は何かと云えば、やはり静坐と云うような所に落ちて来るに違いない。そのような訳で、多少学問をしたり、或いは考えたりする人は皆なそう云うことをやって居るようである。

　ところで世間だけではそうであるが、仏教本来の意旨《いし》から言えば、各宗に皆な禅定《ぜんじょう》と云うものが伴わなければ真の仏教にはならぬ。言うまでもなく、もし仏法を鼎《かなえ》の如きものに譬《たと》うれば、その三足は「戒《かい》」「定《じょう》」「慧《え》」である。戒律《かいりつ》と禅定《ぜんじょう》と智慧《ちえ》の三足が具足《ぐそく》しなければ、全く仏法の鼎と言われぬ如く、仏法のどの宗旨にも、静坐がある。即ち仏語の坐禅法と云うものがある。坐禅は専門として禅宗に限られてあるが如くであるが、その実、どの宗門にもある。例えば浄土門《じょうどもん》の念仏《ねんぶつ》と云うのは、坐禅の一種であって、ただ口で名号《みょうごう》を称えるのは、口称念仏《くしょうねんぶつ》と別《わ》けて言うておる。心に仏を念ずるのは念即坐禅《ねんそくざぜん》である、世に念仏は坐禅以外の如く思うて居るものがあるが、これは坐禅の一種であって、その外《ほか》念仏ばかりでなく、種々の観法《かんぼう》・禅法《ぜんぼう》がある。苟《いやし》くも仏法と名の附いた宗派は、幾派《いくは》に岐《わか》れて居ても、それに坐禅の意味が欠けて居ては全《まった》からざるものである。殊《こと》に況《いわん》や諸仏頂上の禅を標榜して居る我が禅門に於ては、「一行三昧《いちぎょうざんまい》」とも言い「諸仏頂上の禅」（東嶺『快馬鞭』上）とも言うて、絶対にこの法を実修するのである。

印度あたりでは、御釈迦様《おしゃかさま》の出生《しゅっしょう》前から既に坐禅が盛んに行われて居たことは書物の上でも明瞭である。また泰西《たいせい》（西洋）の方もそうであった、羅馬《ローマ》の旺盛なりし時代には、羅馬武士の精神を鍛錬すると云うことから、彼《か》の「ストイック」―「ストア」学派と云うものがあって、一種の坐禅をやったらしい。その「ストア」学派なるものの意味に依ると、総て外界の物のために我が心を動かさず、人能《よ》く我れに主《しゅ》たらば即ち克《よ》く物に主たるを得ると云うて、即ち不動の心を養うと云うのが羅馬武士の精神を鍛練した一の修養法であった。

　その他支那に於ても、孔子はそう云うようなことを言われたように見えぬけれども、孟《もう》子《し》は明らかにその意味を言い現わして居る。「学問之道無他《がくもんのみちたなし》、其求其放心而已矣《そのほうしんをもとむのみ》」（『孟子』告子・上）、殆んど静坐法の要を得て居る。そうしてその放心を求むる方法として「夜気《やき》」を存するの説を立てた（同上）。或いはまた孟子の中に「我善養吾浩然之気《われよくわがこうぜんのきをやしなう》」（公孫丑・上）とあるも、やはり静坐の意味を現わしたことになる。或いはまた「万物皆我《ばんぶつみなわれ》に備《そな》わる、身《み》に反《かえり》みて誠《まこと》なれば、楽《たの》しみこれより大《おお》いなるはなし」（尽心・上）などと言うておる。

　それから漸々《だんだん》下って宋朝《そうちょう》時代になると殆んど禅魂儒才《ぜんこんじゅさい》と云う様な風で、儒者《じゅしゃ》は皆な禅風《ぜんぷう》に感化せられておる。その排仏家《はいぶつか》と云われた人々までが、矢張り禅坊主《ぜんぼうず》の口吻《こうふん》を学んでおるのも珍なことである。例えば程明道《ていめいどう》などは、「主一無適《しゅいつむてき》」と言うて居るが、全く禅宗の公案《こうあん》と同じことである。また「敬《けい》以て内を直《ただ》せば浩然の気あり」と云うようなことも言うて居る（『二程遺書』15「主一無適、敬以直内、便有浩然之気」）。弟の程伊川《ていいせん》になると、一人《いちにん》の心が直ちに天地の心と相い通ずると云う、殆んど禅宗の提唱《ていしょう》と同じことである（同2上「一人之心即天地之心」）。心の紛乱《ふんらん》を免《まぬか》れんと欲すれば、心の主あることを要す、主ありとは敬《けい》なり、などと云うておる（同15「若欲免此、唯是心有主。如何為主。敬而已矣」）。或いはまた程明道の学風を受け嗣《つ》いだる朱子《しゅし》（朱熹）の如きも、門人をして恒《つね》に静坐《せいざ》工夫《くふう》を励ましたものである。朱熹《しゅき》の言う所によれば、「此の心を収斂《しゅうれん》して閑思慮《かんしりょ》に走るなくんば此の心湛然《たんぜん》として無事《ぶじ》なり」、こう云う事を言うて居る（『朱子語類』141）。その他、朱子の語録などを見ると、段々説いて居るが、「心の人に在る、是れ人の人たる所以《ゆえん》なり、禽獣草木《きんじゅうそうもく》と異なる、これあるが故なり、放って求めざるべけんや」(『象山先生全集』32「学問求放心」)、とこう云う有り様で、その他、宋朝時代の儒者は悉《ことごと》く大同小異である。啻《ただ》に静坐を説くばかりでなく、禅門の道を極《きわ》めて居る人も沢山ある。

宋朝から元朝《げんちょう》、明朝《みんちょう》に至りて、儒者も多勢《おおぜい》あるが、王陽明《おうようめい》などに至ると、殆んど禅僧《ぜんそう》の提唱《ていしょう》と同じことを言うて居る。理を極めて明らかならざれば則ち「之れを心に求む」と云い(『伝習録』中、答羅整庵少宰書)、また「人は惟だ至善《しぜん》の吾が心に在るを知らずして、之れを其の外に求め、以て事々物々、皆な定理《ていり》ありとなして、至善を事々物々の中に求む。是れを以て支離《しり》決裂《けつれつ》、錯雑紛紜《さくざつふんぬん》して、一定の方向あるを知ることなし。今や既に至善の吾が心にあるを知って、外に求むるに仮《か》らざれば、即ち志《こころざし》は一定の方向ありて、支離決裂、錯雑紛紜の患《うれい》なし。支離決裂、錯雑紛紜の患なければ、即ち心妄《みだり》に動かずして能く静なり。心妄《みだり》に動かずして能く静かなれば、則ち日用《にちゆう》の間、従容間暇《しょうようかんか》にして、能く安《やす》し、能く安ければ、凡《およ》そ一念の発、一事の感、夫れ至善なるか」などと言うてある(『大学問』)。

こう云うような有り様で、これは一端だけを挙げたのであるが、日本に於てもそうであって、陽明学派を祖述したのが、中江藤樹《なかえとうじゅ》、近江聖人《おうみせいじん》と謂われた人、この人の説なども同じことを唱えて居る。即ち藤樹翁が或る人に与えた手紙の中に書いてあることで、心裡《しんり》には常住不息《じょうじゅうふそく》の良知《りょうち》の主人公《しゅじんこう》御座候《ござそうろう》、此君《このきみ》に御対面《ごたいめん》なされ、工夫《くふう》御勤《おつと》め候《そうら》へば何時なく、浮気《うわき》除き申べく候、扨又《さてまた》工夫間断《かんだん》なく候へば、程《ほど》なく主人公に御対面あるべく候《そうろう》、主人公に御対面以後は、万事顚倒除《のぞ》きやすきものにて候。〔「答国領太、一」〕

こう云うような有り様であるが、その他、山鹿素行《やまがそこう》なども王陽明流の学問をした人であって、それらの人の考えが実行に現われ、或いは君に対して忠《ちゅう》ともなり、親に対して孝《こう》ともなって居る。山鹿素行に私淑した大石良雄《おおいしよしお》などは、その尤《ゆう》なる者である。そう云う人が平生《へいぜい》精神的にこれを究むるのみならず、実行的に試み、発して以て元禄《げんろく》の四十七士《しじゅうしちし》の働きと云うようなことになった。そんな事を言うて居ると長たらしくなるから略して置きますが、大体宋朝から明朝にかけて殊《こと》に静坐法と云うようなことを奨励したものと見える。

ところで話が大分枝葉《しよう》に渉ったが本文に戻って言うと、禅門では道を究むるは静坐に在りとして居るが、その意は如何と問うた。「**余**《よ》**曰**《いわ》**く**」先師洪川の曰く、「**但**《た》**だ吾が門のみに非ず、宋儒**《そうじゅ》**も亦**《ま》**た静坐を勤む**」、これは余程手和《てやわら》かに答えられた。我が禅宗で静坐と言うのは勿論のこと、宋朝時代の儒者すらもまた静坐を勤む。これに就いて二つの辞《ことば》を挙げられた。朱熹《しゅき》の云うたことによると、「**明道**《めいどう》**は人をして静坐せしむ**」。明道は今言うた所の程明道だ。この人も常に自分の門人に静坐をさせた。「**延平**《えんぺい》**も亦た人をして静坐せしむ**」。延平は李延平《りえんぺい》〔李侗〕と云う有名な学者であるが、この人もまた人をして静坐せしめた。これだけの辞を挙げたのであるが、李延平が朱熹に答えた手紙の中に、「某《それがし》、羅《ら》先生〔羅予章〕に従って学問す。終日相対《あいたい》して静坐するのみ。未だ曽て一雑語に及ばず。……先生静中《せいちゅう》に看せしむ、喜怒哀楽未《いま》だ発《はっ》せず、之を中《ちゅう》と謂う。未だ発せざる時、何の気象《きしょう》をかなすと」〔『延平答問』庚辰五月八日書〕、こう云う事を門人に工夫せしめられた。言い換れば、天地未《み》発《はっ》以《い》前《ぜん》、本来《ほんらい》の面目《めんもく》如何と云うも同じで、こう云う風に直覚的に、坐禅工夫せよと示された。また朱子が何叔京《かしゅくけい》に答えた書に、「李先生、人をして、大抵、静中に於て大本未発時の気象を体認《たいにん》せしむ、……これ即ち亀山《きざん》〔楊亀山〕門下相伝の指訣《しけつ》なり」、こう言うてある〔『朱文公文集』40答何叔京〕。

そこで本文の「**蓋《けだ》し人の大道《だいどう》何物たりやを知らざる所以《ゆえん》は、精神の定まらざるに由《よ》る**」。これは先師の辞で、吾々は恒に大道《だいどう》と云うことを口にして居る。即ち仏教では、真如《しんにょ》とか、菩《ぼ》提《だい》とか、涅《ね》槃《はん》とか、仏性《ぶっしょう》とか、口には恒に唱えて居るが、サテ大道そのものは何であるかと云うことを悟り得ることが出来ぬと云うのは何故《なぜ》かなれば、畢竟《ひっきょう》精神が定まらざるに由るのである。大道はそのように遠方にある訳のものではない。実は吾が臍《ほぞ》の下にブラさがっておることである。しかしながらそれが認められぬと云うのは、全く吾が精神の定まらざるに由ると云う。成程太陽は赫々《かくかく》として光輝《こうき》を放って居るが、自分の手を以て吾が眼《まなこ》を掩《おお》うて居れば、太陽の光を見ることが出来ぬような有り様で、いかに大きな声で叫んでも、自分の手で耳を掩うて居れば聞くことが出来ぬと同じことである。

「**精神の定まらざる所以は、外物《がいぶつ》の来《きた》って之《これ》を擾《みだ》すに由る**」。御互《おたが》いに暫《しばら》く坐って居ても、過去を念し、未来を想い、死んだ子の年《とし》齢《し》を算《かぞ》えておらぬと思えば、未だ見ぬ先きの女のことなど考えておる。そんな按排で、目前にちらつく空中の花の如く、幻の如き、取り止めのない事を心に感じ、煩悶《はんもん》し、懊悩《おうのう》し、忘想分別《もうぞうふんべつ》して居るのである。「外物来って之を擾すに由る」。皆な外界の刺戟、若《も》しくは誘惑、いろいろの物を吾が心に持ち来す、それがために掻《か》き擾《みだ》され、元来主人《しゅじん》たるべき筈の心が、却って物の奴隷となって、洵《まこと》に冠履《かんり》転倒《てんどう》して居る。

「**故《ゆえ》に先《ま》ず静坐に依って工夫《くふう》を凝《こ》らし、以て外物を空《くう》ずべし**」。一切外界の物を退け、直《ただ》ちに已《おの》れが主人となって、一切外界の物を使《つか》い廻《まわ》すと云う態度でなければならぬ。王陽明の辞を以てすれば、

見聞覚知為外賊
情欲意識為内賊
唯能主人公惺々夜坐中堂
則賊便化為家人

見聞覚知《けんもんかくち》は外賊《がいぞく》たり
情欲意識《じょうよくいしき》は内賊《ないぞく》たり
唯《た》だ能《よ》く　主人公《しゅじんこう》　惺々《せいせい》として　中堂《ちゅうどう》に夜坐《やざ》せば
則ち賊《ぞく》便ち化して家人《けにん》と為らん。

〔『菜根譚』前79〕

と。その通りで、見聞覚知は外から来る盗賊である。その盗賊にもいろいろありて、中には内の家族のような良い顔をして居りながら悪い事をして居る奴も居る。けれども、内外

の賊に誑《たぶ》らかされないような確《しっ》かりした主人公が、夜《よ》る夜中《よなか》と雖も、チャンと奥座敷《おくざしき》に坐って居ると、いつの間にかその賊が主人の徳に化せられて、而《しか》も忠実なる家族の一人となる。故に主人さえ確《しっ》かりして居ればそう云う有り様だと云うのが、王陽明の教え方である。また曰く「山中《さんちゅう》の賊《ぞく》は平《たいら》げ易く、心内《しんない》の賊《ぞく》は平げ難し」と〔文録一「与楊仕徳薛尚謙」〕。洵《まこと》に適切なる修養訓である。

それには先ず静坐と云うことに依って工夫を凝らし、以て外界の物を空ぜねばならぬ。静坐の作法は皆な御存じの如く、脊梁骨《せきりょうこつ》を立って、世界中を臍下《せいか》に押し込んでしまったような心で、一切の物を気海丹田《きかいたんでん》にたたみ込み、そうして脳髄《のうずい》の頂上《ちょうじょう》から、足の爪先《つまさき》まで、ズット全身の力を此所《ここ》に集中し以て、「未生以前《みしょういぜん》、本来《ほんらい》の面目《めんもく》如何」と直ちにこう這入《はい》ってゆくのである。この時、右を顧《かえり》み左を眄《なが》めたりするような態度でなく、一気に恰も吹毛《すいもう》剣《けん》を真向《まっこう》に振翳《ふりかざ》した如くにして進む。そう云う安排に工夫を凝らし、外物を空ずる。然し外界の物を態々《わざわざ》空じようとしなくとも、真箇《しんこ》〔まことに〕公案三昧《こうあんざんまい》に成ったならば、外物は自から空ぜられてしまう。ところが肝腎な根本《こんぽん》の方に力を用いずして、枝葉《しよう》の方の仕方を用いて居るから大変苦しいように思う。言わば、本《もと》を務めずして末《すえ》に走って居る。公案を御留守《おるす》にして別に雑念を退却させようとする、それではいかん。かくして以て「**外物空《くう》ずれば便ち神《しん》定ま**」ると云うのじゃ。外界から来る物が皆な空ぜられてしまえば、そこで初めて精神が定まって、禅定《ぜんじょう》の境界が現われる。いろいろの雲《くも》や霞《かすみ》が晴れてしまえば、太陽の光が自から現われる。「**神定まれば便ち性珠燦然《しょうしゅさんぜん》として目前に現前《げんぜん》す**」。禅定の意味が其所《そこ》に出て来る。「性珠」とは珠《たま》に譬えたので、「本心《ほんしん》」とも謂い、「本性《ほんしょう》」とも謂い、また「本来の面目」とも謂う。そのものは珠の透明なるが如く、燦然として目前に現わる。『坐禅儀《ざぜんぎ》』〔『禅苑清規』8〕に「珠《たま》を探《さぐ》らば宜《よろ》しく波《なみ》を静むべし。動水《どうすい》には採《と》ること応《まさ》に難かるべし。定水《じょうすい》清澄なれば、心珠《しんしゅ》自ら現わる」とありて、明々白々、最《い》と見《み》易《やす》き道理であるが、実行となると、なかなか難い。「**之を捕覷《ほしょ》し、俯《ふ》して地芥《ちかい》を拾《ひろ》うが如きのみ**」。この境界に至ったならば、恰も地上に落ちて居る物を無雑作《むぞうさ》に取り上げると同じようなものである。「**然《しか》りと雖《いえど》も、吾が所謂《いわゆ》る静坐は、六朝《りくちょう》の清坐《せいざ》と宋儒《そうじゅ》の静坐と異なるなり**」。却説《さて》その静坐なるものにもいろいろある。或いは六朝時代の遁世《とんせい》的の清坐あり、また前に述べた宋朝時代の学究的の静坐もあるが、それ等は所謂る「凡夫禅」「外道禅」の部類で、吾が「諸仏頂上の禅」とは大いに趣《おもむき》を異にしておる。「**仏は之を正思惟《しょうしゆい》と謂う**」。これは正思惟とも、静慮《じょうりょ》とも唱え、その外種々《いろいろ》名は異なって居るが、「**故に必ずしも坐相《ざそう》上に在らず**」。必ずしも坐相の上ばかりに重きを措《お》く訳でない。然しこれは早合点《はやがてん》をしてはいかん、ある者は、何も吾々は脚《あし》を曲げたり目を瞠《みは》って、窮屈千万《きゅうくつせんばん》にむずかしい顔をして坐って居らんでも可《い》い訳で、所謂る「行亦禅《ぎょうまたぜん》、坐亦禅《ざまたぜん》」〔『証道歌』〕であるなどと大言しておる輩《やから》もある。成程了事《りょうじ》の衲僧《のうそう》、歩行して居ても、坐って居る時も坐禅、話をしながら、寐《ね》た時も、寤《さめ》た時も、咳唾《がいだ》掉臂《とうひ》・痾《あ》屎送尿《しそうにょう》、さては活動写真を見て居る時でも坐禅、芝居《しばい》を見て居る時でも坐禅、乃至《ないし》酒肆《しゅし》婬房《いんぼう》に居る時でも大寂定中《だいじゃくじょうちゅう》には違いないけれども、テンデまだ坐る事すら知らぬ初機のものが、既に悟りきって後《のち》に言うた越格《おっかく》の宗師《しゅうし》の辞などを、胡椒丸《こしょうま》る呑《の》みに受け売りしたりすると、とんでもない間違いが生ずる。坐相《ざそう》は勿論大切なものである。今此所《ここ》ではそう云うことは通り抜けた後の事を言うて居るので、本末を誤ってはいかぬ。

「**造次《ぞうじ》にも必ず此《ここ》に於てし、顚沛《てんぱい》にも必ず此に於てす**」〔『論語』里仁〕。寸時も油断をしない、造次《ぞうじ》顚沛《てんぱい》〔緊急の時も混乱の際も〕、有らゆる時、常にこの心を失わぬ。故にこの意味に於て、古人《こじん》は「汝等諸人《なんじらしょにん》は、十二時中に使われ、我は只だ十二時中を使い得たり」と言われた〔『趙州録』上〕。白隠《はくいん》和尚も「動中《どうちゅう》の工夫《くふう》は静中《じょうちゅう》に勝《まさ》ること百千億倍なり」と言われた〔『遠羅天釜』上〕。昔の禅宗の祖師《そし》方を看よ。或いは米搗《こめつ》きをやったり、芝刈《しばが》りを仕《し》たり、所謂る拽石搬土《えいせきはんど》・汲水担薪《きゅうすいたんしん》みな神通妙用《じんずうみょうよう》なりとは、この「動中の工夫」の事である〔『龐居士語録』上、「神通幷妙用、運水与搬柴」〕。

「**若《も》し但《た》だ目《め》を閉《と》じ睛《ひとみ》を蔵《おさ》め寂《じゃく》を愛し鬧《どう》を嫌うを以て、以て静坐と為《な》すは、是《こ》れ正静《せいせい》に非ず。果して邪静《じゃせい》なり**」。これは読んで字の通り、静坐の邪正《じゃせい》を択《えら》ぶのである。喩《たと》えば「牛の車を曳《ひ》くが如く、車若《も》し行かずんば、是れ車を打《た》せんか、是れ牛を打せんか」と古人は諭《さと》された〔『馬祖語録』〕。即ち坐相は車で、精神は牛である。故に古人は「須らく活句《かっく》に参ずべし、死句《しく》に参ずる勿れ」と誡しめられた〔『碧巌録』20評唱〕。真に親切なる垂示《すいじ》である。

「**或るひと問う、孔門《こうもん》の教え、学《がく》に依り藝《げい》に遊ぶ。今、師、学藝《がくげい》を外にする、何ぞや。余曰く、学藝の如きは、初学因地《いんち》一事なり。孔門の蘊奥《うんのう》に至っては、徳性《とくせい》を明らかにするに在り**」。また或る人が問うに、孔子の教えでは専《もっぱ》ら「礼楽射御書数《れいがくしゃぎょしょすう》」〔六藝〕を教ゆるを大切にする。然るに今その学藝を外にして、ただ坐禅の一法を奨励せらるるのは何故かと云う。禅師が曰《い》わるるに、それは子供の成人しかかったものの学ぶべき事で、孔門の蘊奥に至りては、所謂る「明徳を明らかにする」と云う、これじゃ。これが真の孔門の本領である。『中庸《ちゅうよう》』〔20―13〕に君は「徳を貴ぶ」とあるのも、ここである。

「**故に真意は冊子《さっす》上に在らず**」。真意は書物の上ばかりではない。「**孔子云《い》わずや、余《われ》言無からんと欲す**」。『論語《ろんご》』〔陽貨〕にある辞で、「**又《ま》た曰く、賜《し》や、女《なんじ》、予《われ》を以て多学《たがく》にして之を識《し》る者と為すか。対《こた》えて曰く、然《しか》り、非なりや**」〔衛霊公〕。孔子が子貢《しこう》に対して、予を物識《ものし》りのように思うて居りはせぬか、どうか、と言われると、対えて曰く然り、そう思いますがと曰うた。人間はその人格相応に物《もの》が眼《め》に映《えい》ずるもので、子貢は子貢らしく考えて居る。「然り、非なりや」、そう思いますが、そうではございませぬか、と云うたら、「**曰く、非なり。予は一《いっ》以て之を貫《つらぬ》く**」。この孔子の答えは、我々の一言を挿む余地もない〔第31講参照〕。「和盤托出夜明珠」〔「盆もろともに差し出す夜明の珠」〕、白隠『毒語心経』。同『於仁安佐美』上、「盤《ばん》ニ和シテ托出《たくしゅつ》ス夜明珠《やめいしゅ》」とでも云うておこう。「**山野《さんや》常に謂う、儒亦た教外別《きょうげべつ》伝《でん》の一著《いちじゃく》有りと、此《こ》れ之《こ》の謂《いい》なり**」。「不立文字《ふりゅうもんじ》、教外別伝《きょうげべつでん》、直指人心《じきしにんしん》、見性成仏《けんしょうじょうぶつ》」は禅宗の看板である、扨《さ》てそれは禅宗ばかりと思うて居たにも拘《かか》わらず、豈《あ》に図《はか》らんや、儒門にもまた「教外別伝」の奥の手があるとなり。先師はここに着眼して、後編三十則を拈提《ねんてい》せられたのである。

第二十七講　或問（其三）

或《あ》るひと問う、「近世《きんせい》、大儒《たいじゅ》有り、明《みん》の李《り》王《おう》二家の学風を唱え、古文辞《こぶんじ》を主張す。其《そ》の言に曰《いわ》く、道《みち》は則《すなわ》ち高《たか》し美《うつく》し、譾劣《せんれつ》の質、企《くわだ》て及《およ》ぶ可《べ》からず。故《ゆえ》に卑《ひ》々《ひ》焉《えん》として、諸《これ》を事《こと》と辞《ことば》とに求むと。又《ま》た曰く、聖人《せいじん》の心は唯《た》だ聖人にして而《しか》して後《のち》に之《これ》を知る。亦《ま》た今人《きんじん》の能《よ》く知る所に非《あら》ざるなり、と。今、師頻《しき》りに其の企て及ぶ可からざるの道を説《と》いて、汲々《きゅうきゅう》として之を勧《すす》む、弟子《でし》甚《はなは》だ惑《まど》えり」と。余《よ》曰く、「今日之を望めば、天辺《てんぺん》の寸碧《すんぺき》なる者、明日之を践《ふ》めば脚下《きゃっか》の千巌《せんがん》なり。道は高遠《こうえん》と謂《い》って、断然進修《しんしゅ》に志《こころざし》無く、只《た》だ甘《あま》んじて卑《ひく》きに就《つ》き、以て足《た》れりと為《な》す者、是れ自ら慢《まん》じ且つ孔子《こうし》を謗《そし》る者なり。余、少時《しょうじ》、其の学に遊《あそ》ぶ年有り。初《はじ》め未《いま》だ其の言の聖意《せいい》に戻《もと》るを知らず、中間《ちゅうかん》自ら学風の膚《ふ》浅《せん》なるを知り、乃《すなわ》ち罷《まか》り去る。宋学《そうがく》に従事す」。曰く、「其の説を請問《せいもん》す」。余曰く、「『中庸《ちゅうよう》』に曰く、道《みち》人に遠からず、人の道として人に遠きは、以て道と為す可からず。孟軻《もうか》曰く、道は邇《ちか》きに在り、而るに諸《これ》を遠きに求む。事は易《やす》きに在り、而るに諸《これ》を難《かた》きに求む。是《こ》れ当《まさ》に道の企て及ぶ可きを知るべし。『書《しょ》』に曰く、惟《こ》れ聖《せい》も念《おも》う罔《な》ければ狂《きょう》と作《な》る。惟《こ》れ狂も克《よ》く念えば聖と作る。顔淵《がんえん》曰く、舜何人《しゅんなんびと》ぞや、予何人《われ》ぞやと。為《な》す有る者は亦た是の如《かく》し。孟軻曰く、何を以て人に異ならん、尭舜《ぎょうしゅん》も人と同じきのみ。是れ当に聖人の心も亦た今人の修めて至る可きを知るべし。賢哲《けんてつ》の言、豈《あ》に人を欺《あざむ》かんや。儒士《じゅし》の言の如きは、孔子の所謂《いわゆ》る女画《なんじかぎ》れりという者なり。夫《そ》れ『詩《し》』『書《しょ》』は訓《おし》えを後世《こうせい》に垂《た》れ、人をして是《こ》れに由《よ》りて先王《せんのう》の道を履《ふ》ましむる所以《ゆえん》の者なり。然《しか》るに唯《た》だ其の辞《ことば》を学んで、其の道を修めず、則ち演戯稗説《えんぎはいせつ》を読むと同じ。礼楽《れいがく》は法を天地に象《かた》どり、人をして是れに由りて性情《せいじょう》を正さしめ万事《ばんじ》を節する所以の者なり。然れども唯だ其の事を学んで、其の性情を正さざれば、則ち戯劇乱舞《ぎげきらんぶ》を観るに同じ。是れ豈《あ》に孔子を誹謗《ひぼう》するに非ずや。余《よ》、彼《か》の学に旧恩義《きゅうおんぎ》有りと雖《いえど》も、今、此《こ》の言を成すは、其の怒《いか》りを彼の儒士《じゅし》に得るよりは、寧《むし》ろ罪《つみ》を孔子に得るに忍ぶ可けんや」。

或るひと問う、「道《みち》分れて神儒仏老《しんじゅぶつろう》たり。今、神《しん》を学ばば如何《いかん》」。余曰く、「是《ぜ》は則ち是《ぜ》、恐《おそ》らくは神見浄見《しんけんじょうけん》に障礙《しょうげ》せられん」。云《いわ》く、「儒《じゅ》を学ばば如何」。曰く、「是は則ち是、恐らくは文字礼則《もんじれいそく》に障礙せられん」。云く、「仏《ぶつ》を学ばば如何」。曰く、「是は則ち是、恐らくは仏見法見《ぶっけんほうけん》に障礙せられん」。云く、「老《ろう》を学ばば如何」。曰く、「是は則ち是、恐らくは沖見《ちゅうけん》虚見《きょけん》に障礙せられん」。其の人懵然《ぼうぜん》として問うことを知らず。余曰く、「唯だ道《みち》を学べ。道に別名《べつみょう》無し。神儒仏老、唯だ是れ箇《こ》の道、恰《あたか》も一大陽の上下四維《じょうげしい》に照臨して其の光《ひかり》到らざる所無《な》きが如し。只だ学者の眼《まなこ》に知見学習《ちけんがくしゅう》の雲霧《うんむ》有りて、或いは儒見《じゅけん》に落在し、或《ある》いは仏見《ぶっけん》に坐在す。是れ大道《だいどう》に同異《どうい》有るに非ず、眼見《がんけん》に障礙有るを以てなり。故に神家者流《しんかしゃりゅう》は其の障礙を払《はら》い尽《つく》して、之を天原《あまのはら》に止《とどま》ると謂い、儒家者流《じゅかしゃりゅう》は、其の障礙を払い尽して、之を明徳《めいとく》を明らかにすと謂う。仏家者流《ぶっけしゃりゅう》は其の障礙を払い尽して、之を見性成仏《けんしょうじょうぶつ》と謂い、老家《ろうか》者流《しゃりゅう》は其の障礙を払い尽して、之を衆妙《しゅうみょう》の門《もん》を得ると謂う」。問う者黙《もく》して退く。今、諸《しょ》仁者《じんしゃ》の為《ため》に言う、「若《も》し神を学ばんと欲せば、先ず御中主《みなぬし》以前に向って求めよ。儒を学ばんと欲せば、先ず三皇《さんこう》以前に向って求めよ。仏を学ばんと欲せば、先ず威音王《いおんおう》以前に向って求めよ。老を学ばんと欲せば、先ず黄帝《こうてい》以前に向って求めよ。然《しか》れば則ち道に竇逕《とうけい》莫《な》く、見《けん》に異端《いたん》莫し。神に値《お》うては神受用《じゅゆう》、儒に値うては儒受用、仏に値うては仏受用、随処《ずいしょ》に主《しゅ》と為って、更に障礙無し。是れ吾が教外別伝《きょうげべつでん》の玄旨《げんし》、即ち孔子《こうし》一貫《いっかん》の要訣《ようけつ》なり。道を学ぶ者、請《こ》う此《これ》より始めよ」。

或問。近世有大儒。唱明之李王二家学風。主張古文辞。其言曰。道則高矣美矣。譾劣之質不可企及。故卑卑焉求諸事与辞。又曰。聖人之心。唯聖人而後知之。亦非今人之所能知也。今師頻説其不可企及之道。汲汲勧之。弟子甚惑矣。余曰。今日望之。天辺寸碧者。明日践之。脚下千巌也。謂道者高遠。而断然無志於進修。只甘就于卑以為足者。是自慢且謗孔子者也。

余少時。遊其学有年焉。初未知其言之戻聖意。中間自知学風之膚浅。乃罷去・従事宋学。曰。請問其説。余曰。中庸曰。道不遠人。人之為道而遠人。不可以為道。孟軻曰。道在邇。而求諸遠。事在易。而求諸難。是当知道之可企而及矣。書曰。惟聖罔念作狂。惟狂克念作聖。顔淵曰。舜何人也。予何人也。有為者亦如是。孟軻曰。何以異於人。尭舜与人同耳。是当知聖人之心亦今人之可修而至矣。賢哲之言。豈欺人矣哉。如儒士之言。孔子所謂女画者也。夫詩書所以垂訓于後世。使人由是履先王之道者也。然唯学其辞。而不修其道。則与読演戯稗説同焉。礼楽所以象法乎天地。使人由是正性情節万事者也。然唯学其事。而不正其性情。則与観戯劇乱舞同焉。是豈非誹謗孔子耶。余雖有旧恩義于彼学。今成此言者。与其得怒於彼儒士。寧可忍得罪於孔子乎。

或問。道分為神儒仏老。今学神如何。余曰。是則是。恐被神見浄見障礙。云。学儒如何。曰。是則是。恐被文字礼則障礙。云。学仏如何。曰。是則是。恐被仏見法見障礙。云。学老如何。曰。是則是。恐被沖見虚見障礙。其人懵然不知問。余曰。唯学道。道無別名。神儒仏老。唯是箇道。恰如一大陽照臨上下四維。其光無所不到矣。只学者眼有知見学習之雲霧。或落在儒見。或坐在仏見。是非大道有同異。以眼見有障礙也。故神家者流。払尽其障礙。謂之止天原。儒家者流。払尽其障礙。謂之明明徳。仏家者流。払尽其障礙。謂之見性成仏。老家者流。払尽其障礙。謂之得衆妙之門。問者黙而退焉。今為諸仁者言。若欲学神。先向御中主以前而求焉。欲学儒。先向三皇以前而求焉。欲学仏。先向威音王以前而求焉。欲学老。先向黄帝以前而求焉。然則道莫竇逕。見莫異端。値神神受用。値儒儒受用。値仏仏受用。随処為主。更無障礙矣。是吾教外別伝之玄旨・即孔子一貫之要訣也。学道者。請自此始。

〔講話〕　本席で先ず、『禅海一瀾《ぜんかいいちらん》』の上巻だけを終る積《つも》りであります。これも一々委《くわ》しきことを申して居りますと、今素読《そどく》しただけでも一回や二回を重ねるか知りませぬが、大分『禅海一瀾』が長引《ながび》きましたゆえ、兎《と》も角《かく》も今回はこの上巻を結了《けつりょう》することにしましょう。

「**或るひと問う、近世《きんせい》、大儒《たいじゅ》有り**」。これは誰々を指すという委しいことを、今此処《いまここ》で挙げることは出来ませぬが、この時代の儒者《じゅしゃ》先生達は「**明《みん》の李王《りおう》二家の学風を唱え、古文辞《こぶんじ》を主張す**」。「李」というのは、これは李于鱗《りうりん》という人を指して居る。これは有名な人で、「王」というのは王元美《おうげんび》のことであります。李于鱗という人は名は攀龍《はんりょう》と言うて、歴城《れきじょう》という所の人で、明《みん》の嘉靖《かせい》年中に進士《しんし》となった人である。号を滄溟《そうめい》と言う。詳しいことは、その伝に就いて見る可し。王元美という人は、名は世貞《せいてい》と言うて、号を鳳洲《ほうしゅう》亦たは弇州《えんしゅう》と言う。明の嘉靖年中に進士となった人で、是れも詳しいことは、その伝にあります、共《とも》に明の大儒《たいじゅ》であった〔手沢本書入〕。日本では物徂徠《ぶっそらい》〔荻生徂徠〕や何かが、この李王の学風を唱えて居ったのであります。「古文辞」を主張するというのは、この時代の儒者という者が、詩を作れば必ず盛唐《せいとう》を学び、文と言えば秦漢《しんかん》の文を学ぶというのを、此処では「古文辞」と言うて居る〔手沢本書入〕。その李王二家の学風を唱えて、巧《たく》みに古文辞を弄すということが、専《もっぱ》ら彼等の腐心《ふしん》する所であった。

そういう輩《やから》の常に言うことには、「**道《みち》は則《すなわ》ち高《たか》し美《うつく》し**」で〔『孟子』尽心・上〕、大道《だいどう》というものは、幽玄高妙《ゆうげんこうみょう》、誠に善美《ぜんび》なる所のものである。「**譾劣《せんれつ》の質、企《くわだ》て及《およ》ぶ可《べ》からず**」、到《とう》底《てい》我々の如き浅墓《あさはか》なる所の資質の者には、企て及ぶ可からざる所の者である。それ故に「**卑々焉《ひひえん》として、諸《これ》を事《こと》と辞《ことば》とに求む**」、大道研究の如きは容易に出来得《できえ》られないから、詩を作ったり文を拵《こしら》えて、今日目《め》の前《まえ》の事と、そうして文事《ぶんじ》とにこれを求めて居ると、こう自ら言うて居る。

またこういう輩が言うのには「**聖人《せいじん》の心は唯《た》だ聖人にして而《しか》して後《のち》に之《これ》を知る**」、聖人の心は聖人でなければ分らぬ。仏教の中にも「ただ仏と仏のみ之を知る」ということがある〔『仁王般若経』上、「唯仏与仏、乃知斯事」〕。到底凡人《ぼんじん》の知ることではない。それに我々が企て及ぶ様なことを自ら言うのは誤って居る。「**今人《きんじん》の能《よ》く知る所に非《あら》ざるなり**」と言うて居る〔荻生徂徠「復安澹泊」第三書、「夫レ文章ハ、経国ノ大業、不朽ノ盛事。顔ヲ抗ゲテ師ト為ルハ、豈譾劣不佞ノ如キ者ノ企及スル所ナラン乎」。「不佞ハ則チ以為ヘラク道ノ大ハ、豈庸劣之能ク知ル所ナラン乎。聖人ノ心ハ、唯ダ聖人ニシテ而ル後之ヲ知ル。亦今人ノ能ク知ル所ニ非ザル也。故ニ其ノ得テ推ス可キ者ハ、事ト辞耳。事ト辞ハ卑卑焉タリト雖モ、儒者ノ業ハ、唯ダ章句ヲ守リ、諸ヲ後世ニ伝フ。力ヲ陳ベ列ニ就クハ、唯ダ是レ其ノ分ナリ」。原漢文〕。

然るに「**今、師頼《しき》りに其の企て及ぶ可からざるの道を説《と》いて、汲々《きゅうきゅう》として之を勧《すす》む**」。

然り、大道は到底今人の企て及ぶ可からざる所のものであるのに、それを汲々として勧められるということは、甚だ私共《わたくしども》には分らぬ。「**弟子《でし》甚《はなは》だ惑《まど》えり**」。それに対しての先師洪川《こうせん》和尚の答えに、「**余《よ》曰く、今日之を望めば、天辺《てんぺん》の寸碧《すんぺき》なる者、明日之を践《ふ》めば脚下《きゃっか》の千《せん》巌《がん》なり**」、これは面白い言葉であります。彼の水戸《みと》の黄門光圀卿《こうもんみつくにきょう》の帰依僧《きえそう》であった東皐心《とうこうしん》越《えつ》禅師の歌に、

昨日《きのう》まで空《そら》たかくのみ見《み》しもまた今日《きょう》は雲《くも》ふむ木曽《きそ》のかけ橋《はし》

〔手沢本首書「心越禅師ノ歌ニ仰ギツ、空高クノミ見シモマタ今日ハ雲フム木曽ノカケ梯」／『東皐全集』下・歌俳、未収〕

その歌の通り、大道もまたそうで、ただ自ら足を進めずして立《た》ち止《どま》って遠方を眺めて居れば「天辺の寸碧」で、到底攀《よ》じ登れぬが如くであるけれども、自ら足を進めて一歩は一歩より彼に近づいたならば、昨日まで望んで「天辺の寸碧」であったものが、今日はモウ「脚下の千巌」で、雲じゃと思ったものが、今日は足の下の岩じゃ。それと同じで「**道は高遠《こうえん》と謂《い》って、断然進修《しんしゅ》に志《こころざし》無く**」、こういう所は一々辯を加えんでも分って居る。始めよりして思い止《とどま》って、進修に志が無く、「**只《た》だ甘《あま》んじて卑《ひく》きに就《つ》き、以て足《た》れりと為《な》す者**」、自ら甘んじて下劣《げれつ》の漢《かん》となって居る。「**是れ自ら慢《まん》じ且つ孔子《こうし》を謗《そし》る者なり**」。自ら

自身を欺《あざむ》くのみならず、孔子の本意を失うのであるから、孔子を誹謗するも同様である。「**余、少時《しょうじ》、其の学に遊《あそ》ぶ年有り**」、かく言う洪川も、子供上りの時分には、藤沢東畡《ふじさわとうがい》先生〔荻生徂徠の学統、いわゆる蘐園学派に属す〕に就いて学んだ。これは後に至って先師の伝記を言うことがあろう。前にも少し言うたことがあります〔第2講・第5講参照〕。「**初《はじ》め未《いま》だ其の言の聖意《せいい》に戻《もと》るを知らず**」、その少年時代には、そういうことをするのが別に孔子の本意に背《そむ》いたことでもないと思ったが、扨《さ》て段々年を加えて「**中間《ちゅうかん》自ら学風の膚浅《ふせん》なるを知り、乃《すなわ》ち罷《まか》り去る**」。ただこういう詩《し》を賦《ふ》したり文を作ったりして居る、こんなことが孔子の道ならば、実に浅墓《あさはか》なことであるということを知った故に、それを捨て去った。

それから「**宋学《そうがく》に従事す**」。宋学というのは矢張《やは》り儒学には違いないが、同じ儒学でも、余程《よほど》心理学的になって居る。別言《べつげん》すれば文章学を廃して、心学に従事した。所が問う人が言うに「**其の説を請問《せいもん》す**」。その文章学を廃して心学に従事された、あなたのお説は如何《いかん》と問うた。

「**余曰く、『中庸《ちゅうよう》』に曰く、道《みち》人に遠からず、人の道として人に遠きは、以て道と為す可からず**」。元来《がんらい》道と人というものは、影《かげ》と形《かたち》と程の親しい関係である。所が人の道として、人の心から生まれ出た道であり乍《なが》ら、それが人に遠いというならば、真の道と云うことは出来ない、かく明らかに『中庸』〔13－1〕にも言うて居る。また『孟子《もうし》』の言葉を一つ挙げれば、「**道は邇《ちか》きに在り、而るに諸《これ》を遠きに求む。事は易《やす》きに在り、而るに諸《これ》を難《かた》きに**

求む」〔離婁・上〕。道という者は近い所にある。毎日食《く》う上にも、寝《ね》る上にも、起きて働く上にもある筈だ。王陽明《おうようめい》の詩に「饑《う》え来らば飯《はん》を喫《きっ》し倦《う》み来《きた》らば眠る、只だ此の修行こそ玄《げん》にして更に玄、世人《せじん》に説与《せつよ》するも渾《すべ》て信ぜず、却って身外《しんがい》に従って神仙《しんせん》を覓《もと》む」〔外集二「答人問道」詩〕。なかなか妙じゃ。これを禅宗風に言えば、如何《いか》なるか是れ道と尋ねたら「牆外底《しょうげてい》」と答えた、玄関を出れば直ぐ道だ。問う人がそれは人の歩いて居る道であります。大道をお尋ねしたいと申したら、「大道は長安《ちょうあん》に透《とお》る」と答えた〔『趙州録』中、『碧巌録』52評唱、第6講参照〕。モウ一歩進んで本通《ほんどお》りへ出て見ろ、大道は真直《まっすぐ》に東京へ通じて居る。禅的の修養になってくると、そういう手近いものだ。別に形而下だの形而上だのと、そこに境《さかい》がある訳ではない。元来、道というものは極《ご》く手近いもので、足元《あしもと》から鳥の立つ様なものである。然るに多くの人が道というとキョロリとし、目を聳《そばだ》って大層《たいそう》遠方を眺める者が多い。何事《なにごと》もその通りで、元より易きに在るものを態々《わざわざ》六ケ《むつか》しくして居ると、こう孟子が言うて居る。「**是《こ》れ当《まさ》に道の企て及ぶ可きを知るべし**」。大道というものは、そう絶望すべきものでない。志ある者ならば、直《じき》に至り得られるものである。

また「**『書《しょ》』に曰く**」、これは下の三十則中に一則として別に出て居りますから〔第30講参照〕、詳しいことはその時に至ってお話をしますが、これは『書経《しょきょう》』の周書《しゅうしょ》・多方篇《たほうへん》の成《せい》王《おう》が諸侯《しょこう》に誥《つ》げた言葉で、「**惟《こ》れ聖《せい》も念《おも》う罔《な》ければ狂《きょう》と作《な》る。惟《こ》れ狂も克《よ》く念えば聖と作る**」。丁度《ちょうど》我々の身体は大地を歩いて居って倒れる。その代り大地に依って起きる。倒れるのも、起きるのも、皆な土の上の話である〔李通玄『新華厳経論』14「如人因地而倒、因地而起」〕。狂となるのもこの心、聖となるのもこの心、詰《つま》り心の向け方一つであると、こう『書経』にはある。

また「**顔淵《がんえん》曰く、舜何人《しゅんなんぴと》ぞや、予《よ》何人ぞやと**」〔『孟子』滕文公・上〕、これは誠に強い言葉であります。儒道の方では何ぞと言うと尭舜《ぎょうしゅん》を祖述する。尭と言い舜と言《い》って聖人と称して居るが、別に三頭六臂《さんとうろっぴ》の人間でない。「舜何人ぞ、予何人ぞ」、予と同じく眼横鼻直《がんのうびちょく》の人である。「**為《な》す有る者は亦た是《かく》の如し**」〔同前〕。誰でも一つ一番やろうというならば舜たり得ることも出来よう、尭たり得ることも出来よう。

また孟子が言うた、「**何を以て人に異ならん、尭舜《ぎょうしゅん》も人と同じきのみ**」〔『孟子』離婁・下〕。尭でも舜でも予と寸分《すんぶん》違ったことはない。こういう工合《ぐあい》に例を此処《ここ》に挙げられた。「**是《こ》れ当に聖人の心も亦た今人の修めて至る可きを知るべし**」。何時《いつ》でも道の方では少しも拒まない。今人と雖《いえど》も修めて道に至ることが出来るということが分ろう。「**賢哲《けんてつ》の言、豈《あ》に人を欺《あざむ》かんや**」、今《いま》挙げたのは、皆な賢哲の言葉であるが、決して我々を欺かない。「**儒士《じゅし》の言の如きは、孔子の所謂《いわゆる》女画《なんじかぎ》れりという者なり**」。然るに最初挙げた時の儒者が言うて居る様な、到底大道を企て及ぶ可からざるものである、我々は詩を作ったり文を作って居れば宜《よ》い、という様なことを考えて居るのは、孔子の言葉にある様に、「女画れる」者で、践《ふ》み出せば易《やす》らかに登れる者を、自分が践み止《とどま》って居って、モウ此処で宜《よろ》しいと言うて居ると同じ様なものである。「女画れり」と言う言葉の出所は『論語《ろんご》』の雍也《ようや》篇に、孔子が言われるに、「賢《けん》なる哉、回《かい》や。一箪《たん》の食《し》、一瓢《ぴょう》の飲《いん》、陋巷《ろうこう》に在りて人はその憂《うれ》いに堪えず。回やその楽《たの》しみを改めず。賢《けん》なる哉、回や」と、大層顔回《がんかい》を誉《ほ》められた。そうしたら弟子の一人たる冉求《ぜんきゅう》が、「子《し》の道を説《よろこ》ばざるには非ず、力足《ちからた》らざれば也《なり》」と言った。時に孔子の言われるに、「力足らざる者は中道にして廃す、今女画れり」。力が足るか足らぬかは一つ足を進めて見よ。歩けるだけ歩いてその上歩けぬならば中道で止《や》めても宜いが、初めから一歩も足を進めないでどうも私は進めませぬと言うては、「女画れる」者であると、孔子が言われたが、そういう輩《やから》も随分《ずいぶん》世の中には沢山ある。それと同じ事だ。

「夫《そ》れ『詩《し》』『書《しょ》』は訓《おし》えを後世《こうせい》に垂《た》れ、人をして是《こ》れに由《よ》りて先王《せんのう》の道を履《ふ》ましむる所以《ゆえん》の者なり」。儒道の方で言うと、『詩経《しきょう》』または『書経《しょきょう》』、こういう様なものは教えを後世に垂れて、そうして人をして先王の大道を履み行わしめ様《よう》が為に、孔子はこの『詩』『書』を作られたのである。**「然《しか》るに唯《た》だ其の辞《ことば》を学んで、其の道を修めず」**、その言葉だけを学んでその道を修めなければ、**「演戯稗説《えんぎはいせつ》を読むと同じ」**。「演戯」〔演義〕というのは、此処では絵本《えほん》という位に見て置いて宜い。「稗説」というのは詰り小説みた様なもので、『詩』『書』を読んでも小説本を読んで居ると同様である。

「礼楽《れいがく》は法を天地に象《かた》どり、人をして是れに由りて性情《せいじょう》を正さしめ万事《ばんじ》を節する所以の者なり」。これに就いても古人の言葉を挙げればありますが、『楽記《がくき》』〔『礼記』楽記〕には

「大楽《たいがく》は天地と和《わ》を同じうす。大礼《たいれい》は天地と節《せつ》を同じうす。和、故に百物《ひゃくぶつ》節を失わず、節、故に天を祀《まつ》り地を祭《まつ》る」云々、こういう工合に示して居る。また曰く、「先王《せんのう》の礼楽《れいがく》を制するは、以て口腹耳目《こうふくじもく》の欲を極《きわ》むるに非ず、将《まさ》に以て民をして好悪《こうお》を平《たい》らにして、人道《じんどう》の正に反《かえ》らしめんとするなり」。それからまた「君子《くんし》曰く、礼楽は斯須《しばら》くも身を去る可《べか》らず、楽《がく》を致して以て心を治むれば、則ち易直子諒《いちょくしりょう》の心油然《ゆぜん》として生ず〔簡易ですなおで慈しみ深い誠の心が、心の底からわきおこる〕、易直子諒の心生ずれば則ち楽しむ。楽しければ則ち安《やす》し、安ければ則ち久《ひさ》し、久しければ則ち天《てん》なり、天なれば則ち神《しん》なり、天は則ち言《い》わずして信《しん》、神は則ち怒《いか》らずして威《い》あり、楽《がく》を致すは以て心を治むる者也《なり》」。こういう様な有り様、段々例を挙げれば沢山あるがそういう意味だ。

「然れども唯だ其の事を学んで、其の性情を正さざれば、則ち戯劇乱舞《ぎげきらんぶ》を観るに同じ」。

「戯劇」というのは日本言葉で芝居《しばい》であります。「乱舞」というのは能狂言《のうきょうげん》みた様なものである。詰り「礼」と言い「楽」と言ってその「事」を学んでも、その性情を正さなかったならば、芝居や乱舞を観ると同じである。『楽記』の中に「楽《がく》は中より出《い》づ、礼《れい》は外より作《おこ》る。楽は中より出《い》づ、故に静なり。礼は外より作る、故に文《ぶん》なり」。こういう様に礼と楽との別《わか》ちを示した言葉もある。

「是れ豈《あ》に孔子を誹謗《ひぼう》するに非ずや」。本《もと》を忘れて末《すえ》に走って居ったなら、孔子を誹謗すると同じではないか。**「余、彼《か》の学に旧恩義《きゅうおんぎ》有りと雖《いえど》も」**、余も子供の時には記誦《きしょう》の学問をやった。詩を作ったり文を作ったりすることを教えられた恩義がある。恩義があるに拘《かか》わらず、今かくの如きことを言うのは、「**其の怒《いか》りを彼の儒士《じゅし》に得るよりは、寧《むし》ろ罪《つみ》を孔子に得るに忍ぶ可けんや**」。この二つの内何《いず》れを取るならば、その記誦の学問を本領として居る儒者の怒りを得るよりも、「寧ろ罪を孔子に得るに忍ぶ可けんや」で、それ等の人には背いても、孔子に背くに忍びぬと辯ぜられた。

「**或るひと問う、道《みち》分れて神儒仏老《しんじゅぶつろう》たり**」。これより前篇の結論に入るのである。先師の力瘤《ちからこぶ》を入れられた所を篤《とく》と御覧《ごらん》あれ。好肉《こうにく》に疵《きず》を生ずるから、無駄《むだ》な辯解はなるべく避ける様にする。或る人が問うに、道が分れて神儒仏老となるが、「**今、神《しん》を学ばば如何《いかん》**」。今、私が神道《しんとう》を学ぶとしたら、どうでござろう。「**余曰く、是《ぜ》は則ち是《ぜ》**」、それは宜《よろ》しいが、「**恐《おそ》らくは神見浄見《しんけんじょうけん》に障礙《しょうげ》せられん**」、神見・浄見に障礙せられるであろう。「**儒《じゅ》を学ばば如何**」。然らば儒道《じゅどう》を学ぶとしたら、どうでござろう。「**曰く、是は則ち是**」、それは宜しいが、「**恐らくは文字《もんじ》礼則《れいそく》に障礙せられん**」。文字や礼則に障礙せられるであろう。然らば「**仏《ぶつ》を学ばば如何**」。仏道《ぶつどう》を学ぶとしたら、どうでござろう。「**曰く、是は則ち是**」、それも宜しいが、「**恐らくは仏見法見《ぶっけんほうけん》に障礙せられん**」。仏見や法見に障礙せられるであろう。詰り儒を得たらば儒を忘れなければならぬ。仏を得たらば仏を忘れるまでに至らなければ本当でない。悟ったら悟りの跡方《あとかた》はない。会得《えとく》したら会得した圭角《けいかく》はない筈《はず》だ。それだから禅宗に於ては、こう云う垂示《すいじ》もある。曰く「文珠普賢《もんじゅふげん》、昨夜、仏見法見を起す。各《おのお》の二十棒を与えて、二《に》鉄《てっ》囲《ち》山《せん》に抛行《ほうこう》し了れり」と〔『圜悟録』17〕。文珠・普賢は仏法に於ては、悲《ひ》智《ち》〔慈悲と智慧〕の二つの表象である。それでも未だ届かぬ所があると云う。これは禅宗の室内《しつない》で最も向上《こうじょう》の調《しら》べである。それ故《ゆえ》先師が言われるには、仏法を学ぶのは結構だが、仏見だの法見だのに妨《さまた》げられるだろうと。然らば「**老《ろう》を学ばば如何**」。「**曰く、是は則ち是**」。それも宜しいが、「**恐らくは沖見虚見《ちゅうけんきょけん》に障礙せられん**」。此処で言うて居る所の「神見・浄見」は神《かん》ながらの大道で、また「文字・礼則」というものは儒道に欠く可からざるもので、「仏見・法見」というものは仏法の極致《きょくち》で、「沖見・虚見」というものは老子教の奥秘《おうひ》である。然るに我が臨済宗《りんざいしゅう》には「奪人不奪境《だつにんふだつきょう》」「奪境不奪人《だっきょうふだつにん》」「人境倶奪《にんきょうぐだつ》」「人境倶不奪《にんきょうぐふだつ》」の「四料簡《しりょうけん》」と云うものがあって、自由自在に人を接得《せっとく》〔指導〕する。今、先師がその手なみを以て皆な奪い取って仕舞った。「**其の人懵然《ぼうぜん》として問うことを知らず**」。その問うた人が懵然として仕舞った。

「**余曰く**」余り気の毒に思ってこういうことを言われた、「**唯だ道《みち》を学べ**」、大道を学ぶが宜しい。丁度家《うち》の中に這入って建物を評論しようとするから全体を見ることが出来ぬ。この家の中から外に出て、青天井《あおてんじょう》に立って建物全体を見よと言うも同じである。「**道に別名《べつみょう》無し**」。神も儒も、仏も老も、その他有《あら》ゆる宗教、有ゆる道徳、此処に至っては大風呂敷《おおぶろしき》を広げた様なもので、皆なこの中に入れてある。彼の布袋《ほてい》和尚の袋を見よ。布袋和尚はああいう一種の散聖《さんせい》的の態度で以て、大いなる仏事を為した。あの人は大きい袋を持って、それを引《ひ》き摺《ず》り廻《まわ》して歩いて居る。何でも嫌う底の法なしで、その袋の中へ打ち込む。銀の猫でも金の茶釜でも、下駄《げた》も焼《や》き味噌《みそ》も、何でもサラゲこむ。何時《いつ》でも往来を歩いて居る人の後方からポンと脊中《せなか》を叩《たた》く。その人ビックリして後《うし》ろを振り向く。和尚手《て》を伸《の》べて一文お呉《く》れと遣《や》る〔『景徳伝燈録』27明州布袋和尚〕。そういうことをした人であるが、丁度布袋和尚の様に何《なに》も彼《か》も皆な「大道」という袋の中に入れて居る。

「神儒仏老、唯だ是れ箇《こ》の道」で**「恰《あたか》も一大陽の上下《じょうげ》四維《い》に照臨して其の光《ひかり》到らざる所無《な》きが如し」**〔第6講参照〕。太陽は夜もなければ昼もない。夜があるとか昼があるとかいうのは、見る方の此方《こちら》から言うので、太陽自身は、雨が降ろうが、風が吹こうが、雲霧が掛かろうが、何の障礙もない。**「只だ学者の眼《まなこ》に知見学習《ちけんがくしゅう》の雲霧《うんむ》有り」**、我々の眼に知見だの学習だのという、そういう雲だの霧だのが色々眼に掛って居る。それが為に**「或いは儒見《じゅけん》に落在し、或いは仏見《ぶっけん》に坐在す」**〔第6講参照〕。儒と言えば儒に落在し、仏と言えば仏に坐在して居る。**「是れ大道《だいどう》に同異《どうい》有るに非ず、眼見《がんけん》に障礙有るを以てなり」**。

中々先師は大見識で、**「故に神家者流《しんかしゃりゅう》は其の障礙を払《はら》い尽《つく》して、之を天原《あまのはら》に止《とどま》ると謂」**う。**「儒家者流《じゅかしゃりゅう》は、其の障礙を払い尽して、之を明徳《めいとく》を明らかにすと謂」**い**「仏家者流《ぶっけしゃりゅう》は其の障礙を払い尽して、之を見性成仏《けんしょうじょうぶつ》と謂い」「老家者流《ろうかしゃりゅう》は其の障礙を払い尽して、之を衆妙《しゅうみょう》の門《もん》を得ると謂う」**。茲処《ここ》でも「四料簡」の機用《きゆう》がアリアリ現われておる。個様《かよう》な処はクドクドしく辯するが野暮《やぼ》だ。先ずこう先師が辯ぜられたので、**「問う者黙《もく》して退く」**。

分ったか、分らぬか。

「今、諸仁者《しょじんしゃ》の為《ため》に言う」、今私は総ての人に対して言うが、**「若《も》し神を学ばんと欲せば、先《ま》ず御中主《みなぬし》以前に向って求めよ」**。御中主の事は『古事記《こじき》』なり『旧事記《くじき》』なり国典を読めば、能く分る。天御中主神《あめのみなかぬしのかみ》が現われたのが吾が国開闢《かいびゃく》の初めで、その天御中主神が既に世に現われた後に神道を見ようとするから最早《もはや》第二に落在する。若し**「儒を学ばんと欲せば、先ず三皇《さんこう》以前に向って求めよ」**。「三皇」は所謂る「伏羲《ふくぎ》・神農《しんのう》・黄帝《こうてい》」である。若し**「仏を学ばんと欲せば、先ず威音王《いおんおう》以前に向って求めよ」**。「威音王」というのは、仏教の世界開闢説では、これが一番最初の人王《にんのう》である。**「老を学ばんと欲せば、先ず黄帝《こうてい》以前に向って求めよ」**。老子教は大抵《たいてい》黄帝を祖述して居る。我が禅宗は何時《いつ》もこの立場から出て来るので、例えば「父母《ふぼ》未生《みしょう》已前《いぜん》本来《ほんらい》の面目《めんもく》」〔第35講・第45講参照〕とか、或いは「国常立命《くにとこだちのみこと》の出現」とか、言葉は色々に変って居ますが、先ず此処をトックリ見届けなければ、大道の本体に達することは出来ぬ。もし此処に塵《ちり》一本でも現われてから後は、サイエンスとか科学とかの研究の領分である。我々の宗教、就中《なかんずく》禅道の本領は、その物現われぬ以前に向ってその本体を見よ、と示して、直《ただ》ちに宇宙の大精神に触れしむるのである。

「然《しか》れば則ち道に竇逕《とうけい》莫《な》く」、「竇逕」というのは小路《こみち》ということで、吾が眼中に陰翳《いんえい》がないから、道に竇逕なく、**「見《けん》に異端《いたん》莫し」**。所謂る「随処に主となれば立処みな真なり」

〔『臨済録』〕である。「**神に値《お》うては神受用《じゅゆう》**」「**儒に値うては儒受用**」「**仏に値うては仏受用**」「**随処《ずいしょ》に主《しゅ》と為って、更に障礙無し**」。例えば観音菩薩《かんのんぼさつ》の如き童男《どうなん》となり童女《どうにょ》となり、教師にも役人にも種々《いろいろ》三十二応身《おうじん》となりて一切衆生《いっさいしゅじょう》を済度《さいど》せらるる有り様は、丁度鏡《かがみ》が物を映す如くに、来る者の姿を映して更に跡方《あとかた》を止めぬ。また玉の盤を走る様に、少しも凝滞《ぎょうたい》せぬ。コーなければ悟《さと》りも役にたたぬ。「**是れ吾が教外別伝《きょうげべつでん》の玄旨《げんし》**」、則ち禅宗の極意《ごくい》であると同時に、それが「**即ち孔子《こうし》一貫《いっかん》の要訣《ようけつ》なり**」。孔子が「吾が道一《いつ》以て之を貫けり」〔『論語』里仁、第31講参照〕と言われた要訣も此処にある。「**道を学ぶ者、請う此《これ》より始めよ**」。茲処《ここ》で暗《あん》に下巻の三十則を呼び起しておるのである。

第二十八講　明《めい》徳《とく》（第一則）

「大学《だいがく》の道は、明徳《めいとく》を明《あき》らかにするに在り、民《たみ》を新《あら》たにするに在り、至善《しぜん》に止《とど》まるに在り。止まることを知って、而《しこう》して後《のち》に能《よ》く定まることあり。定まって而して後に能く静かなり。静かにして而して後に能く安《やす》し。安うして而して後に能く慮《おもんぱか》る。慮って而して後に能く得《う》」。

此《こ》れは是《こ》れ聖学《せいがく》の綱領《こうりょう》、煉心《れんしん》の実法《じっぽう》、而して孔門《こうもん》の秘訣《ひけつ》なり。六経諸子《りくけいしょし》の言、山の高く海の深きが如し。悉《ことごと》く皆な此《こ》の一著子《いちじゃくす》の註脚《ちゅうきゃく》なり。之《これ》を究《きわ》めて明白なるを、聖《せい》と曰《い》い、賢《けん》と曰う。之を昧《くら》くして昏蒙《こんもう》なるを、凡《ぼん》と曰い、狂《きょう》と曰う。明徳は譬《たと》えば一顆《いっか》の真珠《しんじゅ》の如し。円明寂浄《えんみょうじゃくじょう》、都《すべ》て差別相《しゃべつそう》無し。体《たい》明なるを以ての故《ゆえ》に、物に対する時、能く一切の色相《しきそう》を現ず。色《しき》自ら差別《しゃべつ》有り、珠《しゅ》は変易《へんにゃく》無し。其《そ》の精微深妙《せいびしんみょう》の理《り》の如きは、筆墨言語《ひっぽくげんご》の及ぶ可《べ》きに非ず、只《た》だ学者刻苦《こっく》して自得《じとく》するに在り。自得の術は、止定静安慮《しじょうじょうあんりょ》の五者に在り。是れ吾が門の静坐《せいざ》工夫《くふう》と同じ、即ち錬心《れんしん》の活法《かっぽう》なり。窃《ひそか》に按《あん》ずるに、正文《せいぶん》、「明徳」より「能得」に至る、全く回文《かいぶん》の句法を用ゆるなり。蓋《けだ》し聖者《せいじゃ》の辞を属《しょく》するや、製作天地《てんち》に参《さん》ず、意匠《いしょう》自ら陰陽運行《いんよううんこう》の気象《きしょう》に則《のっと》りて藻《そう》を擒《ひら》く、太《はなは》だ翫味《がんみ》す可し。凡《およ》そ学者、自己本具《じこほんぐ》の「明徳を明らかに」せんと欲せば、便ち先《ま》ず須《すべか》らく止定静慮《しじょうじょうりょ》の法を修すべし。久々功夫純熟《くふうじゅんじゅく》せば、則《すなわ》ち一旦闊然《かつぜん》として大いに得《う》る所有り。然《しか》る後《のち》に己《おの》れの得る所を養い、以て衆人《しゅうじん》に及ぼし、衆人をして又《ま》た之を明らめしむ、之を「民《たみ》を新《あら》たにす」と謂《い》う。日用行事《にちゆうぎょうじ》の上に於て、明徳の全光を発揮し、上天《かみ》に恥じず、下人《しも》に恥じず、志《こころざし》を得れば民《たみ》と之に由《よ》り、志を得ざれば独《ひと》り其の道を行う。富貴《ふうき》も淫《いん》すること能《あた》わず、貧賤《ひんせん》も移《うつ》すこと能わず、威武《いぶ》も屈《くっ》すること能わず、之を「至善《しぜん》に止《とど》まる」と謂う。而《しか》も尚《な》お止定静慮の法を以て、煉《ね》り来《きた》り錬《ね》り去《さ》り、愈《いよい》よ益《ますま》す明徳を明了にして、以て「新《しん》民《みん》」「止善《しぜん》」の真修《しんしゅ》を廃せず、幾回《いくかい》か反復鍛錬《はんぷくたんれん》、終って復《ま》た始むる、循環端《じゅんかんたん》無きが如し、之を大学日新《だいがくにっしん》の道と謂うなり。故《ゆえ》に下文に曰《いわ》く、「物《もの》本末有り、事《こと》終始有り、先後《せんご》する所を知れば、則ち道に近し」。其の反復叮嚀《はんぷくていねい》、人に示すの意、至って深切《しんせつ》なり。学者其《そ》れ研究せざる可けんや。

大学之道。在明明徳。在新民。在止至善。知止而後能定。定而後能静。静而後能安。安而後能慮。慮而後能得。

此是聖学之綱領。煉心之実法。而孔門之秘訣也。六経諸子之言。如山之高海之深。悉皆此一著子之註脚也。究之明白。曰聖曰賢。昧之昏蒙。曰凡曰狂。明徳譬如一顆真珠。円明寂浄。都無差別相。以体明故。対物時能現一切色相。色自有差別。而珠無変易。如其精微深妙之理。非筆墨言語可及。只在学者刻苦自得耳。自得之術。在止定静安慮五者。是与吾門之静坐工夫同。即錬心活法也。窃按。正文自明徳至能得。全用回文句法也。蓋聖者之属辞也。製作参天地。意匠自則陰陽運行之気象而擒藻。太可翫味矣。凡学者欲明自己本具明徳。便先須修止定静慮之法。久久功夫純熟。則一旦闊然有大所得矣。然後養己所得以及衆人。俾衆人又明之。謂之新民。而於日用行事上。発揮明徳之全光。上不恥天。下不恥人。得志与民由之。不得志。独行其道。富貴不能淫。貧賤不能移。威武不能屈。謂之止至善。而尚以止定静慮之法。煉来錬去。愈益明了明徳。以不廃新民止善之真修。幾回反復鍛錬。終而復始。如循環無端。謂之大学日新之道也。故下文曰。物有本末。事有終始。知所先後。則近道矣。其反復叮嚀。示人之意。至深切矣。学者其可不研究乎。

〔講話〕　今回より愈《いよい》よ三十則に遷《うつ》って講じますが、その第一則が「明徳《めいとく》」の章である。本文へ入るに先だって一言こういうことを附けてお話をして置きます。それはこの『大学《だいがく》』は言うまでもなく一部の書であるが、それに就いて朱晦庵《しゅかいあん》即ち朱熹《しゅき》〔朱子〕がある時その『大学』を読む方法を門人に教えて言うたことがある。その言葉に「『大学』の一書には正《せい》経《けい》あり、注解《ちゅうかい》あり、或問《わくもん》あり……」、正経というのは即ち『大学』の本文でありますが、正経もあり、また解釈した解もある。また『或問』という書物もある。所がその心を凝《こ》らして久しく『大学』を「看来《みきた》り看去《みさ》るに従《したが》って、更に或門を用いず」、『惑問』という書物の手引きがなくとも、間違いない所に至ろう。また「久しくしてただ正経のみを看る、また久しくして自ら一部の大学が我が胸中に在るありて、正経も用いず」ということが、朱熹の語録にある〔『朱子語類』14—44〕。こういうことは、坐禅工夫《ざぜんくふう》する趣《おもむき》と同じ様な有り様で、先師もこう言われた。こういう説は、朱熹が晩年《ばんねん》の定論《ていろん》であろう。同じ朱熹でも壮年時代、中年時代、晩年時代と、見識が違って段々進歩して居る。是等《これら》は晩年定論の識見であろうと、先師が見て居る〔手沢本、巻下、表表紙見返し〕。

　こんな心持ちを以て『大学』というものに我々は対して行く、それが為《ため》になお朱熹の言葉を引いて見れば『大学』の序文にある通り「聡明叡智《そうめいえいち》にして、能《よ》く其の性《せい》を尽《つく》す者、其の間に出《いづ》ることあれば、則ち天《てん》必ず之に命じて以て億兆《おくちょう》の君師《くんし》と為して、之をして治めて之を教えて、以て其の性に復《かえ》らしむ」云々とあります（「大学章句序」）。こういう風に、朱子は見て居ります。要するにこの一部の『大学』の書物というものは、復性《ふくせい》の道を明らかにした、我々が本性へ復帰する所の、その意味の書物であるということはこれで分って居る。我々がこの本文を見るのにも、その心持ちで這入《はい》って行くが宜《よろ》しい。

尤《もっと》も『大学』に付いて広く見たら色々の事がありますが、我が禅宗、就中《なかんずく》臨済に於ては、網干《あぼし》の龍門寺《りゅうもんじ》の開山《かいさん》になって居る盤珪《ばんけい》禅師という方が、この『大学』についてこういう経歴を持って居る。師が十有五《じゅうゆうご》にして学《がく》に志すという時分に、この章に出遇《でお》うて、大いに疑いを起した。明徳を明らかにするの章を疑って禅に参すると伝に書いてある。固《もと》より明らかなものならば、更に明らかにすることは入《い》りそうもないものだということが、疑いの種であった。

これより東西に徘徊《はいかい》して多くの善智識《ぜんちしき》に遇ったが、何の得る所もなかったが、常に屈《くっ》せず、撓《たゆ》まず、刻苦精錬《こっくせいれん》して、時間の経過を忘れる位までに鍛錬した。常に静坐して工夫して居ったので、臀部《でんぶ》の肉が爛《ただ》れて仕舞うて、遂に膿血《のうけつ》を出《いだ》すに至るという位に、余程《よほど》猛烈にやった。膿血の出る所へ紙を貼り付けて、更に撓まず坐って居る。十有五歳位からこの疑いを起して、そうして三十位までやったその後、重痾《じゅうあ》を憂い、飲食進まず、日を算《かぞ》えて死を待つというところまで至った。なんでも人間という者はこういう逆境、こういう煩悶《はんもん》に出遇わぬと、一条の血路《けつろ》を開くことが出来ぬ。それは当人の心の取り様で、禍《わざわい》を転じて幸《さいわい》と為す事も出来ようが、ただ楽々として居ったのでは中々悟りを得られるものではないが、今、禅師もそういう逆境に陥った所で、一日豁然《かつぜん》として悟った。既に明徳という、何をか明らかにするという、この疑問を二十年来持って居ったのであるが、ここに至って大いに省《かえり》みる所があった。明徳の髄に達するとまで本文には書いてある。

それでも小成《しょうせい》に安《やす》んぜず、江戸の千住小塚原《せんじゅこづかはら》の刑場に獄門《ごくもん》と言って首《くび》の並べてある、その獄門の下へ行って、それと覗《にら》み合って坐禅して居るという、そういうやり方をやって、禅定《ぜんじょう》の力を錬った。こういうことが五、六昼夜であった。またある夕《ゆうべ》には競馬場の堤《つつみ》の下に、馬が駈《か》けて居る下に仰向《あおむ》けになって居って禅定力を試した。その時分に肥前《ひぜん》の松浦《まつうら》侯の下士《かし》を戒めたことがある。松浦侯がこれを聞いて驚いて言うに、これ彼の琢蔵主《たくぞうす》ならんとて、それから家来をして携え帰らしめ、そうして自分の邸《やしき》へ迎えられたということである〔手沢本、巻下、表表紙見返し〕。これは明徳に就いての一つの話であるが、その他挙《あ》げれば色々ありましょうが長くなるから本文に這入ります。

「**大学《だいがく》の道は、明徳《めいとく》を明《あき》らかにするに在り**」云々。儒教《じゅきょう》の方では「三綱領《さんこうりょう》」と称して居るのは、即ちこの「明徳《めいとく》」と「新民《しんみん》」と「至善《しぜん》」である。それから「止《とど》まることを知って」から「而《しこう》して後能《のちよ》く得《う》」というまでは、これを「五術《ごじゅつ》」と称す。これに続いた言葉が、これは本文の『大学』の言葉を見れば分りますが、「八条目《はちじょうもく》」というものが附いて居る。

「古《いにしえ》の明徳を天下に明らかにせんと欲する者は、先ず其の国《くに》を治《おさ》む。其の国を治めんと欲する者は先ず其の家《いえ》を斉《ととの》う。其の家を斉えんと欲する者は、先ず其の身《み》を修《おさ》む。其の身を修めんと欲する者は、先ず其の心《こころ》を正《ただ》しうす。其の心を正しうせんと欲する者は、先ず其の意《こころ》を誠《まこと》にす。其の意を誠にせんと欲する者は、先ず其の知《ち》を致《いた》す。知を致すは物《もの》に格《いた》るに在り」、そうして又た再び元に帰ってくる〔『大学』経4〕。

本文は諸君の御存知の通り、これが『大学』の眼目《がんもく》であります。「三綱領」「五術」「八条目」というもので『大学』は出来て居る。これが先ず『大学』の骨子《こっし》でありますが、先師の説を此処《ここ》で述べて見ると、

大学の書、開巻に「大学の道は明徳を明らかにするに在り、民を新たにするに在り、至善に止まるに在り」の三綱領を擡《かか》ぐるは、先ず聖学《せいがく》の眼目を表顕《ひょうけん》するのみ。故に予《よ》は此の文面に於て講説《こうせつ》を用いず、先ず真修の術を述べ、而して後漸《ようや》く講説に入る。其の真修の術は「知止」以下の五句に在り。故に応《まさ》に「能得」の下に於て、仮《か》りに十字を属して、「慮而后能得明明徳、得新民、得止至善〔慮って後に能く「明徳を明らかにする」を得、「民を新にする」を得、「至善に止る」を得〕」と連続して、始めて「明徳、新民、止至善」の三綱領を講説すべし。此《ここ》に到って活文《かつぶん》の句法、宛転《えんてん》として窮《きわま》り無く、愈《いよい》よ益《ます》す妙を覚えむ。〔手沢本首書〕

これは先師独特の解釈であるが、余程優れた解釈法と私共《わたくしども》思うて居る。今言うた「三綱領」「五術」「八条目」というものが二百五字計《ばか》りあるが、その文章は漢《かん》の時代に発見し

たのである。それはどういう所から得来《えきた》ったかと言えば、孔子壁中《こうしへきちゅう》の書《しょ》と言って、彼《か》の秦《しん》の始皇《しこう》が儒者を坑《あな》にした時に、この『大学』という書を壁の中に隠して置いた本文で、孔子の生きて居るその時代の原文であるという、そういう解し方であります。

それで本文に就いて言うて見れば、「三綱領」を先にして「五術」を後にするから、実行上より得た者は明徳から這入《はい》ってくる。明徳というものはどんなものかと言えば、我が本心《ほんしん》の変名《かえな》と言うても宜《よ》い。或いは上帝《じょうてい》と言い天命《てんめい》と言い、或いは仁《じん》と言い、義《ぎ》と言い、名が色々に分れて居るが、要するにその心は名もない、名づけ様もない。目で見ることも、耳で聞くことも出来ぬが、しかし「上天の載《こと》は声《こえ》もなく臭《におい》もなし」〔『中庸』33―6、第41講参照〕と言うては、捉《つか》まえ所《どころ》がないから、ここに表示して、「明徳」と言う。この徳というものは天から降ったのでも、地から湧いたのでもない。神様が造ったのでも、仏様が造ったのでもない。我々が先天的に持って居るものを、暫《しばら》く明徳という。しかしその持って居る明徳であるけれども、如何《いかん》せん「人欲《じんよく》の私《し》」、仏法《ぶっぽう》で言えば煩悩《ぼんのう》の為に、この明徳を曇《くも》らせて居る。だから、先ず『大学』即ち大人《たいじん》の道を学ぶ者の要義は、何処《どこ》にあるかと言えば、「明徳を明らかにする」に在る。

明徳を明らかにし終ったならば、次に「**民《たみ》を新《あら》たにする**」。この「新」という字は「親」という字が書いてあるのもある。程伊川《ていいせん》は「新」という字を用いて居る。程明道《ていめいどう》の方は「親」という字を用いて居る。そんな字義上には、やかましいことを沢山《たくさん》並べて居りますが、余りそういうことに重きを置かんでも矢張《やは》り「新」という字で宜しい〔手沢本、巻下、表表紙見返し〕。詰《つま》り「民を新たにするに在り」。自分が明徳を明らかにしたならば、一般の人をして明徳を明らかにせしめよという意味をば、言葉を換えて「民を新たにするに在り」と申したので、要するに明徳を明らかにするは自利《じり》的、民を新たにするは利他《りた》的である。利他は自利の起りで、自利は利他の起りである。これに就いては古今東西、議論があるが、畢竟《ひっきょう》一つである。

これから一歩を進めて何処に帰着するかと言えば、「**至善《しぜん》に止《とど》まる**」。今の言葉で言えば、絶対的善である。今、倫理学上の事を聞いても、道徳上の事を聞いても、説は色々と分れて居ても、大体の帰趣《きしゅ》が、絶対善であるということは、動かない。そういう所は我が仏教も同じである。仏陀《ぶっだ》ということの意義は、「自覚覚他《じかくかくた》・覚行円満《かくぎょうえんまん》」というのであるが、その義理を此処《ここ》に比べて見ても同じ意味で、「明徳」が即ち自利であります。「新民」が利他であります。覚行円満というその悟りと、行《おこな》いと心《こころ》が円満に至った所が「至善」である。これが即ち「三綱領」であります。

その「三綱領」を如何《いか》にして手に入れようというならば、それまでの修行が要る。実行を要する。その実行は何かと言えば、「**止まることを知って、而《しこう》して後《のち》に能《よ》く定まることあり、定まって而して後に能く静かなり。静かにして而して後に能く安《やす》し。安うして而して後に能く慮《おもんぱか》る。慮って而して後に能く得《う》**」。

今言うた通り、この「三綱領」を一つ我が物にしようというには、「五術」が要《い》る。その「五術」の初まりは「止まる」ということで、先ず我々がこの動いて居る処の心を以て我が心の本を見ようというても、それは難い。自分の動いて居る心その者からして、先ずちゃんと、止水《しすい》の如く、明鏡《めいきょう》の如き、その境界へ這入らねばならぬ。水の中に落ちて居る玉を探そうというならば、先ずその水を澄《す》ましむるということが必要で、動いて居る心を以て直《ただ》ちに真理を見ようと言うても、決してそれは見えぬ。或いはまた色眼鏡《いろめがね》を掛けて居って、本当の物を見ようと言うても、物その者の正体は見えない。先ず我が心を止めることを一つ工夫しなければならぬ。それが「五術」の始まりで、これを詳しくすると、言う可きことは、沢山あります。我が仏法では「止観《しかん》」という様なことがあって、その事を例に言うと、大変ありますが、余り煩雑になるから、略して置きます。

一たび心が止まったならば、始めて能く「定まる」。止まるという字は、我々が歩いて居るのを、歩みを止めたというので、心がそういう状態に至ったならば、ちゃんと定まったので、我が大道の定まるが如く、精神も一定不変という域に至る。

もしその心がちゃんと一定の境界に至ったならば、「定まって而して後に静かなり」、自ら静寂の境界は其処《そこ》に現われてくる。

「静かにして而して後に安し」、これは自然にして至るのであります。静かならないから、常に我々は不安とか、もしくは煩悶ということの為に、始終《しじゅう》心が歩んで居るが、静かなる境界に居れば、自ら安《やす》くなってくる。心が安くなってくる。

心が安くなって、「而して後に能く慮る」。こういう工合に心その者の形を対照して、一切の事を慮《おもんぱか》れば、着々その慮りが至善になる。「慮って而して後に能く得」る。この下へ「明徳を明らかにするを得」「民を新たにすることを得」「至善に止まることを得」という字を附けて、先師は回文的に解釈して居る。始まって終り、終ってまた始まる。

我が仏教では、禅那《ぜんな》ということを翻訳して、静慮《じょうりょ》という意味になって居る。約《つづ》めて言えば、「五術」というものが、禅那ということになり、静慮ということになる。言葉が違うだけで、今日言う修養とか、或いは実行とかいうことになれば、理屈からモウ一遍、直ちに実行の上に手を下さなければならぬ。その下すには、如何にして下すかと言えば、「五術」で我が心を練ったならば、自ら「明徳を明らかにすることを得」「民を新たにすることを得」「至善に止まることを得」。これは考えれば考える程、この文章が自然の法則に叶って、そうして真理を明らかにして居る。本文は先ずこの位にして置きます。

「**此《こ》れは是《こ》れ聖学《せいがく》の綱領《こうりょう》**」、今時《いまどき》申す聖学というと一種の文章学、詰り漢文学の如くなって居るが、それは漢文としての聖学で、聖学には道が備わらなければならぬ。今言うた『大学』のこの本文というものは聖人の学問の大綱《たいこう》で、大綱なると同時に、これが実行法である。「**煉心《れんしん》の実法《じっぽう》、而して孔門《こうもん》の秘訣《ひけつ》なり**」。「孔門の秘訣」というものは外にはない。この中にある。

「**六経諸子《りくけいしょし》の言**」、「六経」と言い、「諸子」と言い、その書物は浩瀚《こうかん》なるもので、汗牛《かんぎゅう》充棟《じゅうとう》も啻《ただ》ならぬ。形容して言えば、「**山の高く海の深きが如し**」である。「**悉《ことごと》く皆な此《こ》の一著子《いちじゃくす》の註脚《ちゅうきゃく》なり**」。「著子」というのは禅録にある言葉だが、囲碁などで言えば一手という意味で、禅宗で言えば、たった一手のその註釈だ。「**之《これ》を究《きわ》めて明白なるを、聖《せい》と曰《い》い、賢《けん》と曰う**」、聖人と言い賢人と言う。「**之を昧《くら》くして昏蒙《こんもう》なるを、凡《ぼん》と曰い、狂《きょう》と曰う**」、凡夫《ぼんぷ》と曰い狂人と言う。同じ真理じゃけれども、心理を明らかならしめると心理に昏《くら》いとの差である。丁度《ちょうど》我々は大地によってよく立って居るが、また同時に大地によって能く倒れると同じである。

「**明徳は譬《たと》えば一顆《いっか》の真珠《しんじゅ》の如し**」。これは深切の譬《たと》えだ。喩《たと》えて見ると、真珠という如き一つの玉である。これは仏経《ぶっきょう》などに沢山ある譬えである。その一つを言えば『円覚経《えんがくきょう》』というお経に、世尊《せそん》が普眼《ふげん》菩薩に告げて言わるるに、

善男子《ぜんなんし》、当《まさ》に知るべし、身心《しんじん》皆な幻垢《げんく》たり。垢相《くそう》永く滅すれば、十方清浄《じっぽうしょうじょう》なり。善男子、譬えば清浄摩尼宝珠《しょうじょうまにほうじゅ》の五色《ごしき》に映じて方《ほう》に随って各《おのお》の現ずるに、諸《もろ》ろの愚痴《ぐち》の者は、彼の摩尼《まに》実に五色有りと見るが如し云々。

こういう意味のことは、我が仏教経典には沢山挙げてある。今の譬えもその如く、真珠その物は、「**円明寂浄《えんみょうじゃくじょう》**」、円《まど》かなり、明らかなり、静《しず》かなり、浄《きよ》きなり。「**都《すべ》て差別相《しゃべつそう》無し**」。珠その物は差別を以て掩《おお》われず、「**体《たい》明なるを以ての故《ゆえ》に、物に対する時、能く一切の色《しき》**

相《そう》を現ず」。どういう色《いろ》どういう姿を持って来てもその姿その儘《まま》に現われる。「**色《しき》自ら差別《しゃべつ》有り**」、青黄赤白黒《しょうおうしゃくびゃくこく》の色は自ら差別があるが、千差万別、どれ程複雑であっても、「**珠《しゅ》は変易《へんにゃく》無し**」。玉は変らぬ。黒くても、赤くても、玉の性に変ることがない。

それを自分の心に乗せて工夫して行ったならば、「**其《そ》の精微深妙《せいびしんみょう》の理《り》の如きは、筆墨言《ひつぼくげん》語《ご》の及ぶ可《べ》きに非ず、只《た》だ学者刻苦《こっく》して自得《じとく》するに在り**」。ただ自分で工夫して知るより外はない。白隠《はくいん》禅師の言われた言葉に、「此《この》玉現ずる時には世界隠《かく》れる、世界現ずる時には此玉隠る」、面白い言葉である〔手沢本書入「鵠林翁曰、此珠現ズル時ハ世界隠クレ世界現ズル時ハ此珠カクル。是カノ八歳ノ龍女ガ仏ニ献ゼシ価値三千界ノ明珠ナリ」〕。この玉現ずる時には世界隠れる。我々が目に物を見て居る時、耳に物を聞いて居る時には、この心が隠れる。目を離れ、耳を離れた時は、この心は我が掌《たなごころ》を見るが如く現われて居る。我々はただ五官ばかりを当《あて》にして居るからそれ以上の事は見えない、それ以上の真理は分らぬ。これ皆な五官に束縛されるからである。目なくして見、耳なくして聞き、鼻なくして嗅ぎ、舌なくして味わい、手足なくして運動自在という、そういう境界は、皆な我が室内に於て、「法身《ほっしん》」とか「機関《きかん》」とか「言詮《ごんせん》」とか「難透難解《なんとうなんげ》」とかいうことで、一々実地実験的に、それを証明して行く道が立って居る。だから「其の精微深妙の理の如きは、筆墨言語の及ぶ可きに非ず、只だ学者刻苦して自得するに在」る。

そんならば、如何《いか》にして自得するかと言えば、諄《く》ど諄《く》どしいが、モウ一遍言うと、「**自**

得の術は止定静安慮《しじょうじょうせいあんりょ》の五者に在り」、それが実行法である。「是れ吾が門の静坐工夫《せいざくふう》と同じ」、相談した様に、実行法が同じ様に出来て居る。坐禅工夫と言うても、これと同じで、変りはない。「即ち錬心《れんしん》の活法《かっぽう》」である。

「窃《ひそか》に按《あん》ずるに」、我れ洪川が按ずるに、「正文《せいぶん》、「明徳」より「能得」に至る、全く回文《かいぶん》の句法を用ゆるなり」、循環的の文法である。「蓋《けだ》し聖者《せいじゃ》の辞を属《しょく》するや」、優れた人の言葉の作り方が、「製作天地《てんち》に参《さん》ず」、天地に参《まじ》わる位に出来て居る。そうして文章の「意匠《いしょう》自ら陰陽運行《いんよううんこう》の気象《きしょう》に則《のっと》りて藻《そう》を摛《ひら》く」、春になれば花が咲き、秋になれば紅葉する、その四時の変化、昼夜の交代、その陰陽運行の気象に則って、綾《あや》を取る。「太《はなは》だ翫味《がんみ》す可し」、翫味す可きである。

「凡《およ》そ学者、自己《じこ》本具《ほんぐ》の「明徳を明らかに」せんと欲せば」、そういう訳であるから、我が心の本体を見たいという者ならば、直ちにこの実行に就いて「止定静慮《しじょうじょうりょ》」、「安」の字はモウ略してある。「止定静慮の法を修」め、「久々功夫純熟《くふうじゅんじゅく》せば」、これは性急にして得らるものでない。精神の修養などということはいつの間に此処《ここ》まで進んだか、いつの間に此処まで出来上ったか、知らざる内に進んで居るというものであるから、緻密に遠大に考え進めて行かなければならぬ。そうして行ったならば、「則《すなわ》ち一旦豁然《かつぜん》として大いに得《う》る所有り」。これが則ち自利ということの解釈である。自利利他ということを初めに出しましたが、これは自利的で、「然《しか》る後《のち》に己《おの》れの得る所を養い、以て衆人《しゅうじん》に及ぼし、衆人をして

又《ま》た之を明らめしむ、之を「民《たみ》を新《あら》たにす」と謂《い》う」。己《おの》が独《ひと》りこれを明らめたから、それで止《や》むというのでない。他人にもこれを明らめしめる。これを「新民」という。これは利他である。そうして「**日用行事《にちゆうぎょうじ》の上に於て**」、行住坐臥《ぎょうじゅうざが》の上に於て、「**明徳の全光を発揮し**」、一たびかくの如きの道に依り、かくの如きの方法に依って修養するならば、明徳の全光はここに赫耀《かくよう》として光を発する。

　こういうことは多少でもそういうことを実行した人でないと徹底することが出来ぬが、一たびその境界に至った人は、明徳の光を発揮して、「**上天《かみ》に恥じず、下人《しも》に恥じず**」という有り様で、「**志《こころざし》を得れば民《たみ》と之に由《よ》り、志を得ざれば独《ひと》り其の道を行う**」、志というのは、経世済民《けいせいさいみん》、男子大丈夫《だんしだいじょうふ》の心だ。仏教言葉で言えば、衆生済度《しゅじょうさいど》である。志を得たらば、みんなと一所に民を治める。もし時《とき》利あらずしてその志を達することが出来なかったら、独りその道を行う。山林に隠れて居る。志を得ると得ざるとに拘《かか》わらず、その道を行うて居る。その有り様を形容して見れば、「**富貴《ふうき》も淫《いん》すること能《あた》わず**」、淫するというのは、附け込むという様なことで、富《とみ》と貴《とうと》きは皆な人の欲する所、貧しきと賤しきとは人の欲せざるのが普通の人情であるが、かくの如き境界に至ったならば、富も貴きも犯すことが出来ぬ。「**貧賤《ひんせん》も移《うつ》すこと能わず**」。貧賤には誰も志を移し易いものだが、貧賤と雖《いえど》も我が志を移すようなことがない。「**威武《いぶ》も屈《くつ》すること能わず**」。威武に対しては多くの人が屈服する。しかしこの境界になればもし白刃《はくじん》を以て我が首に擬《ぎ》せらるるとも、決して屈することが出来ぬ。

例を挙げると沢山ありますが、例えば彼《か》の羅什三蔵《らじゅうさんぞう》門下で、四哲《してつ》と云われた僧肇《そうじょう》法師の如きは、秦王《しんおう》これを刑場に引いてその首を刎《は》ねんとしたときに、

四大元無主　四大《しだい》元と無主《むしゅ》
五陰本来空　五陰《ごおん》本来空《くう》
将頭臨白刃　頭《こうべ》を将《も》って白刃《はくじん》に臨む
猶似斬春風　猶《な》お春風《しゅんぷう》を斬《き》るに似たり

と唱えて、泰然自若《たいぜんじじゃく》として王の為に頸《くび》を刎《は》ねられて仕舞うた〔『五燈会元』6〕。また仏光《ぶっこう》禅師〔無学祖元〕が、雁山能仁寺《がんざんのうにんじ》に於て、元《げん》兵の為に、今や頸を刎ねられんとする時に、偈《げ》を唱えたのが、

乾坤無地卓孤笻　乾坤《けんこん》　孤笻《ここう》を卓《た》つるに地《ち》無し
喜得人空法亦空　喜得《きとく》す　人空《にんくう》　法《ほう》も亦た空
珍重大元三尺剣　珍重《ちんちょう》　大元三尺《だいげんさんじゃく》の剣
電光影裡斬春風　電光影裡《でんこうようり》　春風を斬《き》る　〔『仏光録』9〕

これは大変名高いものでありますが、偈頌《げじゅ》の由って来《きた》る所は、肇法師から来て居る。そういう実例はこの外幾《いく》らもある。仮令《たと》い国王の権威を以てしても、如何に勢力の圧迫を加えても、この心一個を屈することは出来ない。「**之を「至善《しぜん》に止《とど》まる」と謂う**」。ここまで至ったのが、これが至善に止まる、即ち覚行円満《かくぎょうえんまん》の境界である。

そんなら此処《ここ》で止《や》むかと言えば然《しか》らず、「**尚《な》お止定静慮の法を以て、煉《ね》り来《きた》り錬《ね》り去《さ》り、愈《いよい》よ益《ます》す明徳を明了にして、以て「新民」「止善《しぜん》」の真修《しんしゅ》を廃せず、幾回《いくかい》か反復鍛錬《はんぷくたんれん》、終って復《ま》た始むる**」。そうでありましょう、天地陰陽の運行というものは、春始まって冬終って、それでお仕舞いかと言えばそうでない。また廻《まわ》り舞台《ぶたい》の如く、一転すると、大晦日《おおみそか》の一番仕舞いには一月一日というものがそこに胚胎《はいたい》して居る。であるから、一月一日に大晦日がある。大晦日の最後に一月一日を持って居る。原因の中に結果があり、結果の中に原因がある。無始に渉り、無終に渉って居る。幾回も反復鍛錬して、終って復た始まる有り様は、「**循環端無《じゅんかんたん》きが如し、之を大学日新《だいがくにっしん》の道と謂うなり**」。一日一日を新たにして行く。モウその日その日は即ち一月一日である。その日その日の一月一日が、誠に長時間の過去際《かこさい》である。長時間の過去際が、未来際《みらいさい》である、過去・現在・未来が、目前の一念頭を離れて居らぬ。そういう心持ちが『大学』日新の道である。

「**故《ゆえ》に下文に曰《いわ》く**」、『大学』の本文を見たら分る。「**物《もの》本末有り、事《こと》終始有り**」。「本」というのは明徳を指して居る。「末」というのは、日常行事の上の事を指して居る。物には本末がある。事には終始がある。終始は附いて廻って居る。本末ということは決して離れられないが、本にすべき所を末に考えたり、また終りを始めに誤ったりしてはいかぬ。宜しきを得なければいかぬ。「**先後《せんご》する所を知れば、則ち道に近し**」。これは矢張り本文であります。

「**其の反復叮嚀《はんぷくていねい》、人に示すの意、至って深切《しんせつ》なり。学者其《そ》れ研究せざる可けんや**」。これは先師の評釈と言って宜しい。一言にして言えば、先師の評でありますが、この評は実は見る人が見たら、別に講釈に及ぶまいが、しかし乍《なが》ら先師の大いに力を用いたのは、この評にあるので、本文は借りて来たので、評は先師独得の見識を以て捌《さば》いたのであります。これだけの解釈では先師の心の万分の一も尽して居らぬが、今回はこれ位にして置きましょう〔手沢本書入「洪川曰、本トハ明徳ヲ指ス。末トハ日用行事ノ上ヲ指ス。明徳ヲ修シ止至善ノ極処ニ游泳シテ今日事ヲ取ハヅサヌ羊ニスルヲ本末終始ヲ能扱ヒ先後スル所ヲ知ル人ト云。是コソ大人ノ学道ニ親シク入コンダル人ト云也」〕。

第二十九講　執《しっ》中《ちゅう》（第二則）

「人心《じんしんこ》惟れ危《あや》うく、道心《どうしん》惟れ微《び》、惟れ精《せい》、惟れ一《いつ》、允《まこと》に其《そ》の中《ちゅう》を執《と》れ」。

「允に其の中を執れ」の一語は、聖王《せいおう》、道統《どうとう》を伝授するの警語《けいご》なり。誠《まこと》に善を尽《つ》くせり。大舜《だいしゅん》三句を加うるに至って、又《ま》た美を尽くすと謂《い》う可《べ》し。惜《おし》いかな、朱喜《しゅき》、道眼《どうげん》明らかならずして、漫《みだ》りに凡解《ぼんげ》を下して云《い》う、「人心《じんしん》・道心《どうしん》の異《い》有る者は、則《すなわ》ち其れ或いは形気《けいき》の私《し》に生じ、或いは性命《せいめい》の正《せい》に原《もと》づくを以て、而《しこう》して知覚《ちかく》を為《な》す所以《ゆえん》の者同《おな》じからず。是《ここ》を以て或いは危殆《きたい》にして安《やす》からず、或いは微妙《みみょう》にして見難《みがた》きのみ。精《せい》なるときは則ち夫《そ》の二者の間を察《さっ》して雑《まじわ》らざるなり。一《いっ》なるときは則ち其の本心《ほんしん》の正を守って離れざるなり。斯《ここ》に従事して少しも間断《かんだん》無ければ、必ず道心をして常に一身《いっしん》の主《しゅ》と為って、人心毎《つね》に命《めい》を聴かしむ。則ち危《あや》うき者は安《やく》く、微《び》なる者は著《あら》わる。動静云為《どうせいうんい》、自ら過不《かふ》及《きゅう》の差《さ》無し」。嗚呼《ああ》、朱熹の才の美を以て、何を以て此《かく》の如く謬解《びゅうげ》するや。是《こ》れ必ず中《ちゅう》年《ねん》未悟《みご》の説《せつ》ならん。唯《た》だ道力《どうりき》の微弱《びじゃく》なるを以て、頻《しき》りに凡情《ぼんじょう》の計較《けいきょう》を出《いだ》す。打《た》して両橛《りょうけつ》と成し、理窟《りくつ》を以て捏合《ねつごう》し、而して聖語《せいご》を評定《ひょうてい》し、居多《こた》の閑言語《かんげんご》を費やす。譬《たと》えば野人《やじん》、先王廟外《せんのうびょうがい》に在り、盙簋《ほき》の美・百官の富を博するが如し。齟齬《そご》せざる者殆《ほと》んど希《まれ》なり。蓋《けだ》し物の駁雑《ばくざつ》ならざる、之《これ》を精《せい》と謂う。聖語分明《ふんみょう》に曰《いわ》く、「惟れ精、惟れ一、允《まこと》に其の中を執れ」と。言うこころは、人心《じんしん》即ち道心《どうしん》、道心即ち人心、二《に》無く別《べつ》無し、惟れ精、惟れ一なり。左之右之《さしうし》、此《こ》の妙境に至る、之を「允に厥《そ》の中を執る」と謂う、是れなり。若《も》し夫《そ》れ真箇見性分上《しんこけんしょうぶんじょう》の人ならば、豈《あ》に註解《ちゅうかい》を待たんや。是れ心術《しんじゅつ》を鍛錬《たんれん》するの極《きわ》みなり。須《すべか》らく予《よ》の室《しつ》に入《い》って之を究《きわ》むべし。然《しか》りと雖《いえど》も、学者刻苦《こっく》して力を用ゆるの久しきに非ざるよりは、之を信ずる能《あた》わず。

人心惟危。道心惟微。惟精惟一。允執其中。

允執其中一語。聖王伝授道統之警語也。誠尽善矣。至大舜加三句。又可謂尽美矣。惜乎朱熹道眼不明。漫下凡解云。有人心道心之異者。則以其或生於形気之私。或原於性命之正。而所以為知覚者不同。是以或危殆而不安。或微妙而難見耳。精則察夫二者之間而不雑也。一則守其本心之正而不離也。従事於斯。無少間断。必使道心常為一身之主。而人心毎聴命焉。則危者安。微者著。而動静云為。自無過不及之差矣。嗚呼以朱熹之才之美。何以如此謬解也。是必中年未悟之説也。唯以道力微弱。頻出凡情之計較。打成両橛。以理窟捏合。而評定聖語。費居多閑言語。譬如野人在先王廟外。博量盡聶之美百官之富也。不齟齬者殆希。蓋物之不駁雑謂之精。聖語分明曰惟精惟一。允執其中。言人心即道心。道心即人心。無二無別。惟精惟一也。左之右之。至此妙境。謂之允執厥中。是已。若夫真箇見性分上之人。豈待註解哉。是鍛錬心術之極也。須入予室究之。雖然。学者自非刻苦用力之久。不能信之矣。

［講話］「人心《じんしん》惟《こ》れ危《あや》うく、道心《どうしん》惟れ微《び》、惟れ精《せい》、惟れ一《いっ》、允《まこと》に其《そ》の中《ちゅう》を執《と》れ」。これは御

承知の通り、『書経《しょきょう》』にある言葉で、『書経』の中の大禹謨《だいうぼ》という所に出て居る〔『中庸章句』序、参照〕。註釈に就いて見ると、初め尭帝《ぎょう》が舜帝《しゅん》に天下を譲る時の言葉は、この仕舞いのただ一句だけで、「允に其の中を執れ」というただこれだけであったが、一転して舜が禹《う》に天下を譲る時になって、その意を拡《ひろ》めて、「人心惟れ危うく、道心惟れ微、惟れ精、惟れ一」、これだけの三句を加えたのであります〔手沢本書入〕。

それに付いての先師の評論でありますが、本文の文字は誠に意味はいと易い。先《ま》ず暫《しばら》く「人心」と「道心」とこう分ったので、これを我が仏教の言葉に比して言うと、「人心」というのが煩悩《ぼんのう》の心、「道心」というのが丁度菩提《ぼだい》の心である〔同前〕。勿論《もちろん》、菩提というのは梵語《ぼんご》でありますが、矢張《やは》り「道」という字に当って居る。煩悩心即ち迷いの心は誠に危《あや》うく、菩提心というものは誠に微《かす》かにして見難《みがた》いものである。「惟れ精、惟れ一なり」というのは、言うまでもない。精《くわ》しくして、「人心」と「道心」とを一にして「允に其の中を執れ」という。これは誰が見ても能《よ》く分って居る。ただ議論の分れる所は何処《どこ》かというと、「人心」と「道心」とを二つに見るというのと、「人心即ち道心」である、「道心」が即ち「人心」であると、こう見るのとの相違である、今日の言葉で言えば、一元的に見るか、二元的に見るかという、それだけの違いであります。今、先師の説を評論の中に入るに先だって言うて見ると、これは外の書物に書いてある、先師の説であります。

朱熹《しゅき》は人心・道心を分《わか》って二と為す。妄《もう》を離れて真《しん》を見る、黒《こく》を離れて珠《しゅ》を求むるが如し。山僧《さんぞう》は人心に即して道心を明らむ。所謂る妄に即して真を見る、黒を以て珠と為すが如し、乞う高見の者、緇素《しそ》〔くろしろ〕を辨じ看よ。〔手沢本首書〕

こういうことが先師の説かれたものの中に書いてある。これは独り先師洪川《こうせん》和尚がそう見たばかりでない。一、二古人《こじん》の見る所を挙げて見ると、有名な陸象山《りくしょうざん》は曰く、

解する者多くは人心を指して人欲《じんよく》と為し、道心を天理《てんり》と為す、此の説是《ぜ》に非ず。心は一なり。人安《いずく》んぞ二心《にしん》有らんや。人よりして言うときは「惟れ危うし」と曰い、道よりして言うときは「惟れ微なり」という。念《おも》うこと罔《な》ければ狂《きょう》となり、克《よ》く念えば聖《せい》となる、危うきに非らずや。声も無く臭も無し、形も無く体も無し、微なるに非ずや。

〔手沢本首書／『陸九淵集』34語録上〕

というのが、陸象山の見方であります。矢張り先師洪川和尚の見る所も、同じであります。モウ一つ確かめの為に、王陽明《おうようめい》の見方を申しましょう。王陽明の語録に曰く、

王道息《や》み、伯術《はくじゅつ》行わる。功利《こうり》の徒、外、天理の近似を仮《か》り、以て其の私を済《すま》して、以て人を欺《あざむ》いて曰く、「天理固《もと》より是《かく》の如し」と。知らず、既に其の心を無《な》みす、而《しか》るに尚《な》お何の所謂る天理なる者有らんや。是《これ》よりして後、心と理とを析《わか》って二と為す、而して精一《せいいつ》の学亡ぶ。世儒《せいじゅ》の支離《しり》、外、刑名器数《けいめいきすう》の末に索《もと》め、以て其の所謂る物理《ぶつり》なる者を明らかにせんことを求む。而して吾が心即ち物理、初めより外に仮《か》る無きを知らず。〔手沢本首書／文録4「象山文集序」〕

斯様《かよう》に陸象山の見る所も、王陽明の見る所も殆《ほと》んど一つである。この二人ばかりでない。他にもまだありますが、煩《わずら》わしいから今はそれだけにして置きましょう。禅的立場に依って見ると今言うが如く、「人心」が即ち「道心」であり、「道心」が即ち「人心」である。

これに就いて色々例を挙げ、証を挙げれば限りがないが、モウ少し挙げて見ると、例えば真浄克文《しんじょうこくぶん》禅師、これは世間では知らぬ人もあるが、宗門《しゅうもん》では有名な人で、この真浄克文禅師の説に依ると、『円覚経《えんがくきょう》』の中に、仏が言われたに「一切衆生《いっさいしゅじょう》は皆な円覚を証する」という、こういう言葉がある。一切衆生は迷《まよ》いの凡夫であるが、その迷いの凡夫も皆な「円覚」という悟りを証明して居る。明らかに悟って居るという。こういう言葉が『円覚経』の中にある。更にモウ一つ『維摩経《ゆいまきょう》』の言葉を挙げて見れば、「受《じゅ》を滅せずして証《しょう》を取る」、こう言う工合に言うて居る。更に文殊菩薩《もんじゅぼさつ》の言葉を見ると、「衆生《しゅじょう》現行の無明《むみょう》、即ち是れ如来《にょらい》根本の大智《だいち》なり」と、こういうてある。大乗仏教《だいじょうぶっきょう》の立場から言うと、かくの如くであるが、そういうことを経文《きょうもん》には色々言うて居る（『禅林僧宝伝』23泐潭真浄文）。

ここに一つの譬《たと》えがあります、譬えば人の本月《ほんげつ》に依りて、「第二の月」を見るが如し。本月というのは、空間に輝いて居る一つの月、それを本月という。本当の月に依って第二の月を見るというので、第二の月というものはある訳はないが、或る一種の作用で見る。月には二相なけれども、目を撚《よ》る者の見る所に依って第二の月となす。自分の本月よりして、第二の月を見る。こういう工合に譬えた。今もその通りで、人心・道心が元来一つであるが、これを二つに分けるのは、恰《あたか》も「第二の月」を見るが如くである〔手沢本首書〕。こういう様な説が、大乗仏教の中には、到る処にある。この意味に於て、先師は、この本文を解釈しようというのである。

本文に現われて居る言葉は朱熹なども重きを置いて居る言葉で、「夫れ尭舜禹《ぎょうしゅんう》は天下の大聖《たいせい》なり。天下を以て相い伝うるは、天下の大事なり。天下の大聖を以て天下の大事を行う。而して其の授受の際、丁寧告戒《ていねいこくかい》、此の如きに過ぎざれば、則ち天下の理、豈《あ》に以て此《ここ》に加うる有らんや。云々」〔手沢本書入／『中庸章句』序〕。この朱熹などの解釈する所は、我々の立場から見ると、大いに違った解釈であるということを言われて居る。

これから評論に入ります。「**「允に其の中を執れ」の一語は、聖王《せいおう》、道統《どうとう》を伝授するの警《けい》語《ご》なり**」。これは辯を附するまでもない。総《すべ》て支那に限らず、凡《およ》そ千年二千年前の時代には、国を治めるという帝王の道というものは、政治も宗教も並びに法律のことも、皆な殆んど一つであった。この国の歴史を見ても古い所は政教《せいきょう》一致で、そういう訳だから、天下を譲るのは、道を伝授するということになる。そこで「道統を伝授」するということも、その意味に於て言い出した所の言葉である。「允に其の中を執れの一語は、聖王、道統を伝授するの警語」である。「**誠《まこと》に善を尽《つ》くせり**」。言葉こそ簡単であるけれども、その意義に至っては、善《ぜん》尽くして居る。しかし善尽くした上、更に美《び》尽くすということになると、愈《いよい》よ益《ますま》す完全なものになる。「**大舜《だいしゅん》三句を加うるに至って、又《ま》た美を尽くすと謂《い》う可《べ》し**」。

「人心惟れ危うく、道心惟れ微、惟れ精、惟れ一」、この三句を加えるに至った。美を尽くせりと謂う可きである。殆んど善尽くし美尽くして、一字一句も間然《かんぜん》する所はない。

「**惜**《おし》**いかな、朱熹**《しゅき》**、道眼**《どうげん》**明らかならずして、漫**《みだ》**りに凡解**《ぼんげ》**を下して云**《い》**う**」、これからが先師の議論で、これ位善尽くし美尽くした本文であるに拘《かか》わらず、朱熹の眼が明らかならぬので、漫りに凡解を下して云うに、「**人心**《じんしん》**・道心**《どうしん》**の異**《い》**有る者は**」、朱子は初めから甲は「人心」、乙は「道心」と二つに分けた、この異なりがあるのは、「**或いは形気**《けいき》**の私**《し》**に生じ**」、朱子などの言葉では、或いは「形質《けいしつ》の心」という字を用いた。言わば身体に属した心で、「**或いは性命**《せいめい》**の正**《せい》**に原**《もと》**づく**」。「性命」ということは、「本然《ほんぜん》の性《せい》」と儒者の方で言うて居ります。「気質《きしつ》の性《せい》」、或いは「本然の性」、今は言葉を換えて、一は「形気」と言い、一は「性命」と言う。本文に「人心」とあるは「形気の私」に生じた心、「道心」とあるは「性命の正しき」に依って起った心であると、初めより二つに見て仕舞った。故に、「**知覚**《ちかく》**を為**《な》**す所以**《ゆえん》**の者同**《おな》**じからず**」、知覚する所が違う。これは一応尤《もっと》もなことであるが、実は幼稚な見方である。

「**是**《ここ》**を以て或いは危殆**《きたい》**にして安**《やす》**からず、或いは微妙**《みみょう》**にして見難**《みがた》**きのみ**」。初めよりこう二つに分れたのであるから、もし「人心」という側から見るならば、人心というものは、「危殆」にして危険なものである。何時《いつ》憎い心を起すか、何時《いつ》怒りの心を起すか分らぬから、その起す所の心に依っては、随分《ずいぶん》自分の身を亡ぼし、家を乱し、天下国家を乱すということになるから、その「形気の私」から生ずる「人心」というものは頗《すこぶ》る危険千万なものである。また「道心」というのは、「本然の性」から出て居る言葉であるが、その代りに「微妙」で、中々我々凡人にはその「道心」というものを明らめ難い。極《ご》く微《かす》かなる為《ため》に見難い。こう二つに分けた。

それから本文の「精」と「一」という言葉を使うたのは外ではない、「**精《せい》なるときは則ち夫《そ》の二者の間を察《さっ》して雑《まじわ》らざるなり**」。心を精《くわ》しうする時は彼の二者、「人心」と「道心」の間を能く観察して雑《まじ》えない。これは「人心」であるから退けなければならぬ、これは「道心」であるから明らめなければならぬ、と雑えないで居る。「**一《いっ》なるときは則ち其の本心《ほんしん》の正を守って離れざるなり**」。我が心を一つにして保つときには、その本然の「正」を守って、本然から離さない、こういう風に分けた。

「**斯《ここ》に従事して少しも間断《かんだん》無ければ**」こういう塩梅《あんばい》に従事して、平生《へいぜい》自分の修養を怠ることなければ、「**必ず道心をして常に一身《いっしん》の主《しゅ》と為って、人心毎《つね》に命《めい》を聴かしむ**」。「道心」が恰も一家の家長か主人の如くである。そうして「人心」なるものは、その雇われて居る人の如くにして、一々命令に従い家僕が行動するが如く、凡夫の心が常に徳性《とくせい》の精神支配を受けて着々その事に当ることになる。斯様《かよう》にして心を保って行くならば、「**危《あや》うき者は安《やす》く、微《び》なる者は著《あら》わ**」れ、比較的危ない「人心」を危うくなく保ち、微《かす》かにして見難い所の「道心」を愈《いよい》よ明らかにして、「**動静云為《どうせいうんい》、自ら過不及《かふきゅう》の差《さ》無し**」、こういう調子が取れて行ったならば、立ち働く上に於ても、静かにして居る上に於ても、総ての事を為す上に於て、「過不及の差」を免れて、常に中庸《ちゅうよう》の節《せつ》に当る。これまでが朱熹の註釈でありま す〔『中庸章句』序〕。

これも、しかし、一概に退ける訳にはいかぬじゃろうと思う。こういう風に心を修め、気を整えて行くことが必要で、現に我が宗門にも、「南宗《なんしゅう》」「北宗《ほくしゅう》」ということがある。その「南宗」「北宗」と分れた所以は、何処《どこ》から分れたかと言えば彼の達磨《だるま》大士から五代目〔五祖〕、弘忍《ぐにん》大師に至って、一は慧能《えのう》大師、一は神秀《じんしゅう》大師の二派になった。その二人の見解《けんげ》はどういう所で分れて居るかと言えば、五言絶句《ごごんぜっく》の詩に、自分の意見を現わしたのである。その神秀大師は、

身是菩提樹　身《み》は是れ菩提樹《ぼだいじゅ》
心如明鏡台　心《こころ》は明鏡《めいきょう》の台の如し
時々勤払拭　時々《じじ》に勤《つと》めて払拭《ほっしき》し
勿使惹塵埃　塵埃《じんあい》を惹《ひ》かしむる勿《なか》れ

と、こうその意中を述べて居る。これは私の考えでありますが、朱熹が前に言うた説に稍《や》や近い。所が同じ門下で修業した六祖《ろくそ》慧能大師は、

菩提本無樹　　菩提本《も》と樹無し
明鏡亦非台　　明鏡も亦《ま》た台に非ず
本来無一物　　本来無《ほんらいむ》一物《いちもつ》
何処惹塵埃　　何《いず》れの処にか塵埃を惹かん

と、こういう風である〔『六祖法宝壇経』行由第一〕。処《ところ》がこの慧能の方が師匠の意に契《かな》って、遂に伝法することとなり、乃《そこ》で同じ禅宗が分裂して二となり、神秀の方を「北宗」と言い、六祖の方を「南宗」と言うこととなった。北宗の方は「漸《ぜん》」的漸進で、南宗の方は「頓《とん》」的急進というと弊《へい》があるが、頓悟《とんご》というので、一は漸禅《ぜんぜん》というならば、こっちは頓禅《とんぜん》という工合に、二つに分れた。丁度今の朱熹の説が北宗たる神秀の説に近い。直《ただ》ちに同じと断言することは出来ませぬが、近い一つは、二元的見解である。哲学派から見ると、古今東西、二派が相い争って居る。今日は一元的議論に帰して居る様だが、細《こま》かに論ずると、今日でも矢張《やは》りこの二派は相い争って居る。相い争って居る間に真理は益《ますま》す磨かれると思う。先師はこう言われるが、強《あなが》ち朱熹の説も非難すべきことでないと救うのである。**「嗚呼《ああ》」**と嘆息して、**「朱熹の才の美を以て、何を以て此《かく》の如く謬解《びゅうげ》するや」**、朱熹位の偉大なる人にして、どうしてかく謬《あやま》り解したものであろうか。**「是《こ》れ必ず中年未悟《ちゅうねんみご》の説な**

らん」、朱子一代でも、青年時代、中年時代、晩年時代で、大分《だいぶ》説が変って居るが、これ等の説は、必ず「中年未だ悟らざるの説」であろう。晩年に至っての説は、また大変違う。「**唯《た》だ道力《どうりき》の微弱《びじゃく》なるを以て、頻《しき》りに凡情《ぼんじょう》の計較《けきょう》を出《いだ》す**」。一口に言えば未だ年が若い、見識が若いから、「道力微弱」なる故を以て、頻りに彼これと計《はか》り較《くら》べて、「**打《た》して両橛《りょうけつ》と成し**」、こういう分別をして、丁度一本の木を二つに断ち切った様なもので、「**理窟《りくつ》を以て捏《ねつ》合《ごう》し、而して聖語《せいご》を評定《ひょうてい》し、居多《こた》の閑言語《かんげんご》を費やす**」と先師はこう評論された。

その有り様は、「**譬《たと》えば野人《やじん》、先王廟外《せんのうびょうがい》に在り、盧簋《ほき》の美、百官の富を博するが如し**」。我れ田夫野人《でんぶやじん》なる者が、国王の厳《おご》そかなる廟内の事は知らず、ただ廟外に立って居って、九重雲《くも》深き所の事を推量する様なものである。「博《はく》」の字は「搏《はく》」の字の誤りで、はかるの意味であります、「盧簋」（「簠簋」の本字）は天を祭ったり、祖先を祭ったりする時の器物であります。この字は、『説文《せつもん》』に依ると、黍稷《しょしょく》を盛る所の器とありますが（手沢本書入／『説文解字』竹部「簠、黍稷円器也」「簋、黍稷方器也」）、厳そかなる所の先王宮中《せんのうきゅうちゅう》の「盧簋の美」をただ空に推し測って居る様なものである。また「百官の富」を色々当《あ》て推量《ずいりょう》して居る様なものである。「**齟齬《そご》せざる者殆《ほと》んど希《まれ》なり**」である。「**蓋《けだ》し物の駁雑《ばくざつ》ならざる、之《これ》を精《せい》と謂う**」。字義上から言うと、米を白《しら》げたのが「精」という字だ。「**聖語分明《ふんみょう》に曰《いわ》く、惟れ精、惟れ一、允《まこと》に其の中を執れ**」。聖人の語に明らさまに言うて居る。「惟れ精、惟れ一、允に其の中を執れ」。「**言うこころは、人心《じんしん》即ち道心《どうしん》、**

道心即ち人心」で、この間に「**二《に》無く別《べつ》無し**」、波が即ち水なり、水が即ち波なりというが如く、「**惟れ精、惟れ一なり**」で、「**左之右之《さしうし》**」、この見解から一つ切って出るならば、「**此《こ》の妙境に至る**」。この妙境に至った時が、「**之を允に厥《そ》の中を執ると謂う**」のである。これ位　著《いちじる》しく本文にその意味が現われて居る。「**若《も》し夫《そ》れ真箇見性分上《しんこけんしょうぶんじょう》の人ならば、豈《あ》に註解《ちゅうかい》を待たんや**」、註を為すに及ばぬ。経文などを見るのでも、今、先師が言われる様な見方で宜《よ》い。仏教の経論《きょうろん》というものは、註の上にまた註を加えて仕舞いには末に附いて仕舞って、本文は始終《しじゅう》お留守《るす》になって仕舞う。勿論精《くわ》しくなるが、大変煩瑣なものになって仕舞う。お経を見るには、註釈を見ずして本文を見るのが、矢張り一種の読書術の一つと思う。

「**是れ心術《しんじゅつ》を鍛錬《たんれん》するの極《きわ》みなり**」。故にこの本文の如きは、「**須《すべか》らく予《よ》の室《しつ》に入《い》って之を究《きわ》むべし**」。人心即道心、道心即人心、差別《しゃべつ》の中に平等があり、平等の中に差別があるという理を明らめて、そういう風に活かして見なければならぬ。それはどうしても室内に於て実地の修行を要する。「**然《しか》りと雖《いえど》も、学者刻苦《こっく》して力を用ゆるの久しきに非ざるよりは、之を信ずる能《あた》わず**」。しかし、幾《いく》ら講釈して見ても、講釈は講釈だ。「学者が刻苦して力を用ゆることが久しく」なければ、私が言う様なことを能《よ》う信じまいと、こう評された。

先師はこの則に於て更に別に腕頭《わんとう》の力を示し、中々骨を折られたから、禅宗的の言い現わし方で、こういうことを言うて居る。もし人あり前語を挙《こ》して「如何なるか是れ其の中を執る」と、こう尋ねる人があったら、もう理窟は言わぬ。今までの様な、まだるっこいことは言わぬ。オレはこう答えるがと言うて、古人の詩を借りて来られた。「時に感じては花にも涙を濺《そそ》ぎ、別れを恨んでは鳥にも心を驚かす」。これは古人の名句〔杜甫「春望」〕であります〔手沢本朱筆書入「洪川曰、若有人理前語、問如何是執其中、山僧答之曰、感事《ママ》〔時〕花濺涙、惜《ママ》〔恨〕別鳥驚心」〕。こういうことは却って辯を附けると疵《きず》が附くことでありますから、人々が能く味わって見るが宜い。「允に厥《そ》の中を執る」というのは、中央を眺めようというのではない。今日我々が人事百般《じんじひゃっぱん》の上に心を種々《しゅじゅ》に用いて居る、その中の中を執るということで、差別の上に精一なる所の意味が現われて居る。こういう意味を先師は説かれたのであります。〔『蒼龍広録』3「禅海一瀾三十則之内第二則執中辨」、参照〕

第三十講　惟《い》聖《せい》（第三則）

『書《しょ》』に曰《いわ》く、「惟《こ》れ聖《せい》も念《おも》う罔《な》ければ狂《きょう》と作《な》り、惟れ狂も克《よ》く念えば聖と作る」。

聖も人なり。狂も亦《ま》た人なり。性情《せいじょう》、豈《あ》に亦た同じからずや。唯《た》だ其《そ》の聖たる所以《ゆえん》の者は、其の自性《じしょう》を見得《けんとく》する明白なるを以てなり。喜《き》怒《ど》哀懼《あいく》愛悪《あいお》欲《よく》の情、時に或いは発すと雖《いえど》も、直《じき》に真浄明妙《しんじょうみょうみょう》一枚の大光《だいこう》と作して受用《じゅゆう》す。其の狂たる所以《ゆえん》の者は、自ら其の性の明潔《めいけつ》なるを知らず、故《ゆえ》に利《り》衰毀《すいき》誉《よ》称譏苦《しょうきく》楽《らく》の風に漂溺《ひょうでき》せられ、七情交《こも》ごも相い攻め、未《いま》だ始めより窮《きゅう》有らず、卒《つい》に自己《じこ》本有《ほんぬ》の光輝《こうき》を昧没《まいもつ》す。是《ここ》を以て悟《ご》と迷《めい》と分れ、聖と狂と別る。之《これ》を為《な》す如何《いかん》。蓋《けだ》し悟の時、情皆な性と為り、迷の時、性却《かえ》って情と為る。只《た》だ須《すべか》らく迷情《めいじょう》の本源《ほんげん》を截断《せつだん》すべし。迷情の本根を截断するは、即ち見性《けんしょう》に在り。見性は即ち克念《こくねん》に在り。然《しか》らば則《すなわ》ち克念聖《せい》と作るの一語、即ち吾が門見性成仏《けんしょうじょうぶつ》の転語なり。語の異なるを以て之を怪しむ莫《なか》れ。『詩《し》』に曰く、「柯《か》を伐《き》り、柯を伐る。其れ則ち遠からず。柯を採《と》って以て柯を伐る。尚《な》お以て遠しとなす」。噫《ああ》。

書曰。惟聖罔念作狂。惟狂克念作聖。

聖・人也。狂亦人也。性情豈不亦同乎。唯其所以為聖者。以其見得自性明白。雖喜怒哀懼愛悪欲之情時或発。直作真浄明妙一枚之大光而受用焉。其所以為狂者。自不知其性之明潔。故被利衰毀誉称譏苦楽之風漂溺。七情交相攻。未始有窮。卒昧没自己本有之光輝焉。是以悟之与迷分。聖之与狂別。為之如何。蓋悟時情皆為性。迷時性却為情。只須截断迷情之本源。截断迷情之本根。即在見性。見性即在克念。然則克念作聖一語。即吾門見性成仏之転語也。莫以語之異怪之。詩曰。伐柯伐柯。其則不遠。採柯以伐柯。尚以為遠。噫。

〔講話〕「『書《しょ》』に曰《いわ》く、惟《こ》れ聖《せい》も念《おも》う罔《な》ければ狂《きょう》と作《な》り、惟れ狂も克《よ》く念えば聖と作る」。

これは御存じの如く『書経《しょきょう》』の中の周書《しゅうしょ》・多方《たほう》の篇に出ている。これは周《しゅう》の成王《せいおう》が諸侯に告げた所の言葉で、その言葉の中の肝腎《かんじん》のものを此処《ここ》に挙げたのである。

今これを講釈するに先立って私の考えを少し述べて見ましょう。此処等《ここら》の言葉は、儒教《じゅきょう》の倫理学という様なものと見ても宜《よろ》しかろう。今時《いまどき》の倫理学というものは、色々の説があって仲々むつかしくありますが、畢竟《ひっきょう》倫理学の根本立場は何処《いずこ》にあるというならば、言うまでもなく、至善《しぜん》ということに外ならぬ。即ち絶対善というものに帰する。これは古今東《ここんとう》西殆《ざいほと》んど立つ所を同じうして居ると云うても宜《よ》い。しかし善悪の標準ということになると、大分《だいぶ》議論が多い様である。私共《わたくしども》の僅《わず》かに知って居る所を言うて見ると、大体善悪の標準というものを二派に分けたらば、大抵今の学説がこれに含まれて居るのであろうと思う。

その二派というのは何かと言えば、一つは法則論、他は目的論とである。この目的論と法則論と大別せられた中に所謂《いわゆ》る倫理学説というものは束《たば》ねられて居るであろう。委《くわ》しく言うならば法則論の側にも色々あって、宗教的法則論とか或いは政治的法則論とか或いは直覚的法則論とかいうことに分けることが出来る。また目的論という中にも、快楽《かいらく》説とか克己《こっき》説とか完己《かんき》説とか、学者に依って色々言います。

大体そういう風に分けて見ますと、孔孟《こうもう》の説というものは、先《ま》ず目的論の中の所謂る克己派に属する所のものであろう。しかし態々《わざわざ》そういう派であるとか、流義であるとかいう所へ持って行かぬでも宜いけれども、しかし今流行《はや》って居る所の倫理学説の部類に依って、当《あ》て篏《は》めて見るとそう思われるのである。一方の快楽説に対して一方は克己説で、快楽説は言うまでもなく感情を主として居る。一方の克己説になると、理性に重きを置いて居る。一方の快楽説も細かに分ければ、色々ある様で、自己の快楽を進めるというのと、社会の快楽を進めるというのとある。自己の利益を進めて行こうというのと、更に社会の利益を進め様というのと、そこに自利《じり》とか利他《りた》とか、自愛とか他愛とか、段々枝から枝に岐《わか》れて居るが、兎《と》に角《かく》、理性というものを比較的軽く見て置いて、人間の感情欲望を満足させ様と云うのである。それゆえ目前の利益とか、瞬間の快楽とか、自然主義であるとか、現実主義であるとか、サテハ本能だの衝動だのと色々の説をならべる。

それに反して克己説というものは、恰《あたか》も孔子の「己《おの》れに克《か》って礼《れい》に復《かえ》る」と云う如く、自己の欲望に打ち勝ち、所謂る本能だの衝動だのと云う利己的情念に打ち勝って、そうして自分本来の理性というものの向上発展を図ろうというのである。

それからまた完己説というのは、自己本来《ほんらい》の面目《めんもく》を完《まっと》うするというので、即ち吾人《ごじん》が先天的に具えておる美《うる》わしき感情、真なる理性、その儘《まま》の真面目《しんめんもく》を完全に実現しようと云うのである。これを「セルフ・リアリゼーション」〔self-realization〕とか、自我実現説〔自己実現説〕とか言うて居る。今は完己という字に変えて言うたが、そういう説を近世のグリーン博士〔トーマス・ヒル・グリーン〕や、ゼームス教授〔ウィリアム・ジェームズ〕など云う心理学者達も唱えて居る様である。今日の学者の説は、大体この完己論に一致して居る様な有り様である。此処に出て居る所の言葉も、そういう所に当て箝めれば、言うまでも無く克己派であると思う。仏教の如きは、快楽説もあり、克己説もあり、大小一乗その説く処に本末があるが、帰する所完己説で、そのことは『法華経《ほけきょう》』などに詳しく説いてある。

さてこれから本文に立ち戻って、「**惟《こ》れ聖《せい》も念《おも》う罔《な》ければ狂《きょう》と作《な》り、惟れ狂も克《よ》く念えば聖と作る**」。言葉は誠に見易《みやす》い言葉で、初めより聖人はない、初めより狂人もない。「狂」と言っても通俗に言う気違いという意味ではない。「狂」という字は寧《むし》ろ「愚」という字の意味に解して宜い。聖人と雖《いえど》も念うことがなければ狂愚となる。また狂愚なる者と雖も、克く念えば聖人と為る。譬《たと》えて言うならば、一つの大地の上に我々は時あって倒れることがある。また起きる時も、矢張《やは》り大地に依って起きる〔李通玄『新華厳経論』14、第27講参照〕。転げるのも土の上、起きるのも矢張り土の上、どちらにしても念うと念わぬとで、そこに聖と狂と分れるのである。この本文は初めに言うた如く、これは成王が諸侯に告げた言葉でありますが、この言葉は周公《しゅうこう》の製作されたので、成王はまだ少年であったから、周公が皆な成王の詔《みことのり》を作ったのであります。

次に先師の註に入りますが、「**聖も人なり。狂も亦《ま》た人なり。性情《せいじょう》、豈《あ》に亦た同じからずや**」、聖と言うても人で、狂と言うてもまた人で、人に変りはない。我々仏教の上から言うても、初めよりの仏はない。仏も初めは凡夫《ぼんぶ》であり、凡夫も遂には仏となる。その「性情」もまた決して異ったものでない。此処では総《すべ》て儒教《じゅきょう》の言葉を借りて言うてありますが、仏教の言葉で言うと、「性情」などということは、余程《よほど》委しく分けられてありまして、一寸《ちょっと》一言して見ると、「性」という字は、常に仏教では、「如々不動《にょにょふどう》」という意味の時にこういう「性」の字を用いる。同じ「心」でも心の本体という時は「性」の字で、「情」は所謂る感じて遂に動く、これを「情」というて、「喜怒哀懼愛悪欲《きどあいくあいおよく》」、次から次へ移り変って行くものを指す。

それを仏教で色々の分け方がありますが、極《ご》く掻《か》い摘《つま》んだことを一言すると、この心を三通り程に分ける。一番初めの心を「縁慮《えんりょ》」の心、次を「独頭《どくず》」の心、また次を「真実心《しんじつしん》」、こういう風に分けて、この三つは個人的心である。それから宇宙的の心を指しては「総該万有心《そうがいばんぬしん》」と申して居る。それで「縁慮」の心というのは、外界一切の物を五官の作用で縁じて起る心である。即ち眼に見、耳に聞き、鼻に嗅ぎ、舌に味わい、身体で触《さ》わる、こういう五官作用から働き出る心、それを仏教では「縁慮心」と言って居る。その心は取り止めもなき一時的の心である。「独頭」というのは、これは単独の心の働きで、直接には何も対境がない。色を見るとか、声を聞くとか、そういうことなしに独りでに起る心。それも細かに分けると、定中《じょうちゅう》の意識とか、夢中《むちゅう》の意識とか、独散《どくさん》の意識とか、言っている。今の言葉で言えば、想像とか、連想とか云うて居る、それのことである。それから「真実心」、これは文字と一寸も変らぬ、真実至誠《しんじつしせい》の心で少しも移り変りのない心である。以上は個人としての心を三通りに分けたのであるが、それから個人という境界を超えて仕舞うて、直《ただ》ちに宇宙的大精神の当体《とうたい》を指して「総該万有心」というのである。それを丁度《ちょうど》此処に箝《は》めると、「性」の字は「真実心」、「情」の字は「縁慮」の心、こういう工合に分けて置いたら「性」と「情」との区別が能《よ》く分ろうと思う。

「唯《た》だ其《そ》の聖たる所以《ゆえん》の者は、其の自性《じしょう》を見得《けんとく》する明白なるを以てなり」。聖と狂と分れるのは何処《どこ》で分れるかというと、先きの所謂る「総該万有心」を「見得」しさえすれば、今度は「喜怒哀懼愛悪欲《きどあいくあいおよく》」の「七情」を発して、喜ぶとか、怒るとか、哀しい、怖い、可愛い、悪《にく》い、欲しいと、思っても一向差障《さしさわ》りはない。喩《たと》えば明珠《みょうじゅ》の五色《ごしき》それぞれに映ずる様なもので、情の起るのは自然に起るのであるから、情その者に罪があるのではない。**「喜怒哀懼愛悪欲《きどあいくあいおよく》の情、時に或いは発すと雖《いえど》も」**、それを**「直《じき》に真浄明妙《しんじょうみょうみょう》一枚の大光《だいこう》と作して受用《じゅゆう》す」**、即ち根本的に於て自性を「見得」して居るから、自由自在なものである。この心を見るということは一寸素人《しろうと》にはどんなことか分らぬか知らぬが、恒《つね》に菩薩《ぼさつ》は眼に仏性を見るとある如く（『涅槃経』師子吼菩薩品）、自性を見得して、掌《てのひら》を見る如くにまで至ったら、如何《いか》に「喜怒哀懼愛悪欲」の情が時に発したりとも、その発したものが直《じき》に「真浄明妙一枚の大光」となる。迷うて居る時は菩提というものが煩悩であります。悟る時は煩悩が即ち菩提であります。此処《ここ》が手を翻《ひるがえ》せば雨、手を翻せば雲という安排《あんばい》に、僅《わず》かの心気一転の作用に依って、その働きが大変違ってくる。それが即ち聖人。

所が**「其の狂たる所以《ゆえん》の者」**は外ではない。**「自ら其の性の明潔《めいけつ》なるを知らず」**、丸《まる》で自己の自覚を欠いて居る。元来我々は初めに云うた通り、「総該万有心」の露《あら》われたる、個人としての「真実心」を備えて居る。その心は元来「明潔」なるものであるにも拘《かか》わらず、自己の自覚が足りない故《ゆえ》に、「**利衰毀誉称譏苦楽《りすいきよしょうきくらく》の風に漂溺《ひょうでき》せられ**」。

この「利衰毀誉称譏苦楽」というは経文《きょうもん》にも色々出て居りますが、『大般若経《だいはんにゃきょう》』に「菩《ぼ》薩《さつ》の所行は、利《り》に於て衰《すい》に於て、毀《き》に於て誉《よ》に於て、称《しょう》に於て譏《き》に於て、苦《く》に於て楽《らく》に於て、平等不変《びょうどうふへん》なり。」とあり〔『仏祖統紀』46宋・哲宗・紹聖3黄庭堅条引『大般若経』〕、また『仏地経論《ぶっちきょうろん》』に「此の八法《はっぽう》は、世間《せけん》の愛する所憎《にく》む所にして能《よ》く人心を扇動《せんどう》す、之を名づけて風《ふう》と為す。苟《も》し心に主たる所有りて正法《しょうぼう》に安住して、愛憎《あいぞう》の惑乱《わくらん》する所と為らざれば、即ち八風《はっぷう》も動かす能《あた》わずと云々」とあり〔『大明三蔵法数』26「八風」条「亦名八法、出『仏地経論』」〕、また『維摩経《ゆいまきょう》』仏国品《ぶっこくぼん》の偈《げ》に「毀誉《きよ》に動かざること須弥《しゅみ》の如し」ともある。

それに就き、昔、宋朝《そうちょう》時代の有名な黄山谷《こうさんこく》が黔南《けんなん》という所に謫居《たっきょ》して引っ込んで居る時に、酒を制し欲を断ち、『大蔵経《だいぞうきょう》』を読むこと凡《およ》そ三年。常に云うに「利衰毀誉称譏苦楽の八風、四威儀《しいぎ》中に於て未だ曽《かつ》て相い離れず。古《いにしえ》の元聖大智《がんしょうだいち》と雖も八風の外に立つあらんや、道を学ぶに非《あらず》んば知らざるなり」とこういうことを言うて居た〔前出『仏祖統紀』〕。流石《さすが》黄山谷などは頗《すこぶ》るこの道に這入《はい》って居るから、こういう事を言った。

「利」の字はどういうものかと言えば凡《およ》そ我れに益《えき》するものを名づけて「利」と為す。「衰」は我れに減損《げんそん》するものを名づけて「衰」と為す。「毀」は陰に毀訕《きせん》せられるを「毀」

と言い、「誉」は陰に讃美《さんび》せらるるを「誉」と云う。「称」は陽に讃美せられ、「譏」は陽に誹刺《はいし》せられ、「苦」は即ち逼迫《ひっぱく》の義で悪縁悪境《あくえんあくきょう》に遇《お》うて身心を逼悩《ひつのう》するを「苦」と云い、「楽」は即ち歓悦《かんえつ》の義で好縁好境《こうえんこうきょう》に逢《お》うて身心を適悦《てきえつ》するを「楽」と云うのである。

そこでその狂たる所以のものは自性の「明潔」ということに自ら気附《きづ》かずに居るが為に、「利衰毀誉称譏苦楽」、八万四千《はちまんし》の煩悩の風に朝から晩まで吹き飛ばされ、漂《ただよ》わされて、「**七情交《こも》ごも相い攻め**」という有り様で、「**未《いま》だ始めより窮《きゅう》有らず**」、遂に疑いから疑いに這入り、暗きより暗きに葬《ほう》むられて仕舞う。「**卒《つい》に自己《じこ》本有《ほんぬ》の光輝《こうき》を昧没《まいもつ》す**」、所謂る自己《じこ》本来《ほんらい》の面目《めんもく》を昧《くらま》して居る。「**是《ここ》を以て悟《ご》と迷《めい》と分れ、聖と狂と別る。之《これ》を為《な》す如何《いかん》**」。それなら如何《いか》にするか。狂を転じて聖と為し、迷を転じて悟となす方法は如何《いかん》。

「**蓋《けだ》し悟の時、情皆な性と為り、迷の時、性却《かえ》って情と為る**」。これも言葉の通りでありまして、如何《いか》にも明らかな言葉であります。悟った時は、「喜怒哀懼愛悪欲」の情が、その儘一味平等《いちみびょうどう》の本性《ほんしょう》となる。能く水の性を知る者は、千波《せんぱ》万浪《ばんろう》、寄《よ》せては返《かえ》すその波の中にあっても、湛然《たんねん》たる水の本性を認めて居る。「迷の時は性却って情と為る」、もしまた無《む》明《みょう》の一念がここに萌《きざ》す時は、忽《たちま》ち水の本性を忘れ、寄せては返す波の中に漂溺《ひょうでき》されて仕舞う。それならば、それを如何にするか。

「**只《た》だ須《すべか》らく迷情《めいじょう》の本源《ほんげん》を截断《せつだん》すべし**」。『宗鏡録《すぎょうろく》』という書物に「無明《むみょう》の痴惑《ちわく》、本《もと》より是れ法性《ほっしょう》なり。痴迷《ちめい》を以ての故に、法性変《へん》じて無明と作《な》る。眠《みん》来ればば心を変じて種々の夢《ゆめ》有るが如し」〔巻82〕。また曰く、「人の地に因りて倒れ、地に因りて起つが如し。正に迷に随う時、之を名づけて識《しき》と為し、正に悟に随う時、之を名づけて智《ち》と為す。但《た》だ迷悟に随うて名を立つるのみ。若《も》し始終《しじゅう》を覓《もと》むれば、空中に迹《あと》を求むるが如し。依住所在《えじゅうしょざい》、終《つい》に得《う》可からざるなり」〔巻92〕とあり。又た『仁王般若経《にんのうはんにゃきょう》』〔上〕には「菩薩未だ成仏《じょうぶつ》せざる時、菩提を以て煩悩と為す。菩薩成仏せる時、煩悩を以て菩提と為す」とある。また古き道歌に「渋柿《しぶがき》の渋《しぶ》こそよけれ其まゝに変りはてたる柿《かき》の甘《あま》さよ」じゃ。「只だ須らく迷情の本源を截断すべき」である。

昔、僧あり、古徳《ことく》に如何なるか是れ涅槃《ねはん》の心と問うたら、古徳は直《じき》に生死《しょうじ》の心を尽くせと答えられた。スルト更に僧が如何なるか是れ生死の心と問うたら、古徳が、涅槃を求むる即ち是れ生死の心なりと答えられた。これ等は味わうべき言であります〔大珠慧海『頓悟要門』〕。また或る古徳の言葉に「念《ねん》起るは是れ病、続《つ》がざるは是れ薬」、これも適切の教えである〔『元亨釈書』6釈覚心〕。

その他にも色々あるが、ここにまた妙心寺《みょうしんじ》の開山《かいさん》、関山《かんざん》国師は、余り語録などは伝わって居らぬが、いつも坊さんが来て、私は生死大事《しょうじだいじ》の為にそれを決着せんとて参りました、何卒《なにとぞ》御垂誡《すいかい》下されと云うと、国師は慧玄《えげん》（国師の諱《いみな》）が這裡《しゃり》に生死はない、そんなことに決着する積《つも》りならばお門《かど》が違う、サッサと脇へ行けと言うて大喝《だいかつ》して遂《お》い出《だ》された〔『正法山六祖伝』妙心開山玄禅師〕。そういう辛辣なる手段を以て、学者に接せられた。その他例えば、楠正成《くすのきまさしげ》公が湊川《みなとがわ》に於て弟と刺し違える前に、明極《みんき》楚俊《そしゅん》禅師に参じた因縁がある。正成曰く、「生死交謝《しょうじこうしゃ》の時如何」。禅師曰く、「両頭《りょうとう》倶に截断して、一剣天《てん》に倚《よ》て寒し」。正成曰く、「畢竟《ひっきょう》如何」。禅師威《い》を振《ふる》って一喝す(『広厳寺縁起』、『続群書類聚』27下)。

ソコデ「**迷情の本根を截断するは、即ち見性《けんしょう》に在り**」。見性は如何にするかと言えば、「**見性は即ち克念《こくねん》に在り**」、自分の邪念に打ち勝つというに在る。「**然《しか》らば則《すなわ》ち克念聖《せい》と作るの一語、即ち吾が門見性成仏《けんしょうじょうぶつ》の転語なり**」。こういう風に論じてくると、今この『書経』に出て居る「克念」というこの一語が、即ち吾が「見性成仏の転語」、変え言葉である。けれども「見性」というと、その意味は深刻であるが、「克念」と言えば未だ根本に触れて居ない様で、ただそこには多少の優劣があるだけで、しかし意味に於ては変らぬ。

「**語の異なるを以て之を怪しむ莫《なか》れ。『詩《し》』に曰く**」、これは『詩経《しきょう》』〔豳風〕の伐柯《ばっか》の篇に出て居る。『中庸《ちゅうよう》』〔13〕などにも、孔子がこの言葉を引いて居られる。「子曰く、道《みち》、人に遠からず、人の道を為して人に遠きは、以て道と為す可からず。『詩』に云う、「**柯《か》を伐《き》り、柯を伐る。其れ則ち遠からず。柯を採《と》〔執〕って以て柯を伐る。尚《な》お以て遠しと為す**」と出て居る。「柯」は枝であります。木の枝を以て木の枝を伐る、「其れ則ち遠からず」。或る人が鉞《おの》の柄《え》を造ろうと思い附いた。そうして木の枝を伐ってそれを造って鉞の柄にしようという、こういう意味であります。丁度鉞の柄も木の枝から出来た。今、鉞を造ろうと伐り落す枝も矢張り枝だ。どちらも枝であります。一つは既に鉞の柄にして仕舞った、一つはこれからしようという、それだけの違いだが、その柄の手本は我れが已《すで》に持っておるのである。然るに彼の枝を取ってそうしてこの柄を造るというは、まだそこに迂遠《うえん》な処がある。例えば自分の目で自分の目を見様と言うても見えないが、その目その儘《まま》でそこに見ると云う手本がある〔手沢本書入「吾ガ目デ吾ガ目ヲ求ムル如ジャ」／『涅槃経』27「眼不自見、指不自触」〕。「克念」の意味は、かくの如き言葉の上に照らして、その微妙なる所に徹底せよとなり。「噫《ああ》」これは、講釈するだけが野暮《やぼ》じゃ。

第三十一講　一貫《いっかん》（第四則）

孔子《こうし》曰《いわ》く、「参乎《しんや》、吾《わ》が道《どう》は一《いっ》以て之《これ》を貫《つらぬ》く」。参曰く、「唯《い》」。一とは数《すう》の義《ぎ》に非ず、凡《およ》そ道の体《たい》たるや、甚《はなは》だ言い難《がた》し。其《そ》の用《ゆう》たるや、亦《ま》た測られず。故《ゆえ》に強《し》いて唱えて一と曰《い》うのみ。吾が大雄《だいおう》、一音《いっとん》を以て法を演ず。伯陽《はくよう》は一を抱いて以て天下の式《しき》と為《な》る。宣尼《せんじ》亦た只《た》だ一貫《いっかん》を以て宗旨《しゅうし》を立つ。余《わ》れ嘗《かつ》て学者に問う、「一是《こ》れ何物《なにもの》ぞ。四大《しだい》に非ず、五蘊《ごうん》に非ず、歴然《れきぜん》として你《なんじ》の鼻孔裏《びくうり》に現在す。若《も》し道《い》い得て諦《たい》当《とう》ならば、你に許す、一貫を見ることを」と。未《いま》だ嘗て吾が機《き》に適《かな》う者有《あ》らず。宋儒一《そうじゅいち》唯《い》を釈《と》いて曰く、「応ずるの速《すみや》かにして疑《ぎ》無きの謂《いい》なり」と。是《ぜ》は則《すなわ》ち是《ぜ》、蹉《さ》過了《かりょう》。山《さん》野《や》是れより先、疑を蓄《たくわ》うる此《ここ》に年《とし》有り。三十一歳の時、這《こ》の妙処《みょうしょ》を徹見《てっけん》す。始めて曽参《そうしん》の腕頭《わんとう》、抜山《ばつざん》の力あるを識得《しきとく》す。歓喜《かんぎ》に禁《た》えずして、飲食《いんしょく》の味を知らざること累日《るいじつ》、聖《せい》賢《けん》の機《き》言《げん》、寔《まこと》に一語《いちご》千金《せんきん》なり。後《のち》、門人《もんじん》の問うに至って、輒《すなわ》ち只だ忠恕《ちゅうじょ》のみと答う。彼《かれ》と云《い》い、此《これ》と云い、一放一収《いちほういちしゅう》、其の美《び》言う可《べ》からず。太掖《たいえき》の芙《ふ》蓉《ようび》未央《おう》の柳《やなぎ》、芙蓉は面《おもて》の如く柳は眉《まゆ》の如し。顔回《がんかい》没して後、道統《どうとう》の正脈《せいみゃく》を得る者、曽参一人《いちにん》と為す、是《ここ》に於て観《み》る可し。

孔子曰。参乎。吾道一以貫之。参曰。唯。

一者。非数義。凡道之為体也。甚難言矣。其為用也。亦不測矣。故強唱曰一已。吾大雄以一音演法。伯陽抱一以為天下式。宣尼亦只以一貫立宗旨。余嘗問学者。一是何物。非四大。非五蘊。歴然現在你鼻孔裏。若道得諦当。許你見一貫。未嘗有適吾機者。宋儒釈一唯曰。応之速而無疑之謂。是則是。蹉過了。山野先是蓄疑于此有年矣。三十一歳時。徹見這妙処。始識得曽参腕頭有抜山力。不禁歓喜。不知飲食之味累日。聖賢之機言。寔一語千金也。後至門人問。輒只答忠恕而已。彼云此云。一放一収。其美不可言。太掖芙蓉未央柳。芙蓉如面柳如眉。顔回没後。得道統正脈者。為曽参一人。於是可観矣。

［講話］　今日は第四則であります。この本文は、既に御承知《ごしょうち》の通り『論語《ろんご》』の里仁《りじん》の篇に

出て居るのであります。その全文を挙ぐれば、子《し》曰《いわ》く、「参《しん》乎、吾が道、一《いつ》以て之《これ》を貫《つらぬ》く」。曽子《そうし》曰く、「唯《い》」。子出《い》づ。門人問うて曰く、「何の謂《いい》ぞや」。曽子曰く、「夫子《ふうし》の道は、忠《ちゅう》恕《じょ》のみ」というのである。今その最初の所を取って、以て本則に掲げられた。

或る時、孔子《こうし》が「**参乎**《しんや》」と呼ばれた〔手沢本書入「集注、所金反〔シン〕」／朱熹『論語集注』〕。言うまでもない、孔子の道統を得たる者は曽参《そうしん》一人であることは前にもあった。その曽参に対して、名を呼んで、参よ、「**吾《わ》が道《どう》は一《いつ》以て之《これ》を貫《つらぬ》く**」、吾がこの大道は、只《た》だ「一」以て貫いて居る。それへ対して曽参は「**唯**《い》」と答えた。「唯」という字義は『曲礼《きょくらい》』などに「父《ちち》召すときは諾《だく》すること無し、先生《せんせい》召せば諾すること無し、唯して起つ」と、そういう工合に書いてある〔『礼記』曲礼上〕。「諾」という時には明らかにハイと返事するのでありますが、「唯」というと、ハッとただ最も速《すみや》かに引き受けた言葉である。

文意は誠に見《み》易《やす》い言葉であるが、さてその孔子の心を推し測って見ると、中々深遠にして高妙なることで、大体「道」というものは我々は平生屢《しばし》ば口にして居るが、さて如何《いか》なるものが「道」であるかと考えて見ると、茫《ぼう》たり漠《ばく》たりで、何を指して道というか、捕《つか》まえ憎《にく》いのである。そういう様な有り様であるが、先《ま》ず一、二古人《こじん》の道に対する言葉を挙げて見ると、老子《ろうし》などの言葉も色々あります。今、自分の記憶して居る所を一つ挙げて見ると、「物あり混成《こんせい》す、天地に先《さきだ》って生まる。寂《せき》たり寥《りょう》たり、独立《どくりつ》して改めず、周行《しゅうこう》して殆《あやう》からず、以て天下の母たる可し。吾れ其の名を知らず、これを字《あざな》して道と曰う。強《し》いてこれが名と為して大と曰う。云々」(『老子』25)。中々これ等も面白いことであります。

まだ「名」が無いのでありますから、「物」と言う。「物」と言っても、或る一つを物と言い、一つを心と言う、そういう相対的の物ではない。今此処《ここ》で言う「物」というのは、或る物というより仕方がない。まだ「神」とも「仏」とも「道」とも、本当の名が附いて居らぬ。こういう言葉の意味が修養のある人には、自分の頭に自ら概念に現われてくるだろう。「物あり混成す」、一切の物が混成して居る。「天地に先って生まる」。大抵我々が今見聞覚知《けんもんかくち》して居る所の物は、天地《てんち》始まって以来の現象で、この現象は即ち天地分れて後の現象であるが、此処に所謂《いわゆ》る「物」というのは、然《しか》らず。「天地に先って生ずる」。して見ると、どういう「物」であろうか。人が目を欹《そばだ》って見ようと思っても、一向音《おと》も沙汰《さた》もないから、「寂たり寥たり」、極《ご》くひっそりとして居る。面白い言葉である。

孔子も或る場合に、「上天の載《こと》は声も無く臭も無し」と言われた様な意味で(『中庸』33引『詩』大雅・文王、第41講参照)、「独立して改めず」、その物は対待的《たいだい》(相対的)の物でない。嶄《ざん》然《ぜん》として独立しておる。凡《およ》そ世の中の物は皆な対待的の物で、天あれば地あり、陰あれば陽あり、山あれば川あり、男あれば女あり、皆な相対的で相手《あいて》方《がた》がある。今、物ありと指したのは、独立的で改まらぬ。昔に在っても今に在っても変らず、此処《ここ》に在っても彼処《かしこ》に在っても同じ事である。「周行して殆からず」、「周行」は周《あまね》く行《おこな》われてと読んで宜《よろ》しい。そんな独立的の物であるが、その独立的の物に離れて別に何か一つあるかというに、そうでもない。独立ということを仏教言葉で言い換えると、平等《びょうどう》的のものである。平等的のものであるが、そう言うて宜かろうと思う。これは私の蛇足《だそく》を添えたのでありますが、直《す》ぐに差別《しゃべつ》の上に行われて居るのである。相対的の物かと言えば、そうでない。それでは一切の現象から離れて独立的の物かと言えば、そうでない、何事にも行き渡って居る、地を這《ほ》うておる蟻《あり》の鬚《ひげ》の様な小さなものにも、野原に咲いて居る名も無き小さな花にも行き渡って居る。小さな花は小さな一つの天地を造って居る。小さな蟻は小さな宇宙を含んで居る。私は原文に就いて委《くわ》しくは知らぬが、英国の詩聖なるテニソンは、一輪の花を知れば天地及び一切万物を知ると言うて居る〔新渡戸稲造「地方の研究」、「詩人テニソンは、小さな一輪の花を取って、此花の研究が出来たら、宇宙万物の事は一切分かると言った」〕。矢張《やは》り「周ねく行われて殆からず」という意義であろうと思う。

その物にはどういう名前があるかというと、名はない。名が無ければ人にも示すことが出来ないから、已《や》むことを得《え》ず、「字《あざな》して道と曰う」。我々がこういう工合にこれを考え来るというと、我々は矢張りその物の中に宿されて居ると言うても宜い。また主観的に考えれば、その物と共に起き、その物と共に寝《い》ね、その物と共に常住活動して居ると言うても宜い。老子はそんな塩梅《あんばい》に申して居る。またバイブルの中にも、太初に道あり、道は神と共にあり、神は道なり、道は神なりともあった様に覚えておる〔北英国聖書会社・明治十七年日本横浜印行『新約全書』約翰《ヨハネ》伝福音書1「太初《はじめ》に道《ことば》あり道《ことば》ハ神と偕《とも》にあり道《ことば》ハ即《すなは》ち神なりこの道《ことば》も太初に神と偕に在《あり》き」〕。

それが仏教とか、もしくば禅とかいう者の中に這入《はい》って見ると、仏の一代の説教も、また祖師《そし》の千七百則の公案《こうあん》も、畢竟《ひっきょう》道という者の甚深微妙《じんじんみみょう》なることを示されたに外ならぬ。三祖鑑智《かんち》禅師〔僧璨〕の言葉に依ると、「至道《しどう》は無難《ぶなん》なり、唯だ揀択《けんじゃく》を嫌う。但《た》だ憎愛《ぞうあい》莫《な》ければ、洞然《とうねん》として明白《めいはく》なり。毫釐《ごうり》も差あれば、天地《てんち》懸隔《けんかく》す」〔『信心銘』〕、これはただ一つ挙げたのでありますが、こう云う意味は到る処にあります。

左《さ》ればこの「道」を得た人が釈迦《しゃか》なり、孔子なり、耶蘇なり、マホメットなりで、その得た所に多少深浅優劣《しんせんゆうれつ》の別はあるか知らぬが、大体に於てその「道」を得て、始めて釈迦たり、始めて孔子たるのである。この「道」は釈迦独《ひと》り専《もっぱ》らにして居る訳でもなく、孔子独りこれを恣《ほしいまま》にし、私《わたくし》して居るという訳のものではない。詰《つま》りこの「道」あるが為に、天地はここに成り立った。この「道」あるが為に、我々は生活の真意義というものを此処に現わして居る。それで孔子がある時言われるに、「参乎、吾が道一以て之を貫く」と。時に曽参は、それに多少の説明を附けるとか、多少の理窟を加えるとか、そんな事は一言《いちごん》半句《はんく》も言わんで、「唯」と受けた。それが先師洪川《こうせん》和尚の最も称嘆《しょうたん》する所である。

これから評に遷って、「**一とは数《すう》の義《ぎ》に非ず、凡《およ》そ道の体《たい》たるや、甚《はなは》だ言い難《がた》し。其《そ》の用《ゆう》たるや、亦《ま》た測られず**」。「一」と此処に本文にあるのは決して数字上の意義ではない。暫《しばら》く「道」ということを「体《たい》」と「用《ゆう》」との二つに分ける。「体」「用」というものは、必ず何事にもある。今、道体というものから言うと、孟子《もうし》は「曰《いわ》く言《い》い難《がた》し」と申したが〔『孟子』公孫丑・上〕、言い難し所ではない。実に言語文字、想像分別という様なそんなことは、スッカリ立ち超えて居るのであるから、如何《いか》なる人と雖《いえど》も、此処に一言を挟《はさ》むことが出来ぬ。所謂る「止　々不須説《やんなんやんなんとくべからず》、我法妙　難　思《わがほうみょうにしておもいがたし》」で〔『法華経』方便品〕、この儘《まま》大道は現われて居るというより仕方が無い。「これはこれはとばかり花の吉野山」〔安原貞室〕、「松島やあ、松島や松島や」〔芭蕉〕。それでも道体には遠ざかって居るが、こう言うより仕方がない。

　然るにその大道の作用というものに至っては、実に千変万化、変現極《きわ》まりない所のものであるから、中々目《め》の子《こ》算用《ざんよう》で推し測ることが出来ない。今日、科学とか、サイエンスとか言うて居るのは、その部分部分に就いて、ただ或る程度までの道理を明らめて行くだけで、その用というものは、実に限りない所のものである。「**故《ゆえ》に強《し》いて唱えて一と曰《い》うのみ**」、已《や》むを得《え》ずこれを孔子は「一」と言われた。

　また「**吾が大雄《だいおう》**」、仏様の事を「大雄」と言う。釈迦は英雄中の英雄という様な意味から「大雄」と言うので、吾が釈迦は「**一音《いっとん》を以て法を演ず**」。これは『維摩経《ゆいまきょう》』〔仏国品〕の言葉に依ると「仏は一音を以て法を演説《えんぜつ》す、衆生《しゅじょう》、類に随って各《おのお》の解することを得」という言葉がある。こういう時でも、今の数字の「一」の字ではない、この一真実の旨を以てそうして大法を演《の》べると、こう仏は言うて居られる。

また「**伯陽**《はくよう》」というものは老子であります。老子の別名と言うて宜い。その「伯陽」即ち老子は、「**一を抱いて以て天下の式**《しき》**と為**《な》**る**」、こういうことを言うて居る。老子の「曲則全」(『老子』22)に「少なるときは、則ち得、多きときは則ち惑《まど》う、是《ここ》を以て聖人は一を抱いて天下の式と為る」とこういう言葉がある。そこから来て居る。「**宣尼**《せんじ》**亦た只**《た》**だ一貫**《いっかん》**を以て宗旨**《しゅうし》**を立つ**」。「宣尼」即ち孔夫子《こうふうし》は、またただ本文にあるが如く、「一貫」を以て宗旨を立てて居る。その言葉は違っているけれども、その指して居る所は、外《はず》れて居らぬ。

斯様《かよう》な有り様であるが、「**余れ**《わ》**嘗**《かつ》**て学者に問う**」、余れ洪川もまたこの道を修行する所の者に尋ねた、「**一是**《こ》**れ何物**《なにもの》**ぞ**」。今、孔子も「一」と言い、老子も「一」と言い、また釈迦も「一」と言うて居るが、その「一」とは何か。素《もと》より一切万法は一元に帰するのであるが、その一とは何か。こういうことは皆な室内の調べ事だ。趙州《じょうしゅう》は、僧の「万法《ばんぽう》、一《いっ》に帰す。一、何《いずれ》の処《ところ》にか帰す」の問いに答えて、「吾れ青州《せいしゅう》に在って一領《いちりょう》の布衫《ふさん》を作る、重きこと七斤」と云われたが(『碧巌録』45)、こういうことは、迚《とて》も門外漢では窺《うかが》い知ることは出来ぬ。今お話しするのはただその字面《じづら》のお話をするだけで「一は是れ何物ぞ」と、こう自分に引き受けて見る。

「**四大**《しだい》**に非ず、五蘊**《ごうん》**に非ず**」、「四大五蘊」という様なことは、度々《たびたび》先にお話しして置いたが、「四大」とは地水火風《ちすいかふう》、「五蘊」とは色受想行識《しきじゅそうぎょうしき》の五つで、ツマリ物・心の二つである。「四大に非ず（身にも非ず）、五蘊に非ず（心にも非ず）」、身体と言うても、皆な寄せ集め物で、これを指す自性《じしょう》がない。「四大に非ず、五蘊に非ず」。それなら何も無いかと言えば、そうでない。丁度水中《すいちゅう》の月《つき》の如く、水に映って居る月影は、キラキラとして居るが、手を出してこれを捕《と》え様《よう》としても、捕えることが出来ぬ。また鏡中の花の如く、矢張り鮮やかに映って居るが、それなら何か手に触《さわ》るものがあるかと言えば、何も無い。それと同じで、「四大に非ず、五蘊に非ず」、何も無いかと言えば、「**歴然《れきぜん》として你《なんじ》の鼻孔裏《びくうり》に現在す**」。ありありと汝の鼻先《はなさき》にブラ下って居る。即ち鼻先にブラ下って居ると言うても足下《そっか》に践《ふ》まえて居ると言うても同じで、この物と共に朝から晩まで行住坐《ぎょうじゅうざ》臥《が》、活潑に働いて居る。これは先師が誰にでも修行者に対して示された。

「**若《も》し道《い》い得て諦当《たいとう》ならば**」、此処の所を親しく答えることが出来たならば、「**你に許す、一貫を見ることを**」。孔子の「一以て之を貫せり」と言われた「道」の本体を、恰《あたか》も掌《たなごころ》を指すが如く見ることが出来よう（手沢本書入「趙州万法帰一ガヲンノリ（?）ト我物ニナラ子バ見ヘヌゾ」）。「**未《いま》だ嘗て吾が機《き》に適《かな》う者有《あ》らず**」。大抵は一種の哲学的理窟を並べるか、科学的の説明を施す位のものであろう。それは薬の効能書の様なものである。直覚的に道の根本に徹底する者は一人もない。仏法の中にも教相学《きょうそうがく》の上で、法理《ほうり》は十分に分って居るが、そんなことでは真の事実に触れない。我々が生命の根元というか、生活の真意義というものを丸出《まるだ》しに出したというものではない。

所が多くの人は字面通りの説明をして、「**宋儒《そうじゅ》一唯《いちい》を釈《と》いて曰く**」、程子《ていし》・朱子《しゅし》などが、孔子の「一貫」に対して曽子の答えて「唯」というたのを解釈して、こういう註釈をして居る。「**応ずるの速《すみや》かにして疑《ぎ》無きの謂《いい》なり**」と言うて居る〔手沢本書入「朱注ノ説」／『論語集注』〕。字義はそれに違いないが「**是《ぜ》は則《すなわ》ち是《ぜ》**」、こういう解釈をして居るのは、悪いことはないが、モウ一つの一隻眼《いっせきげん》を具《そな》えて見るということになると「**蹉過了《さかりょう》**」〔すれちがえり〕である。それだけで孔子も肯《うけが》われまいし、曽子もそれだけで道統を伝えるという、そこまでには至らぬであろう。

「**山野《さんや》是れより先、疑を蓄《たくわ》うる此《ここ》に年《とし》有り**」。これは先師の自伝を読めば分りますが、先師は初め儒に入り、晩年に儒を捨て、禅に入ったので、我々の様に小さい時から小僧となった者とは経歴が違う。晩《おそ》くまで修業されて、その修業中に、「一」とは何かという疑を抱かれて、頗《すこぶ》る苦しまれたが、漸《ようや》く「**三十一歳の時、這《こ》の妙処《みょうしょ》を徹見《てっけん》す**」。三十一歳の時にこの極処《ごくしょ》を発見し得ることが出来たというのは、この時分に、一寸《ちょっと》今挙げました「趙《じょう》州万法帰《しゅうばんぽうき》一《いつ》」の則が、先師の手に入った。その力に依って類推して、孔子一貫の理を知られたのであろう。そこに至って「**始めて曽参《そうしん》の腕頭《わんとう》、抜山《ばつざん》の力あるを識得《しきとく》す**」。只だハイと返事しただけであるが、その「唯」という一字の中に「抜山の力」がある。昔、漢《かん》の高祖《こうそ》と天下を争った楚《そ》の項羽《こうう》の如きは、「力《ちから》山を抜き気《き》世を蓋《おお》う」という一大豪傑であったが〔『史記』7項羽本紀〕、その山を抜く力が「唯」と答えた中に歴々として備わって居るということが、始めて痛快に分った。「**歓喜《かんぎ》に禁《た》えずして、飲食《いんしょく》の味を知らざること累日《るいじつ》**」、真にその「一」というものに徹底した時の喜びというものは、心焉《ここ》に在らざれば食えどもその味を知らぬ、という言葉があるが〔『大学』伝7〕、それと同じ事で、人間に最も急切な物は「飲食」が一番始まりで、飲まず食わずして人間は贅沢は言わぬ。「飲食」があって、それから色々贅沢を思い附くが、飲まず食わずとなっては、色々の欲念は起るものでない。それ程急切な「飲食」だが、その「飲食の味を知らぬ」ことが「累日」であった。「**聖賢《せいけん》の機言《きげん》、寔《まこと》に一語《いちご》千金《せんきん》なり**」、こういう様な有り様で、聖人賢人《せいじんけんじん》の「機言」、「機言」というは神機一転した所から言えば突発した言句である。「唯」と答えたただ一字だけでも千金の価《あたい》がある。

「**後《のち》、門人《もんじん》の問うに至って、輒《すなわ》ち只だ忠恕《ちゅうじょ》のみと答う**」、最初に里仁の篇の言葉を挙げた通りでありまして、孔子は「吾が道、一以て之を貫く」と言われたのに、曽子は「唯」と答えただけであったから、外《ほか》の弟子達には一向分らなかった。そこで孔子が出られた後、門人が曽子に問うた。孔子様のお言葉とあなたのお答えとは、どういう意味でありましょうと言ったら、曽子が、「夫子《ふうし》の道《みち》は忠恕而已《ちゅうじょのみ》」と答えた。「一」ということを曽子が「忠恕」とのみ解釈した様であるが、ここは所謂る人《ひと》みて法説《ほうと》けの手段でやられた。

この問答往来の有り様を、禅門公案《ぜんもんこうあん》の中でモウ一つ類例を挙げて見ると、多少会得《えとく》出来よう〔手沢本書入「趙州業識性ノ話ヲ比較シテ辨ズベシ」〕。或る僧が趙州に尋ねて、「狗子《くし》に還《かえっ》て仏性《ぶっしょう》有りや也《ま》た無《いな》や」と尋ねたら、趙州は「無《む》」と答えた。これは禅門で有名な難かしい公案で、この一「無字《むじ》の公案《こうあん》」を、古来幾多《いくた》の英雄豪傑が、皆な血の涙を流して研究をして、立派な人になって居る、その一則だ。問うた坊さんは、始めから理窟を持っておる。仏は一切衆生悉《いっさいしゅじょうことごと》く仏性有りと言われたのに、何《な》ぜ狗子〔いぬ〕だけには仏性がござらぬか。「無」という字を虚無または滅無の意味に誤解した。こんなことでは迚《とて》も禅宗の真意は分らぬ。この坊さんはただ当り前の学問的の理窟で言うた。「無」というのは狗子に仏性が無いと受けたのであろう。その位の坊さんであったから、趙州が再び彼れに「業識性《ごっしきしょう》」あるが為なりと答えた。「業識」ということを平たく言うならば、迷《まよ》いの心だ。これを教相的に解釈するならば余程《よほど》の言葉を費やさなければならぬが、今は要がない。即ちあれには迷いの心があるからサと言われた〔『趙州録』上〕。

こういうことは文字や言語の表面からは迚もその真意は分らぬ。分らぬが、その問答往来の様子が、能《よ》く似て居る。「一以て貫せり」、「唯」と受けたが、それは孔子と曽子の間には通じて居る。門人には薩張《さっぱ》り分らぬ。分らなかったから後に問うたら、曽子は、「一」という字を「忠恕而已《ちゅうじょのみ》」と答えた。これはまた曽参の力であると、先師はそこを大変面白く見て居られる。「忠恕」ということは大事であるが、「一貫」ということに付いては、忠恕と世間で解して居る位の意味ではまだ尽きない。ソコを曽子は問い手《とて》相応に「忠恕」とこう答えた。

「彼《かれ》と云《い》い、此《これ》と云い」、始めは「一貫」という時には「唯」と言うて居る。門人が尋ねた時には「忠恕而已」と言うた。彼と云い此と云い、**「一放一収《いちほういちしゅう》」**、「忠恕而已」と答えた様な所は「一放」である〔手沢本書入「業識」「忠恕」〕。「唯」と答えた所は「一収」である〔同前「無」「唯」〕。一方は許し、一方は収めた。「放」の字は「与える」という字に変えて宜い。「収」の字は「奪」の字に変えても宜い。一度《ひとた》びは与え、一度びは奪って居る。活《い》かしたり殺《ころ》したり、その道を扱う自由というものは、**「其の美《び》言う可《べ》からず」**。その手際の誠に奇麗《きれい》なことは、言葉では言い難いが、強《し》いて言うならば、こうでもあろうか。**「太掖《たいえき》の芙蓉《ふよう》未央《びおう》の柳《やなぎ》」**、あちら宮城《きゅうじょう》の中に太液池《たいえきち》という池があって、その池の芙蓉という蓮《はす》に似た所の清麗《せいれい》な花が咲いて居るが、その「太液の芙蓉」の如く、今未央宮《びおうきゅう》の柳の糸を垂《た》れた如くで、丁度**「芙蓉は面《おもて》の如く柳は眉《まゆ》の如し」**、その美しき顔色は太液池の芙蓉の花の如く、その清楚なる眉目は未央宮の柳の如き有り様である〔白居易「長恨歌」〕。

「顔回《がんかい》没して後」、顔回は亜聖《あせい》と言われた人だが、夭死《ようし》〔わかじに〕であったから、**「道統《どうとう》の正脈《せいみゃく》を得る者、曽参一人《いちにん》と為す、是《ここ》に於て観《み》る可し」**。「道統」の正脈を得た者は、曽参一人であるというが、成程《なるほど》そうでもあろう。その実際はこの一則に於ても見ることが出来る、と言われた。〔洪川『横山夜話』、「孔子一貫」条、参照。『蒼龍広録』2－4右〕

第三十二講　曽《そう》参《しん》（第五則）

曽参《そうしん》疾《やまい》有り、門弟子《もんていし》を召《め》して曰《いわ》く、「予《わ》が足を啓《ひら》け、予が手を啓け。『詩《し》』に曰く、戦戦《せんせん》兢兢《きょうきょう》として、深淵《しんえん》に臨むが如く、薄氷《はくひょう》を履《ふ》むが如し。今《いま》にして而《しこう》して後《のち》、吾れ免《まぬか》るを知るかな、小子《しょうし》」。

這《こ》の翁《おう》、生死代謝《しょうじたいしゃ》の際に臨み、門人《もんじん》に警示《けいじ》す。此《こ》の妙密《みょうみつ》の伎倆《ぎりょう》有り。古往今来《こおうきんらい》、縫掖《ほうえき》門中、一人を見る。諸家《しょけ》、啻《ただ》に毀傷《きしょう》を免《まぬか》れるの事を以て曽参を見る。惜しむ可《べ》し、未《いま》だ曽参を尽くさざること在り。学者《がくしゃ》知らずんばある可からざるなり。

曽参有疾。召門弟子曰。啓予足啓予手。詩曰。戦戦兢兢。如臨深淵。如履薄氷。而今而後。吾知免夫。小子。

這翁臨生死代謝之際。警示門人。有此妙密之伎倆。古往今来。縫掖門中見一人矣。諸家以啻免乎毀傷之事見曽参。可惜未尽曽参在。学者不可不知也。

［講話］この則も皆さん御存知の通り『論語《ろんご》』の泰伯《たいはく》の篇に出て居る。字面《じづら》は誠に易《やす》らか

な字面であって、「**曽参《そうしん》疾《やまい》有り、門弟子《もんていし》を召《め》して曰《いわ》く**」、字義上から言うと、同じ病でもこの「疾」の字の書いてある時には最も大患《たいかん》で、モウ迚《とて》もこの度《たび》は再び起たれないということを自覚せられた。そうして平生《へいぜい》教え子たる所の「門弟子を召して」言われた。大抵人《ひと》の死《し》に際《ぎわ》には、その人の人格が赤裸々《せきらら》に露《あら》われるもので、平生色々のもので飾り立てて居ったものでも、その金箔《きんぱく》が総《すべ》て剝落《はくらく》して仕舞って、その人の性格の有《あり》の儘《まま》がこの死に際に現われてくる。勿論《もちろん》病に依っては色々様々の現象が違うでありましょうが、普通天寿《てんじゅ》を終えて死ぬという時は、その人の一生の性行《せいこう》を卜《ぼく》することが出来る。だから同じく『論語』〔泰伯〕の上に「鳥の将《まさ》に死なんとする、其の鳴くや哀し。人の将に死なんとする、其の言や善し」という様な言葉もある。私共《わたくしども》も度々《たびたび》人の死に際に立ち会ってそれを実見したことがあります。されば曽子も今その臨終の際に「門弟子を召して」、こういうことを言われた。「**予《わ》が足を啓《ひら》け、予が手を啓け**」。

先《ま》ず世間並《せけんなみ》であるならば子孫の為《ため》とか、家庭の為とか、財産分配の事とか、色々ありましょうが、曽子の臨終にはそれが少しもないのである。吾が邦でも一寸芭蕉翁《ばしょうおう》などの臨終を見ると、仲々面白いことがあります。即ち芭蕉翁が臨終の時に、門人共が翁に向い、凡《およ》そ勝《すぐ》れた人々には誰でも辞世《じせい》の句《く》というものがありますが、先生にもこの際、是非辞世の句を詠《よ》んで置いて下さったなら、吾等《われら》は実に有り難う存じますと言うたら、芭蕉翁は忽《たちま》ち色《いろ》を厳《おご》そかにして門人に言った。今更そういうことを言うのは後《おく》れ馳《ば》せではないか。我れ当年始めて古池《ふるいけ》の一句を唱え起してより今日幾《いく》十年の間、毎日吐《は》き出だす幾多《いくた》の句は一々遺言ならざるはないのである。今更この場に臨んで、改めて遺言などとは迂《う》闊千万《かつせんばん》であると警《いまし》められた〔『芭蕉翁行状記』「……平生則ち辞世なり、何事ぞ此節にあらんやとて、臨終の折一句なし」〕。曽子の臨終と少しく趣《おもむき》を異にすれど、為《い》人《にん》〔人を導く〕の手段は東西同風である。

今、曽子は「予が足を啓け、予が手を啓け」と言われただけであって、お主達《ぬしたち》、とっくりと我が身体を調べて呉《く》れよと言うておいて、そうして『詩経《しきょう》』の言葉を引いた。これは『詩経』〔小雅〕の小旻《しょうびん》の章に出て居る、「**戦戦兢兢《せんせんきょうきょう》として、深淵《しんえん》に臨むが如く、薄氷《はくひょう》を履《ふ》むが如し**」。「戦戦」というのは「恐懼《きょうく》」の貌《かたち》、「兢兢」というのは「戒慎《かいしん》」の貌である〔朱子『集注』〕。我がこの身体を父母《ふぼ》に受けてより、今日に至るまで日夜「戦戦兢兢」としてこれを保持し、恰《あたか》も深《ふか》き淵《ふち》に臨むが如き心持ち、或いは薄氷《うすこおり》を履《ふ》む様な心持ちで、先《ま》ず先《ま》ず今日まで幸《さいわい》に大過《たいか》なくして此処《ここ》に至った。

「**今《いま》にして而《しこう》して後《のち》、吾れ免《まぬか》るを知るかな、小子《しょうし》**」。罔極《もうきょく》〔かぎりない〕の大恩《たいおん》ある両親よりして御預《おあず》かりしたる大切なる品物、即ちこの身体に聊《いささ》かの傷も附けず、大なる過ちもなくして今日ただ今これをお返しすることが出来たぞよ。皆の衆も喜んでくれと、誠に親切の籠《こも》った所の臨終の遺言であります。それを先師が評せられたのでありますが、大抵この章に就いて儒者《じゅしゃ》達の註釈を見るというと、こういう風に書いてある。「父母《ふぼ》全くして之を生み、子《こ》全くして之を帰す」〔『集注』引伊焞〕。言うまでも無く、我が身体髪膚《しんたいはっぷ》は皆な父母から受けたもので(『孝経』)、兎《う》の毛《け》一本でも皆な我が物ではない、親から授かったものである。その父母が全くして生んで呉《く》れられたのを、その子たる我れがそれを全うして何一つ傷つけずして「之を帰す」というのは、結構なことだ。「曽子終《おわり》に臨んで手足を啓《ひら》くは、是が為の故なり」(『集注』)、こういう註釈が多い。今「予が足を啓け、予が手を啓け」ということは、詰《つま》り傷つけずして今日ただ今お返し申す、こういうことである。

これは勿論悪い註釈ではないけれども、しかし先師洪川和尚の見る所は、其処《そこ》に止《とど》らぬ。先師の説を此処へ一寸言うて見ると、「凡《およ》そ孝《こう》を為し忠《ちゅう》を為す、形《かたち》を以てせずして、心《こころ》を以てするなり。縦令《たと》い面上に大瘢《だいはん》(おおきなきずあと)有るも、衷心《ちゅうしん》に忠誠《ちゅうせい》有るときは忠孝《ちゅうこう》の人たるを失わず。肌《はだ》膚玉の如く一点の瘢《きず》なしと雖も、心中正《ただ》しからず、道情《どうじょう》を打失《たしつ》せば、此れは是れ人にして人にあらず。正受老人《しょうじゅ》言えることあり、曰く、設令《たと》い七尺の身材あって身子満慈《まんじ》の辯智を巧《たく》みにするも、正念工夫相続《しょうねんくふうそうぞく》なきものは之を殠爛膨壊《しゅうらんぼうえ》の死人と名づくと。今若《も》し曽子、我が身体只《た》だ瘢《はん》なきのみを以て、自ら身を全《まっと》うして父母に還《かえ》すと言わば、則ち是れ婦人小子《ふじんしょうし》の孝のみ、君子大人《くんしたいじん》の見にあらず。未《いま》だ嘗《かつ》て孔門上足の翁と為すに足らず。曽子末後《まつご》の作用《さゆう》、吾知レ免夫小子の一句を言及す、誠に甚深《じんじん》の意味有り、大いに須《すべか》らく子細《しさい》にすべし」(元漢文)(洪川手稿『禅海一瀾考』下之上「曽参第五則」)。

この説の如く国家一旦緩急《いったんかんきゅう》あるという様な場合には、死を見ること鴻毛《こうもう》の如く、仮令《たと》い身体に如何程《いかほど》の傷を負うとも決して避《さ》くる所ではない。殊《こと》に我々大和民族はこの精神が凛々《りんりん》として居らなければならぬ。今仮《か》りに孔子《こうし》・孟子《もうし》が支那四百余州約四億の人民を率《ひき》いて無名の軍を起し、吾が邦に来寇したりとせば、吾等は坊主頭に鉢巻《はちまき》してでも真先《まっさき》に進んで、彼れ孔孟のソッ首を引き抜かねばやまぬ〔『先哲叢談』3山崎嘉（闇斉）〕。これが為、身《しん》体髪膚《たいはっぷ》を毀傷《きしょう》する位のことは覚悟の前でなければならぬ。

先師また曰く、「戦戦の二句は大道《だいどう》を保重するの切意《せつい》なり、含蓄甚深《がんちくじんじん》味う可し。蓋《けだ》し不睹《と》不聞《ふぶん》は大道の本体なり。睹《み》ざる所の無形、聞かざる所の無声に於て、之を戒慎《かいしん》して始めて大道を保重するの実行と謂う可し。是れ曽子『詩経』の明言を引証するの微意《びい》なり、学者勤めて審細《しんさい》にす可し」。「『詩』の小雅・小旻の卒章に曰く、敢《あえ》て暴虎《ぼうこ》せず敢て馮河《ひょうか》せず、人其《そ》の一を知って、其の他を知ること莫し。戦戦兢兢として深淵に臨むが如く、薄氷を履むが如し。『集註《しっちゅう》』に衆人《しゅうじん》の慮《おもんぱかり》は遠きに及ぶ能わず、暴虎馮河の患は近くして見易し、則ち之を避くることを知る。喪国亡家《そうこくぼうか》の禍《わざわい》は、無形に隠るるときは以て憂《うれい》と為すを知らざるなり。故に戦戦兢兢として深淵に臨むが如く、薄氷を履むが如し。其の禍の及ぶことを懼《おそ》るる詞なり」〔手沢本首書〕。

「**這《こ》の翁《おう》、生死代謝《しょうじたいしゃ》の際に臨み、門人《もんじん》に警示《けいじ》す**」。「生死代謝の際」ということは中々容易ならぬ場合で、平常無事《びょうじょうぶじ》の時とは大分違う。その一生の総勘定《そうかんじょう》の秋《とき》に臨んで、「**此《こ》の妙密《みょうみつ》の伎倆《ぎりょう》有り**」、水も洩《もら》さぬ深き所の考えがある。「**古《こ》往今来《おうきんらい》、縫掖《ほうえき》門中、一人を見る**」。「縫掖」〔逢掖〕という字は、辞書で調べて見ますと、大衣なりとある〔手沢本書入「玉篇、——

大衣也」／『康熙字典』「撻」字」。詰り儒者の被《き》る衣物である。古《いにしえ》に於ても今に於ても、儒者達の中に於て、かくの如き所の人は、実にただ曽子一人ばかりである。

「諸家《しょけ》、啻《ただ》に毀傷《きしょう》を免《まぬか》れるの事を以て曽参を見る」。然るに大抵の後世の儒者達はこれを毀傷せずして返すということにのみ重きを措いておる。勿論《もちろん》その註釈も悪いことはないが、それはただ一通りの見方である。我れ洪川の見る所では、それだけでは満足が出来ぬ。

「惜しむ可《べ》し、未《いま》だ曽参を尽くさざること在り」。それだけでは道統を受け得たるという曽参の奥の院まで見届けたということは出来ぬ。**「学者《がくしゃ》知らずんばある可からざるなり」**、苟《いやし》くも道を知る所の者は此処まで考えて貰わなければならないという工合に評せられた。

こういう様な有り様であって、これをもし禅門に例を取ると、幾つも例がありますが、一寸一つ挙げて見ると、昔、百丈《ひゃくじょう》の惟政《いせい》禅師というは、法を慈明《じみょう》和尚に嗣《つ》がれた人で〔惟政は百丈懐海の嗣〕、その惟政禅師が一日大衆《だいしゅ》に向って、こう言われた。「汝等《なんじら》我が為に田を開けよ、我れ汝等の為に大義《たいぎ》を説《と》かん」。こういう垂示《すいじ》というものは、我々修行者に取っては頗《すこぶ》る有り難い垂示である。大勢の大衆を捕《つか》まえて、「お前達、私《わし》の為に開墾《かいこん》をして呉《く》れ、この百丈山はこういう大きな山であって、未だ開けて居らぬが、何卒《なにとぞ》皆な力を合せて荊《けい》を截《き》り莽《もう》を闢《ひら》いて、この荒れ山を立派な田地にしてくれ。もしそれが立派に出来あがった暁《あかつき》には、我れ汝の為に大義を説かん」。その骨を折った賞労として、其の方達に仏法の最も有り難い悟りを説いて聞かせてやろうというので、そこで一同力を合せて、汗水《あせみず》くになって、荒れた土地を開いて、サア田地が出来ましたから、これから大義をお示し下さいと申したら、その時、百丈和尚が、どういうことを言われたか。何《な》んぞ六《むっ》ケしい仏教哲学の道理でも説くか、或いは悟りを開いた有り難い話でもするかと思うと、何んだ、禅師はソレと曰って、両手を展開した。アア手に珊瑚《さんご》の鞭《むち》を取って驪龍頷下《りりゅうがんか》の玉を打ち砕いた様に見事である〔洪川手稿『禅海一瀾考』下之上「曽参第五則」／『景徳伝燈録』9百丈惟政〕。

それからモウ一つ日本の例を挙げて見ると、甲州塩山《こうしゅうえんざん》の向岳寺《こうがくじ》の開山、抜隊《ばっすい》和尚が〔三光国師嗣子〕正徳四年二月二十日巳《み》の刻《こく》に遷化《せんげ》される時に、端坐《たんざ》してそうして門人達に対して言われるに、「端的《たんてき》看よ、是れ什麼《なん》ぞ、恁麼《いんも》に看よ、必ず相い錯《あやま》らず」、こう高声に唱えて、燈火の滅する如くに逝《ゆ》かれた〔同前／『塩山抜隊和尚語録』巻末〕。

マア昔からして苟《いやし》くも法燈を相続した祖師方の末期《まつご》は皆な立派なことが書いてあるが、先師はこういう禅の立場から今の如くこの章を解釈せられた。しかし儒者に言わせれば、そんなことは蛇足であると斥《しりぞ》けるであろう。今一つ挙げて見るに、昔、宋の径山《きんざん》の有名な大慧《だいえ》〔大慧宗杲〕和尚が、曽子と顔回のことを四言《しごん》の偈《げ》にせられたことがある。

五逆雷《ごぎゃくらい》を聞く、曽参と顔回。
一粒の豇子《こうし》〔ささげ〕、冷灰《れいかい》より爆出《ばくしゅつ》す。　〔『大慧語録』10頌古／手沢本朱筆書入〕

これも一寸禅録《ぜんろく》を御覧にならぬと分らぬが、「五逆罪」というのは大罪悪で、例えば親を殺したとか、或いは師匠を殺したとかいうことを、五通り算《かぞ》えて「五逆罪」というが、そういう悪人が雷鳴を聞くと、自己の良心が咎《とが》めて殆んどモウ自分の腸《はらわた》が引き裂ける様だということがある。そこから来た文字で、これは臨済禅《りんざい》の悪辣な手段で、迷人の肝玉《きもだま》を奪うことを形容したので、「一粒の豇子、冷灰より爆出す」というのは、冷たい灰の中からフト黒豆が爆《は》ね出《だ》したという勢いで、ここに味わうべき宗旨がある。これは大慧和尚の有名な偈でありまます。個様《かよう》に禅的に解釈して見ると、儒者達の解釈以外に更に趣味のあることがある(と言って老師便ち下座《あざ》された)。

第三十三講　慎《しん》独《どく》(第六則)

『中庸《ちゅうよう》』に曰《いわ》く、「道《みち》は須臾《しゅゆ》も離《はな》る可《べ》からず、離る可きは道に非ず。是《こ》の故《ゆえ》に君子《くんし》は其の睹《み》ざる所を戒慎《かいしん》し、其の聞かざる所を恐懼《きょうく》す。隠《かく》れたるよりも見《あら》われたるは莫《な》く、微《かす》かなるよりも顕《あき》らかなるは莫し。故に君子は其の独《ひと》りを慎《つつし》む」。

孔門《こうもん》三千の徒、才明儁藝《さいめいしゅんげい》の者、七十有二人。一陽の嘔《あたた》む所、一雨の霑《うるお》す所、各自得《う》る所有り。唯《た》だ大道《だいどう》の正統《せいとう》を得たる者は、顔曽《がんそう》二人のみ。顔回蚤世《がんかいそうせい》す、故に曽参《そうしん》独り其の宗《しゅう》を得《う》。孔伋《こうきゅう》、業《ぎょう》を曽参に受くるに及んで、此《こ》の一著《いちじゃく》を体究《たいきゅう》す。実学《じつがく》功夫《ふう》、力を用うる年《とし》有り。竟《つい》に孔門の玄旨《げんし》に通徹《つうてつ》し、始めて這《こ》の語を唱出《しょうしゅつ》す。此の時は孔子《こうし》を去る稍《や》や遠く、乃《すなわ》ち其の愈《いよい》よ久しくして愈よ其の宗を失うことを憂いて、遂に『中庸』を著わして、以て後学《こうがく》に授く。其の要は此の数言《すうげん》に在り。数言の眼目《がんもく》、慎独《しんどく》の二字に在り。蓋《けだ》し古人《こじん》、後学の入《い》り難《がた》きを憐《あわれ》んで、諄々《じゅんじゅん》として是の如し。後世の儒士《じゅし》、徒《いたず》らに聖賢《せいけん》の語を辨釈《べんしゃく》するのみに務めて、未《いま》だ嘗《かつ》て聖賢の心を明覈《めいかく》することを務めず。故に孔門伝授の心法《しんぽう》は、堕《だ》して土の如し。痛《いた》む可く悲《かな》しむ可し。学者苟《いやし》くも孔子の徒《と》たらんと欲せば、先《ま》ず須《すべか》らく此の語に依って、強《し》いて精彩《せいさい》を著《つ》け、已《おの》れに反《かえ》りて観照《かんしょう》すべし。観照し来《きた》り観照し去《さ》って、歳月《さいげつ》の久しきを積み、念々退《しりぞ》かざれば、則《すなわ》ち忽然《こつねん》として妙訣《みょうけつ》に契当《けいとう》せん。那時《そのとき》覚えず知らず、掌《たなごころ》を拍《う》って大笑《たいしょう》し去る在らん。是《ここ》に於て平日山野《さんや》が所謂《いわゆ》る不玄《ふげん》の玄《げん》、不《ふ》妙《みょう》の妙《みょう》、果《はた》して自得《じとく》有らん。蓋し入徳《にゅうとく》の要門《ようもん》を開くに於て、此の外更《さら》に撥転《はってん》す可き者無《な》し。

中庸曰。道也者。不可須臾離也。可離非道。是故君子戒慎乎其所不睹。恐懼乎其所不聞。莫見乎隠。莫顕乎微。故君子慎其独也。

孔門三千徒。才明雋藝者。七十有二人。一陽之所嘔。一雨之所霑。各自有所得。唯得大道之正統者。顔曽二人耳。顔回蚤世。故曽参独得其宗。及孔伋受業於曽参。体究此一著。実学功夫。用力有年矣。竟通徹孔門玄旨。始唱出這語。此時去孔子稍遠。乃憂其愈久愈失其宗。遂著中庸。以授後学。其要在此数言。数言之眼目。在慎独二字。蓋古人憐後学難入。

諄諄如是。後世儒士。務徒辨釈聖賢語。未嘗務明覈聖賢心。故孔門伝授之心法堕如土。可痛可悲。学者苟欲為孔子徒。先須依此語。強著精彩。反己観照矣。観照来観照去。積歳月之久。念念不退。則忽然契当妙訣也。那時不覚不知拍掌大笑去在。於是。平日山野所謂不玄之玄不妙之妙者。果有自得焉。蓋於開入徳要門。此外無更可撥転者。

［講話］　この第六則は有名な『中庸《ちゅうよう》』〔1〕にある所の言葉で、御存じの通り、『中庸』一篇の眼目《がんもく》とも謂うべきものはこの一章に在る。これから後に十章程あるが、それは詰《つま》り皆なこの章を敷衍《ふえん》したというても宜《よろ》しい位なもの。文字は例に依って極《ご》く平易なものでありま す。

「道《みち》は須臾《しゅゆ》も離《はな》る可《べ》からず、離る可きは道に非ず」。この本文に先《さき》だって、先師洪川《こうせん》和尚がまた別録に書き遺されたことを、此処《ここ》でちょっと御披露《ごひろう》したい。矢張《やは》り漢文で書いてあるのでありますから、寧《むし》ろくだくだしく細《こま》かい辯を費やすよりも、その漢文を一応読んで見ます。「『中庸』は性《せい》を尽くすの書なり、首《はじ》めに道と謂うは、性の名を表わすのみ。睹《み》ざる聞《き》かざる、是れ道の本体なり。戒慎恐懼《かいしんきょうく》は是れ道体を受用《じゅゆう》するの工夫《くふう》なり。故に学者、時々刻々、常に其の睹《み》ざる所を睹て戒慎し、常に其の聞かざる所を聞いて恐懼す。則ち工夫方《まさ》に箇の実落の処有らん。久々成熟の後則ち力を着《つ》くることを須いずして、自《もち》ら独《ひとり》を慎《つつし》むの妙処《みょうしょ》を知らむ。豈《あ》に外に在るの聞見《もんけん》を以て累《わずらい》と為さんや。是《ここ》を以て、未《いま》だ独を見ざるときは、則ち正に慎んで独を見るを以て事と為すべし。已に独を見るときは、則ち独を慎むを以て事と為すべし。故に貌言視聴《ぼうげんしちょう》必ず是《ここ》に於てし、接物応事《せつもつおうじ》必ず是に於てし、貧賤富貴《ひんせんふうき》必ず是に於てし。死生寿夭《しせいじゅよう》必ず是に於てし、毀誉得喪《きよとくそう》必ず是に於てし、造次《ざうじ》も必ず是に於てし、顚沛《てんぱい》も必ず是に於てす。故に曰く、入《い》るとして自得せざること無し」〔手沢本首書〕。こういう塩梅《あんばい》に別録に云うて居られます。

　これは顧《おも》うに先師が最も精密に工夫せられた結果を、この通り載せて置かれた。これに辯を加えてモット敷衍すれば余地がありますが、今回はそれを略して置きます。ただ本文だけは、あなた方が後に至って翫味《がんみ》して下されたら宜《よろ》しい。

　大体「道」というものは、大抵な人が己《おの》れを離れて外に在るものの如く思うのが常である。それ故に極《ご》く手近い所にあることを、知《し》らず識《し》らず遠方にこれを求めようというのが吾等《われら》の常であるけれども、「道は須臾《しゅゆ》も離る可からず」という。丁度《ちょうど》我々が月夜《つきよ》の晩に人が二人居るとして、その中一人が西に行き、他の一人は東に行くようなもの。自分が東に向って行くと、月影は恰《あたか》も東に行く人に附き随うように見える。また西に行く人があると、その月影もまた西に走るように見える。それ位「道」は親しくて、我々に暫《しば》くも離れないものである〔手沢本書入「大道ノ身ニ従フコトハ譬ハ月下ニ両人東西ニ走レハ月ハ一ツナレトモ東西ニ従イ行ク如クジャ。性覚ノ妙明ナル所以ジャ。大切ニ護持セズシテハ叶ハヌコトジャ」〕。なぜと云うと畢竟《ひっきょう》我々の道というものは、我々自身が人々具足《にんにんぐそく》、箇々円成《ここえんじょう》で、円《まど》かに成《じょう》就《じゅ》して居るものなのである。今、先師の立論をちょっと読んだ通り、「心」の変名《かえな》が詰《つま》り「道」である。「道」というものは則ち我が対して居る所のもの、「道は須臾も離る可からざる」ものである。もしそれが、暫くと雖《いえど》も我れを離れて居るという道ならば、決して真の「道」ではない。しかしながらこういうことは、自分の身に体し、心に存して幾度かこれを翫味して始めてその「道」に副《そ》うことが出来ようと思うのである。故に余《あま》りこういう所には煩瑣なる理窟を申さぬ方が宜《よろ》しいのである。

「是《こ》の故《ゆえ》に君子《くんし》は其の睹《み》ざる所を戒慎《かいしん》し、其の聞かざる所を恐懼《きょうく》す」。最前《さいぜん》申した通り、見ず聞かず、これ「道の本体」という。まだ我々が眼を一つ明《あ》けざる所、耳を一つ欹《そばだ》てざる所、それが即ち大道の本体、その儘《まま》なのである。それから後に今の戒《いまし》め慎《つつし》みと云い、恐《おそ》れ懼《おそ》るるというのは、その大道の本体を日用に修養する所の工夫を述べたのである。それに照らしてこの文面を眺めて見たならば、余程《よほど》親しいものが其処《そこ》に現われて来る。苟《いやし》くも君子たる所の者は、その未だ見ぬ所に於て戒め慎み、まだその聞かぬ所に於て恐れ懼るとこうある。古語にも「君子は青天に対して懼る」と云うことがある。俗に謂う日本晴れのような好《よ》い天気の時に恐れる。その代りに「雷霆《らいてい》を聞いて驚かず」、大雷がここに鳴り始めたというても敢《あえ》て驚かない。「平地《へいち》を履《ふ》みて恐れ、風波《ふうは》を渉って疑わず」という（『酔古堂剣掃』11）。平々坦々《へいへいたんたん》たる大道を歩きながら、常に恐れ慎んで居るが、しかし如何《いか》に大いなる波が起り、烈《はげ》しい風が起っても、少しも疑わないと、こういうような言葉もあります。それは即ちこの意味であろうと思う。「其の睹ざる所に於て戒慎し、其の聞かざる所に於て恐懼す」。言葉は至って平易、解釈するまでもない位であるけれども、これを実行するということは、容易でない。それが即ち修養の最も大切なる所でありましょう。

こんなことを段々と実例に就いて考えて見ると、色々あるようであります。是れはちょっとした話でありますけれども、或る書物にこういう話が一つ書いてあった。それは余程飾《かざ》りを附けて書いてありましたが、その要領だけを言うて見ると、盗人《ぬすっと》が二、三人連《つ》れ立って、極《ご》く田舎のある物持ちらしい家を襲うたことがある。所が其の二、三人の盗人が、初め戸の節穴《ふしあな》から内を窺って見ると、一人の二十か二十二、三格好《かっこう》の若い女がタッタ独り囲炉裡《いろり》の傍《かたわ》らに坐って居る。誠に行儀《ぎょうぎ》正しく坐って居る。何をして居るか知らんと思うと、その婦人が粥《かゆ》を煮て居るらしい。大分時間を経て、最早《もはや》御粥の能《よ》く煮えたか煮えぬかを試す為《ため》に、静かに鍋《なべ》の蓋《ふた》を取って、そうして奇麗《きれい》な箸《はし》を持って、その鍋の中の粥の粒を少しばかり蓋の上に載せて、そうして自分の軟かな指先で潰《つぶ》して見て居る所を、節穴から盗人が見て居った。其処《そこ》には誰も人は居らないのであります。ちゃんと囲炉裡の側に行儀正しくして、そうして蓋を取り、今のようにやる容子《ようす》が、如何《いか》にも綿密で、少しも誰も見て居らぬというて無作法《ぶさほう》ではないのである。唯だそれだけを見て二、三人の夜盗《やとう》を働くような恐ろしいような人間が、大変感服した。その婦人の態度を見て、遂にその家を襲《おそ》い掠《かす》めずして逃げ去ったという。こういうことが書いてあった。何でもない話のようであるけれども、余程それは善いことであろうと思う。

彼の『詩経《しきょう》』にもたしかあったと思う、「爾《なんじ》が室《しつ》に在るを相《み》れば、尚《な》お屋漏《おくろう》にも愧《はじ》ざらむ」と、こういうような言葉があったと思う〔大雅「蕩」抑〕。「屋漏」でありますから、誰も人は居らない。唯だ独り居る時に於ても、自ら心に於て疚《やま》しき所、恥《は》ずる所がないというう。唯だ「道」を得たというのと得ぬというのと、唯だそれだけが境目《さかいめ》なのである。こういう例はまだ外に想い起して居るが、それは略して置きます。

「其の睹ざる所を戒慎し、其の聞かざる所を恐懼す」ということを一層精《くわ》しく言うと、**「隠《かく》れたるよりも見《あら》われたるは莫《な》く、微《かす》かなるよりも顕《あき》らかなるは莫し。故に君子は其の独《ひと》りを慎《つつし》む**」ということになる。これに就いては先師は大層高尚に解釈を施して居られるのであります。しかしながら、それを幾らか和《やわ》らげて見ると、独《ひと》りということはただ独り室に居ると解するのが常であるが、詰り我が心というものは所謂《いわゆ》る独立のものであって、これればかりはたとえ親子の間と雖《いえど》も、夫婦の間と雖も、決して他からはこれを窺い知ることが出来ない。独りは言い換えれば自分の心、自分の心は自分独り知って居る。そういう工合に独りということを自分の物にして見たならば、親しいであろうと思う。それが初めの言葉にある通り、「隠れたるより見わるるは莫し、微かなるより顕らかなるは莫し」。我が心というものは実に隠して居るのではない。けれども自ら隠れて居る。なぜならば、外観からは指一本差《さ》すことは出来ぬ筈《はず》のもの。人目からは決して窺うことは出来ぬ。世の中の法律のようなものが細かくなって見ても、規則が如何に緻密になっても、どれ位形《かたち》の上に於てその制度というものが精《くわ》しくなっても、決して我が心を束縛するとか、我が心を窺うということは出来ない。それは決して政治だとか、法律だとか、その他のものに於ては、決してそれを動かすことは出来ない。宗教ということになると、其処《そこ》に這入《はい》って行く。詰り我が心というものは、自ら隠れて居るけれども、その隠れて居るのが、実は眼に一杯《いっぱい》物を見、耳に一杯声を聞くが如く、ありありと目前に現われて居る。隠れてあるというと、この姿を離れて居るとか思うけれども、そうではない。隠れたるその儘が、実に明々地《めいめいち》の儘である。「隠れたるより見われたるは莫く、微かなるより顕らかなるは莫し」。我が心の有り様というものは、実に微妙である。実に微かなものである。肉眼を以て窺うことの出来ぬものである。あるけれどもその微かなるそれが、実にこれ位現われて居る所のものはないのである。

こういうことを繰り返して居っても、言葉《ことば》数《かず》が多くなるだけです。これも或る書物で見た、飛驒《ひだ》の国あたりで、檜《ひのき》の版木《はんぎ》板《いた》を造る所の人が、或る日、例に依って山の中に入って、そうしてそれを拵《こしら》えようと思う中に、向うを見ると古い年を経《へ》た杉が一本ある。その後ろに何物か居るかと思うて、眼を注いで見ると、山伏《やまぶし》の姿をした者が一人立って居る。これが即ち世に謂う天狗《てんぐ》というものであろう、この怪しい人間が即ち天狗であろうと、心にそう思って眺めたらば、その山伏らしい人間が声を荒らげて、「おぬしはおれを捉《とら》えて、怪しい天狗じゃと思うて居るな」、とこう云うた。それからまたその木挽《きこり》が、こいつはどうも怪しい、是れはぐずぐずして居ってはいけぬ、早くこの仕事を片附《かたづ》けて家に帰ろうと、こう心で思うたらば、またその山伏が直《す》ぐに、「おぬしはおれが怪しいとこう見て、早々《そうそう》此処《ここ》を片附けて家に帰ろうと思うて居るな」とこういうて、天狗らしい奴が、こっちの心で思う通り、向うで答えた。それから早々日も暮れるし、こんな所にぐずぐずして居ってはいけぬと思って、その版木板を片附けようとして、何か縄で括《くく》ろうとする拍子《ひょうし》に、縄が切れて、一枚の版木板が山伏の鼻面《はなづら》に当ったと思うて見ると、その怪《あや》し気《げ》な人間がまたこういうことを言うた。「貴様《きさま》は一向気《き》の知れぬ奴じゃわい」、こう言うたかと思うと、その山伏の姿は掻《か》き消すが如くに無くなった。これは或いは拵えた話であるかも知れぬが、なかなか面白い〔妖怪「覚《サトリ》」の伝承。『今昔画図続百鬼』ほか。大拙『禅と日本文化』4「禅と剣道」参照〕。

初めは心でそう思った、その事が直《じ》きに自分の形の影法師《かげぼうし》の如くに向《むこ》うに現われた処が、面白い事には、結ぼうとする縄が切れて、版木板が一枚飛んで、彼の鼻面に当った。その時に木挽の心には、一向何《な》にもなかった。態々《わざわざ》版木板を以て、向うを打とうとも傷《きずつ》けようとも、そんな心は少しも無かった。不図《ふと》した拍子に当った。当った時には、我が心を見ることが出来なかった。山伏の心を見ることも出来ない。見ることが出来ぬ筈《はず》さ、何にも考えて居らぬ。実は心が隠れて居るのが常であるが、それよりあらわなことはない。その譬《たと》え難き微細な心程《ほど》愈《いよい》よ明《あき》らかなことはないということは、日常公私の間に於て屢《しばし》ば何かの事に就いて出会うて居ることがあろうと思う。前方のことを首《こうべ》を回《めぐ》らして見ると思い当ることがあろうと思う。

「故に君子は其の独りを慎む」とこう云う。ただ人に対して慎む訳ではない。一つの何か掟《おきて》に対して慎む訳でもない。自分自身の心を失わないという事で、言い換えれば「其の独りを慎む」ということである。こういうことは修養次第で何とでもまだまだ味わいを噛み出すことが出来ようと思いますが、一応の辯はそれ位のことに致して置きましょう。

　これに就いてまた別録を読むと、先師がこういう実例を引いて居る。これは今言うた卑近な例とは、立ち上った話である。昔、唐朝《とうちょう》の時に、宰相の杜《と》鴻漸《こうぜん》という人がある。それが或る時に白崖《びゃくがい》山の無住《むじゅう》禅師を自分の官邸に招待して、そうして法を聴いた。その時分に恰も庭の樹に鴉《からす》が留まって居った。鴉が「カア」というて鳴いた。鳴いた時に今の宰相の杜鴻漸のいうよう、「あなたは鴉を御聴きになったか」。「聞いた」、こう答えたらば、宰相が言うには「聴いた」と言われるが、最前鳴いた鴉は最早《もはや》何処《どこ》かに飛んで行った。「カア」というだけで、もう何にも無い。それになぜ聴いたと仰《おっ》しゃる。

　こういう所は大いに工夫を要する処、そうしたら無住禅師が大勢の大臣侍臣を顧みて曰く、「正法《しょうぼう》聞き難し、各々宜《よろ》しく諦聴《たいちょう》すべし。聞《もん》と不聞《ふもん》と聞性《もんしょう》に関わるにあらず。本来不《ふ》生《しょう》、今亦た不滅《ふめつ》、有声《うせい》の時、是れ声塵《しょうじん》自ら生ず、無声《むせい》の時、是れ声塵《しょうじん》自ら滅す、而して此の聞性《もんしょう》、声に随いて生ぜず、声に随いて滅せず、此の聞性を悟るときは声塵の流転《るてん》を免《まぬか》れん。乃至香味《ないしこうみ》触《そく》も亦た復た是《かく》の如し。当《まさ》に知るべし。聞に生滅なく、聞に去来なきことを。正法聞き難し、各々宜しく諦聴すべし」という。これは読んで文字の通り、明らかに聴くべしというて置いて、「聞と不聞と聞性に関わるに非ず」という。今、鴉の声なら声を、聴いたと聴かざるとは、聞くという心には与《あずか》るのではない。

ただこれだけの言葉では、ちょっと分りませぬが、「聞性」の「性」の字はいつでも仏教では不偏不党の心の本体に名づけられてある。「聞性」という、今此処《ここ》で聞いた音がした時と、音のせぬ時とは、一向見ない。畢竟《ひっきょう》聞くという心の本体には、一向音がしても、音がせんでも、その本性というものに於て、少しも相い関ずることではない。なぜというならば、「本来不生《ほんらいふしょう》、今亦不滅《いままたふめつ》」。「聞性」という聞く心、心の根本というものは、本来生《うま》れたという心ではない。いつその聞くという心が生れ出たということがないから、今まで無くなるということはない。

こういうことは、大きに味わうべきで、「本来不生、今又不滅、有声之《うせいの》時《とき》、是声塵自生《これしょうじんじしょう》」。色《しき》、声《しょう》、香《こう》、味《み》、触《そく》、法《ほう》これを「六塵《ろくじん》」という。皆なこれは仏経《ぶっきょう》の術語である。この「六塵」が動《やや》もすると、心を汚す所のものであるから、これに「塵」という名が附けてある。「声あるの時は、是れ声塵自ら生ず」という。ただ声《こえ》という外界の一つの響《ひび》きが生じただけで、「声無きの時、是れ声塵自ら滅す」。今、鴉が飛んで行った跡《あと》に声が無いというのは、一時的の影が消えただけ。而して今の聞くという「聞性」は耳に従っても生ぜず、耳に従っても滅せず、音のする時と音のせぬ時とにちょっとも変りはない。「此の聞性を悟るときは」、今聞くというこの本性を悟った時に於ては、「声塵の流転を免れ」得るであろう。一時的の響きに我が心に流転せらるるということを免るであろう。

今これはただ声と云うことに就いて言うたのだが、「乃至香味触も亦た復た是《かく》の如し」、聞くという心に生と滅とはない。声がしたとせぬとには相い関しない。聞くという本性には、去ることも来たることもない。こういうことは余程味わうべきことだ。こういう工合に無住禅師が説法されたに就いて、宰相の杜鴻漸が「属僚《ぞくりょう》とともに、喜躍《きやく》して善《よし》と称す」、喜び悟って、「宜《よ》し」と称したとある（洪川手稿『禅海一瀾考』下之上「慎独第六則」／『景徳伝燈録』4保唐寺無住）。

そういうことに於ても、隠れたるより見わるるは莫し。微かなるより顕らかなるは莫しということが、大いに味わえるであろうと思う。詰り隠れたると微かなるというと、今云うた、聞くという本性、見るという本性、味わうという本性、その不生不滅《ふしょうふめつ》、不去不来《ふこふらい》の本性を指した。こう一つ明らかに照らして見たらば、最も親しいであろうと思う。故に君子たるべき者は、「其の独りを慎む」のである。

次は先師の評論であります。「**孔門《こうもん》三千の徒**」、一口《ひとくち》に孔子の門下生は三千という。その中で「**才明雋藝《さいめいしゅんげい》の者、七十有二人**」、その七十二人の中に於て、「**一陽の嘔《あたた》む所、一雨の**

霑《うるお》す所、各自得《う》る所有り」、各の一藝一能また得る所がある。「唯《た》だ大道《だいどう》の正統《せいとう》を得たる者は、顔曽《がんそう》二人のみ。顔回蚤世《がんかいそうせい》す、故に曽参《そうしん》独り其の宗《しゅう》を得《う》。孔伋《こうきゅう》、業《ぎょう》を曽参に受くるに及んで、此の一著《いちじゃく》を体究《たいきゅう》す」。ただその大道の正位を得たものは、顔回と曽子の二人のみであった。処《ところ》がその一人の顔回は、早くも死んで仕舞った。故に、曽子が独りその宗を得た。孔子の道を伝えた者は、ただ曽参ばかりである。孔子様の御子《おこ》に当る伯魚《はくぎょ》という人、またその御子が孔伋《こうきゅう》で、字《あざな》は子思《しし》という有名な人である。その孔伋は誰に道を学んだかというと、業を曽参に受けた。そうして「此の一著」というのは、則ち「独りを慎む」という本文を指しても宜しい。「実学功夫《じつがくくふう》、力を用うる年《とし》有り。竟《つい》に孔門の玄旨《げんし》に通徹《つうてつ》し、始めて這《こ》の語を唱出《しょうしゅつ》す」。こういう所は読んだなりで宜しい。

「此の時は孔子《こうし》を去る稍《や》や遠」しで、もう孔伋の時代になっては、大分年代が経《た》って居る。「其の愈《いよい》よ久しくして愈よ其の宗を失うことを憂いて、遂に『中庸』を著わして、以て後学《こうがく》に授く」。即ち孔子の宗旨を失うであろうということを心配して、彼の『中庸』というものを著わして、そうして以て後学に授けた。その『中庸』の中でも「其の要は此の数言《すうげん》に在り」、「此の数言」の眼目は何処《どこ》に在ると云うたならば、即ち「慎独《しんどく》の二字に在り」。

「蓋《けだ》し古人《こじん》、後学の入《い》り難《がた》きを憐《あわれ》んで」、「諄々《じゅんじゅん》と」鄭寧に「是《かく》の如」くに教えた。然るに「後世の儒士《じゅし》、徒《いたず》らに聖賢《せいけん》の語を辨釈《べんしゃく》するのみに務めて」、殆んど儒学ということは一つの文章学位になって仕舞った。「**未《いま》だ嘗《かつ》て聖賢の心を明覈《めいかく》することを務めず。故に孔門伝授の心法《しんぽう》は、堕《だ》して土の如し。痛《いた》む可く悲《かな》しむ可し**」。

「**苟《いやし》くも孔子の徒《と》たらんと欲せば**」、我れこそ儒教の徒であると云わんとするならば、「**先《ま》ず須《すべか》らく此の語に依って、強《し》いて精彩《せいさい》を著《つ》け**」たらば宜《よ》かろう。「**己《おの》れに反《かえ》り**」、そうして「**観照《かんしょう》**」して見よ。こういうことも多少辯を挟む余地があるが、今は略して置きます。兎《と》に角《かく》、外に向わずに、内に向って、「**観照し来《きた》り観照し去《さ》って**」、そうして「**歳月《さいげつ》の久しきを積み、念々退《しりぞ》かざれば、則《すなわ》ち忽然《こつねん》として妙訣《みょうけつ》に契当《けいとう》せん**」。これを禅宗の最も本領として居る。ここに至って「**覚えず知らず、掌《たなごころ》を拍《う》って大笑《たいしょう》し去る在らん**」、この快《こころよ》き一笑を発する時節が到来するであろう。

「**是《ここ》に於て平日山野《さんや》が所謂《いわゆ》る不玄《ふげん》の玄《げん》、不妙《ふみょう》の妙《みょう》**」、玄らしい玄は真の玄ではない、妙らしい妙は妙の妙ではない。「不妙の妙」、禅宗の禅宗臭《くさ》きは真の禅ではない。悟りの悟り臭きは、真の悟りではない。昔の色々の悟りがある通り、「不玄の玄、不妙の妙」というものは、「**果《はた》して自得《じとく》有らん**」。これを私が常に学者に向って提唱《ていしょう》して居る。「**蓋し入徳《にゅうとく》の要《よう》門《もん》を開くに於て、此の外更《さら》に撥転《はってん》す可き者無《な》し**」。

これでちょっと孔伋の如何《いか》なる人であったかということは、一例を挙げても分りますが、これは『説苑《ぜいえん》』〔立節7〕という書物にあるのは、孔伋が衛《えい》という所に居るその時分に、「縕《おん》袍《ほう》表なし」という。詰り着物に表のないものを着て居る。「二旬《にじゅん》にして九食《きゅうしょく》す」という。

一口に言うならば、二十日間に二遍程しか食うことが出来ぬ程貧《ひん》である。その時に田子方《でんしほう》がそれと聞いて、人をして狐《きつね》の皮衣《かわごろも》を贈らしめた。そうしてその使《つかい》にこういうことを口伝《くちづた》えにしてやった。大分あの人は堅い人であるから、受けぬであろうと思うてこういうことを言うた。「吾れ人に仮《か》せば、遂に之を忘る。吾れ人に与うれば、之を棄《す》つるが如し」。我れは人に品物を貸しても忘れて仕舞う。何物を人にやっても捨てたように思う。であるから狐の皮衣をお前さんに贈っても何とも思わぬと、こういうことを附《つ》き添《そ》えてやった。そうしたらば果して孔伋即ち子思が、それを辞退して受けなんだ。その時に田子方が言うのに「我れは有り、子《し》は無し。何が故に受けざる」、お前は着物が一枚もない、何が故に受けないか。それ位窮《きゅう》して居るならば受けたら宜かろうと言うたら、子思が言うのに、「伋《きゅう》之れを聞く、妄《みだ》りに与うるは物を溝壑《こうがく》に遺棄《いき》するに如《し》かず」。

なかなか昔の人は今の世の中に照らすと、今更《いまさら》の如き感じを惹《ひ》く。色々贈賄とか収賄とかいう賤《いや》しいことが行われて居りますが、孔伋はこういうことを言うた。妄りに与うるは、物を谷底に捨てるに如かず。滅茶苦茶に人に物をやるのは、丁度谷底に物を捨てると同じことだ。「伋《きゅう》貧なりと雖も、身を以て溝壑《こうがく》と為すに忍びず」、我れは如何に窮し且つ貧なりと雖も、この貴い身体を谷底同様にすることは出来ませぬ。お前さんは物を捨てるというが、我れの身体を谷底にせよというのか、無礼千万《ぶれいせんばん》なというような言葉が見えて居る。是《ここ》を以て受けず、というて、とうとう受け取らなかった。こういう一節を以ても、孔子様の孫の孔伋という人が如何なる人格の人であったかということが窺い知れる。長くなりまするで、今回はこれだけにして置きます。

第三十四講　浩《こう》然《ぜん》（第七則）

孟軻《もうか》曰《いわ》く、「我れ善《よ》く吾が浩然《こうぜん》の気《き》を養《やしな》う。其《そ》の気たるや、至大至剛《しだいしごう》にして、直《ちょく》を以て養《やしの》うて害《そこな》う無ければ、則《すなわ》ち天地《てんち》の間《かん》に塞《ふさ》がる」。

凡《およ》そ天下《てんか》の儒流《じゅりゅう》、孟軻浩然の章を読んで、恝乎《かっこ》として過《す》ぐる者は、真の儒人《じゅじん》に非ず。山野《さんや》、疇昔《ちゅうせき》、此《こ》の章に逢《お》うて、道《みち》を求むるの志《こころざし》を根《ねざ》す。故《ゆえ》に後来《こうらい》常に歎じて云《いわ》く、「大教未《だいきょういま》だ東来《とうらい》せざる以前に当って、此の卓見《たっけん》有り。孟軻は謂《い》いつ可《べ》し、生れながらにして之《これ》を知る者なり。試みに学者に問う、正文《せいぶん》二十九字、但《た》だ一字、生知《せいち》の全力を用ゆる処《ところ》有り、作麼生《そもさん》、那《こ》の一字」。

孟軻曰。我善養吾浩然之気。其為気也。至大至剛。以直養而無害。則塞乎天地之間。

凡天下儒流。読孟軻浩然章。恝乎過者。非真儒人矣。山野疇昔逢此章。而根求道之志。故後来常歎云。当大教未東来以前。有此卓見。孟軻可謂生而知之者。試問学者。正文二十九字。但一字有用生知之全力処。作麼生。那一字。

［講話］　本則は『孟子《もうし》』七篇中に於ける有名なる所の一章であります〔公孫丑・上〕。それを取って以てこの三十則の一つとしたので、孟子がかくの如きことを述べられたるその時代というものも、眺めて見ねばならぬ。矢張《やは》り孟子の背景には、その時代の色々の事情がある。それは孟子の伝を調ぶれば能《よ》く分って居ますが、一寸《ちょっと》その一端を挙げて見れば、その時分には「聖《せい》を距《さ》る稍《や》や遠し」という様な有り様で、最早《もはや》孔子が歿《な》くなられて余程《よほど》遠くなって居る。依って孟子は、業《ぎょう》を子思《しし》の門人に受けた。御存じの通り孔子の道統《どうとう》は、孔子から曽子《そうし》〔曽参〕、それから孔伋《こうきゅう》即ち子思《しし》、その子思の門人に業を受けた。

そういう工合に道統が伝わって来て居るのでありますが、一方には既に六国《りっこく》という様なものがあって秦《しん》に対して居る。所謂《いわゆ》る春秋戦国《しゅんじゅうせんごく》の時代になって居る。秦《しん》の方の側に於ては、有名な商鞅《しょうおう》という様な人がある。それからそれへ対する楚《そ》の国・魏《ぎ》の国に於ては、呉起《ごき》という様な人を用いて居る。また斉《せい》の国に於ては孫子《そんし》であるとか田忌《でんき》であるとかいう様な有名な人々を用いて居る。それからまた彼《か》の有名なる蘇《そ》秦《しん》・張儀《ちょうぎ》という様な者があって、蘇秦は「合縦《がっしょう》」を以て六国を合せて秦に向おうという様な有り様。丁度《ちょうど》目下欧羅巴《ヨーロッパ》の大戦乱の有り様が、或る点に於て少しく似て居る所がある。それから秦の方に於ては、張儀という者を用いた。この張儀は即ち「連衡《れんこう》」という策を以て、六国を併呑《へいどん》しようというのである。詰《つま》り一方には大なる秦の国があり、それへ対する六国があり、所謂る「合縦連衡《がっしょうれんこう》」で以て互いに天下を争おうという、そういう時代だ。それ故に天下は「攻伐《こうばつ》を以て賢《けん》なりとする」という有り様で、ただ自分の領土を広めるとか、他の領分を侵略するとか、そういう謀《はかりごと》をする者を以て、それを賢なりとして居る様な時代であった〔以上、手沢本首書／『史記』74孟子伝〕。

であるから独《ひと》り孟子が「仁《じん》」であるとか「義《ぎ》」であるとか説《と》いて廻っても、それを時の人が迂遠《うえん》なりとして、相手にする者がなかった。大道《だいどう》は廃《すた》れて土の如し。昔から尭《ぎょう》・舜《しゅん》・禹《う》・湯《とう》・文《ぶん》・武《ぶ》・周公《しゅうこう》・孔子《こうし》と伝えて来た大道というものは、土の如く、人の足に蹂躙《じゅうりん》されて仕舞って居るという有り様で、その中で孟子は彼れが如くに、独り道を唱えて居った。

というのは、皮相上から見ると、太《はなは》だ迂遠である。

然《しか》し今日からこれを見るというと、その時代にあって道を唱えたというのは、孟子の一つの「卓見」である。優れた人はこういう様な者で、それと比較にはならぬかしらぬが、彼《か》の維新《いしん》の当時、上野の戦争の時分に、福沢諭吉翁《ふくざわゆきちおう》は、その頃、芝《しば》の新銭座《しんせんざ》に居って塾を開いて居ったが、ドンドン大砲の音がする中で、何やらの経済書を講じて居ったということもある〔『福翁自伝』王政維新「上野の戦争」〕。我々は自分の職分に向って、忠実、業に服するというのが、矢張り一つの戦闘である。昔から優れた人のやり方は同じだ。先《ま》ずそういう時代に於て、孟子はあの通りの仕事をした。

その事が残って今日は『孟子』という書物になって居るが、その『孟子』の七篇の中でも、この「浩然」の章は最も有名なる一章である。この「浩然の気」を唱える以前に、例の告子《こくし》との問答往来がある。その問答往来は、心を動かすか、若《も》しくは心を動かさないかという問答である。告子はかくの如くにして心を動かす、孟子はかくの如くにして心を動かさずという様な議論がこの前にあるのであります。そこで終《しま》いに孟子が「志は気の帥《すい》なり。気は体の充《じゅう》なり」〔志は気を統率するもの、気は身体に充満するもの〕と云うた。そういう所から、段々論究した所で、孟子は遂に「浩然の気」ということを言うた。「**我れ善《よ》く吾が浩然《こうぜん》の気《き》を養《やしな》う**」、こういうことを言うたのであります。

然らば何をか「浩然の気」というと言うたらば、孟子は「曰《いわ》く言《い》い難《がた》し」、こういう言葉が挟まれて居る。それから「**其《そ》の気たるや、至大至剛《しだいしごう》にして、直《ちょく》を以て養《やしの》うて害う無《そこな》ければ、則《すなわ》ち天地《てんち》の間《かん》に塞《ふさ》がる**」。此処《ここ》に出て居る本文は、矢張り意味だけは十分現われて居るけれども、『孟子』に書いてある所から見ると言葉が少し省略してある。そういうことは『孟子』の書物に就いて見れば精《くわ》しく分る。兎《と》に角《かく》、孟子の説では、「志」というのが丁度軍隊で言うならば、将帥《しょうすい》みた様なもので、「気」というものはそれに従属して居る所の兵卒みた様なものである。「心」と言うても、「気」と言うても、大した違いはないけれども、多くは「気」という時は、身体に属する。「志」は吾が「心」を決定した意思だ。このこういうことを言うて置いてからこれを唱えた。「我れ善く吾が浩然の気を養う」。この

「気」という字は、辯が附《つ》け憎《にく》い。孟子自身ですらも、「曰く言い難し」と言うて居る。

今、此処で「浩然」というのは、「盛大流行《せいだいりゅうこう》の貌《かたち》」と朱熹は註釈をして居る(『集注』)。誠に盛大に流行して已《や》まざる所のものを形容した文字で、「浩然の気」は何処《どこ》にあるかと言えば、これを遠方に求め様としても、そんな気が何処にもある訳ではない。詰《つま》り一章の主眼とする所は、この「養う」という所にある。この「浩然の気」なるものは「盛大流行」のものであるけれども、「養う」ことを知らざる人に在っては、この気というものは、この言葉の反対で、実に至小至柔《ししょうしじゅう》であると云うてもよかろう。初めより「浩然」と限られたものでない。それが養われる時は流行已《や》まざる所のものであるが、養わぬ時は詰《つま》らぬものである。だから気はこういうものであると言うて、一定した註釈を下すならば、下すことが出来ましょうが、それでは死んだ註釈だ。それだから孟子自身が、「曰く言い難し」、自分に修養して味わう人に於て始めて、「浩然の気」たるものは何ものかということが我が物になると見て置いて宜《よ》かろう。

それは我が仏教の言葉から見ると、ここに先師の説を一寸紹介するのでありますが、先師は『首楞厳経《しゅりょうごんきょう》』を引いて、こういうことを言われた(手沢本首書)。『首楞厳経』というは、我が大乗仏教《だいじょうぶっきょう》では有名な経であって、心理的に仏教の蘊奥《うんのう》を説いた御経《おきょう》である。その経文《きょうもん》中にこういう言葉がある。「色身《しきしん》より外、山河《せんが》虚《こ》空大地《くうだいち》に洎《いた》るまで、咸《ことごと》く是れ妙明《みょうみょう》真心《しんしん》中の物なり云々」と(巻2)。「色身」というのは我が身体であります。これを始めとして外界一切の現象の代表を呼び出して「虚空大地」と云うたのである。その一切のものは何の現われであるかと言えば、これは悉《ことごと》く「妙明真心」の顕われである。この五官を以て総《すべ》ての現象に対した所では、こういう一切のものが我々よりも以前に現われて居る如く思い為《な》すのであるが、今、仏説に依るとそうでない。今、眼に映じて居り、耳に響いて居るこの一切の現象は悉く「妙明真心中」のものである。仏教の見方は、始終《しじゅう》そうである。仰向《あおむ》いて見ると、日月星辰《じつげつせいしん》、燦然《さんぜん》と其処《そこ》へ現われて居る。俯向《うつむ》いて見ると山河大地《せんがだいち》・人畜《じんちく》艸木《そうもく》、其処に雑然として現われて居るが、これは外のものの現われでない、皆な我が本来持って居る「妙明真心中」のものである、という思想が経文に出て居る。

『楞厳経』許《ばか》りでない。大乗仏教の思想は常にこういうものである。元来、天地は、無《む》形《けい》なり、無知《むち》なり、無霊《むれい》なり、而してこれに主宰《しゅさい》なる者は即ちこの「妙明真心」である。この「妙明の真心」という心を通じて、始めて一切万物《いっさいばんぶつ》にその眉目《びもく》あり、一切万物にその心霊《しんれい》ありと言い得ることが出来ます。これを除いて仕舞えば、天地は無形・無霊・無知のものと言う外はない。こういう立場から見ると、孟子の「浩然の気」と唱え始めた「気」は、始めから良能《りょうのう》があるのではない。彼の「気」を主宰する所の「妙明の真心」あって、そうして良知良能というものの働きを現わす。それを孟子は「養う」と此処では言うた。この「養」の一字を以て活用するのである。学者能々《よくよく》右の理を熟察精思《じゅくさつせいし》す可し。それは先師が言われたことを、今鳥渡《ちょっと》取り次いだのである。

こういう立場から、そこで「浩然の気」というものを如何《いか》に「養う」か、これからは実行であります。もしその「浩然の気」を「養い」得て、十分に鍛錬し、修養し得るかというと、その気たるや「至大至剛」である。「至大至剛」であるけれども、然れども「養う」ということを知らざれば、詰らぬものである。「直を以て養うて害うことなければ則ち天地の間に塞がる」。この「直」の一字であります。この事も『維摩経《ゆいまきょう》』などを見ると「直《じき》心是道場《しんこれどうじょう》」などと云うてある〔菩薩品〕。白隠《はくいん》禅師の師匠たる正受老人《しょうじゅろうじん》〔正受慧端〕の言葉に、「直を以て養う」という意味のことを、「正念工風《しょうねんくふう》、相続不断《そうぞくふだん》」と云うて居る〔今北洪川纂訂『垂語』〕。総て修養ということは、実行せざれば無味淡泊《むみたんぱく》にして無意味なものであるが、一たびこれを実行するということに至って、愈《いよい》よ益《ますま》すその意義の甚深《じんじん》なるを知るので、丁度大海に入るが如く、転《うた》た入れば転《うた》た深しである。それを今、孟子は、「直を以て養うて害う無ければ」云々というた。

然るに我々は常に人欲《じんよく》の私《わたくし》なるものの為《ため》にこれを害うて居る。朝から晩まで我々の五官の機能から起る七情《しちじょう》、即ち「喜怒哀楽愛悪欲《きどあいらくあいおよく》」の情の為に、常に「盛大流行」なる「気」を傷だらけにして居る。然るに之に反して、「直を以て養うて害う無き」ときは、「天地の間に塞がる」。これは世間的の言葉であるから、天地の間を言うたのであるけれども、別に何も、元来、天地と云うて内《う》ち外《そと》のあるのではない。詰り天に一杯、地に一杯、天地そのままに一杯に塞がって居る。これは『孟子』という書物の言葉を読んだだけで措《お》けばそれだけだが、この「気」というものは何かということから、段々修養して行くと、その「気」というものが著《いちじる》しく力附《ちからづ》いてくる。段々修養し得てくると、殆んど天地一体の間に充実するという境界にまで至り得ることが出来る。これは修養の実行上に於て現われてくるのであります。

　さて初めにも話した通り、先師洪川《こうせん》和尚が儒を出て禅に入った、その動機は何かというと、或る時に孟子「浩然」の章を講釈して居って、突然として大声を揚げて門人に向って、孟子は「浩然の気」を養うというが、我れは「浩然の気」を行わんと言われた。それもフイと思い附いて叫んだ訳ではない。予《かね》てより密々《みつみつ》に工夫《くふう》を凝《こ》らしておられたのである。それから遂に儒を捨てて禅に入られた。その時の告別の詩は「孔聖《こうせい》と釈尊《しゃくそん》と別人に非ず、彼は見性《けんしょう》と謂い此は仁《じん》と謂う。脱塵《だつじん》怪しむ休《なか》れ我が粗放《そほう》を、箇《こ》の浩然《こうぜん》一片の真を行ぜんのみ」という七言絶句《しちごんぜっく》である〔第17講参照〕。箇様《かよう》な訳でこの「浩然」の章というものは、余《よ》程《ほど》先師と深き因縁《いんねん》のある章であります。

「凡《およ》そ天下《てんか》の儒流《じゅりゅう》、孟軻浩然の章を読んで、恝乎《かっこ》として過《す》ぐる者は、真の儒人《じゅじん》に非ず」。「恝乎」というものは愁《うれ》いなき貌《かたち》で〔『孟子』万章・上『集注』、「恝、無愁之貌」〕、我れは儒者であると言うても、この孟子の「浩然」の章を殆んど読み流して仕舞って、ただ読み流し的に講釈する位では、真の儒者と称することが出来ない。

「山野《さんや》、疇昔《ちゅうせき》、此の章に逢《お》うて、道《みち》を求むるの志《こころざし》を根《ねざ》す」。「疇昔」というのは、遠い昔ということではない。先《さ》きにということで、なお前日というが如くであります。先きにこの章に出逢って、初めて求道《ぐどう》の志というものを立てられた。「**故《ゆえ》に後来《こうらい》常に歎じて云《いわ》く**」、これ位因縁のある一章だから、後に志を成して後、賞歎して言うには、「**大教未《だいきょういま》だ東来《とうらい》せざる以前に当って**」、「大教」というものは言うまでもない仏教で、仏教が印度よりして東の方へ渡らざる前に於て、「**此の卓見《たっけん》有り**」。孔子一代には余りこういうキッパリしたことを仰《おっ》しゃらぬ。そこはまた孔子の味わう可き所だ。然るに孟子が未だ仏教の渡らざる前に、この「浩然」の一句を唱えられるという、こういう「卓見」を有せられたのは驚き入ったことである。「**孟軻は謂《いい》つ可《べ》し、生れながらにして之《これ》を知る者なり**」。同じ知るにしても、苦しんで知る輩《やから》もあり、学んで知る輩もあり、または生れながらにして知る者もある。知ると言うも、色々あるが、どっちかと言えば、本当は苦しんで知ると言うことが、我々には為《ため》になることで、次に学んで知るということも、大切である。而してこの「生れながらにして知る」ということは、十人が十人出来ることでない。これは千万人中の一人である。この点から言うと、孟子は「生れながらにして知る者」ということが出来る。

「**試みに学者に問う**」、試みに学者修行者に、私が尋ねて見るが、「**正文《せいぶん》二十九字、但《た》だ一字、生知《せいち》の全力を用《もち》ゆる処《ところ》有り**」。この処に言う本文は、丁度二十九字程あります。この中でタッた「一字」というと、大抵の人が早合点《はやがてん》をして「養」という一字であろうとか、または「直」の一字であろうとか、アテ推量《ずいりょう》を仕様《しよう》とする。然るに先師洪川和尚の見て居る所は、そういう字義上の沙汰《さた》ではない。大いに仔細《しさい》がある。これは講釈だけでは済んで居らぬ。「**作麼生《そもさん》、那《こ》の一字**」、如何《いか》なるかこの「一字」であろう。

　この「二十九字」の中から、苟《かり》そめに「一字」を捕《とら》え来《きた》って、あれかこれかと言いあてる、こんな文字ではない。ソコハ孟子でないが、「曰く言い難し」で、人々が修養錬磨した上で知ることで、その「一字」を筆先《ふでさき》で書く訳ではない。書き現わせるものでない。「天地に塞がる」という境界をここに実現しなければならぬ。禅の本領はこの処にある。それなら何か神秘的のものか、不可思議のものがあって、偶然に現われ出るのかと言えば、決してそういう訳のものでない。それは何の「一字」であるか、この洪川の目の前に突き附けて見ろ。「作麼生、那の一字」。

第三十五講　無《む》隠《いん》（第八則）

孔子《こうし》曰《いわ》く、「二三子《にさんし》、我れを以て隠《かく》せりと為《な》す乎《か》。吾れ爾《なんじ》に隠すこと無し」。吾が妙道《みょうどう》は至簡《しかん》にして至近《しきん》、之《これ》を知るときは則《すなわ》ち尋常事《じんじょうじ》なり。決して高明《こうめい》なる者に非ず、決して幽遠《ゆうえん》なる者に非ず。而《しこう》して又《ま》た焉《これ》より高明なる者莫《な》く、又た焉より幽遠なる者莫し、故《ゆえ》に其《そ》の妙甚《はなは》だし。孟軻《もうか》曰く、「道《みち》は近きに在り、却《かえ》って之を遠きに求む。事《こと》は易《やす》きに在り、却って之を難《かた》きに求む」と、是《こ》れなり。今、本則の一語の如きは、孔子、学《がく》人《にん》の面前に向って、一栲栳《こうろう》を傾尽《けいじん》す。而《しか》も当時、十哲《じってつ》の徒、各《おのお》の充分の力量を尽《つく》し、而して宝珍《ほうちん》を収得《しゅうとく》せる者稀《まれ》なり。亦《ま》た奇《き》ならずや。昔、宋《そう》の黄庭堅《こうていけん》、黄龍《おうりょう》の晦堂《まいどう》に参ず。堂曰く、「公の諳《そら》んずる所の書中に一両句《いちりょうく》有り、甚だ吾が門の事と恰好《かっこう》なり、公之《これ》を知るや」。庭堅云《いわ》く、「知らず」。時、暑《しょ》退き涼《りょう》生ずるに当る、秋香《しゅうこう》、院に満つ。堂乃《すなわ》ち曰く、「木犀《もくせい》の香《か》を聞くや」。庭堅云く、「聞く」。堂曰く、「吾れ爾に隠すこと無し」。庭堅欣然《きんぜん》として領解《りょうげ》す。後に黔州《けんしゅう》の道中に在って昼臥《ひるふ》し、覚《さ》め来《きた》って忽然本源《こつねんほんげん》に通徹《つうてつ》す。便《すなわ》ち一偈《いちげ》を寄す。偈《げ》中「石工来《せっこうきた》り劉《え》る鼻端《びたん》の塵《ちり》、無手《むしゅ》の人来って斧《おの》始めて親し」（全偈、『羅湖野録』に在り、往《ゆ》いて見る可《べ》し）の句有り、噫《ああ》、庭堅の如きは、意《こころ》を斯道《しどう》に刻して、実《じつ》の如く力を尽《つく》し、実の如く徹見《てっけん》す。謂《い》つ可《べ》し、宝珍《ほうちん》を収得する者と。学者若《も》し大志《たいし》を激発《げきはつ》して懈《おこた》らざれば、則ち亦た必ず孔門の宝珍を収め得るの時節《じせつ》有らん。吾れ亦た爾に隠すこと無し。

孔子曰。二三子。以我為隠乎。吾無隠乎爾。

吾妙道。至簡至近。知之則尋常事也。決非高明者。決非幽遠者。而又莫高明焉者。又莫幽遠焉者。故其妙甚矣。孟軻曰。道在近。却求之遠。事在易。却求之難。是已。今如本則一語。孔子向学人面前。傾尽一栲栳。而当時十哲徒。各尽充分力量。而収得宝珍者稀。不亦奇乎。昔宋黄庭堅参黄龍晦堂。堂曰所公諳書中有一両句。甚与吾門事恰好也。公知之麼。庭堅云。不知。時当暑退涼生。秋香満院。堂乃曰。聞木犀香乎。庭堅云。聞。堂曰。吾無隠乎爾。庭堅欣然領解。後在黔州道中昼臥。覚来忽然通徹本源矣。便寄一偈。偈中有石工来劉鼻端塵。無手人来斧始親之句（全偈。在羅湖野録。可往見）。噫如庭堅。刻意斯道。如実尽力。如実徹見。可謂収得宝珍者。学者若激発大志不懈。則亦必有収得孔門宝珍之時節。吾亦無隠乎爾。

［講話］　本則は矢張《やは》り『論語《ろんご》』の述而《じゅつじ》篇に出て居るが、此処《ここ》では幾《いく》らか略して出してあります。『論語』の本文に就いて言うと、「**孔子曰《いわ》く、二三子、我れを以て隠《かく》せりと為《な》す乎《か》。吾れ爾《なんじ》に隠すこと無し。**吾れ行うとして二三子に与《あずか》らしめずということ無し。是れ丘《きゅう》〔孔丘〕なり」と、こういう工合に出て居る。それを少しばかり略して此処に引いた。

　本文の文言は、解釈するまでもない。或る時、孔子が自分の門弟子《もんていし》に向って言われるに、「お前達、我れを以て隠せりとするか」。我々も矢張りそうであります。自分が極《ご》く見識が低い所から眺めると、そこに何か我等《われら》の為に殊更《ことさら》に秘《ひ》し匿《かく》して一向示《しめ》して呉《く》れない、そこに殊更に何か秘密を持って居る、と思うであろうが、そんな事はない。「吾れ爾に隠すこと無し」。吾れは元来爾等《なんじら》に向って塵程《ちりほど》も隠す所はない。隠す所ないというばかりではまだ言葉が至らないから、その次に「吾れ行うとして二三子に与らしめずということ無し」

と附けられた。吾れは朝《あさ》起きてから晩《ばん》に寝るまで、その間、行住坐臥《ぎょうじゅうざが》、有《あら》ゆる行動の上に於て、一々爾等に示して居るのである。「道」というと、大層《たいそう》遠い所へ求める様だが、実はそうでなくして、我が毎日毎日のこの行動が即ち爾等の為《ため》に示して居るのである。

こういう所の言葉というものは、実に道を修める者から言うと、有り難い所のもので、一つ目を開《あけ》て総《すべ》ての宇宙間に放《はな》って見ると、天にある現象も、地に現われて居る。総てのこの差別《しゃべつ》も、それが一種の無言《むごん》の説法をして居るのである。仏法《ぶっぽう》でも能《よ》く言いますが、説法というものは、決して口の上で、彼是喋《かれこれしゃ》べるばかりではない。それは低い説法で、その上に、心に行う、それが大いなる一つの説法であると、仏も申されて居る。孔子の立場から言うと、一切の者が我々に無言の説法を与えて居ると言うても宜《よ》い。無言の説法ということは、誠に大いに味わうべきものである。

今一寸《ちょっと》想い起したが、須菩提《しゅぼだい》という人は、釈尊《しゃくそん》十大弟子の一人であって、「解空《げくう》第一」と言われた人で、所謂《いわゆ》る真空無相《しんくうむそう》の玄理《げんり》を能く会得《えとく》して居る。その須菩提が巌《がん》中に於て安《あん》坐《ざ》して、深般若三昧《しんはんにゃざんまい》に這入《はい》った。すると何処《どこ》から出て来たものか、誰か花を雨ふらして讃美する所の人がある。須菩提が、今、私が坐って居る所へ華を散らして讃嘆するは誰かと尋ねると、吾れは帝釈天《たいしゃくてん》で、尊者《そんじゃ》の説法を讃歎するのである、と答えた。須菩提曰く、「吾れはただ巌中に黙然《もくねん》として、三昧《さんまい》に這入って居る儘《まま》で、何一つも説法して居らぬのに、何を以て讃嘆するかというと、帝釈天はイヤあなたの一言《いちごん》も説かれぬ所、私がまだ一音も耳に聞かぬ無聞無説《むもんむせつ》の所、それが真の般若波羅蜜《はんにゃはらみつ》の大説法である。それが有り難いから、この通り花を雨ふらして、讃美いたすのであると答えた。こういうことが『碧巌《へきがん》』などにも一寸出て居る〔『碧巌録』6・90、頌評唱〕。

　こういう意味から言うと、例えば春風の中に鳥が歌い、花が舞《も》うて居る。秋の霽《は》れた空に月が冴《さ》えわたり、風が囁《ささや》いておる、これが真の説法で、所謂る「古松《こしょう》、般若《はんにゃ》を談じ、幽《ゆう》鳥《ちょう》、真如《しんにょ》を弄〔哢〕す」〔『禅林句集』〕と云うものである。この立場から言うならば、有情《うじょう》も無情《むじょう》も常時説法で、経文《きょうもん》には「常説熾然説《じょうせつしぜんせつ》」というてある〔洞山良价の引く南陽慧忠の語。『五燈会元』13、他〕。朝から晩まで、或る者が大説法をして居る。所謂る無言の説法じゃ。こういう工合の所に引き当てて見ると、孔子の門人に示される所が深甚《じんじん》にして微妙《みみょう》なる趣《おもむき》があると思う。それを先師洪川《こうせん》禅師が評せられて左の如く云われた。

「**吾が妙道《みょうどう》は至簡《しかん》にして至近《しきん》**」、真の道という者は、そういう大袈裟なものではない。極《ご》く簡にして極く近い。「**之《これ》を知るときは則《すなわ》ち尋常事《じんじょうじ》なり**」、真の道の本体を知り得た時に於ては、何も余り変った訳のものではない。「尋常事」である。昔の人は、未《いま》だ悟らぬ時は「山は是れ山、水は是れ水」、既に悟れば「水是れ水にあらず、山是れ山にあらず」、そうして、その悟りというものも更に打破《たは》して仕舞った所では「相いも変らず、山は是れ山、水は是れ水なり」で〔『五燈会元』17青原惟信〕、所謂る「廬山《ろざん》は烟雨《えんう》、浙江《せっこう》は潮《うしお》」、こういう工合に東坡《とうば》居士〔蘇東坡〕は悟ったのだが、それに違いない〔『禅林句集』「廬山烟雨浙江潮、不

到千般恨未消、到得帰来無別事、廬山烟雨浙江潮」)。

この「尋常事」ということが極く有り難いことで、何かそこに隠し事がある、まだ秘密があるというならば、まだ真に知り得たという訳にいかぬ。古人《こじん》も「仏法に不思議なし」と云われた(古諺。「正法に奇特なし」とも)。「**決して高明《こうめい》なる者に非ず、決して幽遠《ゆうえん》なる者に非ず**」。然《しか》し時ありて人の為《ため》にする時には、殊更に「高明」なる所を示すこともあり、また「幽遠」なる所を示すこともある。余り目を卑近な所にばかり付けて居る輩《やから》には「高遠」な所を挙げ示す所があるが、畢竟《ひっきょう》これを看破《みやぶ》って仕舞った時には何にも不思議はない。「**而《しこう》して又《ま》た焉《これ》より高明なる者莫《な》く、又た焉より幽遠なる者莫し**」。実は尋常一様《じんじょういちよう》の事が、其の実、至って高く至って明らかで、その尋常一様の事が、実は能く幽《かすか》に能く遠《えん》なる所の有り様である。それ故に決してその一端を捕えて此処であるなどという早合点《はやがてん》をしては、迚《とて》も道の妙《みょう》に及ぶことはない。「**故《ゆえ》に其《そ》の妙甚《はなは》だし**」。

そこで此処に孟子の言葉を引いた。「**孟軻《もうか》曰く、道《みち》は近きに在り、却《かえ》って之を遠きに求む。事《こと》は易《やす》きに在り、却って之を難《かた》きに求む**」(『孟子』離婁・上「道在邇。…」)。孟子はまた別の所でこういうことを言われた、「君子の言は下帯《かたい》せずして(帯より下らずして)道《みち》存す」(尽心・下)。極く足下《あしもと》にあることで、道は近きに在るが、然るに多くの輩《やから》はこれを遠方に求めて居る。事は易い所にあるものを、却って難きに求めて居る。世の中の事を眺めて見ると、往々そういう嫌《きら》いが沢山《たくさん》ある。「**今、本則の一語の如きは、孔子、学人《がくにん》の面前に向**

って、一栲栳《こうろう》を傾尽《けいじん》す」。

こういう様な有り様で、モウ一つその前の実例を引いて見ると、前後を言うと少し長くなるから、略して置いて、六祖《ろくそ》禅師が五祖《ごそ》禅師の法を嗣いで、衣鉢《えはつ》を受けて黄梅山《おうばいさん》を出られた時に、これを争わんとして明《みょう》上座〔蒙山慧明〕が跡《あと》から追《お》い駈《か》けて、衣鉢を奪い返そうとした。所《ところ》が六祖禅師はこれは衣鉢を取りに来たと思って、自分は五祖禅師から伝授した所の鉢《はつ》と袈裟《けさ》を石の上に置いて、お前はこれを得んが為に来たのであろう、これが欲しければ持って行けと言うた。明上座は元《もと》軍人で、大変膂力《りょりょく》の優れた坊さんでありました。そこでその力強き明上座が袈裟一具と鉢一つを取り上げ様としたが、山の如く動かず。これは我が宗門に於ては、室内で調ぶべきことである。何《な》んでもない軽いものが山の如く重かった。その宗旨《しゅうし》を取って見なければ、一種の奇蹟が転じて迷信になっては困るが、それは兎《と》も角《かく》として、山の如く動かぬ。明上座が、忽《たちま》ち態度を変えて、私があなたを追い駈けて来たというのは衣鉢を取り返そうとして追い駈けて来たのでは御座《ござ》らぬ。私は五祖禅師の所に於て、多年この事に功《こう》を積《つ》んだが未だ得ることがありませぬから、願わくは行者《あんじゃ》、我が為に心要《しんよう》を示し給えよと打って変って出て来た。そうしたら六祖禅師は「不思《ふし》善《ぜん》、不思《ふし》悪《あく》、正《まさ》に与麼《よも》の時《とき》、如何なるか是れ汝が父母《ふぼ》未《み》生已前《しょういぜん》、本来《ほんらい》の面目《めんもく》」と言われた〔黄檗『伝心法要』、『五家正宗賛』1六祖、『宗門葛藤集』2〕。

善を思わず、悪を思わず。世の中の道徳上の言葉で言えば、凡《おそ》そ相対界は善と悪に分れる。我々が朝から晩まで考えて居ることは、善に非ざれば悪か、悪に非ざれば善。昔の人はどういう所を標準にして算《かぞ》えたか知らぬが、朝起きてから晩に寝るまでの間に二億四千ばかりの正邪の念が色々に転変すると、そういうことが書物に書いてある。そんな数はどうでも宜いが、初めのものがなくなれば、後のものが頭を擡《もた》げてくる。混々《こんこん》として水の流れて尽《つ》きざるが如く、飄々《ひょうひょう》として雲の空中に浮《うか》ぶが如く、今、此処に現われまた忽《たちま》ち滅するという有り様で、前念《ぜんねん》滅し後念《ごねん》生じ、念々不断相続《ねんねんふだんそうぞく》しておる。今これを善と悪に分けて言ったのでありますが、この善悪を外の言葉に直せば、順か逆か、苦か楽かで、順の裏は逆、苦の裏は楽。裏どころではない、苦と楽と、順と逆と、何時《いつ》も同居して居る様なものである。大体この二つの相手方を離れると得々《とくとく》の智恵も才覚も及ばぬ絶対界に這入《はい》るのである。我々が一則の公案を念じて、無念無想《むねんむそう》の境界に這入れというのも、善悪を超絶しなければ迚《とて》も入り込むことは出来ぬ。正《まさ》に斯《かく》の如《ごと》き時、「如何《いか》なるか汝が父母未生已前、本来の面目」。

言うまでもなくこの身体は親から貰ったが、親が未だ生み附けぬ先き、押し広めて言うと、天地間に塵《ちり》一本顕《あらわ》れ出ぬ前の「本来の面目」如何《いかん》。こういうことを六祖禅師は「不思善、不思悪、正に与麽の時、如何なるか是れ汝が本来の面目」と示された。この瞬間に於て明上座が廓然《かくねん》して省《せい》する所があった。これは偶《や》っと悟りが開けた訳ではない。明上座が予《かね》てより専心一意、骨を折ったのが、ここに於て忽然《こつねん》として気が附いた。気が附くと明上座が実に有り難さが身に徹して、「上来密語《みつご》密意《みつい》の外、却って更に意旨《いし》ありや」。祖云く、「我れ今、汝が為に説くものは、即ち密《みつ》にあらず。汝若《も》し自己の面目を返照《へんしょう》せば、密は却って汝が辺にあり。云々」〔『宗門葛藤集』2〕。これはまた深切《しんせつ》の言葉で、そこで更に徹底した所の意を愈《いよい》よ確かめた新たな有り様がある。

所で今、この本則の「吾れ爾に隠すこと無し」の一語は、学人即ち修業者の面前に向って「一栲栳《こうろう》を傾尽《けいじん》す」、「栲栳」というのは柳行李《やなぎごうり》で、何《なに》も箇《か》も納めて居る。柳行李の蓋《ふた》を開いて丸《まる》で其処《そこ》へサラケ出して仕舞った様な傾《かたむ》きがある。

「而《しか》も当時、十哲《じってつ》の徒、各《おのお》の充分の力量を尽《つく》し、而して宝珍《ほうちん》を収得《しゅうとく》せる者稀《まれ》なり」。孔子の門下には七十余人の優れた者がある。またそれに優れた者が十人あったというが、その十人の最も優れた弟子達が、各《おのお》の負けぬ気になって、力を振い出したけれども、真の宝物を収めた者は、実に稀である。ただ顔回《がんかい》がこれを得たが、惜しいことには、夭死《ようし》をした。その外には独《ひと》り曽子《そうし》が道統《どうとう》を伝えた位で、その他子路《しろ》とか子貢《しこう》とかいう人もあるが、それは各の一能一藝を持って居るけれども、道の蘊奥《うんのう》を伝えたという者は、ただ曽子一人である。**「亦《ま》た奇ならずや」**。

「昔、宋《そう》の黄庭堅《こうていけん》」、これは宋朝の名臣で、また学者として聞えたる人であります。『宋《そう》史《し》』〔444〕列伝に黄庭堅、字《あざな》は魯直《ろちょく》と言うて、洪州分寧《こうしゅうぶんねい》の人、幼にして警悟《けいご》、読書数過《すうか》すれば輒《すなわ》ち誦《しょう》を成す、舅〔おじ〕李常《りじょう》其の家を過ぎて、架上の書、之を問うに通ぜざるなし。常驚きて以て一日千里となす云々。元祐《げんゆう》中、太史《たいし》と為る。『羅湖野録《らごやろく》』〔上〕に「太史黄公〔……〕、元祐の間〔……〕、晦堂和尚に従って遊び、而して死心《ししん》の新《しん》老〔死心悟新〕、霊源《れいげん》の清《せい》老〔霊源惟清〕と尤《もっと》も方外《ほうがい》の契《ちぎ》り篤《あつ》し。（中略）黔南《けんなん》に在るに及んで〔……〕、源〔霊源〕、偈を以て之に寄せて曰く、

昔日対面隔千里
如今万里弥相親

昔日《せきじつ》は対面《たいめん》するも隔《へだ》たること千里
如今《にょこん》は万里《ばんり》なるも弥《いよい》よ相い親し

〔『羅湖野録』上〕

云々。公之に和《わ》して曰く、

石工来斲鼻端塵
無手人来斧始親
白牯狸奴心即仏
龍睛虎眼主中賓
自携瓶去沽村酒
却著衫来作主人
万里相看常対面

石工来《きた》り斲《え》る鼻端《びたん》の塵《ちり》
無手《むしゅ》の人来《きた》って斧《おの》始めて親し
白牯狸奴《びゃっこりぬ》　心即ち仏
龍睛虎眼《りゅうぜいこげん》　主中《しゅちゅう》の賓《ひん》
自ら瓶《へい》を携え去《ゆ》きて村酒《そんしゅ》を沽《か》い
却って衫《さん》を著《き》来りて主人《しゅじん》と作《な》る
万里《ばんり》に相い看て常に対面《たいめん》し

死心寮裏有清新

死《し》心寮裏《しんりょうり》に清新《せいしん》有り

さてある時、晦堂が言うに、「**公の諳《そら》んずる所の書中に一両句《いちりょうく》有り、甚だ吾が門の事と恰好《かっこう》なり、公之《これ》を知るや**」と言ったら、「**庭堅云《いわ》く、知らず**」。丁度《ちょうど》その頃、「**暑《しょ》退き涼《りょう》生ずるに当る**」、秋の初めであった。「**秋香《しゅうこう》、院に満つ**」、庭の木犀《もくせい》の匂《にお》いが庭中薫《かお》って居る。「**堂乃《すなわ》ち曰く、木犀《もくせい》の香《か》を聞くや**」、お前さんこの良い薫《かお》りを嗅いで居るじゃろうと言うたら、「**庭堅云く、聞く**」。勿論《もちろん》良い薫りでござると言うたら、「**堂曰く、吾れ爾に隠すこと無し**」。禅宗の示し方は始終《しじゅう》こうだ。「吾れ爾に隠すこと無し」という。講釈をして話をする様な間垂《まだる》いことではいかぬ。庭の木犀を聞きましたか、聞きました。「吾れ爾に隠すこと無し」と、直覚的に会得《えとく》せしめた。「**庭堅欣然《きんぜん》として領解《りょうげ》す**」、今まで疑念《ぎねん》を蓄《たくわ》えて居ったが、この句に触れて忽《たちま》ちその趣《おもむき》を知った。

それからこれが初入《しゅにゅう》であって、段々修業して「**後に黔州《けんしゅう》の道中に在って昼臥《ひるふ》し**」、茶屋《ちゃや》か何処《どこ》かで昼寝《ひるね》をした。「**覚《さ》め来《きた》って忽然本源《こつねんほんげん》に通徹《つうてつ》す**」。晦堂の示されたことを、また此処に至って愈《いよい》よ益《ます》すその妙を会得した。此処にその偈《げ》の中の二句だけを出した。全《まった》き偈は『羅湖野録《らごやろく》』に出ておる。それを黄庭堅《こうていけん》が和韻《わいん》した。その中に、「**石工来《せっこうきた》り斲《え》る鼻端《びたん》の塵《ちり》、無手《むしゅ》の人来って斧《おの》始めて親し**」という句がある。その故事は『荘子《そうじ》』の徐無鬼《じょむき》篇に、「荘子、葬《そう》を送って恵子《けいし》の墓を過《よ》ぎる。顧《かえり》みて従者に謂って曰く、郢人《えいひと》、堊《お》〔壁土〕の其の鼻を汚すこと蠅翼《ようよく》〔ハエの羽〕の若《ごと》し。匠石《しょうせき》をして之を斵《え》〔けずりと〕らしむ。匠石、斤《きん》を運《めぐ》らして風を成す、聴きて之を斵る。堊を尽《つく》して鼻《はな》傷つかず、郢人立って容《かたち》を失わず。宋元君《そうげんくん》、之を聞きて匠石を召して曰く、嘗《かつ》て試みに寡人《かじん》の為に之を為せ。匠石曰く、臣嘗《かつ》て能《よ》く之を斵る。然《しか》りと雖《いえど》も臣の質《ち》〔相手〕死すること久し。夫子《ふうし》の死より吾れ以て質を為すことなし。吾与《とも》に之を言うことなし」と。此の故事はそれから来て居る。それで「石工来り斵る鼻端の塵、無手の人来りて斧始めて親し」。

「噫《ああ》、庭堅の如きは、意《こころ》を斯道《しどう》に刻して、実《じつ》の如く力を尽《つく》し、実の如く徹見《てっけん》す。謂《いい》つ可《べ》し、宝珍《ほうちん》を収得する者と。学者若《も》し大志《たいし》を激発《げきはつ》して懈《おこた》らざれば、則ち亦た必ず孔門の宝珍を収め得るの時節《じせつ》有らん」。独り黄庭堅計《ばか》りではない。誰でも「大志を激発して懈らなかった」ならば、「亦た必ず孔門の宝珍を収め得る」だろうと、こう言葉を確かめて置いて、**「吾れ亦た爾に隠すこと無し」**と先師が言われた。こういう所は下手《へた》な辯を附けぬのがましじゃ。

第三十六講　顔《がん》回《かい》（第九則）

孔子《こうし》曰《いわ》く、「回《かい》や其《そ》れ幾《ちか》いかな、屢《しばし》ば空《むな》し」。

至誠《しせい》、至仁《しじん》、至道《しどう》、皆な同実異名《どうじついみょう》なり。其の体《たい》たるや虚《きょ》なり。故《ゆえ》に流行《りゅうこう》して息《や》むこと無し。流行して息まざるときは則《すなわ》ち実《じつ》なり。実にして虚、虚にして実、天地《てんち》を照らして遺《のこ》すこと莫《な》く、六合《りくごう》に弥綸《みりん》して欠《か》くるところ莫し。其の明妙《めいみょう》誠に思議《しぎ》す可《べ》からざる者なり。聖《せい》は之《これ》を得て以て聖と為《な》り、仏《ぶつ》は之を得て以て仏と為る。昔は孔子諸《これ》を顔回《がんかい》に伝え、顔回拳々服膺《けんけんふくよう》して、其の心、三月《さんげつ》、仁《じん》に違《たが》わず、以て屢《しば》ば空しきに至る。故に孔子称歎《しょうたん》して余り有り。空《くう》とは至誠虚明《しせいきょめい》の理《り》を体究《たいきゅう》して、而《しか》も中心妄情《もうじょう》無きの謂《いい》なり。達磨大士《だるまだいし》曰く、「大道《だいどう》は虚懐《きょかい》を本と為し、不著《ふじゃく》を宗と為す」、是《こ》れなり。孔門の極功《きょくこう》、亦《ま》た一轍《いってつ》のみ。嗚呼《ああ》、顔回七十子に傑出《けっしゅつ》する者、其れ此《ここ》に在るか。宋儒《そうじゅ》の解、賜《し》は命を受けずして貨殖《かしょく》すの語に対し、空を以て空匱《くうき》と為す、意を取る太《はなは》だ浅近《せんきん》なり。只《た》だ是れ字句に切ならんことを求むるのみ。若《も》し屢ば貧《ひん》にして自ら安《やす》んずるを以て之を称せば、恐《おそ》らくは応《まさ》に孔子の嘆を動かすこと是《かく》の如きに至らざるべし。乞《こ》う高見《こうけん》の士、反覆焉《はんぷくこれ》を察せよ。

孔子曰。回也其幾乎。屢空。

至誠。至仁。至道。皆同実異名。其為体也虚。故流行無息。流行不息則実。実而虚。虚而実。照天地而莫遺。弥綸六合而莫欠。其明妙誠不可思議者也。聖得之以為聖。仏得之以為仏。昔者孔子伝諸顔回。顔回拳拳服膺。其心三月不違仁。以至於屢空。故孔子称歎有余矣。空者。体究乎至誠虚明之理。而中心無妄情之謂。達磨大士曰。大道者。虚懐為本。不著為宗。是也。孔門之極功亦一轍。嗚呼顔回之傑出于七十子者。其之在于此歟。宋儒之解。対於賜不受命而貨殖之語。以空為空匱。取意太浅近。只是求切于字句耳。若以屢貧自安称之。恐応不至動孔子之嘆如是也。乞高見士反覆察焉。

〔講話〕この本文も矢張《やは》り『論語《ろんご》』の先進《せんしん》の篇に出て居る言葉であって、漢籍を読まれた方は、皆な御承知の言葉であろうと思う(『論語』先進「回也、其庶乎、屢空」。『易』繫辞「顔氏之子、其殆庶幾乎」)。「**回《かい》や其《そ》れ幾《ちか》いかな、屢《しばし》ば空《むな》し**」というて置いて、「賜《し》は命《めい》を受けずして貨殖《かしょく》す。億《おもんぱか》るときは則ち屢ば中《あた》る」とあります。こういう工合であるから一通りの解釈に依ると、同じ孔子の十哲《じってつ》と称する十人の優れた弟子方に就いても(賜は子貢《しこう》の諱《いみな》であります)子貢という人物はなかなか怜悧《れいり》な人間であった。「命を受けずして貨殖す」。今の言葉で云うならば、経済ということ、大分大きいが、兎《と》に角《かく》、理財《りざい》というようなことに長《た》けた人であって、到る処富《とみ》を作るということが、子貢の最も得意であった。それも最も入《いり》用《よう》なことであります。所が銭《ぜに》を作ることをやる、「億《おもんぱか》れば則ち屢ば中《あた》る」というて大抵な企《くわだて》をしても、子貢のやることは皆な一々中ると、こう批評を下して置いて、それから顔回はどうかというと、これはまたそれに反して余程《よほど》道に「幾《ちか》い」処のものである。

顔回は一向富貴《ふうき》も功名《こうみょう》も眼中には置いて居ない。富貴と云い、功名ということは、勿論《もちろん》結構なこと、ただ仙人気取《せんにんきど》りで、富貴を浮雲《ふうん》の如しであるとか、功名というものは一朝の槿花《きんか》の栄えるものであるとか、昔の或る一種の儒者《じゅしゃ》の言うことだけを気取って、そんな心を以て言うて居ってはつまらないが、しかしズット立ち優れた人になると、富貴も功名も畢竟《ひっきょう》眼中に置かない。それ故に「屢ば空し」というて、顔回の生活というものは、極く《ご》貧にして誠に乏しい処のものであった。こういうのが当り前の解釈でありますが、先師の解釈はそうではない。けれども、先《ま》ず一通りはそうだ。

なぜというと、外《ほか》の所に出て居るが如く、顔回という人は、「一箪《いったん》の食《し》、一瓢《いっぴょう》の飲《いん》」という有り様。そういう貧しい暮しをして居った。而《しか》も「陋巷《ろうこう》」といって裏家住居《うらやずまい》をして居った。「人は其の憂《うれ》いに堪《た》えず」で、当り前の者ならば、四百四病《しひゃくしびょう》の中にも貧《ひん》が一番辛《つら》いという昔の俗諺にもある位であって〔「四百四病より貧の苦しみ」〕、大抵《たいてい》な者はそれが為《ため》に殆んど身体も憔衰《しょうすい》して仕舞い、心も沮喪《そそう》して仕舞うであろうが、顔回はそれ位貧しい境遇に居っても、その中に一つの楽しみがある〔『論語』雍也、第40講参照〕。そういう工合に、孔子が賞《ほ》められたことがあるから、矢張り憂《うれ》いも空しいというのは、その意味に於て空しいというて、いつも足らぬ勝《がち》で、食うたり食わなんだりして居るのだが、それでも安んじて居るというて、ここに賞めた言葉はないようだけれども、態々《わざわざ》孔子がこれを挙げられたのは、即ち賞めてここに挙げられたのだと、一通りの解釈はこれが寧《むし》ろ穏《おだ》やかな方でありましょう。

けれども先師洪川《こうせん》和尚の解釈はただそれには止《とど》って居らない。もう有《あ》らゆる人道《じんどう》、有らゆる仏法《ぶっぽう》、その宗教の蘊奥《うんのう》というものを究《きわ》め尽《つく》して仕舞った揚句《あげく》は、畢竟空《むな》しというて、唯《た》だ空々寂々《くうくうじゃくじゃく》という。仏法で謂う声聞《しょうもん》的の一種の空理《くうり》の悟りであろう。朱熹《しゅき》〔朱子〕が能《よ》く言う言葉で「虚誕寂滅《きょたんじゃくめつ》」の教という、それが即ち「空《くう》」という意味と思うのだが、決してそうでない。この「空」ということは「有る」ということに対する「無い」というような、そういう低いものではない。もう少し言葉を換えて云うならば、「仏」というものも「空」、「仏法」というものも「空」しい、「悟り」ということも、「迷い」ということも、「世間《せけん》」ということも、そんなことはスッキリ跡方《あとかた》が絶《た》えて無くなって仕舞うたる、その境界を言おうとして居るのであります。その事は評の中に詳しくありますから、ここでは言いませぬけれども、其処《そこ》まで言わんでも大抵昔から東洋でも西洋でも、大哲学者とか大宗教家とかいうようなものは、「屢ば空しい」という人が多いのである。

我々が大恩教主《だいおんきょうしゅ》と仰いで居る釈迦牟尼世尊《しゃかむにせそん》でも、生れ立てはあの通りの所謂《いわゆ》る貴族に生れたのであるけれども、その富貴も栄華《えいが》も脱ぎ捨てて仕舞った。藁沓《わらぐつ》の如くに打ち棄てて、山に這入《はい》り、そうして彼が如く修業を積んで、ただ一個の形は乞食《こじき》だ。そういう修業を経《へ》て、一度《ひとた》び世に出て、あの通りの大獅子吼《だいししく》をせられた。それから四十九《しじゅうく》年の間、実に獅子が叫ぶが如く、百獣震駭《しんがい》するような盛んな有り様で、一代、法の為《ため》めに尽《つく》されたというのは、何かというと、仏の胸中に一点の悟りも、一点の仏法も、何にもない。何ぞあったらば、あれだけの大きい仕事は出来ない。実は何にも無い処から大活動を始めてあの通りの大事業をされた。其処で問題がある。あれ位喋《しゃべ》って居りながら終《しま》いに「我れ四十九年の間、未《いま》だ曽《かつ》て一字をも説かず」と、こう自ら言われた〔黄檗『宛陵録』「所以釈迦四十九年説、未嘗説著一字」〕。『涅槃経《ねはんぎょう》』というのが一番終いの説法であるが、その説法の時にあっては、我れは四十九年間この通り喋ったようであるけれども、その実未だ曽て一字も説かないと言われた。所謂る「屢ば空しき」境界はそうである。

そんなような有り様で、先ず御釈迦様《おしゃかさま》を始め、代々の菩薩《ぼさつ》方、祖師《そし》方の生活の状態から、その修行の有り様を眺めて見ると、畢竟ドン詰《づま》りは不可解という所謂る「屢ば空しい」という境界に至ったのである。これは御釈迦様や、仏教に属する人々ばかりでない。孔子の一代が御存じの通りであって、殆んど或る場合には「喪家《そうか》の狗《いぬ》」の如しとまで人に見られた〔『史記』49孔子世家〕。それから陳《ちん》に行き、斉《せい》に行き、その他に行っても、ある場合には盗賊であると疑われたり、まるで乞食であると思われたり、多くは轗軻《かんか》不遇の間にとうとう身は歿して仕舞うたような有り様であった。それは東洋の人は皆なそんなことを得意にして居るからいけないと、書生ならば言うであろうけれども、そうでない。そんな低い処を見て居るのではない。

例えば欧羅巴《ヨーロッパ》に行ってもそうだ。希臘《ギリシャ》時代の大哲学者のダイオヂニアス〔ディオゲネス〕でも、ソクラテスでも、外にもああいう哲学者は居るが、皆な同じような有り様であった。子供でも能く知って居る話だが、ダイオヂニアスというような人の伝を読んで見ても、彼は当時に於ける大哲学者である。所がその時分にアレキサンダー大王と云えば、世界に名の轟《とどろ》いたる王様であった。そのアレキサンダー大王がこの乞食見たような、ダイオヂニアスという人をどうすることも出来なかった。拵《こしら》え話かも知れませぬが、ある時アレキサンダー大王が自分の侍臣に向って、物語の末に、我れは殆んど征服すべき国が無くなって仕舞ったと言ったということが書いてあるが、それは拵え話にした処が、先ずそれ程の勢いであった。それ故に大王の権力威力に畏れて、或いはそれを崇《あが》めて、以て時の人がアレキサンダー大王の命に従わざる処の者はなかった。その中に於てダイオヂニアス一人は一向アレキサンダー大王などを眼中に置かなんだのである。

ある時アレキサンダー大王が、「皆なおれの処に出て来ぬ者は一人もないのに、おれの領分に居るダイオヂニアスなるものは、どうしておれの処に出て来ぬか」と言われると、侍臣が「彼は迚《とて》も自身では出て来ませぬ。これを首《くび》にでもして仕舞わなければ、あなたの側《そば》には参りますまい」と答えた。そう言われると、なお怖《こわ》い者見たさで「どうかして一遍会《あ》いたい」と云われた。「会いたければあなたが御自身《ごじしん》で御越《おこ》しにならなければならぬ」と侍臣が言うたから、大王が自ら足を運んでダイオヂニアスの処に行かれて、どんな有り様かと見ると、酒樽《さかだる》の中に生活をして居った。酒樽を酒屋から貰って来て、それを家として生活して居った。時の書生なり学者なりが、あちらからもこちらからも、皆な酒樽の中に生活して居るダイオヂニアスの処に来て、深き哲学を研究して居った様な有り様。其処に大王が来て大いに驚いた。世界に有名なる処の大哲学者が、如何《いか》にしてこういう乏しい貧しい生活をして居るか。我れは今日即ちこの国の大王であるが、もし汝が我れに求むる処があるならば、何でも聴いてやろう。何でも求むる処があるならば叶《かな》えてやるから、遠慮なしに言うたら宜《よ》かろうと仰《おお》せられた。しかしダイオヂニアスの眼中には、別にアレキサンダー大王も無かった。大王がそう言われるに就いて、「別段あなたに求める処はありませぬが、強《た》って何でも叶えてやると言われるなら、外にはありませぬが、どうぞ其処を退《の》いて下さい」と言った。その時分は寒い時であったと見えて脊中《せなか》を日向《ひなた》に向けて日向ぼっこをして居った。其処に大王が家来を大勢連《つ》れて来て、眼の前に立ったから、日蔭《ひかげ》が出来た。そこでダイオヂニアスが「外に願いはないが其処を退いて下さい。それが私の願いでござる」と云った。

これは子供でも知って居る話であるが、大抵そういう訳で、ダイオヂニアスのその精神は実に洒々落々《しゃしゃらくらく》たるもので、その胸中には何物もない。まして況《いわん》や富貴とか功名とか、そんなものは何《な》にもない。こんな話を此処《ここ》に附けて言うのはおかしいかも知れぬけれども、一例を挙げれば皆なそういうような訳である。如何《いか》に仏法というものは幽玄《ゆうげん》な微妙《みみょう》なるものであるというても、実に不可思議なるものであると云うても、徹底して蘊奥《うんのう》を究め尽した上に於ては何にもない。悟って仕舞えば悟りはない。仏になって仕舞えば仏はない。其処に仏らしいものとか悟りらしいものとかいうものがあるならば未だ真に蘊奥に徹底したものでないといって、決して過言でないと思う。そこに於て先師が言わむとする、「回や其れ幾《ちか》いかな」で、流石《さすが》顔回だ。顔回のみは稍《や》や道に幾《ちか》い。なぜというと、その精神を研《みが》き上げたその状態というものは「屢ば空し」、こういうて賞められた。

それを先師洪川和尚が、「**至誠《しせい》、至仁《しじん》、至道《しどう》、皆な同実異名《どうじついみょう》なり**」というて評せられた。これを変換すれば何とでも言えるが、「誠《せい》」という一字でも尽きて居る。或いは「仁《じん》」というても宜《よろ》しい。或いは「道《どう》」と称《とな》えても宜しい。絶対的の意味を持つ時には、「至《し》」という字が漢語では頭に置いてある。それは何というても、皆な「同実異名」である。名が違うだけで、その実変《かわ》りはない。そんなら「誠」と云い、「仁」といい、「道」というものはどんなものであろうか。「仁」と云い、「誠」と云い、「道」と云うと、特別に其処に何かものが在るように思うのであるが、「**其の体《たい》たるや虚《きょ》なり**」で、その本体というものを虚にして仕舞った以上は、何にもない。「虚」という字は偽《いつわ》りとも読む字である。昔から何にも無いという字であるが、そういう単純な意味ではない。何とも形容仕様がない。その妙をいう時には「虚」と云う。何にも外《ほか》の物がない。塵《ちり》一本、其処に落ちた物がない。昔の言葉で云うならば「太極《たいきょく》」のような有り様である。

「**故《ゆえ》に流行《りゅうこう》して息《や》むこと無し**」、到る処に流行して居る。「虚」というと何も「流行」しそうもないのであるが、その「虚」たるや決して死物《しぶつ》ではないのだから、限りなき時、限りなき所を貫いて、常に「流行して息むことの無い」ものである。「**流行して息まざると

きは則《すなわ》ち実《じつ》なり」で、「虚」ではあるけれども、「虚」なるものは死物でない、現われて居る。間断《かんだん》なく盛んに行われて居る時は矢張り「実」で、其処に確かに手捕《てどらま》えにすべき処のものがあろう。其処は銘々《めいめい》が修行して、恰《あたか》も水を飲んで冷暖自知《れいだんじち》する境界に至らなければならぬ。言葉を重ねて見た処が分らない。

人々《にんにん》に於て認めた以上は、その物たるや、「**実にして虚、虚にして実**」である。「実」というと何か固定してありそうなものだが「虚」、「虚」というと何も有りそうもないがその実ある。「虚々実々」ということがあるが、仏教のギリギリは、矢張り「虚々実々」ということに外ならない。独り仏法ばかりでない。例えば世の中の学問という中にも、文学でも、美術でも、所謂る芸術その他の事の妙ということに至ったら、「虚々実々」であろう。創造の妙は何かというと、矢張り「虚々実々」より仕様はないであろう、柔道の妙はどうかというと、矢張り「虚々実々」だ。そんなことばかりではない。外交上の樽俎折衝《そんそせっしょう》(兵力によらず、宴席の外交交渉で相手をくじく)の妙も、これに外《ほか》あるまいと思う。実業界に於て、その道を扱《あつこ》うて行く上に於ても、矢張り「虚々実々」、これ以上言《い》い現わし方はないであろう。

であるから「**天地《てんち》を照らして遺《のこ》すこと莫《な》く、六合《りくごう》に弥綸《みりん》して欠《か》くるところ莫し**」。その「仁」なり「誠」なり「道」なりというものは、「天地を照らして遺す処のない」、天地間の中に何か挟まれて居るように思われるが、そうでない。実はこの物が天地の中にある。

また「六合」に行き渡って居って、そうして欠けた処はない。「六合」というのは、上下・東西南北。「**其の明妙《めいみょう》誠に思議《しぎ》す可《べ》からざる者なり**」で、実に不可思議である。世の中で不可思議とか不思議とかいうことは、誠に取るにも足らないようなことを言うて居るが、真の本体は常に不可思議である。我々の思慮分別《しりょふんべつ》では到底知《し》り得ることは出来ない。「**聖《せい》は之《これ》を得て以て聖と為《な》り、仏《ぶつ》は之を得て以て仏と為る**」。それは聖人の外にはない。これを我が物にしただけが、仏《ほとけ》と人間と違うのである。その他は言葉のみを以て仏と為して居る。同時に凡夫《ぼんぷ》はこれを失うて居るから、これを凡夫というて居るだけ。或いは邪人《じゃじん》と云い、悪人と称するけれども、これを無視して居るから、悪人と云い、邪人と云うだけの事である。仏教では「仏《ぶつ》」と云い、儒教ではこれを「天《てん》」と云い、或いは「明《めい》」と云うて居る。或いは外の教ではゴッドと云い、我物顔《わがものがお》にして、色々の名を附けて居るだけの事である。その物を孔子が顔回に伝えた。

顔回は外《ほか》の所に出て居ったが如く、不幸にして早世《そうせい》した。それ故に真の道を得たものは、ただ曾子《そうし》一人であるということは外の章で話した通りである〔第33講参照〕。「**昔は孔子諸《これ》を顔回《がんかい》に伝え、顔回拳々服膺《けんけんふくよう》して、其の心、三月《さんげつ》、仁《じん》に違《たが》わず**」。ただ「三月、仁に違わず」という事が難有《ありがた》い事で、我々はその日《ひ》一日も「仁」に違わぬという事はなかなか出来得られぬ〔『論語』雍也〕。勿論《もちろん》今日一日「仁」に違わざる境界が得られたならば、二日《ふつか》得らるる。二日得られたならば、三日《みっか》得らるる。終《つい》に「三月」得られ、一年間も得られ、一生涯通しても得らるるであろうが、そうは云わずして、僅《わず》かに三月《みつき》ばかりこの「仁に違わざる」事を得たという。段々修養工夫の次第に進歩して行ったということを、そういう塩梅《あんばい》に言うて居る。「拳々服膺」というと大切な物を両手に捧《ささ》げたるが如き心持ち、誠に緻密《ちみつ》な心を持って、誠に周到《しゅうとう》なる用意を以て服膺して、「其の心、三月、仁に違わず」、いつでもその「仁」というものが踏《ふ》み外《は》ずさぬように為すことが出来た。終《しま》いには「**以て屢《しばし》ば空しきに至る**」。初めはこれが「仁」、これが「仁」でないというような、そういう心苦しいこともあったが、終いには「空しい」という境界が屢ば現われて来る。「**故に孔子称歎《しょうたん》して余り有り**」。孔子が大勢の弟子の中で、顔回だけはというて称歎された。

「**空《くう》とは至誠虚明《しせいきょめい》の理《り》を体究《たいきゅう》して、而《しか》も中心妄情《もうじょう》無きの謂《いい》なり**」。今、本文に「空」の字が使ってあるのは外ではない。空というと大抵は字義に限られて仕舞って何も無いこと、無念無想《むねんむそう》と口でこそ云うが、真の意味はそういう有り様に係《かか》わったものでない。先師が常に言われた。「空」という意味は何ならば、「至誠虚明」の大真理を我れに「体究」して「中心妄情の無き」こと、ただこれだけを「空」という。

「**達磨大士《だるまだいし》曰く、大道《だいどう》は虚懐《きょかい》を本と為し、不著《ふじゃく》を宗と為す**」。これは禅経《ぜんきょう》などにも引いてあることであります〈『景徳伝燈録』27善慧大師〉。ただ「虚懐」というようなことが口や文字に依って、私《わたくし》初めそういうことを言うて居るが、真にそれは「虚」ではない。色々なものが頭を擡《もた》げて、其処に続々として現われて来る。如何なるものが現われて来ても、丁度研《と》ぎ澄《すま》した明鏡《めいきょう》が、一切の万象《ばんしょう》に対したような境界でやって行くということは容易に出来ない。諸子《しょし》百家《ひゃっか》、色々の事を調べて、その事を知るだけが「空」ではない。終《つい》にその境界に達するのを以て目的として居る。世の中は見るにつけ聞くにつけ、執着すべきように出来て居るが、如何なるものに対しても、聖人《せいじん》は物に滞《とどこ》おらずして、能く世と推《お》し移《うつ》るのである。

「**孔門の極功《きょくこう》、亦《ま》た一轍《いってつ》のみ**」。我が宗旨上から云うならばこうだが、孔子の教と雖《いえど》も毫《ごう》も変る処はない。そこで「**嗚呼《ああ》**」と賛歎して、「**顔回七十子に傑出《けっしゅつ》する者、其れ此《ここ》に在るか**」と云って、顔回がただ貧乏人だからと云うて、貧乏ばかりを賞める訳ではない。物質的に乏しいということを云うのではない。精神的の意味に於て七十子に傑出して居ると、孔子は顔回に目を着けられた。

「**宋儒《そうじゅ》の解、賜《し》は命を受けずして貨殖《かしょく》すの語に対し、空を以て空匱《くうき》と為す、意を取る太《はなは》だ浅近《せんきん》なり**」。即ち朱子《しゅし》〔朱熹〕などの註釈を見ると、いつでも子貢というものを引き合いに出して、子貢は天命《てんめい》に安んぜずして、貨財《かざい》を増殖することが上手であると子貢に対しても言われたことがあるから、丁度あべこべで、この顔回はいつでも貧乏して居る、そこが面白いとこう云うて賞められたような註釈が多い（『集注』「屢空、数至空匱。……又能安貧也」）。それ故に「空」を以て単なる「空匱」と為す。「空」の字は詰《つま》り空しい、乏しい、足らぬという、ただそれだけの意味に解して居る。そこでは「意を取ること太だ浅近」なことである。**「只《た》だ是れ字句に切ならんことを求むるのみ」**で、文字は成程《なるほど》そうであるが、余り文字の意義を解釈しようということに急なるが為に、本意を忘れたのである。**「若《も》し屢ば貧《ひん》にして自ら安《やす》んずるを以て之を称せば、恐《おそ》らくは応《まさ》に孔子の嘆を動かすこと是《かく》の如きに至らざるべし」**。いつでも米櫃《こめびつ》の中は空であるけれどもそれでも無頓着なことをして居る位で、孔子がそれ程に賞めるということは当るまい。**「乞《こ》う高見《こうけん》の士、反覆《はんぷく》焉《これ》を察せよ」**。それはどんなものであろうか、世人の見る処と今洪川《こうせん》先師の唱える処とどっちが当って居るであろうか。斯道《しどう》に於て心ある輩なら、その判断は人々に任すということである。

第三十七講　夕《せき》死《し》（第十則）

孔子《こうし》曰《いわ》く、「朝《あした》に道《みち》を聞いて夕《ゆうべ》に死《し》すとも可《か》なり矣」。

此《こ》の語、孔門《こうもん》真正の学者、放身捨命《ほうしんしゃみょう》の最難関《さいなんかん》にして、四書六経《ししょりくけい》中の一大眼目《いちだいがんもく》なり。宋《そう》の張丞相天覚《ちょうじょうしょうてんかく》、『護法論《ごほうろん》』を著《あら》わし、便《すなわ》ち巻首《かんしゅ》に此の一語を出《いだ》し、論を立てて曰く、「仁義忠信《じんぎちゅうしん》を以て道と為《な》すか、則《すなわ》ち孔子固《もと》より仁義忠信有り。長生久視《ちょうせいきゅうし》を以て道と為すか、則ち夕に死すとも可なりと曰《い》う。是《こ》れ果して何《いず》れの道を聞くを求むるや。豈《あ》に大覚慈《だいかくじ》尊《そん》、識心見性《しきしんけんしょう》、無上菩提《むじょうぼだい》の道に非ずや、云々」。予《よ》、天覚の人《ひと》と為《な》りを視るに、聡明精《そうめいせい》識《しき》、学《がく》三教を該《か》ね、名《な》一時を蓋《おお》う。殊《こと》に心《こころ》を此の道に留《とど》め、末後《まつご》の大事《だいじ》を徹見《てっけん》して後《のち》、若説《じゃくせつ》を成す。是れ固《もと》より古《いにしえ》を駭《おど》かし今《いま》を震《ふる》うの偉論《いろん》なり。又《ま》た周惇頤《しゅうとんい》の如きは、黄龍《おうりょう》の慧南《えなん》に謁し、仏祖不伝《ぶっそふでん》の道を参扣《さんこう》す。南乃《なんすなわ》ち此の聖語《せいご》を引いて惇頤を諭《さと》して曰く、「畢《ひっ》竟《きょう》何を以て道と為して夕に死すとも可なるか」。惇頤、疑著《ぎじゃく》して答うること能《あた》わず。後、刻苦《こっく》して力を用ゆること久しくして、方《まさ》に透徹《とうてつ》す。看《み》よや、吾が門の大事、其の難《かた》き是《かく》の如し。只《た》だ是れ放身捨命の時節《じせつ》を以て則《そく》と為す。故《ゆえ》に漫《みだ》りに苟且《こうしょ》の説を容《い》れ難《がた》し。惇頤儻《も》し平凡人《へいぼんじん》の若《ごと》く、容易心《よういしん》を挟《さしばさ》まば、便ち当時、一言一句《いちごんいっく》、豈に答うる能《あた》わざらんや。果して非常の人なるを以て、疑情《ぎじょう》乍《たちま》ち塞《ふさ》がり、緘黙《かんもく》して止《や》む。故に大道《だいどう》を学ばんと欲する者は、先《ま》ず須《すべか》らく這《こ》の本則に拠《よ》って、大疑情を起すべし。但《た》だ只だ大道は何物《なにもの》と為すと疑著《ぎじゃく》す。匡《きわ》め来《きた》り匡《きわ》め去《さ》り、匡む可《べ》き無き処に至って之《これ》を放身捨命・大死《だいし》一番《いちばん》底の時節と謂《い》う。茲《ここ》に至って更に髑髏《どくろ》に鞭《むちう》ち、勇猛向前《ゆうもうこうぜん》せよ。驀地《まくち》に碍膺物《げようもつ》を撃砕《げきさい》す、則ち一《いち》団《だん》の大疑児《たいぎじ》、頓《とみ》に斃却《へいきゃく》す、便ち万劫千生《まんごうせんしょう》、放失《ほうしつ》の大道《だいどう》を捉《とら》え得て、始めて夕に死すとも可なるを知る。之を絶後《ぜつご》再蘇《さいそ》底《てい》の時節と謂う。其《そ》の時、孔子口頭《こうとう》の美味、侯鯖《こうせい》よりも過ぎたり。

孔子曰。朝聞道夕死可矣。

此語。孔門真正学者。放身捨命之最難関。而四書六経中一大眼目也。宋張丞相天覚著護法論。便巻首出此一語。立論曰。以仁義忠信為道耶。則孔子固有仁義忠信矣。以長生久視為道耶。則曰夕死可矣。是果求聞何道哉。豈非大覚慈尊識心見性無上菩提之道也。云云。予視天覚之為人。聡明精識。学該三教。名蓋一時。殊留心此道。徹見末後大事。而後成若説。是固駭古震今之偉論也。又如周惇頤。謁黄龍慧南。参扣仏祖不伝之道。南乃引此聖語。諭惇頤曰。畢竟以何為道。夕死可耶。惇頤疑著不能答。後刻苦用力之久。而方透徹矣。看哉吾門之大事。其難如是。只是以放身捨命之時節為則。故漫難容苟且之説。惇頤儻若平凡人。挟容易心。便当時一言一句。豈不能答乎。果以非常人疑情乍塞。緘黙而止。故欲学大道者。先須拠這本則而起大疑情。但只疑著大道為何物。匡来匡去。至無可匡処。謂之放身捨命大死一番底時節。至茲更鞭髑髏。勇猛向前。驀地撃砕碍膺物。則一団之大疑児頓弊却。便捉得万劫千生放失之大道。始知夕死可矣。謂之絶後再蘇底時節。其時孔子口頭之美味。過於侯鯖矣。

［講話］　本日は第十則「夕死《せきし》」の一則であります。これは諸君も既《すで》に已《すで》に御存じであろうと思う。『論語《ろんご》』の里仁《りじん》篇に出て居る、名高い言葉である。或る時、孔子《こうし》が門弟子《もんていし》に対して言われた、**「朝《あした》に道《みち》を聞いて夕《ゆうべ》に死《し》すとも可《か》なり矣」**と。誠にその言葉は簡《かん》にして潔《けつ》なる所のもので、深く考えるとこういう所は、寧《むし》ろ我々の様な廻《まわ》り遠《どお》い贅辯《ぜいべん》を加えずして、

人々《にんにん》自己が我が物にして、工夫《くふう》一番したならば、最も親しいであろうと思う。

文字は勿論《もちろん》解釈するまでもない。ただ一、二字義《じぎ》を言うならば「可なり」というは、最善の言葉ではない。けれどもこの「矣《い》」という字は、これは確定した意味を現わす置字《おきじ》である。「可」という意味を説くならば、可もなく不可もなくという様な、毒にもならず薬にもならずという時に使うのであるけれども、「矣」の字があると、最も可なり、最も佳《よ》し、という意味がそこに現われて居る。この「矣」の字が大変利《き》いて居る〔手沢本書入「洪川曰、矣ノ字アリ、眼ヲ著ケヨ。朝ニ道ヲ聞ケバ夕ニ死ンデモ吃トヨイト定メテ云ヒキカスナリ。全体可ノ字ハ僅ニ可而未尽之辞ナレドモ、矣ノ字ヲ附ケル時ハ意別也。也ノ字ガアル時ハ不可也ト云モノヲ片心ニ持テ居テスヂワケヲシテマアヨカロウト云義ニナル。大ニ強弱ノ相違アル也」〕。

我々が言うまでもないことでありますけれども、この人間の一番大切と思って居るものは、何かと言えば生命、それから下っては財産であるとか、名誉であるとか、色々あろうけれども、詮《せん》じ来《きた》るならば、生命位《くらい》大切なものはない。従って死するということ位大事なことはない。要するに仏教と言わず総《すべ》ての宗教は、この「死」するという一字の解決を如何《いか》にするかというの問題に帰着して仕舞うと言うても宜《よろ》しい。故に経文《きょうもん》や語録《ごろく》の中にも、「無常迅速《むじょうじんそく》、生死事大《しょうじじだい》」なりということが屡《しば》ば繰り返されて居る。ソコデ人生何《なに》が一番大切かというと生命、何が一番大事かと言えば矢張《やは》り「死」するということである。しかるに孔子が死は何でもない様に、朝に道を聞いたならば夕に死んでも宜《よ》いと言われた。

これは孔子には限らぬですが、先《ま》ず各宗の開祖とか、または世界の偉人とかいう者の立場から見るならば、どうしてもこうでなければならぬ。また我が国の如き、国情の他の国と大いに異なる所に於ては、道の為《ため》というか、モウ少し近い所を言えば、国の為とか、君の為とか、これが為に我が尊い所の生命を、鴻毛《こうもう》よりも軽く、この生命を犠牲にして敢《あえ》て悔《くい》ないという、そういう精神が我が国などには凜然《りんぜん》として、各国よりも卓絶《たくぜつ》して居る。吾が邦が三千年来、愈《いよい》よ益《ます》す向上発展して来た経路を考えて見ると、物質的に於ては、往々にして我れは彼れに及ばざる所が多かったにも拘《かか》わらず、今日まで進むことあって、退くことがないという、そういう国の歴史を持って居るのは、その根柢は何処《どこ》にあるかというと、一つの犠牲的精神にあるであろうと思う。この精神を広い意味で云えば、東亜人種の特性と云うても宜《よろ》しかろうと思う。

それで「朝に道を聞いて夕に死すとも可なり」ということは、これは拙《へた》な辯《べん》は附けぬ方が宜《よ》い。ただその実例を考えて見るというと、私共《わたくしども》が始終《しじゅう》頭に持って居る所のお釈迦《しゃか》様にしても、孔子様にしても、或いは耶蘇にしても、モハメットにしても、法然《ほうねん》上人でも、親《しん》鸞《らん》上人でも、日蓮《にちれん》上人でも、始終心を置いてござる所は、「朝に道を聞いて夕に死すとも可なり」、そこにあろう。例えばお釈迦様が、自分の尊き位置を藁靴《わらぐつ》の如く捨てて仕舞って、そうして六年間霊山《りょうぜん》に於て難行苦行をして、そうして少しも悔《く》ゆることのない所《どころ》ではない。大いなる艱難《かんなん》も艱難と思われず修行せられたともいうのは、皆なこの「道」の為で、所謂《いわゆ》る「夕に死すとも可なり」との精神である。

また孔子の伝を見ても、生涯の間、あちらに往き、こちらに往き、道を説いて歩かれた。ある時は「喪家《そうか》の狗《いぬ》」の如くにも見られ、ある時は盗人《ぬすびと》と誤り認められ、殆んど危害を加えられんとせられた事もある。その陳《ちん》に往き、斉《せい》に往き、その国々に於ては、最も轗軻《かんか》不遇《ぐう》を極められた。そうして毫《ごう》も悔《く》ゆることなく、毫も憾《うら》む所がないというのは、何であるかというと、言うまでも無い。即ち「夕に死すとも可なり」との精神である。

また耶蘇の伝を見ても、耶蘇があの通り十字架に架《はりつけ》せられて、血を流したは何の為である。これまた「夕に死すとも可なり」との精神であります。

その曰《い》う言葉は、色々違いましょう。言い方は違っても、皆な道の為である。また法然上人などの伝記を読んで見ても、法然上人が流罪《るざい》に逢われた時にもそうである。何とか曰う歌がありました「露の身はここかしこにて消えぬとも心は同じ蓮のうてなに〔花のうてなぞ〕」でしたか〔『勅修御伝』34〕、一寸《ちょっと》記憶の儘《まま》申すと、そういう決心で、ここにもまた「夕に死すとも可なり」の意味が現われて居る。

また日蓮上人が鎌倉の龍《たつ》の口《くち》に引き出されて、殆んど身首処《しんしゅところ》を異《こと》にせられんとした時に臨んで言われた言葉でもそうじゃ。「日蓮の臭き首を以て清よけき法華経《ほけきょう》に換えることが出来れば、実に我が一生の本懐これに過ぎたることなし」という意味のことを言われた、これも同じことである〔『種々御振舞御書』「さいわひなるかな法華経のために身をすてん事よ、くさきかうべをはなたれば、沙に金をかへ石に珠をあきなへるがごとし」」。

そういう所に目をつけて見ると、一宗を開いた開祖《かいそ》、一派を立てた所の高徳《こうとく》という者は、常に心を道の上に抛《な》げ出して御座《ござ》る。道の為ならばこの生命は何時《いつ》でも犠牲にしようという決心があるから、釈迦は約三千年前に歿《な》くなられたが、釈迦の生命は今日まで存在して居る。この世界に十五億の人があるとするならば、少なくともその三分の一の人達の頭に釈迦の精神が宿って居る。時と処と物《もの》変り星《ほし》遷って来て居る今日も、釈迦の犠牲的の精神というものは、なお躍如《やくじょ》として到る処に光を放って居るという様な有り様であります。

独《ひと》り釈迦に限らぬ。孔子などの言われたこの簡単なる言葉の中には実に鼎《かなえ》を揚《あ》げ、山《やま》を抜《ぬ》く力よりも、ヨリ強いヨリ深い意味が籠《こも》って居るであろう。ただこの一語でも常に我々が生きた守《まも》り本尊《ほんぞん》として、これを持って居ったならば、何《いず》れに行くとしても、我れを遮《さえ》ぎる者がないであろう。それから下って古《いにしえ》の英雄と言い、豪傑という様な人々も、その事柄に大小広狭の別はありとも、矢張り精神の一到した所は、「朝に道を聞いて夕に死すとも可なり」であろう。「為《な》すこと能《あた》わざるに非ず。為さざるなり」という様な精神は、ネルソンに限らぬ。誰でもそういう様な所があって、偉い人は皆なそういう精神である。我れを遮ぎるものは、アルプス山も何もないというのは、ナポレオンばかりではない。古豪傑の伝を読んで見ると、到る処にその精神が活き活きとして働いて居る。「死すとも可なり」というのは、実に大いに活きると云う意味を持って居る。身を捨ててこそ浮《うか》ぶ瀬《せ》もありじや。大死《だいし》一番《いちばん》してこそ、生甲斐《いきがい》があるという、深い意味が籠って居るであろうと思う。**「此《こ》の語、孔門《こうもん》真正の学者、放身捨命《ほうしんしゃみょう》の最難関《さいなんかん》にして、四書六経《ししょりくけい》中の一大眼目《いちだいがんもく》なり」**と註釈された。苟《いやし》くも孔子の門流にして、極《ご》く真面目な、極く正しい所の学者即ち修行者ならば、これこそ孔子の道を学ぶ者の「放身捨命の最難関」であろう。昔ならば、これが箱《はこ》根《ね》の関所、支那で言えばこれが函谷関《かんこくかん》、道の為に生命を捨《す》つる所である。生命が惜しさに、此処《ここ》で卑怯未練《ひきょうみれん》の心が生ずる輩《やから》は一生涯何事《なにごと》も為し得ることが出来ない。これが為す事ある者とない者との追分道《おいわけみち》で、「四書六経中の一大眼目」であろう。

この言葉に就いて次のようなことがあるので、それを此処に引合に出された。**「宋《そう》の張《ちょう》丞相天覚《じょうしょうてんかく》、『護法論《ごほうろん》』を著《あら》わ」**す。これは宋朝の歴史を読んだ人は誰方《どなた》も御存じのことで、「張」は張氏で、位《くらい》「丞相」に至って、「天覚」は字《あざな》である。それから仏教の方では「無尽居士《むじんこじ》」と言うて有名な人で、「張丞相天覚」なる人が『護法論』というものを著わした。これは閑《ひま》があったならば一遍読んで置いて宜《よろ》しい。この「張丞相天覚」という人は、最初は『無仏論《むぶつろん》』を著わそうとした時に、この人の妻たる向氏《しょうし》の諫《いさ》めに依って止《や》めた。この諫めた言葉の中に、「既《すで》に無仏と言わば、何の論ずることかあらん、宜《よろ》しく『有仏論《うぶつろん》』を著わすべし」と云う言葉があった。それから後ち『維摩経《ゆいまきょう》』を読んで「此の病《やまい》、地大《ちだい》に非ず、亦た地大を離れず」と云う処で、初めてこの仏道というものの入処《にっしょ》を得たのである。それから深く仏教に入り、また禅に入って、有《あら》ゆる高僧知識に親しく参究《さんきゅう》して力を得た。

そこで今度は『護法論』というものを書いて仏法を擁護するという意味から、一部の著述をしたのであります〔第7講参照〕。それは禅宗では時に講釈をする所の書物であります。**「便《すなわ》ち巻首《かんしゅ》に此の一語を出《いだ》し、論を立てて曰く」**、その『護法論』の巻首に、この言葉が出してある。「朝に道を聞いて夕に死すとも可なり」、この一語を抜き出して天覚が論を立てて言うに、**「仁義忠信《じんぎちゅうしん》を以て道と為《な》すか、則《すなわ》ち孔子固《もと》より仁義忠信有り」**。「朝に道を聞く」という、その「道」は何の道であるか。もし孔子が「仁」と言い、「義」と言い、或いは「忠信」ということを以て「道」と言ったのならば当り前で、此処でこう言わんでも宜《よ》かりそうなものである。

「長生久視《ちょうせいきゅうし》を以て道と為すか、則ち夕に死すとも可なりと曰《い》う」。「長生久視」〔『老子』59〕というのは、一口に言えば仙術《せんじゅつ》みた様なことで、この生命をば長からしむる為に、色々の養生《ようせい》法や調心《ちょうしん》術という様なものもある。一口に言えば、仙術で、そういう術を修むれば、いつまでもこの世に生存して居ることが出来るという様なこと。もしそんな「長生久視」的の事を以て「道」だとするならば、「夕に死すとも可なり」と言うのは所謂る自家《じか》撞着《どうちゃく》である。それではなかろう。

「是《こ》れ果して何《いずれ》の道を聞くを求むるや」。「朝に道を聞く」という、その「道」は何であろう。**「豈《あ》に大覚慈《だいかくじ》尊《そん》、識心見性《しきしんけんしょう》、無上菩《むじょうぼ》提《だい》の道に非ずや、云々」**。こういう工合に『護法論』の一番初めに出て居る。

「大覚」というのは仏《ほとけ》で、世の中には小覚《しょうかく》は大勢おるであろうけれども、仏はそれよりもズット上で、「大覚」である。智慧の方から仏を眺めて「大覚」といい、慈悲《じひ》の方から眺めて「慈尊」というのである。「識心見性、無上菩提」、同じ仏教でも、大乗仏教は皆な「見性」を論ずるが、しかし禅宗となると、論ずる所《どころ》ではない。直《ただ》ちに我が本性《ほんしょう》を見届ける。それ故に達磨大士の言われた言葉にも、「性《しょう》を知るは多く、性を見る者は稀《まれ》なり」と〔「知性者多、見性者少」の句は『一瀾』第12則に見ゆ。第39講参照。また風穴延昭いわく、「聡明者多、見性者少」。『五燈会元』11首山省念章、他〕。心の事を論ずる者は、世の中に沢山《たくさん》ある。現在の心理学でも余程細《こま》かに説いて居るけれども、我が心を掌《たなごころ》を指すが如くに歴々《れきれき》として実見せしむるのは独り我が法あるのみと、こういう工合に古人《こじん》は叫んで居る。「識心見性、無上菩提」、これに越えたものはない。「識心見性」、それが取《と》りも直《なお》さず「無上菩提」の道。「菩提」というのはこれは梵語《ぼんご》でありまして、漢字には「道」と訳し、或いは「覚」という字にも訳して居ります。即ちこの道というのは、儒道《じゅどう》でもなければ、また老荘《ろうそう》の道でもない。何かというと即ち仏の道であると、張無尽居士《ちょうむじんこじ》が断じた。

「**予《よ》、天覚の人《ひと》と為《な》りを視るに、聡明精識《そうめいせいしき》**」、これは伝記を見れば委《くわ》しく分るが、この天覚の人物たるや、「聡明」にして「精識」である。そうして「**学《がく》三教を該《か》ね、名《な》一時を蓋《おお》う**」、「三教」と言うと仏教と老教と儒教とで、最初、儒老に入り、その後、仏に入った。学、三教に該博《がいはく》にしてその盛名《せいめい》は一時を蓋《おお》うて居る。勿論《もちろん》、位《くらい》は人臣《じんしん》を極め、その勢力も従って時の人に擢《ぬき》んでて居るのみならず、**「殊《こと》に心《こころ》を此の道に留《とど》め」**、それればかりで止《とどま》らずして、心をこの禅道に留めて、**「末後《まつご》の大事《だいじ》を徹見《てっけん》して後《のち》、若説《じゃくせつ》を成す」**。これは無尽居士が初めて東林総《とうりんそう》禅師〔東林常総〕に参じ、それから兜卒悦《とそつえつ》禅師〔兜卒従悦〕に参じ、それから真《しん》浄文《じょうぶん》禅師〔真浄克文〕と問答したことなどがある。そうして末後の大事を徹見した。世に一《いっ》知半解《ちはんかい》の人はあろうけれども、末後の一大事を徹見するという人は、誠に稀《まれ》だ。末後の大事を徹見して後、遂に『護法論』を著わして、こういう説〔若《かくのごと》き説〕を成した。**「是れ固《もと》より古《いにしえ》を駭《おどろ》かし今《いま》を震《ふる》うの偉論《いろん》なり」**。これは仏教者が仏教の事を賞《ほ》めたのであるから、癖《ひが》目《め》で見れば我が田に水を引く様であるが、公平無私の眼を以て見ても、これは偉論と言わざるを得ぬ。

「又《ま》た周惇頤《しゅうとんい》の如きは、黄龍《おうりょう》の慧南《えなん》に謁し、仏祖不伝《ぶっそふでん》の道を参扣《さんこう》す」。これは前回にも話したことがありましょう〔第8講参照〕。この人〔周濂渓〕からして「二程子《にていし》」、即ち程明道《ていめいどう》〔程顥〕、程伊川《ていいせん》〔程頤〕の兄弟が出て、それからまた朱子《しゅし》〔朱熹〕などが出た。かくして「宋学」というものが段々盛んに行われた。それは周惇頤が本を為して居る。この人は独り孔子の道に於て深きのみならず、仏に入り更に禅に入って、親しく参得《さんとく》をした。そういう所から、一寸《ちょっと》書く文章などが面白い。『古文真宝《こぶんしんぽう》』〔後集2「説類」〕などにも出て居る『愛蓮説《あいれんせつ》』などもあって、「菊《きく》は花の隠逸《いんいつ》なる者也《なり》、牡丹《ぼたん》は花の富貴《ふうき》なる者也。蓮《はす》は花の君子《くんし》なる者也」という様な説を立て、蓮に事寄《ことよ》せて心事《しんじ》を書いた。短い文章の中にも、殆んど自讃《じさん》の様な言が現われて居る。この周惇頤が時の大徳たる黄龍の慧南禅師に謁して、そうして「仏祖不伝の道を参扣」した。

それも色々問答があるが、此処に一箇条を引いて見ると、或る時、「**南《なん》乃《すなわ》ち此の聖語《せいご》を引いて惇頤を諭《さと》して曰く**」、ある時、慧南禅師がこの語を引いて、惇頤に諭して曰うには、「**畢竟《ひっきょう》何を以て道と為して夕に死すとも可なるか**」。恰《あたか》も一則の公案《こうあん》の如くにして詰問した。所が「**惇頤、疑著《ぎじゃく》して答うること能《あた》わず**」。彼れが如く博学、彼れが如き多識なる者にして、一語も答えることが出来なかった。それから後、金山《きんざん》の仏印《ぶっちん》禅師〔仏印了元〕に参じて何を以て道と為すかと、こう尋ねた。仏印禅師が「満目《まんもく》の青山、看《み》るに一任す」と示された。禅宗の言葉はそうだ、今言うて居る様な迂遠千万《うえんせんばん》なものではない。目に一杯《いっぱい》青々と聳《そび》えた山も看えぬかと。こういう所に辯を着けると死んで仕舞う。道というものを大抵な者は遠い所に持って行って論ずるが、「満目の青山、看るに一任す」。こうやったので、理屈の学問とは大分調子が違う。そこで先生ゆきづまった。スルト仏印和尚もカラカラと大笑いをした。ここで始めて周惇頤が気が附いた。こういう所が入口であって、後ち東林総和尚に参じて法の淵源を尽《つく》したのである。

それから後、有名な『易学心伝《えきがくしんでん》』というものを撰述した〔『尚直篇』「心伝易学」。『易学心伝』なる書名にあらず。第8講・第14講参照〕。その書中に「太極《たいきょく》にして無極《むきょく》なり」ということを道破《どうは》したのが、この周惇頤の力である。「**後、刻苦《こっく》して力を用ゆること久しくして、**

方《まさ》に透徹《とうてつ》す」というのは、今、仏印などの問答の一端を挙げましたが、まだその他色々あります。かくの如く「刻苦力を用ゆること久しく」して「透徹」した。「**看《み》よや、吾が門の大事、其の難《かた》き是《かく》の如し。只《た》だ是れ放身捨命の時節《じせつ》を以て則《そく》と為す**」。六《むつか》ケしいと言えば六ケしいけれども、一たび吾が身を犠牲的に其処《そこ》に差し出して仕舞って「放身捨命」してやったならば、誰もこの境界は得られるであろう。「**故《ゆえ》に漫《みだ》りに苟且《こうしょ》の説を容《い》れ難《がた》し**」。「苟且《かりそめ》」というのは当座《とうざ》逃《のが》れの説ということで、ただ一時的の胡魔化《ごまか》しは容れられない。

「**惇頤儻《も》し平凡人《へいぼんじん》の若《ごと》く、容易心《よういしん》を挟《さしばさ》まば、便ち当時、一言一句《いちごんいっく》、豈に答うる能《あた》わざらんや**」。周惇頤がもし平々凡々の人間の様に、何でもない心、極く経薄《けいはく》な心を挟んであったならば、何とでも答えられぬことはない。道というものはこうである、ああである。哲学的に解すればこう、科家的に解すればこう。唯心論でも、唯物論でも、何とでもコジ附けられるけれども、ソンナコトハ一言も言わなかったのが周惇頤の偉《えら》い所であると、先師は言われた。「**果して非常の人なるを以て、疑情《ぎじょう》乍《たちま》ち塞《ふさ》がり、緘黙《かんもく》して止《や》む**」。此処が周惇頤の誠に優れた所で、遂にその時答えなかった。「**故に大道《だいどう》を学ばんと欲する者は、先《ま》ず須《すべか》らく這《こ》の本則に拠《よ》って、大疑情を起すべし**」。この本則、即ちこの本文に出て居る「何を以て道と為す」というこの本則に拠って、「大疑情」を起したら宜《よ》かろう。

禅宗風の修行の仕方には「大疑情」ということがある。大抵の宗教がそうだ。仏教でも浄土門的《じょうどもん》の宗教は、初めから疑うなよという教え方で、黙って従わせる。仏教以外の宗教でも、昔から信仰箇条《しんこうかじょう》というものは皆なそうである。智慧も入らぬ、学問も入らぬ、決して疑うな、決して考えるな、ただ慈悲にお縋《すが》り申せ、ただ神の懐《ふところ》へその儘《まま》飛び込めよという勧め方である。所が独り我が禅門のやらせ方というものは、大いに疑え、小さく疑ってはいかぬ。乃ち仏とは何者か、我れとは何者か、生れて何処《どこ》から来たか、死んで何処へ行くか、現在何をしているかと。三通りの資格が備わらなければ禅を修する資格がない。それは何かというと、「大疑情《だいぎじょう》」（大いに疑い）、「大信根《だいしんこん》」（大いに信ずる）、「大憤志《だいふんし》」（人に向って憤るのでなくして、我れ自身に向って憤る）この三ツがなくては本当の禅の蘊奥《うんのう》を究めることは出来ぬぞよと、古人《こじん》は言うて居る（『高峰原妙語録』上「示禅人」、白隠『壁生草』下、『八重葎』3、第49講参照）。

「**但《た》だ只だ大道は何物《なにもの》と為すと疑著《ぎじゃく》す**」。口で以てただ神とか仏とかいうて、それを我が物にしない時には、殆んど痴人《ちじん》夢を説くの類である。直ちに大道は何物かとこう尋ねる。心、何物かとズンズン切り込んで行くと、殆んど我れとか彼とか、神とか仏とかいう区別も何もなくなって仕舞って、渾然《こんぜん》として一に帰して仕舞う。そういう所から持って行くから、禅宗では「即心即仏《そくしんそくぶつ》」とこういうやり方、ただ口吻だけを学んでもそれは一種の戯論《けろん》に過ぎない。かくの如くに「**匡《きわ》め来《きた》り匡《きわ》め去《さ》り、匡む可《べ》き無き処に至って之《これ》を放身捨命・大死《だいし》一番《いちばん》底の時節と謂《い》う**」。肉体の死滅するのはお互いに実見して居る。それは小死と言う。我々が活句《かっく》の中に実参《じっさん》した真の境界を「大死」と言うて居る。

「**茲《ここ》に至って更に髑髏《どくろ》に鞭《むち》ち**」、総て言うことが振《ふる》って居る。この肉体を直に「髑髏」と称するのである。毎日、毎日、大飯《おおめし》を食《くら》って、大寝坊《おおねぼう》をして居る「骸骨に鞭」って、「**勇《ゆう》猛向前《もうこうぜん》せよ**」。血がダクダクして居る身体が、髑髏的に働く様になって、「勇猛向前」させよ。

「**驀地《まくち》に碍膺物《げようもつ》を撃砕《げきさい》す**」。「碍膺物」というのは言い換れば一つの疑いで、何人《なんぴと》でも学問をすればしただけ一つの疑いというものがある。この胸に横たわって居る障碍物を「撃砕」して仕舞ったならば、「**則ち一団《いちだん》の大疑児《だいぎじ》、頓《とみ》に斃却《へいきゃく》す**」。「児」の字は字引などで調べて見ると、毛物《けもの》の名、形は牛の様な形で、角《つの》が一つであって、青い色である、重さが千斤もある獣《けだもの》である〔手沢本書入／『爾雅』釈獣・注〕。こういう獣《けもの》に疑いというものを譬《たと》えて、それ程の凝《こ》り固《かた》まった疑いが、頓《とみ》に斃《たお》れた如くに消えて仕舞って、「**便ち万劫千生《ばんごうせんしょう》、放失《ほうしつ》の大道《だいどう》を捉《とら》え得て、始めて夕に死すとも可なるを知る**」。この「大道」なるものは、外来的のものではない。我等は皆な「大道」の中から生れたと言うても宜《よ》し、また「大道」というものを生み出したと言うても宜《よ》い。「万劫千生」、この「大道」の中に我々は起《お》き臥《ふ》して居ったのであるが、それを取り失って居った。その取り失った「大道」を捉《とら》まえてはじめて「夕に死すとも可なる」ことを知る。極く深刻《しんこく》に剴切《がいせつ》に、先師は言われた。禅門の高徳方の伝記を読んで見ると、往々こういうことがある。

例えば今フと思い附いたが、松島の瑞巌寺《ずいがんじ》の開山法身《ほっしん》国師〔法心(身)性西〕は、元、「真壁《まかべ》の平四郎《へいしろう》」という人で、その真壁の平四郎は、郡主の草履取《ぞうりとり》をして居ったが、その主人の郡守が或る雪の日、何処かへ招待された。丁度玄関に供待《ともざむらい》をして居りました平四郎が、今に出て御座《ござ》るであろうと思うて、殿様の穿《は》かれる草履を懐《ふところ》にして暖《あた》ためて居った。其処へ殿様が玄関に出て見えた。その暖かな草履を前に差し出した。穿いて見たら大変暖《ぬ》くみがあるので、郡守は思い誤って、平四郎の頭を草履を穿いた儘《まま》で蹴飛《けと》ばした。無礼《ぶれい》な奴だ、我が草履を自分の尻の下に敷いて居るとはけしからんと誤解したので、そういう暴なことをせられた。その時、真壁の平四郎が、その片足の草履を懐に入れて、その儘《まま》逃亡して仕舞った。それから志を発して思う様、彼れも人なり、我れも人なり。今こそ彼れを主と呼んで居るから、草履取をしなければならぬが、自分も一つ奮発して偉い人になって見ようと考えたけれども、この時代は格式とか門閥とかいうものがあって、普通の事では出世は出来ないので、それからある寺に投じて頭を剃って、出家得度をして、それからまた有《あら》ゆる艱難《かんなん》を嘗《な》めて、後にて唐土の径山《きんざん》まで行って、大事《だいじ》因縁《いんえん》を明らめ、遂に器《き》を成就して帰朝されて、松島瑞巌寺の開山法身国師となられた。

ある時、真壁の郡守が、瑞巌寺に参詣した。音に名高い大徳が、今度唐土《とうど》から帰って、鎌倉の執権職、北条時頼《ほうじょうときより》公が大いに帰依《きえ》して、かくの如き寺を拵《こしら》えた、予も一遍お目に掛ろうと思って、行って見ると、元の己《おの》れの草履取の平四郎である。曽《かつ》て自分が草履を穿いた儘頭《あたま》を蹴飛ばしたその者であるので、大いに驚いて、その時には却って元の主人たる所の真壁郡守が弟子の礼を取って、恭《うやうや》しく法身国師に見《まみ》えた。そうして段々因由《いんゆ》を聞けば、実はあの時に志を起して修行中、あなたの片足の草履を持って居って、懶《なま》け根性が起るというと、いつでも草履を眺めて、自分を励まして居た。それが料《はか》らずも今日再びかくの如く相い見《まみ》えることを得たのであると言われた時、郡守は涙を揮《ふる》って心から頭《こうべ》を垂《た》れて弟子の礼を取ったということがある。

その法身国師が径山《きんざん》から帰られた時に、「遠く風月《ふうげつ》を尋ねて径山に登り、帰りて開く円《えん》福《ぶく》の大道場。法身覚了《かくりょう》すれば無一物《むいちもつ》、元《も》と是れ真壁《まかべ》の平四郎《へいしろう》」〔『本朝高僧伝』円福寺法心伝「遠上径山分風月、帰来開円福道場、透得法心無一物、元是真壁平四郎」〕、これが晋山《しんざん》の時の偈頌《げじゅ》であります。実に痛切なる偈《げ》と言って宜い〔法心〔身〕性西の伝は『元亨釈書』『沙石集』他に見えるが、以上の故事は民間伝承。大町桂月「下駄の恩」等参照〕。

再び生れ変って来たこの境界が、「**之を絶後《ぜつご》再蘇《さいそ》底《てい》の時節と謂う**」ので、「**其《そ》の時、孔子口頭《こうとう》の美味**」、孔子様が「朝に道を聞いて夕に死すとも可なり」と言われた「口頭の美味」というものは、「**侯鯖《こうせい》よりも過ぎたり**」。

「侯鯖」というのは、これは故事があって、前漢の時代に、楼護《ろうご》〔婁護〕、字《あざな》は君卿《くんそく》というお医者さんがありて、其の時の貴族に大層《たいそう》信用を得て、貴族ばかりの門に出入《でいり》して居った。其の時に王氏が大変盛んであって、その王氏が五家の侯爵になって居る。その五家の侯爵から、あちらからも来て呉《く》れ、こちらからも来て呉れと、始終《しじゅう》招待に忙殺されて居った。その御馳走《ごちそう》は迚《とて》も食《く》い尽《つく》されぬから、五家の侯爵から持って来た御馳走を、「鯖《せい》」〔肉と魚のごった煮〕に拵《こしら》えた所がその味《あじわい》が頗《すこぶ》る優れて居った。それから美味《うま》いものを「侯鯖」と申した〔『西京雑記』2、『書言故事』12饌食「五侯鯖」〕。その時の「孔子口頭の美味」は、「侯鯖よりも過ぎる」であろう、そこは人々《にんにん》各自が味わわなければ分らない。

第三十八講　不《ふ》見《けん》（第十一則）

『中庸《ちゅうよう》』に曰《いわ》く、「見《あら》わさずして章《あきら》かに、動《うご》かずして変《へん》じ、為《な》すこと無くして成《な》る」。吾が門、抱道《ほうどう》の学士、是等《これら》の語に於て、恰《あたか》も蔗《しょ》を食《くろ》うて稍《や》や佳境《かきょう》に入《い》るが如し。何《なん》となれば則《すなわ》ち不見《ふけん》の見《けん》、彰焉《しょうこれ》より大なるは莫《な》し。不動《ふどう》の動《どう》、変《へん》焉より大なるは莫し。無為《むい》の為《い》、成《せい》焉より大なるは莫し。豈《あ》に是《こ》れ識心見性《しきしんけんしょう》・無上妙覚《むじょうみょうかく》の道にあらずして何ぞや。大《おお》凡《よ》そ明眼《めいげん》の者の視聴《しちょう》に於ける、之《これ》を視《み》るに眼《まなこ》を以てせず、之を聴《き》くに耳《みみ》を以てせず、而《しか》も眼に応ずる時は、千日並《なら》び照らすが若《ごと》く、耳に応ずる時は、幽谷《ゆうこく》の谽谺《がんが》の若く、万形《ばんけい》千声《せんじょう》、一も逃《のが》るに所《ところ》無し。大いに迷者《めいしゃ》の視聴に異《こと》なれり。故《ゆえ》に曰く、「遠きの近きを知り、風の自《よ》るを知り、微《び》の顕《あら》わるるを知れば、与《とも》に徳《とく》に入る可《べ》し」。世の聡明《そうめい》なる者、只《た》だ浅近《せんきん》の処を会《え》して幽遠《ゆうえん》の理を辨ぜず、若《も》し山野《さんや》の説を聞かば、恐らくは嘲笑《ちょうしょう》して之を信ぜざらん。澆季大道《ぎょうきだいどう》の明らかならざる、職として此《こ》に之れ由《よ》る。孔子《こうし》云わずや、「道《みち》の明らかならざるや、我れ之を知れり。賢者《けんじゃ》は之に過ぐ、不肖者《ふしょうしゃ》は及ばざるなり。人《ひと》、飲食《いんしょく》せざる莫し。能《よ》く味《あじ》を知る鮮《すくな》し。知言《ちげん》なる哉《かな》。

中庸曰。不見而章。不動而変。無為而成。吾門抱道学士。於是等語。恰如食蔗稍入佳境。何則不見之見。彰莫大焉。不動之動。変莫大焉。無為之為。成莫大焉。豈不是識心見性無上妙覚之道而何。大凡明眼者之於視聴。視之不以眼。聴之不以耳。而応眼時若千日並照。応耳時若幽谷谽谺。万形千声。一無所逃焉。大異於迷者之視聴。故曰。知遠之近。知風之自。知微之顕。可与入徳矣。世之聡明者。只会浅近処。不辨幽遠理。若聞山野説。恐嘲笑而不信之。澆季大道之不明。職此之由。孔子不云乎。道之不明也我知之矣。賢者過之。不肖者不及也。人莫不飲食也。鮮能知味也。知言矣哉。

［講話］　本則は『中庸《ちゅうよう》』の二十六章に出て居る語を引いたのである。「**見《あら》わさずして章《あきら》かに、動《うご》かずして変《へん》じ、為《な》すこと無くして成《な》る**」。こういう聖人《せいじん》の言葉というものは、総《すべ》て簡《かん》にして潔《けつ》なるものであるが、愈《いよい》よ味わえば愈

よ妙《みょう》がそこに現われてくる。ただ言うばかり、聴いたばかりでは、一向味《あじ》がない。「見わさずして章かに」とは、どうであろうか。仰いで天象《てんしょう》を見ると、天に在っては日月星辰《じつげつせいしん》、燦爛《さんらん》として光を放って居る。これは何か。所謂《いわゆ》る「章《あきら》か」なる所である。俯《ふ》して地上を眺めて見ると、総て草木国土《そうもくこくど》、山河大地《せんがだいち》誠に整然として形を現わして居る。これが即ち「章か」なる所で、山は一寸《ちょっと》も造作《ぞうさ》を加えぬが、自ら峨々《がが》として聳《そび》えて居る。水は誰も手伝わぬが、洋々《ようよう》として湛《たた》えて居る。柳《やなぎ》の緑《みどり》なる有り様、花《はな》の紅《くれない》なる有り様、谷川《たにがわ》を流れる所の潺湲《せんかん》たる泉《いずみ》、峰《みね》の上を吹いて居る所の松風《まつかぜ》、皆なこれは自然の趣《おもむき》で、「見わさずして章か」に、ハッキリと、目に一杯《いっぱい》、耳に一杯に現われる。

「動かずして変ず」、その実動く、動くけれども、少しも其処《そこ》に跡形《あとかた》も止《とど》めない。自然に変じて動いて居る。例えば昼夜の交代する有り様はどうか。日々《ひび》地球が廻転して居るに従って、ここに日が暮れる、夜が明ける、という現象があって、毎日寸分《すんぶん》もその軌道を外《はず》さずに動いて居る。四時《しじ》〔春夏秋冬〕の循環する有り様はどうか。「年ごとに咲くや吉野の山桜、木を割りて見よ花のありかを」で、今頃、木を割《さ》いて見ても花が孕《はら》まれて居るのではないが、自然の造化《ぞうか》が働いて、春風駘蕩《しゅんぷうたいとう》となってくると、百花爛漫《ひゃっからんまん》の景色が目の前に現われてくる。丁度古人《こじん》の詩に「春に百花あり秋に月あり、夏に涼風あり冬に雪あり」とある如く〔『無門関』19頌〕、知らず識らずの間に滞《とどこ》うることなくして移り変って行く。この当体《とうたい》が取りも直さず、「動かずして変ずる」という有り様である。

「為すこと無くして成る」。別に誰が手を下して、こういう事を為すというのでも、何でもない。無為にして而《しか》も生々として物を発育して行く有り様、我々が現実に於て、スックリ目で見、耳で聞いて居るこの当体が、取りも直さず「無為にして成る」という有り様である。今言うた詩に似た御詠歌《ごえいか》の中にも「春は花、夏は橘、秋は菊、いつも絶えせぬ法《のり》の花山」というのがある。自然に此処《ここ》に現われて居る。

こういう本文というものは殆んど禅宗の立派な一則の公案《こうあん》として宜《よ》い。勿論《もちろん》、この三十則は、先師洪川《こうせん》和尚が、一つ一つの公案に象《かた》どって、これだけ三十則を選ばれたので、能《よ》く当人自身の心に乗せて、親しく工夫せしめ様《よう》、親しくこれで鍛錬せしめ様というのである。

評に**「吾が門、抱道《ほうどう》の学士、是等《これら》の語に於て、恰《あたか》も蔗《しょ》を食《くろ》うて稍《や》や佳境《かきょう》に入《い》るが如し」**と。矢張《やは》り禅を修めると言っても、ただ一週間や二週間やって見たが薩張《さっぱ》り得る所がないと言って、止《や》める様なことではいかぬ。「抱道の学士」と余程《よほど》すりあげた人。それ等の人が見ると、その味が津々《しんしん》として禁ずることが出来ぬ。これは昔、晋《しん》の顧愷之《こがいし》の言うた言葉であるが、「恰も蔗を食うて稍や佳境に入るが如し」(『晋書』92顧愷之「漸入佳境」)。「蔗」というのは砂糖の木だ。台湾辺りに行くと、これが大いなる物産であるが、葭《よし》に似た様なもので、一寸頬張《ほおば》って見た所で、何の味《あじわい》もないけれども、それが嚙《か》み締《し》め嚙み締めして行く内に、次第に甘い汁《しる》が出てくる。一則の公案を授けられた時にもまたそうでありましょう。丸で鉄饅頭《てつまんじゅう》〔『夢中問答』32〕を口に頬張らせられた様なもの、熱したる鉄丸《てつがん》を咽喉《のど》に押し込められた様なもので〔『無門関』1評〕、吐《は》くことも呑《の》むことも出来ぬ。実に苦しい。苦しいが、それが明らかになって、頭の天辺《てっぺん》から足の爪先《つまさき》まで全身公案三昧《こうあんざんまい》となりきったならば、それから当人が段々と「蔗」を噛んで「稍や佳境に」這入《はい》って行く様になるのである。そこまでの勇気が乏しく、意思の力が強くないから、そこまで至らぬで抛《ほう》り投げて仕舞う輩《やから》がある。そういう輩は、禅宗の公案は、一種の寓言《ぐうげん》であるとか、そういうものを授けて人をして苦しましむるものであるとか、そんな馬鹿げた評を下して居る者も沢山《たくさん》ある。しかし「抱道の学士」ならば、恰も「蔗《しょ》」を噛んで「稍や佳境に入る」が如くである。

「何《なん》となれば則《すなわ》ち不《ふ》見《けん》の見《けん》、彰焉《しょうこれ》より大なるは莫《な》し」。凡《およ》そ物の「見《あら》われ」と言っても、「彰《あら》わさず」して、そうして「見われ」た位、「彰われ」の大いなるものはない。初めに申した通りの有り様が、「見わさずして彰われる」のである。見わして彰わすならば、丁度人間が仮装をして、色々時代劇、近代劇の芝居をする様なもので、それは見わして彰わすのだが、この天地自然の「彰われ」というものは、「見わさずして彰われ」て居る。これ位大なる「彰われ」はない。

此処で一つの例を引いて見ると『碧巌録《へきがんろく》』中の雪峰《せっぽう》が衆に示された一則に、「尽大地《じんだいち》撮《さつ》し来るに、粟米粒《ぞくべいりゅう》の大いさの如し」〔5「雪峰尽大地」〕。この尽《ことご》とくの大地を摘《つま》んだ所が、指二本で粟《あわ》粒を摘んだ様なものだとある。そんなことは仮設的の事である、一種の寓言であろうなどというであろうが、決してそうでない。そういうのは、素人《しろうと》が言葉に附いて廻った見方で「面前に抛向《ほうこう》す、漆桶不会《しっつうふえ》」、目の前に差し附けてあるが、真黒であるから素人目では見えまい。「鼓《こ》を打って普請《ふしん》して看よ」、それが分らぬならば、鉦太鼓《かねたいこ》で探し廻って見よ。

禅宗では労働をするとか、掃除をするということは、日常行住《ぎょうじゅう》の重《お》もなる意味を現わして居る。その時は老僧《ろうそう》も小僧《こぞう》も、十人居れば十人、百人居れば百人、我れも彼れも出て掃除をする。「普請《ふしん》」という意味はそういう意味で、それが世間の言葉となって、一寸工事でも起し、造作でもする時には、普請するというが、「普《あま》ねく請《しょう》ずる」という意味から、その文字が出て居る。「鼓を打って普請して看よ」、それは雪峰和尚の垂示《すいじ》である。面前に抛り出して居る、そこは人々の活眼《かつがん》で看破《みやぶ》らなければならぬ。それが分ったならば「見わさずして彰われる」ということがスッカリ証拠立《しょうこだ》てられるだろう。

「不動《ふどう》の動《どう》、変《へん》焉より大なるは莫し」、「不動の動」ということを、実地に証拠立て様として、白隠《はくいん》和尚などが申されたことがある。一寸挙《あ》げて見ると、走る船を止めるという公案がある。今ならば太平洋を全速力で走って居る船を、ちゃんと此処で止めて見ろ。そういうことを仮《か》りに設けたのであろうと言うが、決して仮りではない。そんなことが仮りで堪《たま》るものでない。分らぬから、当り前の言葉でないが如く思うて居る。「川向《かわむか》いの喧嘩《けんか》をどう止《と》めたものであろう」というのも同じで、それが分ったならば、動かさずして動くということが分るであろう。例えば遠い山寺でゴーンと鳴る、この鐘をどう止めるか、こういう所を段々経《へ》て行かなければ、天と心と一如とか、物と我れと不二《ふに》ということは、口でこそ言うても、境界は分って居らぬ。これが行けたならば、「変焉より大なるはなし」である。

「**無為《むい》の為《い》、成焉《せい》より大なるは莫し**」。為すこと無くして成るという、大抵《たいてい》人間のして居ることは、多くは為すこと有って成るということが多いが、この天地自然の働きというものは、「無為の為」で、それを実地に証明すると、色々調べ方がある。例えば傅大士《ふだいし》「法身《ほっしん》の偈《げ》」というがある。法を以て我が身として見わす、その意味で「法身」と言う。その「法身」の意味を見わした五言絶句《ごごんぜっく》の偈頌《げじゅ》がある。

空手把鋤頭　　空手《くうしゅ》にして　鋤頭《すき》を把《と》り
歩行騎水牛　　歩行《ほこう》して　水牛《すいぎゅう》に騎《の》る
人従橋上過　　人　橋上を過ぎ
橋流水不流　　橋は流れて水は流れず

〔『景徳伝燈録』27普慧大師〕

明《あか》ら様《さま》に言うたならば、手なくして鋤鍬《すきくわ》を把り、歩行して水牛に騎り、そこへ出て来た人が橋の上を通り過ぎたが、橋が流れて水は流れず。我々が一寸見た所とは大分違う。橋は滔々《とうとう》と瀬《せ》を切って流れて居る。水は一寸も流れぬ。こういう境界を知らぬと、この言葉の為《ため》に迷わされて、薩張《さっぱ》り珍粉漢《ちんぷんかん》で、猫に小判で分るまいが、もし禅という意味を得たならば、この位なことは一番初歩で、朝《あさ》の間《ま》の茶《ちゃ》の子〔朝めし前、お茶の子さいさい〕である。この偈頌《げじゅ》一つでも我が手に這入ったならば、此処等《ここら》の今の言葉が、一目瞭然《いちもくりょうぜん》として分るであろうと思う。それが「無為の為」で、為すことなくして成るのは焉《これ》より大なるはない。

「豈《あ》に是《こ》れ識心見性《しきしんけんしょう》・無上妙覚《むじょうみょうかく》の道にあらずして何ぞや」。これは取りも直さず、一寸初めに言うた如く、張天覚《ちょうてんかく》〔無尽居士・張商英〕が『護法論《ごほうろん》』の初めにも出して居る「識心」。仏法《ぶっぽう》は心法《しんぽう》を説いたもので、神や仏と初めからこれを分けてない。一切「心」から割り出すものである。そうして「見性」の「性」ということを説いたり分ったりする者は沢山あるけれども、「性」を見るということは、我が宗門独特の事である。故に達磨《だるま》大士でも六《ろく》祖《そ》大師でも、そうであるが、「性を知る者は多し、性を見る者は稀なり」〔第37講参照〕。千《せん》聞一見《もんいっけん》に如《し》かず、何程《なにほど》理窟を言うて見ても駄目である。実見するが宜《よ》い。外の物は実見が出来るが、心は無形のものだから、実見が出来ぬというのは、素人のことで、明らかに実見が出来る。「無上妙覚」、悟りの道も、色々沢山あろうけれども、この我が大乗仏教、就中《なかんずく》この「教外別伝《きょうげべつでん》、不立文字《ふりゅうもんじ》」の禅の本領というものは、外《ほか》でもない、真の「無上妙覚」であるが、「不見の見」「不動の動」「無為の為」というものが真に手に入ったならば、

とが出来る。「識心」と「見性」と、「無上妙覚」の道にあらずして何ぞや。「無上妙覚」を明らめるこ

「大凡《おおよ》そ明眼《めいげん》の者の視聴《しちょう》に於ける、之《これ》を視《み》るに眼《まなこ》を以てせず、之を聴《き》くに耳《みみ》を以てせず」。

大抵世間的に何事を研究するのも、五官（五つの感官。眼・耳・鼻・舌・皮膚）というものが標準で、例えば天文学を調べるにしても、地理学を調べるにしても、五官というものを標準として、見たとか、聞いたとか、知ったとか言うて居るのでありましょう。つまり標準は目だとか耳だとか、そんなことを当てにして居るけれども、この広大なる宇宙間の真理というものが、五官で以て明らめ尽《つく》されるものでない。然《しか》るに科学者などは、五官以上というものは、到底《とうてい》我々が思い到らぬことであるとこう言って、拋《ほ》って仕舞って居る。目を離れて見ることが出来ぬ、耳を離れて聞くことが出来ぬ。今の学問がどの位進んだと言っても、それ位なものである。所が明眼者は人間の五官の範囲内位に囚《とら》われて居ない。我々は一度《ひとた》び五官の上に出て見なければならぬ。その無限絶対を見ようというのには、目に囚《とら》われたり、耳に囚われたり、鼻に囚われたり、舌に囚われて居っては、到底得られるものでない。今「無字《むじ》」というも「隻手《せきしゅ》」というも、そこから見て来なければならぬ。六祖《ろくそ》の「本来《ほんらい》の面目《めんもく》」（『宗門葛藤集』2）、趙州《じょうしゅう》の「無字」（同1）も、そこから見て来なければならぬ。所がもし真の心《こころ》の眼《まなこ》を以て見る者は、眼に重きを置かない。真の心の耳《みみ》を以て聞く者は、耳に重きを置かない。心で見、心で聞くのである。

例えば今偶《ふ》と思い出したが、有名な塙検校《はなわけんぎょう》〔塙保己一〕などもそうでありましょう。盲人であって、そうして日本の学問の為には、実に空前絶後の人で『群書類従《ぐんしょるいじゅう》』三千巻編纂したという、実に驚く可き人である。あの人の伝記を読むと、あの位精力絶倫《せいりょくぜつりん》で、あの位志《こころざし》が立って居れば、何事でも出来ましょう。ある時に大名に招待されて、殿様初め大勢の家中の者を集めて講釈をして居ると、折柄《おりから》夏の夜であったが、障子《しょうじ》を明け放してあった。スルと何処《どこ》からか風が吹いて来て、蠟燭の火が消えた。側《そば》に居った人が、先生、講釈をお止《や》め下さい、今、蠟燭の火が消えて、皆な本を見ることが出来ませぬ。塙検校は笑って、さてさて目明きという者は不自由な者で御座るのと言ったという事である〔清宮秀堅『古学小伝』(一八八六年)巻3塙保己一章、「或書ニ云保己一或時水無月ノ頃、暮カケテ源氏物語ヲ講説ス、風来テ燈滅ス、侍坐ノ人少シ待玉ヘ、燈火消タリト云、検校笑テ目ノアル人ハ不自由ナリト、滑稽セラレシトゾ」〕。

しかしこれは独《ひと》り塙検校に限らぬ。道の妙を得た者は皆なそうだ。耳で聞いたとか、目で見たとかいうのは、ズッと末のことで、古人がこういう様なことも言うて居る。苟《いやし》くも禅を一つ工夫しようという者は、耳で見、目で聴けよ。五官に囚われないで、耳で見、目で聴くという、そういう態度で道に這入れよと説いて居る。「耳に見て、目に聞くならば疑《うたが》はじ、おのづからなる軒《のき》の玉水《たまみず》」という大燈《だいとう》国師〔宗峰妙超〕が咏《よ》まれたと伝えられて居る歌もある。ここに至ればモウ透視とか、千里眼とか、そんなものは何でもない。こういう有り様であるから、「**眼に応ずる時は、千日並《なら》び照らすが若《ごと》く、耳に応ずる時は、幽谷《ゆうこく》の谽谺《がんが》の若**」し。この意味に於て、目を使う時に於ては、「千日も並び照らす」様である。一つの太陽でもかくの如きものであるのに、千の太陽が並び照らす様な有り様。こういう意味で耳を使うならば、深い谷合《たにあい》に行って、オーイというと、同時にオーイと答える。俗に言う山彦《やまびこ》で、誠に明らかなことである。

「**万形千声《ばんけいせんじょう》、一も逃《のが》るに所《ところ》無し**」。かくの如くの有り様であると、どんな姿が現われて来ても、どんな声がそこへ響いても、逃れっこはない。丁度明鏡《めいきょう》の像に対した様な有り様、響《ひび》きの声に応ずる様なものである。例えば肇《じょう》法師〔僧肇〕の書かれた『肇論《じょうろん》』〔涅槃無名論19〕の中にこういう語がある。「玄道《げんどう》は絶域《ぜついき》に在り、故に不得《ふとく》以て之を得。妙智《みょうち》は物外《もつがい》に存す、故に不知《ふち》以て之を知る。大象《だいしょう》は無形《むけい》に隠《かく》る、故に不見《ふけん》以て之を見る。大音《だいおん》は希声《きせい》に匿《かく》る、故に不聞《ふもん》以て之を聞く。唯だ信入《しんにゅう》の時、自然《じねん》に洞鑒《どうかん》す」〔手沢本首書／『宗鏡録』41〕。こういう様な言葉は、誠に味わうべき所の言葉である。

　こういう様な例を以て証を挙げれば、数々沢山あろうが、儒者《じゅしゃ》が禅的学理を説いた彼の明《みん》の王陽明《おうようめい》の如きは、こういうことを言って居る。「学者、時々刻々、常に其の覩《み》ざる所を覩、常に其の聞かざる所を聞き、工夫《くふう》まさに箇の実落《じつらく》の処《ところ》有り。久々に成熟の後、則ち力を著《つ》くることを須《もち》いず、防検《ぼうけん》することを待たずして、而も真性《しんしょう》おのずから息《や》まず。豈《あ》に外《そと》に在る者の聞見《もんけん》を以て累《るい》と為さんや」〔手沢本首書／『伝習録』下129〕、こういう様な意味の言葉は、王陽明が屢《しばし》ば言うて居るが、我が禅門の趣意と余程近い。「**大いに迷者《めいしゃ》の視聴に異《こと》なれり**」、凡夫《ぼんぷ》の見た所とは大変違う。

「**故《ゆえ》に曰く、遠きの近きを知り、風の自《よ》るを知り、微《び》の顕《あら》わるるを知れば、与《とも》に徳《とく》に入る可《べ》し**」。これは『中庸』の三十三章に出て居る。「遠きの近きを知り、風の自るを知る」ということは、公案の「雨何《いず》れの所よりか来り、風何《なん》の色を為す」という調べが透過《とうか》出来れば、直《ただ》ちに吾が物になる。また「微の顕かなるを知る」、これも、「毛端《もうたん》、巨海《きょかい》を呑《の》み、芥子《けし》に須弥《しゅみ》を納る」という語を透得《とうとく》し得て、それが分ったならば、「与に徳に入る」ことが出来る。ここに至って真に道徳の根本が分るであろう。

「**世の聡明《そうめい》なる者、只《た》だ浅近《せんきん》の処を会《え》して幽遠《ゆうえん》の理を辨ぜず**」、世間の賢《かし》こい輩《やから》はただ浅く近い所のことは分って居るが、目で聞き、耳で見る、という様な、「幽遠」の道理を辨じない。ただ五官以内で理屈を言うて居る。そういう輩は、「**若《も》し山野《さんや》の説を聞かば、恐らくは嘲笑《ちょうしょう》して之を信ぜざらん**」。この洪川の言う所を聞くならば、恐らく嘲《あざわら》って信ぜぬであろう。例えば夏蟬《なつぜみ》は雪や氷を知らぬと同じことである。凡夫に今の話を聞かせても信ぜぬ。それは境界が違い智識が違うからである。「**澆季大道《ぎょうきだいどう》の明らかならざる、職として**〔主に〕**此《ここ》に之《こ》れ由《よ》る**」。世が末になって、「大道」が明らかならぬのは、心の眼が開けぬからである。

「**孔子云《い》わず、道《みち》の明らかならざるや、我れ之を知れり。賢者《けんじゃ》は之に過ぐ、不肖者《ふしょうしゃ》は**

及ばざるなり」（『中庸』4）。「賢者は之に過ぐ」で、賢い輩は余り行き過ぎて仕舞う。「不肖者」はどうしても届かない。帯《おび》に短かし襷《たすき》に長しという言葉があるが、人間も聡明なるものは耳目の上にツイ囚われて仕舞う。「不肖者」という類《たぐい》は、本当に道を明らかにすることが出来ない。修行の上でもそうで、どっちかというと、怜悧《れいり》な輩は一寸善《よ》い様な風であるが、小成《しょうせい》に安《やす》んずる。中途で根気を折って仕舞う。愚鈍な輩は迚《とて》もオレにはそういう事は出来ぬと、自ら逡巡《しゅんじゅん》する傾きがあるが、しかしどうするかと、そういう者に真の大意志力の強い輩がある。「大器は晩《おそ》く成る」で（『老子』41）、愚鈍の方が道の上には宜い位で、極《ご》く遅い。極く遅いけれども、トウトウ終《しま》いにやり上げるという者がある。昔からそうであります。

「**人**《ひと》**、飲食**《いんしょく》**せざる莫し。能**《よ》**く味**《あじ》**を知る鮮**《すくな》**し**」。御馳走などもそうでありましょう。西洋料理や支那料理を御馳走してもその味《あじわい》を知らぬ者には、善いか悪いか分らぬ。日本料理でも同じであって、田舎者に本当の甘《うま》い物を食わせても、ただその盛《も》り様《よう》が不足らしい様にばかり思って居て、その味を知らない。人は「飲食せざる」者はないが、真にその味を知る者は少ない。こういうことを孔子も言われたが、「**知言**《ちげん》**なる哉**《かな》」。この味を本当に知る者は稀である。

第三十九講　尽《じん》心《しん》（第十二則）

孟軻《もうか》曰《いわ》く、「其《そ》の心《こころ》を尽《つく》す者は、其の性《せい》を知る。其の性を知れば則《すなわ》ち天《てん》を知る」。天《てん》と曰《い》い、仏《ぶつ》と曰い、道《どう》と曰い、性《せい》と曰い、明徳《めいとく》と曰い、菩提《ぼだい》と曰い、至誠《しせい》と曰い、真《しん》如《にょ》と曰い、一実多名《いちじつたみょう》なり。其の物《もの》たるや天地に先《さきだ》って生じ、古今《ここん》に亘《わた》って常に現在す。其の体《たい》を論ずれば則ち妙有真空《みょううしんくう》、円明寂浄《えんみょうじゃくじょう》、広大《こうだい》にして思議《しぎ》す可《べ》からざる者なり。古《いにしえ》の人主《じんしゅ》たる者、之《これ》を得て以て身を治む。其の緒余土苴《しょよどしょ》、以て天下国家を治む。故《ゆえ》に之を得ざるの聖哲《せいてつ》無く、之を得ざるの仏祖《ぶっそ》無し。『易《えき》』に曰く、「仁者《じんしゃ》は之を得て之を仁《じん》と謂《い》い、智者《ちしゃ》は之を得て之を智《ち》と謂う」、是《こ》れのみ。蓋《けだ》し聖哲の化《け》を揚《あ》ぐる、或いは中国に於てし、或いは西竺《さいじく》に於てし、或いは日東《にっとう》に於てす。各《おのおの》の方《ほう》殊に言《げん》異なりと雖《いえど》も、其の諸《こ》れを心に得るの実は一のみ。孟軻深《ふか》く其の実を知る、故に区別して、性と曰い、天と曰う、亦《ま》た甚《はなは》だ好《よ》し。只《た》だ恨《うら》むらくは、其の性を見ると曰わざるを。蛇、頭《かしら》を出すこと寸《すん》にして、自から其の長短を知る。山野《さんや》尋常に云《い》う、「性を知る者は多く、性を見る者は少なし」。性を知れば則ち天を知るに過ぎず、性を見れば則ち天を得《う》。皮下《ひか》血有る底、等閑《とうかん》に予《よ》が語を看る莫《なか》らん哉《かな》。

孟軻曰。尽其心者知其性也。知其性則知天矣。

曰天。曰仏。曰道。曰性。曰明徳。曰菩提。曰至誠。曰真如。一実多名。其為物也・先天地生。亘古今常現在。論其体。則妙有真空・円明寂浄・広大不可思議者也。古之為人主者。得之以治身。其緒余土苴以治天下国家。故無不得之之聖哲。無不得之之仏祖。易曰。仁者得之謂之仁。智者得之謂之智。是已。蓋聖哲之揚化。或於中国。或於西竺。或於日東。各雖方殊言異。其得諸心之実一而已。孟軻深知其実而故区別曰性曰天。亦甚好。只恨不曰見其性。蛇出頭寸。自知其長短。山野尋常云。知性者多。見性者少。知性則不過知天。見性則得天。皮下有血底。莫等閑看予語哉。

〔講話〕　本則は『孟子《もうし》』の尽心《じんしん》の篇〔上〕に出て居る所の一則で、これは皆な諸子の御存じのことである。**「其《そ》の心《こころ》を尽《つく》す者は、其の性《せい》を知る。其の性を知れば則《すなわ》ち天《てん》を知る」**。

さてその「心」ということであるが、我が仏教に於ては、この「心」ということから始まって、そうして仏が一代の説法をせられたのであります。故に「心」ということを調べられたことは、教相《きょうそう》学上殆んど言い尽して居るという有り様である。また世間《せけん》に於ても今日《こんにち》は心理上の学問というものも大変に開けて来て居るが、何分《なにぶん》「心」というものを只《た》だ心理学的に知ったというだけでは、まだ我が宗門などの上で言うと、それで満足することが出来ない。我が禅宗では「直指人心《じきしにんしん》、見性成仏《けんしょうじょうぶつ》」と申して、直《ただ》ちに人心を指《さ》して見性成仏せしむるというてあるから、この評の中にも、先師が「性を見る」ということに至らなくては本当の「心」の妙が味わうことが出来ぬ、と言われて居る。

それは且《しば》らく措《お》いて、今、孟子の言葉だけを言うならば、「其の心を尽す者は、其の性を知る」と。此処《ここ》に「尽す」という字がありますが、もしそれにモウ一字加えるならば、極《きわ》め尽《つく》すという意味で、今までも「心」の事は大分申しましたから、今回はその他の事は申しませぬが、兎《と》に角《かく》「心」の全体、或いは本体、総《すべ》て「心」の全体を極め尽した時に於ては、始めてその「性」を知り得ることが出来る。詰《つま》り「心」という字と「性」という字と、どちらも「心」であるけれども、もし強《し》いて分《わか》って言うならば、「心」という字は、我々が五官の機能上からして及ぶ所のものである。そうして「性」という方は本然《ほんねん》の性を指して言うて居る。「心」という時には、言わば「心」の末、「性」という時には、言わば「心」の本を指して言う。その位に、勿論《もちろんか》仮りでありますが、仮りに分けて置いても宜《よ》い。それで我々が「心」の全体というものを極め尽したならば、「性」を知ることが出来る。もし我々が本然の「性」というものを知り得たならば、その時初めて「天」というものを知り得ることが出来よう。

それ故に同じ儒書《じゅしょ》の中に於ても、「天命之《これ》を性と謂う」、こういうことがある〔『中庸』1〕。「性に率《した》がう之を道と謂う、道を修むる之を教と云う」〔同前〕という様な言葉が矢張《やは》り、今、孟子の言われた所に聯帯《れんたい》して居る所の言葉である。兎も角「心を尽す」ということは、これはただ一時的に考えただけでは尽すという訳にはいかぬ。どうしても実地の上に於て、この「心」の如何《いか》に尽すかという着実の工夫に取《と》り掛《かか》らなければならぬ。その点に至ると、我が禅宗の如きは、「直指人心」と申して仏の心をその儘《まま》に我々が伝えるということを以て宗旨を立てて居るから、如何にして「心を尽す」かということに至ると、余程《よほど》深くその道は開かれてある。苟《いやし》くも斯道《しどう》に這入《はい》った人々ならば、大いにその点を肯《うけが》うことが出来よう。

さてこの「心」に就いては古人が色々示して居りますけれども、今ここに一寸《ちょっと》思い浮かんで来た一例を挙げると、禅宗に「兜率《とそつ》の三関」ということがある〔『無門関』47〕。それは兜率の悦《えつ》和尚〔兜率従悦〕の設けた三つの関門で、これは我が宗門の調べの上でも最も大切の調べとして居る。

何をか「三関」というかと言えば、「撥草参玄《はっそうさんげん》は只だ見性《けんしょう》を図る」。「撥草参玄」ということは、禅宗の修行者があちらこちらと行脚《あんぎゃ》をして道を尋《たず》ね廻《まわ》ることで、それは要する所「見性を図る」のである。「即今上人《そっこんしょうにん》の性、甚《いず》れの処に在るか」。この「心」の有り様を如何《いか》にただ学問的に滔々《とうとう》と説明して見ても、教相学風《きょうそうがく》にそれを解釈して見ても、これはただ火は熱い、水は冷たい、ということを口を極めて言うと同じ事である。火と言って未《いま》だ嘗《かつ》て口を焼却せずじゃ〔『雲門録』上「道火不能焼口」〕。また御馳走の献立《こんだて》を並べると同じ様で、一寸とも腹《はら》は服《ふく》れない。どうしてもその者の所在を知らなければならぬ。果して然《しか》らば、「即今上人の性、甚れの処に在る」。「上人」というものは、例えば法然《ほうねん》上人とか親鸞《しんらん》上人とかいうような工合で、総て坊さんを尊称したので、即今こなさん〔あなたさん〕の本性は何処《いずこ》にあるということである。これは何程《なにほど》講釈しても届かない、それを実際に見せしめる。我が掌《たなごころ》を指すが如くに見せしめる所の法、これが第一関である。

第二関に至っては、「自性《じしょう》を識得《しきとく》すれば方《まさ》に生死《しょうじ》を脱す」。自分の本性《ほんしょう》を識り得たならば即ち「生死を脱す」。生れたり死んだり、言い換れば迷いの境を透脱《とうだつ》し藻抜《もぬ》けて仕舞うことが出来るが、そんならば「眼光落地《がんこうらくち》の時、作麼生《そもさん》か脱せん」。「眼光落地」とは、眼の光が地に落ちる。平《ひら》たく言わば、今や死のドタン場に臨んで、湯水《ゆみず》も通らない、何と申してもそれを救うことの出来ないという間際《まぎわ》に於て、如何《いか》に生死の境を脱得《だっとく》し飛《と》び越《こえ》るか、ということが、第二の関門である。

第三関、「生死を脱得《だっとく》すれば便ち去処《きょしょ》を知る」。生れたり死んだりのその境を自由に藻抜け得たならば、去る所を知る。今、此処《ここ》に居るが、これから何処《どこ》へ行くということを明らかに知り得る。「四大分離《しだいぶんり》して甚《いず》れの処に向ってか去る」。「四大」ということは今までも度々《たびたび》言いましたが、「地水火風《ちすいかふう》」というものを称して「四大」と言う。つまりこの身は「地水火風」の「四大」の仮和合《けわごう》に依って出来上って居るというのが仏説である。それであるから「四大分離」と言えば即ちこの肉体が分離した、一言に言えば死んで仕舞ったこと。「四大分離して甚れの処に向ってか去る」、何処へ向って行くか、それを明らかに知り得なければならぬ。また知り得られる。これを兜率和尚の「三関」と称する。こういうことを自己の骨折《ほねおり》に依って実際に味わわなければ「心を尽す」と言うても「性を知る」と言うても、ただ噂に止まる。そういうものじゃろう、こうだろう位では、迚《とて》も親しく水を飲んで、冷暖自知《れいだんじち》するというの境界は得られない。

その点に至っては、いつも能《よ》く引合《ひきあい》に出る言葉であるが、彼《か》の王陽明《おうようめい》の言うた語に、「道は方体《ほうたい》無し。執着《しゅうじゃく》す可からず。却って文義の上に拘滞《こうたい》して、道を求めば遠し。如今、人、只だ天を説く、其の実、何ぞ嘗て天を見ん。日月風雷《じつげつふうらい》、即ち天と謂う不可なり。人物《じんぶつ》草木《そうもく》是れ天ならずというも亦た不可なり。道即ち是れ天。若《も》し識得《しきとく》する時は、何《いず》くに適《ゆ》くとしてか道に非ざらん。〔……〕古《いにしえ》に亘《わた》り今《いま》に亘り、始《はじめ》無く終《おわ》り無し、更に何の同異《どうい》か有らん。心即ち道、道即ち天、心を知る時は則ち道を知り天を知る」云々とある〔手沢本首書／『伝習録』上―66〕。これは王陽明などの説く所であるが、禅の立場から見ても余程《よほど》適切な言葉であろう。

その他経文《きょうもん》や祖師《そし》方の説には到る処に教えてある。例えば『大般若経《だいはんにゃきょう》』の中の言葉を一つ引いて見ると、「若《も》し菩薩《ぼさつ》、見性を知れば即ち是れ菩提《ぼだい》、而して能《よ》く大菩薩心を発起《ほっき》する是れを菩薩と名づく」〔手沢本首書〕。こういう様な言葉が到る処にあります。一々此処に列挙するまでもない。詰り「天」というものが儒者《じゅしゃ》の方で言うとこれが宗教の根本になって居る。天命《てんめい》と言い、または上帝《じょうてい》と指して居るのは、詰り我々が人間以上の一つの本領、それを指して「天」と言う。

「**天《てん》と曰《い》い、仏《ぶつ》と曰い、道《どう》と曰い、性《せい》と曰い、明徳《めいとく》と曰い、菩提《ぼだい》と曰い、至誠《しせい》と曰い、真如《しんにょ》と曰**」う、と色々並べられた。儒教の方では「天」と曰う、仏教の方では「仏」と曰い、または「道」と曰い、「性」と曰う。「明徳」と曰い、「菩提」と曰い、「至誠」と曰い、「真如」と曰う。これは仏家《ぶっけ》の名前と儒教《じゅきょう》の名前とを列挙したのであります。或いはまた「即心即仏《そくしんそくぶつ》」「非心非仏《ひしんひぶつ》」「阿字不生《あじふしょう》の日輪《にちりん》」「根本無作《こんぽんむさ》の戒体《かいたい》」などとも言い、或いは「明徳」とも「未発《みはつ》の中《ちゅう》」とも言うて居る。或いは老子《ろうし》の言葉で言えば「恬淡虚無《てんたんきょむ》」(『老子』31「恬淡為上」)、或いは「無為自然《むいしぜん》」などとも言うて居る(手沢本書入)。そういうことを並べると、限《かぎ》りも無い程あるが、しかし「天」を知るという点から言うたならば一つである。未だその心を尽さず、未だその本性を知らざる時は、天は天、仏は仏、道は道、性は性、一々別だ。知る時に於ては、大道一《いつ》に帰する。こういう様に色々に言い現わすけれども、「**一実多名《いちじつたみょう》なり**」、名は夥多《あまた》あるがその実は一つだ。今日では理想という名も附けて居る。或いは実在とか実我《じつが》とかいう名も附けて居るが、皆な一つである。

「**其の物《もの》たるや天地に先《さきだ》って生じ、古今《ここん》に亘《わた》って常に現在す**」。所でその物たるやどんな物かというに、その物たるや、天地に先だって生じた。何時《いつ》この物が生れ出て、何時何処《どこ》で無くなるという訳の物ではない。また同じ宗教でも或る宗教に依っては、「有始有終《うしうじゅう》」

と言ったり、「有始無終《うしむじゅう》」と言うたり、或いは神と人と物との三段に分けたりして居る様な宗旨もあるが、今この儒教若《も》しくは仏教の立場から言うと、神でも人でも総ての物は皆な一つだ。その一とは何物を指し居るかと言うと、天地に先だって生れて居るこの物である。未だ天地と分れぬ以前の消息であるから、これは始まりがないので、「古今に亘って常に現在」する。昔の昔の大昔から、末の末までを一以て貫いて居る。始めもなければ終りもなく、そうしていつも現在して居る。

「其の体《たい》を論ずれば則ち妙有真空《みょううしんくう》」。これもただ文字だけを見れば、「妙に有る」とか「真空なり」とも思うだけでありますが、そうではない。同じ「有《う》」と言っても「無」に対する「有」ではない。それが為《ため》に「妙」の字をこれに加えた。「空」と言っても何も無い洞穴みた様な「空」ではないから「真」の字が附けてある。「有」が即ち「無」であるから「妙有」、「無」が即ち「有」なりという時に「真空」というので、「妙」それ自身が「有」である。真実自身が「空」だ。「妙有真空」である。幾《いく》ら繰り返して見てもどうしても親参実証《しんさんじっしょう》して我が心を見破って見なければどうしても分らぬ。

「円明寂浄《えんみょうじゃくじょう》、広大《こうだい》にして思議《しぎ》す可《べ》からざる者なり」。欠けることがないから円《まど》かである、暗いことがないから明らかである。日月《じつげつ》は明るいが、時あって昼夜というものが分れる。けれどもこの物は常に暗いことはない。そうして寂《しず》かにして浄《きよ》し、広大にして不可思《ふかし》議《ぎ》である。到底《とうてい》我々が意思の作用で以てそれを尽すということは中々難《かた》い。ここに到っては最早《もはや》「不可思議」とか「不可得《ふかとく》」とか、そういうより仕様がない。

「**古《いにしえ》の人主《じんしゅ》たる者、之《これ》を得て以て身を治む**」、この一物《いちもつ》を得て、始めて能く身を治め得る。そして「**其の緒余《しょよ》土苴《どしょ》、以て天下国家を治む**」。これは『荘子《そうじ》』〔譲王〕の中にある語で、「其の緒余《しょよ》以て国家を為《おさ》め、その土苴《どしょ》以て天下を治む」という、其処《そこ》から来た言葉である。「土苴」というのは糟粕《そうはく》或いは土芥《どかい》という程の意味で、昔の人主たる人は、これを得て身を治めた。尭《ぎょう》・舜《しゅん》・禹《う》・湯《とう》・文《ぶん》・武《ぶ》皆な然《しか》りである。そうしてその余り物を以て、天下国家を治めたというに過ぎない。

「**故《ゆえ》に之を得ざるの聖哲《せいてつ》無く、之を得ざるの仏祖《ぶっそ》無し**」。尭《ぎょう》・舜《しゅん》・禹《う》・湯《とう》という聖哲でこれを得ざる所の聖哲はない。また三世《さんぜ》の諸仏《しょぶつ》、歴代の祖師、一人として、これを得ざるの仏祖はない。これを得て始めて聖哲たり、これを得て始めて仏祖たるに至ったのである。

「**『易《えき》』に曰く、仁者《じんしゃ》は之を得て之を仁《じん》と謂い、智者《ちしゃ》は之を得て之を智《ち》と謂う**」。「仁者」がこれを得れば「仁」と呼んでも差《さ》し支《つか》えない、「智者」がこれを得れば「智」と呼んでも差し支えない〔繋辞・上「仁者見之謂之仁、知者見之謂之知」〕。何《な》ぜなれば元々《もともと》一つ所のもの、「**是《こ》れのみ**」である。

「**蓋《けだ》し聖哲の化《け》を揚《あ》ぐる、或いは中国に於てし、或いは西竺《さいじく》に於てし、或いは日東《にっとう》に於てす**」。こういうことを昔は大変論じて居ることがある。仏が天竺に始めて生れ出て教法を説いたというのは、即ち全世界の中心を選んで其処《そこ》に現われたのであると、色々論じて居る書物がありますが、しかし今日から見れば、余りそういう事は重きを置かんでも宜《よ》い。兎《と》に角《かく》、聖哲の教化《きょうけ》を揚げられた者が、或いは中国即ち支那に於てし、或いは西竺即ち印度に於てし、或いは日東即ち日本に於てした。「**各《おのおの》の方《ほう》殊に言《げん》異なりと雖《いえど》も**」、その出身の処が違《ちご》うて居るに随って、その唱え方も異って居る。同じ仏教でも日本言葉になって居るものもあり、支那言葉になって居るもあり、印度語になって居るのもある。色々違って居るけれども「**諸《こ》れを心に得るの実は一のみ**」である。此処の意味を極《ご》く通俗的に現わして居るのは、例えば一つの酢甕《すがめ》のまわりに、釈迦《しゃか》と孔子《こうし》と老子《ろうし》の三人が集って居て、その甕《かめ》の中の醋《す》を嘗《な》めて、皆な酸《す》っぱい様な顔附きをして居る絵が書いてある〔三聖図・三教図・三酸図〕。それは物に譬《たと》えて絵に書いたのであるが、畢竟《ひっきょう》それに異ならぬ。

「**孟軻深《ふか》く其の実を知る、故に区別して、性と曰い、天と曰う、亦《ま》た甚《はなは》だ好《よ》し**」。孟子がその実を知るが故に、「性」と曰い、「天」と分けた。詰り「性」と「天」と一つだが、殊《こと》更《さら》に「性」と「天」を分けた。而して人に名を与える時は「性」と曰い、人以上に名を与える時には「天」と曰う様に「区別」して名を附けたのは甚だ面白い。「**只《た》だ恨《うら》むらくは、其の性を見ると曰わざるを**」。ただ遺憾《いかん》なのは、「其の性を見る」と言わなかったことである。我が大乗仏教《だいじょうぶっきょう》、就中《なかんずく》この仏心宗《ぶっしんしゅう》という禅などの立場から見ると、モウ一息痒《かゆ》い所に手の届かぬ様な心持ちがする。我々ならば「性を見る」と明らかに言いたかった。

「**蛇、頭《かしら》を出すこと寸《すん》にして、自から其の長短を知る**」。蛇が石垣から頭を出し掛けて居ても、一寸でも頭を出して居ればこの蛇は何尺程あるということを知り得る。百聞一見に如かず、頭だけを見ても、蛇の全体を知る。如何《いか》に「性」と曰い「天」と曰うて理屈を並べて見ても、百聞は一見に如《し》かずという様な訳で、「**山野尋常《さんや》に云《い》う**」、私は口癖《くちぐせ》の様に人に向って言うて居る。「**性を知る者は多く、性を見る者は少なし**」〔第37講参照〕。生理上の事を能く知って居る人は多い。殊《こと》に今日の如く精神科学的の事が開けて来れば、誰でも「性」の事は知って居るが、「性」を見る者は少ない。大抵は、この身体は形而下のものであるが、「心」というものは形而上のものであるという様なことを言うて、「心」というものは目で見ることも出来ぬ、耳で聞くことも出来ぬと言うのが世の常だが、独り我が禅門に在《あ》ってはそうでない。直《ただ》ちに「心」を見せしむる。それが為《ため》の手段として、「隻手《せきしゅ》に何の声ありや」とか、或いは「父母未生已前《ふぼみしょういぜん》本来の面目」〔第35講参照〕という風に、直ちに「心」を見せしむるのである。

それならば「知る」と「見る」とはどれ位の間があるかと言えば、「**性を知れば則ち天を知るに過ぎず**」。「心」を知るということだけならば、ようやく天の道理を知るだけである。然るに一方はどうかというと、「**性を見れば則ち天を得《う》**」。我が「心」の本体を徹見《てっけん》したならば、「天」を知るどころではない、「天」を得る。大抵の者は我れ以外のものと思うて居るか知らぬが、もし「性」を見たならば、その広大無辺なる「天」を我が物にすることが出来る。此処が大いに着眼すべき所で、「**皮下《ひか》血有る底、等閑《とうかん》に予《よ》が語を看る莫《なか》らん**

哉《かな》」。血の無い動物は仕様がない。切っても血の出ぬ者は死人だが、苟《いやし》くも生きた所の精神を持って居る様な輩ならば、今私の言うたこの言葉を等閑に見過して呉《く》れるなよ、その心して篤《とく》と看別《みわ》けて貰わなければならぬ。

第四十講　曲《きょく》　肱《こう》（第十三則）

孔子《こうし》曰《いわ》く、「疏食《そしょく》を飯《くら》い水《みず》を飲《の》み、肱《ひじ》を曲《ま》げて之《これ》を枕《まくら》とす、楽《たの》しみ亦《ま》た其《そ》の中《うち》に在り」。夫《そ》れ人の世《よ》に処《しょ》する、飲食《いんしょく》より急なるは莫《な》く、又《ま》た飲食より楽しきは莫し。而《しこう》して聖哲《せいてつ》の道《みち》を楽しむに於て、焉《これ》より甚《はなは》だしき有り。子《し》曰く、「君子《くんし》は道を謀《はか》って食を謀らず」。又た曰く、「吾が人《ひと》と為《な》りや、憤《いきどお》りを発して食を忘れ、楽しみ以て憂《うれ》いを忘れ、老《おい》の将《まさ》に至《いた》らんとするを知らず」。又た曰く、「回《かい》や、一簞《いったん》の食《し》、一瓢《いっぴょう》の飲《いん》、陋巷《ろうこう》に在り。人其の憂いに勝《た》えず。回や、其の楽しみを改めず、賢《けん》なる哉《かな》、回や」と。看《み》よ是《こ》れ皆な人の急とする所を急とせず、人の楽しむ所を楽しまざるなり。畢竟《ひっきょう》其の急且《か》つ楽しむ所は何為《いず》れの物ぞや、亦た甚だ奇怪なり。蓋《けだ》し賢不肖《けんふしょう》の分界、全く此《ここ》に在り。宋《そう》の周惇頤《しゅうとんい》、平日此《へいじつこ》の章を挙示《こじ》して、学者をして孔《こう》・顔《がん》の楽しむ所は何事と看せしむ。直《じき》に是れ痛切《つうせつ》なり。学者若《も》し其の楽しむ所の一事を知らば、則《すなわ》ち侯鯖《こうせい》の珍味《ちんみ》亦た如《し》かず。此《ここ》に至って始めて与《とも》に道を談ず可《べ》きのみ。吾が庫厨《くちゅう》、空乏《くうぼう》にして甚だ枯淡《こたん》、亦た只《た》だ彼《か》の一事の楽しむ可き者を以て本食《ほんじき》に充《あ》つ、呵々《かか》。

孔子曰。飯疏食飲水。曲肱而枕之。楽亦在其中矣。

夫人之処世。莫急於飲食。又莫楽於飲食。而聖哲之於楽道。有甚焉。子曰。君子謀道不謀食。又曰。吾為人也。発憤忘食。楽以忘憂。不知老之将至。又曰。回也。一箪食。一瓢飲。在陋巷。人不勝其憂。回也。不改其楽。賢哉回。看是皆不急人之所急。不楽人之所楽也。畢竟其所急且楽。何為物哉。亦甚奇怪矣。蓋賢不肖之分界。全在于此。宋周惇頤平日挙示此章。教学者看孔顔之所楽何事。直是痛切矣。学者若知其所楽之一事。則侯鯖之珍味亦不如焉。至此始可与談道已。吾庫厨空乏甚枯淡。亦只以彼一事之可楽者。充本食。呵呵。

〔講話〕　本日は第十三則「曲肱《きょくこう》」という一則。今までも申しました通り、この三十則なるものは、我が禅門の公案《こうあん》として、経書《けいしょ》〔儒家の経典〕の中から先師洪川《こうせん》和尚がこれだけのものを引っ張って来たのである。故にどうしてもこれは、ただ此処《ここ》でお話をし、其処《そこ》で聞いた、それだけでは事《こと》終って居らぬ。それ以上は自分自身の念頭に之を提撕《ていぜい》して、親しく工《く》夫《ふう》一番して、始めて当人の力を得ることが出来るのである。

さて本則は御存じの通り『論語《ろんご》』の述而《じゅつじ》の篇に出て居る言葉で、「**孔子曰《いわ》く、疏食《そしょく》を飯《くら**

い**水《みず》を飲《の》み、肱《ひじ》を曲《ま》げて之《これ》を枕《まくら》とす、楽《たの》しみ亦《ま》た其《そ》の中《うち》に在り**」。本文は誠に簡潔、言葉は誠に平易である。敢《あえ》て字句の講釈を施す必要はないのであります。

凡《およ》そ我々人間としては、一つの楽しみというものが何《いず》れの辺にかなくてはならないものであろうと思う。誰《たれ》しも、楽しみということには目《め》を著《つ》けて居るであろう。けれどもただその楽しみの方面が少し違う。色々に言うことが出来ようけれども、普通に言うならば、ただ物質的の楽しみに満足するか、将《は》たそれでは満足が出来んで、精神上に一つの満足を得るか、ただそれだけであろうと思う。所がこの世の中は、大なり小なり、今日まで経験して能《よ》く分って来て居る通り、人間はどうしても物質だけでは満足が出来ぬ。精神的——今は精神生活と唱えて居る人もある——或いは簡易生活とか、理想生活とか言うて居るけれども、単に精神的生活と言って、物質的を離れた精神的の生活というものがある。要するに人間は、物質的の楽しみを得ただけでは満足しない。まだそれ以上に精神上の楽しみがある。その楽しみを楽しむというのが、人として立派な品性のある人と言っても宜《よ》いと思う。

この本文をただ字面通りに拘泥《こうでい》して言うならば、世の中は、いつでも貧乏して居れば宜い、ただ貧しきに安《やす》んじて居れば宜い、という様に誤解をすると、殆んど人生に進歩もなければ、変化もなければ、発達もなければ、何の向上する所もない。ただ行止《ゆきどま》りになって仕舞う。だからこういうことは、皮相《ひそう》上から、何とも言うことは出来ぬ。皆な当人自身の精神上に、親しく工夫一番して、始めてその味を見出すものであろう。

兎《と》に角《かく》、楽しみということに就いては、大抵世間《せけん》の物質的の楽しみというものは、多くは五官以内の楽しみで、目を喜ばしめる、或いは耳を喜ばしめる。鼻なり、口なり、この四肢五体なり、肉体の満足を得るということが、これが凡俗《ぼんぞく》の楽しみだ。しかしその満足を得たらそれで十分安心することが出来るかと言えば、物質的の楽しみには限《かぎ》りがある。また楽しみを得ざる内は、楽しみを得たいと思うが、既《すで》に得て仕舞うと、物質の楽しみは何だかまだ足らないものが出来てくる。世界の大勢《たいせい》が既にそういう様な有り様で、物質の最も発達したる国々、また物質に最も富んで居る様な人々でも、今日はそれに満足せずして、他の精神上の方面に何等《なんら》か無限の楽しみを得ようとして居る趣《おもむき》が、一般大勢の上に現われて居る。

さてそういう様なことに付いて広く古人《こじん》の実際に行《おこの》うて居ったことを考えて見ると、色々ありますが、その一を挙げて見ると、昔、支那の宋《そう》の国に子罕《しかん》という人があって、或る人がこの子罕に大変結構な一つの玉を進上しようと言うて来た。所がその子罕がそれを退けて、これは受けることが出来ないと言うた。その人が言うに、私は折角《せっかく》あなたに進上しようと思うのにあなたが受けられぬというのは、何かこの玉に欠点でもあるのか。もしそれならば玉造りに見せて、調べさせても宜《よ》いが、この玉は最も優れたる玉という鑑定を得て、態々《わざわざ》あなたに進上したいと思って持って来た、どうしてもこれを受けて下さらぬかと言うたらば、子罕が答えて言うのには、「我れは貪《むさぼ》らざるを宝とす」。今、私に下さろうという玉は世の中の宝であろうが、吾れに於てはそれは宝でない。吾れ自身に於ては貪らざるこの精神上の一つの趣味を以てそれを宝として居る。玉の様な宝物は他の人に与えたら宜かろうと言うて、玉を受けなかったという話がある〔『春秋左氏伝』襄公・伝15年〕。

こういう類例を挙げると、古今東西に沢山《たくさん》あろうと思いますが、しかし現代にそういう人は仲々稀《まれ》であろうと思う。何でも自分の目指す所は、自分の名《な》と富《とみ》とに違いない。富さえあれば如何《いか》なることでも、容易に得られる、殆んど黄金万能という様な風に傾いて居るから、宋の子罕の様な人は滅多《めった》に得ることは出来ぬ。元来、人間という者は楽しみというのを得なければ承知しない様に出来て居る。良い衣服を着たい、美味《うま》い物を食いたい、美しい家に住みたい、甚《はなは》だしきは金銭を得るのを以て楽しみとして、その金銭の多いのが楽しみであるという様な人間がある。故《ゆえ》に人々その学問、経験、品性に依って余程楽《たの》しむ所が違います。

それに就いて思い出した例話があるが、今を去ること百五、六十年の昔、池大雅《いけのたいが》という有名な画家がありましたが、その画の優《すぐ》れて居った事は古来天下の公評であります。しかし私はその画よりも、寧《むし》ろその人物が余程優れて居たと思う。妻を玉蘭《ぎょくらん》というたが、これはその頃名高《なだか》い祇園《ぎおん》のお百合茶屋の娘で蝶よ花よと育った者だが、それが後に池大雅の所に嫁《か》して妻となった。大雅先生の住居は京都真葛《まくず》ヶ原《はら》という所が、僅《わず》かに四畳半位な小さい家に住んで居った。畳は足が引っ掛る位破《やぶ》れて居るし、戸障子《としょうじ》からは雨や風が漏れ入るという様な有り様であったが、それでも一向不自由を不自由として居らなかった。春の日《ひ》永《なが》などに画を書いて居ると、退屈紛《まぎ》れに大雅が三味線《しゃみせん》を取り出して来て錆《さび》た声で歌を唄うと、妻の玉蘭が立て掛けてある古い琴《こと》を弾《ひ》いて合奏するという有り様で、誠に夫婦相い和楽して、殆んど貧の身にあるを知らず、不自由の眼の前に迫って居るのをも打ち忘れて笑い興じて暮らすことが多かったということがある〔『近世畸人伝』4池大雅〕。精神生活の楽しみはかかる処に在るのであります。

勿論《もちろん》物質的文明と云わるる彼の泰西《たいせい》〔西洋〕にも、またそういう様な人がある様であります。人間は何の業務に就きどういう境遇に居っても、一つそういう一頭地《ち》を抽《ぬ》いた楽しみ、言い換えれば胸中に一つの閑日月《かんじつげつ》がなくてはならぬ。ただ飽《あ》くまで食い、飽くまで着、寝たり起きたりして、人生五十年を酔生夢死《すいせいむし》で通ったのでは、全体この世の中に何の使命を受けて生れて来たのか、人生の意義というものが分らぬ事になる。それであるから、今日では西洋の学者も精神生活という様なことを頻《しき》りに唱えて居る。しかし乍《なが》ら精神生活ということは、何も新《あら》たにオイケン〔ルドルフ・クリストフ・オイケン。ドイツの哲学者。「生の哲学」を説く〕が唱え出した訳でもなかろう。昔からある主義らしいが、東洋にあってはこれを禅的生活と云うてもよい。そこで精神生活というても、この物質とか現実とかいうことを、全然破壊して、別に精神生活があるという訳ではない。この凡俗《ぼんぞく》の世界、物質の世界に住み乍ら、自分の理想とする所に依って物質を理想化する、物質を悉《ことごと》く精神化する。その深きに至れば純然たる一個の宗教の信念上よりして、人々《にんにん》各自にそういう世界を発見せねばならぬ。否《いな》、寧ろ建設せねばならぬ。この点よりして今孔子《こうし》の仰《おお》せられたことを工夫一番して見たなら、大いに面白い事であろう。

「疏食を飯《く》い、水を飲み」、大抵野蛮《やばん》時代はこういうものである。尤《もっと》も今でも開けぬ所はこうである。私も前年台湾に行って生蕃《せいばん》の生活を見て来ましたが、恰《あたか》もこういう有り様で、生菜、生大根《なまだいこん》を食って谷の水を飲んで居る。簡易と言えばこれ位簡易なことはない。幼稚と言えばこれ位幼稚なことはない。「疏食を飯い、水を飲む」、言わばそういう不自由な生活をして、おまけに立派な邸宅に身を置く訳でもなく、また結構な褥《しとね》の上に寝る訳でもない。朝から晩まで真黒になって働いて、疲れれば親から貰うたこの痩せた肱《ひじ》を曲げて其処《そこ》へゴロリと寝る。斯様《かよう》な生活はその表面だけを見たならば、誠にどうも不自由千万であろう、物質上から見たならば定めて不満足な事であろう、と思われるが、しかしこれを精神的に見れば「楽しみその中《うち》に在り」である。

古人《こじん》の歌にも「人毎《ひとごと》に一つの癖《くせ》はあるものをわれにはゆるせ敷島の道」〔みな人にひとつのくせは有ぞとよこれをばゆるせ敷島の道、『徹書記物語』下・慈鎮和尚（慈円）〕。癖と楽しみとは少し違うが、しかし人間には必ず何か一方に僻《へき》するものがある。歌人《かじん》は歌に僻し、茶人《ちゃじん》は茶に僻し、学者は学問に、発明家は発明に各《おのお》の一方に僻して以て楽しみとしている。何か一つこういう有り様で、人生には一日も楽しみがなくては協《かな》わぬ。

「楽しみは夕顔棚《ゆうがおだな》の下涼《したすずみ》、男はてゝら女はふたのして」〔『了阿遺書』中・夕がほ〕。是等《これら》も「疏食を飯い水を飲み」と同じで、汽車に乗って夏の道中でもすると能《よ》く見る図でありますが、百姓が一日働いて行水《ぎょうずい》でも使うて、夕顔棚の下あたりには莚《むしろ》でも敷いてあって、嬶《かか》衆《しゅう》は湯《ゆ》巻《まき》一つ、亭主《ていしゅ》は褌《ふんどし》一つでゴロリと青天井《あおてんじょう》を望んで寝転《ねころ》んで居る景色を表面から言うたら、野蛮時代の様な有り様だがそうでない。真に一家の和合した夫婦の心の能く通じた有り様。一点の汚れた所の欲望を持って居らぬその美しい精神状態が見えるでありましょう。そういうことから世間でも、俗の言葉で、「楽しみは後《うし》ろに柱《はしら》、懐《ふところ》ろに金《かね》」、そういう様な所にも楽しみがあるが、ただ心ある人は物質界ばかりの楽しみに安んじて居らぬ。どちらかと言えば欲が深い。モウ一つ精神上の楽しみを得ようというので、この点に於ては、九段坂を通って見ても、夫婦で汗水垂らして、大八車を上へ押し上げて居る。夫は先へ立って引いて居る。嬶衆は後から押して居る。自分の背中には赤児《あかご》を負《お》うて居る。坂の上に上って休んで、子供に乳を吞ませて居るという様なことは、あれは労働者だとか立《たち》ン坊だというならばそれまでであるが、当人の精神界に在ては、誠に愉快である。仮令《たと》いシルクハットを冠《かぶ》り、自動車に乗って飛び歩いても、その人の精神は火の車の如く、自分の心中には宗教的の慰安も無く、道徳的の観念もなく、ただ利の為《ため》に、ただ名の為に動かされて居るという有り様である。世の中が進めば進む程、段々そういう風になって来て居るが、真の楽しみは精神上の楽しみで、楽しみまたその中に在りである。「**夫《そ》れ人の世《よ》に処《しょ》する、飲食《いんしょく》より急なるは莫《な》く、又《ま》た飲食より楽しきは莫し**」。飲まず食わずということでは、どんな結構なこともすることは出来ぬ。その急場と言うても、飲食程急場なことはない。楽しいと言えば先《ま》ず飲食である。こういう有り様でありますから、仮令《たと》い三人でも、五人でも、人の頭になって、人でも使う時分には、食物ということに一つ気を附けてやらなければならぬ点があります。ただ自分だけ美味《うま》い物を食って、奉公人には無味《まず》い物を食わせるということでは、三人五人の人間を心服《しんぷく》させて使うことは出来ない。食物から色々の事が起る。故に急切なものと言うたら、飲食より急切なるはない。また飲食より楽しきはない。

所が「**聖哲《せいてつ》の道《みち》を楽しむに於て、焉《これ》より甚《はなは》だしき有り**」。聖と言い哲という人が、道を楽しむの急切なるは飲食よりもまた急切なものがある。それに就いて孔子が『論語』あたりに言われたことを、ここに三つ四つ出したのであるが、「**君子《くんし》は道を謀《はか》って食を謀らず**」、こういう語がある〔衛霊公〕。こういう語は一々解釈するには及ばぬ。ただ読んだだけの方が味がある。禅宗の祖師《そし》方の語にも「食《じき》ありと雖《いえど》も法なき処には住す可からず、食なしと雖も法ある処には即ち住す可し」〔手沢本書入「先徳曰、雖有食、無法処不可住也。有法処可住矣。食自来」〕とか「衣食《えじき》の中には道心《どうしん》無し、道心の中には衣食あり」〔最澄『伝述一心戒文』、『夢中問答』上5〕というような語が沢山あります。

孔子の言に「**吾が人《ひと》と為《な》りや、憤《いきどお》りを発して食を忘れ、楽しみ以て憂《うれ》いを忘れ、老《おい》の将《まさ》に至《いた》らんとするを知らず**」と〔『論語』述而〕。吾れ孔子と言うても、外に優れた所がある訳ではない。道の為に憤発した時に飲食も忘れる。その精神上の楽しみを以て一切《いっさい》世の中の憂《う》さ辛《つら》さを忘れる。仮令《たと》い年は耳順《じじゅん》〔六十歳〕という年齢に至っても、吾れは年寄《としよ》ったなどとは思わぬ。昔から偉人《いじん》とか大人《たいじん》とかいう人はそういう自信がある。百までも二百までも生きるという自信がある。

また孔子の言〔『論語』雍也〕に「**回《かい》や、一簞《いったん》の食《し》、一瓢《いっぴょう》の飲《いん》、陋巷《ろうこう》に在り**」、「簞」というのは竹で造った所の飯の入れ物〔手沢本書入〕、「瓢」はふくべで造った水の入れ物、それは誠に微《かす》かな生活の状態を云うたのであります。言わば裏長屋《うらながや》住居《ずまい》の人の生活で、九尺二間の長屋の中に居ても、「**人其の憂いに勝《た》えず。回や、其の楽しみを改めず**」。並《なみ》の人ならば、斯様《かよう》な生活に就いて始終《しじゅう》愚痴ばかりコボして居るであろう。或いは生き甲斐がないと言うて大いに煩悶もしようけれども、回はその楽しみを改めない。そういう不自由の中に在って精神的楽しみを改めない。「**賢《けん》なる哉《かな》、回や**」、孔子が惜《お》し気《げ》もなく顔回をお賞《ほ》めになった。

「**看《み》よ是《こ》れ皆な人の急とする所を急とせず、人の楽しむ所を楽しまざるなり**」。人の急とする所を急としない、人の楽しむ所を楽しまない。「**畢竟《ひっきょう》其の急且《か》つ楽しむ所は何為《いず》れの物ぞや**」。こういう工合に、人々に当てごうて考えさせる様にして居る。何の楽しみと言って仕舞っては甚だ狭い。どういう楽しみであろう。「**亦た甚だ奇怪なり**」。余程妙《みょう》じゃないか。仏教中でも『維摩経《ゆいまきょう》』あたりには、法喜《ほうき》禅悦《ぜんえつ》を以て食《じき》とするというてある。つまり禅定安楽《ぜんじょうあんらく》の法味《ほうみ》を以て食饌《しょくせん》とするというのである〔手沢本首書「用禅定安楽法味為食饌。浄名経云、法喜禅悦以為食。今以此禅定安楽法味之食、以療治大経所謂飢饉之病者也」／『釈氏六帖』19法食義漿条「浄名云、法喜禅悦為食、解脱味為漿」〕。「**蓋《けだ》し賢不肖《けんふしょう》の分界、全く此《ここ》に在り**」。人間は誰を見ても似た様な顔をして居るけれども、ただこの点に於て、彼れは賢なり彼れは不肖なりと分けるのだが、その分界は詰《つま》り人の急とする所を急にして居ると、人の急にして居る所を急にせざると、此処《ここ》だけが違う所である。

「**宋《そう》の周惇頤《しゅうとんい》、平日此《へいじつこ》の章を挙示《こじ》して**」、これも屡《しばし》ば今まで出ましたが、宋朝で優れた学者で、程明道《ていめいどう》、程伊川《ていいせん》は皆なこの門下に出来た人であるが、その周惇頤〔周濂渓〕が平日この章を以て「**学者をして孔《こう》・顔《がん》の楽しむ所は何事と看せしむ**」。「孔顔〔孔子・顔回〕の楽しむ所」は何であるか、人々自ら考えよと、禅宗の坊さんが公案《こうあん》を工夫する様にして考えさせた。「**直《じき》に是れ痛切《つうせつ》なり**」、実に痛切のやり方で「**学者若《も》し其の楽しむ所の一事を知らば**」、その楽しむ所をもし知るならば、「**則《すなわ》ち侯鯖《こうせい》の珍味《ちんみ》亦た如《し》かず**」。「侯鯖」の故実は前に申したが〔第37講参照〕、美味《おい》しい物の話の時にはいつでも引合《ひきあい》に出る漢の楼護〔婁護〕の故事で、その「侯鯖の珍味」もこれに如かぬであろう。「**此《ここ》に至って始めて与《とも》に道を談ず可《べ》きのみ**」。一言で言うならば道の味が直《す》ぐ分る。

「**吾が庫厨《くちゅう》、空乏《くうぼう》にして甚だ枯淡《こたん》**」。この時分、先師洪川和尚は、周防《すおう》岩国の吉川《きっかわ》家の菩提寺《ぼだいじ》に住職をして居た。藩侯《はんこう》の菩提寺であったが、随分《ずいぶん》貧乏寺である、事実はそういうことも含まれて居る。「吾が庫厨は空乏」で、貧乏寺で、何も大勢《おおぜい》の大衆《だいしゅ》に振る舞う物がない。「**亦た只《た》だ彼《か》の一事の楽しむ可き者を以て本食《ほんじき》に充《あ》つ**」。ただ皆なに満足させる様に、腹一杯《はらいっぱい》食べさせ様というものが一つある。「只だ彼の一事の楽しむ可き者を以て本食に充て」、これを一つ惜《お》し気《げ》もなく振る舞おうと思うが、食べ得ることが出来るか。「**呵々《かか》**」。こういう事を以て本食に充てがおうと思うがどうじゃ、と言われた。

第四十一講　徳《とく》輶《ゆう》（第十四則）

『中庸《ちゅうよう》』に曰《いわ》く、「『詩《し》』に曰く、予《よ》、明徳《めいとく》を懐《おも》うて、声《こえ》と色《いろ》とを大にせずと。子《し》曰く、声《せい》色《しょく》の以て民《たみ》を化《か》するに於けるは末《すえ》なり。『詩』に云《いわ》く、徳の輶《かろ》きこと毛の如し。毛は猶《な》お倫《たぐい》有り。上天《じょうてん》の載《こと》は、声《こえ》も無く臭《におい》も無し、至《いた》れり」。

這《こ》の章は、聖学《せいがく》の枢紐《すうちゅう》、孔門《こうもん》の極功《きょくこう》なり。抑《そもそ》も道徳《どうとく》の微妙《びみょう》は、無《む》声無臭《せいむしゅう》に始まり、而《しこう》して礼儀《れいぎ》三百・威儀《いぎ》三千に終る。礼儀三百・威儀三千に窮《きわ》まって、復《ま》た無声無臭に帰す。是《ここ》に於て、始めて大道《だいどう》の体用《たいゆう》を成就《じょうじゅ》する者なり。其《そ》の出入隠顕《しゅつにゅういんけん》を考うるに、甚《はなは》だ妙にして言い難《がた》し。吾が門、之《これ》を明暗双々底《めいあんそうそうてい》と謂《い》う。若《も》し這《こ》の三昧《さんまい》を得んと欲せば、恰《あたか》も人の射《しゃ》を学ぶが如し。久々《きゅうきゅう》に習錬すれば、則《すなわ》ち自然に其の妙を得《え》、勉《つと》めずして皆な中《あた》る。孔《こう》子《し》の所謂《いわゆる》、七十にして心《こころ》の欲《ほっ》する所に従って矩《のり》を踰《こ》えずと、是《こ》れなり。其の佳境《かきょう》に至って、始めて声色の民を化するに於て末なるを知るなり。昔、宋《そう》の晦堂《まいどう》、朱世英《しゅせいえい》に謂って曰く、「予初《はじ》め道に入り、自ら甚だ易《やす》きを恃《たの》む。黄龍《おうりょう》先師に見《まみ》ゆるに逮《およ》んで後、退いて日用《にちゆう》を思うに、理《り》と矛盾《むじゅん》する者極《きわ》めて多し。遂に力行《りょくこう》すること三年、祁寒溽暑《きかんじょくしょ》と雖《いえど》も、志《こころざし》を確として移さず。然《しか》して後、方《まさ》に事々《じじ》理の如くなるを得、而して今、咳唾掉臂《がいだとうび》も也《ま》た是れ祖師西来意《そしせいらいい》。儒士動《やや》もすれば云《い》う、釈氏《しゃくし》、空《くう》を取るのみと。殊《こと》に知らず、吾が門の空なるものは不空《ふくう》なるを、而して是《かく》の如きの妙理《みょうり》有り。孔子亦《ま》た無声無臭を称す、是れ又《ま》た不空なり。予の嚮《さき》に辯ずるが如し。語に云わずや、知らざるを知らずと為《せ》よ、是れ知れるなり。乞《こ》う学者、韓獹《かんろ》の塊《かい》を逐《お》うが如くなる勿《なか》れ。

中庸曰。詩曰。予懐明徳。不大声以色。子曰。声色之於以化民末也。詩云。徳輶如毛。毛猶有倫。上天之載。無声無臭。至矣。

這章。聖学之枢紐。孔門之極功也。抑道徳之微妙。始于無声無臭。而終于礼儀三百威儀三千。窮於礼儀三百威儀三千。而復帰于無声無臭。於是。始成就大道之体用者也。考其出入隠顕。甚妙之難言矣。吾門謂之明暗双双底。若欲得這三昧。恰如人学射。久久習錬。則自然得其妙。不勉而皆中。孔子所謂七十従心所欲不踰矩。是也。至其佳境。始知声色之於化民末也。昔宋晦堂謂朱世英曰。予初入道。自恃甚易。逮見黄龍先師後。退思日用。与理矛盾者極多。遂力行之三年。雖祁寒溽暑。確志不移。然後方得事事如理。而今咳唾掉臂也是祖師西来意。儒士動云。釈氏取空已。殊不知吾門之空者不空。而有如是之妙理也。孔子亦称無声無臭。是又不空也。如予嚮辯焉。語不云乎。不知為不知。是知也。乞学者勿如韓獹之逐塊哉。

〔講話〕　本則は『中庸』〔33―6〕の語である。文の意味は心の徳《とく》を讃歎したのであります〔手沢本書入「中庸ノ結尾、心ノ徳ノ妙を賛す」〕。それを『詩経《しきょう》』を引いてこういうた。「『詩《し》』に**曰く、予《よ》、明徳《めいとく》を懐《おも》うて、声《こえ》と色《いろ》とを大にせず**」。

「明徳」ということは、既にこの『禅海一瀾《ぜんかいいちらん》』の三十則の中の第一則〔第28講参照〕に於て辯じ終りましたから、此処《ここ》ではそれを再び繰り返しませぬ。詰《つま》り心の本体をある時は「明徳」と言うのであります。それでこれは『詩経』の大雅《たいが》・皇矣《こうい》の篇に出て居る言葉で、「予れ明徳を懐うて、声と色とを大にせず」。凡《およ》そ我が五官に映ずる所のものは、目には色、耳には声、その他手足《てあし》の事も皆な籠《こも》って居る。大抵物《もの》の姿の現われた以上は、我々が目なり耳なり、その他五官を以て測り知ることが出来るのであるけれども、しかし乍《なが》らこの宇宙観というものは、決して我が五官の及ぶ所に限ったものでない。どうしても哲学の奥義とか、モウ一つ進んで宗教の本領ということになると、我々が五官以上に、一つ目を附けなければならぬものがある。だから目を瞑《つぶ》って置いて見、耳を塞《ふさ》いで聞く。こういうことを言うと、みな禅宗風の臭《にお》いがする様だが、そういう訳ではない。どうしても五官以上に見付けなければ、実在とか本体とか言うことも当てにならぬ。今「明徳」の本体から言うと、「予、明徳を懐う」が故に、目ばかりを当てにしない、耳ばかりを当てにしない。これが『詩経』の言葉の意である。

それに就いて孔子《こうし》がこういう言葉を挟《さしばさ》まれた。「**子《し》曰く、声色《せいしょく》の以て民《たみ》を化《か》するに於けるは末《すえ》なり**」。最早《もはや》、目に色を差し附け、耳に声を差し附け、形相《けいそう》の上で心の本体を覗《うかが》おうということは抑《そもそ》も末であると、こう孔子が言われた。そうしてまた此処へ『詩経』の言葉を引いて、「**徳の輶《かろ》きこと毛の如し**」。

これは『詩経』の〔大雅〕烝民《じょうみん》の篇に出て居る言葉で、此処で言う「徳」は言うまでもない「明徳」であります。その「明徳」はどんなものであるかと言えば、実は譬《たと》え様《よう》も何も無い筈《はず》だが、強《し》いて譬《たと》えて見ようならば、その「輶きこと毛の如し」。「明徳」というと、素人考《しろうとかんが》えでは何かに造り附けた所のものがあるが如くに考えるが、そういう訳ではない。極々《ごくごく》軽いもので、そういう造り附けた重大らしいものでない。それを譬えて言うならば毛の如くである。毛にも色々ありますけれども、此処では一寸《ちょっと》した毛筋《けすじ》一本程のもので、ことさら其所《そこ》に大きなものがある訳でない。

これまでが『詩経』の言葉で、其処《そこ》へ孔子様がまた言葉を挟まれた。「**毛は猶《な》お倫《たぐい》有り**」。『詩経』には、「徳の輶きこと毛の如し」と言うてあるが、俺が見ると、その毛というのは、余程軽いことを意味したのであるけれども、まだ類《たぐ》い〔倫〕がある。どれ程微《かす》かなものでも、軽いものでも、そこに一つの物体があれば、類がある、比べものがある。

それからまた『詩経』の言葉を引いて、「**上天《じょうてん》の載《こと》は、声《こえ》も無く臭《におい》も無し**」。これは『詩経』の〔大雅〕文王《ぶんのう》の篇に出て居る。「上天」の事というのも、心の本体というのも、眺め方に依って名が違うだけで、同じものである。「上天」と言うても、高い所にあるものだと思うて居っては当らぬ。且《かつ》また「上天」というと、其所に何かありそうに思うけれども、我が目を以て見、耳以て聞くという様なものがある訳でない。「無声無臭《むせいむしゅう》」、耳を澄ませて見ても、この耳では聞こえない。目を開いて見ても、この目では見ることが出来ぬ。音《おと》もなく香《か》もない、こう『詩経』に歌うてあるが、「**至《いた》れり**」。実に至《いた》れり尽《つく》せりであると、孔子がまたこの二字を挟まれた。こういう所は、言葉を重ねれば重ねる程、却って迂遠《うえん》になりますから、これは人々の工夫に委《まか》せて置きます。

先師洪川《こうせん》和尚評して曰く、「**這《こ》の章は、聖学《せいがく》の枢紐《すうちゅう》、孔門《こうもん》の極功《きょくこう》なり**」。この本文へ現われた一章の言葉は、此処で「聖学」というのは、孔子の道を言う。孔子の道に於てもこういう所が戸のクルロ紐《ひも》の結び目であって、そうして孔子門下の極致《きょくち》である。「**抑《そもそ》も道徳《どうとく》の微妙《びみょう》は、無声無臭《むせいむしゅう》に始まり、而《しこう》して礼儀《れいぎ》三百・威儀《いぎ》三千に終る**」。これは人間の根本道徳を指して言うので、その根本道徳たる「明徳」は、本来、音も無く香も無しである。しかしその働きから言うならば、「礼儀三百・威儀三千」に分れて居る。詳しく云えば礼楽《れいがく》とか刑政《けいせい》とか冠婚《かんこん》とか喪祭《そうさい》とか、色々排列すれば沢山《たくさん》ある。啻《ただ》にそういう四角《しかく》張《ば》ったことばかりではない。大工《だいく》のガチガチ、左官《さかん》のベダベダ、兵隊の鉄砲も、百姓の鋤《すき》鍬《くわ》も、皆な「無声無臭」に始まって居る〔手沢本書入「礼楽・刑政・吉凶・喪祭、器世界ノ事一切残ル処ハナイ。大工ハグワチ〳〵左官ハベタ〳〵窮ンカ〕。『法華経《ほけきょう》』の言葉に、「治生産業《ちしょうさんごう》、皆な実相《じっそう》と違背《いはい》せず」ということがある〔手沢本書入／『法華玄義』1上〕。即ちその当体が「無声無臭」が直《ただ》ちにそこへ現われてくる。現われただけで、それで仕舞《しまい》かと言えばそうではない。**「礼儀三百・威儀三千に窮《きわ》まって、復《ま》た無声無臭に帰す**」。丁度四時《しじ》〔春夏秋冬〕の循環し昼夜《ちゅうや》の交代する様な有り様である。昔の昔の大昔から、末の末を一貫して、毫釐《ごうり》も一筋道を外《はず》れて居らぬ。終ってまた始まる。「**是《ここ》に於て、始めて大道《だいどう》の体用《たいゆう》を成就《じょうじゅ》する者なり**」。一方から言うと本体、一方から言うと作用《さゆう》、別に引き分ける可きものはない。「大道の体用」を円満に「成就」したものである。

「**其《そ》の出入隠顕《しゅつにゅういんけん》を考うるに**」、その一理なるものが、或いは出《い》で或いは入《い》り、或いは隠れ或いは顕われ、千差万別《せんしゃばんべつ》活動して止《や》まない有り様は、「**甚《はなは》だ妙にして言《い》い難《がた》し**」。そこの所を儒教《じゅきょう》では、今の如く言うたが、「**吾が門、之《これ》を明暗双々底《めいあんそうそうてい》と謂《い》う**」。吾が禅門では、こういうことを、「明暗双々底」と謂うて居る。「明暗」という字義は「明」というのは差別《しゃべつ》、

「暗」というのは平等《びょうどう》で、もし本体を「暗」と言うならば、現象は即ち「明」で、色々換《か》え言葉《ことば》は沢山ありますが、煩わしいから此処に言わぬ。然し「明」中に「暗」あり、「暗」中に「明」あり、平等即差別、差別即平等であります。こういうことを『宝鏡三昧《ほうきょうざんまい》』の言葉などで言うと、「夜半正明《やはんしょうみょう》、天暁不露《てんぎょうふろ》」、こういう様な言葉がある。これは一例に此処に持ち出したのでありますが、誠に草木《くさき》も眠る様な真夜中に、誠に明らかな真昼間《まっぴるま》の境界があると同時に、夜が明けて露われずで、昼日中《ひるひなか》に真暗《まっくら》がりがあるとこういう言葉を使うてある。「明暗双々」というのは、「明」と「暗」とが別々にある訳でないから「双々」で、「明」は「暗」を兼ね、「暗」は「明」を兼ねる。この事を洞上《とうじょう》の「五位《ごい》」などで言うと、初めは「正中偏《しょうちゅうへん》」、第二は「偏中正《へんちゅうしょう》」、第三は「正中来《しょうちゅうらい》」、第四は「偏中至《へんちゅうし》」、第五は「兼中到《けんちゅうとう》」、こは名目を挙げただけで、その境界は真参実証《しんさんじっしょう》せねば容易に得らるるものでない。要するに「五位」の調べは「明暗双々底」を明らめるものであります。

「**若《も》し這《こ》の三昧《さんまい》を得んと欲せば**」、「三昧」のことも屢《しば》ば解釈をして居りますから、ここでは委《くわ》しく言わぬが、要するに「三昧」は「正受《しょうじゅ》」なり。見るものと見られるものと一つになり、聞くものと聞かれるものと一つになる。我れと一切の物と融合するに外ならぬ。

もしこの「明」と「暗」との「三昧」を得ようというならば、中々一朝一夕《いっちょういっせき》に理屈や論理で押し詰める訳にいかぬ。「**恰《あたか》も人の射《しゃ》を学ぶが如し**」、丁度人《ひと》の射を学ぶ様にせよ。射を学ぶということを先師が私共《わたくしども》に能《よ》く話されたが、『列子《れっし》』の湯問《とうもん》篇にこういうことがある。これは一々辯を附けると煩わしくなるから、ただ文句だけを素読《そどく》しましょう。「甘蠅《かんじょう》は古《いにしえ》の射を善くする者、鼓弓《こきゅう》にして獣《じゅう》伏し鳥《とり》下る。弟子飛衛《ひえい》と名づくるものあり、射を甘蠅に学ぶ。而して巧はその師に過ぐ。紀昌《きしょう》なる者、また射を飛衛に学ぶ。飛衛曰く、爾《なん》じ先ず不瞬《ふしゅん》を学べよ、而して後に射を言う可し。紀昌帰ってその妻の機下に偃臥《えんが》して目を以て牽挺《けんてい》を承《う》く。二年の後は、錐末《すいまつ》眦を倒すと雖ども瞬《まばたき》せず、以て飛衛に告ぐ。飛衛曰く、未《いま》だし。必ず視《し》を学び而して後可なり。小を視ること大の如く、微《び》を視ること著《ちょ》なるが如く、而して後我れに告げよ。昌、氂《うまのお》を以て虱《しらみ》を牖《まど》に懸けて、南面して之を望む。旬日の間に浸《ようや》く大なり。三年の後、車輪の如し。以て余物を覩《み》るに皆な丘山の如し。乃ち燕角《えんかく》の弧《こ》、朔蓬《さくぼう》の簳《かん》を以て之を射る、虱の心を貫いて、懸って絶えず。以て飛衛に告ぐ。飛衛、高踏拊膺《こうとうふよう》して曰く、汝之を得たり」ということがある〔手沢本首書〕。今読んだだけでも御《ご》了解《りょうかい》になって居りましょう。

こういう様に、一つ稽古《けいこ》を重ね、専心一意《せいしんいちい》に工夫するならば、「**久々《きゅうきゅう》に習錬すれば、則《すなわ》ち自然に其の妙を得《え》、勉《つと》めずして皆な中《あた》る**」。「勉めずして皆な中る」というので、そこで「妙」を得られる。勉めて中るならば、まだ妙ではない。「**孔子《こうし》の所謂《いわゆ》る、七十にして心《こころ》の欲《ほっ》する所に従って矩《のり》を踰《こ》えずと、是《こ》れなり**」。孔子様の一代の経歴から言うたならば、七十歳に至って、心の欲する所に従って矩を踰えずということを明言せられておる〔『論語』為政〕。丁度その境界が「妙」である。「**其の佳境《かきょう》に至って、始めて声色の民を化する**

に於て末なるを知るなり」。こういう所に至って、目に色を差し付けたり、耳に声を差し付けたりして、そうして殊更《ことさら》に民を治め様ということは、抑《そもそ》も末であるということが分るであろう。

「**昔、宋《そう》の晦堂《まいどう》**」、それは宗門では名高い人で、宋朝《そうちょう》時代の高僧であります。その伝記の一節を言うと、黄龍山《おうりょうさん》晦堂禅師〔晦堂祖心〕は儒生《じゅせい》たり、既に声《せい》あり。年十九にして盲す。父母許《ゆる》すに出家を以てす。忽《たちま》ち復た物を見る。遊方《ゆほう》して南《なん》禅師〔黄龍慧南〕に謁《えっ》す。深く此の事を信ずと雖《いえど》も、しかも大いに発明せず。石霜《せきそう》山に止る。因《ちな》みに『伝燈録《でんとうろく》』を閲す。「僧あり多福《たふく》禅師に問う、如何《いか》なるか是れ多福一叢《たふくいっそう》の竹。福曰く、一茎両茎《いっけいりょうけい》は斜《ななめ》なり。僧曰く、会《え》せず。福曰く、三茎四茎は曲《まが》れり」と云うに至って、この時頓《とみ》に南公の作略《さりゃく》を見る。帰って南公を礼《らい》す。南曰く、「汝、吾が室に入れり」。師また踊躍《ゆやく》して自ら喜ぶ。その後、南公の入滅《にゅうめつ》に会う。道俗《どうぞく》、師を請《しょう》して踵《くびす》を継《つ》がしむ。師、四方の公卿《こうけい》と、意《い》合すれば千里も之に応じ、合せざれば比隣《ひりん》と雖も往かず。内外《ないげ》の書を以て徴詰開示《ちょうきつかいじ》す云々〔手沢本首書／『人天宝鑑』、第2講参照〕。

その宋朝時代の晦堂和尚が、当時の大儒たる「**朱世英《しゅせいえい》に謂って曰く、予初《はじ》め道に入り、自ら甚だ易《やす》きを恃《たの》む**」。大抵始《はじ》めの内は誰でも同じことで、禅門の悟道などと言うても、高《たか》が知れたものと思った所が、「**黄龍《おうりょう》先師に見《まみ》ゆるに逮《およ》んで後、退いて日用《にちゆう》を思うに、理《り》と矛盾《むじゅん》する者極《きわ》めて多し**」。それはお互いにそうであろうと思う。私共の様な者でも今から先きの事を振り返って見ると、理智の上では分って居るが、実行如何《いかん》ということになると「矛盾」ということがある。「矛盾」ということは『韓非《かんぴ》子《し》』〔難一〕に出て居る。曰く、「楚《そ》人《ひと》、その盾《たて》の堅《けん》を誉《ほ》む、物能《よ》く陥《おちい》ることなしと。又其の矛《ほこ》の利《り》を誉む。曰く物として陥《おちい》れざることなしと。或る人曰く、子《し》の矛を以て子の盾を陥《おとしい》れば何如《いかん》。其の人応《こた》うること能《あた》わず」〔手沢本朱筆書入〕。それから後《のち》、物の頓珍漢《とんちんかん》なことを「矛盾」と言う。

「**遂に力行《りょくこう》すること三年**」。その三年の間は如何《いか》に寒い日でも暑い日でも、「**祁寒溽暑《きかんじょくしょ》と雖《いえど》も、志《こころざし》を確として移さず**」。古詩《こし》に「安禅《あんぜん》は必ずしも山水《さんすい》を須《もち》いず、心頭《しんとう》を滅却《めっきゃく》すれば火も自ら涼し」と云う句があるが〔杜荀鶴「夏日題悟空上人院」、『碧巌録』43評唱〕、昔、吾が邦の甲《か》斐《い》の国恵林寺《えりんじ》の快川《かいせん》国師がこの語を唱えつつ、火定三昧《かじょうざんまい》に入られた有名な逸話がありますが、例えばこういう様な意気込《いきごみ》で、三年間力行して、「**然《しか》して後、方《まさ》に事々《じじ》理の如くなるを得**」。今日の行事《ぎょうじ》と是《こ》れまで窮《きわ》めた道理《どうり》とが一致することが出来た。「**而して今、咳唾《がいだ》掉臂《とうび》も也《ま》た是れ祖師《そし》西来意《せいらいい》**」、今咳払《せきばら》いしておる時も、唾《つばき》しておる時も、臂《ひじ》〔うで〕を掉《ふる》い街道を無意識に歩いて居る時も、達磨《だるま》大師《だいし》伝来の極意《ごくい》と少しも違わぬと、斯《か》様《よう》に晦堂が朱世英に話した〔『禅林宝訓』1〕。

然るに「**儒士動《やや》もすれば云《い》う、釈氏《しゃくし》、空《くう》を取るのみ**」。然るに儒者達が動もすれば、「釈氏は空を取る」と言うて居る。殊《こと》に同じ宋朝時代の学者でも、司馬《しば》温公《おんこう》などは、学問は出来て居るが、宗旨の事は分らんで、いつでも仏法は空だと言うて居る〔手沢本書入「司馬光曰、或は問う、釈老は取有る乎。曰く、有り。曰、何をか取る。曰、釈は其の空を取る、老は其の無為自然を取る。是を捨て無取也」〔『鳴道集説』〕。司馬温公位な人がこういうことを言うが、**「殊《こと》に知らず、吾が門の空なる者は不空《ふくう》なるを」**。

「不空」と云う出所を質《ただ》せば沢山あります。例えば『宗鏡録《すぎょうろく》』〔61問答章第二〕に「今この円融《えんゆう》の旨、無礙《むげ》の宗は、常《じょう》と説くときは無常《むじょう》の常、無常と説くときは常の無常、空と説くときは不空の空、不空と説くときは空の不空、有《う》と説くときは幻有《げんう》の有、理《り》を立つるときは成事《じょうじ》の理、事《じ》を立つるときは顕理《けんり》の事、是《ここ》を以て巻舒《けんじょ》我れに在り、隠顕《いんけん》同時なり、説は無説に乖《そむ》かず」、こういうことは経文《きょうもん》から引けば沢山ある〔手沢本首書〕。吾が禅門の「空」は何も無いという「空」とは違う。

「而して是《かく》の如きの妙理《みょうり》有り」。古歌《こか》に「仏法は若き女の乱れ髪、いうにいはれず、とくにとかれず」の妙理がある。**「孔子亦《ま》た無声無臭を称す、是れ又《ま》た不空なり」**。丁度孔子も同じ所を指して居る。孔子は「無声無臭」と言うて居るが「是れ又た不空」であることは、**「予の嚮《さき》に辯ずるが如し」**である。

「語に云わずや」、それは『論語《ろんご》』〔為政〕に出て居るが、**「知らざるを知らずと為《せ》よ、是れ知れるなり」**。門外漢が彼《かれ》これ言うのは醜《みぐ》るしい、知らぬならば黙って居ったら宜《よ》かろう。**「乞《こ》う学者、韓盧《かんろ》の塊《かい》を逐《お》うが如くなる勿《なか》れ」**。「韓」は人の名字《みょうじ》であります。韓氏の飼《こ》うて居った狗《いぬ》が大変賢《かし》こい狗じゃが、矢張《やは》り狗は狗で、人が塊《いしころ》を投げ附けたらば、人に掛《かか》らないでその塊に向って噛《か》み附《つ》く。賢いと言うても字句に附いて廻る。我れは学者だと言うても多くは文字に附いて廻る。色んな人のやったことに附いて廻る者が多い（『碧巌録』43頌評唱）。「乞う学者は韓獹の塊を逐うが如くなる勿れ」と評せられた。

第四十二講　至《し》誠《せい》（第十五則）

『中庸《ちゅうよう》』に曰《いわ》く、「至《し》誠《せいや》息むこと無し」。

大《だい》なる哉《かな》、至誠の徳《とく》、天地に配して天地に預《あずか》らず、万物に膠《お》うて万物に干《あずか》らず、寂然不《じゃくねんふ》動《どう》の中よりして、遂に感じて天下の故《こと》に通ず。流行《りゅうこう》して止息《しそく》無し、一縁《いちえん》に因《よ》らず、一法《いっぽう》を立てず、明々歴々《めいめいれきれき》として、一縁一法に昧《くら》からず。譬《たと》えば鳥は以て春に鳴き、雷《いかずち》は以て夏に鳴り、虫《むし》は以て秋に鳴き、風は以て冬に鳴くが如し。其《そ》れ唯《た》だ毫釐《ごうり》も欺《あざむ》かずして、而《しか》も循環《じゅんかん》息むこと無し。息むこと無きが故《ゆえ》に悠遠《ゆうえん》、悠遠なるが故に高明《こうめい》なり。是《こ》れ又《ま》た何物ぞ。只《た》だ学者己《おの》れに反《かえ》って自得《じとく》するに在り。語に曰く、「其の物為《た》る弐《に》ならざれば、則《すなわ》ち其の物を生ずる測《はか》られず」。又た曰く、「知仁勇《ちじんゆう》の三者は、天下の達徳《たっとく》なり。之《これ》を行う所以《ゆえん》の者は一なり」。故に山野《さんや》常に言う、孔門《こうもんま》亦た惟《こ》れ此《こ》の至誠一乗《しせいいちじょう》の法《ほう》有り、二も無く亦た三も無し。予《よ》、昔日瞥地《せきじつべっち》の後、此の至誠の一語に於て鍛究錬磨《たんきゅうれんま》、頗《すこぶ》る正念工夫《しょうねんくふう》相続《そうぞく》の力《ちから》を得たり。其の恩洪大《こうだい》にして、報《むく》いる所を知らざるなり。如今《にょこん》、此の書編述《へんじゅつ》の志願《しがん》、全く此《ここ》に基《もとい》す。乞《こ》う学者、至誠無息《しせいむそく》の滋味《じみ》を細嚼《さいしゃく》し、深く之を自得すれば、則ち正念工夫、不断相続《ふだんそうぞく》に於て、其の力を得る、必ず観る可《べ》き者有らん。

中庸曰。至誠無息。

大矣哉。至誠之徳。配天地而不預天地。腳万物而不干万物。自寂然不動中。遂感通天下之故。流行無止息。不因一縁。不立一法。而明明歴歴。不昧一縁一法。譬如以鳥鳴春・以雷鳴夏・以虫鳴秋・以風鳴冬也。其唯毫釐不欺。而循環無息。無息故悠遠。悠遠故高明也。是又何物。只在学者反己自得焉。語曰。其為物不弐。則其生物不測。又曰。知仁勇三者。天下之達徳也。所以行之者一也。故山野常言。孔門亦惟有此至誠一乗法。無二亦無三。予昔日瞥地後。於此至誠一語。鍛究錬磨。頗得正念工夫相続之力矣。其恩洪大。不知所報也。如今此書編述之志願。全基于此。乞学者細嚼至誠無息之滋味。深自得之。則於正念工夫不断相続。其得力必有可観者矣。

〔講話〕　この一則は『中庸《ちゅうよう》』の二十六章〔26―1〕に出て居る。「至誠《しせい》息《や》むこと無し」。モウこういう所に至ると、寧《むし》ろ色々の贅辯《ぜいべん》を加えぬ方が却《かえ》って尊い位なものである。この「誠《まこと》」という字の換え言葉は、仏教《ぶっきょう》にも儒教《じゅきょう》にもその他の教にもあるけれども、その色々の道徳、色々の善きことを約《つづ》めて言うて仕舞ったものが「誠」という一字に外ならない。この「誠」が直《じき》に親に対すれば「孝《こう》」となり、君に対すれば「忠《ちゅう》」となり、朋友に交わっては「信《しん》」となる、色々に名が変って行くけれども、その実は「至誠」という、この一つである。

所がこの「至誠」というものは只だ人類のみがこれを私《わたくし》す可き様なものではない。言わば大は天地よりして小は一微塵《いちみじん》に至るまで、総《すべ》ての物はこの「至誠」というものの現われに外ならない。詰《つま》り「至誠」の凝結した所のものがかくの如く千差万別、各《おのお》のその形を変え、姿を異にして、森々羅々《しんしんらら》と現われて居る。この者は空間にあって何処《どこ》までという限《かぎ》りが無い。この者は時間に於てもまた限りが無い、無窮に通じ無辺に満《み》ち充《み》ちて居る所のものである。先帝陛下〔明治天皇〕の御製《ぎょせい》に「目に見えぬ神にむかひて恥ぢざるは人の心の誠なりけり」〔「神祇」明治40年〕というのがありますが、実にそれに外ならない。「至誠」ある為《ため》に神人合一《しんじんごういつ》することが出来る。この「至誠」ある為に仏《ほとけ》と凡夫《ぼんぷ》と親しく接触することが出来る。この「至誠」ある為にこの大なる宇宙とこの小なる我れと相い合して、一団になることが出来る。

今、儒教或いは仏教と言うても、煎《せん》じ詰《つ》めた所は、極《ご》く僅《わず》かである。例えば仏教で、彼《か》の一巻の『金剛経《こんごうきょう》』にしても、その要は「阿耨多羅三藐三菩提《あのくたらさんみゃくさんぼだい》」の一句に帰すると、古人《こじん》も言うて居る。「阿耨多羅三藐三菩提」というのを更にこれを約《つづ》めて見れば、ただ「覚《かく》」

の一字である。また彼の『中庸』の如きもそうで、一篇の所要は詰《つま》りこの「誠」という一字に帰するというてある〔手沢本書入「古人モ云タ、金剛経ノ要処ハ阿耨、、、、、ノ九字ニアルト。九字は梵語。唐デハ只一ノ覚ノ字ジャ。中庸デハ誠ノ字ジャ」／『仏法金湯編』13陳瓘〕。

それでこの「至誠」が天地の間に於て充《み》ち満《み》ちてあると言うて、何か天地に覆載《ふくさい》されて居る様に思いなさるかも知れんが、その実は天地も万物も皆な「至誠」に包まれて居ると言っても宜《よ》い位である。『列子《れっし》』〔天瑞〕という書物を見ると「天地は気中〔空中〕の一細物なり」とあるが、面白い言葉で、天地という大層《たいそう》広い世界の様に見えるが、天地というものは気中の極《ご》く細かい物である。先師も「豈に彼の至誠の大なるを以て天地の小なるに配視《はいし》す可けんや。大凡《おおよそ》至誠の霊物たる、最大・最尊・最霊・最妙の者なり。是《ここ》を以て一回至誠を領略《りょうりゃく》するときは、則ち老少《ろうしょう》を分《わか》たず、智愚《ちぐ》を論ぜず、直《じき》に梵天王《ぼんてんおう》の位に登るが如く、更に階級次第無し云々」と説かれてある〔手沢本首書〕。そういう工合に、一つ我々が見当《けんとう》を附けて見るが宜い。

「**大《だい》なる哉《かな》、至誠の徳《とく》、天地に配して天地に預《あずか》らず**」。この大なる所の天地宇宙に一杯《いっぱい》充ち満ちて居て、そうして天地という者の表面に拘泥《こうでい》して居らぬ。天地に親しく配合されてあって、そうして天地というものに括《くく》られて居らない。「**万物に眧《お》うて万物に干《あずか》らず**」。そんならば、宇宙というものはただ大きい、天地は只だ大きいという様なものばかりになるかと言えば、そうでない。万物即ち一切の物に皆なこれが行き渡って、モウ人類は言うまでも無い。それ以下の動物界にも一杯、植物界にも一杯、有機界にも一杯、無機界にも一杯、浜《はま》の真砂《まさご》にも一杯、そこらの土塊《つちくれ》の中にも一杯、蚤《のみ》の踵《くびす》の中にも一杯、それ位細かに添うて居って、そうしてその物に決して拘泥して居らぬ。それはお互いのモウ経験して居る通りのことで、その「至誠」というものは、「**寂然不動《じゃくねんふどう》の中よりして、遂に感じて天下の故《こと》に通ず**」。

「至誠」は何処《どこ》にあると言うて、段々「至誠」の大本《おおもと》へ立ち返って見ると、「寂然不動」、外《ほか》の言葉で言うて見ると、「上天《じょうてん》の載《こと》は声《こえ》も無く臭《におい》も無し」〔手沢本書入／『中庸』33—6、第41講参照〕という様なものである。それは時にも所にも少しも変らない「寂然不動」であって、いつも止水明鏡《しすいめいきょう》の如きものかというに、そうでない。止水明鏡の様な中から、直《ただ》ちに感じて——総ての物に感じて「天下の故に通ず」。「故」という字は事《こと》という意味で〔手沢本書入「事也」〕、天下一切の事に皆な融通して居る。「鳶《とび》飛んで天に戻り、魚《うお》淵に躍る」〔手沢本書入／『中庸』12—3〕。こういう所を『華厳経《けごんきょう》』〔如来現相品〕には「仏身《ぶっしん》、法界《ほっかい》に充満して普《あまね》く一切群生《ぐんじょう》の前に現ず、縁《えん》に随い感《かん》に赴いて周《あま》ねからずということ靡《な》し、而も常に此の菩提座《ぼだいざ》に処す」というてある〔手沢本書入〕。その言い方は違うが、意味は同じことである。

「**流行《りゅうこう》して止息《しそく》無し**」、これが暫《しばら》くも停滞して居るものでない。何処かに潜《ひそ》んで影を隠して居る訳のものではない。常に「流行」して居る。素人目《しろうとめ》にはそれが直《す》ぐ見えない。「一《いち》

縁《えん》に因《よ》らず、一法《いっぽう》を立てず」。「至誠」その者の本体から言うならば、何の縁《えん》にも決して因りはしない。また決して何の法をも立てない。塵毛《ちりけ》一本も立てない。然らば決して「一法を立てない」からと言うて、空々寂々《くうくうじゃくじゃく》、何もないかと言えば、そうでない。「**明々歴々《めいめいれきれき》として、一縁一法に昧《くら》からず**」。「一縁一法」何事《なにごと》にも矢張《やは》り行き渡って居る。これを『華厳経』などには「真如《しんにょ》は自性《じしょう》を守らず、染浄《ぜんじょう》の縁に随って、不合にして合す」と言うてある〔手沢本書入／『宗鏡録』47「此阿羅耶識、即是真心不守自性、随染浄縁、不合而合」〕。乃ちただジッとして居らない、汚れたる中にも清らかなる中にも総ての縁に従うて合致する、これが些《ち》っとも括《くく》られて居らぬ。それでは如何《いか》に「一縁一法に昧くない」かと言うならば、能《よ》く見よ、かくの如く明らかに「至誠」は現われて居る。

「**譬《たと》えば鳥は以て春に鳴き、雷《いかずち》は以て夏に鳴り、虫は以て秋に鳴き、風は以て冬に鳴くが如し**」。妙なもので、春になると、誰が指図《さしず》する訳でもないけれども、梅《うめ》の一輪二輪咲《さ》く間に鶯《うぐいす》が谷間《たにま》から出て来て、ホウホケキョと鳴いて居る。誰の支配を受けるのでも無いが、夏になるというとゴロゴロ雷《かみなり》が鳴り出す。秋になると草葉《くさば》の露《つゆ》に虫がすだく。冬になると木《こ》枯《がら》しが吹く。こんなことは、生れ落ちると今日まで、耳に慣れ目に慣れて居るから、何とも思わないけれども、もしこの天地自然の運用の有り様を精神的に、精細に観察し来ったならば、実に奇《き》々妙々《きみょうみょう》、実に不可思議《ふかしぎ》の有り様である。しかし余り不可思議に慣れて居るから、何とも思わないのであるが、実に妙《みょう》と言わんか、奇《き》と言わんか、殆んど言説《ごんぜつ》を絶して居る。

「**其《そ》れ唯《た》だ毫釐《ごうり》も欺《あざむ》かずして、而《しか》も循環《じゅんかん》息むこと無し**」。その四時《しじ》循環し、昼夜《ちゅうや》交代し、万物生々《せいせい》発育して行く有り様というものは、鵜《う》の毛《け》一本も自然の法則を乱して居らぬ。皆な天真爛漫、些《ち》っとも自ら自らを欺いて居らぬ。嘘《うそ》も隠《かく》しも何も無い。有《あり》の儘《まま》の働き、天地自然の働きである。であるから古人〔定家〕も、「偽りのなき世なりけり神無月誰が誠より時雨《しぐれ》そめけん」などと詠して居る〔手沢本書入／『続後拾遺集』6冬／「洪川モ古歌ヲ摸擬シテ偽ノナキ世ナリケリ梅ノ花誰ガ誠ヨリ開キ初メケン」〕。これは皆な天地自然の現われ、欺かざるの姿、「至誠」の働きである。この働きは循環して息むことがない。

「**息むこと無きが故《ゆえ》に悠遠《ゆうえん》**」、千年経《た》っても万年経っても、過去の千年万年を見るが如く、未来の千年万年もまたかくの如くで、「**悠遠なるが故に高明《こうめい》なり**」、少しも欺かぬから遠い。遠いからして高く、且《か》つ明らかなるものである。日月《じつげつ》は明らかなと言うてもこの「誠」は天の高きが上に出て居る。日月の明らかなるその上に出て居る。天は高しと雖《いえど》もこの「誠」は天の高きが上に出て居る。地は厚しと言うてもこの「誠」は地の厚きよりも更に上に出て居る。大千世界《だいせんせかい》広しと雖もこの「至誠」は大千世界の外に出て居る。

「**是《こ》れ又《ま》た何物ぞ**」。そんなら其の物は全体どういう品物か、どんな形をして居るものか。ただ言句に附いて廻ってキョロ附いて見ても分らぬ。「**只《た》だ学者己《おの》れに反《かえ》って自得《じとく》するに在り**」。何物じゃと言うて遠方を探さずして、直《じき》に自己の内容に向って究《きわ》め来《きた》り究め去りて、恰《あたか》も水を呑《の》んで冷暖自知《れいだんじち》する如く、これを自得せねばならぬ。先師洪川《こうせん》和尚が、他の書物に書いて置かれたが、「昔日《せきじつ》、或るひと、山僧《さんぞう》に問う、『中庸』に所謂る誠とは其の体何物ぞや。曰く、其の体歴然《れきぜん》として之れ有りと雖も、之を捉得《そくとく》するに難為《なんい》なり。問う、術有りや。曰く、有り。曰く、願わくば其の術を示せ。曰く、博《ひろ》く之を学び、審《つまび》らかに之を問い、慎《つつし》んで之を思い、明らかに之を辨じ、篤《あつ》く之を行う〔『中庸』20—18〕、此の五の者は至誠の体を捉得《そくとく》するの術なり。故に曰く、人一《ひと》たびして之を能《よ》くすれば己《おの》れ之を百たびし、人十《と》たびして之を能くすれば己れ之を千たびす。果して此の道を能くせん、愚《ぐ》なりと雖も必らず明らかに、柔《じゅう》なりと雖も必らず強しと。其の人閉黙《へいもく》して退く」とある〔手沢本首書〕。故にどこにそんなものがあると言うてキョロ付いても、薩張《さっぱ》り影も形も無い。先師の言われし如く、その内容に向って五つの術を以てこれを能く精細《せいさい》に翫味《がんみ》したならば、そこに「誠」というものを認めることが出来る。

「**語に曰く**」、これは『中庸』の第二十六章〔26—7〕にある。「**其の物為《た》る弐《に》ならざれば、則《すなわ》ち其の物を生ずる測《はか》られず**」。その前文に「天地の道、一言にして尽《つく》す可きなり」という言葉があって、その次の言葉がこれで、その物たる二つならず。「誠」というものは、二つは無い。もし二心《にしん》があったならば「誠」ということは出来ぬ。純一無雑《じゅんいつむぞう》だ。二心の無い、天真爛漫の有り様であるから、「物を生ずる測られず」、何でもこれから出てくる。大体はただ一つじゃ。一つであるが故に、百でも千でも万でも兆でも、無量無辺の物皆なこれから割り出してくる。

「**又た曰く**」、また『中庸』〔20—7〕に言うてある。「**知《ち》仁勇《じんゆう》の三者は、天下の達徳《たっとく》なり。之《これ》を行う所以《ゆえん》の者は一なり**」と、こうも言うてある。「知は此を知る所以也《ゆえんなり》、仁は此を体する所以也、勇は此を強うする所以也。之を達徳と謂うは、天下古今同《おなじ》く得《う》る所の理なればなり也」という註がある〔手沢本書入／『中庸』20—7「天下達道五」朱熹『章句』〕。「知仁勇」この三つは「達徳」だ。この三つの者を完《まっと》うしたのが、これが本当の人間の「達徳」という。しかし乍《なが》ら「之を行う所以の者は一なり」で、「知」を行うも、「仁」を行うも、「勇」を行うも、一つだ。ただ現われる方面に依って「知」と言い、「仁」と言い、「勇」と言うが、これを行うものは「一」である。「一」とは何だ、「誠」だ。「知仁勇」三つばかりでない、一切の働きは、皆な一つだ。

「**故に山野《さんや》常に言う、孔門《こうもん》亦た惟《こ》れ此《こ》の至誠一乗《しせいいちじょう》の法《ほう》有り、二も無く亦た三も無し**」。それで私が常に言うが、儒教では「至誠」の「一」を以てこれを貫いて居る。仏教では「一乗」と言う。「一乗」というに就いては、二乗、三乗、五乗と言う風に沢山の言葉がある。「乗」というのは乗り物の事で、法を以て乗り物に譬《たと》えた。それで「一乗」というのは最上の乗り物を指していうたので、これは『法華経《ほけきょう》』に拠《よ》り所《どころ》がある。「唯だ一乗の法のみあって、二も無く亦た三も無し」〔方便門〕という言葉がある。それを脱化《だっか》して此処《ここ》に使った。真理の極所《きょくしょ》は皆な一つであります。それを仏教だとか、儒教だとか、耶蘇教だとか、名に依って喧嘩《けんか》して居る者が多い。人間という者は気が利《き》いて居るようで而も間《ま》の抜けたものだ。

「予、昔日瞥地《せきじつべっち》の後」、予洪川《こうせん》、往昔《おうせき》チラと見附《みつ》けた後、即ち見性《けんしょう》した後に、**「此の至誠の一語に於て」**、この『中庸』の言葉に於て、**「鍛究錬磨《たんきゅうれんま》」**、丁度鉄《てつ》を引き延べて鍛錬するが如くに、この心を以て幾度《いくたび》か練《ね》り鍛《きた》え、**「頗《すこぶ》る正念工夫相続《しょうねんくふうそうぞく》の力《ちから》を得たり」**。「正念工夫相続」、これが道の終極、修行のドン詰《づま》りであります。

白隠《はくいん》禅師の師匠の正受老人《しょうじゅろうじん》〔道鏡慧端〕の言われた言葉にこういう言葉がある。「夫《そ》れ正念工夫の端的《たんてき》、未《いま》だ悟入《ごにゅう》せざる者は、切に須《すべか》らく真正の導師に見《まみ》えて、願心《がんしん》を決定《けつじょう》すべし。既に決定を得去《えさ》らば、十二時中、四威儀《しいぎ》の間、須らく正念工夫、打失《たしつ》せざるかを以て第一となすべし。見ずや大恵《だいえ》禅師曰く、那時《なじ》〔いずれのとき〕か是れ打失の処、那時か是れ不打失の処、一切処に於て是の如《ごと》く点検せよと。此は是れ従上《じゅうじょう》の諸聖《しょしょう》、正念工夫親切の様子《ようす》にして、万古不易《ばんこふえき》の正修《しょうしゅう》なり。仏法の中、醜陋卑賤《しゅうろうひせん》の少女と雖も、正念工夫間断《かんだん》無き者は、精進堅固《しょうじんけんご》有力の大人と為す。仮令《たとい》七尺の身財《しんざい》有りて身子満慈《しんしまんじ》の辯智を逞《たくま》しうするとも、正念工夫無き者は、名《なづ》けて殠爛膨壊《しゅうらんぼうえ》の死人となす。汝等《なんじら》切に容易にし去ること莫《なか》れ。寔《まこと》に保《たも》ち難く持《じ》し難きは、正念工夫の大事なり云々」〔手沢本首書／今北洪川纂訂『垂語』〕。これは白隠禅師に向って、正受老人の示した言葉である。敢《あえ》て辯を附けぬ。**「其の恩洪大《こうだい》にして、報《むく》いる所を知らざるなり」**、報いる所を知らぬ位に有り難い。

「**如今《にょこん》、此の書編述《へんじゅつ》の志願《しがん》**」、今この『禅海一瀾《ぜんかいいちらん》』を「編述」する「志願」も、「**全く此《ここ》に基《もと》す**」、この「至誠」という一語に大いに感ずる処あって遂にこういう著述をもすることになった。「**乞《こ》う学者、至誠無息《しせいむそく》の滋味《じみ》を細嚼《さいしゃく》し**」、荒喰《あらぐ》いすると、腹《はら》が減《へ》る。細《こま》かにこの味を噛《か》み分《わ》けて、「**深く之を自得すれば、則ち正念工夫、不断相続《ふだんそうぞく》に於て、其の力を得る、必ず観る可《べ》き者有らん**」、大いなる力を得ることが出来よう。

「正念工夫、不断相続」というのは、悟った境界と日用《にちゆう》の行いと同じであるのを言うので、所謂《いわゆる》「行解相応《ぎょうげそうおう》」でなくてはならぬ。『円覚経《えんがくきょう》』に「若《も》し解《げ》あって行《ぎょう》無き者は、沙《さ》井《せい》にして潤《うるお》いなきが如し」、井戸は掘れてあるけれども水は無い。「若し行あって解なき者は、雲あって雨なきが如し。只だ是れ行解相応して方《ま》さに進修《しんしゅ》して道に入るべきなり」、こういう様な有り難い言葉がある〔手沢本首書／『円覚経類解』4末〕。その「行解相応」の境界を得たならば、「其の力を得る、必ず観る可き」ものであろうと、先師が評せられたのである。

第四十三講　浴《よく》　沂《き》（第十六則）

曽点《そうてん》曰《いわ》く、「暮春《ぼしゅん》には春服《しゅんぷく》既《すで》に成る、冠者《かんじゃ》五六人、童子《どうじ》六七人、沂《き》に浴《よく》し、舞雩《ぶう》に風《ふう》して、詠《えい》じて帰らん」。孔子喟《き》然《ぜん》として歎じて曰く、「吾れは点《てん》に与《くみ》せん」。

孔門《こうもん》亦《ま》た這《こ》の佳境《かきょう》有り。吾が門這《こ》の妙境《みようきょう》有りと雖《いえど》も、透徹《とうてつ》する者多《おお》く得《え》難《がた》し。按《あん》ずるに、曽点は狂者なり。三子《さんし》の志《こころざし》を言うに臨んでは、故《ことさら》に聞かざる者の如く、徐《おもむ》ろに瑟《こと》を舍《お》いて起ち、突然として答う。其《そ》の言善《よ》く形容して孔子の境涯に偶中《ぐうちゅう》す。故《ゆえ》に孔子与《よ》同《どう》の歎辞《たんじ》有り。学者且《しばら》く道《い》え、作麼生《そもさん》か是《こ》れ孔子の境涯。若《も》し這《こ》の妙境を会《え》せんと欲せば、先《ま》ず須《すべか》らく吾が門、難透《なんとう》・向上《こうじょう》の語話《ごわ》を歴尽《れきじん》し、腕頭《わんとう》力を得るを俟《ま》って、然《しか》る後《のち》始めて些子《さし》の相応《そうおう》有るべきなり。泛《あま》ねく諸儒《しょじゅ》の説を考《かんが》うれば、各《おのお》の一分の見処《けんじょ》有り。譬《たと》えば瞽者《こしゃ》が大象《だいぞう》の鼻足耳尾《はなあしみみお》を捉《とら》えて、其の形を説く者の如し。皆な太《はなは》だ当らず。此《こ》れは是れ孔門越格《おっかく》の些子《さし》、幕外性躁《ばくがいせいそう》の輩《はい》とは論じ難し。何故《なにゆえ》。深海《しんかい》の珠《たま》、罔象《もうしょう》の輩之《はいこれ》を収め、深山《しんざん》の宝《たから》、意《い》無き者《もの》之を拾う。

曽点曰。暮春春服既成。冠者五六人。童子六七人。浴乎沂。風乎舞雩。詠而帰。孔子喟然歎曰。吾与点。

孔門亦有這佳境。雖吾門有這妙境。透徹者難多得矣。按。曽点者・狂者也。臨三子之言志。故如不聞者。徐而舍瑟起。突然答。其言善形容偶中孔子之境涯。故孔子有与同之歎辞矣。学者且道。作麼生是孔子之境涯。若欲会這妙境。先須歴尽吾門難透向上語話。俟腕頭得力。然後始有些子相応也。泛考諸儒之説。各有一分見処。譬如瞽者捉大象之鼻足耳尾。而説其形者。皆太不当矣。此是孔門越格之些子。難与幕外性躁輩論焉。何故。深海之珠。罔象輩収之。深山之宝。無意者拾之。

［講話］　本日は第十六則「浴沂《よくき》」という章であります。これは『論語《ろんご》』先進《せんしん》の篇に出て居ります。諸君は既に皆なお読みになって居ることであろうと思いますが、名高い一章であります。序《つい》でであります から『論語』に書いてある所を一応《いちおう》言うて置いても無用のことでなかろうと思う。

或る時、子路《しろ》と曽皙《そうせき》と冉有《ぜんゆう》と公西華《こうせいか》と、この四人が孔子《こうし》に侍坐《じざ》して居った。孔子が言わるるに、「吾れ一日爾《いちじつなんじ》に長せるを以て、吾れを以てする毋《なか》れ」。誠にこの言葉の意味に依って、孔子の人《ひと》と為《な》りが能《よ》く現われて居る。吾れは汝等《なんじら》から見れば一日《いちじつ》の長《ちょう》ありと雖も、敢《あえ》て遠慮するに及ばぬという言葉である。「居れば則ち曰く、吾れを知らず」、お前方、平生人《ひと》吾れを知らずという不平な心持ちがある。「如《も》し或《あるい》は爾を知らば則ち何を以てせんや」、人が知らぬという不平な心持ちがあるが、もし人が知って呉《く》れたら、どういう風にするか、という話があった。

所が子路という人は勇者であるから、率爾《そつじ》として対《こた》えて言うに、「千乗《せんじょう》の国、大国の間に摂《せっ》して、之に加うるに師旅《しりょ》を以てし、之に因《よ》るに饑饉《ききん》を以てす」、こういう場合には、何《いず》れ困難な場合であります。小さい国で大国に挟《はさ》まれて居って、そうして大国に軍を率《ひき》いて戦《いくさ》が始まって、その上に饑饉が加わって来たという場合は、余程国《くに》としては困難な場合で、「由也《ゆうや》、之を為《おさ》めて三年に及ぶ比《ころ》に、勇《ゆう》有って且《か》つ方《ほう》を知らしむ可きなり」。私が若しそういう国を治めたら、三年になるかならぬ頃に、その国民として勇《いさ》むことあって、その方向を知らしむることがありましょう。この言葉に依って子路の人と為りが分る。そうしたら「夫子《ふうし》之を哂《わら》う」、孔子が笑われた。いつもの勇気で、子路が中々聞《き》かぬ気《き》を言うて居ると笑った。

「求《きゅう》、爾《なんじ》は如何《いかん》」、その次に冉求《ぜんきゅう》に対して問われた。対《こた》えて曰く、「方《ほう》六七十、如《も》しくは五六十、求也《きゅうや》、之を為《おさ》めば、三年に及ぶ比《ころ》、民をして足《た》らしむ可し」。余程この人は経済などに長《た》けて居った人らしい。そういう小さい国を治めて三年になる頃に、必ず家毎《いえごと》に給し人毎《ひとごと》に足るという様にしたいと思います。「其の礼楽《れいがく》の如きは以て君子《くんし》を俟《ま》つ」、それ位なことは致しますす積《つも》りでありますが、礼楽という様な高尚なことは他に委《まか》せましょうと謙《けん》遜《そん》して言った。

「赤《せき》、爾は如何」、三番目に孔子が公西華《こうせいか》に向って、赤、爾は如何と尋ねられた。赤対えて曰く、「之を能《よ》くすと曰うに非ず、願わくは学ばん。宗廟《そうびょう》の事若《も》しくは会同《かいどう》」、「宗廟」というは祭祀《さいし》の事、「会同」というのは諸侯《しょこう》を会同する事、言わば外交的の事で、その祭祀の事や外交官的の事に、「端章甫《たんしょうほ》して願わくは小相《しょうしょう》たらん」。「端」は服、「章甫」は冠。礼服を着けてその国の助けをしたい。こういう意味で各《おのお》の志を言った。

一番終《しま》いに「点、爾は如何」、皆なが一々志を言うて居った時に知らぬ顔をして居った。即ち「瑟《ひつ》を鼓《こ》する希《まれ》なり」、琴の様なものを弾いて居った。人の言うのを聞き乍《なが》ら、希《まれ》に〔ポツリポツリと〕やって居った。「鏗爾《こうじ》として瑟を舍《お》いて」、乍《たちま》ちパタンと何か鳴らし物の音をさせて瑟を舍いて、対えて言うに、「三子者《さんししゃ》の撰《せん》に異《こと》なり」、私は今の三人が言うた志とは少しく違います。「子曰く、何《なん》ぞ傷《いた》まんや、亦た各《おのおの》其の志を言うなり」、宜《よろ》しいから汝の志を言えと言われた。そこでこの本文の言葉を始めて言うた。

曰く、「**暮春《ぼしゅん》には春服《しゅんぷく》既《すで》に成る、冠者《かんじゃ》五六人、童子《どうじ》六七人、沂《き》に浴《よく》し、舞雩《ぶう》に風《ふう》して、詠《えい》じて帰らん**」。暮春には、日本ならば初袷《はつあわせ》とでもいうような軽い衣服を着て、冠《かんむり》を着けた者五、六人と、童子六、七人、誠に無邪気《むじゃき》な子供達を六、七人も連《つ》れて、魯城《ろじょう》〔曲阜〕の南にある沂水《きすい》という川のほとりまで出かけた。これは古い時代のことでありますが、或る者の考えに依ると、沂水の側に温泉でも出たものと見える〔手沢本書入「水名、在魯城南、地志以為温泉」／朱熹『集注』〕。こんな風に若者どもを連れてブラブラと沂水の畔《ほとり》に一浴を試みて、「舞雩」というのは詰《つま》り天を祭ったり雨を禱《いの》ったりする所、其処《そこ》に高い壇上の様なものがある〔手沢本書入「祭天禱雨之処、有壇墠樹木」／『集注』〕。一口に言えば今時《いまどき》何処《どこ》にもある清らかな公園の様な涼しそうな所で、「風《ふう》する」というのは涼《すず》むという意味である〔手沢本書入「乗涼也」／『集注』〕。かかる公園で夕涼《ゆうすず》みでもして、自分の心に協《かの》うた詩でも吟《ぎん》じながら、ブラリブラリと其処《そこ》らあたりを歩いて帰ろうと、こういうことを言った。

これは先師などの解する所に依ると、曽点が従容自適《しょうようじてき》の境を得たのではなかろう。大体が狂者であるから、偶《ふ》とこういうことが心に浮かんだ、その心に浮かんだ儘《まま》を包み隠すことなく言うたのが、これが大変孔子様のお心に適《かの》うた。丁度《ちょうど》我々が禅門に入って、そうして最初この色々の五官から起る迷いを破り、段々学問や理窟の惑いを取って仕舞って浅い所から深い所に至り、低い所から高い所に登る階梯を越え、順序を追うて迷いも悟りもスッカリ忘れて仕舞うという境界、そこまで修行を仕上げたのが、今の「暮春には春服既に成る、冠者五六人、童子六七人、沂に浴し、舞雩に風し、詠じて帰らん」という、自然の境界だ。外の方で言うと、孔子様の言われた、「心の欲する所に従って矩《のり》を踰《こ》えず」ということに当る〔『論語』為政〕。その境界に至るのは、これは中々容易なことではない。然し偶《たま》ま曽点という人は狂者だけに、偶《ふ》とこういうことを心に浮かべて言うた。それが大層《たいそう》孔子様のお心に能《よ》く合《がっ》したのであるから、「**孔子喟然《きぜん》として歎じて曰く、吾れは点《てん》に与《くみ》せん**」。「喟然」というのは讃歎の呼び声で〔手沢本書入「賛歎ノ余声。所謂大息」〕、アーそうじゃ、私も汝に与しよう、四人が各の自分の思うことを言った、何《いず》れも面白いけれども、就中《なかんずく》この曽点の言うたことに私は賛成しよう。こういうことは、孔子様は滅多《めった》に仰《おっ》しゃらぬが、余程気に入ったものと見える。これに対する先師の説として書いたものを読んで見ると。

此の則、孔子は十地《じゅっじ》以上の菩薩《ぼさった》為るを明かすが為に之を設く。曽晳《そうせき》の為に之を設くるに非ず。蓋《けだ》し曽晳は狂士なり。故に其の行、必ず親しく説く所の処に到らざるのみ。

孟軻《もうか》の所謂る、狂士は、其の行掩《おお》わざる者是《これ》なり。是《ここ》を以て予《よ》之を釈して曰く、孔子の言は、一時の褒詞《ほうし》なり。道を以て之を許可するに非ず、と。虚堂《きどう》老曰く、「窓《まど》を隔《へだ》てて馬騎《ばき》を看ることは故《ことさ》らに之《これ》有り」と。是れ亦《ま》た点《てん》を撥《さっ》して之を言う、孔子を貶《へん》するに非ざるなり。〔手沢本首書〕

こういうのが先師洪川《こうせん》和尚の説であります。更にこの事が段々禅録《ぜんろく》にも引いてあって、有名な『虚堂録《きどうろく》』に虚堂和尚が言うて居らるる、それを一言言《い》うて置きましょう。『虚堂録』〔1〕中の興聖録《こうしょうろく》・上堂《じょうどう》の一節に此の「沂に浴し、舞雩に風する」の一則を挙揚《こよう》して、

窓を隔てて馬騎を看ることは故《ことさ》らに之《これ》有り。衲僧家《のうそうけ》、黒衣《こくえ》を著《つ》け、黒柱《こくちゅう》を護《まも》る。終《つい》に你《なんじ》に向いて道《い》わず。依稀《いき》たり、松の屈曲。髣髴《ほうふつ》たり、石の斕斑《らんぱん》。〔手沢本首書〕

と言うてある。これを解釈すると大分《だいぶ》面倒になりますから、今はただこれだけを引いて置く。

「**孔門亦《ま》た這《こ》の佳境《かきょう》有り**」。我が禅宗の修行を仕上げた上から見ると、孔子の門にもこういう面白い境界がある。「**吾が門這《こ》の妙 境《みょうきょう》有りと雖《いえど》も**」、吾が禅門にもこの「妙境」がある。公案《こうあん》の上で例を引くと段々ありますけれども、それを引いても、ただ引いただけでは徹《てっ》することは出来ませぬが、念の為に一つだけ引きましょう。我々が禅門で修行して行くと、順序なき所に自然と順序があって、初めは一つ根本地《こんぽんち》を明らめる。詰《つま》り平等《びょうどう》と差別《しゃべつ》というならば、平等の真境界を初めに明らかにして、天地《てんち》未《み》発以《はつい》前《ぜん》、我々がこの世の中へ生

れぬ前のことは疑問と言えば大疑問で、その疑問を明らかにする境界を得させる。もし一《ひと》度《た》びその第一関門を破った以上には、今言う通り順序なき所に自ら順序があって、例えば「法身《ほっしん》」とか「機関《きかん》」とか「難透難解《なんとうなんげ》」とか云う工合である。「法身」とか「機関」とかいうのは自利《じり》的の修行で、「難透難解」というのは利他《りた》的の境界を明らめさせるという風に分けた。それを段々調べて行って「五位《ごい》」の境界を一々明らかにするので、「五位」というのは曹洞《そうとう》門に於て最も重きを置いて居る、その一は「正中偏《しょうちゅうへん》」、詰り平等の中の差別という意味。それを今度は引っくり返して「偏中正《へんちゅうしょう》」、差別の中の平等という意味。それから「正中来《しょうちゅうらい》」、「兼中至《けんちゅうし》」、一番終りが「兼中到《けんちゅうとう》」、これを一々解釈をして居ると長くなるから、これは他日に譲って置くが、一番終りの「兼中到」というものは、スッカリ迷いも悟りも打ち忘れて仕舞ったのが、「兼中到」の境界だ。その「兼中到」まで一つ調べ上げたならば、この「暮春には春服既に成り」という趣味のあることが分るであろう。「兼中到」ということを頌《じゅ》して洞山《とうざん》和尚は、「折合《せつごう》、還《かえ》って炭裡《たんり》に帰して坐す」と言われた〈洞山良价「五位君臣頌」、『碧巌録』43本則評唱、他〉。詰り元《もと》の木阿弥《もくあみ》という程の意味で、迷いだの悟りだのというそんな境はなくなって仕舞って、元の木阿弥という境界、その辺《へん》明らめなくてはうま味があるまい。「**吾が門這《こ》の妙境《みょうきょう》有りと雖《いえど》も、透徹《とうてつ》する者多《おお》く得《え》難《がた》し**」。禅宗坊さんでも、この辺まで修行をやる者が乏しい。

「**按《あん》ずるに、曾点は狂者なり**」。先師が按ずるに、この答えをした曾点は「狂者」だ。

「狂」と言うても気違いという意味ではない。江戸言葉でアケスケという言葉があるが、自分の失策も人の前で臆面《おくめん》もなくドシドシ言う、ああいうのを「狂者」と言う。按ずるに曽点は所謂《いわゆ》る「狂者」なる者であって、曽晳、冉有、公西華の「**三子《さんし》の志《こころざし》を言うに臨んでは、故《ことさら》に聞かざる者の如く**」、何を彼等《かれら》が言うて居るかと言った風で、「**徐《おもむ》ろに瑟《こと》を含《お》いて起ち、突然として答**」えた。所が「**其の言善《よ》く形容して孔子の境涯に偶中《ぐうちゅう》す**」。所謂る「偶中」した。段々修養を積み上げて曽点が答えられたというのでなく、偶《たま》ま言うたことが善く適《かの》うた。「**故《ゆえ》に孔子与同《よどう》の歎辞《たんじ》有り**」。如何《いか》な孔子でもこの曽点の答えに対して、歎辞を表された。曽点の様に致したいと言われた。

「**学者且《しばら》く道《い》え**」、「学者」という言葉は、我々禅門の言葉では修行者という位で、今俗《ぞく》に言う物知《ものし》りというのでない。今、道を学ぼうという者が、これへ対して何と辯を附けたものか。「**作麼生《そもさん》か是《こ》れ孔子の境涯**」。孔子の境涯はどんなものか。「**若《も》し這《こ》の妙境を会《え》せんと欲せば、先《ま》ず須《すべか》らく吾が門、難透《なんとう》・向上《こうじょう》の語話《ごわ》を歴尽《れきじん》し、腕頭《わんとう》力を得るを俟《ま》って、然《しか》る後《のち》始めて些子《さし》の相応《そうおう》有るべきなり**」。

「難透」は今申しました「難透難解」、その上に「向上」。この言葉は新聞などでも使う言葉でありますが、我が禅門の言葉では迷いも悟りも出抜けた境界を言う。例えば乾峰《けんぽう》和尚が「一を挙げて二を挙ぐるを得ず、一著《いちじゃく》を放過《ほうか》すれば第二に落在《らくざい》す」（『五燈会元』13越州乾峰）。又た云わく、「法身《ほっしん》に三種の病《やまい》と二種の光《ひかり》有り、一々透得《とうとく》して当《まさ》に帰家《きけ》穏坐《おんざ》地《ち》を得べし」〔同前〕。これは皆な「向上」の語で、頗るこれは穿鑿《せんさく》す可きことで、こういう様な「難透・向上の語話を歴尽し、腕頭力を得るを俟ち」、項羽ではないが「力《ちから》山を抜き、気《き》世を蓋《おお》う」という、それ程の力を得て、然る後に始めて曽点が言うたことを孔子がそれを賛成せられた境界に、少しは出遇うことがあるであろう。

然るに彼《か》の王陽明《おうようめい》程の人でも、この境界に到って誤解があったものと見えて、先師の説がある。

按《あん》ずるに王陽明《おうようめい》の如きも亦《ま》た此の妙境を了会《りょうえ》せざること在り。其の言に云く、「此の章を以て之を観る。聖人は何等の包含《ほうがん》の気象《きしょう》ぞ。且《か》つ師為《た》る者 志《こころざし》を問う、三子《さんし》皆な整頓《せいとん》して以て対《こた》う。曽点に至りては、飄々然《ひょうひょうぜん》として那《か》の三子を看て眼《まなこ》に在らず、自ら去《ゆき》て瑟《しつ》を鼓《こ》し来る。何等《なんら》の狂態《きょうたい》ぞ。志を言うに及びて、都《すべ》て是れ狂言なり。聖人《せいじん》の人を教うる、只だ狂者の如きは、便ち狂処に従《よ》りて他《かれ》を成就《じょうじゅ》す云々」と。〔手沢本首書／『伝習録』下—57〕

かくの如き「向上」の境界に至っては、仲々会得《えとく》するものが少ない。それであるから**「泛《あま》ねく諸儒《しょじゅ》の説を考《かんが》うれば、各《おのお》の一分の見処《けんじょ》有り」**、皆な一ッ宛《あて》見る所があるが、全体の善き所を見逃《みのが》して居る。**「譬《たと》えば瞽者《こしゃ》が大象《だいぞう》の鼻足耳尾《はなあしみみお》を捉《とら》えて、其の形を説く者の如し」**。これは『涅槃経《ねはんぎょう》』〔師子吼菩薩品〕に出て居る譬《たと》えである。鏡面王《きょうめんおう》という王様が群盲の前に大象を置いて捜索せしめたことがある。王が問うて言うに、「象、何の類《たぐい》ぞや」。盲者の答うるに、足を持する者は曰く、「象は漆桶《うるしおけ》の如し」。尾を捕えて居る者は曰く、「象は箒《ほうき》の様なものだ」。それから尾の本を持って居る者は曰く、「象は杖《つえ》の如きものである」。腹を持する者は曰く、「鼓《つづみ》の如し」。脇を持する者は曰く、「壁《かべ》の如し」。背中を持する者は曰く、「坑《こう》の如し」。即ち土を盛り揚げた様なものだと云う風に、各の自分の持って居る所だけを以て象はこんなものでござると云うて居る。こういうと可笑《おか》しい様でありますが、宇宙の一大真理を捕えて来て、耶蘇教者は耶蘇教、仏教者は仏教、儒教者は儒教という範囲で解釈をして居るが、これ皆な「瞽者が大象の鼻足耳尾を捉えて、其の形を説く者の如く」で、「**皆な太《はなは》だ当らず**」。一部分は当って居るが、悉《ことごと》くは当らぬ。「**此《こ》れは是れ孔門越格《おっかく》の些子《さし》**」、この境界まで磨《す》り上げて行こうというのは大変で、迷いには迷いの格式があり、悟りには悟りの格式がある。その格式を飛び越えたという境界の事は、「**幕外性躁《ばくがいせいそう》の輩《はい》とは論じ難し**」、門外漢のただ一寸賢《かし》こい奴《やつ》という輩《やから》とは論じ難い。あれは賢いというだけでは、こういう境界が分らぬ。「**何故《なにゆえ》**」かならば、「**深海《しんかい》の珠《たま》、罔象《もうしょう》の輩之《はいこれ》を収め、深山《しんざん》の宝《たから》、意《い》無き者《もの》之を拾う**」。

これも出所を言えば『荘子《そうじ》』の天地《てんち》篇に出て居る〔第6講参照〕。黄帝《こうてい》という人が赤水《せきすい》に遊んだ時に、結構な珠を水の中へ沈めた。そこで離朱《りしゅ》という目の明らかな者をしてこれを探らしめたが、見えぬ。喫詬《きっこう》というこれは能辯者だが、この能辯者をして探らしめたがまた得ず。罔象《もうしょう》〔象罔〕というのは盲人である。一人の座頭を呼んで来てその珠を探らしめたら、水の中に潜んでおる玉を手安《てやす》く得て来た。こういうことを譬喩的に言うのが荘子の最も面白い所で、目の見える者には分らずして、却って目も見えぬ輩に分った。「深山の宝」は欲張った奴が宝を掘り出そうとして居る奴には分らずして、何とも考えざる無器用者《ぶきようもの》がこれを得る。其処《そこ》に面白いことがある。学者も段々学問修行をして遂に大馬鹿者《おおばかもの》に成りはてて、そこで始めて大安楽《だいあんらく》の境界を得る。こういう点から見ると、この曽点の言うた言葉は余程面白いことである。

第四十四講　率《そつ》性《せい》（第十七則）

『中庸《ちゅうよう》』に曰《いわ》く、「天命之《てんめいこれ》を性《せい》と謂《い》い、性に率《したが》う之を道《みち》と謂う」。性《せい》は道《みち》の体なり。道は性の名なり。自然に名実《めいじつ》相い持して流行《りゅうこう》す、之を性に率《したが》うと謂う。其《そ》の物為《ものた》るや、虚《きょ》にして霊《れい》、寂《じゃく》にして妙《みょう》、而《しこう》して万物《ばんぶつ》たるに昧《くら》からず、物々総《もつもつすべ》て無妄《むもう》。一物《いちもつ》其の中に在って主宰《しゅさい》と為《な》り、以て大道《だいどう》を成就《じょうじゅ》す。亦《ま》た甚《はなは》だ奇怪《きかい》なり。此《こ》れは是《こ》れ妄《みだ》りに食を説く、飢《うえ》を充《みた》すに足らず、其の本食《ほんじき》に至っては、只《た》だ人々《にんにん》之を自得《じとく》するに在り。一飽《いっぽうよ》克く万劫《ばんごう》の飢《うえ》を療《いや》す。蓋《けだ》し性の物為《た》る、之を論ずれば則《すなわ》ち皆な死物《しぶつ》為り。故《ゆえ》に孔子《こうし》之を言わず、孟軻《もうか》に至って只だ云《い》う、「其の之を自得せんと欲するなり」。然《しか》れども孟告《もうこく》往来の論を見るに、迂遠《うえん》甚だし。之を傍観《ぼうかん》するに堪《た》えず。今、比喩《ひゆ》を以て軽々《けいけい》に之を論ぜば、夫《そ》れ清潔《せいけつ》は水の性なり。人に於ては即ち性の徳《とく》なり。東西下湿《かしつ》するは水の習《なら》いなり。人に於ては即ち気の動《どう》なり。逆上激揚《ぎゃくじょうげきよう》は水の変《へん》なり。人に於ては即ち心の用《ゆう》なり。之を要するに只だ是れ一精明《せいめい》、動用《どうゆう》は影響のみ。然らば則ち性善《せいぜん》に於て何の疑いかあらん。東西上下を諍《あらそ》うが如きは、皆な枝葉《しよう》の論なり。只だ孟軻が、犬の性は猶《な》お牛の性のごときか、牛の性は猶お人の性のごときかと詰問するが如きは、是れ多辯《たべん》に失する者なり。何となれば則ち天地も這《こ》の善性《ぜんせい》無くば、以て天地と為すに足らず。日月風露《じつげつふうろ》も這の善性無くば、以て日月風露と為すに足らず、草木瓦礫《そうもくがりゃく》も這の善性無くば、以て草木瓦礫と為すに足らず。而《しか》るに況《いわん》や血気《けっき》有る者に於てをや。他又《ま》た曰く、「万物皆な我れに備わる。身《み》に反《かえ》して誠《まこと》あらば、楽《たの》しみ焉《これ》より大なるは莫《な》し」と。此れを得《え》たりと為す、何ぞ前言に於て之を失するや。孟軻自ら謂う、「尽《ことごと》く書《しょ》を信ぜば書無きに如《し》かず」と。予是《ここ》に於てか亦た言う。

中庸曰。天命之謂性。率性之謂道。

性者。道之体也。道者。性之名也。自然名実相持而流行。謂之率性也。其為物也。虚而霊。寂而妙。而不昧為万物。物物総無妄。一物在其中為主宰。以成就大道矣。亦甚奇怪也。此是妄説食。不足充飢。至其本食。只在人人自得之。一飽克療万劫飢。蓋性之為物。論之則皆為死物。故孔子不言之。至孟軻只云欲其自得之也。然見孟告往来之論。迂遠甚矣。不堪傍観之。今以比喩軽軽論之。夫清潔。水之性也。於人即性之徳也。東西下湿。水之習也。於人即気之動也。逆上激揚。水之変也。於人即心之用也。要之只是一精明。動用者影響已。然則於性善何疑。如諍東西上下。皆枝葉之論也。只如孟軻詰問犬之性猶牛之性与・牛之性猶人之性与。是失於多辯者也。何則天地無這善性。不足以為天地矣。日月風露無這善性。不足以為日月風露矣。草木瓦礫無這善性。不足以為草木瓦礫矣。而況於有血気者乎。他又曰。万物皆備於我矣。反身而誠楽莫大焉。此為得矣。何於前言失之耶。孟軻自謂。尽信書不如無書。予於是乎亦言。

〔講話〕　本日は第十七則目でありまして『中庸《ちゅうよう》』〔1―1〕の最も大切なる所の一句である。「**天命之《てんめいこれ》を性《せい》と謂《い》い、性に率《したが》う之を道《みち》と謂う**」。「天命」ということも、色々学派に依っては読み方が違っている。或る人は「天命」というのを「天の命ずる」という、斯《こ》ういう読み方にして居る人もある。然し先師洪川《こうせん》和尚などの見る所では「天の命ずる」という意味とは丸《まる》で違って居る。矢張《やは》り「天命」という読み方である。所が「天命」というものはどんなものであるかということは、これはどうしても自分自身に、一つ「天命」何者《なにもの》ぞと、恰《あたか》も手で物を捕える様な極《ご》く切実な考えを以て、言わば禅宗風に一つ工夫鍛錬を要するのである。

先《ま》ず字面《じづら》通りの講釈から言うならば、「天命」というものは元来音《おと》も無く臭《にお》いも無い所のもの〔『中庸』33―6、第41講参照〕。これが「天命」であるという。捕う可きものがある筈《はず》はない。音も無く臭いも無いから何にも取《と》り得《え》がないかと言えば、そうではない。「命」の字の意味は丁度《ちょうど》我々の五体に血脈《けつみゃく》の循環して居る様な有り様で、何処《どこ》も行き渡らぬ所はなくして、生き生きして居る所のものである。音も無い臭いも無いが、しかし乍《なが》ら何もないのではない。所謂《いわゆ》る「至誠《しせい》息《や》むことなし」〔『中庸』26―1、第42講参照〕という様な有り様で、いつがいつまでも、何処が何処までも、これが流行して息まぬ所のものである。こういうことを、ただ幾度《いくたび》か口の上で講釈して見ても迂遠千万《うえんせんばん》であるから、我が宗祖臨済《りんざい》大師の言葉などに依ると、「天命」と多くの人が六《むつ》ケしく考えることを直《ただ》ちに目の前に捕えて来て、こういう様に言うてある。臨済の口調で言うと「是れ你《なんじ》が目前歴々底《れきれきてい》、一箇の形段《ぎょうだん》勿《な》うして孤明《こめい》なる、是れ這箇説法聴法《しゃこせっぽうちょうぼう》を解《げ》す、云々。」〔『臨済録』示衆〕、こういう示し方で誠に適切な意味であって、決して天に何者かあって、その者が何か一つの命令を下すという様な意味とは丸で違う〔手沢本書入「洪川曰、天ハ声モナク臭モナキモノ。命ハ五体ニ血脈ノ通ズル如クドコモ彼処ニモ行渉ッテ生キ〳〵シタルモノ也。其ノ妙処ハ林才〔臨済〕所謂、你目前歴々底勿一ケ形段孤明ナル是這ケ解説法聴法ト云是ナリ。是則ノ孔門ノ天命也。決シテ命令スル如キ道理ノモノニ非ザルナリ」〕。

この「天命」とも言う可きものを、我が仏教では色々に言うて居るが、先ずその一つを言うて見れば、「真覚明妙《しんかくみょうみょう》の元心《げんしん》」などと『楞厳経《りょうごんきょう》』に説いてある〔『首楞厳経』3「菩提明妙元心」〕。「真覚」というのは真実を覚り、「明妙」というのは妙の至極《しごく》した所、「真覚明妙の元心」である。こう言う意味に於ての換名《かえな》は、仏教の方には幾《いく》つもあるが、今は煩わしくなるから略しておく。或いは荘子《そうじ》などに言わせると、これを「大宗師《だいそうし》」などと言う。就中《なかんずく》面白い言葉は『老子《ろうし》』の所謂る「玄牝《げんぴん》」である。『老子』や『荘子』の言葉というものは、如何《いか》にも巧みな言葉が使うてある。儒教で言うと、矢張《やは》り「天」とか「命」とか「天命」とかまたは「上帝《じょうてい》」とか称して居る。兎《と》に角《かく》、称することは色々違いますが、決して「天命」と言うても我れを離れて遠方に何か一つの有意識的のものがあって、その者が色々の命令を下すという様な、そういう廻《まわ》り遠《どお》いことではない〔手沢本書入「又曰、爰ニ一物アリ。無声無臭ニシテ活鱍々タリ。是ヲ如来ハ真覚明妙ノ元心ト謂ヘリ。荘子ハ是ヲ大宗師ト云ヒ、老子ハ之ヲ玄牝ト云フ。儒ニハ天ト云ヒ、其流行ヲ命ト云也」〕。

今『中庸』の本文に依るというと、「天命之を性と謂う」、「天命」というものが即ち我々人《ひと》の上へ持って来ると、それが人の本性《ほんせい》である。彼《か》の処《ところ》に「天命」というものがあって、これを此処《ここ》に於ては「性」と言う。「天命」と「性」と別物がそこにある訳ではない。その「天命」を直ちに「性」という。そうしてその本性の儘《まま》に「率う」のをこれを「道」という。「道」という者の本意義は即ちそこに在る。それが後世、御釈迦《おしゃか》さんが現われ、或いは孔子が現われて、或いはこれを仏道と言うたり、或いはこれを儒教と言うたり、その他聖賢《せいけん》が現われて来て銘々《めいめい》我が私有物の如き名を附けた。然しながら元々これは釈迦が私《わたくし》することも出来ねば、孔子が私することも出来ず、基督《キリスト》もこれを私することは出来ぬ筈《はず》である。何《なん》となれば「天命」が「性」にして、「性」の儘が即ち「道」なのである。何《なに》程《ほど》こういうことを言葉を重ねて言うて見ても、ただ廻り遠くなるばかりで、どうしても実地に道を行い存養省察《そんようせいさつ》しなければ本当の所は手に入らない。そういう様な意味からして、王陽明《おうようめい》なども斯様《かよう》な言を云うて居る。

夫《そ》れ性《せい》に率《したが》う、之を道《みち》と謂う。道は吾が性なり。性は吾が生なり。而るに何ぞ外に求むるを事とせん。世の学者、辞章《じしょう》を業とし、訓詁《くんこ》を習い、技芸《ぎげい》に工《たくみ》にして、頤《い》を探りて隠を索《もと》め、精を弊《つか》れしめ力を極め、勤苦《ごんく》して身を終《お》う。所謂《いわゆ》る深く造《いた》るの者無《な》きに非ざるも、然れど亦《ま》た辞章のみ。訓詁のみ。技芸のみ。深く道に造る所以《ゆえん》に非ざるなり。則ち亦た外物なるのみ。寧《いずく》んぞ所謂る自得逢原《じとくほうげん》の者有らんや。〔手沢本首書／文録4「自得斎説」〕

王陽明の見て居る所も、私《わし》の今一言した所と変ったこともない。朱子《しゅし》などの説になると、「天命」というものが余程《よほど》遠方の方に眺められて居るが、それを一々深く研究して居る暇《いとま》はない。禅宗の高僧大慧《だいえ》和尚〔大慧宗杲〕という人がこの一句を解釈して居るのに、「天命之を性と謂う、即ち是れ清浄法身《しょうじょうほっしん》なり。性に率がう之を道と謂う、即ち是れ円満報身《えんまんほうじん》なり。道を修むる之を教と謂う、即ち是れ千百億の化身《けしん》なり」〔手沢本首書／『五燈会元』20張九成〕。

こういう解釈で、読んだだけでは一寸《ちょっと》分らぬかも知れませぬが、哲学的眼《まなこ》を以て見れば一種の哲学と言うても宜《よ》い。宗教的見地から眺めて見れば純宗教と言うても宜いが、そういうことは人々の眺《なが》め様《よう》次第である。

　兎《と》に角《かく》、我が仏教では、「三身《さんしん》」ということを立てて居る。仏には必ず「三身」具足するというのが仏教本来の説で、その「三身」とは何か。第一が法身《ほっしん》、次が報身《ほうじん》、次が化身《けしん》又たは応身《おうじん》と言い、これを略称して言う時には「法、報、応」と呼んで居る。または「法、報、化」と言ったりして居る。

「法身」というと、之を講釈をすれば限《かぎ》りがない。又た幾度《いくたび》講釈して居っても、それで真意が現われるということではない。これは皆な精練工夫《せいれんくふう》を要する。詰《つま》り「法身」ということを極く平《ひら》たく言うて見れば、一切の法を以て我が身とすることで、いつも申すが如く、我が仏教では「物」と云う代りに、「法」という字が使われて居る。世間普通で言う時には、「一切万物《ばんぶつ》」という程のことを、仏教では「一切万法《ばんぽう》」と言うて居る。仰《あお》いで見るならば、天体中に現われて居る色々の現象、日月星辰《じつげつせいしん》等が明らかに現われて居る。俯《うつ》むいて見れば山河大地《せんがだいち》、草木人畜《そうもくじんちく》、有情《うじょう》も無情《むじょう》も即ち動物も植物も、有機物も無機物も、皆なそれを万法の中に籠《こみ》で見るのである。「法身」というのはその一切万法が現われて居てその身はそこにあるというので、それを厳《おご》そかな言葉で言えば、「仏身《ぶっしん》、法界《ほっかい》に充満して普《あまね》く一切群生《ぐんじょう》の前に現ず、縁《えん》に随い感《かん》に赴いて周《あま》ねからずということ靡《な》し、而も常に此の菩提《ぼだい》座《ざ》に処す」（『華厳経』如来現相品、第42講参照）。「法身」は即ちその儘《まま》無限に現われて居る。一切万法を以て身として、真理はそこに現われて居る。それを「法身」という。「報身」というと、仏が嘗《かつ》て因地《いんじ》の修行中、有《あら》ゆる善根あらゆる功徳《くどく》を積み重ねられた結果として自ら受け得た所の身を「報身」という。

それから「化身」または「応身」というのは、文字の通り一切万法に応じ一切万類に化《け》して、そうして各《おのおの》の身を現わすのである。近い所で言うならば、観音《かんのん》の三十三応身というが如き、男には男の身を現わし、女には女の身を現わす。国王とか、宰官《さいかん》とか、婆羅門《ばらもん》とか、或いは天魔《てんま》にも外道《げどう》にも身を現わす変化自在《へんげじざい》であるから「化身」とも言う。

こういう有り様であるから、外の言葉でこれを言うならば、「理《り》」「智《ち》」「用《ゆう》」とも言うて居る。また『起信論《きしんろん》』などでは、「体《たい》」「相《そう》」「用《ゆう》」と言うてある。かくの如く一物一件、苟《いやし》くも其処《そこ》に現われた以上は皆な本体《ほんたい》あり、現相《げんそう》があり、作用《さゆう》がある。本体をいうときは仏教では多く「一味平等《いちみびょうどう》」という文字を使う。元来、真理は何物にも平等に現われて居る。高いだの低いだのということはない。仏《ほとけ》にあって増《ま》して居るとか、凡夫《ぼんぷ》にあって減《へ》って居るという意味ではない。大なる須弥山《しゅみせん》でも小なる一微塵《みじん》でも、平等の見地に立って見れば皆な一つである。その中には元来、貧富貴賤《ひんぷきせん》、老若男女《ろうにゃくなんにょ》等と云う様な区別は無い。

しかし、その平等の体の現われというものが、直ちに差別《しゃべつ》的の現われとなって来て居るのである。本体は平等だがその現相となると、千差万別である。他の詞《ことば》で云えば、本体は絶対であるが、絶対がどう現われるかと言えば、絶対その儘《まま》相対として現われるのである。一寸《ちょっと》うわべから考えると、理窟が矛盾して居る様だが、決して矛盾して居らぬ。さて「相」として現われた時は、高きもあり低きもあり、山川《さんせん》もあり草木《そうもく》もあり、禽獣《きんじゅう》もあり人間もあり、男もあり女もある。算《かぞ》え来《きた》れば千差万別に現われて居る。こういう工合に平等と差別と別々に相い並んで居るかと言えば、決してそういう訳のものではない。だから「応身」の働きで平等と差別が一致して行われて居る有り様を見ると、平等の中に直《じき》に差別が現われ、差別の中に直に平等が現われておる。そこの所を仏教では色々の言葉を使い、色々の名相《みょうそう》を以て説いて居るが、今この談片《だんぺん》的の言葉だけでは迚《とて》もその妙味《みょうみ》を尽《つく》すことは出来ませぬ。今回は「法」「報」「応」の三身の名前だけの解釈にして置きましょう。それ以上は各《おのおの》の方《がた》も今までの研究で会得《えとく》も相当に出来てござるであろう。委《くわ》しきことは他日《たじつ》またお話しする場合もありましょう。

先きに「理」「智」「用」と言うたり、「体」「相」「用」と言うたり、それは何かと言えば、詰り「一心《いっしん》」に帰する。此処では差別の上で名が附けてあるから、「身」という字が書いてありますが、平等の方から言うて見ますと「一心」という。『起信論』には「一心《いっしん》法界《ほっかい》」と使ってある。そういうことになると、専門的になりますから、それ以上は略して置きます。大慧《だいえ》和尚は『中庸』のこの本文を解釈して「天命」というのは即ち「法身」、「性に率う」というのは即ち「報身」、「道を修むる之を教と謂う」のが即ち「応身」或いは「化身」であるという判断である。果して然らば、我を離れて外に向って求むべきものではない。さてこの一則は六《むつか》ケしい所でありますから、人々《にんにん》に工夫して見なければならぬ、ただ講釈だけでは分らぬのであります。

「**性《せい》は道《みち》の体なり。道は性の名なり**」。「性」と言うても、「道」と言うても、文字こそ変れ、詰り名《な》と実《じつ》とである。実ある所には必ず名がこれに伴う。名のある所には必ず実がこれに伴う。名は実の賓《ひん》、相い離る可らざるものである。「**自然に名実《めいじつ》相い持して流行《りゅうこう》す**」。「名実」が絶間《たえま》なく「相い持して流行」して居る。「**之を性に率《したが》うと謂う**」のである。

それでは「天命」というのはどんなものかと目を開けて見ると、「**其《そ》の物為《ものた》るや、虚《きょ》にして霊《れい》、寂《じゃく》にして妙《みょう》**」、「虚」というのは、偽《ぎ》という意味とは違う。実がないという意味とは違う。「虚」は虚通《きょつう》と言うて、如何《いか》なる所にでも通ぜざる所はないという意味で「虚」の字が使うてある。障《さわ》りのない様な意味、「虚」にしてそうして「霊」である。我々がただ意識作用を以て測り知る可らざるもので、不可思議なるもの故《ゆえ》にこれを「霊」という。「寂にして妙」、いつも寂然《じゃくねん》として居る。「妙」というのは『説文《せつもん》』的に解釈すれば少女と書いてある。その妙は恰も少女の髪みた様なもので、「結〔言〕うに結われず解〔説〕くに解かれず」とかいう歌がありますが〔第41講参照〕、丁度そういう有り様。言語以上、我々の想像の上に出て居る時には、常にこの字を用いる。「あー妙だ、これはこれはとばかり花の吉野山」と言うた様な有り様で〔第31講参照〕、それが「妙」である。

「**而《しこう》して万物《ばんぶつ》たるに昧《くら》からず**」。「虚」だとか「霊」だとか「寂」だとか「妙」だとかいうと、また一種特別のそういうものがある様に思うのであるが、決して然らず。これが一切万法となって現われて居る。ズッと目に一杯《いっぱい》、この通り歴々《れきれき》として居る。耳に一杯、この通り錚々《そうそう》として居る。鼻にも一杯、舌にも一杯、大小長短広狭、そういうことを算《かぞ》えると限《かぎ》りもないが、何物の上にでも皆な現われて居る。仏教の言葉に、「真如《しんにょ》は自性《じしょう》を守らず」ということがある〔『華厳経疏』14〕。真如は真如として何時《いつ》もそこに坐って居らぬ、自分の性《しょう》を守って居らぬ。空間にある月は一つだが、その影を宿す水は色々ある。川にも海にも、汚《きた》ない水にも清《きよ》らかな水にも、何処にも映る。万物たるを昧まして居らぬ。「**物々《もつもつ》総《すべ》て無妄《むもう》**」、それ故に一物一件、皆な真実の現われ、天命の現われ、仏法で言えば真如の現われである。「偽りのなき世なりけり梅の花誰が誠より開き初めけん」〔手沢本書入／第42講「偽りのなき世なりけり神無月誰が誠より時雨そめけん」の校注参照〕という古人《こじん》〔洪川〕の名句がありますが、誰が指図《さしず》がましいことをするのでもないが、春風がソヨソヨと吹き初めると、一輪咲《さ》き出す。誰が指導するのでもないが、鶯《うぐいす》が谷間から高い木に出て来てホウホケーキョと囀《さえ》ずり出す。これは真実無妄《しんじつむもう》の現われである。

「**一物《いちもつ》其の中に在って主宰《しゅさい》と為《な》り、以て大道《だいどう》を成就《じょうじゅ》す**」。物というと、何か固定したものがあって、何か塊《かたまり》でもありそうだが、そうではない。仏とか神とか物とか心とかいう名を附けるのは、抑《そもそ》も末であります。「物《もの》有り混成《こんせい》し、天地に先だって生ず。寂《せき》たり寥《りょう》たり、独立《どくりつ》して改めず、周行《しゅうこう》して殆《あやう》からず、以て天下の母たる可し。吾れその名を知らず、これを字《あざな》して道と曰う」という様な『老子』〔25〕の言葉もある。そういう様な「一物」で、そうしてこれが天地の「主宰」と為る。天地ばかりでない、一切の者のそれが主宰者になる。それを、それぞれの宗教家の手に渡せば、「仏」と言いましょう、「神」と言いましょう、それは御勝手《ごかって》次第である。「以て大道を成就」する、「**亦《ま》た甚《はなは》だ奇怪《きかい》なり**」、実に妙だ。「奇怪なり」というのは、言葉に力があります。怪《ば》け物《もの》という言葉とは違う。最も讃嘆した言葉である。

「**此《こ》れは是《こ》れ妄《みだ》りに食を説く、飢《うえ》を充《みた》すに足らず**」と、何程口《くち》でこの食物《くいもの》を美味《うま》いと言うても、これを聞いただけでは飢を充すには足らない。「**其の本食《ほんじき》に至っては、只《た》だ人々《にんにん》之を自得《じとく》するに在り**」。『孟子』〔離婁・下〕の言葉にも「これを自得するときは、則ちこれに居ること安《やす》し。これに居ること安きときは、則ちこれを資《と》ること深し。これを資ること深きときは、則ちこれを取て左右《さゆう》その源に逢う」とあるが〔手沢本書入〕、そういう様なことで、「自得」するより仕様がない。「**一飽《いっぽう》克《よ》く万劫《ばんごう》の飢《うえ》を療《いや》す**」、一度《ひとた》びその味が分ったならば「万劫の飢を療」する。『維摩経《ゆいまきょう》』で言うと、菩薩《ぼさつ》は「法喜禅悦《ほうきぜんえつ》を以て食《じき》と為す」〔手沢本書入／第40講参照〕、そうして六塵飢《ろくじんき》饉《きん》の病を療す、こういう言葉もある。

「**蓋《けだ》し性の物為《た》る、之を論ずれば則《すなわ》ち皆な死物為《しぶつた》り**」。口先で何程喋《しゃべ》ってもダメだ。「**故《ゆえ》に孔子《こうし》之を言わず**」、孔子は一生涯の間に於て、「性」とか「心」ということは仰《おっ》しゃらぬ。

『易《えき》』などにはボンヤリと言うて居るが、直接に言うて居らぬ。「**孟軻《もうか》に至って只だ云《い》う、其の之を自得せんと欲するなり**」、孟子はソロソロ「性」ということを大分言い出した。一寸『孟子』を開いて見ても、告子《こくし》〔上〕という一章を見ると委《くわ》しく出て居る。孟子と告子と往来して、議論をやり出した。四章程に分れて居る。諸君が御承知でありましょうが、一番最初に告子が「性は猶お杞柳《きりゅう》のごとし、仁義《じんぎ》は猶お桮棬《はいけん》のごとし」、こんなことを辯を附けて居ると長くなるから略すが、こういう説は詰り荀子《じゅんし》などの唱えて居る性悪《せいあく》説に本づいて居る。詰り仁義を行うのはその性を撓《た》めて無理に曲《ま》げて居る、その儘《まま》にして置けば「杞柳」即ち「やなぎ」みた様に悪い方に延《の》びて行くというのである。第二番目に告子は、「性は猶お湍水《たんすい》のごとし」、湛《たた》えたる水の渦巻《うずま》いて居る様なものである、こういう様なことを言うて居る。丁度それが楊子《ようし》の唱えて居る善悪混同の説である。それから告子が三番目に言うたのは、「生《せい》之を性《せい》と謂う」。生れた儘、知覚運動するのが本当の心と言うて居る。それから第四番目に至って「食色《しょくしょく》は性なり」、我々が食を甘《うま》しとし、色を喜ぶ、それが人間の本性《ほんせい》じゃと、こういう工合に、告子が言った。中には奇抜なことを言うて居るけれども、どうも確乎《かっこ》とした定説というのを持って居らぬ。色々に変って来て居る。それを先師が評して言われるのを挙《あ》げて見ると、第三番目の「生之を性と謂う」のは、中々面白い。こういうのは告子の千慮《せんりょ》の一得《いっとく》と言うても宜《よ》いなどと、先師は言うて居られます〔手沢本首書〕。

その告子の説に対して孟子が色々言うて居る。その中で告子の言った第一、第二、第四の説を駁《ばく》したのは孟子の説が能《よ》く当って居る。第三番目の告子の説を駁するに当って妙なことを言って居る。これはどうかというと、告子が「生之を性と謂う」に対して、「然らば則ち犬の性は猶お牛のごとく、牛の性は猶お人の性のごとくか」と言って、告子を詰《なじ》って居る。そうすると犬の性は犬の性、牛の性は牛の性、人の性は人の性、皆な相違しているということになってくる。これを本当の哲学的眼光を以て言えば、孟子の言い損《そこ》ないで、孟子が此処《ここ》に至っては、告子に一歩を譲って居る様な所がある。詰り仏教の立場から言えば、牛の性、犬の性、人の性、一切万物の性は皆な一なりという立場である。然るに孟子が性を幾《いく》つかに切《き》れ切《ぎ》れにして仕舞ったのは、これは千慮の一失《いっしつ》であろうということを先師が外の書物に於て論ぜられて居る〔手沢本首書／洪川『横山夜話』告氏論性条、参照。『蒼龍広録』2—13左〕。

その辺のことを指して、「**然《しか》れども孟告《もうこく》往来の論を見るに、迂遠《うえん》甚だし。之を傍観《ぼうかん》するに堪《た》えず**」。余り幼稚なことを言って居る。「今、**比喩《ひゆ》を以て軽々《けいけい》に之を論**」じて見るならば、「**夫《そ》れ清潔《せいけつ》は水の性なり。人に於ては即ち性の徳《とく》なり**」。水は東に導けば東し、西に導けば西する。「**東西下湿《かしつ》するは水の習《なら》いなり。人に於ては即ち気の動《どう》なり。逆上激揚《ぎゃくじょうげきよう》は水の変《へん》なり**」。また水を棒か竹を以て叩くと「激揚」するが、それは「水の変」である。仮令《たと》い「逆上」しても「激揚」しても「東西下湿」しても、水の性は一で、ただ一時の変だ。「**人に於ては即ち心の用《ゆう》なり。之を要するに只だ是れ一精明《せいめい》**」、その物というものは、ただ一つの精《くわ》しく明らかなるものである。これには変りがない。「**動用《どうゆう》は影響のみ**」。それが色々に動用するというのは、ただこれ精明の影である、響である。「**然らば則ち性善《せいぜん》に於て何の疑いかあらん**」。孟子の性善説というものは、善悪の善ではない絶対的善というところから来るならば、実に明らかな説ではないか。

その「**東西上下を諍《あらそ》うが如きは、皆な枝葉《しよう》の論なり。只だ孟軻が、犬の性は猶《な》お牛の性のごときか、牛の性は猶お人の性のごときかと詰問するが如きは**」、即ちこういうことを以て告子を詰《なじ》ったことは甚だ失言である。孟子の言うたことは、言い損ないで「**是れ多辯《たべん》に失する者なり。何となれば則ち天地も這《こ》の善性《ぜんせい》無くば、以て天地と為すに足らず**」、天地も、孟子の所謂る善性というものがなかったならば天地と言うことは出来ぬであろう。天地も死物になって仕舞う。「**日月風露《じつげつふうろ》も這の善性無くば、以て日月風露と為すに足らず**」、ただ単なる所の物質に過ぎぬものである。何の意味をも為さないことになって仕舞う。仮令《たと》い「**草木瓦礫《そうもくがりやく》も這の善性無くば、以て草木瓦礫と為すに足らず**」。これがなかったなら「草木瓦礫と為すに足らぬ」、根本的議論はこうである。然るに孟子が牛の性と犬の性と人の性を別にして居る。「**而《しか》るに況《いわん》や血気《けっき》有る者に於てをや**」、無情の物すらこの通り、況《いわん》や有情《うじょう》の物に於てをや。

「**他又《ま》た曰く**」、また『孟子』〈尽心・上〉の中に言うてあるが、「**万物皆な我れに備わる。**

身《み》に反《かえ》して誠《まこと》あらば、楽《たの》しみ焉《これ》より大なるは莫《な》し」と、こういう風なことを言うて居る。「**此れを得《え》たりと為す**」、この言葉の如きは立派なものだ。この見識ならば、仏教でも、儒道でも、毫《ごう》も変る所がない。これ位立派なことを言い乍《なが》ら、何《な》ぜ告子の第三番目の議論を駁するに至って、今の様な迂遠なことを言うたか。迂遠というよりも幼稚なこと、幼稚なことというよりも寧《むし》ろ間違ったことを言う。「**何ぞ前言に於て之を失するや**」。

ここに至って私はこう言いたい。孟子が自身に言うたが、「**尽《ことごと》く書《しょ》を信ぜば書無きに如《し》かず**」（尽心・下）。余り書物ばかりアテにして居ってはいかぬ。余り学説とか学理とか、誰《だれ》某《なにがし》がどう言うた、どの書物にはこうあると、人の取次役《とりつぎやく》みた様なことばかりを言ってはいかぬと孟子が言うた。その孟子の言葉を借りて、私も孟子に言いたい。悉《ことごと》く孟子の書を信ぜば、孟子の書なきに如かずじゃ。如何《いか》な孟子でも矢張《やは》り千慮の一失で、言い損ないがある。「**予是《ここ》に於てか亦た言う**」。こういう工合に文章の上から言うて面白くこれを結ばれた。

第四十五講　致《ち》　知《ち》（第十八則）

『大学《だいがく》』に曰《いわ》く、「知《ち》を致《いた》すことは、物格《ものいた》るに在り、物格って而《しか》して後《のち》知至《いた》る」。

箇《こ》の一節目《せつもく》は、孔門入室《こうもんにっしつ》の重関《じゅうかん》なり。格とは感格《かんかく》の謂《いい》にして、格物《かくぶつ》なる者は、天下衆物《てんかしゅうぶつ》の理《り》、自然感格《じねんかんかく》して目前《もくぜん》に現成《げんじょう》するを謂《い》うなり。知《ち》を致《いた》すとは、物理《ぶつり》現前するとき、則《すなわ》ち性智《しょうち》自然に発致《ほっち》するを謂うなり。蓋《けだ》し明徳《めいとく》を明らかにするを以て根本《こんぽん》の真智《しんち》と為《な》す。格物致知《かくぶつちち》を以て後得《ごとく》の妙智《みょうち》と為す、是《こ》れ吾が悟門《ごもん》の順次なり。故《ゆえ》に『大学』八条目の基本は、格物に起って、格物は則ち明徳を明らかにする自《よ》り来《きた》る。然《しか》りと雖《いえど》も、今這《こ》の漢《かん》有り、真箇《しんこ》に功夫《くふう》を打《た》し、純一無雑《じゅんいつむぞう》、念々《ねんねん》退かざれば、則ち必ず明徳・格物、同時に証《しょう》得《とく》すること有らん。是れ畢竟《ひっきょう》、悟門に定分《じょうぶん》無きが故なり。昔、宋《そう》の張九成《ちょうきゅうせい》、侍郎《じろう》為《た》りし時、客《かく》、楊文公《ようぶんこう》・呂微中《りょびちゅう》の諸名儒《しょめいじゅ》造る所の精妙《せいみょう》、皆な禅学由《よ》りして至ると談ずるを聞くや、心《こころ》に之《これ》を慕《した》う。乃《すなわ》ち宝印明《ほういんめい》に就いて入道《にゅうどう》の要《よう》を請い問う。明曰く、「此《こ》の事、唯《た》だ念々捨《す》てずんば、久々《きゅうきゅう》にして純熟《じゅんじゅく》の時節《じせつ》到来し、自然《じねん》に証入《しょうにゅう》せん云々」。九成後《のち》に径山《きんざん》に上《のぼ》り、馮済川《ふうさいせん》諸公と格物を議す。大恵《だいえ》傍《かたわ》らに在りて之を聞き、九成に謂って曰く、「公は只《た》だ格物有るを知って、物格《ぶっかく》有るを知らず」と。九成茫然《ぼうぜん》たり。恵大笑《たいしょう》す。成曰く、「師能《よ》く開諭《かいゆ》する乎《か》」。恵曰く、「見ずや、小説《しょうせつ》に載《の》す、唐人《とうひと》に安禄山《あんろくざん》と謀叛《むほん》する者有り、其《そ》の人先《さき》に閬《ろう》の守《しゅ》と為る、画像《がぞう》在る有り。明皇《めいこう》、蜀《しょく》に幸《みゆき》して之を見て怒《いか》り、侍臣《じしん》をして剣《けん》を以て其の像首《ぞうしゅ》を撃《う》たしむ。時に閬守、陝西《せんせい》に居る、首忽《たちま》ち地に堕《お》つ。九成之を聞いて、頓《とみ》に深旨《しんし》を領《りょう》し、便《すなわ》ち不動軒《ふどうけん》の壁に題《だい》して曰く、「子韶《ししょう》の格物、妙喜《みょうき》の物格、一貫《いっかん》を識らんと欲せば、両箇五百《りょうこごひゃく》」。恵大いに許可す。吾が宗の悟門、翻身一擲《ほんしんいってき》の妙、是《かく》の如く径截《けいせつ》なり。学者宜《よろ》しく熟玩深省《じゅくがんしんせい》すべし。

大学曰。致知在格物。物格而後知至。箇一節目。孔門入室之重関也。格者。感格之謂。格物者。謂天下衆物之理・自然感格現成于目前也。致知者。謂物理現前・則性智自然発致也。蓋以明明徳。為根本真智。以格物致知。為後得妙智。是吾悟門順次也。故大学八条目基本起于格物。格物則自明明徳来。雖然。今有這漢。真箇打功夫。純一無雑。念念不退。則必有明徳格物同時証得焉。是畢竟悟門無定分故也。昔宋之張九成為侍郎時。聞客談楊文公呂微中諸名儒・所造精妙。皆由禅学而至也。心慕之。乃就宝印明。請問入道之要。明曰。此事。唯念念不捨。久久純熟時節到来。自然証入。云云。九成後上径山。与馮済川諸公議格物。大恵在傍聞之。謂九成曰。公只知有格物。而不知有物格。九成茫然。恵大笑。成曰。師能開諭乎。恵曰。不見小説載。唐人有与安禄山謀叛者。其人先為閬守。有画像在焉。明皇幸蜀。見之怒。令侍臣以剣撃其像首。時閬守居陝西。首忽堕地。九成聞之。頓領深旨。便題不動軒壁曰。子韶格物。妙喜物格。欲識一貫。両箇五百。恵大許可。吾宗悟門。翻身一擲之妙。如是径截也。学者宜熟玩深省焉。

［講話］　本日は第十八則の「致知《ちち》」の則で、「『大学《だいがく》』に曰《いわ》く、知《ち》を致《いた》すことは、物格《ものいた》るに

在り、物格って而《しか》して後《のち》知至《いた》る」〔『大学』経〕。

これ等も儒者の講釈となると読み方からして違う。また読み方が違うに従ってその義理を取る所もまた多少違ってくるが、或いは「知を致すことは物を格《いた》すに在り」と読む人があるけれども、先師などの意見から言うと今読んだ様に、「知を致すことは物格るに在り、物格って而して後知至る」と読むべきじゃ。どうしてそう読ますかというと、先師の説は、この「致知」の「知」はなお「良知《りょうち》」の如し。「良知良能《りょうちりょうのう》」というのは、王陽明《おうようめい》などが頻《しき》りに之を主張した。その意味に於ける「致良知《ちりょうち》」と同じ意味に取って宜《よ》いとこう見て居る〔手沢本首書「洪川曰、致知之知、猶良知之知」〕。それの証左として王陽明の有力なる門弟子《もんていし》の一人、王龍渓《おうりゅうけい》がこういうことを言うた。「知は是れ寂然《じゃくねん》の体《たい》也、物は是れ所観《しょかん》の用《ゆう》也」と〔手沢本首書／『龍渓王先生全集』6致知議辯〕。

今ここに「致知格物《ちちかくぶつ》」というは、今日の心理学で謂う所の知情意《ちじょうい》という所に当てて見ては違う。此処《ここ》に言う「知」の字は、寂然の本体を指したのである。元来、我々の心の本体というものは常に寂然、ひっそりしたものである。「知」は心の影法師《かげぼうし》で、本当の「良知」という「知」の心というものは、チンともチャンとも言わぬ所の寂然の本体じゃ。そう見たら宜いであろう。此処で言う「格物」の「物」というのは客観的に外の物を眺めて言うのではなくして、「是れ所観の用也」で、その「良知」と称して居る、寂然不動の本体たる所へ感じた所の働きであると、こういう様なことを王龍渓も言うて居る。

更にまた師匠の王陽明に至ると、またこう言うて居る。「良知は鏡《かがみ》の明らかなるが如く、格物は鏡の照《てら》すが如し」（同前引「先師」説）。こう言う譬喩《ひゆ》を以て説明して居る。これは最も明瞭に言い現わして居る。即ち「良知」というのは、喩《たと》えて見ると、丁度《ちょうど》鏡の明らかなると同じもので、まだ塵《ちり》一本も姿は現われて居らぬその当体で、此処で言う「致知」の「知」は即ちそれである。それから「格物」というのは矢張《やは》り同じ鏡じゃが、鏡の照らすが如しと言うて、明晃々《めいこうこう》たる鏡に、何等《なんら》かの姿をヒタと照らす有り様である。「良知」という時は、絶対的の明一点の鵜《う》の毛《け》一本もまだそこには姿が見えて居らぬ。「格物」という時は、明らかな鏡の上へ物が映《うつ》って来て、鏡が物を照らす、その当体である。それで先師の見る所は、丁度王龍渓なりまたは王陽明などの言う所と同じ意味である。その積《つも》りでこの則を読んで行くと能《よ》く分る（手沢本首書「王陽明云、良知、如鏡之明。格物、如鏡之照。洪川曰、二王之説、恰与余感格之説合矣。何必格訓正」）。

これを朱子《しゅし》風の解釈で言うと、「格物」というのは、総《すべ》て物に就いて理を明らめる、言わば客観的に物に就いて一々の理を明らめる。今日の所謂《いわゆ》るサイエンス科学という方へ向けて解釈を下してある様ですが、王陽明の見方はそうでない。言わばそれとあべこべに見て居る。これは東洋でも西洋でも同じ。心理学でも哲学でも、大体に分けると、唯心説と唯物説とあって、これは大なる旗印《はたじるし》の分れ方である。禅宗は唯心哲学でないけれども、その傾向から言うと、唯心的色彩を帯びて居る。これを東洋・西洋と分けて見ると、東洋の哲学は矢張り唯心的傾向の上にその特色が現われて居るという様に、我々は常に思うて居る。王陽明などは、全くその方面で、勿論《もちろん》至る可《べ》き所に至って居る。唯心とか唯物とかそういう二元的のものではない。此処もそういう工合に見て宜《よろ》しい。それでこの『大学』の本文は、これは名高い所の本文である。

それに対する先師の評に曰く、「**箇《こ》の一節目《せつもく》は、孔門入室《こうもんにっしつ》の重関《じゅうかん》なり**」。本文の言葉は僅《わず》かであるけれども、孔子《こうし》門中に於ては、孔門の堂《どう》に上《のぼ》ったばかりではない、更に進んで室《しつ》に入《い》る所の、これは「重関」である。所でこの「**格とは感格《かんかく》の謂《いい》**」で、「感格」というは、我が心が明らかなれば、明らかなる所に物が自然に来《きた》ってそこに現われてくる。我れが物に就いてその道理を明らめるのでなくして、物それ自身が自ら来って我が心に現われるという意味で「感《かん》じ格《いた》る」。どちらかと言えば、此方《こっち》が向《むこ》うへ行くのではなく、向うが此方へ自ら出てくる。こういう見方であるから、「**格物《かくぶつ》なる者は、天下衆物《てんかしゅうぶつ》の理《り》、自然感格《じねんかんかく》して目前《もくぜん》に現成《げんじょう》するを謂《い》うなり**」。一度《ひとた》び我が心に寂然不動《じゃくねんふどう》というその本体が見えたならば、言わば鏡の正体というものがそこに現われたらば、天下衆物の理は自然とそこに「感格」してくる。こちらから指し招かずとも宜い。おのずからそこに現前するのを言うのである。だから孟子《もうし》の言うた言葉に、「万物《ばんぶつ》皆な我れに備わる」〔尽心・上〕という様な言葉も、こういう意味から言うて居る。詰《つま》り我れが万物の仲間入りをするのではない。万物が皆な自然我れに備わって居る。此処を明らかに認めたならば「感格」という意味が分る。

そうして今ここに「知を致す」と、こうあったが、その「**知《ち》を致《いた》すとは、物理《ぶつり》現前するとき、則《すなわ》ち性智《しょうち》自然に発致《ほっち》するを謂うなり**」。此処で言う「致知」という意味は、諸物の道理がそこに現前してくる時に於ては、我々の「性智」、性智とは生得持前《もちまえ》の根本智慧ということで、その「性智」が自然に「発致」してそこに光を現わすのである。「**蓋《けだ》し明徳《めいとく》を明らかにするを以て根本《こんぽん》の真智《しんち》と為《な》す**」。この「格物」と言い、「致知」と言う、もう一つ本《もと》を尋ねて見ると、『大学』の一番最初にあった通り、「明徳を明らかにする」、そこから来て居る。「明徳」というものは我々が父母未生以前《ふぼみしょういぜん》よりして備えて居る所の性徳である。決して天《てん》から下《くだ》ったのでも地《ち》から湧《わ》いたのでも無く、神《かみ》や仏《ほとけ》から授かったのでもない、人間本来の「明徳」というものである。その「明徳」というものを多くは昧《くら》ましておるが、その昧ましておる「明徳」を発揮して、元に立ち帰って明らめた所を以て「根本の真智」と為すのである。しかしこういうことは矢張り実地の境界に徹底しなくては、ただ耳で聞いただけでは、何を致して居るのか殆《ほと》んど茫漠《ぼうばく》として分らぬ。

禅宗の如きは「根本の真智」というものを最初に知らせて、それから実際問題に入るので、その「真智」を説《と》かんが為に、六祖《ろくそ》大師は「父母未生已前、本来《ほんらい》の面目如何《めんもくいかん》」と言い〔『宗門葛藤集』2他、第35講参照〕、白隠《はくいん》禅師は「隻手《せきしゅ》に何の声ある」と言うも、「根本の真智」を実際的に徹底させ様という手段に過ぎない。或いは趙州《じょうしゅう》は「無」の一字を唱え出したのも〔『無門関』1、第30講参照〕、根本の真智を親しく味わわせ様というのである。或いは「庭前《ていぜん》の柏樹子《はくじゅし》」と唱えたのも矢張り根本の真智を手に入れさせ様というのである〔『無門関』37〕。しかし「庭の前の柏樹」とか、「無」の一字とか言うて、その文字に附いて廻ると、古人の唱えた根本意志と丸《まる》で喰《く》い違《ちが》ってくる。耳の鼓膜を刺戟《しげき》する「隻手」があるとかないとか、そんな末の者ではない。それを借りて実際徹底の境界に至らしめ様というので、是れ最も禅の適切なる修行のさせ方である。ただ空に道理ばかりを説いて居るのではない。実地にそれを経験せしめ様というのである。

今この「格物」と言い「致知」というのも、その本は「明徳を明らかにする」ということからくる。これが根本の真智である。「**格物致《かくぶつち》知《ち》を以て後得《ごとく》の妙智《みょうち》と為す**」。「致知格物」というのはこれは寧《むし》ろ「後得の妙智」で、「知」に二つはないが、「根本の真智」という時は絶対的で、これが所謂る本体である。「格物致知」の智も別の智慧ではないが、これは寧ろ実際の働きに属する。一方は体《たい》に属する。一方は用《ゆう》に属する。「根本」というものを言い換えれば「平等《びょうどう》」という字になり、「後得」という字を言い換えると「差別《しゃべつ》」という字になる。「平等の真智」「差別の妙智」と言い分けても宜い。換《か》え言葉《ことば》は沢山《たくさん》ありますが、余り繁雑になるから一々は此処には言わぬ。詰り「根本の真智」と言い、「後得の妙智」と言うのが、「**是《こ》れ吾が悟門《ごもん》の順次なり**」。これが吾が修めて行く悟りの道の順序である。

これを『宗鏡録《すぎょうろく》』〔28・35〕にはこういうてある〔手沢本首書〕。

如来《にょらい》所説の十二分教《じゅうにぶんぎょう》は親しく大悲《だいひ》心《しん》中より流出《るしゅつ》する所なり。大悲心は後得智《ごとくち》よりす。

　後得智は根本智《こんぽんち》よりす。根本智は清浄法界《しょうじょうほっかい》より流出す、即ち是れ本原《ほんげん》なり。

こういう工合に書いてある。

「**故《ゆえ》に『大学』八条目の基本は、格物に起って、格物は則ち明徳を明らかにする自《よ》り来《きた》る**」。『大学』の八条目は、既にお読みになって諸君御承知でありましょう。今、名前を挙ぐれば「平天下《へいてんか》、治国《ちこく》、斉家《せいか》、修身《しゅうしん》、正心《せいしん》、誠意《せいい》、致知《ちち》、格物《かくぶつ》」、これが八通りで「八条目」。この「八条目」は何《いず》れから来るかと言えばその基本は「格物」という所から起る。そのまた格物は何処《どこ》から来たかと言えば、明徳を明らかにするという『大学』の冒頭のあの一言から来て居る。我々が「明徳」を指して居る以上に於ては、神仏《しんぶつ》にあって増《ま》すの訳でもなければ、我々凡人《ぼんじん》にあってそれが減《へ》る訳でもない。「明徳」は絶対的の徳だ。此処から来て居るのであるから、「根本の真智」を明らめ様というには「明徳」を明らめなければならぬ。

「**然《しか》りと雖《いえど》も**」、今「根本の真智」と言うたり「後得の妙智」と言うたり、仮《か》りにこれを二つに分けて、一つは「平等」と言い、一つは「差別」と言い分けたけれども、「**今這《こ》の漢《かん》有り**」、一箇英霊《えいれい》のすぐれものがあって、「**真箇《しんこ》に功夫《くふう》を打《た》し、純一無雑《じゅんいつむぞう》、念々《ねんねん》退かざれば、則ち必ず明徳・格物、同時に証得《しょうとく》すること有らん**」。

それは誰でも宜しい。真に「純一無雑」、「純一無雑」ということは口で言うことは容易であるが、実地に「純一無雑」に至るということは仲々出来ぬことである。無念無想《むねんむそう》とか寂然不動とかいうことは、中々六ケ《むつか》しい。臨済《りんざい》禅などでは、初めから無念無想になれというような不自然な無理なことは言わぬ。「隻手《せきしゅ》」なら「隻手」になり切ったら、「純一無雑」だ。「本来の面目」なら「本来の面目」になり切ったら、「純一無雑」だ。初めから「純一無雑」になり切れと言うてもなれぬ。一つになった時は物が無くなって仕舞う。物と我れと一つにならぬから、紛然《ふんぜん》として雑念《ざつねん》が起ってくる。それ故にこの工夫をさせて、「純一無雑」、一人一人訓練された所の兵隊が歩調を揃えて向うへ進む態度で行くならば、必ず「明徳」と「格物」と「同時に証得」するであろう。これが「平等」これが「差別」と分《わか》つ可きものではない。「根本」と「後得」は「同時」である。多少此処を経験した者は自己に返照《へんしょう》して見たら、冷暖自知《れいだんじち》する如く、親しく点頭《うなず》くことが出来よう。こういうことは、自分に知らんでただ講釈だけだと間垂《まだ》るくていかぬ。**「是れ畢竟《ひっきょう》、悟門に定分《じょうぶん》無きが故なり」**。その「根本」と「後得」とが一所に得られるというのは、外《ほか》の事ではない、詰り悟りの門には此処から此処までという限《かぎ》りがある訳ではない。造《つく》り附けたものではない。悟りの道には「定分」というものはないからである。〔以上、洪川『横山夜話』予曽論格物条、参照。『蒼龍広録』2―13右〕

「昔、宋《そう》の張九成《ちょうきゅうせい》、侍郎《じろう》為《た》りし時」、これは中々優れた人である。委《くわ》しい伝は止《や》めて置いて、大略を掻《か》いつまんで言うて見よう。張九成、字《あざな》は子韶《ししょう》といい、八歳にして已《すで》に六経《りくけい》を諳誦し、十歳にして能《よ》く文を属《しょく》すというので、当時の人が称して奇童《きどう》という。楊亀山《ようきざん》に就いて学問をし、十四の年に郡庠《ぐんしょう》に遊ぶとある〔「庠」は地方の学校〕。笈《きゅう》を負《お》い遊学して大いに勉強した。閣《かく》を閉《と》ずること終日、門外一歩も出《い》でず、寒《かん》膠を折り、暑《しょ》金を鑠《と》かすも、戸限《こげん》を啓《ひら》かず、実に厳寒溽暑《げんかんじょくしょ》といえども堅く戸を閉じて、孜々《しし》として勤めた。それであるから舎生《しゃせい》もこれを疑《うたご》うて「穴隙《けつげき》より之を視る」で、隙見《すきみ》をして様子《ようす》を窺《うかが》った所が、豈《あ》に計らんや九成は、容《かたち》を斂《あらた》め、危坐《きざ》して簡篇《かんぺん》に対して居る、その様《さま》はさながら神明《しんめい》と伍《ご》するが如くであったという。そこで相い共に敬服して、尊んでこれを師として従い、学ぶ者が多くあったとある。後、太常博士《たいじょうはかせ》を以て召され、著作郎《ちょさくろう》に遷った。先《ま》ずこういう人である〔以上、手沢本首書。首書は主に『居士分燈録』下・張九成に拠る〕。

この張九成が侍郎という役であった時に、「**客《かく》、楊文公《ようぶんこう》・呂微中《りょびちゅう》**〔仲〕**の諸名儒《しょめいじゅ》造る所の精妙《せいみょう》、皆な禅学由《よ》りして至ると談ずるを聞くや、心《こころ》に之《これ》を慕《した》う**」。この楊文公〔楊億・楊大年〕という人はどういう人物かを一言して置こう。幼にして神童に挙げられ、「壮なるに及んで、才名を負うて、未だ仏あることを知らず」で、才学はあったが、宗教に就いて何の考えもなかった。一日、同僚の許《もと》を尋ねた処が、同僚が一心になって『金剛経《こうごうきょう》』を読んで居った。楊公それを見て大いに笑った。しかし同僚はそんな事に頓着《とんじゃく》なく、自若《じじゃく》として読み続けていた。そこで楊公之《これ》を疑《うたご》うて曰うのに、「是れ豈《あ》に孔孟《こうもう》の右に出《い》づるや」と、少しく宗教心が萌《きざ》して来た。後に広恵璉公《こうえれんこう》に謁して悟入する所があった。その時の偈《げ》に「八角の磨盤《まばん》空裏に走る、金毛の獅子《しし》変じて狗《いぬ》と為る。身を将《も》て北斗《ほくと》に蔵《かく》れんと擬欲《ほっ》すれば、応《まさ》に須《すべから》く南辰《なんしん》の後に合掌《がっしょう》すべし」〔手沢本首書／『五燈会元』12文公楊億居士〕。一寸《ちょっと》一節を挙げるとこういう人である。呂微仲という人の伝は分りませぬが、矢張り同時代の人である〔『続伝燈録』18目録に黄檗惟勝法嗣として見録〕。そういう諸名儒の造る所が頗《すこぶ》る精妙であるのは皆な禅学から至ったのである、ということを、或る客人が話した。

これを聞いて、張九成が、俺も一つやって見ようと思って居たが、「**乃《すなわ》ち宝印明《ほういんめい》に就いて入道《にゅうどう》の要《よう》を請い問う**」、宝印の明禅師〔宝印楚明〕に遇って、初めて入道の要を問うた。その時分に明《めい》和尚がこういうことを言うた、「**明曰く、此《こ》の事、唯《た》だ念々捨《す》てずんば、久々《きゅうきゅう》にして純熟《じゅんじゅく》の時節《じせつ》到来し、自然《じねん》に証入《しょうにゅう》せん云々**」。「此の事」は「唯だ念々捨てず」、「久々純熟」すれば「時節」が「到来」する。お互い日々忙がしいから禅をする暇《ひま》が無いという様な弱《よわ》い音《ね》を吐いて居ったら、埒《らち》を明けることは出来ない。どんなに忙がしくても、どんな逆境に居っても、この志《こころざし》を捨てなかったなら人が十度《とた》びするなら俺は百遍《ひゃっぺん》やってやろうという、そういう気概で久々に修し去り修し来れば、「純熟の時節到来」して「自然に証入」するであろうということを誡《いまし》められた。

「**九成後《のち》に径山《きんざん》に上《のぼ》り、馮済川《ふうさいせん》諸公と格物を議す**」。馮済川の伝もありますが、これは略して置きます〔『五燈会元』20給事馮楫済川居士〕。九成が後に径山に上り、馮済川の諸公と「格物致知」の議論をした。「**大恵《だいえ》傍《かたわ》らに在りて之を聞き、九成に謂って曰く**」、大恵和尚〔大慧宗杲〕が傍でそれを聞いて、九成に言うに、「**公は只《た》だ格物有るを知って、物格《ぶっかく》有るを**

知らず」、お前はただ我れを捨て物の方へ理窟を言うことばかりを知って居るが、物から来《きた》って我れに附くという、ここに一つの真理のあることを気附《きづ》かずに居ると言うた。同じ事を引っくり返しただけだが、「物に格る」というのと「物格る」というのとは違う。「**九成茫然《ぼうぜん》たり**」、九成は茫然として居ると、「**恵大笑《たいしょう》す**」、大恵が大いに笑うた。「**成曰く、師能《よ》く開諭《かいゆ》する乎《か》**」、どうも分りませぬが説明して貰いたい、と言うたら、大恵が、そうさ、理窟は止《よ》して、ただ実例を示してやろう。「**恵曰く、見ずや、小説《しょうせつ》に載《の》す**」、小説にある。事実があったかなかったか、それは別問題として、あったとして書いてある。「**唐人《とうひと》に安禄山《あんろくざん》と謀叛《むほん》する者有り**」。安禄山という者は、御承知の如く、玄宗《げんそう》皇帝に寵《ちょう》せられて、後に謀叛人になった。唐人がその安禄山と一味して謀叛をした。その時に「**其《そ》の人先《さき》に閬《ろう》の守《しゅ》と為る**」、閬という所の知事《ちじ》みた様なことをして居った。「**画像《がぞう》在る有り**」、その人の画像が其処《そこ》に残って居った。そうした所が「**明皇《めいこう》、蜀《しょく》に幸《みゆき》して之を見て怒《いか》**」る。玄宗皇帝があいう哀れな末路であって、都から落ちて蜀の国に御幸《みゆき》されて、その時閬《ろう》という所を過ぎられたが、その人の画像を見て、大いに怒られた。これが安禄山と心を同じうして我れに叛《そむ》いた不忠不義《ふちゅうふぎ》な奴《やつ》であると怒られて、「**侍臣《じしん》をして剣《けん》を以て其の像首《ぞうしゅ》を撃《う》たしむ**」、剣を以て画像の首を撃たしめた。所がその時に「**閬の守**」は「**陝西《せんせい》**」と言うて余程遠方に離れて居ったが、「**首忽《たちま》ち地に堕《お》つ**」、首が忽ち地に落ちて仕舞った(『仏祖歴代通載』13・至徳元載五月)。

こういうようなことは、西洋の神話などにも沢山ある。馬鹿げた話として、そんなことはないと否定することは出来ぬ。色々悟《さと》り臭《くさ》いことを言うても分るまいから、小説にある話を語った。「**九成之を聞いて、頓《とみ》に深旨《しんし》を領《りょう》**」す。九成之を聞いて、「知を致す」は「物格るに在る」という境界を直《ただ》ちに合点《がてん》した。「**便《すなわ》ち不動軒《ふどうけん》の壁に題《だい》して曰く**」、大恵禅師の居られる所の不動軒という庵《いおり》の壁にこういうことを書いた、「**子韶の格物、妙喜《みょうき》の物格、一貫《いっかん》を識らんと欲せば、両箇五百《りょうこごひゃく》**」。「子韶」というのは張九成の諱《いみな》で、「妙喜」というのは大恵和尚の別号である。私の「格物」とあなたの「物格」論とは、一寸見た所は大変に違って居る様だが、そうでない。「五百」二つ合せて「一貫」となる様なものだ。真に大恵和尚の「物格」の境界が分ったらば、張九成の「格物」ということも分る。面白い言葉でこういうことを書いたから、「**恵大いに許可す**」、大恵和尚が許可した（以上『五燈会元』20侍郎無垢居士張九成）。

「**吾が宗の悟門、翻身一擲《ほんしんいってき》の妙**」、実地に工夫するその工夫其《そ》の儘《まま》が「翻身一擲の妙」、ただ身を翻《ひるがえ》し手《て》の平《ひら》を返す如く、迷いと悟りの境界が違ってくる。「**是《かく》の如く径截《けいせつ》なり**」、誠に手っ取り早い、持って廻ったものでない。「**学者宜《よろ》しく熟玩深省《じゅくがんしんせい》すべし**」、こういう評を下された。

第四十六講　忿《ふん》懥《ち》（第十九則）

『大学《だいがく》』に曰《いわ》く、「身忿懥《ふんち》する所有れば、則《すなわ》ち其《そ》の正《せい》を得ず。恐懼《きょうく》する所有れば、則ち其の正を得ず。好楽《こうごう》する所有れば、則ち其の正を得ず。憂患《ゆうかん》する所有れば、則ち其の正を得ず」。

是等《これら》の語、太《はなは》だ浅近淡薄《せんごんたんぱく》の論なり。宋《そう》の張方平《ちょうほうへい》曰く、「儒道《じゅどう》は淡薄にして、一時《いちじ》の聖賢《せいけん》悉《ことごと》く釈氏《しゃくし》に帰す」、知言《ちげん》と謂《い》う可《べ》し。大凡《おおよ》そ人の喜怒《きど》哀懼《あいく》愛悪《あいお》欲《よく》の七情《しちじょう》有るは、猶《な》お馬の奔逸駆馳《ほんいつくち》の質《しつ》有るが如し。若《も》し制御《せいぎょ》の術を知らざるときは、則ち必ず其の正を得ざるに至る。若し夫《そ》れ吾が禅門調御《じょうご》の法は、直《ただ》ちに応《まさ》に喜怒愛悪の情を前に置きて、以て其の正心《せいしん》を害せざるべし。這《こ》の心術甚《はなは》だ観る可し。乃《すなわ》ち仏《ぶつ》の十号《じゅうごう》中、調御丈夫《じょうごじょうふ》の名有る所以《ゆえん》の者、是《こ》れが為《ため》の故《ゆえ》なり。唐《とう》の李翺《りこう》、薬山儼《やくさんげん》に参ず。瞥地《べっち》の後に『復性書《ふくせいしょ》』を著《あら》わし云えること有り、「視《み》ず聞《き》かざるは是非《ぜひ》の人なり。視聴昭々《しちょうしょうしょう》、而して聞見《もんけん》を起さざる者、斯《こ》れ可《か》なり」と。翺の言、似《に》たることは則ち似たり、尚《な》お真の佳境《かきょう》に入る者に非ず。蓋《けだ》し人心《じんしん》の測《はか》られざる、喜《き》に在らざれば必ず怒《ど》に在り、愛《あい》に在らざれば則ち悪《お》に在り、交《こもご》も相い攻めて未《いま》だ始めより窮《きわ》まり有らず。故に身《み》を終《お》うると雖《いえど》も、卒《つい》に自ら其の性《せい》の明妙《みょうみょう》を知るを得ず。孔子《こうし》曰く、「操《と》るときは則ち存《そん》し、舎《お》くときは則ち亡《ぼう》ず。出入時《とき》無く、其の郷を知る莫《な》し、惟《こ》れ心の謂《いい》か」。然《しか》らば則ち制御の術を知らざる可からざるなり。然《しか》りと雖も、此《こ》れは是れ向上《こうじょう》の一著《いちじゃく》なり。乍入学人《さにゅうがくにん》の企及《ききゅう》す可き者に非ず。山野《さんや》切に要す、諸仁者《しょじんしゃ》、功夫純熟《くふうじゅんじゅく》し、学業遒進《しゅうしん》して、早く此の域《いき》に上《のぼ》らんことを。孟軻《もうか》曰く、「五穀《ごこく》は種《しゅ》の美なる者なり。苟《いやし》くも熟せざることを為《な》せば、荑稗《ていはい》にだも如《し》かず」、信《まこと》なる哉《かな》。

大学曰。身有所忿懥。則不得其正。有所恐懼。則不得其正。有所好楽。則不得其正。有所憂患。則不得其正。

是等語。太浅近淡薄之論也。宋張方平曰。儒道淡薄。一時聖賢悉帰釈氏。可謂知言矣。大凡人之有喜怒哀懼愛悪欲之七情。猶馬之有奔逸駆馳之質。若不知制御之術。則必至於不得其正也。若夫吾禅門調御法。直応置喜怒愛悪之情於前不以害其正心。這心術甚可観矣。乃所以仏十号中有調御丈夫名者。為是故也。唐李翺参薬山儼瞥地後。著復性書。有云。不視不聞。是非人也。視聴昭昭。而不起聞見者斯可矣。翺之言。似則似。尚非入真佳境者矣。蓋人心之不測。不在喜必在怒。不在愛則在悪。交相攻未始有窮。故雖終身。而卒不得自知其性之明妙焉。孔子曰。操則存。舎則亡。出入無時。莫知其郷。惟心之謂歟。然則不可不知制御之術也矣。雖然。此是向上之一著也。非乍入学人之可企及者。山野切要。諸仁者功夫純熟。学業遒進。而早上此域焉。孟軻曰。五穀者。種之美者也。苟為不熟不如荑稗。信矣哉。

〔講話〕　本日は第十九則「『大学《だいがく》』に曰《いわ》く、**身忿懥《ふんち》する所有れば、則《すなわ》ち其《そ》の正《せい》を得ず。恐懼《きょうく》する所有れば、則ち其の正を得ず。好楽《こうごう》する所有れば、則ち其の正を得ず。憂患《ゆうかん》する所有れば、則ち其の正を得ず**」〔伝7〕。

全体この『大学』という書物は、初めの一章だけが孔氏壁中《へきちゅう》の書と申して、秦《しん》の始皇《しこう》が総《すべ》て儒書《じゅしょ》を焼いて仕舞った時分に、孔氏家の壁《かべ》の中に隠してあった。その壁中の書が即ちこの『大学』の最初の一章で、跡《あと》は皆な曽子《そうし》の門人がこれを記した。それを程子《ていし》が順序を立て、そうして伝えた。であるから、最初の一章を除くの外、他の「伝《でん》」十章というものの中には、所謂《いわゆ》る「浅近淡薄《せんごんたんぱく》」の事もある。その『大学』の中に、先《ま》ず「身」という字を「心」と読ませ、或いは人に依って「身」という字を「心」という字に代えて居る人があるけれども〔朱熹『章句』引程子説〕、先師などは敢《あえ》て字を代えないでも「身」という字が却《かえ》って面白い。「心《こころ》」と読ませずして、「身《み》」と読んでも宜《よ》い〔手沢本首書「洪川曰……尤毎々山僧ガ云如ク、大学ハ初メノ一章ノミ孔子壁中ノ書ニシテ其伝ノ十章ハ曽子ノ門人之ヲ記ストアル。ソレヲ程氏が序デヲ立テ、伝ヘタモノナレバ聖言ニアラザルコト明カ也。本則ニ出セル正文ノ如キハ、誠ニ世俗衆庶ノ訓ヘ也。大人ノ学道トスルニ足ラズ。英傑ノ人、是等ノ浅近之説ヲ見テ、儒ハ拙シト云ハ宜べ也。元来ハ条目ノニラミガ、孔子ノ眼ノ付処ト違フテアルカラ、ケ羊ニ拙ク成リユクコトジャ」]。

それでこの本文は今読みました通りで、殆《ほと》んどその意味は分って居る位、極《ご》く解し易い一章でありますが、人間の心という者も、我々の感情からして起る所のものが色々ある。今「身」から起るというのは、四肢五官《ししごかん》に外界のものが刺戟《しげき》を与える、その外界の物に接触するという所から起る情《じょう》である。もし「忿懥」という怒る所があれば、其の怒りに就いて心の平正《へいせい》を得ない。「恐懼する所有れば、則ち其の正を得ず」。恐れるということが我々の一つの情の持ち前であるが、もし恐れるということに捕《とら》われると、矢張《やは》り心の正しきを得ない。「好楽する所有れば、則ち其の正を得ず」。「好《こう》」は好み、「楽《ごう》」は願う。何かあれが欲しいとか、こうしたいとかいうことに凝《こ》り固《かた》まって仕舞うと、またその心の平正を得ることが出来ない。「憂患する所あれば、則ち其の正を得ず」。何かクヨクヨ物思いをする、そういう憂患というものに捕われて仕舞うと、またその平正を得ない。

詰《つま》りここにある言葉を一言《ひとこと》にして言うて仕舞うと、我々の「七情《しちじょう》」の弊《へい》を防ぐということをここに述べたのである。我々の「七情」というものは「喜怒哀懼愛悪欲《きどあいくあいおよく》」で、これが交《こも》ごもその情が移り変り、移り変り、常に紛然《ふんぜん》として起って居る。成《な》る可《べ》くその情を平正にして行かなければならぬ。それでこの防情ということは大変結構なことであるけれども、モウ一つ一頭地《いっとう》を出た者から見ると、恐ろしいことを抑え、願いたいことも抑え、心配なことも無理にそれを抑え、働くことも無理に抑えて、漸《ようや》くその情を防いで居るという様なことは誠に心元《こころもと》ない話、どっちかと言えば不自由なことである。

さて先師はこれを評して「是等《これら》の語、太《はなは》だ浅近淡薄《せんごんたんぱく》の論なり」。我々が「見性成仏《けんしょうじょうぶつ》」という様な宗旨の立場から眺めて見ると、今、本文にある様なことは至って浅墓《あさはか》な極く手近《てぢか》な一向味《あじ》の無い「淡薄」の論である。ただこういうことをして、漸《よう》や我が心を防いで居るという様なことでは迚《とて》も大活動を試みるということは出来ない。

それ故に「宋《そう》の張方平《ちょうほうへい》」という人が、或る時こういうことを言うたことがある。この人は諡《おくりな》して文定公《ぶんていこう》と言うて随分名高《なだか》い学者でありますが、その張方平が言うに、「儒道《じゅどう》は淡薄にして、一時《いちじ》の聖賢《せいけん》悉《ことごと》く釈氏《しゃくし》に帰す」、何分《なにぶん》儒道は浅いものである。儒教というものは、世《せ》道人心《どうじんしん》の上に於て大いに世に感化を与える所の教であるけれども、元、この人という者に重きを置いて、人以上の神《かみ》とか仏《ほとけ》とか、または絶対とかいう様なことになると余程縁遠《えんどお》いものである。人間と人間との中に於て、或いは仁義《じんぎ》と言い、忠孝《ちゅうこう》と言い、それを教えるのが儒道の本領である。それであるから言わば「淡薄」である、浅いものである。それ故に「一時の聖賢悉く釈氏に帰した」、どうも儒教が淡薄浅近なるが故に、聖《せい》と言われ賢《けん》と言われる人は、それに満足することが出来ぬから、悉く皆な仏教の方に這入《はい》って仕舞うた、ということを張方平が言うたことがあるが、実に至言《しげん》だ〔『枯崖漫録』下・双杉元、第23講参照〕。それに違いない。

何《なん》となれば、「**大凡《おおよ》そ人の喜怒哀懼愛悪欲《きどあいくあいおよく》の七情《しちじょう》有るは、猶《な》お馬の奔逸駆馳《ほんいつくち》の質《しつ》有るが如し**」。「喜怒哀懼愛悪欲」これを一口《いちじる》に「七情」と言うて居る。人間の心も色々であって情というものに就いて眺めて見ると、先《ま》ず著しく分るのは、喜《よろこ》ぶとか、怒《いか》るとか、哀《かな》しむとか、懼《おそ》れるとか、また物を愛《あい》するとか、悪《にく》むとか、欲《ほっ》するとかいうことが、一寸《ちょっと》自分の心を振り返って見ても著しく分る所の情であります。「七情」と言うても七ツに限られることはない。重《お》もなる情で、これから色々の情が起る所が、この七情というものは有る可き筈《はず》のものである。嬉しい時に嬉しくない、哀しい時に哀しくないということは、不自然だ。そういう無理なものでない。丁度《ちょうど》「七情」のあるのは馬の「奔逸駆馳の質有る」が如しで、馬というものを、まだ訓練せぬ前の馬、野飼《のがい》の馬となると、それは飛び走る。そうして捨《す》て置《お》けは、何処《どこ》へでも逸《いっ》するという様な有り様。中々手にも足にも合うものでないけれども、これは固《もと》より馬の性質である。ただ馬をして能《よ》く言うことを聞く様にならしむるには、「制御《せいぎょ》」したら宜《よ》い。

「**若《も》し制御《せいぎょ》の術を知らざるときは、則ち必ず其の正を得ざるに至る**」、上手《じょうず》な馬方《うまかた》、上手な御者《ぎょしゃ》がその荒馬《あらうま》を馴《なら》して行く様な塩梅《あんばい》で、我々の、欲《ほ》しい、惜《お》しい、憎《にく》い、可愛《かわい》い、という心がある為に、悟りを開くことも出来る。善い事をすることも出来る。ただ悪い方を止めて善い方へ進める、曲れる方を捨てて正しい方に就かしめる、というのが「制御の術」である。その「制御の術」というものを知らぬ時に於ては「必ず其の正を得ざるに至る」、心の本性《ほんせい》の正しき所を得ざるに至るのである。

「若し夫《そ》れ吾が禅門調御《じょうご》の法は、直《ただ》ちに応《まさ》に喜怒愛悪の情を前に置きて、以て其の正心《せいしん》を害せざるべし」。そんならば我が仏法、就中《なかんずく》「吾が禅門」に於て彼《か》の馬を「制御」するの術あるが如く、我々がこの「七情」を如何《いか》に「制御」するかというならば、その「調御」の法はこの「喜怒愛悪の情」――「喜怒愛悪」の情で此処《ここ》では略して四字にした――を前に置いて、これを抑えて防いで居るのではない。「情」はその儘《まま》存在せしめて、以てそうして「其の正心を害せざるべし」。哀しい時は哀しい、嬉しい時は嬉しい。

白隠《はくいん》禅師の会下《えか》に名高かったのは、彼《か》のお察婆《さつばあ》である。その婆々《ばば》の孫が歿《な》くなった時分に、可愛い孫が歿くなったので、大層《たいそう》哀しんで、号泣《ごうきゅう》して、実に哀しい哀しいと言うて頻《しき》りに泣いた。で、ある人がどうもあの婆さんは白隠和尚の室《しつ》に入《い》って参禅をしたとか悟りを開いたとか言われて居る。それにも拘《かか》わらず孫が歿くなったと言うて頻りに泣き居る、あの様《ざま》というものはない。悟りというものはあんな馬鹿《ばか》気《げ》たものであるか、あれでは凡俗《ぼんぞく》と少しも変りが無いではないか、というたと聞いて、婆さんが「そう思うのも無理からぬ。しかし私がこう涙を流して泣いて居るのは、坊さま達がお経《きょう》読むよりも百千万倍の功徳《くどく》がある」と言うたということであるが、矢張りそれだ（『荊棘叢談』阿察婆）。禅門のやり方は「喜怒愛悪の情」を前に存在せしめて「其の正心を害しない」という、これなのだ。

「這《こ》の心術甚《はなは》だ観る可し」、この心の取り方というものが誠に「観る可し」で、これを一つ手本《てほん》にしなければならぬ。一例を挙げると、彼の大慧《だいえ》和尚（大慧宗杲）という宋朝《そうちょう》時代に優れた人が『円覚経《えんがくきょう》』の四句の偈《げ》を頌《じゅ》したことがある。その『円覚経』の四句の偈というのは、どういうことが言うてあるかというと、「一切時《いっさいじ》に居て妄念《もうねん》を起さず、諸《もろもろ》の妄心《もうしん》に於て亦た息滅《そくめつ》せず。妄想《もうそう》の境に住して了知《りょうち》を加えず、了知無きに於て真実《しんじつ》を辨ぜず。」。この四句の偈を一句一句七言《しちごん》の偈にした。初めの一句「居一切時不起妄念」というのを「荷《か》葉《よう》団々として鏡《かがみ》よりも団《まどか》なり」、こういう様にソックリ換骨脱胎《かんこつだったい》した。蓮《はちす》の葉が丸々として鏡の円《まど》かなるよりも円かなり。第二句目の「於諸妄心亦不息滅」、それを「菱角《りょうかく》尖々《せんせん》として錐《きり》よりも尖《せん》なり」。これは何も菱《ひし》の角《かど》とか蓮《はす》の葉《は》とかいうものに実は用はない。第三句目の「住妄相境不加了知」というのを「風柳絮《りゅうじょ》を吹きて毛毬《もうきゅう》走り」、詩としても良く、これは練ったもので、俗に猫柳《ねこやなぎ》というあの柳《やなぎ》の絮《はな》というものは誠にしとやかなもので、春先にあの絮が風に吹かれて飛んで廻る所は、丁度手《て》で突《つ》いた手鞠《てまり》が空へ飛び廻る様な有り様で、誠に自然の働きである。第四句「於無了知不辨真実」というのを大慧禅師は「雨梨《り》花《か》を打ちて蛺蝶《きょうちょう》飛ぶ」、丁度春先に白い梨《なし》の花が咲いて居る所へ春雨《はるさめ》がポトポト降って来て、梨の花を打つ。梨の花が雨に打たれてハラハラと散る。それが蝶々の飛ぶ様な有り様。飛んで居るけれども、飛んだという程の何かそこに跡方《あとかた》を止《とど》めては居らない、自然の働き（以上、手沢本首書／『大慧語録』10頌古、洪川『横山夜話』荷葉団々話条、参照。『蒼龍広録』2—3右）。

こういうことも矢張《やは》り白隠門下では、今、私がこれだけ言うただけではならぬ。一々の調べがある。それはしかしこの調べに掛《かか》った銘々《めいめい》が工夫をして骨折《ほねお》ることである。兎《と》に角《かく》そういう塩梅《あんばい》で、釈門「調御」の法は一例を挙げて見れば、こういうことである。こういう「心術」は「甚だ観る可き」である。強《し》いて「七情」を抑えよということは、並《なみ》の人には教えて宜いが、もう一等抽《ぬ》いた人物には不自由である。怒る時には怒りもしなければならぬ、笑う時には笑いもしなければならぬ。人と人と接触し、物と物と出遇《でお》うて、そうして朝から晩まで万事の活躍を試みて行く上に、そういう防情をして居ては、迚《とて》も不自由でならぬ。

「**乃《すなわ》ち仏《ぶつ》の十号《じゅうごう》中、調御丈夫《じょうごじょうふ》の名有る所以《ゆえん》の者、是《こ》れが為《ため》の故《ゆえ》なり**」。「仏の十号」ということがあります。『法華経《ほけきょう》』などにもちゃんと書いてあります。「如来《にょらい》、応供《おうぐ》、正偏知《しょうへんち》、明行足《みょうぎょうそく》、善逝《ぜんぜい》、世間解《せけんげ》、無上士《むじょうし》、調御丈夫《じょうごじょうふ》、天人師《てんにんし》、仏世尊《ぶつせそん》」と仏の徳《とく》を眺めて、これを「仏の十号」と言う。その十号中に「調御丈夫」という名があるのはこれが為で、御者《ぎょしゃ》の稽古《けいこ》を仏がしたというのではない。我々が荒馬の如き心、意馬心猿《いばしんえん》というものを、自由に扱うという所から「調御丈夫」の名があるのである。

「**唐《とう》の李翺《りこう》、薬山儼《やくさんげん》に参ず**」。薬山の儼禅師〔薬山惟儼〕というのは、石頭和尚《せきとう》〔石頭希遷〕の法を嗣《つ》がれた人である。また唐の李翺という人は儒者社会では最も有名な人で、丁度唐《とう》の元和《げんな》時分の人で、初めは国子博士《こくしはかせ》でそれから修史館《しゅうしかん》の役人になった人で、嘗《かつ》て又た朗州《ろうしゅう》の知事になって居った時に、薬山の儼禅師の道風《どうふう》を景慕《けいぼ》して、幾度《いくど》か請待《しょうたい》した。禅師に出て来て法を述べて下されと言うたが、薬山和尚、遂に出て行かなかった。そこで李翺が態々《わざわざ》山に行って敬礼《きょうらい》をした。所が薬山がその時分に「端然《たんねん》として経《きょう》を看る」、李翺が来た時に一向知《し》らぬ顔をして坐ってお経を読んで居って、更に李翺を顧みない。李翺が甚だ面白くなく思った。そこで「面《おもて》を見るは名《な》を聞くに如《し》かず」、名を聞いて居った方が余程宜《よ》かった、態々山まで来て敬礼しようと思ったが、痩《やせ》こけた芋掘坊主《いもほりぼうず》見た様な風だ、いっそ訪《と》わない方が宜かったというて、袖《そで》を払《はら》って行こうとした。その時に薬山が始めて「李翺」と呼んだから、李翺が覚えず首《こうべ》を廻《めぐ》らした。その時の薬山の言葉が面白い。汝「何ぞ耳を貴《たっと》んで目を賤《いや》しんずるや」。お前は学者であるが、人の噂を聞いて、耳ばかり貴んで、自分の活眼《かつげん》で物を見ることが出来ぬ。なぜ耳を貴んで、目を賤しんずるや、と薬山に言われたので、李翺成程《なるほど》と感じて再拝《さいはい》をした。そうして「如何《いか》なるか是れ道《みち》」、道とは何ぞと問うた。その時、薬山が持って廻った辯は費やさなかった。自分の手を以て上の方を指し、また下の方を指した。一言も言わずして指先《ゆびさき》で上を指したり、下を指したりして、「会《え》すや」、分ったか、と言われたけれども、李翺には一向何《なん》の事か分らぬから、「不会《ふえ》」、分りませぬと言うた。分らぬならば言うてやろう、「雲《くも》は青天《せいてん》に在り水《みず》は瓶《びょう》に在り」と言った。そこで李翺が始めて何か心に感ずる所があった。それからこういう偈頌《げじゅ》を一つ作った。

練得身形似鶴形
千株松下両函経
我来問道無余事
雲在青天水在瓶

身形《しんぎょう》を練《ね》り得て　鶴形《かくけい》に似たり
千株《せんしゅ》の松下《しょうか》　両函《りょうかん》の経
我れ来りて道を問えば　余事《よじ》無し
雲《くも》は青天《せいてん》に在り　水《みず》は瓶《びょう》に在り

こういう偈頌を作って薬山和尚に呈して大いに礼を述べて去ったということが、伝に書いてある〔手沢本首書／『仏法金湯編』9李翺〕。その事であります。

唐の李翺が薬山の儼禅師に参して、「**瞥地《べっち》の後に『復性書《ふくせいしょ》』を著《あら》わ**」す、『復性書』を著わした。『復性書』というものは三篇に分れてあって、第一篇にはこういうことが述べてある。「情昏《くら》きときには則ち性匿《かく》る」、我々が七情が昏き時には本性は匿《かく》れる。「情を忘るるときには則ち性に復する」。七情というものを使い乍《なが》ら七情を忘れて仕舞えば、本性にちゃんと立ち返る、こういうことが第一篇に述べてある。また第二篇には「思うこと無ければ則ち寂照《じゃくしょう》」、第三篇には「昏《くろ》うして思わざれば、終《つい》に道を明らめず」、我々が情を暗ました儘《まま》捨て置けば、道を明らめることが出来ぬ、ということが書いてある〔手沢本書入／『仏法金湯編』9李翺〕。

その『復性書』の中にこういうことを李翺は言うて居る〔同前〕。「**視《み》**〔覩〕**ず聞《き》かざるは是《ぜ》非《ひ》の人なり**」。一寸《ちょっと》調子が違います。視《み》ぬが宜い、言《い》わぬが宜い、聞かぬが宜い。三猿《さんざる》ということが俗にあります。見ざる、聞かざる、言わざる。あれも一寸面白いが、世間多くの人の所謂る「無念無想」というのは似《に》て非《ひ》なる所謂る野狐禅《やこぜん》。それを極言すれば詰り「是非の人」で、視るものは沢山《たくさん》ある、聞くものは沢山ある。強いて目を閉じて見ない、耳を掩《おお》うて聞かない、と言うのは「是非の人」である。「**視聴昭々《しちょうしょうしょう》、而《しこう》して聞見《もんけん》を起さざる者、斯《こ》れ可《か》なり**」。飽《あく》までも見、飽までも聴いて、聞見の情を起さぬ者が可なるものである。それで始めて道に入ることが出来る、ということを李翺が言った〔『復性書』中〕。「**翺の言、似《に》たることは則ち似たり**」、似たることは則ち似て居るが、これを我が禅の立場から言うと、余程似て居るけれども、まだそれだけでは十分でない。「**尚《な》お真の佳境《かきょう》に入る者に非ず**」。「真の佳境に入る」ということになると、我が白隠門下では古来「難透難《なんとうなん》解《げ》」と云われて居る一々の関鎖《かんさ》に依って百練千鍛《ひゃくれんせんたん》した上、かくの如き「佳境」を得けなければならぬ。

そういう調《しら》べが段々ありますが、先ずここに一則だけ言うて見ると、「婆子焼菴《ばすしょうあん》」という一則がある〔『五燈会元』6〕。それはどういうことかと言うと、或る所に信者の婆《ばあ》さんがあって、その婆さんの孫娘《まごむすめ》に大変美人があった。所が或る行状《ぎょうじょう》の清潔な修行をする坊さんがあった。その坊さんを婆さんが二十年間自分の所に引き取って世話をして居った。自分の孫娘をして始終《しじゅう》身のまわりの用をさせて居った。所がこの婆さんがある時娘《むすめ》に言うた。今日こういう塩梅にして坊さんを試験しろと言い含めた。娘はその意を受けて「相い抱定《ほうじょう》して曰く」」、坊さんに親しく身体を触れて、正しくかくの如くした時にはさてどうである、と、こう言うた。そうしたら坊さんは、こう答えた。「枯木寒巌《こぼくかんがん》に倚《よ》る、三冬暖気《さんとうだんき》無し」。枯木《かれき》が而も冷《つめ》たい巌《いわ》に一本突き立って居る様なものだ。「三冬」、冬の真中で少しの暖《あたた》かみもない、という意味である。

これも中々有り難いことで、余程達《たっ》した人でなければこれだけの答えが出来ないが、しかし婆さんはそんなことでは承知しない。娘からその事を聞いて、私は二十年間この「俗《ぞっ》漢《かん》を供養《くよう》した」のは汚《けが》らわしい、と言うて坊さんを逐《お》い出《だ》して仕舞った。なおその上にこんな坊主が居った家は汚《けが》れて居る、焼《や》いて仕舞えと言うて、庵室を焼いて仕舞ったということが、一則の公案《こうあん》になって室内《しつない》の調《しら》べを要することでありますが、そうかと言うてこの坊さんがああ言うたからいかぬ、その裏をやろうなどと言うて、妙な肉感的の答えでもすると、そんな馬鹿げたことではいかぬ。それが調べで、禅宗ではそういう実際の事を、断《だん》見《けん》にも附かず、常見《じょうけん》にも附かず。物質的にも支えられず、そうかと言って、唯心的にも支えられぬ。そこが余程六ケ敷《むつかし》い。口に何程《なにほど》講釈しても分らぬ、実際どんなものかということを、自家商量《じけしょうりょう》しなければいかぬ。今、李翺がそう言うた位では、似てることは似て居るけれども、「佳境」に這入って居らぬ。

「**蓋《けだ》し人心《じんしん》の測《はか》られざる、喜《き》に在らざれば必ず怒《ど》に在り、愛《あい》に在らざれば則ち悪《お》に在り**」。

「人心」というものはこんなものだ、喜んで居られなければ怒って居る、愛して居らなければ悪《にく》んで居る、善いことを思うて居らぬと悪《わる》い事を思うて居る、悪い事を思うて居らなければ善い事を思うて居る。これは一般的に言えばそうだ。それを繰り返し繰り返しして居る。「**交《こもご》も相い攻めて未《いま》だ始めより窮《きわ》まり有らず**」、ただ「七情」の為に追い廻されて居って「窮まり」ない。「**故に身《み》を終《お》うると雖《いえど》も、卒《つい》に自ら其の性《せい》の明妙《みょうみょう》を知るを得ず**」、その儘《まま》本性の明《めい》にして妙《みょう》なることを知らずして終る者が、天下滔々《とうとう》として皆なそれなりと言うて宜い位である。

孔子はこういうことを言われた、「**操《と》るときは則ち存《そん》し、舎《お》くときは則ち亡《ぼう》ず**」。丁度子供が草原に行って虫を捕《と》る様なもので、押えたと思うと逃げる、逃げたと思うとまたそこらへ飛んでくる様なもので、我々の心は死物《しぶつ》でない。「操るときは存する」し、「舎くときは亡する」。そんなものじゃない。これを自由にしなければならぬ。この「七情」の如きものは、「**出入時《とき》無く、其の郷を知る莫《な》し**」と言うて、何処《どこ》にそんな物が潜んで居ってこういう働きをするかを知らぬ位なもので、「うつりゆくはじめもはても白雲のあやしきものは心なりけり」という古人の歌もあります〔太田垣蓮月「心」〕。「**惟《こ》れ心の謂《いい》か**」、これまでは孔子の言葉だ〔『孟子』告子・上〕。

「**然《しか》らば則ち制御の術を知らざる可からざるなり**」。こういう誠に際《きわ》どい所であるから、「制御の術を知らずにはある可からず」。上手な御者が馬を乗りこなすに、我が手足《てあし》を使う如くにやらなければならぬ。使うか使われるか、飛んだり跳ねたりする奴を「制御」する。

これが実際「明妙」となるが、しかしこれは「**向上《こうじょう》の一著《いちじゃく》なり**」、向上の手段だ。「**乍入学《さにゅうがく》人《にん》の企及《ききゅう》す可き者に非ず**」、田舎からポッと出て始めて道に這入った位の者の企て及ぶ所ではない。年《とし》久しくその修行の功を積んだ者でなければ、これを自由にすることは出来ぬ。「**山野《さんや》切に要す、諸仁者《しょじんしゃ》、功夫純熟《くふうじゅんじゅく》し、学業遒進《しゅうしん》して、早く此の域《いき》に上《のぼ》らんことを**」、早くこの趣味を一つ手に入れることを希望する。

「**孟軻《もうか》曰く**」、孟子《もうし》もこういうことを言うて居る。「**五穀《ごこく》は種《しゅ》の美なる者なり。苟《いやし》くも熟せざることを為《な》せば、荑稗《ていはい》にだも如《し》かず**」（告子・上）。「五穀は種の美なるもの」であります。五穀の為に大抵《たいてい》我々は食物を得て居るが、しかし五穀と雖も熟せざるものは食料に充てることは出来ぬ。「荑稗」というのは、形稲《いね》に似て、稲を害する所の草だが、五穀が熟さぬ時には稲を害する「荑稗」にも及ばぬ、雑草にも及ばぬ。人間の心もその通りであると孟子が言うたが、「**信《まこと》なる哉《かな》**」、誠に尤《もっと》もなことである。

第四十七講　梏《こく》亡《ぼう》（第二十則）

孟軻《もうか》曰《いわ》く、「旦昼《たんちゅう》の為《な》す所《ところ》、之《これ》を梏亡《こくぼう》なること有り。之を梏《こく》して反覆《はんぷく》するときは、則《すなわ》ち其《そ》の夜気《やき》以て存《そん》するに足らず、夜気以て存するに足らざれば、則ち其れ禽獣《きんじゅう》に違《たが》うこと遠からず。故《ゆえ》に苟《いやし》くも其の養《やしな》いを得ば、物《もの》として長《ちょう》せざるなく、苟くも其の養いを失えば、物として消《しょう》せざるなし」。

此《こ》の一条は、亦《ま》た太《はなは》だ浅近淡薄《せんごんたんぱく》の論なり。吾が門参学《さんがく》の者に於て、亦た之を屑《いさぎよ》しとせざる所なり。何となれば則ち吾が本分《ほんぶん》の学士《がくし》の如きに至っては、直《ただ》ちに其の本根《ほんこん》を截《き》る、何ぞ夜気《やき》平旦《へいたん》の気《き》を論ぜんや。説者云《せっしゃいわ》く、「若《も》し旦昼の間《あいだ》に於て、梏亡に至らざるときは、則ち夜気愈《いよい》よ清し。云々」。夜気清ければ、則ち平旦未《へいたんいま》だ物と接せざる時、湛然《たんねん》たる虚明《きょめい》の気象《きしょう》自ら見る可《べ》し。是《かく》の如《ごと》く之を養《やしな》い之を省《せい》し、念を斂《おさ》め想を摂《せっ》す。目《め》を閉《と》じ睛《ひとみ》を蔵《おさ》めて、念《ねん》起る有るに随って、勤めて之を除破《じょは》す。細想纔《さいそうわず》かに生ずれば、便《すなわ》ち強いて之を遏捺《あつなつ》すという。吾が門の古徳《ことく》、之を呵《か》して黙照《もくしょう》の邪禅《じゃぜん》と謂《い》う。又《ま》た魂不散《こんふさん》底《てい》の死《し》人《にん》と謂う。世出世《せしゅっせ》に於て、何の用《よう》を作《な》すにか堪《た》えん。古人《こじん》、之を敗漏《はいろ》の船《ふね》に丹艧《たんわく》を塗《ぬ》り偶人《ぐうじん》を駕《の》するに譬《たと》う。若《も》し平陸《へいりく》に安《やす》きときは、則ち信然《しんねん》観る可し。一旦江海《こうかい》を渉《わた》り、風《ふう》濤《とう》を凌《しの》げば、危《あや》うからざるを得んや。蓋《けだ》し五欲八風《ごよくはっぷう》は、人生治《ち》し難《がた》きの幻病《げんびょう》にして、若し一乗見性悟道《いちじょうけんしょうごどう》の妙剤《みょうざい》を以て之を抜除《ばつじょ》せざれば、病根《びょうこん》深く入って、終《つい》に真実堅固無病《しんじつけんごむびょう》の人と為ること能《あた》わず。『法華経《ほけきょう》』に曰く、「大医王《だいいおう》は衆生《しゅじょう》の苦悩《くのう》を見て、大良薬《だいりょうやく》を与《あた》う。心を失わざる者は、此の良薬を見て即ち之を服《ふく》し、病尽《やまいことごと》く除愈《じょゆ》す。心を失う者は肯《あえ》て服せず。所以《ゆえん》は何《いかん》となれば、毒気《どくけ》深入して本心を失するが故に、心皆な顚倒《てんどう》す。故に此の好色《こうしょく》の香薬《こうやく》、而《しか》も美《び》ならずと謂う。云々」。今我れにも箇《こ》の大良薬有り、服と服せざるとは、功罪《こうざい》其の人に在るのみ。張天覚《ちょうてんかく》云わずや、「其れ信根《しんこん》無き者は、膏肓《こうこう》の病《やまい》、救う可からざる者なり」、固《まこと》に然《しか》り。

孟軻曰。旦昼之所為。有梏亡之矣。梏之反覆。則其夜気不足以存。夜気不足以存。則其違禽獣不遠矣。故苟得其養。無物不長。苟失其養。無物不消。

此一条。亦太浅近淡薄之論也。於吾門参学者。亦所不屑之也。何則至如吾本分学士。直截其本根。論何夜気平旦気。説者云。若於旦昼之間。不至梏亡。則夜気愈清。夜気清。則平旦未与物接之時。湛然虚明気象自可見矣。云云。如是養之省之。斂念摂想。閉目蔵睛。随有念起。勤除破之。細想纔生。便強遏捺之。吾門古徳呵之謂黙照邪禅。又謂魂不散底死人。於世出世。堪作何用。古人譬之敗漏之船塗丹臒駕偶人。若安於平陸。則信然可観矣。一旦渉江海。凌風濤。得不危乎。蓋五欲八風者。人生難治之幻病也。若不以一乗見性悟道之妙剤抜除之。病根深入。終不能為真実堅固無病之人矣。法華経曰。大医王見衆生苦悩。与大良薬。不失心者。見此良薬即服之。病尽除愈。失心者不肯服。所以者何。毒気深入失本心故。心皆顚倒。故此好色香薬。而謂不美。云云。今我有箇大良薬。服与不服。功罪在其人耳。張天覚不云乎。其無信根者。膏肓之病不可救者也。固然。

［講話］　本日の所は『孟子《もうし》』の告子《こくし》の上篇に出て居る一節を引いて第二十則に充《あ》てた。こ

の本文に現われて居るその前に、こういう言葉が『孟子』にはある。それをちょっと言うても敢《あえ》て無用ではない。「孟子曰く、牛山《ぎゅうざん》の木、嘗《かつ》て美あり、其の大国《たいこく》に郊《こう》するを以て斧《ふ》斤《きん》之を伐《き》る。以て美《び》と為す可けんや。是れ其の日夜《にちや》の息《いこ》う所、雨露《うろ》の潤《うるお》す所、萌蘖《ほうげつ》の生ずる無きに非ず、牛羊《ぎゅうよう》又た従って之を牧《ぼく》す。是《ここ》を以て、彼《かれ》が若《ごと》く濯々《たくたく》〔てかてか〕たり。人その濯々たるを見て、以て未だ嘗て材《ざい》有らずと為す。此れ豈《あ》に山《やま》の性《せい》ならんや。人に存する者と雖《いえど》も、豈《あ》に仁義《じんぎ》の心《こころ》無からんや。其の良心《りょうしん》を放《はな》つ所以《ゆえん》の者《もの》は、亦た猶お斧斤の木に於けるがごとし。旦旦《たんたん》〔ひごと〕にして之を伐る、以て美と為る可けんや。其の日夜《にちや》に息《いこ》う所、平旦《へいたん》の気《き》、其の好悪《こうお》人と相い近き者、幾《ほとん》ど希《まれ》なり、則ち其れ」〔手沢本首書〕、これからまた本文に出て居る所に続く。

　これは孟子と告子《こくし》とが我々の持って居る本性《ほんせい》というものに就いて問答往来、頗《すこぶ》る議論を戦わした。その事に因《ちな》んで、これは孟子の言うた所、牛山という所の木は、誠に元は美なる所のものである。所がその牛山が大国の間に位して居るが為《ため》に、「斧斤之を伐る」で、絶《た》えず人が斧鉞《ふえつ》を以てこれを伐り倒す。伐り倒して仕舞えば、「以て美と為す可けんや」で、元は美であったが、終《つい》にこういう禿山《はげやま》になって仕舞った。これは皆な譬《たと》え事であります。

　「是れ其の日夜の息う所、雨露の潤す所、萌蘖の生ずる無きに非ず」。芽《め》が生《お》えぬのではない、「雨露の潤す所」「日夜の息う所」に依って次第次第に芽は生《は》えるのであるけれども、如何《いかん》せん、日夜にこれを伐り去って仕舞えば、この通りになって仕舞う。人が山を荒《あら》すのみではない。牛を連《つ》れて行って牧草《ぼくそう》こうたり、羊を連れて行って餌《えさ》こうたりするが為に、終に芽生えまでも取られて仕舞うから、「濯々」というはまるで禿山の有り様でありましょう、「人其の濯々たるを見て、未だ嘗て材有らずと為す」。この牛山という山は、初めから良材が無いとして居るが、「此れ豈に山の性ならんや」、山の本性ではない。これは皆な前置きです。

「人に存する者と雖も」この通り、「人豈に仁義の心なからんや」。人は本来「仁」といい「義」という心を持って居るのであるが、その「良心を放つ所以」、その持って居る良心を終に失って仕舞うたという有り様は、「猶お斧斤の木に於けるがごとし」。丁度鉞《えつ》を以て木を伐るようなものである。朝《あさ》な夕《ゆう》な、人欲《じんよく》の私《わたくし》と云う斧を以て之を伐って仕舞えば、「以て美と為る可けんや」。いつまで経っても良い山になることは出来ない。「其の日夜に息う所、平旦の気、其の好悪人《ひと》と相い近き者、幾ど希なり」、殆《ほと》んど人としての本性というものと大変遠ざかって仕舞う、ということを初めに言うて置いて、それから本則に移るのです。

「旦昼《たんちゅう》の為《な》す所《ところ》、之《これ》を梏亡《こくぼう》なること有り」。丁度、今、山の木を以て人の心に例えたのでありますが、我々の心というものも「旦昼」とて朝むっくり起きて、そうして晩に息うまでの間、紛々擾々《ふんぷんじょうじょう》として色々外界の境に臨んで立ち働いて行く。それが為に幾度《いくたび》か我が心を傷つけ、我が心を汚《けが》すのである。「梏亡」という「梏」の字は、桎梏《しっこく》の梏と見ても宜《よろ》しいけれども〔鄭注〕、古人《こじん》の註を見ると「梏は乱なり」とある〔手沢本書入「趙岐注、—乱也。是。集注、械也。不是」〕。

その日昼の間の為す所に依って、我がこの本心または良心というても宜《よ》いが、それを攪《か》き乱《みだ》し、取《と》り失《うしの》うて仕舞う。我々がこの生を営まんが為には、知らず識らず、自分の心を汚したり、または傷つけたりすることが多いのである。であるから、修養というと、どうしても、毎日心を使うだけ、それだけ、毎日養《やしの》うて行かなければならぬ必要がある。少なくも一週間に一度位はまるで俗界《ぞくかい》の泥足《どろあし》を洗ったような心持ちになって、一週間行き疲れた心を養って、その力を回復せねばならぬ必要がある。それだから錫崙《セイロン》あたりに行って見ると、今でもそうであります、一週間に一度はウポーサタ〔upostha〕と称して、それは布《ふ》薩日《さつび》と翻訳してあるが、その日は尠《すくな》くとも半日間、御寺《おてら》に立《た》て籠《こも》って御経《おきょう》を読み、説法《せっぽう》を聞き、剰《あまつ》さえ八斎戒《はっさいかい》というものを授かって、そうして少なくも半日はまるで出世間的《しゅっせけんてき》生活を皆人《みなひと》が行うのである。欧米に於てもその通り、必ずサンデーは教会に於て、禱《いの》りをしたり、説法を聴いたりする。これが大抵古今東西《ここんとうざい》同じように出て居るのは、矢張《やは》りその必要があるのである。また成り立って居る宗教に依らずとも、何等《なんら》かの宗教的修養の実行をやらねばならぬ必要があるに違いない。

今、孟子が「日昼の為す所」これを梏《みだ》りこれを亡《うしな》う、**「之を梏《こく》して反覆《はんぷく》するときは、則《すなわ》**

ち**其《そ》の夜《や》気《き》以て存《そん》するに足らず**」という。乱《みだ》し乱し渇《かっ》し渇しして、一度ならず二度ならず、繰り返して我が心を煩わす時に於ては、「其の夜気以て存するに足らず」で、一日働いて一夜息《いこ》わねばならぬという意味は、即ち先きに消耗したる所の力を回復する為なので、ただに力を回復するばかりでない。更に将来に向って捲土重来《けんどじゅうらい》的の活動をしようという必要があるからである。今の如くただ「梏亡」するばかりであって、そうして養う所がなければ、「夜気以て存するに足らず」、到底得《う》る所は失う所を償《つぐな》うには足りない。「**夜気以て存するに足らざれば、則ち**」、一夜の息い養うことが足らぬ時に於ては、もう「**禽獣《きんじゅう》に違《たが》うこと遠からず**」で、我々が生というものを営んで居るのは何の為であろうか。ただ衣食住の生活を営んでそうして唯《た》だ毎日毎日我《わ》が心を「梏亡」して行って、遂に終りを告ぐるということになるならば、我れは万物《ばんぶつ》の霊《れい》とかもしくは長《ちょう》とかいうて見ても、一向《いっこう》霊たり長たる所の権威を見ない。殆んど禽獣と異らぬ。形は稍《や》や違って居るかも知らぬけれども、その生活状態というものは禽獣と同じである。禽獣も矢張り衣食住の生活を営んで居るのである。禽獣どころではない、禽獣以下の誠に蠢々《しゅんしゅん》たる極《ご》く細かな劣等な動物でも、または植物でも、同じ一つの生活は営んで居る。自己に於て養うということがなかったならば、もう禽獣と人とは択《えら》ぶ所がない。

「**故《ゆえ》に苟《いやし》くも其の養《やしな》いを得ば、物《もの》として長《ちょう》ぜざるなく、苟くも其の養いを失えば、物として消《しょう》せざるなし**」。要は「養」と云う所にある。今は世間一般に誰でも修養という。真《しん》底《そこ》心から発して修養する人もあり、またただ時代の一つの流行の如くに、人も言うから我れも言うという人もあろうけれども、兎《と》に角《かく》、修養の必要ということは、皆なが自覚して来て居る時代になった。この「養」というのは、今時《いまどき》言うて居る修養という意味です。ただ物を識り、物を覚え、物を使い、そうして事を処置して行くばかりが能《のう》ではない。その中に於て一つ冥々《めいめい》の裡《うち》に修養というものを忘れてはならない。もしその宜《よろ》しきを得たならば「物として長せざるなし」、尠《すくな》くも物その物が自然の生命を全《まっと》うすることが出来る。乃ち大は大なり、小は小なり、分限相応《ぶんげんそうおう》にその生命を全うすることが出来る。然らずして、苟《いやし》くもその「養う」ということを失《うしの》うて仕舞うたならば、「物として消せざるなし」。物の消長というのは、要するに養うと養わざるに依って岐《わか》れて来るのである。これは極く平凡の言句《ごんく》であるが、しかし平凡の中に極く堅実の意味を含んで居る。

先師評して曰く、「**此《こ》の一条は、亦《ま》た太《はなは》だ浅近淡薄《せんこんたんぱく》の論なり**」。苟《いやし》くも我等《われら》禅者の眼から眺めて見ると、この本文の一条というものは、誠に手近《てぢか》い極く浅墓《あさはか》な論で、一つの幽玄《ゆうげん》とか高妙《こうみょう》とかいう、そういう哲学的のものではない。それ故に「**吾が門参学《さんがく》の者に於て、亦た之を屑《いさぎよ》しとせざる所なり**」。苟くも吾が禅門に参じた者から見るならば、斯様《かよう》なことを言うのも屑しとせぬ位のものであるが、それをここへこうして論ずるのは先師の大慈《だいじ》悲《ひ》心《しん》である。

「**何となれば則ち吾が本分《ほんぶん》の学士《がくし》の如きに至っては、直《ただ》ちに其の本根《ほんこん》を截《き》る**」。今謂うが如く、「夜気」を以て「旦昼に為す所」を補うなどということは極《ご》く極く幼稚なやり方であって、もし本分の修行者に至っては、直《す》ぐに「其の本根を截る」。葉《は》を摘み枝《えだ》を尋ぬるということは抑《そもそ》も末で、もし樹木ならば、その根本から一つ截断《せつだん》して仕舞う。仏法の言葉では、根本無明《こんぽんむみょう》というは所謂《いわゆ》る八万四千《はちまんしせん》の妄想煩悩《もうぞうぼんのう》も、それも畢竟《ひっきょう》一点の無明から生ずで、「本根」というのはそれを指して居る〔手沢本書入「根本ノ無明也。命根トモ云」〕。即ち一点の不覚《ふかく》の心から生ずる無明、これさえ絶滅して終《しま》ったならば、**「何ぞ夜気《やき》平旦《へいたん》の気《き》を論ぜんや」**。これが「夜気」の、これが「平旦の気」のと、そこに殊更《ことさら》に区《く》分けをするには及ばないのであります。日々夜々、能《よ》く活動をして行く上に於て、転轆々阿《てんろくろくあ》轆々《ろくろく》〔クルクルと自在に〕、その場その場に切り抜けて行くことが出来るであろう。

こう言うて置いて「**説者云《せっしゃいわ》く**」というのは朱子《しゅし》の説〔手沢本書入「朱熹ノ説」〕／『孟子集注』11〕です。「**若《も》し旦昼の間《あいだ》に於て、梏亡に至らざるときは、則ち夜気愈《いよい》よ清し**」。極く平凡だが、真面目《まじめ》な言いよう。この孟子の本文というものは、修養でもしようという人は、先ずそういう所から這入《はい》った方が宜《よ》い。しかし先師はそういうことをボッ越えて、ズット一《いっ》頭地《とうち》を抽《ぬ》いた所からこれを評して居るのである。其処《そこ》まで修行の至らぬ者は、先師の言葉だけに附いて廻るというと、大変に蹉過《さか》することがある。所で朱熹《しゅき》〔朱子〕の意は「旦昼の間に於て梏亡に至らざるときは」、朝から晩まで働いて居りながら心を乱し失わぬようにしたならば、「夜気愈よ清し」。その養う所の夜気というものは、愈《いよい》よ益《ますま》す清く、「**夜気清**

ければ、**則ち平旦《へいたん》未《いま》だ物と接せざる時**」、平旦即ち朝ムックリ起きて、まだ何物にも接触しないその一瞬時に於て、「**湛然《たんねん》たる虚明《きょめい》の気象《きしょう》自ら見る可《べ》し**」という。其処に於て見得《みう》ることて「本然《ほんぜん》の性《せい》」が遺憾《いかん》なく現われる。「虚明の気象」というものを其処に於て始めが出来る。誠に平易に朱子は解釈した。

「**是《かく》の如《ごと》く之を養《やしな》い之を省《せい》し**」、朱子が言うが如くに、真正直《ましょうじき》に、この通りこれを以て我が心を養い、我が心を省《かえり》み、そうして「**念を斂《おさ》め想を摂《せっ》す**」。「念」というものは紛然《ふんぜん》として是非《ぜひ》蜂起《ほうき》というて、殆んど蜂の巣を突いた如くに起る所の「念」であるが、それを集め斂め、そうして色々の思想というものを一つにつづめて仕舞って、そうして「**目《め》を閉《と》じ睛《ひとみ》を蔵《おさ》めて**」、グット禅宗の坊さんが禅堂《ぜんどう》にでも坐って居るような様子。こういう塩梅《あんばい》にして「**念《ねん》起る有るに随って、勤めて之を除破《じょは》す**」。色々の雑念が起るに随って、一つ一つそれを除き去る。「**細想《さいそう》纔《わず》かに生ずれば、便《すなわ》ち強《し》いて之を遏捺《あつなつ》すという**」。同じ念《おも》いも色々ある。雑念も起れば、細想も生ずる。極く細かな色々な思想が生ずるならば、直《す》ぐにそれを「強いて遏捺」する。強いて抑えてそれを屈服さして仕舞うというやり方、これが当り前、坐禅でもする時の如くであって、またある時期だけは、矢張りこういう工合にやった方が宜《よろ》しいですけれども、本分《ほんぶん》からいうと、心その物は決して死物《しぶつ》ではない、元来活物《かつぶつ》だ。

誰しも能く言うことですが、おれは無念無想《むねんむそう》に這入《はい》ろうなどという人がある。無念無想に這入ろうなどというならば、決して無念無想ということに這入れるものでない。もし無念無想に這入ろうというと、一方から有念有想《うねんうそう》という敵が襲うが如く起って来るが常である。然らば如何《いか》にしたらば真の無念、真の無想の境界に至られようか。それを古人が実地経験的に扱った所は所謂る「物我不二《もつがふに》、心境一如《しんきょういちにょ》」の当体《とうたい》を実証するものである。実は物と我れとが始終仲違《なかたが》いして居るような有り様で、事《じ》と我れとが常にその間に於て隔《へだ》りを生じて居る。それからして色々な雑念も妄想も生じて来る。随って不安を感ずる。随って煩悶を生ずる。色々に苦しみ悩む。我が禅門の古則公案《こそくこうあん》を与えてそうして修行せしめるというのは、外《ほか》ではない。元来、古則公案は単に物を数え覚えるが如き意味を以て数沢山《かずたくさん》に見て行くということが本領ではない。その実は公案を以て総《すべ》ての物を代表したものと見る。であるから、公案と自己とを打《た》して一つの真三昧《しんざんまい》に入《い》らしむる。この三昧《さんまい》現前するとき、万物は我が面《つら》、我れは万物の面《つら》となる。

「宝鏡《ほうきょう》の三昧」と云うもココのことである。古人の言葉に「両鏡《りょうきょう》相い対して、中に於て影像《えいぞう》なし」と（仰山「両鏡相照、於中無象」、『潙山語録』）。両鏡は二面の合《あわ》せ鏡《かがみ》で、明晃々《めいこうこう》たる鏡を二面合したならば、その間に於て兎《う》の毛《け》一本程の隔りもない。こういう所まで行かなければならぬ。修養どころではない。真の工夫が熟して来ると、例えば柳《やなぎ》を映せば柳もまた一つの明鏡《めいきょう》になる、花《はな》を映せば花もまた明鏡の一つとなる。映す我れは勿論《もちろん》明鏡である。我れも明鏡、彼れも明鏡、尽十方《じんじっぽう》世界、面々の明鏡である。ここに至って何の無念無想とか説かん。何の有念有想とか言わんじゃ。

例えば一管《いっかん》の筆《ふで》を指の頭《さき》に捻《ねん》じて紙に臨んだ時はどうであるか。自分の思うままに筆の走る所になると、筆は客、我れは主などと、そういう客観とか主観とかいう差は毛頭《もうとう》ない。天地間、ただ筆一本で、縦横無尽《じゅうおうむじん》に駈《か》け廻る。そういう立場からいうとこの筆より天地は開け、この筆より万物は生ずるというても宜しい。今の学問の上からいうと、筆というものを、我れから離して、筆を客観的に看做《みな》して置いて、そうして筆は何処《どこ》から出来たとか、この筆の歴史はこうである、この筆の性質はこうであるという工合に、今日の学問のやり方は我れを主観の地位に置き、物を客観の地位に置いて、外面からそれを色々に説明して行くが、禅の本領からいうと無念無想の真三昧というものは、我れ直《ただ》ちに筆になって仕舞う。筆か我れか、我れか筆か、一《いち》にあらず、異《い》にあらず、ここに至っては其処に何物も分《わか》つべきものはない。

それであるのに、その真実の境界を得ずして、強いてこれを養おう、これを省こう、念を斂めよう、そうして想を摂しようとして、眼を閉じて見たり、睛《ひとみ》を蔵《おさ》めてヂット物を見ぬようなフリをして見たり、そうして不意《ふい》と心が起れば、周章《あわ》ててこれを蛇蝎《だかつ》の如くに恐れ、不潔物を扱うが如くに斥《しりぞ》けて、これを「除破」して、宛《あた》かも頭を上げようというものを上から押さえ附けて仕舞おうという。こういう工夫の仕方というものは、誠に本分から云えば、似《に》て非《ひ》なるものである。

「吾が門の古徳《ことく》、之を呵《か》して黙照《もくしょう》の邪禅《じゃぜん》と謂《い》う」。この「黙照」、暗照《あんしょう》ということを、ちょっと聞くと宜さそうであるが、その実、邪禅で、正禅ではない。古人は「**魂《こん》不《ふ》散底《さんてい》の死《し》人《にん》**」というておる。息《いき》はして居るけれどもその実死人《しにん》だ、こういうて斥けて居る。「**世《せ》出《しゅつ》世《せ》に於て、何の用《よう》を作《な》すにか堪《た》えん**」。そんなやり方では、世間《せけん》門に於ても出世間《しゅっせけん》門に於ても、何の用も為すことは出来ない。

「**古人《こじん》、之を敗漏《はいろ》の船に丹雘《たんわく》を塗《ぬ》り偶人《ぐうじん》を駕《の》するに譬《たと》う**」。古人がこれを船に譬えて居る。その船も敗れて水の這入る所の船、そういう脆弱《ぜいじゃく》な船に外辺から「丹雘」をぬり〔『説文《せつもん》』〔5下〕に「雘《ワク》」というものは最も「善き丹なり」とある〕即ちそんな怪《あや》し気《げ》な船にペンキを塗って、そうして人形をそれに載せて、大胆にも大海へ乗り出そうと云う、真に危険千万ではないか。「**若《も》し平陸《へいりく》に安《やす》きときは、則ち信然《しんねん》観る可し**」である。床《とこ》の間《ま》にでも飾って置けば、船らしく見える。味噌《みそ》摺坊主《すりぼうず》でもチット真面目くさって座敷の上に厚い座布団でも敷《し》いて坐《すわ》らして置くと、如何《いか》にも悟りを開いた坊さんのように見える。しかし「一旦**江海《こうかい》を渉《わた》り、風濤《ふうとう》を凌《しの》げば、危《あや》うからざるを得んや**」、その船を放《はな》って一度、太平洋にでも押し出して見たならば、どうだ。而も狂瀾怒濤《きょうらんはとう》の時に浮かべたら忽《たちま》ち顛覆《てんぷく》して仕舞うであろう〔手沢本書入「廬山棲賢辯首座ノ語。『禅門宝訓』ニ出」／『禅林宝訓』3「辯公謂混融」条〕。

「**蓋《けだ》し五欲八風《ごよくはっぷう》**」、「五欲」というのは前にも出たが、古人の解釈だけをもう一遍言うて置きましょう。『止観《しかん》』〔『摩訶止観』4〕に云わく、「五塵《ごじん》は欲に非ず、而《しか》も其の中に味あり、能く行人須欲《しゅよく》の心を起す。故に五欲と云う」。「一には色欲《しきよく》、曰く男女《なんにょ》の形貌《ぎょうみょう》の端荘《たんそう》、及び世間宝物《ほうもつ》種々の色《いろ》能く衆生《しゅじょう》をして楽著《らくじゃく》厭うなからしむ。二に声欲《しょうよく》、曰く糸竹環珮《しちくかんぱい》の声、及び男女歌詠《かえい》等の声。三に香欲《こうよく》、謂く男女身香《しんこう》及び世間一切の諸香。四に味欲《みよく》、謂く種々飲《おん》食肴膳《じきこうぜん》等の美味。五に触欲《しょくよく》、謂く男女身分の柔輭細滑《にゅうなんさいこつ》、寒時の体温、熱時の体涼、及び夜服等、種々の好触、能く衆生をして楽著厭うなからしむ」〔手沢本首書／『大明三蔵法数』18〕。「八風」というのは「利《り》衰《すい》毀《き》誉《よ》称《しょう》譏《き》苦《く》楽《らく》」、そういうことを風に譬えた訳〔第9講・第30講参照〕。「**五《ご》欲八風《よくはっぷう》は、人生治《ち》し難《がた》きの幻病《げんびょう》**」、これが為に皆なわずろうて居る。

「**若し一乗見性悟道《いちじょうけんしょうごどう》の妙剤《みょうざい》を以て之を抜除《ばつじょ》せざれば**」、この病《やまい》を救うには「一乗見性」、心のことを知るということは、諸書到《いた》る処《ところ》に説いてある。「見性」とは肉眼を以て我が掌《てのひら》を指すが如くハッキリ見るということで、独《ひと》り禅宗の標榜して居る所である。即ち「一乗見性悟道の妙剤」というものを以てその病を除かざる時は、「**病根《びょうこん》深く入って、終《つい》に真実堅固《しんじつけんご》無病《むびょう》の人と為ること能《あた》わず。『法華経《ほけきょう》』に曰く、大医王《だいいおう》は衆生《しゅじょう》の苦悩《くのう》を見て、大良薬《だいりょうやく》を与《あた》う**」と、これは本文の通りで、別に解釈することもない。「**心を失わざる者は、此の良薬を見て**」何の疑いもなく「**即ち之を服《ふく》し、病尽《やまいことごと》く除愈《じょゆ》す**」、服すれば病い尽く除き去って仕舞う。「**心を失う者は肯《あえ》て服せず**」、「心を失う者」、初めから色々な疑いや色々な迷いを持って居る者は「肯て服せず」。その「**所以《ゆえん》は何《いかん》となれば、毒気《どくけ》深入して本心を失するが故に**」、それ等は病いといっても最早《もはや》第二期・第三期と深くなって居って、本《もと》の心を取り失うて居るが故に、薬を服せぬ。こうなって来ると「**心皆な顛倒《てんどう》**」し、大医も匙《さじ》を投げる。「**故に此の好色《こうしょく》の香薬《こうやく》**」、誠に利《き》き目《め》のある所の香薬でも、「**而《しか》も美《び》ならずと謂う**」て斥けて居る。真《まこと》に慨すべきである〔以上『法華経』如来寿量品、取意〕。

「**今我れにも箇《こ》の大良薬有り**」と洪川先師が言うて居る。「**服と服せざるとは、功罪《こうざい》其の人に在るのみ**」、大良薬があるから飲みたいという輩《やから》には何人《なにびと》にも飲ますが、飲みたくなければそれまでである。「功罪」という字を辞《ことば》を換えて言うならば、「功」は益《えき》であって、「罪」は則ち損《そん》である。益も損もその人次第である。「**張天覚云《い》わずや**」、いつかも初めに出た有名な人であります〔第7講・第37講参照〕。最初は『維摩経《ゆいまきょう》』から這入って深く禅道を究めた人、無尽居士《むじんこじ》と称して居る。今日でも『護法論《ごほうろん》』という有名な著述が遺《のこ》って居る。その張天覚が言うて居るに、「**信根《しんこん》無き者は、膏肓《こうこう》の病《やまい》、救う可からざる者なり**」〔『護法論』〕。この「膏肓」というは『左伝《さでん》』の成公《せいこう》十年に、「晋侯《しんこう》病む、医を秦《しん》に求む。秦伯、医緩《いかん》をして之を為さしむ。未だ至らず、侯《こう》夢みらく、疾《しつ》、二豎子《じゅし》と為って曰く、彼は良医なり。懼《おそ》らくは我れを傷つけん。焉《いず》くにか之を逃れん。其の一曰く、肓《こう》の上、膏《こう》の下に居らば、我を若何《いかん》せん。医至る。曰く、疾《やまい》為《お》さむ可からざる也。肓の上、膏の下に在らば之を攻むること不可なり、針も及ばず。公曰く、良医なり。厚《あつ》く礼《れい》して之を帰す」〔手沢本首書／『書言故事』5問疾類・膏肓〕。こういうことが『左伝』に出て居る、其処から来た。張天覚が言うた通り、「其れ信根無き者」に至っては致《いた》し方《かた》がない。併《しか》も縁《えん》なき衆生《しゅじょう》は度《ど》し難《がた》しと言うて居る。「**固《まこと》に然《しか》り**」じゃ。

第四十八講　躍《やく》如《じょ》（第二十一則）

孟軻《もうか》曰《いわ》く、「君子《くんし》は引《ひ》いて発《はな》たず、躍如《やくじょ》たり。中道《ちゅうどう》にして立つ、能者之《のうしゃこれ》に従《したが》う」。大匠《だいしょう》は拙工《せっこう》の為《ため》に縄墨《じょうぼく》を改廃《かいはい》せず、羿《げい》は拙射《せっしゃ》の為に其《そ》の彀率《こくりつ》を変ぜず。古人《こじん》、学者《がくしゃ》を鍛錬《たんれん》するの術《じゅつ》皆な是《かく》の如《ごと》し。山野《さんや》亦た常に之を用う。未《いま》だ敢《あえ》て学者の為に辞色《じしょく》を貸《か》さず。只《た》だ学者之《これ》を自得《じとく》せんと欲するのみ。躍如とは、功夫《くふう》純熟するときは、則《すなわ》ち自得の妙理、機《き》に触れ縁《えん》に逢《お》うて、躍如現前の時節を謂《い》う。是《ここ》に於て、始めて他の為に秘《ひ》を発するに堪《た》えたり。若《も》し其の時節を待たずして秘を発し、他《た》之を得て徹底せず。徹底せざれば則ち痛快ならず、半信半疑、却《かえ》って師伝《しでん》を軽忽《けいこつ》するに至る。若し又《ま》た其の時節を待って而《しこう》して発するときは、則ち飢人《きじん》の食を得たるが如く、大旱《だいかん》に雨を得たるが如し。珍重慶快《ちんちょうけいかい》、拳々《けんけん》として失わず、竟《つい》に其の大志《たいし》を成就《じょうじゅ》するに至る。人の師たる道、慎《つつし》まずんばある可《べ》からず。孔子一隅《いちぐう》を示《しめ》すの意《い》、亦た推知《すいち》す可し。

孟軻曰。君子引而不発。躍如也。中道而立。能者従之。大匠不為拙工改廃縄墨。羿不為拙射変其彀率。古人鍛錬学者之術皆如是。山野亦常用之。

未敢為学者貸辞色。只欲学者自得之已。躍如者。謂功夫純熟・則自得之妙理・触機逢縁・躍如現前之時節。於是。始堪為他発秘矣。若不待其時節而発秘。他得之不徹底。不徹底則不痛快。半信半疑。却至軽忽師伝矣。若又待其時節而発。則如飢人得食。如大旱得雨。珍重慶快。拳拳不失。竟至成就其大志矣。師人之道不可不慎焉。孔子示一隅之意。亦可推知矣。

〔講話〕 本日は第二十一則目であります。本文に引いてある言葉は、御承知の通り『孟《もう》子《し》』尽心《じんしん》章〔上〕に出て居る所の言葉であります。「**君子《くんし》は引《ひ》いて発《はな》たず、躍如《やくじょ》たり**」。

この尽心の章を見るとこの言葉の前に当って、ちょっとこういうことがある。「公孫丑《こうそんちゅう》曰く、道《みち》は則ち高し、美なり。宜《よろ》しく天に登るが若《ごと》くにして然るべし。及《およ》ぶ可からざるに似たり。何ぞ彼をして幾《こいねが》い及《およ》ぶ可くして、日々《ひび》に孳々《しし》することを為さしめざる」という言葉が初めにある〔手沢本書入〕。それからこうズット続けて見ると、最も分り易い。大体大《だい》道《どう》というものは、高いといわばこの上もなく高い。美なるというならこの上もなく美《うる》わしい。所で支那の文字は、御承知の通り、置き字でその一字の字義も意味が色々に変るが、「矣《い》」の字が置いてあるから実に高い高い極《きわ》み、美の極みである。丁度《ちょうど》天に登るようなもので、迚《とて》も企《くわだ》て及ぶことが出来ない。ただそういうて仕舞うただけでは、どうも取り付きようがない。それ故に何ぞ彼をして「幾《こいねが》い及ぶ可くして、日に孳々《しし》することと為さしめざる」。そんな高いものに登りようがない、それ程美なるものは迚も我々が見ることが出来ぬというて、皆なが失望するから、道を示す上に於ては、成るべく低く、見易《みやす》くして、誰でも幾い、誰でも企て及ぶように、日々に孳々として至るようにせられたならばどうであろう、という公孫丑の言葉である。

それから孟子が曰うに、これは弓に譬《たと》えて言を設けた。「君子は引いて発せず」、今、私が弓射《い》ることを学びたいというて人が出て来たならば、それは教えもしよう。然《しか》し、弓を射る法をただ授けるだけのもの、斯様《かよう》斯様にして弓を射よ、というて、自ら弓を引いて見せるだけのものじゃ。矢を発するというその妙所《みょうしょ》に至っては、人々が修練工夫の上に於てこれを発明し、自得しなければならぬ。それ故に君子は、引いて見せるが、発せぬ。矢を発するのは当人の力である。これは弓に言寄《ことよ》せて言うたのでありますけれども、何事《なにごと》でも矢張《やは》りそうだ。大工《だいく》が弟子に大工の法を教うるのもそう、左官《さかん》が自分の子分に左官の道を教うるのもそうである。法だけを教うることは出来るけれども、その「妙」ということは、自分自身が自得せなければならぬ。「君子は引いて発せず、躍如たり」。

「躍如」というは躍《おど》るという字だが、成程《なるほど》とこう自ら肯《うけご》うて、実に躍り上るような妙所というものは、自分自身が得なければならぬ。人に師たる所の人はそうだ。法を授けてかくの如くして修めよというて、充分当人《とうにん》に骨折《ほねお》らしめると、遂に当人自身が成程というて「躍如」という境界を自得することが出来る。それ程骨も折らず、工夫もせぬ輩《やから》に、サア早く安心《あんじん》せよ、サア自得せよ、サア妙を得よというても、所謂《いわゆる》「腋《わき》を鑽《き》って羽《はね》を出《いだ》す」で〔『叢林公論』〕、雛《ひな》のようなヒョロヒョロしたものを捉えて、サア口を開け、大きな羽を拡《ひろ》げろというようなもので、無理なことである。

「中道《ちゅうどう》にして立つ、能者之《のうしゃこれ》に従《したが》う」。「中道」というは程《ほど》善い所で、ちゃんと立って居る。もし誰か自分の後に従って附いて来るとするならば、先立《さきだ》つ所のものは、此処《ここ》まで御出《おい》でというて、「中道にして立」って居る。附いて来る人は当人自身の足を運んで、其処《そこ》まで追《お》っ掛《か》けて来なければならぬ。それでも私は悟れませぬ、私は迚もそういうむずかしいことは分りませぬ、というならば、「今、女画《なんじかぎ》れり」、と孔子も言われたことがあるが、それでは仕方がない〔『論語』雍也、第27講参照〕。これを導く所の人は、「中道にして立」って居るが、ただ「能者」のみ「之に従う」。能《よ》くする所の者ならば、其処まで届くであろう。それを無理無体《むりむたい》に手を引っ張って連《つ》れて来て見ても、当人自身の力にはならぬ。この「中道に立つ」、其処に大いに人を接得《せっとく》する上に於て巧拙《こうせつ》のあることである。丁度この『孟子』に出て居る一言が道を修める所の者に取っては、誠にどうも適切なる言葉です。

御互《おたが》いに一則の公案《こうあん》を工夫《くふう》する上に於てもそうだ。ただその法を授けるより仕方がない。師家《しけ》は悟って居っても、悟りを言うて聞かすことは出来ない。勿論《もちろん》これを筆にすることも、これを形にすることも出来ぬ。そこの呼吸は、先《ま》ず実際にこの道を修して居る人が、自分自身にこれを考えて見たらば、其処に余程親《した》しいことであろうが、妙所《みょうしょ》だけはどうしても言うことは出来ない。

この言葉を他の書物に於て、先師洪川《こうせん》和尚が、こういう工合に言われた。これも漢文で書いてあるが、辯を附けると長くなるから、ちょっと漢文の儘《まま》を言うて見ましょう。「吁《ああ》、今世《こんぜ》師法の難を嘆ず可し。楊子《ようし》雲《うん》謂《いわ》く、学《がく》を勧《すす》むるは師を求むることに勤《つと》むるに如《し》かず。師は人の模範《もはん》なり、不模《ふも》を模し、不範《ふはん》を範と為す、少なからずと為す。韓退之《かんたいし》謂く、古《いにし》えの学者、必ず師有り。師は道を伝え、業を授け、惑いを解く所以《ゆえん》なり。人生《うま》れながらにして之を知るに非ず、誰《たれ》か能く惑い無からん。惑うて師を求めざれば、其の惑いたるや、終《つい》に解けず。柳子厚《りゅうしこう》亦曰く、我れ師に随わんと欲す、随う可き者誰《たれ》ぞ。借《も》し随う可き者あらば、挙世《きょせい》之を笑わん。陸九淵《りくきゅうえん》云く、学を論ずるは師を論ずるに如かずと。誠に知る諸公の識度、今世儒士《じゅし》の及ぶ所に非ず。而して師を論ずること此の如し。師法の容易ならざる知る可し。然《しか》りと雖《いえど》も、古人《こじん》曰く、人師《じんし》は求め易く、心師《しんし》は遇い難し。此の言徹《てっ》せり。若《も》し人、心師に会わば、須《すべか》らく心を虚《むな》しうし、己《おの》れを委《い》して、之に事《つか》うべし。然らずんば縦令《たと》い千生に一遇するも、徒然《とぜん》ならんのみ」。こういうことを先師が『横山夜話《おうせんやわ》』というものに言うて居る。これに辯を附けると長引きますからただ読んだだけにして置きます〔手沢本首書〕。

「大匠《だいしょう》は拙工《せっこう》の為《ため》に縄墨《じょうぼく》を改廃《かいはい》せず、羿《げい》は拙射《せっしゃ》の為に其《そ》の彀率《こくりつ》を変ぜず」という。まあ大工でも宜しい、優れた大工の頭梁《とうりょう》というものは、下手《へた》の弟子の為に別に縄《なわ》も墨《すみ》も改めもせず、またこれを止《よ》しもしない。この弟子はどうも愚かな奴だから、この指金《さしがね》を一つ改め造ってやろう、文廻《ぶんまわ》しを一つモット易《やす》く使われるようにしてやろうとはしない。法は枉《ま》げることは出来ない。私共《わたくしども》でも、苟《いやし》くも室内《しつない》に於て人に接するという上に於ては、矢張りこれを厳守して居る。もし建立門《こんりゅうもん》に従う時に於ては、愚《ぐ》なら愚なりに、また不肖《ふしょう》なら不肖なりに、所謂る「人《ひと》見て法《ほう》説け」と出なければならぬようにもあるが、それは人情《にんじょう》で、そういう工合にして行ったらば、大道の真価というものは次第次第に下落して仕舞う。人が及ばないから法を枉げるということは、どうしても出来ない。大工でもそうだ、下手の弟子の為に、法度《はっと》の「縄墨」というものは「改廃」しない。羿は言うまでもない、昔からして有名なる所の弓の名人である。いつでも弓の引き合いには羿を出す。「羿は拙射の為に其の彀率を変ぜす」。「彀」の字は弓を張るという字、乃ち満を持して正則通りに授くる〔手沢本書入「―古候反。張也。持満也」〕。この弟子はどうも弓射《ゆみい》ることが下手だから、法をもっと崩してやろう、下げて教えてやろう、ということは決してしない。

この実例は古人に就いて段々ありますけれども、長くなるから今その例話は致しませぬ。これは何の道でもそうであろう。法だけはどうしても枉げることが出来ない。また我が仏法にせよ、その他の宗教にせよ、その他の芸術にせよ、法を枉げぬから、愈《いよい》よ益《ますま》すその学問が貴くなるのである。この道も益す進んで行くので、人間の器がつまらないからというて、法もまたそれに従って下げて行ったならば、疾《と》くに仏法でも禅道でも、絶えて仕舞って居るであろうと思う。これを何というか、所謂る「現金懸値《げんきんかけね》なし」じゃ。そうで無いと、何事も皆な作り附けになって仕舞う。型ばかりになって仕舞う。死法のみに流れて仕舞う。

それでここにニッ附《つ》かない話かも知れぬが、思い出したから言います。御承知の通り、昔から「映雪嚢蛍《えいせつのうけい》」という字があります。是れは唐土《もろこし》にあった古事《こじ》ですが、車胤《しゃいん》という男が苦学し果て、蛍《ほたる》を集めて書物を読んだというので、それだけ勉強した。それから一つは孫康《そんこう》という男で、自分の身が貧にして油を買って燈火《ともしび》を附けることが出来ぬから、雪《ゆき》の明《あか》りで本を読んだという。ちょっと詩に作っても文を書いても能く取り出す所の故事だが、或る時、孫康がヒョコヒョコと車胤を訪問に行った。即ち久し振りに会って来ようというので出掛けた所が、生憎《あいにく》今日は留守でございますと、取次《とりつぎ》の人が言うた。何しに何処《どこ》に行かれたかというと、外《ほか》ではございませぬ、蛍を探しに行かれたと言うたことがあるという。おかしな話で、昼日《ひるひ》中《なか》に蛍を探して、蛍の火で本を読まなければならぬということになっては大変だ。蛍を探す時間があれば、日中にモット勉強した方がましでないか。

ある時また車胤が孫康を訪《と》うて、この間は留守中御訪《おたず》ね下されたが、今日は久し振りに御伺《おうかが》いに来たというて行くと、孫康は誠に天気が好《い》いのに拘《かか》わらず、庭に出て頻《しき》りに仰向《あおむ》いて居ったという。このカンカン好《い》い日が照って居るのに、何か仕事をしたら宜《よ》かろうというと、この通り日本晴れになって、雪が降らんで困るから、見て居るのだと言ったという滑稽話《こっけいばなし》がある〔『笑府』2腐流「名読書」〕。何事も作り附けになると、そういうことになって仕舞う。それ故に「妙」ということは、当人自身の骨折《ほねお》りから来なければならぬ。**「古人《こじん》、学者《がくしゃ》を鍛錬《たんれん》するの術《じゅつ》皆な是《かく》の如《ごと》し」**。我が仏法の上から言うても、そうであります。釈迦牟尼如来《しゃかむににょらい》が、あれだけの身分に生れられたに拘《かか》わらず、六年の苦行《くぎょう》を積んで、一《ひと》度《た》び世に出て、人々の為にせられた道行《みちゆ》きを見ても分るであろう。これは仏ばかりではない、総《すべ》ての古徳《ことく》方が修行者を扱う所の術というものは、皆なこの通りである。法というものは、何処までも枉げることが出来ない。決して人情に充《あ》てることは出来ない。だから昔から、「真《しん》の妙所《みょうしょ》は親《おや》知らず子《こ》知らず」という。仮令《たと》え親子の間と雖《いえど》も、夫婦の間と雖も、内証《ないしょ》で是れだけ教えてやろうということをしない。仮令え教えたにしても、当人が骨折って、その機が熟して居らなければ、誠に猫に小判同然だ。まるで聾者の前で鉄砲打ったようなもの、さっぱり分らぬ。

だから私は能く言うのですが、昔、盗人《ぬすびと》の親方の所に行って、小盗人《こぬすっと》がこれからその道に這入《はい》りたいと思いますが、どういう塩梅《あんばい》にしたならばちょいと人の巾着《きんちゃく》を切ることが出来ましょう。どういう塩梅でやったならば、人の懐《ふとこ》ろにうまく手が這入るでありましょう。盗人の道を教えて下さい、と頼んだ。すると馬鹿を言うなと、親方が言うた。貴様《きさま》はそういう誠に迂闊《うかつ》な奴だ。能くどんな塩梅にして取るのか、どうして掠《かす》めるのか自分に工夫して見ろ、この道はなかなか人に聞いて得らるる訳のものでない。矢張り盗人の道もそんなもので、「賊《ぞく》は是《こ》れ小人《しょうじん》、智《ち》、君子《くんし》に過《す》ぎたり」と古人が言うて居るが、盗人というものは我々よりも余程鋭《するど》い眼を持って居る。どうして盗人の道というものは教わることが出来るものか知らぬと、考えて居った。

所がある時皆な外に出て仕舞って、親方と小僧とが内に残って居た。段々夜が更《ふ》けて来る。夜中時分になって、親方が小僧を呼び付けて、不意打《ふいうち》にちょっと来いというて、どうするのかと思ったらば首筋《くびすじ》を鷲捉《わしづか》みにして、連れて行って、大きい米櫃《こめびつ》の中にその小僧を投《ほう》り込んで置いて、上からびっしゃり蓋《ふた》をして仕舞うた。こういうのが白隠《はくいん》禅師の公案の中にもある。石の唐櫃《からびつ》の中に汝を閉《と》じ籠《こ》めて、而かも堅く錠《じょう》を下して仕舞った。而して雲《くも》突《つ》くような大きな男が番をして居って、外からサア出て見いと喝《かつ》したらば、どうすると云うのがある。今、親方が小僧を米櫃の中に閉じ籠めて、何処かに行って仕舞った。サア小僧どうすることも出来ぬ。そこで工夫した、どうしたらばこの米櫃の中から出ることが出来るであろうか。けれどもこういうことを以て石の唐櫃の公案に当てがっては困りますが、聯想して来たから加えただけであります。

小僧は困った、所謂る進退惟《しんたいこ》れ谷《きわま》った。ココジャ、ココガアリガタイ。所が段々考えた。その夜中過ぎになって家族も家に帰って、ウツラウツラと寝て居った時でありましょう。その米櫃の中の小僧は、指を出して丁度、鼠の物を食うように、箱の裏を掻《か》き出した。また時々コツコツとやって物を嚙《かじ》るような音をさして見た所が、家族の者が誰か気が附いて、大変だ、いつの間にか鼠めが米櫃の中に這入って居ると、不意に気が附いたものだから、手《て》燭《しょく》を燈《とぼ》して米櫃の側に行って、何でも二、三疋《びき》這入って居るに違いない、密《そ》っと蓋を開けて飛び出す所を押えてやろうと思って、ヒョイト蓋を開けるや否や、中の小僧がその虚《きょ》を見て、躍如として、ヒョット飛び出した。女房や下女が吃驚《びっく》りして、打ち倒れて居るを構わず、迹《あと》を眩《くら》まして仕舞った。これが抑《そもそ》も、盗人の道の豁然大悟《かつねんたいご》の境界を得た一番の初まりです〔大慧『宗門武庫』五祖法演語〕。

それ等というものは、親方こうしてやれ、ああしてやれと、チットも道を授けた訳でないが、なかなか名人になって、盗人の親優《おやまさ》りが出来たということじゃ。何の道でもそうであって、彼《か》の柳生又十郎《やぎゅうまたじゅうろう》〔宗冬〕という人が剣道を修行したのもそうじゃ。自分が若気《わかげ》の至りで失策があって、親から勘当《かんどう》を受けて、長い間浪々《ろうろう》の身になって、終《つい》に渋川伴蔵《しぶかわばんぞう》というて、真影流《しんかげりゅう》の名人がある。その人の所に行って、私は親から勘当を受けましたが、今日に於て臍《ほぞ》を噬《か》むとも及ばず、実に慚愧《ざんき》の至り、誠に何とも相い済まんですが、あなたの所で一廉《ひとかど》の剣道修行者となって、それを機会に親の勘当を許されたいと思いますというと、そうか改心すれば結構だが、なかなかこの道はちょっと位思い附いてもいかぬ、寧《むし》ろ学ばぬ方が宜かろう、と言った。

悟りの道でもそうだ。一週間の中にちょっとした香《にお》いを臭《か》いで見よう、そういう小さい根性魂《こんじょうだま》ではいかぬ。最初、実に鉄石《てっせき》の如く、志願というものを固く決めて掛らなければならぬ。それからそろそろ始めなければならぬ。ただ好奇心に駈られて、一種の野心を遂げようというは、それはいかない。人もやるから我れもやろうという軽躁浮薄《けいそうふはく》な心ではいかない。それと同じこと、今、伴蔵先生が戒《いまし》められて、やらぬが宜かろうというと、イエ私は真心悔悟《まごころかいご》を致して、一廉の剣道を極めて、それから帰参《きさん》を願いたい。「そうまで言うなら、おれが弟子にしてやらぬことはないが、なかなか五年や十年ではいかぬ」。「本当に骨折りましたらば、どうでありましょうか」。「骨折るなら十年……」。「十年とは一口にいうものの、先が長い。一生懸命に身を投じて骨を折りましたらば」。「サア犠牲的精神なら、二十年位掛るだろう」。「そんなら寝食《しんしょく》を忘れて骨折りましたらどんなものでありましょうか」。「そうさ三十年、四十年掛るだろう」と言われた。

しかし、そういうことは多いので、まだ一炷香《いっちゅうこう》の間も坐った真似《まね》すらもしないで居って、一週間で悟れましょうかというような人がある。全体何年程居ったら卒業が出来るものでありましょうか、そんなことばかり言って居って、実行ということは、まだ一歩も試みることなくして、出来上った時はこんなものだろう位に考えて居る。まるで資本なしに商法をしようという考え。資本一文《いちもん》もなく、そうして大変な一夜長者《いちやちょうじゃ》にでもなるような考えを持って居るのが多い。そういうのに限って中途で直《す》ぐに腰を折って仕舞う。偶《たま》ま一智半解《いっちはんかい》を得た所が、多くは他のつまらぬ方に悪用して仕舞《す》う。何の途《みち》でもそう。そこで始めて柳生又十郎が、自分に気が附いた。

「成程骨折れば、先が長くなる筈だ。私は一日も剣道に身を寄せて居らない。どうかあなたの教えの儘《まま》、活かそうとも殺そうとも、どうなさろうとも、私は全然あなたの命に随いますから、どうぞお弟子にして下さい」。「そうか、そこまで志が極《きま》ったらば、家《うち》に居れ」と言われた。その時始めて入門を許された。許されたけれども、さてそれから以後というものは、どんなことをして呉《く》れるかというと、竹刀《しない》一本振《ふ》り廻《まわ》すことを教えない。毎日飯焚《めしたき》までさせる。掃除《そうじ》をさせる。夜分《やぶん》になると足《あし》を叩け腰《こし》を揉め、そこらの山に行って薪《たきぎ》を採って来い、水がない、汲《く》んで来い。朝から晩まで労働ばかりさせる。それが二月《ふたつき》も三月《みつき》も続く。もう何ぞ教えて呉れそうなものと思うが、何にも教えて呉れぬ。毎日身体が草臥《くたび》れる程労働ばかりさして仕舞う。

ある時、山に行って、不平で堪《たま》らぬから独言を言って居る。「馬鹿らしい、先生を師匠と御願いしたけれども、こんなことをしてどうなるか」と自問自答して居る所に、いつの間にか先生、後ろからやって来て、「この馬鹿者奴《め》」というて、後ろから脊中《せなか》を薪駄棒《まきだぼう》か何かでやられた。又十郎飛び上って吃驚《びっく》りした。「こいつどうも油断大敵だ、いつ何時《なんどき》やられるか分らない」と。それから何をするのでも、また先生が後ろに来て居るのでないか知らぬ、不意打をされるのでないか知らぬと思う為に、自分の精神は次第次第に堅まって、少しも隙《すき》がなくなって来た。そういう工合に、いつ何時《なんどき》来るかと思うから、始終《しじゅう》精神が緊張して居るので、終《しま》いに草臥《くたび》れて、家に寝て居っても、山に薪を採りに行って、ボンヤリして居ると先生後ろからやって来て直《す》ぐに「この馬鹿者め」とやられるし、そんな塩梅《あんばい》で修行をした。

或る時、茶釜《ちゃがま》を沸《わか》そうと思うて火吹竹《ひふきだけ》で火を吹いて居たが、薪《まき》が燃えぬ。プープー火吹竹で吹いて居る所を、後ろからピッシャトやられるのを、その時始めて火吹竹で受けた。その受けたのが自ら法に合して居る。心に会《こころえ》して手《て》に応《おう》ずるという、心に既に会得《えとく》が出来て、手は自らそれに随って来た。「この馬鹿野郎ッ……」「ハッ」と受けたのが頭星《ずぼし》に。ソコデ先生が、また馬鹿野郎と云われた時、へー三年立てば三つになります哩《わい》とやったそうな。面白い話であります。成程剣道は心を練らなければならぬ。初めから竹刀を振り廻すことをやっても、何《なん》にもならぬ。それから終《つい》に剣道の名人になったということが書いてあります〔未詳。二木謙三『腹式呼吸』一九一二年、第一「腹式呼吸の方法」参照〕。

何の道でも矢張りそうだ。「**山野《さんやま》亦た常に之を用う**」、名人が人を接得するのは始終これだ。「**未《いま》だ敢《あえ》て学者の為に辞色《じしょく》を貸《か》さず**」というて、「辞色を貸す」というのは老婆《ろうば》親切《しんせつ》をすること。動《やや》もするとそういうことをやりたがる。「只《た》だ学者之《これ》を自得《じとく》せんと欲するのみ」。昔は霊雲《れいうん》和尚の見桃花《けんとうか》、香厳《きょうげん》和尚の撃竹《げきちく》等、数えきれぬ程、自得の実例がある。が、皆なこの「**躍如とは、功夫《ふう》純熟するときは、則《すなわ》ち自得の妙理、機《き》に触れ縁《えん》に逢《お》うて、躍如現前の時節を謂《い》う**」のである。この境界に至って、「**始めて他の為に秘《ひ》を発するに堪《た》えたり**」、本当に極秘、秘というものはここで始めて分る。「**若《も》し其の時節を待たずして秘を発**」する時に於ては、学者がまだ骨を折って居らない、その機が熟して居らないのに、彼れこれいうならば「**之を得て徹底せず**」。そんなのが随分あるのです。何かおかしなことを聴き覚えたり、何か怪しげなことを悟り損ねて、「私は悟ったように思いますが、安心が出来ませせぬ」という。我々はそういうことを聴くと気の毒でならない。仮令《たと》い三年掛っても、五年掛っても、古人は生涯掛っても宜《よろ》しいというて居る。

「**徹底せざれば則ち痛快ならず、半信半疑、却《かえ》って師伝《しでん》を軽忽《けいこつ》するに至る**」。そういう人に限って、道を軽《かろ》んじ、師恩というものを知らぬ者が多い。「**若し又《ま》た其の時節を待って而《しこう》して発するときは、則ち飢人《きじん》の食を得たるが如く**」痛快な有様で、また「**大早《だいかん》に雨を得たるが如**」くで、「**珍重慶快《ちんちょうけいかい》、拳々《けんけん》として失わず、竟《つい》に其の大志《たいし》を成就《じょうじゅ》するに至る。人の師たる道、慎《つつし》まずんばある可《べ》からず。孔子一隅《いちぐう》を示すの意《い》、亦た推知《すいち》す可し**」、大抵読んだだけで分ろうと思います(『論語』述而「子曰く、憤せずんば啓せず、悱《ひ》せずんば発せず。一隅を挙げて之に示し、三隅を以て反《かえ》らざれば、則ち復《ま》たせざるなり」)。

第四十九講　発《はっ》憤《ぷん》(第二十二則)

孔子《こうし》曰《いわ》く、「憤《いきどお》りを発し、食《しょく》を忘れ、楽《たの》しみ以て憂《うれ》いを忘れ、老《おい》の将《まさ》に至《いた》らんとするを知らず」。

古人云《こじんいわ》く、「凡《およ》そ大道《だいどう》を学ばんと欲する者は、先《ま》ず須《すべか》らく、大憤志《だいふんし》、大疑団《だいぎだん》、大信根《だいしんこん》の三者を具備《ぐび》すべし。猶《な》お鼎《かなえ》の三足有るがごとく、一を欠《か》かば則《すなわ》ち道《みち》成らず」、固《まこと》に然《しか》り。而《しこう》して発憤《はっぷん》を最も主《しゅ》と為《な》す。発憤洪大《こうだい》なれば、悟る所洪大なり。発憤浅小《せんしょう》なれば、悟る所も浅小なり。宣尼《せんじ》は発憤して食を忘る、能仁《のうにん》は発憤して山に入る、孟軻《もうか》は断機《だんき》に依って発憤し、神光《しんこう》は発憤して臂《かいな》を断ず、是《こ》れ皆な発憤の洪大なる者なり。古来大道《だいどう》を担当《たんとう》するの英傑《えいけつ》は、発憤の一事に成らざる莫《な》し。抑《そもそ》も道たるや、高《こう》なり峻《しゅん》なり。予《よ》が如き譾《せん》劣輩《れっぱい》の企て及ぶ可《べ》き所以《ゆえん》の者に非ず。唯《た》だ専《もっぱ》ら発憤の志を立つるを以て、竟《つい》に志願《しがん》を成《じょう》就《じゅ》し、以て平生《へいぜい》を慶快《けいかい》するに至る。謹《つつし》んで博学高才《はくがくこうさい》の人に白《もう》す、若《も》し吾が大教《だいきょう》を誹駁《ひばく》せんと欲せば、須《すべか》らく発憤して吾が禅海《ぜんかい》に入り、先《ま》ず自己の本性《ほんしょう》を見得《けんとく》すべし。広く仏祖《ぶっそ》の書を読み、偏《あまね》く其《そ》の理を究《きわ》め、然る後、間然《かんぜん》す可き処有らば、唾《つば》して之《これ》を罵倒《ばとう》するも固《もと》より好《よ》し。若《も》し未《いま》だ嘗《かつ》て其の境界《きょうがい》を蹈《ふ》まずして漫《みだ》りに之を論ずれば、是《こ》れ盲評瞎論《もうひょうかつろん》、吾れ総《すべ》て取らず。昔、宋《そう》の仁宗《じんそう》の朝に李覯《りこう》なる者有り、欧陽脩《おうようしゅう》と、韓愈《かんゆ》の排仏《はいぶつ》を慕う。時に大儒《たいじゅ》と称す。明教《めいきょう》の嵩《すう》に一見して後、意《こころ》を仏書《ぶっしょ》に留《とど》めて、研究《けんきゅう》之を久しうす。乃《すなわ》ち喟然《きぜん》として嘆じて曰く、「吾輩《わがはい》の議論、尚《な》お未だ一巻の般若心経《はんにゃしんぎょう》に及ばず。仏教豈《あ》に知り易からんや」。看《み》よ真箇《しんこ》境界を歴《ふ》る底の人の論は、幡然《はんぜん》として常情《じょうじょう》に超出《ちょうしゅつ》する、是《かく》の如し。

孔子曰。発憤忘食。楽以忘憂。不知老之将至。

古人云。凡欲学大道者。先須具備大憤志大疑団大信根三者。猶鼎之有三足。欠一則道不成。固然。而発憤最為主。発憤洪大。所悟洪大也。発憤浅小。所悟浅小也。宣尼発憤忘食。能仁発憤入山。孟軻依断機発憤。神光発憤断臂。是皆発憤之洪大者也。古来担当大道之英傑。莫不成於発憤之一事也。抑道也者。高矣峻矣。非如予謭劣輩所以可企及者。唯以専立発憤之志。竟至成就志願以慶快平生焉。謹白博学高才之人。若欲誹駁吾大教。須発憤入吾禅海・先見得自己之本性。而広読仏祖書。徧究其理。然後有可間然処。唾而罵倒之固好矣。若未嘗蹈其境界。而漫論之。是盲評瞎論。吾総不取焉。昔宋仁宗朝。有李覯者。与欧陽脩慕韓愈排仏。時称大儒。一見明教嵩後。留意仏書。研究久之。乃喟然嘆曰。吾輩議論。尚未及一巻般若心経。仏教豈易知耶。看真箇歴境界底人之論。幡然超出于常情如是。

［講話］　本日は第二十二則発憤《はっぷん》の一章。この本文は『論語《ろんご》』の述而《じゅつじ》の篇に出て居る。一寸《ちょっと》初めの本文を言いますと、「葉公《しょうこう》、孔子を子路《しろ》に問う。子路対《こた》えず。子曰《いわ》く、女《なんじ》奚《いずくん》ぞ曰《い》わざる、その人《ひと》と為《な》りや。**憤《いきどお》りを発し、食《しょく》を忘れ、楽《たの》しみ以て憂《うれ》いを忘れ、老《おい》の将《まさ》に至《いた》らんとするを知らず**」、初めにそれだけのことが附いて居る。

これは別に辯を附けるほどのこともない、孔子が言わるるに、我れは別に人に対して一《いち》日《じつ》の長《ちょう》があるというのではない。ただ我れの我れたる所以《ゆえん》はただこれだけである。言わば三条件に過ぎない。「発憤して食を忘れる」。食というものは人間として急切に欲望する所のものである。その急切なる食も、孔子は「発憤」して忘れて仕舞《きり》う。「楽しみ以て憂いを忘る」。楽しみは色々ありましょう。これは敷衍《ふえん》して言えば限がない。これを略して言えば精神的の楽しみと物質的の楽しみとありますが、兎《と》に角《かく》道を楽しむことで、道を楽しんで以て憂いを忘れる。言い換れば煩悶《はんもん》に打ち克つ所の楽しみがある。そうして「老の将に至らんとするを知らず」、こういうことは実際上の事でありますが、年寄《としよ》るのを忘れて居るということである。成程《なるほど》そう言えばお互いは、五十歳位になると、私はモウ老境に入ったと自分で年寄った気になる様であるが、真に道を楽しんで居る人に至ってはそういうことはない。いつ白髪《しらが》が生えたか、いつ腰が曲ったか、そういうことは知らぬ。殆《ほと》んど忘れて居る。中々壮《さか》んなもので、そういう実例を挙げれば色々話もあるが、長くなるから略して置く。この本文の言葉は極《ご》く解し易い、これが孔子たる所以である。別に孔子という人は生れ乍《なが》らにして、我れは知るとは自ら許して居らぬ。

「**古人云く**《こじんいわ》」、これは誰と言わなくても、禅書を繙《ひもと》けば到る処に出て居ります。「**凡**《およ》**そ大**《だい》**道**《どう》**を学ばんと欲する者は、先**《ま》**ず須**《すべか》**らく、大憤志**《だいふんし》**、大疑団**《だいぎだん》**、大信根**《だいしんこん》**の三者を具備**《ぐび》**すべし**」。禅宗より這入《はい》って、そうしてこの大道を一つ究明しようというならば、これだけの要素を備えて居らなければならぬ。それは「憤志」、殊更《ことさら》に「大」の字を加えて確かめて居る。誰も「憤志」というものを持って居らぬ者はないが、通常の人は一時熱《あつ》くなるが、直《ただ》ちに冷《つめ》たくなる。そういうのではいかぬ。「大憤志」でなければならぬ。

それから「大疑団」は、初めから疑いの無いという人は、坐禅するとか、悟りを開くという必要はない。極く偉《えら》い人には疑団はない。また極く馬鹿者《ばかもの》に至っては疑いはない。しかし我々はどちらかと言えば、偉そうな点もあるが、偉くない点もある。誰でもそれだけの境遇に居って望《のぞ》みを起したならば、疑いがある。その疑いというものは、初めから何も知らぬ人ならば無いであろうが、少し物を知るというと、知っただけ疑いが段々殖《ふ》えて行く。それはお互いが経験して分って居ります。最初はなんでも大いに疑うがよい。同じ仏教でも、浄土門《じょうど》では、疑うなよと教えられてある。仏や神を人間が疑うのは分《ぶん》を踰《こ》えて居る。とてもとても分り得るものでないから、初めよりして疑うなよというのが教えの立方である。世界に存在して居る宗教というものは先ず大抵そうなのであります。言わば初めから黙従させて仕舞う、仏なり神なりに全然委《まか》せて仕舞う、というのが普通宗教の教え方である。然し禅宗は入り口が違う。大いに疑え、大いなる疑いの上には必ず大いなる悟りがあるというのである(『大慧普説』17「大疑下必有大悟」)。

それから「大信根」であるが、この「信《しん》」ということと「疑《うたがい》」ということとは頗《すこぶ》る矛盾して居る様に思われるが、吾が禅宗の立場から見れば毫《ごう》も矛盾して居らぬ。多くの宗教では我々は罪の子である、迷いの凡夫《ぼんぷ》であるからして、ただ只管《ひたすら》に仏様にすがれよ、神を信ぜよというのがその教え方であるが、此処《ここ》で言う所の「信根」とはそういう意味でなくして、我々の本体は、元来この宇宙間に遍在しておる所の一大真理の現われであって、決して時《とき》を限り所《ところ》を限って新たに出来たというものでなければ、また決して滅するということもないと信ずるのである。故に禅宗的「信根」というのは別に向《むこ》うに物を目標的に眺めて、それを信ぜよというのでない。

兎《と》に角《かく》、一つ大道を究めようというのには、「大憤志」「大疑団」「大信根」、この三ツがなくてはならない。「**猶《な》お鼎《かなえ》の三足有るがごと**」し。譬《たと》えて見るならば、三つは鼎の三足の如きもので、その一を欠くことが出来ぬ。欠いたら覆《くつが》えって仕舞う。「**一を欠《か》かば則《すなわ》ち道《みち》成らず**」と古人が言うて居るが、「**固《まこと》に然《しか》り**」である〔以上『高峰原妙語録』上、第37講参照〕。

「**而《しこう》して発憤《はっぷん》を最も主《しゅ》と為《な》す**」、この三つは何《いず》れ愚《ぐ》はないが、就中《なかんずく》最初の「発憤」ということが、これが始終《しじゅう》「主」になって居る。「**発憤洪大《こうだい》なれば、悟る所洪大なり。発憤浅《せん》小《しょう》なれば、悟る所も浅小なり**」。これは辯を附けるまでもないが、一、二の例を挙げて見れば、「**宣尼《せんじ》は発憤して食を忘る**」、「宣尼」というのは孔子のことで、本文が既にその意を現わして居る。「**能仁《のうにん》は発憤して山に入る**」、「能仁」というのは釈迦牟尼《しゃかむに》のことで、釈尊《しゃくそん》は発憤して山に入る。これは委《くわ》しいことは伝《でん》に就いて言わなければなりませぬ。どなたも御承知の通り、釈尊は王宮に生れた方であるが、生老病死《しょうろうびょうし》の四大患を以て発憤したのであります。今その伝の一節を読んで見ると、即ち曰く、「我れ若《も》し生老病死の四苦を断ぜずんば終《つい》に宮に還《かえ》らず。我れ若し阿耨多羅三藐三菩提《あのくたらさんみゃくさんぼだい》を得ず、又た法輪《ほうりん》を転《てん》ずること能《あた》わずんば、再び父王《ふおう》と相い見《み》ず。若し恩愛《おんあい》の情《じょう》を断尽《だんじん》せずんば、終にまた摩訶波闍波提《まかはじゃはだい》及び耶《や》輸陀羅《すたら》を見ず」とこういうてあります〔手沢本首書／『過去現在因果経』2〕。実に徹底した発憤の仕方であります。

それから、**「孟軻《もうか》は断機《だんき》に依って発憤」**す。これは今は尋常小学校《じんじょうしょうがっこう》の子供でも知って居るが、これも一寸辯を附けて置きます。『古列女伝《これつじょでん》』〔1母儀・鄒孟軻母〕という本に「孟子既《すで》に学んで帰るに及んで、母《はは》学の至る所を問う。孟子曰く、自若《じじゃく》たり。母、刀を以て其の織《しょく》を断って曰く、子の学を廃するは、吾が斯《こ》の織を断つが若きなりと。〔……〕孟子懼《おそ》れ旦夕《たんせき》勤学して息《や》まず、子思《しし》に師事して遂に名儒《めいじゅ》となる云々」〔手沢本首書〕。これは名高い話であるから、クドクドしく申す必要もありません。

「神光《しんこう》は発憤して臂《かいな》を断ず」。「神光」は俗名《ぞくみょう》で、後に慧可《えか》大師となられた。支那に於ける禅宗は、達磨《だるま》が初祖《しょそ》で、神光が二祖《にそ》であります。始め達磨大師が嵩山《すうざん》の少林寺《しょうりんじ》に居られた時に、この神光が出掛けて往って、法を求めたのであるが、達磨大師はその志《こころざし》の如何《いかん》を見るために、わざと振りむいても見なかった。また室内《しつない》に入れとも言わなかったので、神光は折から降りしきる雪の中に立って、遂に暁《あかつき》に達した。雪腰《こし》を没《ぼっ》するに至ったが相い変らず立って居たので、達磨大師がこれは志がある奴と見て取って、始めて言葉を発せられて、「諸仏無上《しょぶつむじょう》の妙道《みょうどう》、曠劫《こうごう》に精勤《しょうごん》して、行《ぎょう》じ難きを能《よ》く行じ、忍《しの》び難きを能《よ》く忍ぶ、豈に小徳小智《しょうとくしょうち》・軽心慢心《きょうしんまんしん》を以て真乗《しんじょう》を冀《こいねが》わんや」、こういう激語《げきご》を以て喝破《かっぱ》したので、神光は肝銘《かんめい》して、最早堪《た》えられなくなって、携《たずさ》えて居た刀を以て臂《かいな》を断じて差し出した。己《おの》れの身を犠牲にして道を求めたので、達磨大師もその熱烈なる求道心に感じて、ここに始めて参問を許されたのであります（『碧巌録』96頌評唱）。

「是《こ》れ皆な発憤の洪大なる者なり」。初めに言うた、洪大の発憤というのは、かくの如き発憤を言うのである。「**古来大道《だいどう》を担当《たんとう》するの英傑《えいけつ》は、発憤の一事に成らざる莫《な》し**」、昔からの東西の聖人《せいじん》、賢人《けんじん》、偉人《いじん》、豪傑《ごうけつ》の伝記を読んで見ると、皆な同じ事で、発憤の一事から大道を成就したのである。

「**抑《そもそ》も道たるや、高《こう》なり峻《しゅん》なり**」、道というものは絶対が道の立場であるから、高くして攀《よ》じ様がない、険《けわ》しくして登り様がない。「**予《よ》が如き譾劣輩《せんれつぱい》の企て及ぶ可《べ》き所以《ゆえん》の者に非ず**」。先師自ら予と云うたので、予の様な詰《つま》らぬ者が企て及ぶことの出来ないものである。

「**唯《た》だ専《もっぱ》ら発憤の志を立つるを以て**」、ここは先師洪川《こうせん》和尚の年譜に就いて見るとその事実が明らかにわかるのでありますが、先師はただこの「発憤」の志によって道を成ぜられたのであって、決して生れ乍《なが》らにして知った者ではない。また学んでこれを知った者でもない。実に苦しんで知ったのであります。ただ「発憤の志を立つるを以て」、「**竟《つい》に志願《しがん》を成《じょう》就《じゅ》し、以て平生《へいぜい》を慶快《けいかい》するに至る**」。今日、日々夜々《にちにちやや》、愉快に日を送ることが出来るのは、それは他《ほか》に仕掛《しかけ》のあった訳ではない、これは「発憤」の心からである。

「**謹《つつし》んで博学高才《はくがくこうさい》の人に白《もう》す**」、先師が誡《いまし》めて申された。たとえ我れは「博学高才」なりと言うても、「志願」が固くなければいかぬ。「**若《も》し吾が大教《だいきょう》を誹駁《ひばく》せんと欲せば**」、昔から法《ほう》盛んなれば魔《ま》盛んなりで、法が盛んなれば、邪魔をする者が沢山《たくさん》出る。それは当り前である。随分仏法《ぶっぽう》を誹謗《ひぼう》したり撃駁《げきばく》する者がある。それは勿論他山《たざん》の石《いし》で、結構であるが、もし仏法を誹謗し撃駁しようと思うならば、「**須《すべか》らく発憤して吾が禅海《ぜんかい》に入り、先《ま》ず自己の本性《ほんしょう》を見得《けんとく》すべし**」。発憤して「吾が禅海」へ一つ這入った者でなければならぬ。只《た》だ門外漢《もんがいかん》の噂だけして居っては当らぬ。禅海に入って、禅宗を知ろうというならば、「先ず自己の本性を見得」しなければならぬ。自分の「本性」が分ったならば、仏法の本領が分ろう。仏法の本領が分ったならば、宇宙の真理の本体が分るであろう。

そこで見性《けんしょう》の境界を得たのみならず、「**広く仏祖《ぶっそ》の書を読み、遍《あまね》く其《そ》の理を究《きわ》め**」、我れは大いに悟ったと言っても、己れの顔は美しいと思って居るだけではいかぬ。鏡を取って照らして見なければならぬ。それには仏祖の書物が何よりの鏡である。有《あら》ゆる学問なり科学なり哲学なりを究めて、「**然る後、間然《かんぜん》す可き処有らば**」、仏法の中にまだ至らぬ所、間然する所〔批判すべきすき間〕があったならば、その時「**唾《つば》して之《これ》を罵倒《ばとう》する**」という勢いでやっても宜《よ》い。けれども、「**若《も》し未《いま》だ嘗《かつ》て其の境界《きょうがい》を蹈《ふ》まずして漫《みだ》りに之を論ずれば**」、これは近頃そういう者が大分《だいぶ》ある様だが、禅というものを一日も実修せずして、著述をして見たり、一寸した噂をする者が沢山ある。そういう輩《やから》は、「**是《こ》れ盲評瞎論《もうひょうかつろん》、吾れ総《すべ》て取ら**

ず」。本屋様から見ると、素人染《しろうとじ》みた者の書いた物が売れが宜い。それは「盲評」である。吾れは取らない。

「昔、宋《そう》の仁宗《じんそう》の朝に李覯《りこう》なる者有り、欧陽脩《おうようしゅう》と、韓愈《かんゆ》の排仏《はいぶつ》を慕う」。これは一寸伝《でん》を言うて置きます。李覯という人のことは『宋史《そうし》』〔432〕の列伝に出て居る。字《あざな》は泰伯《たいはく》といい、昌建軍南城《しょうけんぐんなんじょう》の人で、俊辯《しゅんべん》にして能文《のうぶん》であったから、随身《ずいしん》する所の学者が常に数千百人も居った。范仲淹《はんちゅうえん》が表《ひょう》を以てこれを薦《すす》めて、太学説書《たいがくせつしょ》に充《あ》てたとある。これより先、色々の書を著《あら》わして、頻《しき》りに排仏をやったが、或る時、明教《めいきょう》の嵩《すう》和尚〔明教大師・仏日契嵩〕が、自ら著わす所の『輔教篇《ほきょうへん》』を携《たずさ》えて往って、これに謁《えつ》して大いに辯明された。それ以来李覯は意《い》を留《と》めて、仏書を読んだとあります〔手沢本首書／『仏法金湯編』13李覯〕。

それから欧陽脩《おうようしゅう》という人も有名な人で、当時の文学者として偉い人で、また政治家でもある。殊《こと》に排仏を以て名高い。その伝を一寸申しますと、欧陽脩は吉州永豊《きっしゅうえいほう》の人で、進士《しんし》の試験に及第《きゅうだい》して而も甲科《こうか》に擢《ぬき》んでられた。嘉祐《かゆう》の初め、大政《たいせい》に参じ、後に太子少師《たいししょうし》を以て仕《し》を致《いた》し、文忠《ぶんちゅう》と諡《おくりな》された。晩年、潁《えい》に卜居《ぼくきょ》して、六一居士《りくいっこじ》と号したとある。曽《かっ》て盧《ろ》山《ざん》に遊んで東林《とうりん》の円通居《えんつうこ》訥《とつ》禅師に相見《しょうけん》した時に、訥禅師との問答があった。伝の文に「訥曰く、退之《たいし》、排仏を以て功を為し、仏を以て夷鬼《いき》となす。請う略して之《こ》を辨ぜん。仏は聖人なり、兜率《とそつ》より降《くだ》りて生を中天聖王《ちゅうてんしょうおう》の家に託す、何ぞ以て夷《い》と称せん。仏は不生不滅《ふしょうふめつ》にして曠劫《こうごう》常に存し、人天《にんてん》、宗とし仰ぐ、何ぞ以て鬼《き》と称せん。此れ大慢《だいまん》の語にあらずや。

足下《そっか》今又た之に和す、将《まさ》に後世好名《こうみょう》の士《し》をして韓《かん》氏欧陽《おうよう》氏を援《ひ》きて以て法と為さんとす。豈に盛徳《せいとく》の累《るい》と為らざらんや。足下、本論を著わし、孳々《しし》として仏を毀《そし》るを以て務《つとめ》となす。其の言に鬼狩喪祭《きしゅそうさい》・郷社《きょうしゃ》の礼《れい》を以て、仏の本に勝れりとなす。是れ猶お退之『原道《げんどう》』を作りて、而も実に未だ道を知らざるが如し。脩驚殺《きょうさつ》して謝して曰く、脩、胸中《きょうちゅう》已に釈然《しゃくねん》たり。師将に何を以てか教えられんとするや。訥曰く、仏道は心を悟るを以て本と為す。足下特《ひと》り念を失い、世教《せきょう》に偏執《へんしゅう》す、故に其の本を忘る。誠に聖凡平等《しょうぼんびょうどう》の心を運《めぐ》らし黙々として体会《たいえ》して、頓《とみ》に我慢《がまん》をのぞき、悉《ことごと》く昨非《さくひ》を悔い、栄辱《えいじょく》の本空《くう》なるを観じ、生死《しょうし》を一致に了せば、則ち浄念《じょうねん》常に明らかに、天真《てんしん》独露して、始めて津《しん》を此の道に問うべきのみ」と云われたので、欧陽脩も始めて省発《せいはつ》する所があったということである。その後、大政に参ずるに及んで、毎《つね》に訥禅師を公卿《こうけい》の前に誉めて居られて、歳時《さいじ》の書問《しょもん》は未だ嘗て絶えた事がなかったと伝記に載せてある〔手沢本首書／『仏法金湯編』12欧陽脩〕。先師がその欧陽脩の事を此処へ持ち出して来られた。

　宋の仁宗皇帝の朝に、李覯なる者があって、欧陽脩と共に韓退之の排仏を慕うたが、この二人は「**時に大儒《たいじゅ》と称す**」、当代の大先生であった。後に「**明教《めいきょう》の嵩《すう》**〔仏日契嵩〕**に一見**」してから、「**意《こころ》を仏書《ぶっしょ》に留《とど》めて、研究《けんきゅう》之を久しうす**」。同じ韓退之でも、後に至っては大変違います。「**乃《すなわ》ち喟然《きぜん》として嘆じて曰く、吾輩《わがはい》の議論、尚《な》お未だ一巻の般若心経《はんにゃしんぎょう》に及ばず**」〔『仏法金湯編』13李覯〕と嘆息をした後に、有名な大典《だいてん》禅師様にまみえて、益《ます》ます仏教を研究した。「仏教豈《あ》に知り易からんや」(同前)。

それで、「看《み》よ真箇《しんこ》境界を歴《ふ》る底の人の論は、幡然《はんぜん》として常情《じょうじょう》に超出《ちょうしゅつ》する、是《かく》の如し」。真に「境界を歴《へ》た」人の論は「幡然」として、幡然は改むる貌《かたち》、「常情」凡人の上に超出して居ることはかくの如きものである、と評せられた。

第五十講　駆《く》納《のう》(第二十三則)

孔子《こうし》曰《いわ》く、「人《ひと》皆な予《よ》を知《ち》ありと曰《い》う、駆《かっ》て諸《これ》を罟《こ》擭陥阱《かくかんせい》の中《うち》に納《い》るれば、而《しか》も之《これ》を辟《さ》くるを知る莫《な》し。人皆な予を知ありと曰う。中庸《ちゅうよう》を択《えら》んで期月《きげつ》も守ること能《あた》わず」。山野《さんや》初め万岳《ばんがく》に在りし日、無為《むい》先師問うて曰く、「忽《たちま》ち大力鬼王《だいりききおう》有り、背後《はいご》より汝《なんじ》を捉《とら》えて、焔々《えんえん》たる火坑《かきょう》に投ぜん時、汝却《かえ》って出身《しゅっしん》の路《みち》有りや」。山野答《こた》うる能《あた》わず、慚汗《ざんかん》背に流る。多日身心快悩《しんじんおうのう》、一日《いちじつ》忽ち此《こ》の罟擭陥阱の語を憶記《おくき》して、大いに省覚《せいかく》する有り、甘露《かんろ》を飲むが如し。乃《すなわ》ち師《し》の室《しつ》に入《い》って見解《けんげ》を呈す。師微笑《みしょう》して休す。是《ここ》に於《おい》て窃《ひそか》に学道の聖助《せいじょ》有るを知る。又《ま》た後語の如きは、固《まこと》に難解難入《なんげなんにゅう》の悪毒《あくどく》の語話《ごわ》なり。山野疑《うたが》いを此《ここ》に蓄《たくわ》うること年《とし》有り、自《みずか》ら意《おも》えらく、孔子は聖者《せいじゃ》なり、而るに期月も中庸の道を守ること能わずと謂《い》う、決して妙訣《みょうけつ》有らん。未《いま》だ毫釐《ごうり》をも窺《うかが》うこと能わず、以て憾《うら》みと為《な》す。

後来《こうらい》三十四歳の時、参詳《さんしょう》漸《よう》く密《みつ》なり。深く正偏回互《しょうへんえご》三昧《ざんまい》に入る。刻苦《こっく》寝食を忘るるに至って、始めて此《こ》の語の深妙《しんみょう》の処《ところ》を徹見《てっけん》す。而《しこう》して方《まさ》に聖語《せいご》の容易ならざるを知る。

孔子曰。人皆曰予知。駆而納諸罟擭陥阱之中。而莫之知辟也。人皆曰予知。択中庸而不能期月守也。

山野初在万岳日。無為先師問曰。忽有大力鬼王。従背後捉汝。投焰焰火坑時。汝却有出身路麼。山野不能答。慚汗流背。多日身心怏悩。一日忽憶起此罟擭陥阱語。大有省覚。如飲甘露。乃入師之室呈見解。師微笑而休。於是窃知学道之有聖助焉。又如後語。固難解難入悪毒之語話也。山野蓄疑于此有年矣。自意。孔子聖者也。而謂不能期月守中庸之道。決有妙訣。未能窺毫釐。以為憾矣。後来三十四歳時。参詳漸密。深入正偏回互三昧。刻苦至忘寝食。始徹見此語之深妙処矣。而方知聖語之不容易矣。

［講話］　本日の一則は『中庸《ちゅうよう》』の第七章目に出て居る所の一節である。唯《た》だ文字通りに解釈すれば斯様《かよう》な所は読んだだけのものであるけれども、それを先師洪川《こうせん》和尚は禅的にこれを解釈した。

或る時、孔子が曰われるのに「**人皆な予《よ》を知《ち》ありと曰《い》う**」と。孔子は知者じゃ、殊《こと》に生れながらにして知る人と言われた所の知者である。人皆なが予を指して知ありと言うけれども、しかしながら**「駆《かっ》て諸《これ》を罟《こ》擭《かく》陥《かん》阱《せい》の中《うち》に納《い》るれば、而《しか》も之《これ》を辟《さ》くるを知る莫《な》し」**。「罟」というのは矢張《やは》り網《あみ》というようなものでありましょう〔手沢本書入「－網也」〕。「擭」、これは丁度《ちょうど》檻《おり》、動物なぞを入れて置く檻のようなもの〔同「－機檻也」〕、「陥阱」というのは矢張り落し穴のようなもの〔同「坑坎也」〕。予は知者であると人は言うけれども、しかしもし事をして網の中に入れたらばどうするか。檻の中に入れたらばどうするか。または深い所の落し穴の中に入れたらば、「これを辟くるを知ること莫し」。「辟」は矢張り「避」の字と同じ意味で〔同「避ト同ジ」〕、こういう所に入れられてサア出て見よと言われる。所が出ることは出来ない。出ることが出来ないというのが、大変これは味わうべき言葉であろう。

丁度これに類したことで、白隠《はくいん》和尚が言われたのでありますが、もし我れをして堅固な石でも金でも何でも宜《よろ》しい、堅固なる所の石の唐櫃《からびつ》の中に閉《と》じ籠《こ》めて仕舞って置いて、そうして番人とも謂うべき誠に力量逞《たく》ましい所の人が居って、サア出て見よとこう言われたらば、我々は何としたものであると〔第48講参照〕。そういう所から見るとこの孔子のこういうことを言われたのは頗《すこぶ》る味わうべきこと、経にも矢張りそれに似たようなことが出て居ります。如何《いか》に知者じゃというて見ても、こういう時は予は何ともすることが出来ない。人間が世の中に身を処する上に於ても矢張りそうでありましょう。

こういう窮地に陥れられた時に於て、偖《さ》てどうしたものであろうか。そこはもう、自分自身に工夫してやらなければならぬ。いつであったか御話ししたように、盗人《ぬすびと》が彼《か》の小盗《こぬす》人《っと》に教えたようなもの。盗人の術を教えて欲しければ、こうじゃというて大きな米櫃《こめびつ》の中に、小盗人を閉じて仕舞って上から蓋《ふた》をピシャリして置いて、素知らぬ顔をして何処《どこ》かに行って仕舞った。遂に小盗人奴《め》がどうすることも出来ない。どうしてこの中から飛び出したら宜《よ》かろうかと、誠に千思《せんし》万考《ばんこう》の末、鼠《ねずみ》の咬《かじ》る真似《まね》をして、そうして家人が其処《そこ》へ来って、鼠が米櫃の中に這入《はい》ったのであるというて蓋を明けるや否や、その機に乗じて、突如として其処に飛び出し、始めて盗人の秘術はマアこんなものだということが悟れたということである〔第48講参照〕。どうしても人に教わったことは駄目だ。盗みをするようなことでさえも、自分が千辛万苦《せんしんばんく》、考えを尽《つく》して始めて自分の腹から割り出したことでなければ何にも役に立たない。今、孔子がそう言われる。予もこういう目に出遭《でお》うては、外に出ることが出来ぬがと言われる。

「**人皆な予を知ありと曰う。中庸《ちゅうよう》を択《えら》んで期月《きげつ》も守ること能《あた》わず**」。「期月」というは辞書に依ると一月《ひとつき》に亘《わた》るを期月という。「中庸」ということは『中庸』という一冊の書物がありますから、それに就いて見るべし。詰《つま》り『中庸』という一冊の書物は、全く「誠《まこと》」という一字から生れ出たというても宜《よろ》しい。その事は別でありますから、ここでは言いませぬ。人皆なが予を指して知ある者と為すけれども、予は「中庸」を択んで一月ばかりも守ることが出来ない。一月と云うと僅《わず》かな時日であるが、其の僅かな時日と雖《いえど》も真に中庸を守ることは難《かた》い。難いと言われた所に孔子の腹の味わうべき所がある。中庸を守り得るというても大いに親しからず。「守ること能わず」というたに付いて味わいがあるが、これは講釈の限りでない。こういうことに色々の辯を附けようとすると、却ってその味わいがない。これは人々が幾度か鍛錬《たんれん》工夫《ふう》をして、何処《どこ》を指して孔子がこう言われたかということを味おうて見るがよい。文字《もんじ》は寔《まこと》に易《やす》いので、ただこれだけの意味でありますが、それを先師洪川《こうせん》和尚が次に評せられた。

「**山野《さんや》初め万岳《ばんがく》に在りし日**」、「万岳」というは京都の相国寺《しょうこくじ》のこと。京都の相国寺という寺は、足利義満《あしかがよしみつ》の拵《こしら》えた寺で、矢張り今でも臨済《りんざい》宗の一派を成して居る。開山は夢窓《むそう》国師、山号を万年山《ばんねんざん》という。それ故に相国寺のことを「万岳」と称する。これは最初に申した、先師が鬼大拙《おにだいせつ》和尚〔大拙承演〕に見《まみ》えられたのがこの万年山相国寺である。「**無為《むい》先師問うて曰く**」、所謂《いわゆ》る俗に大拙和尚というけれども厳《きび》しい人であったから、禅門の間に於ては鬼《おに》大拙和尚と称した。そうして別号を無為と称した。詰り大拙和尚のこと。

「無為先師問うて曰く」、「**忽《たちま》ち大力鬼王《だいりききおう》有り、背後《はいご》より汝《なんじ》を捉《とら》えて、焔々《えんえん》たる火坑《かきょう》に投ぜん時**」、大変の力強い鬼の如き者があって、汝の後《うし》ろより不意《ふい》と手を下して、汝の首筋を捉えて、而も「焔々たる火坑」、燃え立って居る所の火《ひ》の坑《あな》に汝を投じたらば何とするか。「**汝却《かえ》って出身《しゅっしん》の路《みち》有りや**」。

これに類したことが段々あります。これは大拙和尚に限ったことはない。今こういう一問を受け取った時に、我等《われら》は何とここで答えをしたものか。何と身働きをしたものであるか。それ工夫《くふう》上よりして発明《ほつみょう》して来るのがこの禅宗のやり方。「汝却って出身の路ありや」、こういう際《きわ》どい所に臨んで何とするかと言われた。時に、「**山野答《こた》うる能《あた》わず**」。当時はこの道に這入ったばかりであって、この一問題を急速に答うることが出来なんだ。為《ため》に「**慚《ざん》汗《かん》背に流る**」、冷汗《ひやあせ》をかいたことがあるが、それが、一つの疑いとなって大いに骨折った所、「**多日身心快悩《しんじんおうのう》**」、身も心も安心しない。この事を疑《うたご》うて長い間怏々《おうおう》として日を過して居って大いに悩んだが、「**一日《いちじつ》忽ち此《こ》の罟擭陥阱の語を憶起《おくき》して、大いに省覚《せいかく》する有り**」。色々鍛錬《たんれん》工夫《くふう》した揚句《あげく》、不図《ふと》子供の中《うち》から読んだ『中庸』の「罟擭陥阱」の本文を憶《おも》い起《おこ》した。孔子も、「諸《これ》を罟擭陥阱の中に納るれば而も辟くるを知ること莫し」と言われたことを憶い起して「大いに省覚するところあり」、成程《なるほど》ここだと覚《さと》って、「**甘露《かんろ》を飲むが如し**」というて、実にその時の嬉しさは恰《あたか》も旱魃《かんばつ》にでも出会《でお》うて渇《かわ》ける時に甘露を飲む位に快味《かいみ》を覚えた。その儘《まま》走って無為老師の室内《しつない》に這入って自分の見た所を呈したらば、「**師微笑《みしょう》して休す**」。滅多《めった》に自歯《じし》を見《あら》わさない所の鬼老師《おにろうし》であったが、微々《にこにこ》として笑って大いに肯《うけが》われたという。別に口先で善いとも悪いとも言われずしてニコニコとせられたのは、なかなか珍しい。容易にこの和尚笑《わら》うような人でない。

「**是《ここ》に於《おい》て窃《ひそか》に学道の聖助《せいじょ》有るを知る**」。こういう所に於て、始めに専門の道に這入って後も、嘗《かつ》て子供の中に学び得たる所の儒学というものの助けが大いにあるということを知った。この禅宗の道を修する上に於ては、文字《もんじ》も理窟も何《なに》もあてにならぬ所のもの、文字を辿《たど》って道を得ようというようなことは迂遠《うえん》なこと、理窟から考えようというても迚《とて》も及ばないが、しかし一度《ひとた》び自己本来の力を発見して、その力を万事に応用して行く上に於ては、多々《たた》益《ますま》す学問があればある程、その応用に自由が利《き》いて、その働きが広く渉ることが出来るのである。だから決して無学文盲な者が道を得るという訳はない。どっちかというと大いに学問を要する。大いに法材《ほうざい》というて、法の材料が多くなくてはならない。けれど最初這入り込もうというときには、そんなものを楯《たて》に取って居っては、本当の根本に達するということは難い。

「又《ま》た後語の如きは、固《まこと》に難解難入《なんげなんにゅう》の悪毒《あくどく》の語話《ごわ》なり」。「後語」というのは則ち「中庸を択んで期月も守ること能わず」というこの言葉を指したので、僅《わず》かに一ヶ月ばかりも真に中庸を守ることが出来ぬという。こういうことは余《よ》程《ほど》我が禅門の宗旨の上から見ると、すり上げた所の境界。悟りというようなものが稜々《りょうりょう》たる圭角《けいかく》を存して居っては、まだまだこういう所は見えない。迷いは既に尽して仕舞い、そうして悟りというのも悉《ことごと》く忘れて仕舞い、「悟了同未悟《ごりょうどうみご》」と吾人が言うた通り、悟《さと》り了《おわ》って未《いま》だ悟《さと》らざるに同《おな》じという、その境界に到らなければならぬ。その境界に到って見ぬと、「中庸を択んで期月も守ること能わず」という味わいを嚙《か》み出すことが出来ない。それ故に「難解難入、悪毒の語話なり」で、ただ言葉通りに解したらば乾燥無味のものであると、こう言われた。孔子の精神から眺めて見ると、解《げ》し難く入《い》り難き所の悪毒の言葉だ。理窟も、議論も、悟りも、学問も殺されて仕舞うから悪毒という。

「**山野疑《うたが》いを此《ここ》に蓄《たくわ》うること年《とし》有り**」、禅門へ這入った以後も、三年なり五年なり乃至《ないし》十年なり、多年こういうことに疑いを懐《いだ》いて居ったことでありましょう。初心の者では到底こういうことを窺《うかが》い見ることが出来ない。「**自《みずか》ら意《おも》えらく、孔子は聖者《せいじゃ》なり。而るに期月も中庸の道を守ること能わず**」、聖人《せいじん》である程の人が、僅か一ヶ月ばかりも中庸の道を守ることが出来ぬというは、甚《はなは》だ解せられざる所である。一ヶ月どころでない、苟《いやし》くも聖人たる所の人ならば、朝から晩まで中庸の道の上に在って働いて居る筈《はず》である。然《しか》るに何として孔子はこう言われたであろうと、こう疑《うたご》うた。こういう所は大いに疑い甲斐《がい》がある。大いに研究すべき所の値打ちがある。「**決して妙訣《みょうけつ》有らん**」、必ずこれには微妙《みみょう》の秘訣があるであろうと思うが、その初めの中《うち》は「**未《いま》だ毫釐《ごうり》をも窺《うかが》うこと能わず、以て憾《うら》みと為《な》す**」、微《かす》かの毫釐ほども孔子の境界を窺うことの出来なんだのを憾みとして居る。

所が「**後来《こうらい》三十四歳の時**」、先師が丁度道《みち》に這入られたのが三十四歳の時である。それから以後三十四歳の時に至って「**参詳《さんしょう》漸《ようや》く密《みつ》なり**」。我が臨済《りんざい》派の調べに拠ると、最初「本来《ほんらい》の面目《めんもく》」なり、「趙州《じょうしゅう》の無字《むじ》」なり、「白隠《はくいん》の隻手《せきしゅ》」なりで根本を打《う》ち抜《ぬ》いておいて、それから「法身《ほっしん》」とか「機関《きかん》」とか「言詮《ごんせん》」とか、それから「難透《なんとう》、難解《なんげ》」、それから「五位《ごい》」「十重禁《じゅうじゅうきん》」などというて段々修行をする。そこで三十四歳の時に「**深く正偏回《しょうへんえ》**

互《ご》三昧《ざんまい》に入る」。

この「正偏回互三昧」ということは、これは他日『宝鏡三昧《ほうきょうざんまい》』でも講釈をする時に詳しい御話をして見ようと思うが、今回は略して置きます。詰り「正《しょう》」と「偏《へん》」と二つ、二つというても孰《いず》れも二つの道理がある訳ではない。我々が先哲の心《こころ》双方から眺めて見ると、一面は「正位《しょうい》」、この「正」の字の下に「位」という字を書く。「偏」の字の下にもまた「位」という字を書いても宜しい。「正位」というのは丁度仏者《ぶっしゃ》が屢《しばし》ば言う所の言葉でいうと、平等《びょうどう》ということを「正位」という。同時に差別《しゃべつ》という程のことを「偏位《へんい》」という。平等というたらば何処が何処までも実に絶対無限界《ぜったいむげんかい》の消息、差別というと絶対無限界ながらに相対《そうたい》あり、有限《うげん》あり、眼に一杯《いっぱい》見る通り、耳に一杯聞く通り、森羅万象《しんらばんぞう》、歴々《れきれき》として千《せん》差万別《じゃまんべつ》の姿を現わして居る。それが差別の有り様。その一々の差別が分れて居りながら、その儘に一味平等《いちみびょうどう》で、絶対無限である。一面から言うとこの世の中の差別界というものは相対であると同時に、一面の「正位」から言うと相対でありながら絶対だ。一面から言うとこの世の中は寔《まこと》に不自由である。不自由に属して、直《じき》に大自由である。一面から見ると寔にもう差別界というものは欠陥の多い不如意《ふにょい》のものに属して、直《す》ぐに大如意《だいにょい》たる所のもの、そこを口ではこんなことより言えませぬが、「正位《しょうい》」とか「偏位《へんい》」とか、「回互」するというから、相互的で、「正位」の中に「偏位」あり、「偏位」の中に「正位」あり、差別にして平等、平等にして差別という。この事はもう仏教では各宗各派に通じて用うる。言葉は違うけれども、この理法というものは始終附《つ》いて廻《まわ》って居る。是れだけが「正位」、是れだけが「偏位」と分れて仕舞っては、何の値打ちがない。「回互三昧」という所に至って始めてその妙《みょう》が現われる。「正」と「偏」とが始終影《かげ》と形《かたち》の如く、水と波の如く、不《ふ》即不離《そくふり》で行われて居る。「三昧」というはその「正偏回互」の真《ま》ッ只中《ただなか》という程のこと。これは同じ禅宗の宗旨でも、「五位」とか「十重禁」とかいうようなものを知り得て、始めてこの妙味を自知することが出来る。この「正位」「偏位」から始って、曹洞《そうとう》宗の「五位」というと、「正中偏《しょうちゅうへん》」「偏中正《へんちゅうしょう》」「正中来《しょうちゅうらい》」「兼中至《けんちゅうし》」「兼中到《けんちゅうとう》」という。この「五位」のことは本日は迚《とて》も言って居ることは出来ませぬから、他日に譲ります。

この三昧《さんまい》を得てそうして「**刻苦《こっく》寝食を忘るるに至って、始めて此《こ》の語の深妙《しんみょう》の処《ところ》を徹見《てっけん》す**」。寔《まこと》に人間というものは、寝食よりも急なるものはない位のものだが、その急切なる寝食をも殆《ほと》んど忘れてこの「正偏三昧」の境界を帰納して、始めて「此の語の深妙の処を徹見」し得た。「**而《しこう》して方《まさ》に聖語《せいご》の容易ならざるを知る**」。こういう力を得て眺めて見ると『中庸』にある言葉にしても、『大学《だいがく》』にある一語にしても、容易ならざる所の幽玄高妙《ゆうげんこうみょう》の真理を含んで居ることを知り得たという。これは専門的にあなた方が御やりになれば、矢張り先師と同じような境界を得らるるであろうと思う〔洪川『横山夜話』孔子曰条、参照。『蒼龍広録』2―6右〕。

第五十一講　形《けい》色《しょく》（第二十四則）

孟軻《もうか》曰《いわ》く、「形色《けいしょく》は天性《てんせい》なり。惟《これ》聖人にして然《しか》る後《のち》以て形《かたち》を践《ふ》む可《べ》し」。眼《まなこ》に視《み》、耳《みみ》に聴《き》き、鼻《はな》に嗅《か》ぎ、舌《した》に言《い》い、身《み》に触《ふ》れ、意《こころ》に覚《おぼ》ゆ、是《こ》れ形色なり。何物か然らしむるや。唯《た》だ是れ一物流行《いちもつりゅうこう》して息《や》まざるの致《いた》す所のみ。故《ゆえ》に曰く、「形色は天性なり」と。然らば則《すなわ》ち形色は直《ただ》ちに是れ本然浄明《ほんねんじょうみょう》なり、直ちに是れ無声無臭《むせいむしゅう》なり。若《も》し夫《そ》れ道眼《どうげん》明白の人の見処《けんじょ》、原《も》と形性の分つ可きもの無し。下士《かし》は日に之《これ》を用いて而《しか》も知らず。中士《ちゅうし》は推究《すいきゅう》して略《ほ》ぼ之を知ると雖《いえど》も、未《いま》だ嘗《かつ》て形の妙理《みょうり》を履《ふ》むことを知らず。独《ひと》り上士《じょうし》のみ有って、能《よ》く其の理を尽《つく》し、復《ま》た能く其の形を履《ふ》む。

孟軻曰。形色。天性也。惟聖人然後可以践形。眼視。耳聴。鼻嗅。舌言。身触。意覚。是形色也。何物使然哉。唯是一物流行不息之所致耳。故曰。形色天性也。然則形色直是本然浄明也。直是無声無臭也。若夫道眼明白之人之見処。原無形性之可分矣。下士日用之而不知也。中士雖推究略知之。未嘗知履形之妙理也。有独上士。能尽其理。復能履其形也。

［講話］ 第二十四則は『孟子《もうし》』尽心《じんしん》〔上〕の章に出て居る。「**形色**《けいしょく》」と云うは文字の通り「からだ」ということ。尤《もっと》も「からだ」という中に、仏法的に言うと、「形」の字は「地水火《ちすいか》風《ふう》」の固《かた》まり、「色」の字は「五蘊《ごうん》」を称して居る。この事も初めに屢《しばし》ば言うたこともあり、また今後も委《くわ》しく御話しすることもありましょうが、今日はただ名目だけを言うて置く。詰《つま》り「四大五蘊《しだいごうん》」の固まり。即ち体の現われというものは、何処《どこ》から現われたかというと、外から来たものでは無い。詰り「**天性**《てんせい》」よりして現われて、この形体となって居る。

だから「**惟**《これ》**聖人にして然**《しか》**る後**《のち》**以て形**《かたち》**を践**《ふ》**む可**《べ》**し**」。これは「天性」よりして現われた「形色」即ち体である。しかしながら、普通の人は、この形の為《ため》に往々にして心を誤られることが多い。ただ聖人《せいじん》または賢人《けんじん》にして、そうして始めてこの「形を践む可し」。我々が持って居る「形」通りに、自分の意に随って楽に使い得ることが出来よう。誰でも斯《こ》う使えそうなものだが、動《やや》もすればこの「形色」の為に人間は使われて居る。見れば見るに依って、聞けば聞くに依って、矢張《やは》り使われて居る。ただ聖人の如き、本当の道を得たる所の人にして、始めて「形を践む可し」。「形を践む」というのはこの形を楽に使い得るということ。否《しか》らざれば動《やや》もすればこれを践《ふ》み損《そこ》のうて仕舞う。

「**眼**《まなこ》**に視**《み》**、耳**《みみ》**に聴**《き》**き、鼻**《はな》**に嗅**《か》**ぎ、舌**《した》**に言**《い》**い、身**《み》**に触**《ふ》**れ、意**《こころ》**に覚**《おぼ》**ゆ**」、これがいつも言う通り、仏法の言葉では「六根六識《ろっこんろくしき》」という。この二つのものの合致に依って、眼《め》に始めて物を視《み》、耳《みみ》に始めて音を聴《き》き、鼻《はな》に始めて香《におい》を嗅《か》ぎ、舌《した》に始めて味わいを味わい、身《み》に始めて触《ふ》るるを覚《おぼ》え、心《こころ》に対する一切の法を覚知《かくち》するという。「**是《こ》れ形色なり。何物か然らしむるや**」。所が眼が独りありても、耳が独りあっても、何の意味をも成さないのである。眼に主たるもの、耳に主たるものがなければならぬ。ただこれだけの機関が具《そな》わって居ったと雖《いえど》も、これを使う所の人がなかったならば、ただ死したる所の一つの器物に過ぎない。所が「**唯《た》だ是れ一物流行《いちもつりゅうこう》して息《や》まざるの致《いた》す所のみ**」。何物が然らしめたのであろうか、それを一つ鍛錬工夫して見なければならぬ。ただ是れは「一物流行」とでもいうより仕方がない。ある場合には「主人公《しゅじんこう》」とこう名づけて、呼んで居る。或いは「本来《ほんらい》の面目《めんもく》」として呼んで居る人もある。その実は「本来の面目」というも、「主人公」というも、「心霊」と称するも、「心」と称するも、皆な後から称《とな》えられたる所の言葉であるが、その実は何の適用もないもの、「一物流行して息まぬ」というより仕方がない。

どんな「一物」か。丁度老子《ちょうどろうし》の言うた通り、「物《もの》あり混成《こんせい》して、天地《てんち》に先《さきだ》って生ず。寂《せき》たり寥《りょう》たり、独立《どくりつ》して改《あらたま》らず、周《あまね》く行《おこな》われて殆《あやう》からず、以て天下《てんか》の母《はは》たる可し。吾れ其の名《な》を知らず、之を字《あざな》して道《みち》といい、強《し》いて之が名《な》を為して大《だい》と曰う」、こういう言葉が『老子』〔25〕にある。こういう場合には、「物」というても一つの物質的の物ではない。「心」というても物質を離れたる所の特別の魂とか、一種の心というべきものでない。唯心とも唯物とも、有形とも無形とも、そういう小刀細工《こがたなざいく》を加えない先、その「一物」は死《し》物《ぶつ》ではない。いつも一所に停滞して動かぬものでない。常に「流行」して居る。昔の昔の大昔から、末の末に渉って、無限的に流行して、遠い所にも、近い所にも、此処《ここ》にも、彼処《かしこ》にも、遍《あまね》く行《ゆ》き渡《わた》って「流行」して居る。そういうものを一つ宛《ずつ》味わわなければならぬ。禅宗に古則公案《こそくこうあん》というが、この古則公案に用がある訳でない。古則公案は門《もん》を叩《たた》く瓦《かわら》、月《つき》をさす指《ゆび》の如きものである。門開《ひら》かれ月を認め得たならば、指や瓦に用はない。ただ古則公案の所要は、この活々《いきいき》した「一物流行して息まぬ」所のものを、親しく当人に捕《とら》えさせようというに過ぎない。

「**故《ゆえ》に曰く、形色は天性なり**」。決して伏見人形《ふしみにんぎょう》のような、或いは一つの美術家の作り上げた彫刻物のようなものでない。塑像のようなものでもない。「天性」も「形色」に化して、彼《か》の「一物」の活きたる生命が現われて居る。「**然らば則《すなわ》ち形色は直《ただ》ちに是れ本然《ほんねんじょう》浄明《みょう》なり**」、体に属して「本然の浄明」、即ち心と体が現われて、それがちゃんと形となっておる。「形色」と「本然の浄明」とを別々に見る人があるが、それは到らざるの甚《はなは》だしいもの。これだけが物質、これだけが精神などということは、二元論と称して、昔々学問の幼稚の時にはそういうことも言い居ったが、学問が進んできた今日にあってソンナ幼稚な考えを持つ人はあるまい。「形色直ちに是れ本然の浄明なり」ということに決するであろう。これが我が物に践《ふ》み行《おこな》い得ることが出来たならば、この「形色」その儘《まま》に「**直ちに是れ無《む》声無臭《せいむしゅう》なり**」、音《おと》もなし香《か》もなしと古人が言うた〔第41講参照〕。

それで「**若《も》し夫《そ》れ道眼《どうげん》明白の人の見処《けんじょ》、原《も》と形性の分つ可きもの無し**」で、これが形、これが心と、二つに分つべきものはない。唯だここに人間には色々器があって、仮《か》りに分ければ三十六程ある。「**下士《かし》は日に之《これ》を用いて而《しか》も知らず**」(『易』繋辞・上「百姓日用而不知」)。即ち最下等の人は、日《ひび》にこれを用いて唯だ自覚せずに居る。ただ無意識に朝から晩までうろうろとして居る。それから少し立ち越えた「**中士《ちゅうし》は推究《すいきゅう》して略《ほ》ぼ之を知る**」。理学であるとか哲学であるとかいう学問上から段々深く研究して「略ぼ之を知る」。どれだけを知るも、知っただけで終っては分らない。火は熱いものであるということを知っただけでは、火の本当の生命には触れて居らない。中等の人はそれ位、「推究して略ぼ之を知」っても「**未《いま》だ嘗《かつ》て形の妙理《みょうり》を履《ふ》むことを知らず**」。ただ推理して考えた位では駄目じゃ。直《じ》きに真理の現われとして、体を自分の自由に践み行おうという所に至って始めて、これが本当の「上士」と称する所である。本当の道を得たる所の人というものである。「**独《ひと》り上士《じょうし》のみ有って、能《よ》く其の理を尽《つく》し、復《ま》た能く其の形を履《ふ》む**」。「理を尽」したのみではまだ至らない、「理を尽して」而して更に「形を履む」。「履む」という字は面白い字だが、我々は履《ふ》み外《は》ずして居る。この形の為に、刺戟《しげき》されて居る。所が能く「其の理を尽」して見ると、僅《わず》かにこの「形を履」み行うことが出来る。言い直して見ると、この「形色」なるものを楽に自由に使い得ることが出来る、という程のものである。

第五十二講　性《せい》近《きん》（第二十五則上）

孔子《こうし》曰《いわ》く、「性《せい》相い近《ちか》し、習《なら》い相い遠《とお》し」。

古来、偏局《へんきょく》の儒士《じゅし》、吾が教中、因果《いんが》報応《ほうおう》、生死輪回《しょうじりんね》を説くを誹駁《ひばく》し、以て聖賢《せいけん》の言わざる所と為《な》す。山野《さんや》太《はなは》だ之《これ》を解《げ》せず。『尚書《しょうしょ》』に云《い》わずや、「善《ぜん》を作《な》せば之に百祥《ひゃくしょう》を降《くだ》し、不善を作せば之に百殃《ひゃくおう》を降す」と。『周易《しゅうえき》』に曰く、「積善《せきぜん》の家には必ず余慶《よけい》有り、積不《せきふ》善《ぜん》の家には必ず余殃《よおう》有り」。又《ま》た曰く、「得失《とくしつ》の報《ほう》を明らむ」。又た曰く、「始《はじ》めを原《たず》ね終《おわ》りに反《かえ》る、故《ゆえ》に死生《しせい》の説を知る。精気《せいき》物と為り、游魂《ゆうこん》変を為す。是《こ》の故に鬼神《きしん》の情状《じょうじょう》を知る」。伝《でん》に曰く、「此《ここ》に死する者は、則《すなわ》ち彼《かしこ》に生ず。万物《ばんぶつ》皆な機《き》より出で、皆な機《き》に入《い》る」と。此《こ》れ皆な善悪報応《ぜんあくほうおう》、生死《しょうじ》の説、甚《はなは》だ分明《ふんみょう》なり。且《か》つ物理《ぶつり》を以て之を観れば、凡《およ》そ形《かたち》を天地《てんち》間に寓《ぐう》する者は、善《ぜん》を作《な》し悪《あく》を作す、随《したが》って作し随《したが》って応ず。是れ当然《とうぜん》の至《し》数《すう》、不易《ふえき》の妙理《みょうり》なり。

孔子曰。性相近。習相遠。

古来偏局儒士。誹駁吾教中説因果報応生死輪回。以為聖賢之所不言。山野太不解之。尚書不云乎。作善降之百祥。作不善降之百殃。周易曰。積善之家。必有余慶。積不善之家。必有余殃。又曰。明得失之報。又曰。原始反終故知死生之説。精気為物。游魂為変。是故知鬼神之情状。伝曰。死于此者。則生于彼。万物皆出於機。皆入於機。此皆善悪報応生死之説甚分明矣。且以物理観之。凡寓形於天地間者。作善作悪。随作随応。是当然之至数。不易之妙理也。

［講話］　本日の一則は、御承知の通り『論語《ろんご》』の陽貨《ようか》の第十七章に出て居る言葉である。「**性《せい》相い近《ちか》し。習《なら》い相い遠《とお》し**」、言葉は誠に簡単でありますが、その意味する所は余程《よほど》深くして遠い。此処《ここ》で「性相い近し」という「性」は、言うまでも無い、「天性《てんせい》」と言うても宜《よ》い、「本性《ほんせい》」と言うても宜い。色々外《ほか》に名づけ方はありましょう。兎《と》に角《かく》、人間に具足して居る所の本性は「相い近い」。何が近いかと言えば、例えば仏《ほとけ》と凡夫《ぼんぷ》とは元来「相い近い」。近いというのは、孔子の言葉であるから、余程控《ひか》え目《め》に言うて居られるが、仏教の言葉で言えば、「煩悩即菩提心《ぼんのうすなわちぼだいしん》」というが如くで、兎に角、性「相い近し」。聖人《せいじん》と雖《いえど》も愚夫《ぐふ》と雖も、「性は相い近い」。寧《むし》ろ有体《ありてい》に言うならば、この「性」は一つで、譬《たと》えて言うならば一枚の白紙も同様である。まだまだ「性」の本から言うと、これが仏だの、凡夫だの、罪の子であるの、神の子であるの、という違《ちが》いはない。ただ白紙と同様、或いは色を染めぬ所の絹の様なもので、昔の人がそういうことを色々言うたことがある。あなた方

の記憶に残って居りましょう、白糸《しろいと》の如きものである（『宗鏡録』29「習性の染め易きこと、猶お白糸の如し」）。

「本性」というものも、それと異なることはない。極《ご》く近い所のものであるが、しかし乍《なが》ら「習い相い遠し」。「習」というは即ち習慣ということで、仏法では、業習《ごっしゅう》と言って居ります。詰《つま》り世間言葉で言う習慣、それが「相い遠し」。本の所に於ては、仏も凡夫も得たる所は変りはない。然《しか》し、迷いと悟りとその追分道《おいわけみち》の分れ道に依って、段々癖《くせ》づく所が遠ざかって行く。「本性」という点から見れば、人間と他の動物と大した違いはないが、その習う所の違いに依って段々と遠ざかって行く。仏教などで言いますと、一つの心という方から見ると、仏《ほとけ》とか、菩《ぼ》薩《さつ》とか、縁覚《えんがく》とか、声聞《しょうもん》とか、人間《にんげん》とか、修羅《しゅら》とか、畜生《ちくしょう》とか、餓鬼《がき》とかいう者も、本《もと》に就いて見ると極《ご》く近い。実際に就いて眺めると、頗《すこぶ》る遠ざかって行く。そういう意味で、「性相い近く、習い相い遠し」じゃ。

譬えば白紙一枚でも、そこに「いろはに」の「い」の一字でも出来たら、それが習いである。或いは練り上げた所の白糸であるが、それを黄に染めたり、赤に染めたりするに従って違って行く。丁度《ちょうど》それと同じで、古人は岐《き》に於て泣いた人もある（『蒙求』33「墨子悲糸」、34「楊朱泣岐」）。一歩の践《ふ》み出しに依って大変違う。真直《まっすぐ》に道を行く人もある。違った道を行く人もある。例えば東京の日本橋を、二人の人が出立したが、一人は南へ行き、一人は北へ行くならば、その行き着いた地から言えば、大変な距離を隔たって居る。発足《ほっそく》地は一つであるが、到着地に大相違がある、今もそんな意味でありますᅵ『論衡』率性「十五の子、其れ猶お糸のごとし。其の漸《そ》む所有りて化して善悪と為る、猶お藍・丹の練糸を染めて、之をして青・赤と為らしむるがごとし。……故に楊子は岐道に哭し、墨子は練糸に哭するなり」〕。そこで、それを先師洪川《こうせん》和尚が、この則を本として、仏教の「因果応報」の道理を評の中に掲げられた。

「古来、偏局《へんきょく》の儒士《じゅし》、吾が教中、因果報応《いんがほうおう》、生死輪回《しょうじりんね》を説くを誹駁《ひばく》」す。「古来」と言うても少なくも、唐《とう》朝・宋《そう》朝位の時代。今よりして六、七百年、若《も》しくは千年内外位の所では、「因果《いんが》」の理を委《くわ》しく説いたということは極《ご》く少なかった。学問の方は別として、宗教の方では、因果論ということを常に言うた。「因果」而も「応報」ということを説いた「因果応報」の道理を説く者は、ただ仏教のみである。じゃから「因果」ということを説くと、それは仏説じゃろうと早合点《はやがてん》した位で、仏教が各宗各派に分れておりますけれども、どの宗旨でも、織物《おりもの》に譬えるならば、縦糸《たていと》として居る原理は、「因果」の道理、または観念というもので、「因果」の道は、独り仏教が占有して居るが如く思われて居った。然し、今日に至って、色々科学が進み、哲学が深くなってくるに従って、何《いず》れの学問と雖も、「因果」というものに外《はず》れたものはないと言うて宜い。学問ばかりでない、事実の方もそうでありまます。一物一件有り、形有るものが眼に映じて来たならば、何等《なんら》かの原因があって、その結果がここに現われてくる。それに外れたものはないと思う。その因果論というものは、仏教の特色として居るものである。これはまた別に委《くわ》しく論じなければならぬことがありますが、今は大体を申すのである。

然るに少なくも宋朝以来の儒者は、吾が仏教中に「因果報応」ということを説き、また「生死輪回」という説をなして、此処《ここ》に死し彼処《かしこ》に生ずとか、「三界六道《さんがいろくどう》」などを往きつ返りつするということを説くのを甚だ訝《おか》しなことであるとして、それを誹謗《ひぼう》し、辯駁《べんばく》して居る。「**以て聖賢《せいけん》の言わざる所と為《な》す**」。孔子やその他孔子に亜《つ》ぐ所の賢人《けんじん》は、仏教で言う「因果」を委しく言われた者はない。それを標準に取って、仏教で「因果応報、生死輪回」を説くのを大いに誹《そし》って居った。

「**山野《さんや》太《はなは》だ之《これ》を解《げ》せず**」、吾れ洪川はこれを解しない。如何《いか》にも儒者達の「偏局」なるのに驚く。ここに一、二の事実を挙げて言えば「**『尚書《しょうしょ》』に云《い》わずや**」、これは多くの人が知って居る名高い言葉で、『尚書』というは『書経《しょきょう》』のことで、『書経』の中には色々篇が分けてありますが、『尚書』〔商書〕の伊訓《いくん》に「**善《ぜん》を作《な》せば之に百祥《ひゃくしょう》を降《くだ》し、不善を作せば之に百殃《ひゃくおう》を降す**」、こういうことがある。「善を作す」というのは即ち原因であります。「百祥を降す」というのが、これが一つの結果で、我々がこの心、この身を以て善い事の種を植え付けて置けば、必ず「百祥」というて、あまたの芽出《めで》たき好《よ》い結果が生ずる。これに反して「不善」という原因を播《ま》けば、その結果として「百殃」即ちもろもろの災《わざわい》が立所《たちどころ》に来る。それは別に原因とも結果とも文字には現われて居らぬが、しかしその実は原因・結果の関係である。こういうことを否定するかどうか。この言葉を儒者達が採って居るではないか。然るに仏教で「因果」を言うと、彼等《かれら》はこれを誹《そし》りこれを駁《ばく》する。甚だ可笑《おか》しい。また「**『周易《しゅうえき》』に曰く**」、『周易』の繋辞《けいじ》の下伝《かでん》に「**積善《せきぜん》の家には必ず余慶《よけい》有り、積不善《せきふぜん》の家には必ず余殃《よおう》有り**」と(「坤」文言伝)。これも文字の通りでありますが、善き原因を沢《たく》山《さん》積み上げた所の家には、必ず善き果報というものが自ら報《むく》うてくる。それに反して、悪い原因を積み上げれば、必ず悪い所の果報、即ちあまたの災を受けると『周易』にある。また同じく『周易』の繋辞《けいじ》の下伝に「**得失《とくしつ》の報《ほう》を明らむ**」とある(『易』繋辞・下「弐《じ》に因りて以て民の行いを済《すく》い、以て失得の報を明らかにす」)。「得失の報を明らめる」というのは、「得失」が即ち原因で、その得失の原因があるが為《ため》に、吉凶の果報が来る。これも矢張《やは》り因果《いんが》因縁《いんねん》の説に外《ほか》ならぬ。

また同じ『易《えき》』の繋辞の上伝の方には「**始《はじ》めを原《たず》ね終《おわ》りに反《かえ》る、故《ゆえ》に死生《しせい》の説を知る。精気《せいき》物と為り、游魂《ゆうこん》変を為す。是《こ》の故に鬼神《きしん》の情状《じょうじょう》を知る**」とある。「始めを原ね終りに反る」というのは、詰り因《いん》を明らめ果《か》を明らめるという程のことに過ぎない。因を明らめ果を明らめるによって「故に死生の説を知る」のである。ある人が死の事を孔子に尋ねたのに対して、孔子が「未《いま》だ生《せい》を知《し》らず、焉《いずく》んぞ死《し》を知《し》らん」と言うておられるが(『論語』先進)、それは所謂《いわゆる》人を見て法を説くのであって、『易』に於ては明らかに「始めを原ね終りに反る、故に死生の説を知る」と言うてある。

「精気物と為り、游魂変を為す」。これも大抵昔《むかし》から「精」と「気」と二つに分けて居る。「精」とは精心《せいしん》なり、魂《こん》なり。「気」とは形気《けいき》なり、魄《はく》なり、と註解されてある〔手沢本書入〕。その「精」と「気」とが合して、天地間、一切万物となって現われている。人間もまたその「精」と「気」とを禀《う》け得て生れて来ている。故に一旦その「精」と「気」とが分離する時に於ては死し去るので、その形気は散滅し、精心は往いて変ずる、というのが儒《じゅ》の説である。故に「游魂変を為す」とある。この「游」の字は「往なり」とあって〔同前〕、色々に変化し去るというのである。「是の故に鬼神の情状を知る」。支那で「鬼神」というのは、人の死したる者をさして言うので、詰り生きて居る時には「人《ひと》」という名を附け、死んだ時は「鬼《き》」と言うのである。「游魂変を為す」故に、人が死して後の鬼神の状態を知り得るという。

また「**伝《でん》に曰く**」、これは孔子《こうし》や孟子《もうし》の言葉でありませぬ。『荘子《そうじ》』〔『列子』〕の天瑞《てんずい》篇にこういう言葉がある、「**此《ここ》に死する者は、則《すなわ》ち彼《かしこ》に生ず。万物《ばんぶつ》皆な機《き》より出《い》で、皆な機《き》に入《い》る**」〔『列子』天瑞「万物皆出於機、皆入於機」、張湛注「夫れ生死変化は、胡《なん》ぞ測る可けんや。此《ここ》に生るる者は、或いは彼《かしこ》に死し、彼に死する者は、或いは此に生ず」〕。此処《ここ》で死んだ者は、彼処《かしこ》に生れる。往来《おうらい》常ならず、生死《せいし》決して一つでない、色々変化する。「万物は皆な機より出《いで》て、皆な機に入る」。「機」というのは枢機《すうき》と続く。即ち死生に出没する、その働きを、此処では「機」という。我々が心とでも云うか、その者は必ず「機」から出て「機」に這《は》入《い》る。

決して一定に固着して、一つ形、一つ所にある訳のものではない。「万物は皆な機より出て又た機に入る」と云うてある。

以上挙《あ》げ来《きた》った儒説に依って見るに、「**此《こ》れ皆な善悪報応《ぜんあくほうおう》、生死《しょうじ》の説、甚《はなは》だ分明《ふんみょう》なり**」で、仏教で言う所の「善悪報応、生死輪回」の説が、「甚だ分明」ではないか。然るに世の「偏局」なる儒者達が、孔子は決してそういうことを言わぬ、独《ひと》り仏教がそれを言うて居るとこう言うが、それが甚だ分らぬ。

「**且《か》つ物理《ぶつり》を以て之を観れば**」、誠に明らかなる道理で、「**凡《およ》そ形《かたち》を天地《てんち》間に寓《ぐう》する者は、善《ぜん》を作《な》し悪《あく》を作す、随《したが》って作し随《したが》って応ず**」。大抵人間《にんげん》の仕業《しわざ》というものは、善を作すか、然らざれば悪を作すか、大ザッパに分けて見れば、善と悪とになる。善を作す者は善の種《たね》を蒔《ま》くことに依って善の報《むく》いを得、悪の種を蒔く者は悪の結果を得る。頗《すこぶ》る明白なりで、「随って作せば随って応ずる」。「**是れ当然《とうぜん》の至数《しすう》、不易《ふえき》の妙理《みょうり》なり**」。少なくとも常識に考えても、誰も合点《がてん》の出来ることで、誠に然る可き「至数」、こうなければならぬ「不易」の道理である。

講説は先《ま》ずこれに止めておいて、先師が別にこれに就いて起稿されたものがあります。言葉は誠に質朴な言葉で書いてありますが、実に至極《しごく》な説であるから、それを紹介します。生中《なまなか》な言葉を添えると却《かえ》って持って廻ったことになりますから、今はただこれを一読しておきます〔洪川手稿『禅海一瀾考』下之上。原文は漢字・片仮名まじりの文語文で、加筆の迹が甚しく入り乱れている。ここの引用は、文脈を整えつつ意訳と解説をまじえた口語調にくだかれている」。

此の「性近《せいちかし》」の則を前則と打合《うちあわ》せて見れば能《よ》く分る。聖人《せいじん》と凡人《ぼんじん》と仏《ほとけ》と衆生《しゅじょう》と「性《せい》相い近《ちか》し」と云うは、前則に所謂る「形色《けいしょく》は天性《てんせい》」なりとある、即ち是れじゃ。例えば眼《め》に邪色《じゃしょく》を見《み》まじきが仏性《ぶっしょう》、天性の持前《もちまえ》であるのに、兎《と》角《かく》形の欲に引き廻わされて、それで格別済まぬ事とも思わず、歌舞伎《かぶき》、芝居《しばい》、小謡《こうた》、浄瑠璃《じょうるり》の如き淫声邪色《いんせいじゃしょく》に耽《ふけ》り見て、恥とも思わず、悪《あ》しき慣習の恐るべきを、何とも思わざるより、毫釐《ごうり》ついに千里の誤りとなって、聖言《せいげん》を蔑《ないがし》ろにし、惰弱《だじゃく》の気風に移り、人間の皮を着ていても、仏から見れば月《つき》と鼈《すっぽん》と程の違いが出来て来る。是れを譬えば天性は檀那《だんな》どの、人心は下人《げにん》じゃ。旦那どのを横座に据えて、下人が上座《かみざ》に直り、権を振って旦那を使い廻わすようなものじゃ。眼で見たいものを此方《こちら》の眼で此方が見るのじゃと、吾儘勝手《わがままかって》をやれば、聖賢《せいけん》の訓《おし》えや誡《いまし》めは入らぬ。悪しき習《なら》わせが、コベリ付いて道を践《ふ》み外《はず》すと云うは此の事じゃ。釈迦《しゃか》弥《み》陀《だ》、聖人君子《せいじんくんし》にも劣らぬ結構な天性を持っていながら、形の欲に引き廻わされて、光を昧《くらま》されて、邪見邪念《じゃけんじゃねん》を生じ、つまり悪処に堕落するもの、世間滔々皆是《とうとうみなこ》れなり、恐るべきことじゃ。

然るに世の僻学《へきがく》の者、我が仏教に因果《いんが》報応《ほうおう》・生死輪回《しょうじりんね》の理を説くを誹駁《ひばく》して、聖賢《せいけん》の言わざる所と云う。なんたる不見識千万の事であろう。孔子既に『易経《えききょう》』に於て論じられたれども、因果応報・生死輪回等の文字は用いられてない、併《しか》し其の理趣を以て知るべきである。

大凡《おおよそ》天下の事、冥《めい》と顕《けん》との中に必ず感応《かんのう》の理《り》あり。之を唯だ明《めい》と顕《けん》との処に於て説くは、『易《えき》』の繋辞《けいじ》伝《でん》の屈伸《くっしん》の理なり。幽《ゆう》と明《めい》とに感応を論ずるは、仏教の十二因縁《じゅうにいんねん》なり。所謂る屈伸とは仏説の業報《ごっぽう》なり、業は報を招き、報は業に酬ゆ、屈を以て伸を感じ、伸を以て屈に応ず、其の理一なり。舜《しゅん》、歴山に耕し、河浜《かひん》に陶《とう》し、雷沢《らいたく》に漁《りょう》す、これ屈なり。終《つい》に南面して天下を治め、富《とみ》四海を有《たも》つ、是れ伸なり。屈已《すで》に伸を感格すれば、伸亦た屈を感格すること必せり。秦《しん》の始皇《しこう》、隋《ずい》の煬帝《ようだい》の迹、見る可し。是れを過去・現在・未来の三世《さんぜ》に於て理会《りえ》すべし。昨日の事業の勤惰《きんだ》に由って、今日の身体の安危《あんき》を感格す。今日の安逸《あんいつ》は昨日の勤修《きんしゅう》に応じ、今日の危厄《きやく》は、昨日の惰遊《だゆう》の報いなり。又た今日の所《しょ》業《ぎょう》の善悪《ぜんあく》は、明日の禍福《かふく》を招く。此の感応の理を広くするときは、三月三年三世、皆な同一致にして、天下万世《てんかばんせい》に亘《わた》って違《たが》わざるものなり。然《しか》るに『易』の屈伸は、只だ明処に於て論ず。故に屈伸相い感じて利《り》生ず、精義《せいぎ》神に入って以て用《ゆう》を致す、用を利し身を安んじて以て徳を崇《たこ》うす。唯だ明、只だ一世に之を論ずるときは、義理《ぎり》密合せず、感応齟齬《そご》することあり。是れ儒の儒たる所以《ゆえん》なり。この理を尽《つく》すものは、仏教の十二縁起《じゅうにえんぎ》なり。若《も》し只だ現在一世にして、過去・未来を論ぜず、三世報応を説かざるときは、快通せざる者多し。故に唐《とう》の李師政《りしせい》が『通明論《つうめいろん》』に、六難を以て詰難《きつなん》す、其の理確然《かくぜん》たり。

一には勧懲《かんちょう》不足の難。謂く褒賞《ほうしょう》と名誉《めいよ》とは善行《ぜんこう》の利なり、恥辱《ちじょく》と刑罰《けいばつ》とは兇悪《きょうあく》の害なり。此の利と害とを以て、善を勧《すす》め、悪を懲《こら》すべし。然るに賞を避けて名を晦《くら》ますの善士あり、此の人何を以て利とする。又た幸《さいわい》にして刑を免れ、恥を知らざるの悪夫あり、此の者には何を以て害とする。人《ひと》之を見て善に利なく、悪に害なしとせん。然らば善は利を以て勧むるに足らず、悪は害を以て懲《こ》らすに足らず、若し来報《らいほう》の禍福安危を以て其の利害とせずんば、勧懲を成すべからず。

二には禍福濫及《らんきゅう》の難。謂く天は善に与《くみ》す。故に善を作すときは、幸するに五福を以てす。又た天は悪を忌《い》む。故に不善を行ずれば、之を罰するに六極を以てすという。然るに伯《はく》牛《ぎゅう》徳行にして悪疾《あくしつ》の禍《わざわい》に罹《かか》る。天、善を忌むに似たり、何ぞ五福を与えざるや。盗跖《とうせき》兇暴にして富寿《ふうじゅ》の福を得《う》。天、悪に与《くみ》するか、何ぞ六極を以て禍せざるや。是《ここ》に於てか知る可し、三世業感《さんぜごうかん》の理に見ずんば、天の五福六極も忽《たちま》ち濫及を成さんと。

三には慶殃齟齬《けいおうそご》の難。謂く積善《せきぜん》慶あり、積不善《せきふぜん》殃あり。然るに蕨《わらび》を食して餓死する賢人に、何の慶かある。人肝《じんかん》を膾《なます》にして寿考《じゅこう》なる逆賊に、何の殃かある。若《も》し之を一世にして論ぜば、善は身と倶《とも》に朽ち、悪は形に随いて滅す。此れを来果不可滅《らいかふかめつ》の業報《ごっぽう》に見ずんば、慶殃何《いず》れの処にか在る、其の理大いに齟齬す。

四には感格処失《かんかくしょしつ》の難。謂く今の慶殃は祖先の善不善に由って、自《みずから》の過因《かいん》より招くに非ず。又た自己の善不善は、子孫の禍福を感じて、自の来報なしと云わば、伯宗羊肸《はくそうようへい》が嗣、晋《しん》朝《ちょう》に絶滅し、慶父叔牙《けいふしゅくが》が后《のち》、魯国《ろこく》に繁昌するは如何《いか》ん。之を自業自得果《じごうじとくか》に見ずんば、感格の処置大いに失《しっ》す。

五には上天有謬《じょうてんうびゅう》の難。謂く人君《じんくん》の政治、よく善悪を明断して、濫賞淫刑《らんしょういんけい》なし。人君の明《めい》鑑《かん》已に此《かく》の如し。然るに兇悪にして富寿なる者あり、謙善《けんぜん》にして貧夭《ひんよう》なる者あり、天何《なん》ぞ貪戻姦猾《どんれいかんかつ》の者をして、生涯安富《あんぷ》ならしめ、孝仁忠誠《こうじんちゅうせい》の者をして、終身危厄《きやく》ならしむるや。是れ過業《かごう》の報応《ほうおう》するに非ずんば、上天の明は王者の政《まつりごと》に及ばざるの失あって、賞《しょう》罰《ばつ》大いに謬《あやま》る。

六に褒貶虚妄《ほうへんこもう》の難。謂く若し禍福は前業の招く所にあらず、善悪は後来の報なしと云わば、百王《ひゃくおう》善を賞して悪を刑し、六経《りくけい》徳を褒め過を貶するは、不益を勧めて無損を誡《いまし》むとせんや。若し然らば、何《なん》ぞ仲尼《ちゅうじ》の弘教《こうきょう》を貴《とうと》んで、始皇《しこう》の燔書《ばんしょ》を咎《とが》めん。善悪の感格する所、禍福の応酬する所、唯だ一生に限りて、三世に通ぜずと云わば、上の六難を如何《いかん》せん。是の故に冥顕を三世に見、業報を十二縁起に明らめて、方《まさ》に游魂為変《ゆうこんいへん》も、谷神不死《こくしんふし》も、五福六極も詳《つまび》らかなることを得ん。

要するに言葉には現われて居らぬが『易』であるとか『書経』であるとか『荘子』〈『列

子』」であるとかいうものに述べてある意味は、仏教にある三世因果の説と違いはない。儒者の方では、それを一所《いっしょ》に捌《さば》こうとするから一寸《ちょっと》分りにくいが、仏教は三世に渉って言うから、そこが明らかである。この則は因果論が挟《はさ》まって居るゆえザッと講じて仕舞っては能く分らぬから、後は次回にお話し致しましょう。

第五十三講　性　近（第二十五則下）

唐《とう》の虞《ぐ》世南《せいなん》、因果《いんが》を論じて曰《いわ》く、「修《しゅ》する所を以て因《いん》と為《な》し、報《ほう》ずる所を果《か》と為す。修する所に一欠《いっけつ》有れば、果も亦《ま》た随って減ず。是《ここ》を以て鬷明《そうめい》は貌《かたち》に醜《みにく》くして心《こころ》に慧《え》あり。趙一《ちょういつ》は才に高く位に下《ひく》し。羅裒《らほう》は福《ふく》にして義《ぎ》無し。原憲《げんけん》は貧《ひん》にして道《みち》有り。其《そ》の同じからざるや、斯《かく》の如く懸絶《けんぜつ》す。興喪得失《こうそうとくしつ》、咸《み》な必ず之《これ》に由《よ》る。下士《かし》庸夫《ようふ》は比干《ひかん》の心を剖《さ》くを見て、以て忠直《ちゅうちょく》必ず為《な》さずと為す。偃王《えんおう》の国を亡ぼすを聞きて、以て仁義《じんぎ》は法に足らずと為す。若《も》し然《しか》らば、盗跖《とうせき》は枕を東陵《とうりょう》に高《たこ》うし、荘蹻《そうきょう》は車を西蜀《せいしょく》に懸《か》け、老いて其の命を終る、良《まこと》に貴ぶに足らんや」。「若《も》し夫《そ》れ彭生《ほうせい》は豕《とん》と為り、如意《じょい》は犬《いぬ》と為り、黄母《こうぼ》は黿《げん》と為り、宣武《せんぶ》は鱉《べつ》と為り、鄧艾《とうがい》は牛と為り、徐伯《じょはく》は魚と為り、羊祜《ようゆう》の前身は李《り》氏の子なり。豈《あ》に休咎報応《きゅうくほうおう》の徴《ちょう》に非ずや、」云々。又《ま》た宋《そう》の時、湖州《こしゅう》の粋《すい》禅師、一日、数宰《さい》官《かん》に陪して道場山《どうじょうざん》に陟《わた》る。宰官、壁間に画《えが》く所の三界輪回《さんがいりんね》の図《ず》を見て、粋に問う、「此《こ》れ何の義ぞや」と。粋曰く、「独《ひと》り仏経《ぶっきょう》之を言うにあらず、孔子《こうし》之を言う亦た已《すで》に詳《つまび》らかなり」。曰く、「何の謂《いい》ぞや」。粋曰く、「孔子云《いわ》く、性《せい》相い近《ちか》し、習《なら》い相い遠《とお》しと」。宰官各《おのおの》の合爪《ごうそう》首肯して休《や》む。或る人山野《さんや》に問う、「地獄《じごく》・天堂《てんどう》、有《う》か無《む》か」と。山野曰く、「人に君子《くんし》・小人《しょうじん》有りや」と。曰く、「有り」。曰く、「然らば則《すなわ》ち地獄・天堂決定《けつじょう》して之《こ》れ有り」と。其の人黙《もく》して止《や》む。今、此の正文の如く、君子・小人、泮然《はんぜん》として分る。地獄・天堂、歴然《れきぜん》として亦た其《そ》の中《なか》に在り。諸仁者《しょじんしゃ》、須《すべか》らく聖語《せいご》の幽遠《ゆうえん》なるを反覆《はんぷく》玩味《がんみ》すべし。

唐虞世南論因果曰。以所修為因。所報為果。所修有一欠。果亦随減。是以鬷明醜於貌。慧於心。趙一高於才。下於位。羅褒福而無義。愿憲貧而有道。其不同也如斯懸絶。興喪得失咸必由之。下士庸夫見比干之剖心。以為忠直不必為也。聞偃王之亡国。以為仁義不足法也。若然。盗跖高枕於東陵。荘蹻懸車於西蜀。老終其命。良足貴乎。若夫彭生為豕。如意為犬。黄母為黿。宣武為鱉。鄧艾為牛。徐伯為魚。羊祜前身李氏子。豈非休咎報応之徴耶。云云。又宋時。湖州粋禅師。一日陪数宰官。陟道場山。宰官見壁間所画三界輪回図。問粋。此何義也。粋曰。不独仏経言之。孔子言之亦已詳矣。曰。何謂也。粋曰。孔子云。性相近也。習相遠也。宰官各合爪首肯休。或問山野。地獄天堂有歟無歟。山野曰。人有君子小人耶。

曰。有。曰。然則地獄天堂決定有之。其人黙而止。今如此正文。君子小人泮然而分。地獄天堂歴然亦在其中也。諸仁者須反覆玩味聖語之幽遠焉。

〔講話〕　儒者《じゅしゃ》の方の言葉で言わば、「性《せい》相い近《ちか》し、習《なら》い相い遠《とお》し」ともいう。仏教でいうならば、取りも直さずこれが「因果報応《いんがほうおう》」の理を言うたものであるということを前講に言うて置いた。その憑拠《ひょうきょ》として、ここに虞世南《ぐせいなん》の議論を引き出したのである。唐《とう》の虞世南というは、これは有名な人でありまして、字《あざな》は伯施《はくし》という。唐の太宗《たいそう》の時の弘文館《こうぶんかん》の学士であって、それから銀青光禄大夫《ぎんせいこうろくたいふ》となって、後ちに致仕《ちし》いたしました。而《しか》して後ちに文懿《ぶんい》と謚《おくりな》せられた人である。貞観《じょうがん》八年には千人斎《せんにんさい》を設けたなどとその伝にあります、詳しき事は伝記に就いて見るがよい〔手沢本書入／『旧唐書』72、『新唐書』102〕。

「唐《とう》の虞世南《ぐせいなん》、因果《いんが》を論じて曰《いわ》く」、その虞世南が「因果報応」のことを論じていうように、**「修《しゅ》する所を以て因《いん》と為《な》し、報《ほう》ずる所を果《か》と為す**」。これは本文の通り寔《まこと》に明らかである。詰《つま》り仏教の言葉で言うと、過去の因を知らんと欲せば須《すべか》らく現在の果を観ずべしといい、未来の果を知らむと欲せば須らく現在の因を観ずべしということである。丁度《ちょうど》これと同じ有り様で、「修する所を因と為す」。仏教で謂《い》う原因・結果というものは、神《かみ》や仏《ほとけ》が作ったのではない。天から降《ふ》ったのでも、地から湧《わ》いたのでもない。自己自身が嘗《かつ》て修し習うたる所、それが即ち原因で、その原因に依ってその報酬《ほうしゅう》、即ちその結果を受け取ったものを果と為す。この自業自得《じごうじとく》ということは、今は通俗の言葉の如くにしております。自ら作《な》して自ら受《う》く、決して外から得る訳のものではない。

そういう訳であるから、「**修する所に一欠《いっけつ》有れば、果も亦《ま》た随って減ず**」。自分の修める所、即ち原因たる所の自分の行いに於て欠《か》け目《め》があると、取りも直さず結果もまた減ずる。この因果の理は丁度茄子《なす》の種子《たね》を植えて茄子を得る。瓜《うり》の種子を植えて瓜を得る。その通り誠に単簡で、且《か》つ明瞭である。

「**是《ここ》を以て鬷明《そうめい》は貌《かたち》に醜《みにく》くして心《こころ》に慧《え》あり**」。鬷明という人の伝も詳しいことは矢張《やは》り伝記に譲ります。『左伝《さでん》』などにも出て居る所の人である〔昭公28等〕。その生れた所を言うと、鬷明は鄭《てい》という国の人、名は蔑《べつ》といい、字は然明《ぜんめい》という。或いはそれを通じて鬷明という場合もあった。優れた所を一寸《ちょっと》ここに挙げて見ると、始め子産《しさん》に知られ、子産政《まつりごと》を問うとある。この子産は当時有名な政事家でありしこと、各《おのお》の方も御存知の通りである。その子産が言うた言葉に我れ他日、蔑の面《おもて》を見るのみ、今はその心を見る。今までは鬷明の容《かたち》だけを見て居ったが、今この通り政事を問うに及んで、始めてその人の心を見ると、こういうことを言うて大層感服して居る〔手沢本首書／『左伝』襄公25〕。それを以て推して見ても、この人の優れたことが分る。所がその鬷明なる者は、貌《かたち》に於ては大変醜《みにく》い所の人であった。貌というものも大切なものでありますが、しかし人は貌を以て彼是《かれこれ》と評価することは出来ない。貌は頗《すこぶ》る醜くても、心の立派な者が沢山《たくさん》あると。今ここには一例を示したのである。

「**趙一《ちょういつ》は才に高く位に下《ひく》し**」という。これ〔趙壱〕は後漢《ごかん》の霊帝《れいてい》時分の人でありまして、字《あざな》は元叔《げんしゅく》といい、漢陽《かんよう》の産であった。しかしこの人は余り高位に到らなかった。初めに或る易者《えきしゃ》があってこの人を相《そう》して言うように、「仕えて郡吏《ぐんり》に過ぎず」、大方この人は仕官をしても郡長位しかなるまいと言うたことがあったそうだ〔手沢本書入／『後漢書』80下〕。趙一の如きは高才を備えて居ったけれども、その位は僅《わず》かに郡吏で終った人である。これも矢張り自分の修する所を以て、その果を受け取った。

また「**羅褒《らほう》は福《ふく》にして義《ぎ》無し**」で、これ〔羅裒〕は蜀《しょく》の国の人であった。蜀には塩井《えんせい》多しということである。その塩《しお》の井《いど》を旨《うま》く当て、一代の富《とみ》を得た所の人。それで羅褒は最も福者であったけれども、その為す所は甚《はなは》だ義のない所の人であった〔手沢本書入／『漢書』91〕。

「**愿憲《げんけん》は貧《ひん》にして道《みち》有り**」。愿憲という人、これも有名な人で『蒙求《もうぎゅう》』という小冊子にすら出て居る所の人である〔『蒙求』404「愿憲桑枢」〕。この愿憲という者は、誠に貧であったが、しかし有道の人であった。孔子《こうし》様の御弟子《おでし》の名高い子貢《しこう》という人が衛《えい》という国の宰相《さいしょう》になって居った。その時分に駟馬《しば》に乗って窮閭《きゅうろ》に入るというて、駟馬でありますから、四頭立ての馬者位に乗って、意気揚々と力んで貧民窟を歩いた。その時分は愿憲は破れ着物を着て、子貢の役人然としてやって来るのを見て居った。その時分に子貢は愿憲の余り見すぼらしい風をして居るのを見て、その形を見て人を揣《はか》った。「あなたは何処《どこ》か病気でもして居るのでないか」というたらば、愿憲が言うように「吾《わ》れ之を聞く、一財《いちざい》無き者之を貧という。道を学んで行うこと能《あた》わざる之を病《や》むという」と。なかなか立派な言葉だ。苟《いやし》くも孔子の弟子とも言わるべき所の人が、道を学んでそれを実行しない、それを病むという。「憲が若《ごと》きは貧なり、然れども病めるに非ざるなり」と、こう言うた。その一言を聴いて子貢が大変恥《は》じて、生涯とうとう愿憲に出会《でお》うても、その人の面《つら》を能《よ》く見なかったということが伝わって居る〔手沢本書入／『史記』67仲尼弟子列伝〕。

「**其《そ》の同じからざるや、斯《かく》の如く懸絶《けんぜつ》す**」。貌は醜くても心は優れて居り、心は劣って居っても大変身体には幸を得た。一言にいうならば、精神的の福の者もあり、肉体的の福の者もあり、肉体的の貧賤な者もあり、精神的の貧賤の者もあるというのは、皆な外《ほか》ではない、今謂う通り、修する所を以て因と為して、そうして報ゆる所を果と為すに過ぎない。「**興喪得失《こうそうとくしつ》、咸《み》な必ず之《これ》に由《よ》る**」。則ち興るといい、喪びるといい、または一時の勢いを得るといい、失うといい、或いは苦といい、楽という、推し拡げれば限《き》りがないが、皆なこの通り「因果応報」である。

然るにも拘《かか》わらず「**下士庸夫《かしようふ》は比干《ひかん》の心を剖《さ》くを見て、以て忠直《ちゅうちょく》必ず為《な》さずと為す**」という。この「比干」のことは『史記《しき》』を読んだ御方《おかた》は能く御存じでありましょうが、念の為《ため》にその『史記』に書いてある所を一言挙げると、こういう工合に書いてある〔38宋微子世家〕。「王子比干《おうじひかん》」、これは殷《いん》の紂王《ちゅうおう》時代で、殷の紂王というは悪逆無道《あくぎゃくむどう》の人として名高い一人で、その王子比干、屢《しばし》ば諫《いさ》めて聴かれず、微子《びし》もまた諫めて聴かれず、箕子《きし》は祥《しょう》狂《きょう》するという。比干即ち嘆じて曰く、「人臣《じんしん》たる人は死を以て争わざるを得ず」。凡《およ》そ人の臣下たる者は自分の君主が不義を行うときは、死を以て争わなければならぬ。死を恐れて言わざるは勇に非ざるなり、諫めて用いられざるときは死すと、乃《すわな》ち進んで諫めて去らざること三日。紂問うて曰く、「何を以て自ら持するか」。比干曰く、「善を修し、仁を行い、義を以て自ら持す」。紂怒《いか》って曰く、「我れ聞く聖人《せいじん》の心《こころ》に七竅《しちげき》あり、信ありや」と言って、終《つい》に比干を殺してその心を剖《さ》いて見るということが、歴史に名高い話の一つになって居る。殷の紂王がこういう無道なことをしたが、また比干の如き賢人ともいわれる人でありながらまた殺されたではないか、然らば忠直はするには及ばないと、こう人が取り違えて居る。

また「**偃王《えんおう》の国を亡ぼすを聞きて、以て仁義《じんぎ》は法に足らずと為す**」、偃王の如く仁義を行うても国が亡びる位なら仁義などをするには及ばないとこういう浅墓《あさはか》なことを人は言う。この偃王というは『水経注《すいけいちゅう》』に「偃王、国を治む、仁義著《いちじる》しく聞《きこ》ゆ、自ら徐偃王《じょえんおう》と称す。周王《しゅうおう》、楚《そ》をして之を伐《う》たしむ。偃王、民を愛して闘わず、遂に楚に敗らる云々」〔手沢本書入／8済水「又東南過徐県北」〕。韓愈《かんゆ》が「衢州徐偃王廟碑《くしゅうじょえんおうびょうひ》」に曰く、「以国易仁《いこくえきじん》」と〔手沢本書入／『韓昌黎文集』6〕。タッタ四字でありましたが、なかなか善い言葉であります。偃王という人は、国を以て仁に易《か》えた。世界人道の立場から見ると、中々立派なものである。今では絶対の平和論者は無くなったようであるが、トルストイなどはその主義である。実に戦《いく》さなどをするのは人道の大敵であるという論者は欧米にも今沢山ありますが、しかしその議論を今ここでする必要はありませぬが、偃王が自分の国を亡《なく》したから仁義というものはするに及ばないと、今の世の中はそういうことを言う人が多いであろう。もしそういう形を以て道を論ずるということになるならば、段々辻褄《つじつま》の合わぬことが沢山出来よう。

「若《も》し然《しか》らば、盗跖《とうせき》は枕を東陵《とうりょう》に高《たこ》うし」、盗跖という者は、これは大盗人《おおぬすっと》のいつでも引合いに出る所の人。『史記』〔61〕の伯夷《はくい》の伝に書いてある。盗跖〔盗蹠〕は日々に無辜《むこ》を殺し、人の肉を曝《さら》す。誠に残忍暴戾《ざんにんぼうれい》なことをした。そうして自分の味方を集むること数千人で天下に横行し、寿を以て終《おわ》る〔手沢本書入〕。そういう悪逆を行うた男が、豈《あ》に計《はか》らんや大変長生きをした。幾《いく》つとも書いてないが、八十か九十まで生きて、天寿《てんじゅ》を終えて死んだということがある。支那には今も馬賊《ばぞく》というものが北支那の方に居る。昔からそういうものが段々あったと見える。盗跖の如きも今の世で謂う馬賊の大なるようなものであったろう。盗跖のような悪いことをした輩《やから》でも、枕を東陵という所に高うして天寿を終えて亡くなった。

「荘蹻《そうきょう》は車を西蜀《せいしょく》に懸《か》け、老いて其の命を終る、良《まこと》に貴ぶに足らんや」。荘蹻という人は楚《そ》の国の威王《いおう》の将軍であって、そうして蜀の国を掠《りゃく》して滇《てん》という所で自ら王と称して居った。韓非子《かんぴし》がこの人に就いて言うて居る言葉には、楚の荘王《そうおう》、越《えつ》の国を討たんと欲す。その時分に杜子《とし》という人が諫めて曰く、「荘蹻、盗を境内に為す。此れ政《まつりごと》の乱なり」云々と

〔手沢本書入／『韓非子』喩老〕。この一言を以て見ても、荘蹻という人の人《ひと》と為《な》りは分って居る。しかしそういう盗を為す位の人間であったけれども、「西蜀に車を懸けて」、何不足《なにふそく》なくして老を養い、且《か》つ天命を終えて亡くなったというだけ。長命をしても悪人は何処までも悪人、どれだけ富貴《ふうき》を極めたというても盗人《ぬすっと》の輩《やから》は盗人である。斯様《かよう》な訳で、その迹形《あとかた》ばかりを以て因果を論ずるならば、良《まこと》に貴ぶに足らないのである〔以上『仏法金湯編』8虞世南章〕。

このあとは略して、極《ご》く名高いことだけ言うて置きましょう。「若《も》し夫《そ》れ彭生《ほうせい》は豕《とん》と為」るというのは『左伝』に出て居る。桓公《かんこう》十八年に、〔魯の〕桓公、斉《せい》の君と相い会《かい》する為に、文姜《ぶんきょう》と共に濼《ろく》という所に行く。文姜というのはその夫人で、えらい美人であったという。所が不届千万《ふとどきせんばん》にも、斉侯《せいこう》が、魯《ろ》の国の桓公の夫人と密《ひそ》かに相い通《つう》じた。それを知って桓公が夫人を大変責《せ》めた所が、終《つい》に夫人が白状した。夏四月丙子《へいし》、斉《せい》の君が桓公を享《きょう》して、その帰りに臨んで彭生《ほうせい》という人を陪乗《ばいじょう》せしむる体にて、共に馬車に乗せしめた処が、桓公は俄《にわ》かに車中に薨《こう》せられた。蓋《けだ》し彭生の為に殺されたのである。そこで魯《ろ》人《ひと》、斉王に告げて曰く、「寡君《かくん》、君の威を畏《おそ》れて敢て寧居《ねいきょ》せず、来って旧交《きゅうこう》を修めしに、礼《れい》成って反《かえ》らず、咎《とが》を帰する所なし、諸侯に悪《あし》し。請《こ》う彭生を以て之を除かん」と。斉人《せいひと》、彭生を殺す、とある。後ち荘公《そうこう》の八年冬十二月に斉侯が枯棼《こふん》に遊び、貝丘《ばいきゅう》と云う所に狩をして、ふと大豕《だいとん》を見たが、その従者は彭生が現われましたというた。侯怒《いか》って曰く、「彭生敢《あえ》て見んや」

というて、これを射殺《いころ》した。その時、豕が人のごとく立って啼《な》く。それを見て、侯、車より隊《お》ちて傷を被るということが『左伝』に書いてある〔手沢本書入「考ニ出ス」／洪川手稿『禅海一瀾考』下之下〕。是等《これら》も一つの例で人間が豕《ぶた》になるというような、馬鹿なことはないというけれども、そうは往かない。儒書にすらこういうことが書いてある。

「**如意《じょい》は犬《いぬ》と為**」る、これは趙如意《ちょうじょい》という人でありますが、ちょっと伝に書いてある一節を言うて置きましょう。漢《かん》の高祖《こうそ》の皇后《こうごう》、後には呂太后《りょたいこう》と言う。高祖があの通り天下を取らぬ先からの夫人であって、孝恵帝《こうけいてい》を生む。その人が後《あと》を継《つ》がれるのであるが、高祖が漢王たるに及んで、戚《せき》夫人を愛す。謂わば嬖妾《へいしょう》〔お気にいりの側室〕たる戚夫人の美なるを愛して居った。そうして趙如意を生んだのである。所が女性というものは姦《かまびす》しいもので、日夜自分が寵《ちょう》せられて居る為に、色々の手くだで以ては泣《な》いたり媚《こ》びたりして、自分の生んだ子を太子《たいし》にして貰いたいと訴えた。こういうことは御家騒動《おいえそうどう》などに沢山あることです。その時分に呂皇后は大分御婆《おばあ》さんになり掛けて居ったので、始終《しじゅう》宮中に留守居して居って、滅多《めった》に高祖に出会うことはなかった。その中に戚夫人の生んだ如意という人が、趙の王に封ぜられた。実は孝恵帝が太子であるに拘《かか》わらず、自分の寵して居る夫人の願いに依って、太子に代らしめんとする傾きが、屢《しばし》ばあった。大臣これを争い、及び留侯《りゅうこう》の策に依って、辛《かろ》うじて太子は廃せらるることを免れた。蓋《けだ》し呂后、人となり剛毅《ごうき》、高祖を助けて天下を定めたのである。高祖、十二年四月に崩《ほう》じて孝恵帝となる。后、後《のち》、戚夫人及び趙如意を怨み、即ち掖門《えきもん》内に戚夫人を囚《とら》え、趙王を召す。夫人歌うて曰く、「子は王たり、母は虜《りょ》たり、数千里を去る、誰《たれ》か汝に告げしむべき」と。后、これを聞いて趙王を召してこれを誅《ちゅう》せんと欲す。使者三度《みたび》帰る。孝恵帝、仁慈《じんじ》にして、太皇の怒りを知り、自ら趙王を覇上《はじょう》に迎えて与《とも》に宮に入り、起居飲食《ききょいんしょく》す。后これを殺さんと欲す、帝、晨《しん》に出《いで》て射す。趙王少《わこ》うして蚤《はや》く起きる能《あた》わず、后その独り居ることを聞いて、人をして鴆《ちん》〔毒薬〕を持してこれを飲ましむ。帝帰る、趙王已《すで》に死す。后、遂に戚夫人の手足を断って、眼を去り、耳を焼き、瘖《いん》薬《やく》〔口をきけなくする薬〕を飲ましめ、厠中《そくちゅう》に居らしめ、人彘《じんてい》〔ひとぶた〕と曰う。如何《いか》にも残忍である。七年、帝崩ず〔年二十三〕。八年三月、呂太后祓《ふっ》して帰る。軹《し》道〔県名〕を過ぐ、物の蒼犬《そうけん》の如きあり、太后の掖《えき》〔わきのした〕に拠るを見る、忽《たちま》ち復た見えず。これを卜《ぼく》する者曰く、「趙王如意、祟《たた》りを為す」と。后、遂に掖の傷を病んで崩ず。こういう工合に歴史には書いてある〔洪川手稿『禅海一瀾考』下之下／『史記』9呂太后本紀〕。一々言うて居ると大層《たいそう》長引くからこの位にして置きましょう。

それから「**黄母**《こうぼ》」というものは「**黿**《げん》」になった。「黿」というのは亀に似たようなもので、「鱉《べつ》」よりも大きい。それから「**宣武**《せんぶ》」という人は「**鱉**《べつ》」となった。「鱉」は「鼈《べつ》」に同じくて「すっぽん」なり。亀の一種である。「**鄧艾**《とうがい》」という者は「**牛**」となった。「**徐《じょ》伯《はく》**」という者は「**魚**」となった。皆なこれは一々出拠のあることである。「**羊祜《ようゆう》の前身は李《り》氏の子**」であった。こういうことを挙ぐれば、数限《かずかぎ》りもないが、「**豈《あ》に休咎報応《きゅうくほうおう》の徴《ちょう》に**

非ずや」。「休咎」というは善悪と同じこと、「善悪応報」の徴《しる》しである云々〔以上『仏法金湯編』6李士謙章〕。是等《これら》の因縁は古《いにしえ》より多くあるのであるから、仏教の説くことを待つには及ばない。儒教の中に已に「因果応報」の道理がある。

また実例も沢山ある。「**宋《そう》の時、湖州《こしゅう》の粋《すい》禅師、一日、数宰官《さいかん》に陪して道場山《どうじょうざん》に陟《わた》る。宰官、壁間に画《えが》く所の三界輪回《さんがいりんね》の図《ず》を見**」る。昔は田舎寺《いなかでら》にでも行くと地獄極楽《じごくごくらく》の図が本堂の隅《すみ》に掛けてあったもので、それと同じことです。道場山の本堂の壁間に、地獄極楽の図が掛けてあった。それを見て役人連が粋禅師に尋ねた。「**粋に問う、此《こ》れ何の義ぞや**」。仏教ではこういうことを言って愚民を威《おど》したり何《なん》かするが、全体これは義理があることかというたらば、粋禅師が、お前さん達こういうものを見ると、仏教はこれで困るなどと、早合点《はやがてん》するが、「**独《ひと》り仏経《ぶっきょう》之を言うにあらず、孔子《こうし》之を言う亦た已《すで》に詳《つまび》らかなり。曰く、何の謂《いい》ぞや。粋曰く**」、孔子が説に言うて居るではないか、即ち「**孔子云《いわ》く、性《せい》相い近《ちか》し、習《なら》い相い遠《とお》しと**」、これじゃ。世間《せけん》の言葉では習慣と云い、仏教では業習《ごっしゅう》と云うので、即ち身口意《しんくい》の三業《さんごう》の習慣というものが、善となり、悪となり、それから段々追分道《おいわけみち》が分れて次第次第に相い遠《とおざ》かって来る。それから地獄もここに現われて来る、極楽もこれよりして現われて来るのである。こういう適切なことを示したものであるから、「**宰官各《おのお》の合爪首《ごうそう》肯して休《や》む**」。その時、役人連が「合爪」〔合掌〕して成程《なるほど》それに違いないというて皆な感服した〔『叢林公論』湖州何山粋禅師〕。

「或る人」が嘗て**「山野《さんや》**（洪川）**に問う、地獄《じごく》・天堂《てんどう》、有《う》か無《む》かと」**。これは能《よ》く、我々の所にもこういうことを聞きに来る人がある。**「山野曰く」**、先ず地獄・天堂の事は跡廻《あとまわ》しにしてお前に一つ尋ねて見よう。**「人に君子《くんし》・小人《しょうじん》有りや、と。曰く、有り。曰く、然らば則《すなわ》ち地獄・天堂決定《けつじょう》して之《こ》れ有り」**。実に然《そ》うで、監獄《かんごく》のことを先に問うのは間違って居る。世の中に罪人があるかと問うて有ると答えれば、それから監獄が出て来る。監獄を拵《こしら》えて置いて罪人が出来、悪人が出来る訳でない。然らば「地獄・天堂決定して有らん」。簡単にこう答えたらば、**「其の人黙《もく》して止《や》む。今、此の正文の如く、君子・小人、泮然《はんぜん》として分る」**。もし其れが果してあるというならば、**「地獄・天堂、歴然《れきぜん》として亦た其《そ》の中《なか》に在り」**、地獄も必ずある、天堂も必ずある、と答えなければならぬ。**「諸仁者《しょじんしゃ》、須《すべか》らく聖語《せいご》の幽遠《ゆうえん》なるを反覆玩味《はんぷくがんみ》すべし」**。こういう訳であるから、「性相い近し、習い相い遠し」というと言葉は簡単明瞭であるが、之を仏教に比較して詳しく「因果応報」の道理を論ずるというと、殆《ほと》んど儒教と仏教とは符節《ふせつ》を合《がっ》したる如きものである。言葉が変って居るというて決して怪しんではならぬ。

第五十四講　知《ち》風《ふう》（第二十六則）

『中庸《ちゅうよう》』に曰《いわ》く、「遠《とお》きの近《ちか》きを知り、風《かぜ》の自《よ》ることを知り、微《かす》かの顕《あき》らかなることを知り、与《とも》に徳《とく》に入る可《べ》し」。

大凡《おおよ》そ聖学《せいがく》の𨷻《れん》に入る者は、先《ま》ず須《すべか》らく是等《これら》の語を了悟《りょうご》すべし。唐《とう》の劉禹端《りゅううたん》、雨を雲居《うんご》山《さん》に求む、感応《かんのう》有り、遂に雲居道膺《うんごどうよう》に問うて曰く、「雨、何《いず》れより来《きた》る」。膺《よう》曰く、「端《たん》公《こう》の問処《もんしょ》より来る」。端《たん》喜んで之《これ》を謝す。怱卒漢《そうそつかん》、了悟未《いま》だ夢《ゆめ》にも有らざるもの在り。又《ま》た西禅《さいぜん》の平《へい》、官人《かんじん》と坐《ざ》する次《つい》で、禅曰く、「風、何の色を作《な》す」。官無語《むご》。禅却《かえ》って傍《ぼう》僧《そう》に問う。僧、衲衣《のうえ》を起《おこ》して云《いわ》く、「府中《ふちゅう》に在って補《おぎな》う」と。箇《こ》の僧《そう》元来具眼《ぐげん》なり。学者箇《こ》の二問話《もんな》に於て答得諦当《とうとくたいとう》ならば、則《すなわ》ち正文《せいぶん》の三語、諸《こ》れ掌《たなごころ》を視るが如し。若《も》し未《いま》だ然《しか》らずんば、旧《きゅう》に依《よ》って春風《しゅんぷう》は刀《かたな》の如く、春雨《しゅんう》は膏《こう》に似たり、何ぞ入徳《にゅうとく》の分《ぶん》有らんや。

中庸曰。知遠之近。知風之自。知微之顕。可与入徳矣。

大凡入聖学之𨷻者。先須了悟是等語。唐劉禹端求雨於雲居山有感応。遂問雲居道膺曰。雨従何来。膺曰。従端公問処来。端喜而謝之。怱卒漢。了悟未有夢在。又西禅平与官人坐次。

禅曰。風作何色。官無語。禅却問傍僧。僧起衲衣云。在府中補。箇僧元来具眼矣。学者於箇二問話。答得諦当。則正文之三語。如視諸掌也。若未然。依旧春風如刀。春雨似膏。何有入徳之分。

〔講話〕　本則は『中庸《ちゅうよう》』の終りの三十三章目に出て居る所の一節で、初めに『詩経《しきょう》』〔衛風・碩人〕を引いて、こういう言葉がある。「〔詩に曰く〕錦《にしき》を衣《き》て絅《けい》を尚《くわ》うと。その文の著《あらわ》るるを悪《にく》むなり。故に君子の道は、闇然《あんぜん》として而《しか》も日に章《あら》わる、小人の道は的然《てきぜん》として而も日に亡ぶ」、云々とある〔手沢本首書〕。その下へただ今の本文に出て居る三言を加えたのである。文字《もんじ》だけ一通り言って置けば、「錦を衣て絅を尚う」ときは、美しい錦《にしき》を著て居ながら粗布《そふ》のようなもので、その上を掩《おお》うというのである。「其の文の著《あきら》かなるを悪むなり」、余り華やかなのを悪む。「故に君子の道は、闇然として而も日に章わる」。君子の道は闇然として居るが、日に章《あきら》かである。「小人の道は的然として而も日に亡ぶ」。小人の道は表面は明らかなようでも、裡面《りめん》は闇《くら》い。

　この語を察して見るというと、君子というものは、浮華《ふか》の見識なく、本に達して実を知る。故《ゆえ》に外見は恰《あたか》も闇然たるに似て居るが、精々密々《せいせいみつみつ》にその見る所を察する時は、即ち凡《ぼん》常《じょう》の知見に超越すると、こういう工合に先師《せんし》は註解を下して居られる。これだけ前の話が分って居ると、それを受けて来た今回の本文は、容易に明らかになって来る。所が『中庸』を見るというと先《ま》ず今のような解釈が附いて居るのであるが、それを洪川《こうせん》先師は、禅的に解釈した。

「**遠《とお》きの近《ちか》きを知り、風《かぜ》の自《よ》ることを知り、微《かす》かの顕《あき》らかなることを知**」る、ただこれを普通に解すると余りそうむずかしいことはないようであるが、これを禅的に眺めると敢《あえ》てむずかしいということではないが、愈《いよい》よ益《ますま》すその意味の幽遠《ゆうえん》にして妙巧《みょうこう》なる所が味わわれる。『菜根譚《さいこんたん》』か何かの言葉にも、こういうことがあって記憶に残って居りますが、「箇《こ》中《ちゅう》の趣《おもむき》を識得《しきとく》する時は、五湖《ごこ》の煙月《えんげつ》悉《ことごと》く方寸《ほうすん》に入《い》り、眼前《がんぜん》の機《き》を破得《はとく》する時は、天下《てんか》の英雄《えいゆう》悉く掌握《しょうあく》に帰す」というような言葉がある〔後集11〕。こういう言葉はどこに持って行っても応用の出来る言葉でありますが、今こういう事を言うに就いて思い出した。

これもちょっと文字だけ言って見るというと「箇中の趣」と書いてある。「箇中」という文字は禅語などに屢《しばし》ば使うことであるが、「箇中」これを精神《せいしん》とか、心霊《しんれい》とかいうと、何かそこに一種の臭気《しゅうき》があるように思われる。心《こころ》とも魂《たましい》ともそういうことを言わずして「箇中の趣」と云うたのは、頗《すこぶ》る面白い。「五湖の煙月」というと、大変広い範囲である。その広いものもこの中《なか》の趣を知ったならば、この「方寸」を離れない。即ち世界は吾が物じゃ。「眼前の機」というのは、この「機」は心の機微《きび》である、即ち用《はたら》きじゃ。その目前の機がなかなか分らない。機というものは常に吾々の眼の前に到り来ることは屢ばであろうけれども、人間の愚かさで、何物が眼の前にぶら下って来て居っても、それを知らないから、機を逸するのであるが、今は然らずして、眼前の一機を「破得」したならば「天下の英雄も悉く掌握に帰す」。天下古今《てんかここん》英雄の咽喉《いんこう》を吾が掌《て》に握って、殺活自在《せっかつじざい》の働きをすると云うので、ちょっと面白い言葉である。

その外、吾が仏経《ぶっきょう》に就いてこう云う意味の言葉を挙ぐれば、切りもないが、今此所《ここ》に一を思い出して見ると、「無辺《むへん》の刹境《せっきょう》、自他《じた》、毫端《ごうたん》を隔《へだ》てず、十世古今《じっせここん》、終始《しゅうし》、当念《とうねん》を離れず」、真《まこと》に適切なる言葉である〔李通玄『新華厳経論』1〕。箇様《かよう》に外《ほか》の経典や書物にある言句を考え出して、この本文に持って来て併せて考えて見ても余程《よほど》面白い。

「遠きの近きを知り」と言えば、この差別《しゃべつ》界の上に眼を注いで見ると、遠いとか近いとかいう区別が現われて来る。眼の前は近い、山を隔て河を隔たって居るのは遠い、というのが常であるが、しかしそれは眼で見るとか耳で聴くとかいう、この五官の範囲に限られて眺めて見るので、それ故に遠《とお》い近《ちか》い、此処《ここ》である、彼処《かしこ》である、隠《かく》れて居る、現《あら》われて居る、と種々《いろいろ》に別れて来るのである。もしもこの五官を超越して、一見便見《いっけんべんけん》してみると、畢竟《ひっきょう》、今も古《いにしえ》も、遠いも近いも、この当念を離れぬ。「遠きの近きを知る」、洵《まこと》にそうでありまして、これがまあ足を運んで此処から彼処に到ろうとか、地図を眺めて此処から彼処までの距離を測ろうということになると、どうしてもそれは隔たりがあるけれども、もしも所謂《いわゆる》一隻眼《いっせきげん》を開いて眺めて見るというと、最早《もはや》遠い近いはないのである。「当念」、即ち一念、此処に浮かんだその時に、最早《もはや》世界が一人《いちにん》の意識の中に現われて居ると言って差《さ》し支《つか》えない。吾々の心霊が五官の掣肘《せいちゅう》を受けずして豁然直覚《かつぜんちょっかく》したるときの一念頭上《いちねんとうじょう》に於て、十方世界《じっぽうせかい》の差別相《しゃべつそう》は歴々《れきれき》としてここに現われて居ると言って宜《よろ》しい。

現在欧羅巴《ヨーロッパ》に於て聯合軍とか同盟軍とか敵味方に分れて、砲烟弾雨《ほうえんだんう》の中に修羅道《しゅらどう》を現わして居るが、これを回光返照《えこうへんしょう》するとき、矢張《やは》り一念《いちねん》の裡《うち》にそのままガラリと現われて来る。少しでも仏教の精神的修行をした人には明らかに現われて居る。それを心理学の学術的議論で言うと、随分精《くわ》しいことも分りますが、精しいことが分るだけに廻《まわ》り遠《どお》いことがある。心理学という範囲に入らぬでも宜《よろ》しい。即ちこの一念々起《いちねんねんき》する処に、遠きも近きも一目瞭然として現われて居る。これはあなた方が充分工夫《くふう》を下して御覧《ごらん》になれば、そこに現われて来る。勿論《もちろん》この場合には、この眼耳《げんに》を忘れて仕舞わねばならぬ。眼《め》を忘れ、耳《みみ》を忘れ、空蕩々《くうとうとう》、霊豁々《れいかつかつ》、不見《ふけん》の見《けん》というか、不聞《ふもん》の聞《もん》と言うか、聞かずして聞き、見ずして見るとでもいうか、ソコハ言語道断《ごんごどうだん》である。世は透視術と言ったり、千里眼と言うのは、一種この心の働きの一方面である。謂《い》わば五官の掣肘とか束縛というものを脱して仕舞ったならば、誰も千里眼を持って居る筈《はず》である。持って居って、実は忘れて居る。こうなって来ると、遠いと近いとは一つである。であるから、例えば白隠《はくいん》和尚が人に工夫を下さしめる材料に「袖《そで》の中から江戸《えど》八百八町《はっぴゃくやちょう》を眺めて来い」というようなことを言った〔手沢本書入「江戸ノ八百八町ノマチヲ左ノ袂カラ見テ来イ」〕。結構に眺めることが出来る。

「風の自《よ》ることを知る」と、これは古人も種々に解釈して居る人がありましょうが、風は風でも宜《よ》い。気象学でも知って居るものは、今、日本に暴風が起って来たのは揚子江《ようすこう》の辺にある低気圧が起ったからだなどというようなことは今日は分って居るが、アナガチそういう風の学問の上に持って行かんでも宜しい。一寸ソコへ顔を出す、それ凡《ぼん》だ、それ聖《せい》だと、チャンと見透《みとお》シテ仕舞うのである。

「微かの顕らかなることを知る」。「微」はかすかということで、かすかというのは、見《み》難《がた》いということで、微妙なかすかなるものは一寸《ちょっと》肉眼を以て見ることは出来ぬが、心眼《しんがん》はチャンと見て居る。それで思い起しますが、曽《かつ》て彼の塙検校《はなわけんぎょう》という人の伝記を読んで感心したことがある。彼《か》の人が中年の、もう眼が見えぬようになってから、大変に学問をし、そうして到る所の、当時の諸侯の聘《へい》に応じて、彼方此方《かなたこなた》と子弟を教育した所の人だが、彼の人が桑名侯《くわなこう》でありましたか、大名の所に招ぜられて、そうして大勢の一家中の子弟を集めて、『論語《ろんご》』であったか『孟子《もうし》』であったかの講釈をして居って、それが夜講で、殊《こと》に夏の時季であって、其所等《そこら》の戸障子《としょうじ》も外《はず》して仕舞って風を入れて講釈をして居る時に、その蠟燭《ろうそく》が風に吹かれて消えて仕舞った。消えて暗くなった時に幹事らしい人が注意して、ちょっと貴方《あなた》は眼がお見えになりませぬからお分りになりますまいけれども、今、風が吹いて来て蠟燭が消えて仕舞いました。蠟燭を点《つ》けるまで講釈を暫《しばら》くお停《とど》め下さいと塙《はなわ》先生に頼んだ所が、塙先生は莞爾《かんじ》と笑って、成程《なるほど》眼開《めあ》きというものは不自由なものでごんすと言ったということを書物に書いてあった〔第38講参照〕。

成程眼開きは不自由であると言うことは、唯《た》だ一言でありますが、その学問上の眼の光って居ることは驚くべきものと思う。眼ばかり当てにし、耳ばかり当てにして、この宇宙間のことを悉《ことごと》く聴こう、悉く見ようということは、及ぶものではない。凡《およ》そ物質界のことはこの眼及び耳を以て聴くことも視ることも出来ようけれども、彼《か》の絶対界の消息を知り、絶対界の真相を明らかに見ようということに至っては、この肉の眼や肉の耳というものは、余程不自由なものである。それでは「微かの顕らかなることを知る」ということは、なかなか出来難い。

しかしながら大乗仏教の見地からみれば、それは何でもない。謂わば尋常《じんじょう》の茶飯事《さはんじ》である。「一毫《ごう》、大海《たいかい》〔巨海〕を呑《の》む」というのも、「芥子《けし》、須弥《しゅみ》を納《い》る」というのも、仰山《ぎょうさん》なことを言うた様であるが、実は仰山でも何でもない、当然なことである〔手沢本書入「毛呑巨海、芥納須弥」／『臨済録』勘辨〕。ただ我等の知見は、常に世の中の差別相に囚《とら》われて大小広《だいしょうこう》狭《きょう》、長短表裡《ちょうたんひょうり》、顕幽背面《けんゆうはいめん》など云う城壁を築いて居るから、一寸《いっすん》先きは見えなくなるのである。この差別相を打破するのが大乗仏教の入口で、所謂る方等《ほうどう》の説《せつ》であります。今の二句はその方等部の『維摩経《ゆいまきょう》』の文である〔不思議品「又た四大海水を以て一毛孔に入る」「須弥の高広を以て芥子中に内《い》る」〕。更にこの維摩の住んで居った丈室《じょうしつ》に、八万四《はちまんし》千《せん》〔三万二千〕の広高座を設けて、大勢《おおぜい》の仏《ぶつ》や菩薩《ぼさつ》を四畳半ばかりの狭い座敷に請じて、色々の供養をしたというようなことがこの御経《おきょう》に出ておる〔不思議品〕。この場合に至っては、そういう遠いとか、近いとか、広いとか、狭いとかいう差別相を超越して居る。

しかしそう言っても、敢て一切の差別相を破壊しなければ平等相《びょうどうそう》を建設することが出来ぬということではない。一のものを凡《すべ》て取り除《の》けて仕舞わねば、他のものを建てることは出来ぬという訳ではない。この世界は喩《たと》えば網の目の如く、拡がってまた鎖の如く連なっておる。複雑限りなき差別相なれども、もし悟りの一隻眼が開けた以上は、その相のまま能《よ》く物を凝滞《ぎょうたい》せずして「遠きの近きを知り、風の自ることを知り、微かの顕らかなるを知る」ことが出来る。そこに至って始めて転迷開悟《てんめいかいご》と言うか、安身立命《あんじんりゅうみょう》と言うことを言い得ることが出来るのである。この『中庸』の一言でも、言葉は実に簡単であるが、その意味は太《はなは》だ深長なるものである。「遠きの近きを知り、風の自ることを知り、微かの顕らかなることを知る」。かくの如くにして、初めて学問に身が入って来たと言っても宜い。何んぼ学問をして居っても、ただ書物を濫読するばかりが学問ではない。

「**大凡《おおよ》そ聖学《せいがく》の𨷻《れん》に入る者は、先《ま》ず須《すべか》らく是等《これら》の語を了悟《りょうご》すべし**」。これより先師の評である。「聖学」というのは、此所《ここ》では言うまでもなく、孔夫子《こうふうし》の学問と言うことである。ここに一例を取ってみるなら、「唐《とう》」の時代に「**劉禹端《りゅううたん》**」という人が「**雨を雲居山《うんごさん》に求む**」。雨乞いというようなものは、昔は何処《どこ》にもあったもので、今は科学的に言えば雨を降らそうと言っても、そんなことをしても何《なん》にもなったものではないと言うかも知らぬが、それはただ科学だけの立場の人が言うことで、宗教から見ると言うと、雨を禱《いの》れば必ず雨の霊《れい》験《げん》があり、晴《はれ》を祈れば必ず晴の霊験があると信ずる。古歌に「祈《いの》りても験《しるし》なきこそ験なれ、祝る心に誠なければ」〔黒住宗忠〕。宗教的の思想、感情の高潮した点から見るというと、雨でも晴でも、必ず霊応《れいおう》がなくてはならぬ。昔、伊勢《いせ》の神風《かみかぜ》と云うたのも、皆なこの宗教的熱誠《ねっせい》に外《ほか》ならぬのである。

さて、この劉禹端という人が雲居山という所に雨を禱った所が「**感応《かんのう》有り**」、偶《たま》ま雨が降った。その時分に劉禹端が「**雲居《うんご》道膺《どうよう》に問うて曰く、雨、何《いず》れより来《きた》る**」、恰も大旱《だいかん》に雲霓《うんげい》を望んで居った所に、沛然《はいぜん》として驟雨《しゅうう》が到ったので、その事実を捕《とら》え来《きた》ってこういう問題を提起した。この快雨《かいう》は何処《どこ》から降り出して来たのであろう。もしこれを一転して、お前は何処から出て来たかと言っても宜い。鎌倉、鎌倉と言っても言えぬことはないが、鎌倉のもう一つ上の何処から生れて来たかというと、ちょっと答えが出て来ない。矢張りその道に這入《はい》って実際の修行をすればその答えも無造作《むぞうさ》に出て来る。

さてこの雨は何処から来たかと問うた所が、「**膺《よう》曰く、端公《たんこう》の問処《もんしょ》より来る**」と。これがちょっと気《き》が利《き》いて居るような答えであるけれども、実は黒人筋《くろうとすじ》から見ると、まだ至らない。これは謂わば一の頓智《とんち》的の答えで、これは西からも東からも来た訳ではない。そのそなたの問処より来た。お前の尋ねた其処《そこ》から来た。ちょっと気早《きばや》い人はこういうことを言うが、頓智的である。然るにその答えが如何《いか》にも無雑作《むぞうさ》に出て来たので、「**端《たん》喜んで之《これ》を謝す**」、成程《なるほど》それで分りました。これも早合点《はやがてん》をした。難有《ありがとう》ござると言ったが、「**怱卒《そうそつ》**

漢《かん》、了悟未《いま》だ夢《ゆめ》にも有らざるもの在り」、今そんな答えをしても、吾々は採《と》り揚《あ》げることは出来ぬ。「忽卒」と言って、出駄羅目《でたらめ》にそういうことを言ったのだ。真理を悟了《ごりょう》するということに至っては、なかなかそんなことで許すことは出来ぬ。「未だ夢にも有らざるもの在り」と、こう先師は言われた〔手沢本書入「出会元十三」／『五燈会元』13洪州雲居道膺禅師〕。

もう一つはその風《かぜ》というものにちなんで、例を挙げると、「**又《ま》た西禅《さいぜん》の平《へい》**」、「西禅」は矢張り寺の名で、「平」は和尚の名。平和尚が「**官人《かんじん》と坐《ざ》する次《つい》で**」、それ等と一緒に茶話《ちゃばなし》でもして居った、その時分に、「**禅曰く、風、何の色を作《な》す**」、今そよそよと風が吹いて来たが、この風はどんな色をして居るであろう。吾々が唯だ考えた所では、風というものは如何にも無形のように見えるが、和尚が「風、何の色を作すか」と言った所が、官人達は答えが出来なかった。「**禅却《かえ》って傍僧《ぼうそう》に問う**」、傍《そば》に侍《はべ》って居った僧に、お主はどうかと言った所が、「**僧、衲衣《のうえ》を起《おこ》して云《いわ》く**」、「衲衣」というのは禅僧の著て居る破れ衣《ごろも》じゃ。その古びた衣を挙げて曰く、「**府中《ふちゅう》に在って補《おぎな》う**」。左様《さよう》です、大分色《いろ》が褪《さ》めた、怪しげな墨《すみ》染衣《ぞめごろも》でござるが、この間、「府中」即ち東京見たような町に出た時に破れた所を直しました。是等《これら》も尋常一様《じんじょういちよう》の茶飯事であるが、しかし前者から見ると、此方《こちら》が確かだ。「端公の問処より来る」と言うのも気が利いて居るようであるが、ちょっと出駄羅目のようである。後の僧の答えた方が、穏健の所がある。大分色が褪めましたから、東京に往った時に色揚《いろあ》げをしました〔手沢本書入「此モジアサ〔?〕衣、東京ノ衣屋デ潤色サシタ」〕。「**箇《こ》の僧《そう》元来具眼《ぐげん》な**

り」、この坊様稍《や》や眼《まなこ》を具《そな》えて居ると、先師は許された。

「**学者箇《こ》の二問話《もんな》に於て答得諦当《とうとくたいとう》**」、修行者よ、吾々ならばここでどう答えたものであろうか。「答得諦当」で果して間違いなかったならば、「**則《すなわ》ち正文《せいぶん》の三語**」則ち本文の「遠きの近きを知り、風の自《よ》るを知り、微かの顕らかなるを知る」というこの三語は「**諸《こ》れ掌《たなごころ》を視るが如し**」、実にその明らかなることは自分が自分の掌《たなごころ》を視る如く明らかになるであろう（以上、『祖庭事苑』3雪竇祖英・上「雨従何来」「風作何色」、『従容録』74頌評唱、参照）。

「**若《も》し未《いま》だ然《しか》らずんば、旧《きゅう》に依《よ》って春風《しゅんぷう》は刀《かたな》の如く、春雨《しゅんう》は膏《こう》に似たり**」、もし然らずんば、旧《ふる》きに依って「春風は刀の如く、春雨は膏の如し」。これは誰やらの句にあったですが（楊岐方会『楊岐録』、大慧『正法眼蔵』1下）、文字から言うと、刀という文字は切るという意味で、今時《いまどき》はやる造花術《ぞうかじゅつ》の様なもので、天地自然に春風がそよそよ吹いて来ると、人の手で細工《さいく》をして造り上げた麗《うる》わしい花の如く、桃《もも》、桜《さくら》、柳《やなぎ》、桜《さくら》をこきまぜてと云う様に、如何《いか》にも麗わしく花が吹き出すというのである。「春風は刀の如く、春雨は膏に似たり」、膏を注いだ如く、春の草が段々に萌《も》え出でてくる。これを奪胎換骨《だったいかんこつ》して言えば、何《な》んぼ悟ったと言っても、矢張り雪の降る夜は寒くこそあれと云うのである。「もし然らずんば、旧に依って春風は刀の如く、春雨は膏に似たり」、「**何ぞ入徳《にゅうとく》の分《ぶん》有らんや**」である。

第五十五講　克《こっ》己《き》(第二十七則)

顔淵《がんえん》、仁《じん》を問う。孔子《こうし》曰《いわ》く、「己《おの》れに克《か》って礼《れい》に復《かえ》るは仁《じん》を為《おさ》むるなり」。

孔門《こうもん》、己れに勝って仁を得《え》、吾《わ》が這裡《しゃり》は己れを殺して仁を得《う》。大凡《おおよ》そ自己無明《むみょう》の偸心《ちゅうしん》、之《これ》に当ること弱ければ、則《すなわ》ち暫《しばら》く勝つも忽《たちま》ち負く。今日《こんにち》己れに克つも、明日《みょうにち》旧に復す、何の尽《つく》る期《とき》か有らん。譬《たと》えば飯上《はんじょう》の蒼蠅《そうよう》を追散《ついさん》するが如し、乍《たちま》ち散《さん》じ乍《たちま》ち聚《あつま》る。吾が這裡の如くんば、無義味《むぎみ》の公案《こうあん》を以て利刀《りとう》と為《な》し、単々《たんたん》に無明の偸心を殺し尽して、而《しこう》して自己の明徳《めいとく》を体得す、之を一分の見性悟道《けんしょうごどう》と謂《い》う。向《さき》に所謂《いわゆ》る己れを殺して仁を得る者なり。此《ここ》に至って視聴言動《しちょうげんどう》、心《こころ》の欲《ほっ》する所に従って矩《のり》を踰《こ》えず、皆な是《こ》れ仁、皆な是れ礼、又《ま》た何の無明の来って之を擾《みだ》すこと有らん。事々上《じじじょう》に明らかに、物々上《もつもつじょう》に顕《あら》わる。日用《にちゆう》縁に応じて処し、或いは浄《じょう》、或いは穢《え》、或いは喜《き》、或いは怒《ど》、或いは順《じゅん》、或いは逆《ぎゃく》、珠《たま》の盤《ばん》を走るが如く、更に滞礙《たいげ》無し、是れ我が活法《かっぽう》なり。古人《こじん》曰く、「護生《ごしょう》は須《すべか》らく殺し尽すべし、殺し尽して始めて安居《あんご》す」。故《ゆえ》に吾が室に入る者は、須らく己れを殺すを以て急務《きゅうむ》と為すべし。

顔淵問仁。孔子曰。克己復礼為仁。

孔門勝己得仁。吾這裡殺己得仁。大凡自己無明之偸心。当之弱。則暫勝忽負。今日克己。明日復旧。有何尽期。譬如追散飯上蒼蠅。乍散乍聚。如吾這裡。以無義味之公案為利刀。単単殺尽無明之偸心。而体得自己之明徳。謂之一分見性悟道。向所謂殺己得仁者也。至此。視聴言動。従心所欲不踰矩。皆是仁。皆是礼。又有何無明来擾之。事事上明。物物上顕。日用応縁処。或浄或穢。或喜或怒。或順或逆。如珠走盤。更無滞礙矣。是我活法也。古人曰。護生須殺尽。殺尽始安居。故入吾室者。須以殺己為急務矣。

［講話］**「顔淵《がんえん》、仁《じん》を問う」**、本文は『論語《ろんご》』の顔淵《がんえん》の篇に出て居る。これは皆様お馴染みの言葉であろう。ある時、顔回《がんかい》が孔夫子《こうふうし》に向って仁を尋ねたら、**「孔子《こうし》曰《いわ》く、己《おの》れに克《か》って礼《れい》に復《かえ》るは仁《じん》を為《おさ》むるなり」**と答えた。「仁」という字はただ平《ひら》たく訓《くん》ずれば、いつくしむとか憫《あわれ》むとか言いますけれども、この孔子の答えられる所の色々の書物を綜合して見ると、決して左様《さよう》ばかりではない。仁というものは余程《よほど》広いものの意味である。恰《あたか》も「仁」というものは、我々が常に言うて居る「道」というものの意味を以て答えられたる場合が多い。先師が外《ほか》の書物にこういうことを言うておられる。

礼は道《みち》の節文《せつぶん》なり。道と言わずして礼と言うは、道には形の憑拠《ひょうきょ》す可《べ》き無し、故に事上の節文に就きて礼の字を出《いだ》し、以て着実を要するなり。君に忠《ちゅう》、親に孝《こう》、妻に別《べつ》、友に信《しん》、是れ道の礼文《れいぶん》なり。

又た曰く、仁の字、広く見る可く、猶お道と言うがごとし。言うこころは、己れに勝ちて我《が》無ければ則ち事々《じじ》皆な私意《しい》無くして道に合するのみ。〔手沢本首書〕

これ等《ら》は孔子の心を能《よ》く得たるものであろうと思う。ただ一概に慈悲博愛《じひはくあい》、或いはいつくしみ憫《あわれ》むということばかりには限って居らない。それ故に「仁」の真意義はどういうことでござると顔回が尋ねたら、「己れに克って礼に復れよ」という。己れというのは広く言えば私《わたくし》、私の欲念《よくねん》に打ち克って、欲念《よくねん》さえ亡《ほろ》ぼして仕舞えば直《ただ》ちに礼に復する。「道」と言わずに、具体的に現わすという意味を以て、「礼」の字を用いた。私欲《しよく》に打ち克って礼節に復るのが、「仁を為《おさ》むる」のであると言われた。

それを仏教、就中《なかんずく》、禅宗ではどういう風に解して居るか。これを挙げて見ると昔、或る人が天目《てんもく》の中峰《ちゅうほう》和尚の所に来て問うた。「古人《こじん》と今人《こんじん》と参学《さんがく》の用心《ようじん》、以て異《こと》なる所あるか」。中峰曰く、「古人の道を学ぶや、未《いま》だ道の得《とく》と不得《ふとく》とを問わず、脚《きゃく》未だ門首《もんしゅ》に跨《また》がらざるに、先《ま》ず個の偸心《ちゅうしん》を将《もっ》て一斬両段《いちざんりょうだん》して、更に復《ま》た生ぜず。今人は純《もっぱ》ら偸心を以て主となす。此れ正に今古の同異判然《はんぜん》として相《あ》い渉《わた》らず。何をか生死《しょうじ》と謂う、偸心ある是れなり。何をか涅槃《ねはん》と謂う偸心を尽す是れなり」〔手沢本首書／『中峰広録』11上「山房夜話」上〕。

また禅人《ぜんにん》に示して曰く、「古人学道《がくどう》の霊験《れいげん》あるものは、蓋《けだ》し偸心死《し》し尽《つく》すが故なり、便に偸心一毫《いちごう》も死し尽さざるときは、万劫《ばんごう》、自ら成るの理あることなし。直《ただ》ちに之を論ずれば、一分《いちぶ》の偸心を死得《しとく》すれば、則ち是れ一分《いちぶ》の道を学得す。偸心五分《ごぶ》を死得すれば、則ち是れ即ち五分《ごぶ》の道を学得す。偸心全く無きときは則ち全て是れ道なり。今人惟《た》だ道の成すべきあるを知りて、偸心の尽すべきあるを知らず。或いは偸心未《いま》だ尽さずして、道の成ずる所あるを欲するは、猶お水中に臥《すいちゅう》《が》して其の湿《うる》おわざるを求むるが如し。天下古今、此の理なきなり」云々〔手沢本首書／『中峰雑録』示正聞禅人〕。

この孔子の言われる「己れ」ということを禅的に解釈すると、今のような解釈の仕方で、平たく言えば、一つの己我《こが》的邪《よこ》しまの心、と言うて置いても宜《よ》い。「孔子曰く、己れに克って礼に復るは仁を為むるなり」。平素「仁」ということを解して居るとは、その趣《おもむき》が大《だい》分《ぶ》違って居る。所が、今まで言うた所は全く哲学的に解したのであるが、もう少し実際的に解するというと、余程和《やわ》らげて言わなければならぬ必要があろうと思う。詰《つま》り己れというものを、私という意味にして、それに打ち克つのである。世間を見ると、人に打ち克つという人は、随分沢山《ずいぶんたくさん》ある。人が人に打ち克つ、国が国に打ち克つ、始終それの争闘《そうとう》したような者じゃが、さて考えて見ると、中々己れに打ち克つということは、口では言う可くして、実際は六ケ敷《むつかし》い。これに就いては、古今東西の学者・識者が色々の格言を言うて居る。詰り「克己《おのれにかつ》」の働きは、一面忍耐の働きで己れに打ち克つから、能く艱難辛苦《かんなんしんく》に堪《た》え忍《しの》ぶ力が出てくる。

こういう意味に於て、これは、黄山谷《こうさんこく》の文集にも出て居たが、「百戦百勝《ひゃくせんひゃくしょう》は一忍《いちにん》に如《し》かず、万言万当《ばんげんばんとう》は一黙《いちもく》に如かず」〔黄庭堅「贈送張叔和」詩〕。矢張《やは》りこれも、己れに打ち克つ、即ち艱難《かんなん》に堪《た》える、ということを言い現わした言葉に外ならない。我等《われら》平生《へいぜい》、人に向って坐禅工夫《ざぜんくふう》を勧むるのも、最初の方法は一つの克己法《こっきほう》である。例えば二祖慧可《にそえか》大師が達磨《だるま》大師に見《まみ》えた時の如く〔『碧巌録』96頌評唱〕、また慈明《じみょう》和尚が錐《きり》を引いてその股《もも》を刺す〔『禅関策進』慈明引錐〕というような適例は、枚挙《まいきょ》に遑《いとま》ない程である。西洋の偉人達でも種々言うておる。「克己忍耐の無いのは人間の恥辱である」とか、「忍耐は宗教に入るの嚮導《きょうどう》者《しゃ》である」とか、色々の格言《かくげん》がある。兎《と》に角《かく》、克己忍耐《こっきにんたい》なき者は、到底事《こと》を成《な》す資格のない者であると言うて宜《よろ》しい。ただこれを口に唱えるのみでない、古人は直ちにこれを実行に試みた。

その実例は枚挙に遑ないが、今一寸《ちょっと》一つ想い起して見ると、木村長門守《きむらながとのかみ》、これは言うまでもない、大坂城時代の立派な忠臣である。この人が一日《いちじつ》、殿中《でんちゅう》に出て居った時に、御茶《おちゃ》坊主《ぼうず》の山崎三阿弥《やまざきさんあみ》という者が、ある事に因《よ》って木村長門守に対して大変な無礼《ぶれい》を加えたことがある。所が木村長門守は、その悪口雑言《あっこうぞうごん》に対して口答《くちごた》えをせず、黙々として殿中を去ろうとした。処が、同僚や友達が、三阿弥は無礼千万な奴である、あなた一刀《とう》の下《もと》に斬《き》り捨てたらどうでありましょうと申したら、木村が言うに、イヤそれは我れと雖《いえど》も幾《いく》らか不快の念を抱く。しかし乍《なが》ら、一の茶坊主を斬り附けて殿中に血を流したならば、実に御上《おかみ》に対して恐れ多い。それのみならず自分は切腹をしなければならぬ。所が我れ不敏《ふびん》なれども、一旦緩急《かんきゅう》有る時に於ては、この身体を国家の為、君主の為《ため》に、犠牲に供しなければならぬ重き責任を持っておるのである。然《しか》るに、己れの歯牙《しが》に掛くるにも足らぬ茶坊主の罵《ののし》りを受けて一朝の怒りを発し、この貴い生命を捨てて仕舞うということは武士の恥辱でござる、と言うたので、列坐して居った大名方は深く木村の雅量《がりょう》あることに敬服したということが、何かの書に書いてある。

昔の人は皆なそうで、御承知の通り有名な希臘《ギリシャ》の哲学者のソクラテスという人、俗に似《に》た者夫婦《ものふうふ》ということを言いますが、これはまたどうしたものか、その似ておらぬことは月《つき》と鼈《すっぽん》で、その細君《さいくん》という者は大変詰《つま》らぬ人であった。そこでソクラテスの友人が、どうもあなたがああいう細君を持って居ってはあなたの人格に関するから、寧《いっ》そ離縁《りえん》したら宜《よ》かろうと、段々と勧告したけれども、ソクラテスは一向取り上げなかった。自分の忍耐を試さん為に、天から与えられたのであると云って済《すま》しておられた。するとその細君が或る時また大変怒りを発して、良人《おっと》のソクラテスに向って、あらゆる悪口雑言を言ったけれども、哲人ソクラテスは平然として居たから、妻は図に乗って、水の一杯満ちている手桶《ておけ》を持って来て、ソクラテスの頭からザンブと打ち撒《うま》いた。随分乱暴な山《やま》の神《かみ》である。そういうことに出遇ってもソクラテスは、一向に心の平和を破らなかった。ナニ雷鳴《らいめい》がした跡《あと》で夕立《ゆうだち》が来るのは当り前だと言うて、済して居られた。こういうことは昔話《むかしばなし》として言えば言うようなものの、中々実際に臨んではそういうように心の平和を保つことは出来ない。

所が独《ひと》り自分の妻に対してばかりでない、ソクラテスが或る時、往来を歩いて居ると、自分の知った人に出遇った。真面目《まじめ》に此方《こちら》から敬礼《けいれい》を表したにも拘《かか》わらず、その人は傲然《ごうぜん》として空嘯《そらうそぶ》いて去って仕舞った。ソクラテスの同行者が、彼れは如何《いか》にも無礼千万な奴である、こちらから礼を施しても、それを受けることを知らぬという、実に賤《いや》しむ可き人物だと言った。所が、ソクラテスが言うに、左程厳《やか》ましく言うに及ばぬ、仮《か》りにも此処《ここ》を通る人の外貌《かお》が醜《みにく》いと言うても、それに向って怒りを発するものがあろうか。マサカそんな偏狂人《へんきょうじん》もなかろう。それと同じで、他人の心の醜劣《しゅうれつ》を怒ってみても詰らぬではないかと言われて、友人、同行の友も感服したとある。

段々そういうことを思い出すと色々あります。昔、龍渓禅師《りゅうけいぜんじ》の所へ、弘善《こうぜん》という人が来て、一生涯の守《もり》になることをお授け下されと言うたら、龍渓禅師は言葉を厳《おごそ》かにし、形を改めて言われるに、教えぬことはないが、一週間斎戒沐浴《さいかいもくよく》して私の所に来たら教えてやる、と言われた。そこで弘善が一週間の間、身《み》を清《きよ》め物忌《ものいみ》をして、そうして出て来た。どういう尊いことを授けられるかと思ったら「堪忍《かんにん》」という二字を書いて与えられた。その時、弘善がこの位のことは一週間斎戒沐浴して受ける程のことでない、これは有《あ》り触《ふ》れたことで、誰でも知って居ることだ位に思った。

その儘《まま》にして時が経《た》って、後ある晩に遠方へ行って居たが、家へ帰って来て、日が暮れた。段々夜中《よなか》時分になって、遥《はる》か向《むこ》うの座敷を見ると、頬冠《ほおかむ》りをした者が自分の妻の寝て居る枕元に来て、ヒソヒソと話をして居る。その時、弘善は大変疑《うたが》いを起した。これは怪《け》しからぬとでも思ったのであろう、即ち「己れ」という心がズッと頭《あたま》を擡《もた》げて来た。擡げると同時に、そこは有り難い、予《かね》て龍渓禅師から「堪忍」ということを授かって居ったのは此処だと思い返して心を落ち附け、徐々《しずしず》と妻の傍《そば》に来て見たのである。大方疑ったのは男とでも思ったのであるが、能《よ》く見たら自分の母親が、何か布片《きれ》を冠《かぶ》って妻と親しく話して居られた。そこで弘善は成程堪忍の有難味《ありがたみ》を感ずるのはここであると悟ったと云うことである。「克己《おのれにかつ》」ということに適切に当るかどうか分らぬが、克己と言い、忍耐ということは、常に相い隣《とな》って居る。戒《いまし》めだから、思い附いたまま、こういうことをくどくどしくお話ししたのであります。それで今の通り顔回が「仁」を尋ねたら、「己れに克って礼に復れ」と言われた。

それを先師が評して「**孔門《こうもん》、己れに勝って仁を得《え》**」る。誠に結構なお言葉であって、孔子様はそう仰《おっ》しゃる。私は時に人に向ってこう言うことがある。誰でも怒《おこ》るのは結構だ、但し自分の怒りを人に移すのは不可である。自分が自分に向って怒るのは宜い。所が大抵の人は怒りを人に移す。動《やや》ともすると人の欠点を発《あば》き出して、自分の手柄《てがら》を揚《あ》げようとする傾きがある。それが「己れ」であるから、大いに自憤《じふん》しなければならぬ。「**吾《わ》が這裡《しゃり》は己れを殺して仁を得《う》**」、打ち克ったばかりでは、ある場合にはまた打ち負けるかも知らぬ。打ち殺して仕舞って始めて「仁」の意を得る。「**大凡《おおよ》そ自己無明《むみょう》の偸心《ちゅうしん》、**

之《これ》に当ること弱ければ、則《すなわ》ち暫《しばら》く勝つも忽《たちま》ち負《ま》く」。「自己無明の偸心」、これは仏語《ぶつご》でありますが、「無明」というのは、迷いの一念を指して言うのである。一面に我々の本心というものは、大覚《だいかく》という。それに背《そむ》いた一念が偶《ふ》と起ったのだから「無明」という名が附いて居る。「自己無明の偸心」、それが総《すべ》て禍《わざわい》の本《もと》となる。総ての罪悪の本は「偸心」であります。それに当ることが弱いと、暫く勝ったが、また忽ち負けて仕舞う。勝つと云うだけではまだやり方が手緩《てぬる》い。だから今己れに勝っても明日また本へ戻る。「**今日《こんにち》己れに克つも、明日《みょうにち》旧に復す、何の尽《つく》る期《とき》か有らん**」、何度やって居っても埒《らち》の明《あ》くことはない。「**譬《たと》えば飯上《はんじょう》の蒼蠅《そうよう》を追散《ついさん》する**」様なもので、夏になると臭《くさ》い物に蠅《はえ》が集まる。「**乍《たちま》ち散《さん》じ乍《たちま》ち聚《あつま》る**」、逃げて行ったがまた集まってくる、埒が明かぬ。

所が吾が禅門ではそうではない。根本的に己れという邪念なるものを打《う》ち平《たい》らげる為に、一本の刀《かたな》を授ける。即ち「**無義味《むぎみ》の公案《こうあん》を以て利刀《りとう》と為《な》**」す。例えば「隻手《せきしゅ》」の公案の如き、その一例であります。その「無義味の公案」を以てこれを「利刀」として行かなければならぬ。「**単々《たんたん》に**」ズンズンと「**無明の偸心を殺し尽して、而《しこう》して自己の明徳《めいとく》を体得す**」。「偸心」と「明徳」と別の心が二つある訳ではない。迷う時は「偸心」、悟る時は「明徳」、同一物じゃ。「無明の偸心」を殺し尽して、「自己の明徳を体得」すれば「**之を一分の見性《けんしょう》悟道《ごどう》と謂《い》う**」。これで小成《しょうせい》に安んじて居ってはならぬ。恰も象の喩《たと》えの如く、一寸《ちょっと》象の頭を見たくらいなもので、象には頭もあり、尻尾《しっぽ》もある、足もある、象の一部分は得たけれども全部は得たと言えぬ。だから「之を一分の見性悟道と謂う」。「**向《さき》に所謂《いわゆ》る己れを殺して仁を得る**」というのはこれだ。

「**此《ここ》に至って視聴言動《しちょうげんどう》、心《こころ》の欲《ほっ》する所に従って矩《のり》を踰《こ》えず**」。視ること聴くこと、言うことと動くことが、心の欲するままに自然に働いて来る。これより以下の評は蛇足に及ばぬから、スラスラ読んでおきます。「**皆な是れ仁、皆な是れ礼、又《ま》た何の無明の来って之を擾《みだ》すこと有らん。事々上《じじじょう》に明らかに、物々上《もつもつじょう》に顕《あら》わる**」で「**日用《にちゆう》縁に応じて処し、或いは浄《じょう》、或いは穢《え》、或いは喜《き》、或いは怒《ど》、或いは順《じゅん》、或いは逆《ぎゃく》、珠《たま》の盤《ばん》を走るが如く、更に滞礙《たいげ》無し**」。誠に清浄《しょうじょう》な所にも身を置き、或いは穢《けが》らわしい所にも身を置き、喜《よろこ》ぶ可き時に喜び、怒《おこ》る可き時に怒る。子《こ》が生れれば皆な喜んで居る。人が死ねば皆な悲しんで居る。「聖人《せいじん》は物に滞《とどこお》らず、能《よ》く世と推移《おしうつ》る」ということがあるが〔『楚辞』漁父〕、スラスラと滞りなく心が働いて行く。丁度お盆の上に玉を転《ころ》がすように、心が滞りなく行われて行く、そこに妙がある。例えば水のようなもので、停滞して居ると腐敗する。腐敗するから、色々の毒《どく》素《そ》とか黴菌《ばいきん》が湧いてくる。我々の精神も物に執着すると、煩悩が生じてくるのである。「**是れ我が活法《かっぽう》なり**」、我が禅門の活法だ。それ故に「**古人《こじん》曰く、護生《ごしょう》は須《すべか》らく殺し尽すべし**」、「護生」は文字の通り一切の生命を保護するには、総ての物を「殺し尽す」が宜い。「**殺し尽して初めて安居《あんご》**」することが出来る〔『龐居士語録』上〕。「**故《ゆえ》に吾が室に入る者は、須らく己れを殺すを以て急務《きゅうむ》と為すべし**」。孔子は己れに打ち克てと言うたが、我が禅門では、打ち殺して仕舞え、根絶《ねだ》やして仕舞えと言う、これだけ適切なのであります。

第五十六講　与《よ》権《けん》(第二十八則)

孔子《こうし》曰《いわ》く、「与《とも》に共《とも》に学ぶ可《べ》し、未《いま》だ与に道に適《てき》す可からず。与に道に適す可し、未だ与に立《た》つ可からず。与に立つ可し、未だ与に権《はか》る可からず」。

是《こ》れ孔聖《こうせい》、権《けん》の最も行い難《がた》きを論ず。権という者は常《つね》に反して道《みち》に合するの謂《いい》なり。蓋《けだ》し君子《くんし》、変《へん》に処《しょ》するの大用《たいゆう》にして、欠《か》く可からざるの一著《いちじゃく》なり。孔子司寇《しこう》たり、七日にして少正卯《しょうせいぼう》を誅《ちゅう》す。暫《しばら》く夾谷《きょうこく》に臨んで、尽《ことごと》く優倡《ゆうしょう》を誅す等、是れ権を行うなり。吾が門の古徳《ことく》、仏《ぶつ》を訶《か》し、祖《そ》を罵《ののし》り、痛棒《つうぼう》を与《あた》え、熱拳《ねっけん》を揮《ふる》い、爺《や》を打《た》し、猫児《みょうじ》を斬《き》る等、皆な是れ道の為《ため》に権を行ずる者なり。若《も》し此《こ》の大用無ければ、則《すなわ》ち恒《つね》に処す可くして、変《へん》に処す可からず、仏《ぶつ》に入《い》る可くして、魔《ま》に入る可からず。辦道《べんどう》有力《りき》の上士《じょうし》、熟《つら》ら翫味《がんみ》す可し。

孔子曰。可与共学。未可与適道。可与適道。未可与立。可与立。未可与権。

是孔聖論権之最難行矣。権者。反常合道之謂。蓋君子処変之大用。而不可欠之一著也。孔子為司寇。七日而誅少正卯。暫臨夾谷。而尽誅優倡等。是行権也。吾門古徳。訶仏罵祖。与痛棒。揮熱拳。打爺。斬猫児等。皆是為道行権者也。若無此大用。則可処恒。而不可処変矣。可入仏而不可入魔矣。辨道有力上士可熟翫味矣。

［講話］　本則は御承知《ごしょうち》の通り『論語《ろんご》』の子罕《しかん》の篇に出て居る所の言葉で、ある時、孔子《こうし》が門人に対して「**与《とも》に共《とも》に学ぶ可《べ》し、未《いま》だ与に道に適《てき》す可からず。与に道に適す可し、未だ与に立《た》つ可からず。与に立つ可し、未だ与に権《はか》る可からず**」（ともに学べる者でも、未だともに道に入ることはできない。ともに道に入れる者でも、未だともに立つことはできない。ともに立てる者でも、未だともに「権」を行うことはできない）と言われた。此処《ここ》では、「学《がく》」ということと「道《みち》」ということと、そうして「立《たつ》」ということと「権《けん》」ということとが挙げてある。「学ぶ」ということは丁度《ちょうど》孔子の伝にもあります通り、「十有《ゆう》五にして学に志ざし、三十にして立つ、四十にして惑《まど》わず、五十にして天命《てんめい》を知る、六十にして耳《みみ》順う、七十にして心《こころ》の欲《ほっ》する所に従《したが》って矩《のり》を踰《こ》えず」、こういう工合に、孔子の経歴には書いてある（『論語』為政）。

この学問《がくもん》とそうしてこの修道《しゅどう》というものはどれ程の違いがあるかというと、『老子《ろうし》』（48）の語にこういう語があります。「学を為せば日《ひ》に益《えき》し、道を為せば日《ひ》に損《そん》す」。それは大いに味わう可きことであろうと思う。凡《およ》そ学問というものは無論智識《ちしき》を得ようというのであるから「日に益する」方で、毎日毎日何《なに》か知る所を広めて行く。丁度一つの自分自身の財産でも拵《こしら》え上げて行く様な有り様。毎日毎日殖《ふや》して行こうというのが、それが学問、今でも矢張《やは》りそういうものでありましょう。色々の科学と称するものは物に就いて一々の理を明らめて行こうというのであるから、「日々《にちにち》に益する」方である。所が「道」ということになると、学問をするというのに、更に一歩を進めて居る。『老子』の言葉に依ると、「道は日に損する」。学問の方は日々利益を得て行くのであるが、道ということになると日々損をして行くと、仲々《なかなか》これは面白い言葉だ。

どちらかというと、我々が道を修める上に付いては、自分の為《な》して居る所の種々の学問というものも、理窟というものも、小さな智慧というものも、まして況《いわん》やそれ以下の所謂《いわゆ》る我見《がけん》とか我慢《がまん》とかいうものは皆な損して仕舞う、皆な減《げん》して行く、竟《つい》に無くして仕舞う。我々禅門の修行と称するものも全くそういう工合に出来て行く。一番初《はじ》め禅の道に這入《はい》ろうというには、一遍スッカリ赤裸《せきら》々《ら》になって仕舞う。我々は色々の物を身に附けて居る。学問とか、理窟とか、地位とか、名誉とか、財産とか、それから下って、虚栄とか、虚飾とか、そういう重たい衣服を身体へ附けて居る。所が苟《いやし》くも道を修むるというならば、一遍素裸《すっぱだか》になって仕舞えというので、さて天地未分《てんちみぶん》の消息《しょうそく》はどんなもの。天地分《わか》れて後は、学問の範囲に属する。天地未《いま》だ分れざる先はどうか。我が個体《こたい》個体に引《ひ》き分《わ》けて、この身体が出来た後は、心理学なり生理学なりその他のもので能《よ》く分って居る。まだオギャアーと飛び出さぬ前はどうか。其処《そこ》は言わば千古《せんこ》の疑問、人生の大いなる謎である。それを一つ根本的に解決しようとして「公案《こうあん》」というものを設けたのである。我々が其処の根本というか、宇宙の実体というものを明らめたならば、何の「公案」などというものは切《き》れ草鞋《わらじ》の様なもの、古靴《ふるぐつ》と同様、そんなものは、いつまでも固守《こしゅ》して居るに及ばぬ。しかしそれを得るには、どうしても何か標準がなくては、ただ無念無想《むねんむそう》とか、寂然不動《じゃくねんふどう》と言うて、決して無念無想は得られるものでない。本当の寂然不動に至れるものでない。一つの物を取り出して、それと我れと唯一不二《ゆいいつふに》の境界に至らせ様というその手段より外ない。話が外《ほか》の方に亘《わた》りましたが、「学問」と「道」というものの区別を分けるならば、一寸《ちょっと》そういうことを挙げても差《さ》し支《つか》えなかろう。

そこである時、孔子が言われるに「与に共に学ぶ可し」、学ぶということは言わば初一歩だ。モウ一歩進めて見ると今度は「道に適する」ということであるが、学んだばかりではまだ「道に適する」、本当の道へ入ったと許すことは出来ぬ。これを修めて休《や》まざれば、決してそこに足を止《と》めて居るのではない。「学」から進んで「道」に入る。「道」に入ったと言うても、誠に卓爾《たくじ》として立つという所の力を得ることは仲々難《かた》い。仮令《たと》い立つことありとしても、「未だ与に権る可からず」。

「権」の字の講釈は、先師の註にもこういう言葉があります。それを此処で一寸読んで見ましょう。「権《けん》は立《りつ》の字に対して看よ、立は是れ中立執守《ちゅうりつしゅうしゅ》の義なり。権は是れ変通合道《へんつうごうどう》の義なり。其の意は物に称《かな》うの理を以て之れを言う。義《ぎ》、皆なその中に在り。然らば則ち与《とも》に立《た》つ可き者は直《ただ》ちに与《とも》に権《はか》る可き者なり。未の字味《み》う可し、権るべきに近きを言いて、以て愈《いよい》よ権の難きを示す」、こういう註釈もある〔手沢本首書〕。これは辯を附けたりすると間垂《まだる》いから読んだだけにして置きましょう。また『淮南子《えなんじ》』〔氾論訓〕という書物に、「孔子曰く、与に立つ可く、未だ与に権《はか》る可からず。権《けん》とは聖人《せいじん》の独《ひと》り見《み》る所なり。故に忤《もと》りて後に合する者、之を権を知ると謂う」ということが書いてある〔手沢本首書〕。

例えば「正道《せいどう》」ということは文字《もんじ》に現われてない。「正道」または「常道《じょうどう》」というのはこれは当り前の立て方であるけれども、或る場合には、それに並ぶ所の「権道《けんどう》」というものを知らなければならぬ。「権」という義理は今解釈した中にも現われて居りますが、また先師の評の中にある通り、「常《つね》に反して道《みち》に合する」之を「権」と言う。万事万端、「常道」「権道」というこの二つを知って居らなければならぬ。兵を用いるのでも正兵《せいへい》を用いるのが常であるが、時あって奇兵《きへい》を用いなければならぬ。こういうことは、政治の上にもあろう、軍事の上にもあろう、また経済の上にもあろう。

これは人々が用いてそれ相当の経験をして居ることで、「権」という字は大体文字の字義を言うと、ハカリという字であります。ハカリは言うまでもなく秤《はかり》に依って物の軽重を知るというのが字義である。それから物に対し事に対して軽重を識別するその力が無くてはならぬ〔手沢本書入「権、称錘也。物を称《はか》りて軽重を知る者也。能く軽重を権《はか》りて義に合せしむる也」〕。だから此処《ここ》で言う「与に立つ」という字が、丁度それが「常道」或いは「正道」という事に充《あ》てても宜《よ》かろうと思う。「権道」というのは、それから一つ跳り出た、「常道」からモウ一歩進めた所の働き。こういうことは能く自分に味わって見たならば大変面白いことだろう。「与に立つ可し、未だ与に権る可からず」、これが『論語』の子罕の篇にある言葉である。

先師洪川《こうせん》和尚評《ひょう》して曰く、「**是《こ》れ孔聖《こうせい》、権《けん》の最も行い難《がた》きを論ず**」。「常道」というものは寧《むし》ろ行い易い。「権道」というものは頗《すこぶ》る行い難い。妄《みだ》りにこれを行うと、遂に権謀《けんぼう》か術数《じゅっすう》とかそういう詐欺《さぎ》的《てき》行為に陥《おちい》って仕舞う。だから六ケ《むつか》しい。「**権という者は常《つね》に反して道《みち》に合するの謂《いい》なり**」。形の上から眺めると常軌には反して居るが、その精神上から眺めると着々「道」に合うという、こういう働きで、「**蓋《けだ》し君子《くんし》、変《へん》に処《しょ》するの大用《たいゆう》にして、欠《か》く可からざるの一著《いちじゃく》なり**」。君子者たる所の者が、「変に処するの大用」を指してこれを「権道」と言う。これを宗旨上に持って来てもそうだ。「権道」というものが無くては本当の仏祖《ぶっそ》の生きた生命を、其処《そこ》を発揮するということは中々《なかなか》出来ぬ。

今ここに一、二の例を先師が引かれたのでありますが、「**孔子司寇《しこう》たり、七日にして少正《しょうせい》卯《ぼう》を誅《ちゅう》す**」。これは『史記《しき》』〈47孔子世家〉にも孔子の伝が出て居るが、魯《ろ》の国の定公《ていこう》の十四年、孔子五十六歳にして魯の国の大司寇《だいしこう》という役になった。三公九卿《さんこうきゅうけい》という役目がありますが、その三公の一つになって居る大司寇という位に居て、「相事《しょうじ》を行摂《こうせつ》す」、宰相のすることをやって居った〔手沢本書入〕。司寇となって役僅《わず》かに七日にして少正卯という者を殺して仕舞った。少正卯という者は魯の国の大夫であったが、良くない人であって、大いに政《まつりごと》を乱した人である。それ故《ゆえ》に国の為に少正卯を殺して仕舞った。孔子様にして人を殺す様なことはありそうもないが、国の為また人道の為、この悪人を殺して仕舞った。

それのみならず、「**暫《しばら》く夾谷《きょうこく》に臨んで、尽《ことごと》く優倡《ゆうしょう》を誅**」した。「優倡」というのは今の俳優とは違って居る。今日では、俳優という者は立派な芸術家になって居る様だが、ある時代には風紀を紊《みだ》し、世道を傷つけた様な行為を為した所の者だ。此処で「優倡」と言うて居るのはそういう者で、風俗や風紀を害する様な、淫靡《いんび》な様な行いをした所の者で、孔子は世道人心《せどうじんしん》を矯正《きょうせい》せんが為に、「夾谷」という所へ行って「優倡を誅」したということもある。孔子様にしては、そういうことがあろうと思われぬ。けれども、断の一字に臨んでは、秋霜烈日《しゅうそうれつじつ》の様なことをやられた。これは今言う様で、「常」には反して居るが、意義に於てはちゃんと「道」に合して居る。「**是れ権を行うなり**」。

孔子の例を挙ぐればそうであるが、我が禅門に至っては、その例は幾らもある。「**吾が門の古徳《ことく》、仏《ぶつ》を訶《か》し、祖《そ》を罵《ののし》り、痛棒《つうぼう》を与《あた》え、熱拳《ねっけん》を揮《ふる》い**」、同じ仏教の中でも大変な違いで、浄土宗《じょうどしゅう》とか真宗《しんしゅう》とか言えば、ただただ一概に阿弥陀《あみだ》様におすがりをするということであるけれども、禅の古徳と称せられた人の行いになると、仏を訶し祖師をも罵る。これは禅録を見ると到《いた》る処《ところ》にその適例がある。『臨済録《りんざいろく》』一部を見てもそうだ。臨済和尚の説法などというものは、ただ外道《げどう》を罵るばかりでなく、仏も訶責《かしゃく》する、祖師も罵倒《ばとう》する。一々例を挙げんでもそういうことが沢山《たくさん》ある。「如何《いか》なるか是《こ》れ仏法的々《ぶっぽうてきてき》の大意《たいい》」、仏法の一番有り難いところをお尋ね申すというと、何とも答えぬ先に、痛棒を与える。そういう働きだから、到底門外に在ってこれを批評することは出来ない。ある時は「熱拳を揮う」、これは今日、世間道の上に於て相い許さざることで、道徳上に於ても、法律上に於ても、妄《みだ》りに人に向って熱拳を揮うということは許す可からざる行為であるけれども、我が禅門の古徳はそういうことをやった。

一寸今《いま》思い出したから一例を挙げると、仏様がお生れになった時に、周行七歩《しゅうこうしちほ》して一指《いっし》は天を指《さ》し、一指は地を指して、そうして叫んで言う、「天上天下《てんじょうてんげ》、唯我独尊《ゆいがどくそん》」、誠にどうも有り難いものだ。これを極《ご》く通俗の言葉で言うならば、天にも地にも我《わ》れ独《ひと》りということである。然し仏法の事相《じそう》的解釈を知らぬ者であると、赤ん坊がそんなことを言う筈《はず》がない、そういう大言壮語《たいげんそうご》をしたのは余程《よほど》怪しむ可きことであると言うが、そういう事でない。これは詰《つま》り、人類を初め宇宙の者が具有《ぐゆう》して居る所の物、その物を代表して仏が言われた。みんなに代って言うたと言っても宜い。この事を後世に至って、雲門《うんもん》〔文偃〕和尚が評して、こういうことを言うた。「我れ当時《そのかみ》、若《も》し見ば、一棒に打殺《うちころ》して狗子《くし》に与えて喫却《きっきゃく》せしめん、貴《とう》ぶらくは天下《てんか》太平《たいへい》を図《はか》らん」(『雲門録』中)。赤ん坊が出過ぎたことを言うた。その立場に私が居たら、その小さな悉達太子《しったたいし》を叩き殺して仕舞って、まだそれでも腹が癒《い》えないから、痩狗《やせいぬ》の腹を肥《こや》さしめたならば、天下太平で、今の様な禅宗の迷いとか悟りとか、公案《こうあん》とか古則《こそく》とか、そんな馬鹿げたことは行われなかったであろう、惜しいことをした。こういうことは専門的の調べでありますが、悉達太子が「天上天下、唯我独尊」とこう叫んだ、その悉達太子の心を雲門は直《ただ》ちに取って斯《こ》う言うた。「唯我独尊」の口真似《くちまね》をした所ではとても及ばぬじゃから、悉達太子が叫んだ。その叫んだよりもモウ一歩践《ふ》み出《だ》した上で、こういう風に拈弄《ねんろう》した。これは大言壮語という訳ではない。それをまた後世の者がモウ一つ雲門に批評を入れて居る人がある。禅宗の扱いは上から上に出て言うので、そういう例を引くと沢山あります。

それから「**爺《や》を打《た》**」す〔「爺」はおやじ〕。これは『臨済録』〔行録〕にもあります。委《くわ》しく言うと、事が長くなるから略しますが、最初、臨済和尚が、黄檗《おうばく》禅師に「仏法的々」の事を問うた所が、三十棒を与えた。如何《いか》に臨済和尚でも、これでは迚《とて》もいけぬと思って、今度は大愚《たいぐ》和尚の所へ行った。師匠を取り換えた所が、大愚和尚は「黄檗与麼《よも》に老婆《ろうば》なり、汝が為に徹悃《てっこん》なることを得《え》たり」ということを言われて、臨済は始めて気が附いて、黄檗の手段此処《ここ》に在りと、それから直ちに感謝を表した。そこで大愚和尚が、汝その境界を得たならば、私の所に居ずとも黄檗の所に行くが宜いと言われたので、再び黄檗の所へ行った。処が黄檗は、大愚の処にどんなことがあって再び参ったかと言われたから、今言うただけの事実が斯様斯様《かようかよう》でござると言ったら、黄檗禅師が「這《こ》の漢《かん》の来《きた》るを待って痛《いた》く一頓《いっとん》を与えん」、大愚が余計なことを汝に言うた、彼奴《あいつ》が来たら打ち殺してやろうと言われた。しかし最初の臨済と今の臨済とは恰《あたか》も別人のごとくになって居るから、黄檗に向って「何《な》んぞ来るを待《ま》たん、即今《そっこん》すなわち喫《きっ》せよ」と云うて師なる黄檗にピシャアリと一掌《いっしょう》を与えた。「この風顛漢《ふうてんかん》却って這裡《しゃり》に来て虎鬚《こす》を捋《な》ず」と言われた。臨済便ち喝《かっ》す、褒《ほ》められたその師匠に向って一喝を下した。例を挙げると、そういうことがあります〔手沢本首書〕。

それから「**猫児《みょうじ》を斬《き》る等、皆な是れ道の為《ため》に権を行ずる者なり**」。これは南泉《なんせん》和尚が猫《ねこ》を斬った話〔「南泉斬猫」、『碧巌録』63・64、『無門関』14〕。苟《いやし》くも仏弟子たる者が物の生命を取るということは、相い成らないに拘《かか》わらず、猫《ねこ》を斬ったり、猫を打ち斬って仕舞った。こういうのは「権道」であります。爺《や》を打ったり、猫を斬ったり、こういう「権道」の事が沢山ある。彼《か》の「丹霞《たんか》、木仏《もくぶつ》を焼《や》く」と言うて、丹霞和尚が冬《ふゆ》寒い時に、焚物《たきもの》がないので、仏像《ぶつぞう》を火に燻《く》べて股火《またび》して、暖を取った〔「丹霞焼仏」、『五燈会元』5丹霞天然〕。これは決して形を以ては覘《うかが》い知ることが出来ぬ、皆な「権道」の働きで、そういうことが沢山あります。

しかし「権道」のみを以て禅の如く解するのは、これもまた一つの誤りである。「常道」は何処《どこ》までも「常道」でなければならぬが、しかしその機を見て「権道」というものを行わなければならぬ。これは今から四十年も前に歿《な》くなった、伊予《いよ》の晦巌《かいがん》和尚の弟子の、環《けい》巌《がん》和尚が、芝の金池院《こんちいん》に居った時、その金池院の檀徒《だんと》の某《なにがし》の息子が道楽息子《どうらくむすこ》で放蕩無頼《ほうとうぶらい》な奴だ。親が或る時、環巌和尚に「どうも困りました、私の宅の息子が道楽をして、何と言うても親の言うことを聞かぬ。致《いた》し方《かた》がありませぬから、どうぞあれを深く誡《いまし》めてやって下さい」。「宜《よろ》しい誡めてやろう、連《つ》れて来い」。それから親父《おやじ》が連れてくると、「お前は少しばかり道楽するそうだが、やるならばモッとしっかりやったら宜かろう。昔の者はそんな吝《けち》な道楽をした者でない。親の意見を聞く様な奴は、道楽仲間の恥晒《はじさら》しという、俗《ぞく》の謡《うた》がある。私が若い時分にはそんなことを言うた、吝な遊びではいかぬから、モッとしっかりやれ」。何かと叱《しか》り飛《と》ばす様な事を言われて、深くこの息子が大いに感じた。それから丸《まる》で人が変った様な有り様で、それ以来は行状《ぎょうじょう》を改めたということが、何かの本に書いてあった。

併《しか》しそれは常にやることでない。人間は「常道」「正道」を践《ふ》むことは造次《ぞうじ》にも顚沛《てんぱい》にも離れることは出来ぬが、その機に臨んで常を誤らず、丸で電光石火《でんこうせっか》、いつ電《いなずま》が光るとか、いつ雷《かみなり》が鳴るとか、予《あらかじ》め造り附けたものではない。「権道」は皆なそうだ。だから、迂闊《うかつ》にこれを丸呑込《まるのみこみ》にすると危険千万《きけんせんばん》だ。大いに警戒しなければならぬ。こういうのが、「皆な是れ道の為に権を行う者」である。

「**若《も》し此《こ》の大用無ければ、則《すなわ》ち恒《つね》に処す可くして、変《へん》に処す可からず**」、「恒」には処することが出来ても「変」に処することは難いであろう。「**仏《ぶつ》に入《い》る可くして、魔《ま》に入る可からず**」、仏の境界に入ることは出来るけれども、魔の境界に入ることは出来ぬであろう。悟後《ごご》の修行《しゅぎょう》は精神的に、段々経験される。仏境界《ぶっきょうかい》というものは、固《もと》より「常道」である、魔境界《まきょうかい》に入って魔《ま》の相手になるということは、中々出来ぬ。魔が来たら魔と倶《とも》に手《て》を把《と》って、而も魔を済度《さいど》しなければならぬ。文殊《もんじゅ》菩薩の行状を見ると、一月は魔宮《まぐう》に在り、一月は長者《ちょうじゃ》の家に在り、一月は婬房《いんぼう》に在り、既に三処に夏《げ》を渡る云々ということが書いてある（『圜悟録』11）。ここ等は魔境界に入って魔を済度しようという菩薩過量《かりょう》の識見なり、また過量の用《はたらき》なりである。しかし乍《なが》ら、こういうことは余程力《ちから》の純熟《じゅんじゅく》した者でないと出来ぬが、大乗仏教というものは、精神的にそこまでの境界を明らめさせる。それがなかったならば、仏境界には這入《はい》れようが、魔境界には這入れぬ。「**辧道《べんどう》有力《りき》の上士《じょうし》、熟《つら》ら翫味《がんみ》す可し**」。我が宗旨の者は、この一語を大いに翫味《がんみ》したら、そこに大いに力を得るであろう。

第五十七講　易《えき》与《よ》（第二十九則）

『周易《しゅうえき》』に曰《いわ》く、「易《えき》は天地《てんち》と準ず、故《ゆえ》に能《よ》く天地の道を弥綸《みりん》し、仰《あお》いで以て天文《てんもん》を観《み》、俯《ふ》して以て地理《ちり》を察《さっ》す。是《こ》の故に幽明《ゆうめい》の故《こ》を知り、始《はじ》めを原《たず》ねて終《おわ》りに反《かえ》る。故に死生《しせい》の説を知る。（中略）天地の化《か》を範囲《はんい》して過《あやま》たず、万物《ばんぶつ》を曲成《きょくせい》して遺《のこ》さず。故に神《しん》は無方《むほう》にして易《えき》は無体《むたい》なり」。

是れ孔子《こうし》『易《えき》』を賛するの語と雖《いえど》も、全く吾が門の大事因縁《だいじいんねん》を論ず。想うに聖者《せいしゃ》の心を用ゆる、何等《なんら》の周悉《しゅうしつ》ぞや。蓋《けだ》し古聖王《こせいおう》の『易』を作るや、理《り》を窮《きわ》め性《せい》を尽《つく》し、以て命《めい》に至る。故に六十四卦《ろくじゅうしか》、天地と準ず。智《ち》は万物《ばんぶつ》に周《あまね》くして、道《みち》は天下《てんか》を済《すく》う。故に吾が門、従上の古徳《ことく》、大道《だいどう》の妙理《みょうり》を賛して乃《すなわ》ち謂《い》う、重離《じゅうり》の六爻《りくこう》、偏正回互《へんしょうえご》、畳《たた》んで三と為《な》り、変尽《へんじん》して五と成る、此《こ》れは是れ祖門最上々《そもんさいじょうじょう》の秘訣《ひけつ》なり。近古《きんこ》、禅苑荒蕪《ぜんえんこうぶ》して、若《かくのごと》き大《だい》法財《ほうざい》を以て破古器《はこき》の如く総《すべ》て顧《かえり》みず、正宗陵夷《しょうじゅうりょうい》して救《すく》い難《がた》きに至る。吾が鵠林老漢《こくりんろうかん》、五百年間出《ごひゃくねんかんしゅつ》の禅を以て駿陽《しゅんよう》に起り、天下の邪禅《じゃぜん》を鏖《みなごろ》しにし、以て正風《しょうふう》を振《ふる》い、而《しか》して後《のち》、五位偏正《ごいへんしょう》、重十禁《じょうじゅうきん》等の無上《むじょう》の大法財《だいほうざい》、的々《てきてき》相い承《う》け、祖々《そそ》密付《みっぷ》して山野《さんや》に至る。必ず中下《ちゅうげ》機の為《ため》に設くる所以《ゆえん》の者に非ず。若《も》し人、此《ここ》に於て参詳明白《さんしょうめいはく》なるときは、則《すなわ》ち六十四卦《か》・三百八十四爻《こう》を用いずして彖爻盪動《たんこうとうどう》の妙用《みょうゆう》に通じ、変化玄妙《へんげげんみょう》の深理《しんり》を尽《つく》す。其《そ》の功験《こうけん》、実に円陀々《えんだだ》、明亮々《めいりょうりょう》、虚豁々《きょかつかつ》、露堂々《ろどうどう》、此《ここ》に到って始めて神無方《しんむほう》にして易無体《えきむたい》に、匝地《そうち》の清風、身に痛快なるを知る可《べ》し。那時《なじ》、予の辯、亦《ま》た蛇足《だそく》のみ。

周易曰。易与天地準。故能弥綸天地之道。仰以観於天文。俯以察於地理。是故知幽明之故。原始反終。故知死生之説。（中略）範囲天地之化而不過。曲成万物而不遺。故神無方而易無体。

　雖是孔子賛易語。全論吾門之大事因縁矣。想聖者之用心。何等周悉哉。蓋古聖王之作易也。窮理尽性。以至於命。故六十四卦与天地準。智周乎万物。而道済天下。故吾門従上古徳。

賛大道之妙理。乃謂。重離六爻。偏正回互。畳而為三。変尽成五。此是祖門最上上之秘訣也。近古禅苑荒蕪。以若大法財。如破古器総不顧。至正宗陵夷難救焉。吾鵠林老漢。以五百年間出之禅。起於駿陽。鏖天下邪禅。以振正風。而後五位偏正・重十禁等之無上大法財。的的相承。祖祖密付。至于山野。必非所以為中下機設者。若人於此参詳明白。則不用六十四卦三百八十四爻。而通彖爻盪動之妙用。尽変化玄妙之深理矣。其功験。実円陀陀。明亮亮。虚豁豁。露堂堂。到于此。始可知神無方而易無体・匝地清風痛快于身矣。那時予辯亦蛇足已。

〔講話〕　さて本日は愈《いよい》よ第二十九則となりました。しかし本則《ほんそく》の如き所は余程《よほど》考えて見ないと、ただ一遍の講釈だけでは能《よ》く分《わか》り憎《にく》い。そういう自身も、『易《えき》』というものは専門的に学んだことは無い。ただ断片的に我が宗門で入用《いりよう》のことだけを知って居るだけに止《とどま》って居る。中々この『易』というものは、深い所のもので、この則は『易』の繫辞《けいじ》を此処《ここ》に挙げたので、『易』の繫辞というものは、孔子がお造りになって、そうして繫辞に於て『易』の蘊奥《うんのう》を窮《きわ》められた。

本則に出て居る所は、繫辞伝〈上〉の第三に載って居ることで、先師曰く、「易は変易《へんえき》なり。之を散《さん》して事上《じ》に在るときは万殊《ばんしゅ》有り、之を統《す》べて理上《り》に在るときは二致《にち》無し、畢竟、性命《せいめい》の理に順じ、変化《へんげ》の道を尽くす所以《ゆえん》なり。故に遠く六合《りくごう》の外に在り、近く一身《いっしん》の中に帰す、至れるかな易や。長沙《ちょうしゃ》の所謂る山河《せんが》大地《だいち》を転じて掌握《しょうあく》に帰すと、是れなり」〔手沢本首書〕。「又た曰く、自己《じこ》一点《てん》の霊明《れいめい》に縁《よ》って、天地《てんち》を窮《きわ》め、万古《ばんこ》を窮む。本《も》と加損《かそん》無く、本と得喪《とくそう》無し。是れ即ち自己《じこ》性命《せいめい》の根、此れを尽くすを之を性《せい》を尽くすと謂う。此れを立つるを之を命《めい》を立《た》つると謂う。性命、本と一実なり」〔同前〕。

乃ち先師の云われた「易は変易」なので、凡《およ》そ天地間の物を眺《なが》めて見ると、皆な変《か》わりて易《かわ》らざる所のものは一つもない。皆な時々刻々に変易して行く。これは言い方に依っては進化《しんか》と云うても宜《よ》かろう。即ち英語の所謂《いわゆ》るエボリュウション〔evolution〕である。漸々と進化し、向上し発展して行くという様な有り様で、物ある処には変化がある。変化が即ち進歩だ。その道理をこの言葉にある如く、天文《てんもん》上から眺め地理《ちり》上から察し、物に就き人に就き、我が心に就き、変化自在の妙、孔子《こうし》が『易』に因《よ》って説明された。総《すべ》て天地有形の道というものは、始まりがある。始まりがあれば必ず終る。これは当り前じゃ。而し終って仕舞ったかと言えば、そうでなくして、終ってまた始まり、始まってまた終る。循環端《はし》無き処に自然の妙がある。我々が素人目《しろうとめ》で見て居る所に依って見ても、日月《じつげつ》の運行《うんこう》、寒《かん》暑《しょ》の往来《おうらい》より、昼夜《ちゅうや》の交代《こうたい》する有り様、潮《しお》の満干《まんかん》の有り様、それから一切に及ぼすと、生れると言い、死すると言い、幽《かす》かなると言い、明らかなると言い、殆《ほと》んど枚挙《まいきょ》に遑《いとま》がないのであります。尚《な》お道徳上の方面に持って行って考えて見ても、善《ぜん》あれば必ず悪《あく》あり、美《び》あれば必ず醜《しゅう》あり、真《しん》あれば必ず偽《ぎ》あり、皆な各《おのおの》の両方面がある。その悪を転じて善とするのが即ち変易。我が仏教の言葉で言えば、迷《まよ》いを転じて悟《さと》りを開く。古いものを捨て新しいものに就く。この新しいという事は改善ということである。天に在っては日月星辰《じつげつせいしん》の運行、地に在っては百物消長《ひゃくぶつしょうちょう》して居る有り様から、一切の有《あ》りと有《あら》ゆる物は、時々刻々に変化して尽きない。その幽玄深妙の道理を述べたものが『易』であります。

その『周易』の繋辞に依ると、「**易《えき》は天地《てんち》と準ず**」。「天地」というのは何を指すかというと、ただ天は高きに在り、地は低きに在るということではない。今、天文上ではこれは天体と称して居る。天体と言うても蓋《ふた》の有る函《はこ》があって、それに蓋をした様な意味のものではない。無限の時間・無限の空間を且《しば》らく概念して、それを仮《か》りに「天地」という文字に現わしたのである。それから分かれて陰《いん》と陽《よう》、或いは剛《ごう》と柔《じゅう》とに分けたのである。もし人の上になると、男と女とに見立てることもある。今は有形、無形の一切の物を「天」と「地」に約《つづ》めて仕舞った。今言う変易自在なる所の真理は天地と照準して居る。その真理を一番最初に発見したのが、支那では伏羲氏《ふくぎ》と云うのである。伏羲氏が始めて「河図《かと》」というものを得た。『論語《ろんご》』〔子罕〕にも一寸《ちょっと》この事は出て居ますが、何か河《かわ》から亀の様なものが現われて、その甲羅《こうら》に何か紋《もん》を為して居る。一つの紋章《もんしょう》がある。その紋章を判じて「八《はっ》卦《か》」というものを発明した。それが『易経』の元であります。その「八卦《はっか》」からして更にそれを精密にしたものが、所謂「六十四卦《ろくじゅうしか》」であります。この「六十四卦」で以て天地《てんち》人《じん》三才の道を、一々弥縫《びほう》し、経綸《けいりん》して居るのである。

それ「**故《ゆえ》に能《よ》く天地の道を弥綸《みりん》し、仰《あお》いで以て天文《てんもん》を観《み》、俯《ふ》して以て地理《ちり》を察《さっ》す**」。文字の上から言えば、「仰いで」とか「俯して」とかいう字はただ文字の使用を巧《たく》みにしたに過ぎない。天は高く地は低しと思う俗見から来たのである。天地はかく広大無限であるけれども、且《しば》らく我が身体を小天地《しょうてんち》と見做《みな》して考えて見ると、孟子《もうし》の言《げん》の如く、万物《ばんぶつ》みな我れに備《そな》わっておるのである〔『孟子』尽心・上〕。またその我れは万物の中に備わっておると見ても宜《よ》いのであります。かくの如く、万物各の皆な小天地を形づくっておると云うても差《さ》し問《つか》えないのである。

「**是《こ》の故に幽明《ゆうめい》の故《こ》を知り、始《はじ》めを原《たず》ねて終《おわ》りに反《かえ》る**」。「幽」と「明」とは言うまでも無い二つだ。この「幽明」の二字の字義を正して見ると、「静かにして形象《けいしょう》なき之を幽と言い、動いて形象を為す之を明と言う」、こういう註釈が施されて居る〔手沢本書入〕。一つは静かで何も形を現わさぬものを「幽」と言い、一つは動いて色々の姿形《すがたかたち》を現わした所のものを「明」と言う。「幽」あれば必ず「明」あり、これはどうしても離れられぬ。裏と表、始めと終りというが如く、「始めを原ねて終りに反る」。これを前に推すというのが「始めを原ねる」ということで、それからまた将来ということにこれを眺めて考える。一真理であるが、これを暫《しばら》く前の方にも眺めて見、また後の方に眺めて見る。縦《たて》からも見、横《よこ》からも見、前《まえ》からも後《うしろ》からも見る、易理に依って見る、「始めを原ねて終りに反る」。

「**故に死生《しせい》の説を知る**」。人生というものは天地理法として、生あれば必ず死あり、死あれば必ず生あるので、仏教の因縁《いんねん》説で言うと、縦横無尽《じゅうおうむじん》、色々に説明し得ることが出来るが、尚お儒教の易理から見ても、生ある者は必ず死ありで、左《さ》れば生と言うても敢《あえ》て喜ぶべきものでもなければ、死と言うても敢て悲しむべきものでもない。詰《つま》り「生死《しょうじ》」という文字を他に取り変えれば「終始」というと同じで、ただ一真理の頭《あたま》と尻尾《しっぽ》だけを分けただけのことで、頭と尻尾は一貫して居る。生と死は詰りこれを捕まえて見れば、一真理の二方面であって、これを一方から見れば、生あり、死あり、始めあり、終りあり。一方から言えば、生なく、死なく、無始無終である。差別《しゃべつ》的に言えば迷いもあれば悟りもある、凡《ぼん》夫《ぶ》もあれば仏《ほとけ》もある。平等《びょうどう》的に言えば、迷いもなく、悟りもなく、凡夫もなく仏もない。凡そ相対的のものはみな一味平等《いちみびょうどう》に帰して仕舞う。ただ手《て》を翻《ひるがえ》すだけのことである。「始めを原ね終りに反る、故に死生の説を知る」。

この次にまだ言葉があるがそれを略して、「**天地の化《か》を範囲《はんい》して過《あやま》たず、万物《ばんぶつ》を曲成《きょくせい》して遺《のこ》さず**」。天地の化というものは窮《きわま》りなく、得《え》て知《し》る可からざるものである。余り茫《ぼう》たり漠《ばく》たるものであるから、聖人《せいじん》が『易』という一つの道を設けた。そうしてその道を「範囲」して間違いのない様にせられた。「範囲」というのは、即ち模《も》範囲局《はんいきょく》して、大いなる天地の化育《かいく》を約《つづ》めて以て『易』の理に移した。天地の広大な有り様を約めて、これを知り得ることにせられたのである。「万物を曲成」す、この天地間、森羅万象《しんらばんしょう》は、生あり死あり、始めあり終りあり、幽あり明ありで甚《はなは》だ複雑であるが、その道理を曲《きょく》なりに成して遺さず、即ち蟻《あり》の毛《け》一本も見落《みおと》さぬ。こういう様な有り様であるが、それならどんなものが『易』であるかと、これを遠方に求めてみても、これと云って何も捉《つか》むことは出来ぬ。「**故に神《しん》は無方《むほう》にして易《えき》は無体《むたい》**」だ。

仏と言っても何も造り附けたものではない。神と言っても何も骨っこいものはない。陰というても陽というても皆な同じく、固定的のものがある訳ではない。変易自在である。例えば苦が楽になったり、楽が苦になったり、禍《わざわい》が転じて福となり、福が変って禍となる。それを算木《さんぎ》とか筮竹《ぜいちく》を借りて判断するのが、『易』の実際である。今この人の運命は悪いと見たらそれを転じて良い方へ導く。今この人は富貴《ふうき》を極めて居るけれど、幾程《いくほど》もなく変じて窮境《きゅうきょう》に陥《おちい》ると見たら、それを予言してやる。或いはこの人は短命であるがこういう善き行《おこな》いをすれば長命をするとか、この人は長命の相を持って居るが、不義《ふぎ》にして放逸《ほういつ》を極むれば短命に陥るとか、千変万化極《きわ》まりなき深遠なる道理を孔子が易理《えきり》に於て明らかにせられた。「神」というものは「無方」だから、有方に処し得ることが出来る。『易』というものは全く「無体」であるから、周茂叔《しゅうもしゅく》〔周濂渓〕は「太極は無極《たいきょくはむきょく》」なりと説いた(『太極図説』)。「太極」と言うてこれと云う作り附けたものはない、「無極」だ。斯様《かよう》なものが本体じゃというて、そこに秘密もなければ不思議のあるものではない。朝から晩まで生き生きとして日《ひ》に進化して居る。我々が心理状態に就いて見ても、時々刻々変化極《きわ》まりない神通自在である。そういう所は禅に就いて親しく境界を得たならば、変易自在の妙を悟り得ることが出来よう。物《もの》と言うても、心《こころ》と言うても、その妙を得る点に至っては、決して二つのものではない。先《ま》ず文字だけの講釈はこんな訳であるが、それを先師が次に評釈をされた。この評釈がまた頗《すこぶ》る六ケ《むつか》しいのであります。

「**是れ孔子《こうし》『易《えき》』を賛するの語と雖《いえど》も、全く吾が門の大事因縁《だいじいんねん》を論ず**」。今、本文に挙げたのは『易』の繋辞の言葉として片附《かたづ》けて置けばそれまでであるが、我等《われら》が見ると、我が宗門の一大事因縁《いちだいじいんねん》というものと全く符節《ふせつ》を合わせた様なもので、「**想うに聖者《せいしゃ》の心を用ゆる、何等《なんら》の周悉《しゅうしつ》ぞや**」、実に我が仏教の深奥《しんおう》なる道理、御経《おきょう》に説いてある所と同じだ。「何等の周悉」とは更に委《くわ》しくしたということ。

「**蓋《けだ》し古聖王《こせいおう》の『易』を作るや、理《り》を窮《きわ》め性《せい》を尽《つく》し、以て命《めい》に至る**」。此処《ここ》で三つに字を分けたのであります。向《むこ》うへ広く掛けて言う時には真理と「理」の字を使う。狭く一身に移して行く時には「性」という字に直して言う。畢竟《ひっきょう》は「命」である。即ち叮嚀《ていねい》に言えば「天命」と言うのである。この三つは詰り同じことである。古《いにしえ》の伏羲氏が「八卦」を画いて、それを分けて「六十四卦」とし、更に「三百八十四爻《こう》」に細かに分け、孔子に至ってこれが始めて大成した。「**故に六十四卦《ろくじゅうしか》、天地と準ず**」、六十四卦、これに依って天地間有《あ》りと有《あら》ゆるものを判断し去ることが出来る。「**智《ち》は万物《ばんぶつ》に周《あま》ねくして、道《みち》は天下《てんか》を済《すく》う**」。この六十四卦・三百八十四爻のこの真理を窮め得た以上は、その智眼《ちげん》は万物に行《ゆ》き亘《わた》る。何事と雖も、この六十四卦・三百八十四爻に依って判断の出来ぬことはない。人事《じんじ》百般の消息、天地《てんち》一切の現象、皆な説明の出来ぬ物はない。故老友高島呑象《たかしまどんしょう》という人は、文字も無い人であったが、昔し牢屋に居て『易』を研究して、これに依って一切の事を判断する様になった。その説明が中々《なかなか》面白い、誰でもそれはやれるでありましょう。

「故に吾が門、従上の古徳《ことく》、大道《だいどう》の妙理《みょうり》を賛して乃《すなわ》ち謂《い》う」。こういう所から、儒教《じゅきょう》の易理が我が禅門の趣旨と些《ち》っとも変った所がない。我が宗門の古徳がたが、この「大道の妙理」を賛嘆して、こういうことを言うた。**「重離《じゅうり》の六爻《りくこう》、偏正回互《へんしょうえご》」**、これは『宝鏡三昧《ほうきょうざんまい》』の中にある言葉だが、これが一番込《こ》み入《い》った言葉で、一寸講釈しても分りますまい。また『易』の書物だけの講釈では分らない。こういうことは室内《しつない》の調《しら》べで骨折《ほねお》らせて一々証明させるので、断片的に言うては分らぬが、先ず文字の意義だけ申すと、「重離六爻」とは、『易』の「離《り》」の卦は䷝という形で、同じものが上下に重なって、先ず一画《いっかく》引いてその次に中の切れた棒を引いて、その次にまた一画を引く。下の三本も同じ形である。そういう形のものを、これを「離」の卦と称するので、仏教の言葉で言うと、一画を引いたのは平等《びょうどう》を現わした、中の切れたのは差別《しゃべつ》を現わしたので、平等の下に差別、その下に平等。下の三本も同じ形で、その「離」の卦というものは、丁度《ちょうど》仏教で言う「正中偏《しょうちゅうへん》」「偏中《へんちゅう》正《しょう》」ということの道理を現わした姿で、平等というは正位《しょうい》で、差別というは偏位《へんい》であるが、正位と偏位と、別々にそういう位があるかと言えば、そうでない。「正中偏」だから平等即差別、「偏中正」だから差別即平等である。その誵訛《こうか》が「離」の卦に誠に親しく現われて居る。それで『宝鏡三昧《ほうきょうざんまい》』にもこの『易』の言葉を借りて言うた。「重離の六爻、偏正回互」で、偏位と正位、差別と平等が互いに入り合《お》うて居る。これを押し拡めると苦中の楽、楽中の苦、同中の異、異中の同、天地間の道理は、皆なそうであります。決して別々のものではない。表から見ると二つに分れて居て、内から見ると一つであります。一つのものが二つのものを現わして居る。この真理は隅《すみ》から隅《すみ》まで何処《どこ》までも行《ゆ》き渡《わた》って居る。そこの妙所を指して、「重離の六爻、偏正回互」と言うたので、入り組み入り合うて居る。「**畳《たた》んで三と為《な》り、変尽《へんじん》して五と成る**」。「離」の卦をどういう塩梅《あんばい》に畳んだら三となるか、どういう塩梅に転じたならば五になるか、一寸此処《ここ》では講釈が出来ぬ。当人が多少それを研究して、成程《なるほど》と発明をして見るが宜《よろ》しい。これは殊更《ことさら》に秘密にすることでも何でもない。白隠《はくいん》和尚の言うたことを一寸言うて見ましょう。「独妙《どくみょう》禅師(白隠)五位口訣《ごいくけつ》に曰く、回互畳変《えごじょうへん》の義、衆説繁絮《しゅせつはんじょ》。中に就いて、永覚《ようかく》・行策《ぎょうさく》二師の判、人の論ずる所なり。䷝重離の六爻、二三四爻を取って正中偏《しょうちゅうへん》と為し☴、三四五爻を取って偏中正《へんちゅうしょう》と為す☱、即ち大《たい》過《か》の卦を見る。䷛沢風大過〔大過二三四爻を取って☰〕是れを正中来《しょうちゅうらい》と為す。此《ここ》に於て畳《たた》んで三と為るの判、蓋《けだ》し善を尽すに似たり。変尽《へんじん》五と為るに至っては、全く未だ善を尽さず、後ち正受《しょうじゅ》〔正受老人・道鏡慧端〕の室《しつ》に入って之を伝う。方《まさ》に以て足れりと為す。猶お恨《うら》むらくは、諸師未《いま》だ全く偏正回互《へんしょうえご》の義を判ずるに及ばず、回互の両字、棄擲《きてき》して総に顧みざる者に似たり。此に於て疑児《ぎじ》重ねて頭《こうべ》を挙《あ》ぐ。寛延《かんえん》改元戊辰《ぼしん》夏、定中《じょうちゅう》忽爾として偏正回互《へんしょうえご》の秘奥を煥発《かんぱつ》して、歓喜《かんき》に堪えず云々」、こう言うて居られる〔手沢本首書／『荊叢毒蕊』3洞上五位偏正口訣〕。「**此《こ》れは是れ祖《そ》門最上々《もんさいじょうじょう》の秘訣《ひけつ》**」である。「**近古《きんこ》、禅苑荒蕪《ぜんえんこうぶ》して、若《かくのごと》き大法財《だいほうざい》を以て破古器《はこき》の如く総《すべ》て顧《かえり》みず、正宗陵夷《しょうじゅうりょうい》して救《すく》い難《がた》きに至る**」。然るに「**吾が鵠林老漢《こくりんろうかん》**」、矢張《やは》り白隠禅師のことであります。「**五百年間《ごひゃくねんかん》出《しゅつ》の禅を以て駿陽《しゅんよう》に起り**」、五百年に一度《ひとた》び出る程の禅を以て、駿河《するが》の国、原《はら》の松陰寺《しょういんじ》に住持せられ、「**天下の邪禅《じゃぜん》を鏖《みなごろ》しにし、以て正風《しょうふう》を振《ふる》い、而《しか》して後《のち》、五位偏正《ごいへんしょう》、重十禁《じゅうじゅうきん》等**」、「五位偏正」とは、正中偏《しょうちゅうへん》、偏中正《へんちゅうしょう》、正中来《しょうちゅうらい》、兼中至《けんちゅうし》、兼中到《けんちゅうとう》とこれである。「重十禁」というのは、これは『梵網戒経《ぼんもうかいきょう》』に出て居る。即ち快意殺生戒《かいいせっしょうかい》、劫盗人物戒《ごうとうにんもつかい》、無慈《むじ》行欲戒《ぎょうよくかい》、故心妄語戒《こしんもうごかい》、沽酒生罪戒《こしゅしょうざいかい》、談他過失戒《だんたかしっかい》、自讃毀他戒《じさんきたかい》、慳生毀辱戒《けんしょうきにくかい》、瞋不受謝戒《しんふじゅしゃかい》、毀謗三宝戒《きぼうさんぼうかい》の、この「五位偏正」「重十禁」等の調べというものは、実に「**無上の大法財《だいほうざい》**」であって、「**的々《てきてき》相い承《う》け、祖々《そそ》密付《みっぷ》して山野《さんや》に至る**」、我れ洪川まで至った。「**必ず中下《ちゅうげ》機の為《ため》に設くる所以《ゆえん》の者に非ず**」、中根《ちゅうこん》・下《げ》根《こん》の人には迚《とて》もこの事は当《あ》て箝《はま》らぬ。真箇上《しんこじょう》根《こん》の者にして始めてこういうことを解し得べきものである。

「**若《も》し人、此《ここ》に於て参詳明白《さんしょうめいはく》なるときは、則《すなわ》ち六十四卦《か》・三百八十四爻《こう》を用いずして**」、「六十四卦」の言葉というものは文王《ぶんのう》が作られた〔手沢本書入「一辞、文王作之」〕。「三百八十四爻」というものは周公旦《しゅうこうたん》が作った言葉となって居る〔同前「一辞、周公旦作之」〕。段々委《くわ》しくなって来たが、「六十四卦・三百八十四爻」を用いないでも「**彖爻盪動《たんこうとうどう》の妙用《みょうゆう》に通じ**」、

『易』の「彖《たん》」の言葉だけは孔子が作ったとなって居る（同前「一辞、孔子作之」）。「彖爻盪動」というのは変化の妙を言う。「**変化玄妙《へんげげんみょう》の深理《しんり》を尽《つく》す**」。「**其《そ》の功験《こうけん》**」の著しきことは「**実に円陀々《えんだだ》**」円《まる》いことを形容して陀々、「**明亮々《めいりょうりょう》**」明らかなことを形容して亮々、「**虚《きょ》豁々《かつかつ》**、**露《ろ》堂々《どうどう》**」内容無《む》一物《いちもつ》の当体《とうたい》を形容して「虚豁々」と言うた。「露堂々」というのは「花あり月あり楼台あり」乃至《ないし》蟻の毛一本も隠さないのを形容したのである。畢竟如何《ひっきょういかん》。師左右《さゆう》を顧視《こし》す。この境界に至って「**神無方《しんむほう》にして易無体《えきむたい》**」ということが分る。「**匝地《そうち》の清風、身に痛快なるを知る可《べ》し。那時《なじ》、予の辯、亦《ま》た蛇足《だそく》のみ**」。

第五十八講　無《む》　言《ごん》（第三十則）

孔子《こうし》曰《いわ》く、「予《われ》言うこと無からんと欲す」。子貢《しこう》曰く、「子《し》如《も》し言わざれば、則《すなわ》ち小子《しょうし》何をか述べん」。子曰く、「天《てん》何をか言うや。四時《しじ》行われ、百物《ひゃくぶつ》生ず。天何をか言うや」。開巻明徳《かいかんめいとく》の話《わ》より、通計三十則、章を逐《お》うて喃々《なんなん》、敗闕《はいけつ》少なからず。箇《こ》の話に至って、一言《いちごん》以て之《これ》を尽《つく》す。是《こ》れ尼父《じふ》の眼目《がんもく》なり。吾が瞿曇老《くどんろう》亦た曰く、一字《いちじ》不説《ふせつ》と。五千軸、一言以て之を覆《おお》う。二聖符節《ふせつ》を合《あわ》すが如し。蓋《けだ》し無言《むごん》の言《ごん》、言焉《こ》れより大《だい》なるは莫《な》く、不《ふ》説《せつ》の説《せつ》、説焉《これ》より妙《みょう》なるは莫《な》し。予《われ》又た何をか言わん。筆《ふで》を停《とど》めて良久《りょうきゅう》するのみ。何《なに》故《ゆえ》ぞ、人《ひと》無きに独語《どくご》すれば、其《そ》の鄙《ひ》、鼠《そ》の如くなればなり。

孔子曰。予欲無言。子貢曰。子如不言。則小子何述焉。子曰。天何言哉。四時行焉。百物生焉。天何言哉。

自開巻明徳話。通計三十則。逐章喃喃。敗闕不少。至箇話。一言以尽之。是尼父之眼目也。吾瞿曇老亦曰。一字不説。五千軸。一言以覆之。二聖如合符節矣。蓋無言之言。言莫大焉。不説之説。説莫妙焉。予又何言。停筆良久而已。何故。無人独語。其鄙如鼠。

〔講話〕『禅海一瀾《ぜんかいいちらん》』も漸《ようや》くにして、今回終《お》わりを告げることになります。この第三十則に引いてある言葉は申すまでもないが、『論語《ろんご》』の陽貨《ようか》の篇に出ている。

子曰く、「**予《われ》言うこと無からんと欲《ご》す**」。いつもこの『論語』などに出ている言葉というものは、極く平易で、そうして最も簡潔である。言わば篤《とっ》くりと素読《そどく》をすればそれでモウ事が分って居る様であるが、しかし聖人《せいじん》の言葉というものは、誠に言葉は簡易であるが、それを味わう時に於ては、その意味深長《いみしんちょう》なることを益《ますま》す覚える様な有り様で、畢竟《ひっきょう》、大道《だいどう》の極致《きょくち》というか、真理の頂点に達した所に至っては、どうも無言《むごん》または無説《むせつ》というより仕方がない。

我々が言語とか、または思想とかいうものは、ある範囲内に於ては、頗《すこぶ》る便宜に出来ている所のものだが、しかし我々の言葉の及ぶ所、我々の考えの及ぶ所は、大抵物《もの》を比較することで、色々の物を集めて来て、それを比べ合せて、そこに於て心《こころ》とか物《もの》とか、または善《ぜん》とか悪《あく》とか、悟りとか迷いとか、色々に比べて考えて居る。けれども有ると言うても、無いと言うても、どちらかその一方の方を取り除いて仕舞うと、モウ一方の方は亡びて仕舞う。大抵二つ相手方《あいてがた》がある為《ため》に、そこを能《よ》く考えて、これを口にするということは、言わば極限のある所の範囲だけで、即ち相対界《そうたい》、若《もし》くは差別界《しゃべつ》というだけで、もしそれ絶対《ぜったい》界とか、無限界《むげん》とかいうものに至っては、迚《とて》もこの短かい舌べらを以て容喙《ようかい》することは出来ない。我々の比較推量という様な、そういう指金《さしがね》は届かない。それであるから、学問というものは、それ以上の事を知ろうというのが抑《そもそ》も無理である。そこで時間とか空間とか無限なるものを知ろうというのが、抑も迂闊《うかつ》なことであると言うて、大抵はそこで匙《さじ》を投げて仕舞って居る。

しかるに宗教の本領は、却《かえ》ってそういう所から始まって行く。そういう意味から言うならば、学問の終極した所が、宗教の初門であると言うても宜《よ》い。例えば禅宗の言葉で言うて見ると、「父母未生已前本来の面目《ふぼみしょういぜんほんらいのめんもく》、如何《いかん》」〔第35講参照〕。詳しく言えば天地未発《てんちみはつ》以前、乃《すなわ》ちこの世界にまだ塵《ちり》一本の姿が現われぬ先は如何《どう》か、そこを一つ徹底的に明らめるのが、それが我が禅の本領、本領というよりも寧《むし》ろ起点である。孔子様は宗教としてこういうことを言われたのではなかろうけれども、我々の禅の立場から見ると、自からそこに協《かの》うて居る様に見受ける。こういう例を仏教とか、または禅録とかいう方へ持って行って考えて見ると、そういう例は枚挙《まいきょ》に遑《いとま》の無い程沢山《たくさん》あります。

一例を挙げて見れば、釈迦《しゃか》如来《にょらい》の所へ外道《げどう》が来て、外道というのは、当時一方の宗教家、または哲学者であった。その外道が来て、仏にこういうことを尋ねた。「有言《うごん》を問わず、無言《むごん》を問わず」、ただこれだけのことだ。有言は言葉あり、無言は言葉なし。有言も尋ねない、無言も尋ねない。凡《およ》そ我々の見て居る所のこの宇宙間の総《すべ》ての事物というものは、有《う》と無《む》とを以てこれを総括することが出来る。要するに有と無で、有に非ざれば無、無に非ざれば有、有と無を以て総ての現象を総《す》べることが出来るが、今、此処《ここ》へ出て来た外道の言葉は、有言を尋ねないと同時に無言も尋ねない、という。一つ矛盾を真向《まっこう》にかざして来て、仏《ほとけ》をウンと言わせる積《つも》りであったに違いない。

仏教では「四句百非《しくひゃっぴ》」というて、詰《つま》り、哲学的論理を段々畳《たた》んで行くと、有に非ず無に非ず、非ず非ずということを百程重ねて行く。その初めは何かと言えば、有と無だ。有と言い、無と言い、また有に非ず無に非ず、また有に非ざるに非ず、また無に非ざるに非ず、これを仮《か》りに「四句」とする。それを段々細かに畳み込んで行くと「百非」。我々の言語というものも、思想というものも、そこで尽《つ》きて仕舞う。尽きた所でどうする。今、外道がこれを担《かつ》いで来た。「有言を問わず、無言を問わず」、と問うたら、仏が何と答えるかというと、大した答えがなかった。

それをどうかというと、「世尊良久《せそんりょうきゅう》す」と書いてある、形の上から見ると、何か口をつぐんでズッと黙った様な有り様じゃが、しかし乍《なが》らこれは黙ったとか、黙らぬとか、そういう「良久」では無論《むろん》ない。こういうことは、実は言葉を附け様とするのが迂闊な話で、「良久」の境界は当人自身の精神上に持って来て、自らそれを頓悟《とんご》して掛《かか》らなければならぬ。如何《いか》なる境界が「良久」の境界か、それを自得しなければならぬ。「良久」ということは、黙すると書いても差《さ》し支《つか》えない。流石《さすが》この外道が優《すぐ》れた人と見えて、世尊が良久したのを見て讃嘆して言うた。「世尊大慈大悲《せそんだいじだいひ》、我が迷雲《めいうん》を開きたまえり」と言うて、感謝の言葉を述べた。

こういう問答があった所が、側《そば》に居った者は猫《ねこ》に小判《こばん》で一向分《わか》らぬ。阿難《あなん》尊者は仏の十大弟子の中で、多聞《たもん》第一と言われて、博聞強記の人であったにも拘《かか》わらず、世尊に外道がかく尋ねた、その時、世尊の「良久」を見て、外道が大いに得る所があったが、阿難尊者には何の事か珍粉漢《ちんぷんかん》で、一向分らなかった。乃《そこ》で阿難尊者が、仏に尋ねられた。外道何《なん》の所証あってか、世尊を讃嘆して我が迷雲を開き給えりと感謝したのでありますか、私には分りませぬと申したら、その時釈迦牟尼如来《しゃかむににょらい》は言うに、彼れは良馬《りょうめ》の行くが如し。実に俊《しゅん》なる者、敏《びん》なる者だ。良馬になると、鞭影《べんえい》を見て直《ただ》ちに一足飛《いっそくと》びに走り出す。愚鈍《ぐどん》な馬になると、叩《たた》かねば動かぬ。更に愚《ぐ》なる奴になると、鞭《むち》を以て骨に徹《とお》る程叩《たた》かなければ走り出さぬが、独《ひと》りこの外道は、実に駿馬《しゅんめ》の如くであると言われた〔『碧巌録』65〕。さて世尊が

「良久」した境界はどういう境界であろうということを悟得《ごとく》するのが、我が宗門の調べである。

こういう例は幾《いく》らもある。今一つ例を挙げると、唐朝《とうちょう》の粛宗《しゅくそう》皇帝が、或る日、慧忠国《えちゅうこく》師《し》〔南陽慧忠〕に尋ねられた。師《し》百年の後、求《もと》むる所の者は何者だ。何か末期《まつご》に至って求める所があるならば、我れが叶《かな》えて進ぜようと言うたら、忠国師は、我が為に「無縫塔《むほうとう》」を造られよと答えた。別に陛下に対してこうして給《たま》われという様な、希《こいねが》うことはござらぬが、折角《せっかく》の御恩命だから、我が為に「無縫塔」を作り給われ。「無縫」というのは直訳すれば縫目《ぬいめ》のないということで、即ち石屋の手にかけて細工しない所の塔という程の意味であります。そこで粛宗皇帝が乞う、師、「塔様《とうよう》」即ち石塔の雛方《ひながた》を一つ見せて貰いたいと言われたら、忠国師は「良久」という有り様であった〔『碧巌録』18〕。世尊が今、外道に対してやられたと同じである。ズッと「良久」せられた。そこはどんな所か、自分が一つ工夫を凝《こ》らして見なければならぬ。左《さ》れば何時《いつ》でも、真理の極所《きょくしょ》に行くとこうより外に仕方がない。

嘗《かつ》ても言うたことでありますが、真理は二ならず一というと、まだそこに迷い出すから、「不二《ふに》」というて『維摩経《ゆいまきょう》』に説いてある。入不二法門品《にゅうふにほうもんぼん》の一番終《しま》いに、文殊《もんじゅ》菩薩が「不二の法門」を言うた所を説いて居るのを見ると、「不二法門」の真理というものは「無言《むごん》無説《むせつ》、無示無識《むじむしき》」とあります。言うことも無く、説くことも無く、示すことも無く、識ることも無い。私はかく「不二の法門」を見るが、維摩居士その方《ほう》はどうか。この「不二法門」をどう現わすかと言うた時に、維摩居士は、黙然《もくねん》として言無《ことば》し。矢張《やは》り「良久」と同じである。それより矢張り仕方がない。しかし我々が「良久」とか「黙然」とかいうことを、只《た》だ黙ったことだと解すると、大間違いが起きる。昔の人の註釈にも、維摩の一黙は「その声雷《らい》の如し」（『碧巌録』65著語）、殷々《いんいん》たる雷霆《らいてい》の鳴り渡る様な一黙である。こういうとまた、何かそこで恐ろしい音でもしそうに思うが我々の常だが、そうでもない。そこは人々《にんにん》活眼を以て其処《そこ》を工夫しなければならぬ。

　例を挙げればまだありますが、本文を言うて仕舞いましょう。孔子はそういう意味に於て言われたのでないかも知らぬが、我々がそこに持って行って解しても、敢《あえ》て差《さ》し支《つか》えはない。孔子がある時門人に対して今まで我れは随分お前方《まえがた》に向って、問うことがあれば、それに対えた。色々と言ったが、何遍言っても言っただけでは、この道は尽きない、我れはモウ言うまい、こう申されると、門人の中から「子貢《しこう》」という中々賢《かしこ》い人が出て来た。子貢《しこう》・子夏《しか》という者は十哲の中でも最も智慧に富んで居た人としてある。それがここに言葉を夾《はさ》んだ。「**子如《も》し言わざれば、則《すなわ》ち小子《しょうし》何をか述べん**」、夫子《ふうし》が若《も》し何事も言うて下さらなかったならば、我等《われら》門人共《ども》は何を述べましょうか。孔子も「述《の》べて作《つく》らず」と言うて、自分の臆説《おくせつ》を言うたり、独断の議論じみた言《げん》を避けられた（『論語』述而）。大抵自分の師匠とか、或いはまた古《いにしえ》の聖賢《せいけん》の言に則《のっと》って述べられるのである。

さて今あなたが、何も手本をお出し下さらなければ、我々はそれを祖述して述べることが出来ませぬと申したら、孔子が何も失望するには及ばない、それなら言うてやろうと、有り難いことを言われた。「**天《てん》何をか言うや。四時《しじ》行われ、百物《ひゃくぶつ》生ず。天何をか言うや**」。二度「天何をか言うや」と重ねられたのは、最も讃美したことで、讃美の至れる心が現われて居る。篤《とっ》くり見たら宜かろう。「上天の載《こと》は音《おと》も無く臭《におい》も無し」と言うて、天は何も言わぬ〔『中庸』33、第41講参照〕。人間の様にお喋《しゃ》べりでない。人間は千万言《せんまんげん》喋べっても殆《ほと》んど一つを行うことも難《かた》いが、天なるものは何も言わぬ。天に向って罵《ののし》っても、天は怒りはせぬ。天に向って賞《ほ》めて見ても、天は何も喜んだ顔もしない。西郷南洲《さいごうなんしゅう》の言葉に、人間などを相手にし様と思うから色々面倒臭《めんどうくさ》いことが起っていかぬ、天を相手として居らなければいかぬと言うた〔『南洲翁遺訓』25「人を相手にせず、天を相手にせよ。天を相手にして、己れを尽し人を咎めず、我が誠の足らざるを尋ぬ可し」〕。

もし天なるものを信得して、それを一つ吾が腹《はら》に容《い》れて居ると、私は困ったとか、仕方がないとか、そういう様な意気地《いくじ》のない泣声《なきごえ》は中々出て来ない筈《はず》だ。所が凡愚《ぼんぐ》の輩《やから》は小さなことを睨《にら》み合うから、万事小六《こむつ》ケしくなってくると云うておる。今はそういう意味でないか知らぬが、「天何をか言うや」。何事も言わぬが、「四時」は循環して居る。春夏秋冬、一日も軌道を外《はず》さずして推《お》し移《うつ》って行く。それで終ったのでない、また始まる。始まってはまた終る。同じ事を繰り返し繰り返しして居る。四時循環し、昼夜交代してグルグル止《とめ》どもなく変って行く。その他一物一件、物のある所には新陳代謝が行われて居る。天文《てんもん》の上から考え、地文《ちもん》の上から考え、また自分の身の上から眺めて見ても、皆なそうだ。循環端《たん》なくて能く推し移って行く、そこに進歩もあるし、発達もある。丁度溜池《ためいけ》の水の様なもので、滞《とどこお》ると、それが腐る。腐るから、色々毒素《どくそ》や黴菌《ばいきん》がそれから生ずる。その黴菌なるものが大変な害毒を流すということになって行く。四時の推し移って行くということに妙《みょう》がある。四時は行われて万物は生々として発育して行くけれども、天は何も言わぬ。これは実に至れる言葉であろうと思う。

『論語』には一々味わう可きこと計《ばか》りであるが、思うにこの陽貨の章に出て居るこの一段が、私共《わたくしども》は最も味の深い言葉じゃと思うて居ります。平生《へいぜい》我々日用《にちゆう》の事を取《と》り扱《あつこ》うて居る上でもそうであります、喋べるよりも寧ろ黙った方に、ある深い意味がある。そういうことは、稍《や》や歳を加えると痛切に感ぜられることがある。人と色々の理窟を言い合いをしてもそうだ。往々ボロが出ることがある。寧ろ黙《もく》して人を殺したり、黙して人を活かしたりする、その黙《だま》って居る上に力がある。西洋でもそんなことを言うて居る、スピーチ・イズ・シルバー、バット、サイレンス・イズ・ゴールド〔Speech is silver, silence is gold. 沈黙は金、雄辯は銀〕。無言は畢竟《ひっきょう》そこに金の様な値《ね》打ちがある。喋べることもまた必要でありますが、寧ろ金に比ぶれば銀くらいなものである。そこで先師が三十則を集めて一番終《おわ》りにこの則を出したのも、余程工夫せられたものと思うのであります。

「**開巻明徳《かいかんめいとく》の話《わ》より、通計三十則、章を逐《お》うて喃々《なんなん》**」、いらざる口を叩《たた》いた。「天何をか言うや」という所から言えば喋々喃々《ちょうちょうなんなん》と、喋べらんで宜いことを喋べった。「**敗闕《はいけつ》少なからず**」。今考えて見ると、仏《ほとけ》とか神《かみ》とか、悟りとか迷いとか言うたことは、失敗極《きわ》まった話だ。「**箇《こ》の話に至って、一言《いちごん》以て之《これ》を尽《つく》す**」、この一言で言い尽して居る。「詩《し》三百、一言以て之を蔽《おお》う、曰く、思邪《おもいよこしま》なし」という、それと同じことだ(『論語』為政)。例えば『論語』なら『論語』は、この一言でこれを尽して居る。「**是《こ》れ尼父《じふ》の眼目《がんもく》なり**」即ち孔夫子《こうふうし》が色々説かれたが、その説かれた中のこれが活きた眼玉《めだま》である。

「**吾が瞿曇老《くどんろう》**」、「瞿曇」というのはお釈迦《しゃか》さんの俗姓である。俗姓でも印度では最も系統正しい所の姓だ。そういうことは歴史上の話に譲っておきます。「瞿曇老」は「釈迦老」というも同じ。釈迦老も「**亦た曰く、一字《いちじ》不説《ふせつ》**」。これは大乗経典に往々《おうおう》出て居ります。たとえば『楞伽経《りょうがきょう》』は世尊はじめ仏《ぶつ》を得てより大涅槃《だいねはん》に至るまで「其の中間に於て一字を説かず」とある(四巻『楞伽経』3)。或いはまた『大般若経《だいはんにゃきょう》』第八十一巻の処を見ると、「予、此《ここ》に於て一字を説かず。汝等《なんじら》聞かず。当さに何の所解《しょげ》かあるべき」、こういう工合に言うてある。また『大集経《だいじっきょう》』(12)にも「諸仏如来《しょぶつにょらい》は都《すべ》て説く所なし、我れ云何《いかん》が聴かんや」云々。これに似た言葉は沢山《たくさん》ありますが、お釈迦様は矢張《やは》り終極《しゅうきょく》の所に至ると、いつでもそれだ。能く喋べったと言えば喋べった。始め正覚《しょうがく》を成就せられてより涅槃《ねはん》に至るまで、中間四十九年の間、三百余会《よえ》を重ねて、横説竪説《おうせつじゅせつ》、それぞれの根機《こんき》に応じて、小乗《しょうじょう》とか大《だい》乗《じょう》とか、頓《とん》とか漸《ぜん》とか、半《はん》とか満《まん》とか、色々説かれたが、一番終いに至って、我れ嘗《かつ》て一字を説かず、トウトウ白状せられた。「**五千軸、一言以て之を覆《おお》う**」、この「一字不説」の一言というものが、仏の説いた五千巻を掩《おお》うて居る。

「**二聖符節《ふせつ》を合《あわ》すが如し**」、孔子と言い、釈迦と言い、丁度申《もう》し合《あわ》せた如き言い分だ。「**蓋《けだ》し無言《むごん》の言《ごん》、言焉《これ》より大《だい》なるは莫《な》**」し。今でも能く言うことでありますが、無言の雄辯と。真にそうでありましょう。辯というと、多辯もある、達辯もある、能辯もあるが、雄辯という真の雄辯は、無言だ。「**不説《ふせつ》の説《せつ》、説焉《これ》より妙《みょう》なるは莫《な》し**」。こういう工合に評して行って、「**予《われ》又た何をか言わん**」。この洪川もここに至ってモウ何も言うことはない。「**筆《ふで》を停《とど》めて良久《りょうきゅう》するのみ**」。文字も能く照応して居り、文章も能く洗錬されてある。握った「筆を停」めて「良久」するばかりだ。何《な》ぜならば、「**人《ひと》無きに独語《どくご》すれば、其《そ》の鄙《ひ》、鼠《そ》の如**」し。今まで彼是《かれこ》れと随分お喋べりをして来たけれども、畢竟問《と》わず語《がた》りをやった様なもので、誰という人間を捕《つか》まえて理窟を言うたのでない。誰も居らぬ所で独《ひと》りで喋べって居ったので、誠に詰らぬ、その鄙《いや》しきこと鼠《ねずみ》の如くである〔宋・陳摶『神相全編』相口「無人独語者、其賤如鼠」〕。

これで『禅海一瀾』三十則の講演を終りました。終《しま》いまでこうしてお互いに欠席なく頭《こうべ》を集めるということは誠に喜ばしい。一部の書物でも、どうやらこうやら結びを附けたと

きは、丁度多年《たねん》の借金を皆な払い尽して仕舞った様な心持ちで、大いに愉快を感ずる次第であります。珍重《ちんちょう》

願《ねがわ》くば此《こ》の功徳《くどく》を以《もっ》て普《あまね》く一切《さい》に及《およ》ぼし
我等《われら》と衆生《しゅじょう》と皆な共《とも》に仏道《ぶつどう》を成《じょう》せんことを

［解説］

今北洪川老師と釈宗演老師
——『禅海一瀾』をめぐって——

臨済宗円覚寺派管長　横田南嶺

本書は、今北洪川《いまきたこうせん》老師の著『禅海一瀾《ぜんかいいちらん》』をその弟子である釈宗演《しゃくそうえん》老師が講義されたものである。ながらく、岩波文庫に於いては、太田《おおた》悌蔵《ていぞう》先生の訳注による『禅海一瀾』が上梓されてきていたが、漢文の訓み下しと注釈のみであるために、初学の者には読解が困難であった。

この度、平成三十年（二〇一八）釈宗演老師の百年諱にあたり、宗演老師が講義された『禅海一瀾講話』が発刊されることによって、今まで『禅海一瀾』を難しく感じていた人達にも、広く読解できるようになった。

釈宗演老師のことは、今日でも『広辞苑』に、その名が出ている。『広辞苑』には、「臨済宗の僧。号は洪岳。福井県の人。妙心寺の越渓《えっけい》、円覚寺の今北洪川（一八一六—一八九二）などに就いて参禅、近代的な禅の確立に努めた。円覚寺・建長寺管長、京都臨済宗大学長。

一八五九―一九一九」と記されている。ここに「近代的な禅の確立」とあるように、古い体制を打破し、近代にふさわしい活躍をされた禅僧であったことが知られる。

明治維新と共に、新政府は廃仏毀釈を断行し、伝統仏教の教団は少なからぬ打撃を受けた。地方によっては、多くの寺が壊され、仏像や宝物なども壊滅的な被害を受けている。鎌倉に於いても、それまでは「鶴岡八幡宮寺」として神仏習合の寺院であった今の鶴岡八幡宮も、五重塔など仏教に関するものは、すべて壊されてしまった。

しかし、円覚寺に於いては、今北洪川老師と釈宗演老師の師弟によって、大きな被害を受けることなく、むしろ近代国家にふさわしい禅を発展させることとなった。

古来、「道の隆替、豈に常ならんや、人の之を弘むるに在るのみ」(『禅門宝訓』)と言われるように、仏道が栄えるのも、廃れるのも、その人に依るのである。円覚寺に於いては、今北洪川老師、釈宗演老師の師弟を明治の初期に管長として迎え得たことは大きな意義をもっている。

まずは、その両老師の略歴と人となりを紹介しよう。

今北洪川老師のことは、太田悌蔵訳注の『禅海一瀾』には、「解題」において、その略歴が説かれている。文語調で書かれているので、それを現代文に読みかえてみる。

今北洪川老師は、法諱は宗温、別に虚舟と号し、蒼龍窟《そうりゅうくつ》と称した。蒼龍窟は、禅の「師家」としての号である。文化十三年（一八一六）、摂津国西成郡福島村に生まれた。幼くして、藤沢東畡《ふじさわとうがい》について儒学を学び、広瀬旭荘《ひろせきょくそう》に詩歌や文章を学んだ。万巻の書を暗記したのだが、これらは結局古人の糟粕《そうはく》に過ぎないと悟って、禅書を読むようになり、『禅門宝訓』を読んで、とうとう家族を捨て、今まで学んできた書物も捨て去って、京都相国寺の大拙《だいせつ》禅師のもとで出家得度した。その時、年は二十五歳（天保十一年・一八四〇）であった。この辺の消息は、本書第五講「上書（其二）」に詳しい。

その後は、辛酸を喫しながらも苦行して八年ほど、相国寺に留まって、弘化四年（一八四七）、大拙老師の命によって備前の曹源寺に行き、棲梧《せいご》軒儀《けんぎ》山《さん》老師に参禅して、禅の奥義を極められた。

三十九歳で、京都嵯峨の天龍寺塔頭瑞応院に住し、更に安政六年（一八五九）周防《すおう》岩国の藩主吉川監物《きっかわけんもつ》の招きに応じて、永興寺《ようこうじ》に入った。

本書『禅海一瀾』は、文久三年（一八六三）、吉川公の為に説いて献上されたものである。こうして永興寺に十数年住して、明治八年（一八七五）、鎌倉円覚寺管長となり、臨済宗大《だい》教黌長《きょうこうちょう》を兼ね、明治二十五年（一八九二）一月十六日に亡くなった。世寿七十七であった。法を伝えた弟子として、洪嶽宗演《こうがくそうえん》（釈宗演老師のこと）、函應宗海《かんのうそうかい》、奥宮慥斎《おくみやぞうさい》などを輩出した。在俗の名士、鳥尾《とりお》得庵《とくあん》（小弥太）、山岡鉄舟《やまおかてっしゅう》、巌谷《いわや》一六《いちろく》なども参禅し、その親交は厚かった。洪川老師の詩文集は『蒼龍広録』五巻が刊行されている。

洪川老師は、大拙老師のもとで二年修行して、天保十三年（一八四二）四月に見性（悟りを開くこと）することが出来た。その時の偈には、「疎闊《そかつ》なり孔夫子《こうふうし》、相い逢う阿堵《あと》の中、誰《たれ》に憑《よ》ってか多謝《たしゃ》し去らん、好媒主人公《こうばいしゅじんこう》」とある。長い間儒教を修め、そこから禅に入り、悟りを開いてようやく孔子の真面目を知り得たというのである。このあたりのことも、本書第十七講「緒言（其五）」に詳述されている。

以上が、太田悌蔵氏による、洪川老師の略歴である。

太田氏は更に、本書を「神儒仏三者の調和合一を説かんとして、然も「神」に関しては『緒言』に所懐の一端を示したに止め、専ら儒言を以て仏意を説き以て儒仏を調和せしめ、更に儒言については、儒者の嘗て言わざる仏者的解釈を施した。本書に仏とは専ら禅である」と評している。

次には、この『禅海一瀾』を講義された釈宗演老師の事について触れてみる。

釈宗演老師は、安政六年（一八五九）に、福井県の高浜で生まれている。徳川の世が終わりを告げて、明治へと新しい時代が開かれてゆく、まさにその渦中にあって生を享けられた。

若狭の地は、近代のすぐれた禅僧が多く輩出されていて、宗演老師の俗縁に、妙心寺の僧堂を開単された釈越渓老師がおられ、宗演老師は十二歳（明治三年・一八七〇）の時越渓老師のもとで出家得度された。

十五歳（明治六年・一八七三）になって建仁寺山内の両足院おいて千葉俊崖《ちばしゅんがい》老師について修行されている。ここで後に建仁寺の管長となった竹田黙雷《たけだもくらい》老師と共に参じており、両人は後に「東の宗演、西の黙雷」と並び称されるようになる。

その後、越渓老師の勧めによって、伊予八幡浜の大法寺の西山禾山《にしやまかざん》老師のもとに参り、それから三井寺の大宝律師《だいほうりっし》について、『倶舎論』など教学を学ばれた。その後備前の曹源寺に行き、晩年の儀山善来《ぎさんぜんらい》老師に師事されている。

明治十一年（一八七八）宗演老師二十歳の時に、円覚寺に来て今北洪川老師に参禅された。俊敏な宗演老師は、洪川老師の厳しい鉗鎚《けんつい》を受けながらも、二十五歳（明治十六年・一八八三）には印可を受けられる。そして二十六歳には、円覚寺開基北条時宗公の廟所である仏日庵の住職に就任され、横浜市永田の宝林寺において提唱を始められた。

洪川老師の後継者として将来を託されていたが、洪川老師の反対をも押し切って、慶應義塾に入って英語など当時最先端の学問を修得された。慶應入塾には、鳥尾得庵が援助されている。ここで福沢諭吉という優れた人物にも教えを受けることができた。

そして、山岡鉄舟や福沢諭吉の勧めもあって、慶應で学んだ後に宗演老師は、セイロンに行って、仏教の原典を学ぼうとされた。

慶應に学び、セイロンに修行されたことは、宗演老師に大きな影響を与えた。特に当時世界がどのような状況にあるのか、時代認識を新たにすることができたと思われる。セイロンは、当時イギリスの植民地であり、住民の暮らしは大変苦しいものであった。世界においてアジアが如何に危機的な状況に置かれているかを身をもって体験されたのである。

帰国して、明治二十五年(一八九二)三十四歳で円覚寺の管長に就任、僧堂師家を兼ねて雲水の指導に当たられた。明くる年にはシカゴで万国宗教会議が催され、宗演老師はそこに参加して演説をされた。

世界におけるアジアの窮状を目の当たりにし、国内に於いても民心が仏教から離れつつあるという中で、宗演老師は敢えて世界に仏教、禅の素晴らしさを説こうとされたのだ。幼少より学び体得した禅を、日本のみならず世界の人達に伝えようとされた。シカゴでの演説が縁となってオープン・コート社のポール・ケーラス氏と親しくなり、ケーラスの要請に応じて、当時宗演老師のもと居士として修行されていた鈴木大拙(一八七〇―一九六六)が渡米することとなる。大拙はアメリカにあって、東洋の古典を翻訳し、欧米に禅仏教が弘まってゆくこととなった。

宗演老師は、一時期円覚寺と建長寺の管長を兼任していたが、四十七歳(明治三十八年・一九〇五)でそれらを辞し一箇自由の身となって、世界を周遊し禅を弘めようとされた。アメリカではルーズベルト大統領とも会見し、世界の平和について語り合っている。

広く世界に大いに禅の素晴らしさを説かれ、帰国の後も、文字通りに東奔西走、布教伝道に明け暮れられた。大正三年（一九一四）には臨済宗大学（現・花園大学）の学長にも就任されている。

大正五年（一九一六）再び円覚寺管長に就任されたが、長年の無理がたたったのか、大正八年（一九一九）十一月一日、六一歳で御遷化されている。

次に、洪川老師と宗演老師のお二人の間柄について考察してみたい。禅では、「師資相承」といって、師から弟子へと教えが相承されることを尊ぶ。

特に、この師と弟子と息がピッタリ合うことが大事である。卵の中の雛が、中から殻をつつき、親鳥が外から殻をつく。それに為されてこそ、雛は孵化できるという「啐啄同時《そったくどうじ》」という禅語があるが、洪川老師と宗演老師のお二人はその典型とでもいうべきところがある。

洪川老師の語録『蒼龍広録』には、宗演老師の事を詠った偈がいくつも載せられている。たとえば、明治十三年（一八八〇）の夏には、宗演老師が、洪川老師の身の回りのお世話をする役目を務められ、そのお礼の気持ちを偈にされている。

解夏謝演侍者勤労　　解夏《かいげ》、演侍者の勤労を謝す

夏了新涼入草房　　夏了《おわ》って新涼、草房に入る。

烏飛兎走太忙忙　烏飛び兎走って太《はなは》だ忙忙。
老僧高臥長閑事　老僧高臥、閑事を長ず。
多謝汝扶折脚鐺　多謝す、汝が折脚鐺《しょう》を扶くることを。

宗演老師が、洪川老師に心を込めて尽くされたのであろうことが察せられる。それを素直に感謝される洪川老師のお姿も尊く思われる。洪川老師は、宗演老師よりも四十三歳も年上であり、この頃は既に六十五歳で老境にある。単にお世話してくれただけでなく、修行の上に於いても、大いにその力量を認められている。明治十六年(一八八三)には、その前の年末に宗演老師が造られた詩に和韻しておられる。

和演禅歳晩之韻　演禅の歳晩の韻に和す
天下無人宗旨前　天下人無し、宗旨の前。
十年空此対雲煙　十年空しく此《ここ》に雲煙に対す。
蒼龍今獲真龍子　蒼龍、今真の龍子を獲たり。
快迎新歳好酣眠　快く新歳を迎えて、好し酣眠《かんみん》するに。

洪川老師が、円覚寺の僧堂で多年師家を勤めてきて、ここにようやく真の後継者を見いだしたという慶びが伝わってくる。

古来禅門では、「見《けん》、師《し》に斉《ひと》しきときは師《し》の半徳《はんとく》を減《げん》ず。見《けん》、師《し》に過《す》ぎて方《まさ》に伝授《でんじゅ》するに堪《た》えたり（『臨済録』）」と言われ、弟子が師の法を受け継ぐには、師に勝る力量が無ければならないと言われている。そして、師家となったからには、そのような弟子を一箇半箇でも造らなければならないとされている。そうでなければ、自らの後継となすことは許されないのである。

その年には、洪川老師は、まだ弱冠二十五歳の宗演老師に印可を与えられている。その偈も残されている。偈のまえがきには、こう記されている。

若《じゃく》の演禅士　力を参学に用いること久し。既に余の室内の大事を尽くす、乃ち一偈を投じて、長時苦屈の情を伸暢《しんちょう》す。老僧、祝著に勝《た》えず。其の韻を用いて即ち証明の意を示す。

若之演禅士　用力於参学久　既尽余室内大事　乃投一偈　伸暢長時苦屈之情　老僧不勝祝著　用其韻　即示証明之意

というのである。

その年の開山忌には、宗演老師を妙心寺の越渓老師から、我が弟子としてもらい受けることができた慶びを素直に詠われている。

若の宗演上座は、妙心越渓老師の徒弟なり。久しく余に依って已《すで》に大事を了畢《りょうひつ》せり。歳癸未の秋、西下の次いで、越渓老師に就いて之を乞て余が徒弟と為す。冬制請じて座原立僧為らしめんと欲す。今、祖忌拈香《そきねんこう》に当たり、故に偈中に及ぶ。

孔子東魯に瑞麟を見、
山僧西海に真人《しんにん》を獲たり。
帰り来って信を呈す、祖龕《そがん》の下、
重担を卸下して法輪を転ず。

若之宗演上座者　妙心越渓老師之徒弟也　久依余已了畢大事　歳癸未秋　西下之次　就越渓老師　乞之為余徒弟　欲冬制請令為座原立僧　今也当祖忌拈香　故偈中及
孔子東魯見瑞麟
山僧西海獲真人
帰来呈信祖龕下
卸下重担転法輪

孔子が、魯の国で麒麟を見たように、自分は宗演という真人を得たのだというのである。褒めすぎではないかと思われるほどであるが、洪川老師の率直な気持ちであったのだろう。当時の円覚寺の僧堂には、宗演老師よりも先輩で、後に管長になるような雲水もいたのであって、中には「十年空しく此《ここ》に雲煙に対す」と詠われて、僧堂を去ってしまった者もいた。それは、後に相国寺の独園《どくおん》老師について修行を成し遂げて、宗演老師のあと円覚寺の僧堂の師家、及び管長にもなられた宮路《みやじ》宗海《そうかい》老師である。

しかし、決して洪川老師は、宗演老師のことを溺愛された訳ではない。宗演老師が、明治十三年(一八八〇)に、円覚寺から道友竹田黙雷老師へ出した手紙には、「老師家風厳冷手段酸辣にして、吾が如き天資譾劣質の者の、善く湊泊すべきに非ず。熱喝怒雷の如く、瞋《しん》拳《けんう》雨点《てん》に似たり……血の涙、玉の汗、身を碁石に摺る、はた幾回ぞ」と述べているように、洪川老師の指導も苛烈を極めていたことが分かる。それに耐えてこその大事了畢であったのだ。

洪川老師は、「鬼大拙」と恐れられた大拙老師の瞋拳をくらい、独参のたびに涙を流されたという。更に参じた儀山老師もまた、峻烈な指導で恐れられていた。そんな両老師に参じて修行を終えられた洪川老師であるから、弟子に甘いはずがない。

思うに、宗演老師は幼少から妙心寺で鍛えられ、建仁寺で黙雷老師と共に修行されていた頃に、既に見性の眼を開かれていて、更に円覚寺に洪川老師に参禅して、それこそ桶底《つうてい》を脱する如き見性体験を経て、その後一瀉千里《いっしゃせんり》に伝統の公案を透過されたのであろう。看話禅の模範的な修行であったと言えよう。

宗演老師を我が後継と定めて、「好し酣眠するに」と詠った洪川老師であるので、宗演老師の慶應義塾の入塾や、後のセイロン行きには猛反対されたのは、当然である。『蒼龍広録』巻三には、宗演老師が二十七歳で慶應義塾に入ろうとされたのに、反対され、それでもやむなく入塾を認めて書いた「行持を論じ、洪嶽立僧の欧州語学校に遊ぶを送るの巵言《しげん》」という長文が残されている。

洪川老師は、その中で、自分の後を託し、円覚寺の開基である北条時宗公の廟所の住職とした宗演老師が、慶應義塾に入ろうと考えたことを、「嗟《ああ》、是れ你、閑事に依って、無明を長ずる者かと」とまで言って慨嘆している。それでも、宗演老師の志を認めて、大燈《だいとう》国師の五条橋下の聖胎長養になぞらえて、「你の彼の語学校に投ずる長養の忍辱は最も難し」と述べ、「逆境界は打し易く、順境界は打し難し」という大慧《だいえ》禅師の言葉を引用し、順境界にあって道を修めることの困難なることを説かれている。そして、「若し、蹉過喫《さかきつ》顚《てん》せば老僧何の面目か有ってか、此の山に主長たらん」と述べ、もしも都下の学校に通って間違いでも起こすことがあったならば、宗演老師を我が後継と定めた自身の面目丸つぶれになるとまで、述べられている。どんなに心配をして宗演老師を慶應義塾に行かせたか、洪川老師の親心がよくうかがえる。

更に、慶應を出てからは、セイロンに行くと宗演老師は言われたのであるから、洪川老師の驚きようは察するに余りある。当時のセイロン行きは、文字通りの命がけであったろう。同じく『蒼龍広録』巻三には、「大円覚寺塔頭仏日庵主洪嶽宗演立僧、竺《じく》の錫蘭《セイロン》に赴き、梵学を修めんとするを送る、序兼ねて訓示」という法語が残されている。ここに洪川老師は、セイロンに行く宗演老師に対して、専ら「即今別に臨んで、唯忍徳を書して以て贐《はなむけ》に充つ」とあるように、『羅云忍辱経《らうんにんにくきょう》』の中から、忍の大切さを説いた言葉を書き連ねて、ただ忍の一字を説いているのだ。

セイロンで学ぶ間にも、宗演老師は洪川老師宛に丁寧な手紙を出されている。師として仰ぎ慕うお気持ちにあふれている。そこには、師の教えに随い、「忍の一字」を守っていると記されている。

このように、洪川老師と宗演老師の師弟愛は、純粋であり、他に例を見ないといってよいほどである。洪川老師は、宗演老師の人物を見込んで期待し、将来を嘱望されている。宗演老師も洪川老師を尊敬し、慕っている。宗演老師が、伝統の修行を終えて、初めて修行者達に法を説かれるにしても、永田の僧堂に於いて『禅海一瀾』を提唱されたのであった。

そのように敬慕して止まない師の『禅海一瀾』を宗演老師が、心を込めて講義されたのが本書である。全篇に師弟愛の貫かれていることは言うまでもない。

さて、その『禅海一瀾』であるが、最初に太田悌蔵氏が「神儒仏三者の調和合一を説かんとして」洪川老師が書かれたとあるように、儒仏の一致を説かれた書物である。

これに対しては、当然ながら反論もある。太田悌蔵氏自身も「本書も亦儒言を以て禅を説き、よって儒禅一致を来さしむると雖も、其の説の論証典拠は屢々これを禅書に採り、儒書を解くに当っては、儒家から見れば時に失当の嫌い無きを保し難いものもある。此の種の論としては蓋し当然なる仏者の見地である。読者はこれを以て儒禅相通ずるものあるを知り得。然れども両者が完全に一致するものと解すべきではない」と「解題」に書かれている。

岩国の儒者である東沢瀉《ひがしたくしゃ》は、元治元年(一八六四)に『禅海翻瀾』を著して『禅海一瀾』を批判している(野口善敬『東沢瀉』シリーズ陽明学35、一九九四年、明徳出版社、に詳しい)。

しかしながら、儒仏一致は、洪川老師にとっては至極当然のことであった。まず、洪川老師が、仏教を学び禅を修めようとされた契機は、『孟子』の浩然の章を講義していて、「孟子は浩然を説き、我は浩然を行ふ」と声をあげて言われたことだった。

また出家する際に、作られた漢詩にも「孔聖釈迦別人に非ず。彼は見性と謂い此は仁と謂う」と述べられているように、洪川老師にとっては、そもそもはじめから、孔子の説く仁も、釈迦の説く見性も同じものであったのである。

洪川老師が出家の意を固めた機縁となるのが、父から与えられた『禅門宝訓』を読んでいて、その中にある達観頴《たつかんえい》の言葉を見たからであった。達観頴の言葉とは、「昔、宋の達《たっ》観頴《かんえい》というもの、初めて石門《せきもん》の聡《そう》和尚に見《まみ》えて、室中、口舌《くぜつ》の辯《べん》を馳騁《ちてい》す。聡曰く、子《し》の説《と》く所は乃《すなわ》ち紙上の語、其《そ》の心の精微《せいみ》の若《ごと》きは、則ち未《いま》だ其の奥《おう》を覩《み》ず、当《まさ》に妙悟《みょうご》を求むべし。悟れば則ち超卓傑立《ちょうたくけつりゅう》、言《ごん》に乗らず、句《く》に滞《とどこお》らず。獅子王《ししおう》の吼哮《くこう》するに百獣震駭《しんがい》するが如し。而《しこう》して文字《もんじ》の学を回観《かいかん》するに、何《なん》ぞ啻《ただ》に什《じゅう》を以て万《まん》に較《くら》ぶるのみならんや」というものである。洪川老師にとっては、儒学に説かれている世界を真に体得するためにこそ禅の修行があったのだ。逆に言えば、禅で体得した世界を、文字で表現したものが儒言であるという認識であったのだと察せられる。

そのような、ご自身の求道を振り返って、語られているのが、『禅海一瀾』の前篇である。洪川老師の修行振りは、『近世禅林僧宝伝』にも詳しいが、本書では第三者の記述によるのではなく、自身の体験を披瀝されたものであっただけに、読む者の心に響くものは大である。

儒仏一致の立場は、本書第三十九講「尽心（第十二則）」にも「天《てん》と曰《い》い、仏《ぶつ》と曰い、道《どう》と曰い、性《せい》と曰い、明徳《めいとく》と曰い、菩提《ぼだい》と曰い、至誠《しせい》と曰い、真如《しんにょ》と曰い、一実多名《いちじつたみょう》なり。其の物《もの》たるや、天地に先《さきだ》って生じ、古今《ここん》に亘《わた》って常に現在す」と説かれているように、洪川老師にとってはまさに「一実多名」であって、根本となるものは一であり、それに様々な名を付けたに過ぎないというのである。

その根本となる「一実」を見ることが、「見性」であり、それを禅の修行によって体験されたのである。

本書第三十六講「顔回(第九則)」に於いて、洪川老師の説く一なるものを、宗演老師は更に「仏教では「仏《ぶつ》」と云い、儒教ではこれを「天《てん》」と云い、或いは「明《めい》」と云うて居る。或いは外の教ではゴッドと云い、我物顔《わがものがお》にして、色々の名を附けて居るだけの事である」と講義されている。

ここに驚くべきことは、洪川老師にとっては、「天、仏、性、明徳、菩提、至誠、真如」というようにすべて仏教や儒教の言葉で表現されていたものが、宗演老師に至っては、キリスト教の「ゴッド」という言葉まで出ていることである。

鈴木大拙がその著『激動期 明治の高僧 今北洪川』(『新版 鈴木大拙禅選集』10、一九九二年、春秋社)において、当時の仏教者がキリスト教を邪教としていて、キリスト教に対しては「洪川老師のごときも熱烈な反対者の一人であった」と書かれ、「老師が「邪教」に対しての反駁は、いかなる動機——意識的と無意識的——たるとを問わず、かなりに激しいものがあった」と述べているように、洪川老師にとっては、神儒仏の一致は説いても、キリスト教までは念頭になかったと思われる。

しかし宗演老師は、若くして慶應義塾に学んで、当時の最先端の学問に触れ、またシカゴの万国宗教会議に参加して、そこで世界の宗教者に接して、従来の仏教者の反キリストの立場から大きく変革されている。もはや、キリスト教と相対していては、真の平和の実現は期しがたいと思われたのではないかと察する。

シカゴでの二回目の演説では、「真摯に仏の道を歩もうとする私どもと、忠実にキリストの教えに従おうとする皆様と、真正の孔子の教えを奉じようとする方々と、この普遍の真理を信じるすべての人々が手をとりあおうではありませんか」(『禅文化』一六八号、一九九八年。「戦争という手段に訴える前に――万国宗教会議講演録（一八九三年、於シカゴ）」安永祖堂訳）と述べているように、キリスト教に対する理解も示されている。後に二度目の渡米で、セオドア・ルーズベルト大統領と会談した折りには、「仏教が欧米化し、耶蘇教が日本否東洋化せば世界の平和是に於てか始めて成らん」と宗演老師が述べたのに対し、大統領もまた「大に欣ぶ」と記録されている。

洪川老師の説く日本国内における神儒仏の一致から、宗演老師は広く世界におけるキリスト教も含めた神儒仏の一致を説いておられるのである。

洪川老師の『禅海一瀾』を宗演老師は、心から尊敬の念をもちながら、縦横無尽に講義されているのが本書である。『禅海一瀾』の本文だけでは味わえない自由豁達さが宗演老師の講義によって味わえる。講述筆記であるので、本書を読んでいると、あたかも自分自身が宗演老師の講義の席に連なっているかのような感覚すら覚えるのである。

伝統の提唱の如くに、主に洪川老師の手沢本をもとに忠実に『禅海一瀾』を講義しながらも、宗演老師の解釈は更に敷衍される。

たとえば、本書第三十一講「一貫(第四則)」に於いては、孔子の説く「吾が道一以て之《わ　どういつ　これ》を貫《つらぬ》く」を説いているのであるが、「如何《いか》なるものが「道」であるかと考えて見る」と述べておいて、老子の言葉を引用し、それは「物あり混成《こんせい》す、天地に先《さきだ》って生まる。寂《せき》たり寥《りょう》たり、独立《どくりつ》して改めず、周行《しゅうこう》して殆《あやう》からず、以て天下の母たる可し。吾れ其の名を知らず、これを字《あざな》して道と曰う」と述べ、「まだ「名」が無いのでありますから、「物」と言う。「物」と言っても、或る一つを物と言い、一つを心と言う、そういう相対的の物ではない。今此処《ここ》で言う「物」というのは、或る物というより仕方がない。まだ「神」とも「仏」とも「道」とも、本当の名が附いて居らぬ」と説かれている。

更にその「物」というのを説き進めて、「相対的の物かと言えば、そうでない。独立して改めない。それでは一切の現象から離れて独立的の物かと言えば、そうでない、何事にも行き渡って居る、地を這《ほ》うておる蟻《あり》の鬚《ひげ》の様な小さなものにも、野原に咲いて居る名も無き小さな花にも行き渡って居る。小さな花は小さな一つの天地を造って居る。小さな蟻は小さな宇宙を含んで居る。私は原文に就いて委《くわ》しくは知らぬが、英国の詩聖なるテニソンは、一輪の花を知れば天地及び一切万物を知ると言うて居る」と講釈されている。

テニソンという名が出て来ることは、宗演老師の博識が慮《おもんばか》られる。この度の小川隆先生の注によって、これが、新渡戸稲造「地方の研究」にある、「詩人テニソンは、小さな一輪の花を取って、此花の研究が出来たら、宇宙万物の事は一切分かると言った」という典拠が示されている。

更に宗演老師は「またバイブルの中にも、太初に道あり、道は神と共にあり、神は道なり、道は神なりともあった様に覚えておる」とまで述べておられる。

この宗演老師がご覧になったであろう聖書は東慶寺に保管されている。それは小川先生が、「北英国聖書会社・明治十七年日本横浜印行『新約全書』約翰《ヨハネ》伝福音書1「太初《はじめ》に道《ことば》あり道《ことば》ハ神と偕《とも》にあり道《ことば》ハ即《すなは》ち神なりこの道《ことば》も太初に神と偕に在《あり》き」」であると注を付されている通りである。

明治三十五年(一九〇二)七月から、アメリカのラッセル夫人が円覚寺に滞在して、明くる年の三月にアメリカに帰るまでの間、宗演老師に参禅されているが、その折り宗演老師は毎夜ラッセル夫人について聖書の講義を聴講されているのである。一山の管長が、アメリカの夫人に聖書を学んでいる姿は、何とも尊く思われる。二度目の渡米の折りにも、宗演老師は聖書を学ばれたと記録に残っている。広くキリスト教にも理解をされようとしたのだ。

本書第三講「編述例言(其二)」に於いて「例えば仏教も耶蘇教も宗教として世に臨んだ所は変りが無い。仏の慈悲心《じひしん》、耶蘇の博愛《はくあい》皆な同じである。『観無量寿経《かんむりょうじゅきょう》』にある如く、

「仏心とは大慈悲是れ」で一言に尽《つく》して居る〔諸仏心者大慈悲是〕。また耶蘇教で、ゴッド・イズ・ラブ、ラブ・イズ・ゴッドというも同じ意味だ。宗教としての立場は同じである」とまで説かれるようになっているのであろう。もちろんのこと、宗演老師ご自身「所が学問の方面から言うと、仏教と耶蘇教とは全然趣《おもむき》を異にして居る」と述べられているように、違いも当然のことながらあるのだが、その根本となる精神に於いて相通ずるものを見ておられたのである。

洪川老師の『禅海一瀾』で説かれる神儒仏一致の説も、更に宗演老師の説かれるキリスト教も含めた諸教一致の説も、「牽強付会」の誹《そし》りも免れ得ぬかもしれないが、両老師共に、深い禅体験がもとになって、その体験された世界を、儒教の言葉や或いは聖書の言葉で示そうとされたのに過ぎない。自身の体験がもとになって、縦横無尽に古今東西の言葉を用いて説き尽くされたのが、本書『禅海一瀾講話』といえよう。

平成三十年釈宗演老師百年諱に当たって、岩波文庫から、この一書が刊行される意義は実に大きい。

本書の発行に際しては、駒澤大学小川隆教授には、お忙しい中を綿密に校正し、その語注も施してくださったことに、甚深の謝意を表する。また、岩波文庫の鈴木康之様のおかげであることも心から感謝するところである。良書を残して下さる岩波文庫のあることは、世の幸である。

この書を繙いていただいて、洪川老師の説かれたこと、宗演老師がそれを更に敷衍されたこと、そして両老師の師弟の仲睦まじきところなども読み取っていただければ、一層の幸甚である。

校注後記

小川　隆

本書『禅海一瀾講話《ぜんかいいちらんこうわ》』は、今北洪川《いまきたこうせん》の漢文著作『禅海一瀾《ぜんかいいちらん》』を、法嗣《はっす》の釈宗演《しゃくそうえん》が全文漏らさず詳細かつ自在に講じた講義録である。洪川・宗演、および『禅海一瀾』とこの『講話』については、すでに横田《よこた》南嶺《なんれい》老師の「解説」に詳述されているので、ここにはくりかえさない。ここでは、今回、この講義録を岩波文庫に収録するにあたって行った、本文の校訂と注記の作業の経緯について書き留めておきたい。作業の原則は巻頭の「凡例」に記したとおりだが、本書を活用していただくためには、どうしてこのような原則で本書がまとめられることになったのか、知っておいていただくのも、無意味でないと思うからである。

底　本　当初、底本には『釈宗演全集』（昭和五年、平凡社）所収の『講述禅海一瀾』を用いようとした。全集として編集されているのだから充分な校訂がなされているはずだと期待してのことであった。しかし、いざ、作業をしてみると、文字とふりがな（総ルビ）の誤りが膨大なうえに、編者による無関係の補記(登場人物の伝記など)が多数挿入されていて、原型を損なうこと甚だしいと感ぜられた。そこで底本を『禅海一瀾講話』(大正七年、光融館)にもどして作業をやりなおした。文字とふりがな(これも総ルビ)の誤りの多さは同様であったが、他に拠るべきものが無かった。漢籍・仏典・禅籍など、古典からの引用に基づく記述は原典にしたがって補正できたが、ふりがなや句読点は宗演老師自身の語りを反映したものなのかと考え、この段階ではなお、首をかしげながらも、明らかな誤りでなければ改変はためらわれた(明らかな誤りだけでも相当な数であったが)。

しかし、慶應義塾大学による特別展「釈宗演と近代日本——若き禅僧、世界を駆ける」のために、二〇一八年二月、宗演が晩年を過ごした北鎌倉の東慶寺で遺品と旧蔵書の調査が行われ、その際、横田老師の厚意で同行を許され、おかげで『講話』のもとになった横浜少林会作成の講義録(「小引」参照)がわずか一回分だけ残存しているのを目睹《もくと》することができた(その際、東慶寺の井上住職ご夫妻や特別展担当の和尚さま方・先生方にたいへんお世話になった)。

それを看ると、もとの講義録には、ふりがなも句読点も改行も無く、旧字旧仮名の本文がびっしり並べて印字されているだけであった。そこで、ふりがな・句読点・改行などもすべて光融館版の段階で新たに加えられたもの——宗演自身の与り知らぬもの——であったことが解り、そこから再度、文意と出典にしたがって思い切った本文の修訂を行った。

むろん、もとになる原稿や録音があるわけではないので、今回の整理も、宗演自身の与り知らぬ処置であることに変わりはなく、三度めの本文の「創作」に過ぎないと言われれば返す言葉もない。しかし、少なくとも所引の原典と対照しながらの校訂は今回が初であり、用字・文脈の復元の精度は前二版とは比較にならぬほど高まったと信ずる。文字と句読を補正しながら本文を整えなおしてゆくと、往時の宗演の肉声の語り口が活き活きと甦ってくるのが実感され、昔の人の速記の伎倆に敬服した。

『一瀾』の本文　前二版において各講は、『禅海一瀾』の漢文、その訓読、次いで宗演の「講話」という順で構成されていた。しかし、今回は訓読を先に掲げ、その後に漢文を小字で附記する形に変更した。「講話」のなかではすべて訓読の形で『一瀾』の本文が引かれているので彼此対照が容易なようにという配慮と、旧岩波文庫『禅海一瀾』が漢文を載せず訓読のみで本文を示していたので、長年実際に読まれてきたのは訓読文のほうであったのだろうという判断からである。底本において、各講の初めに漢文とともに掲示されていた訓読は、「講話」とは別につけられたものらしく、「講話」中の宗演自身の訓読と一致していなかったので、今回は「講話」中に引かれた訓読に合わせて冒頭の訓読を修整した。漢文のほうも誤字がかなり有ったので、これも「凡例」に示したとおり、明治七年初刻本に森江書店版活字本を対校して新たに整えた。

ふりがな　光融館版も平凡社版も総ルビであったが、上記のような状況であったので、訓読があるので、傍らの訓点は省いた。

ふりがなも今回新たに加えなおした。しかし、その作業にはひどく苦慮した。通常、日本では漢籍の語句は主に漢音（例えば「人《じん》」「性《せい》」「然《ぜん》」「生《せい》」「経《けい》」）、仏典の語句は主に呉音（例えば「人《にん》」「性《しょう》」「然《ねん》」「生《しょう》」「経《きょう》」）で読む習慣があり、さらに禅籍の語句には唐音（「生《さん》」「経《きん》」「子《す》」等）を多用した禅門独特の読み習わしも少なくない。そこで「性命」は儒学の用語だから「せいめい」、「仏性」は仏教語だから「ぶっしょう」などといちおう考えながらふりがなを加えてゆき、あわせて禅門における仏教語・禅語の読み習わしについて、横田老師に新たに教わったりもした。

　しかし、三系統それぞれのうちにも、複数の読みが並存する場合がある（「伏羲―フクギ・フッキ」「大雄―ダイオウ・ダイユウ」「狗子―クス・クシ」等）。それに、そもそも、禅の立場から儒仏の一致を説こうとする本書において、この三系統の語句は一つづきの文脈のなかで混然と用いられており、それらの音読みを合理的・整合的に使い分けることはとうてい不可能であった。本書で施したふりがなは、校注者の判断でそのつど仮りに一つの読みを選ばざるを得なかった結果であって、決してこれを唯一の読みとして確定するものではない。洪川・宗演が実際にどう発音したかを確かめるすべがない以上、これもまたやむを得ざる措置であった。

　注　記　今回の作業で最も時間と精力を費やしたのが文中に〔　〕で挿入した注記である。当初は簡単な語注と出典を注記してゆけばよいと楽観していたが、出拠不明の引証、また別本にあるという洪川自身の所説の引用が次々に出てきて、たちまち途方に暮れた。これも横田老師に相談したところ、円覚寺に保存されていた洪川手沢の『禅海一瀾』上・下二冊と洪川の手稿『禅海一瀾考』上・下之上・下之下三冊を探し出してくださり、特別に参照の便宜を計らってくださった。

これと対照しながら初めから校注をやりなおしていって分かったことは、宗演が、常にこの両書を看ながら講話を行っていたということである。「先師」の説として引用されている洪川の漢文の所説がすべてこの両書に拠るものであったのはもとより、講話のなかで宗演が述べている文字の訓詁や古典の引用も、ほとんどがこの両書、特に手沢本の首書《かしらがき》と書入《かきいれ》に基づいていた。講座の場面がもし写真に撮られていたら、宗演が手沢本を手に大勢の受講者に向かって話をしている図になったであろうが、しかし、宗演自身の心のなかの映像を看ることができたとしたら、それはきっと、亡き師の膝下に一人坐して、一字一句を洪川から口づからに教わっている図になったのではないかと想像される。

手沢本と手稿のおかげで、不明だった引用の出処がほとんど解決し、洪川自身の漢文も正確に引きなおすことができた(前二版における引用は、往々、文意をたどるのに支障をきたすほど誤脱が甚だしかった)。また、それ以前に自分で調べていた出典も、手沢本と手稿の参照に拠って、より適切なものに多数差し替えることができた。それ以前は、諸書に同じ記述が見える場合や宗演が意訳や要約で引いている典故などについて、洪川自身が実際に基づいたであろう書物に絞り込むことができずにいたのである。

宗演が講話のなかで挙げている故事・例話のなかには、書物からの引用でなく、民間や宗門内の言い伝えに由来するものも少なくなく、それらは当然、出典を挙げることができなかった。しかし、それ以外は、電算機による検索の普及のおかげで、宗演の指摘していないものも含めて『一瀾』本文の出典はほぼすべて突き止めることができたし、宗演が引いている古言・故事などについても、出典または関連の書物をかなり挙げることができた（「解説」のなかで言及されている文語訳聖書の引用のように、前述の東慶寺での調査の際に現物によって確認できたものもある）。『一瀾』本体の提唱や訳解はこれまでにもあったが、『一瀾』の本文についてここまで出典を調べきったものはおそらく無いと思う。

出典の調査については、横田老師のほか、石井公成先生（駒澤大学）、前川亨先生（専修大学）からも貴重な指教に与った。また「CBETA（中華電子仏典協会）」「SAT（大正新脩大蔵経テキストデータベース）」「電子達磨（花園大学国際禅学研究所）」「中国哲学電子化計画」「国立国会図書館・デジタルコレクション」「国文学研究資料館・電子資料館」「中央研究院・漢籍電子文献」「ジャパンナレッジ」その他、各種データベースから受けた恩恵は実に計り知れない。

今回の文庫版作成を通じて横田老師から恵まれた助力と指導は、右に記した範囲にとどまらない。老師は校正刷りも再三たんねんに通読して、我々の気づかなかった不備や誤記を多数補正された。小川が個人の判断で本文に加えた数多くの処置について連帯責任を求めるわけにいかないため、校注者は小川一人となっているが、もし、今回の岩波文庫版に従来のものに勝る意義が認められるとすれば、それはまぎれもなく、横田・小川の共同作業の所産と言わねばならない。

以上のような経緯で試行錯誤と迷走を重ねながら、何度も作業のやりなおしを余儀なくされたので、岩波文庫編集部の鈴木康之氏はじめ、編集・校閲・印刷・製作等の作業を担当くださったみなさまに、たいへんなご苦労とご迷惑をおかけすることとなった。誠意と熱意をもって根気よくていねいに作業を完遂してくださった関係の方々に、この場を借りて、心よりふかくお詫びとお礼を申し上げたい。

最後に、今回の文庫版作成にあたり、横田老師のみならず、円覚寺関係の多くの和尚さま方からも種々貴重なご支援とご助力を賜ったことに、謹んで感謝の意を表する。

人名索引

- 釈宗演の「講話」の中に出てくる主な人名を採録した.
- 名・字・号などの別にこだわらず，一般的な呼称で，適宜立項した.
- 「孔子」「釈迦」など，頻出する人名は採らなかった.

あ 行

か　行

さ　行

た 行

な 行

や　行

ら　行

禅海一瀾講話《ぜんかいいちらんこうわ》

2018年10月16日　第1刷発行
2020年 4 月15日　第2刷発行

著　者　釈《しゃく》 宗《そう》演《えん》

発行者　岡本 厚

発行所　株式会社 岩波書店
〒101-8002 東京都千代田区一ツ橋 2-5-5

案内 03-5210-4000　営業部 03-5210-4111
文庫編集部 03-5210-4051
https://www.iwanami.co.jp/

印刷 製本・法令印刷　カバー・精興社

ISBN 978-4-00-381251-8　Printed in Japan

読書子に寄す

――岩波文庫発刊に際して――

岩波茂雄

真理は万人によって求められることを自ら欲し、芸術は万人によって愛されることを自ら望む。かつては民を愚昧ならしめるために学芸が最も狭き堂宇に閉鎖されたことがあった。今や知識と美とを特権階級の独占より奪い返すことはつねに進取的なる民衆の切実なる要求である。岩波文庫はこの要求に応じそれに励まされて生まれた。それは生命ある不朽の書を少数者の書斎と研究室とより解放して街頭にくまなく立たしめ民衆に伍せしめるであろう。近時大量生産予約出版の流行を見る。その広告宣伝の狂態はしばらくおくも、後代にのこすと誇称する全集がその編集に万全の用意をなしたるか。千古の典籍の翻訳企図に敬虔の態度を欠かざりしか。さらに分売を許さず読者を繋縛して数十冊を強うるがごとき、はたしてその揚言する学芸解放のゆえんなりや。吾人は天下の名士の声に和してこれを推挙するに躊躇するものである。このときにあたって、岩波書店は自己の責務のいよいよ重大なるを思い、従来の方針の徹底を期するため、すでに十数年以前より志して来た計画を慎重審議この際断然実行することにした。吾人は範をかのレクラム文庫にとり、古今東西にわたって文芸・哲学・社会科学・自然科学等種類のいかんを問わず、いやしくも万人の必読すべき真に古典的価値ある書をきわめて簡易なる形式において逐次刊行し、あらゆる人間に須要なる生活向上の資料、生活批判の原理を提供せんと欲する。この文庫は予約出版の方法を排したるがゆえに、読者は自己の欲する時に自己の欲する書物を各個に自由に選択することができる。携帯に便にして価格の低きを最主とするがゆえに、外観を顧みざるも内容に至っては厳選最も力を尽くし、従来の岩波出版物の特色をますます発揮せしめようとする。この計画たるや世間の一時の投機的なるものと異なり、永遠の事業として吾人は微力を傾倒し、あらゆる犠牲を忍んで今後永久に継続発展せしめ、もって文庫の使命を遺憾なく果たさしめることを期する。芸術を愛し知識を求むる士の自ら進んでこの挙に参加し、希望と忠言とを寄せられることは吾人の熱望するところである。その性質上経済的には最も困難多きこの事業にあえて当たらんとする吾人の志を諒として、その達成のため世の読書子とのうるわしき共同を期待する。

昭和二年七月